정근두 목사의
누가복음 강해 2

예수의 제자

정근두 목사의
누가복음 강해 2

예수의 제자

지은이 | 정근두
초판 발행 | 2023. 2. 22
등록번호 | 제1988-000080호
등록된 곳 | 서울특별시 용산구 서빙고로 65길 38
발행처 | 사단법인 두란노서원
영업부 | 2078-3352   FAX | 080-749-3705
출판부 | 2078-3331

책값은 뒤표지에 있습니다.
ISBN 978-89-531-4157-5 04230
SET 978-89-531-4159-9 04230

독자의 의견을 기다립니다.
tpress@duranno.com www.duranno.com

두란노서원은 바울 사도가 3차 전도여행 때 에베소에서 성령 받은 제자들을 따로 세워 하나님의
말씀으로 양육하던 장소입니다. 사도행전 19장 8-20절의 정신에 따라 첫째 목회자를 돕는 사역과
평신도를 훈련시키는 사역, 둘째 세계선교(TIM)와 문서선교(단행본·잡지) 사역, 셋째 예수문화 및 경배
와 찬양 사역, 그리고 가정·상담 사역 등을 감당하고 있습니다. 1980년 12월 22일에 창립된 두란
노서원은 주님 오실 때까지 이 사역들을 계속할 것입니다.

정근두 목사의
누가복음 강해

2

예수의 제자

정근두
지음

두란노

목차

4부 좁은 문으로 들어가 천국을 향해 걸으라

제가 신학교를 다니면서부터 가지게 된 꿈은 남이 들려준 예수님 이야기가 아니라 제가 확인한 예수님 이야기를 전하는 것이었습니다. 그러다 보니 성경 각 권을 읽고 묵상할 때마다 그 안에서 발견하게 되는 예수님 이야기에 자연스럽게 시선을 모으게 되었습니다. 그러던 중 복음서 가운데 사람들에 대한 폭넓은 이해와 기도와 성령에 관한 유별한 관심이 돋보이는 누가복음을 만나게 되었고, 저는 용기를 내어 이 복음서의 문을 두드렸습니다.

처음으로 누가복음을 유심히 살피게 된 것은 유학 중에 두 가정이 모인 새벽 기도를 인도하기 위해서였습니다. 누가복음 첫 장은 80절이나 되는 긴 분량임에도 아무리 읽어도 전할 말이 없는 것이 그때의 솔직한 심정이었습니다. 정식 설교도 아니고 기도의 지침을 제시하면 되는데 마음속에 할 말이 없는 것을 뻔히 알면서도 무언가를 말해야 하는 고통을 겪으며 이 책을 조금씩 열어 가기 시작했습니다.

두 가정이 모여서 한 주간씩 교대로 인도했는데, 제 차례가 되면 누가복음과 야고보서를 본문으로 선택해서 모임을 인도했습니다. 그렇게 하기를 몇 개월, 누가복음이 점점 밝아져 왔습니다. 처음에는 남아프리카공화국 포체프스트룸에서 새벽 기도 시간에 다섯 사람에게, 다음에는 서울에 개척한 교회에서 100여 명의 성도에게, 마지막으로는 울산교회에 부임해서 주일마다 2천 명의 청중에게 그 말씀을 선포했습니다. 그렇게 선포한 설교들을 이번에 독자들을 위해 간결하게 다듬어서 출판합니다.

이 책에 담긴 설교는 그 내용에 있어서는 제가 전한 것이 맞지만, 그 형식에 있어서는 독자를 의식해서 손질한 것입니다. 한 주에 한 편의 설교를 듣는 것이 아닌, 한 권의 책을 연속해서 읽어야 하는 독자를 위한 출판사의 배려입니다. 특히 마지막 결론 내용은 독자를 의식한 손질이 분명한 부분이니 일반 독자의 입장에서 출판사의 배려를 즐겨 주십시오.

강대상에서 선포한 내용을 글로 변환시키는 것이 쉽지 않았을 터인데 간결하게 손질된 원고를 읽으면서 감동했습니다. 그러면서 제가 전한 메시지에 다시 한 번 감동했고, 이런 말씀을 전한 설교자의 삶을 산 것에 보람을 느꼈습니다. 설교 본래의 감동은 살아 있되 더 맛깔스럽게 손질해 준 것에 감사합니다. 설교자가 사용했던 단어 하나하나를 함부로 다루지 않으면서도 독자를 위해 더 나은 구조와 문장을 구사하는 창조적인 손질이기에 감탄했습니다.

오늘 세상은 여러 가지 예기치 못한 문제로 위기의 때를 지나고 있습니다. 그 어느 때보다도 하나님이 주시는 위로와 평안이 필요한 시대입니다. 바라기는 이 책이 한국 교회와 성도들 안에 하나님 나라의 복음이 허락하는 위로와 평안으로 임하길 소원합니다. 무엇보다 복음 그 자체이신 예수 그리스도를 다시 한 번 붙잡는 소중한 기회가 되기를 바랍니다. 이 책이 나오기까지 수고한 분들에게 감사하며, 하나님의 은혜가 독자들의 심령에 함께하기를 바랍니다.

구주대망

정근두

1부

누가 예수님의
진정한 제자인가

1.

몰려드는 군중 (6:17-19)

///

본문이 자리한 위치를 얼핏 보면 앞 사건의 연속처럼 보이기도 합니다. 예수님이 열둘을 택하여 사도로 삼으신 후 그들과 함께 산에서 내려오심으로 시작하기 때문입니다. 그런가 하여 다시 보면, 마태가 기록한 산상 설교에 버금가는 평지 설교의 서막처럼 보이기도 합니다. 예수님이 몰려드는 군중을 향해 본격적인 설교를 하실 것이기 때문입니다.

하지만 자세히 보면, 임명받은 열두 사도가 몰려드는 군중을 맞이하지 않습니다. 그들의 새 직분과 지금 닥친 상황은 별반 관계가 없습니다. 즉 새로 임명된 열두 사도를 만나자고 사람들이 몰려든 것이 아닙니다. 그렇다고 평지 설교의 상황 설정이라고만 볼 수도 없습니다. 누가가 기록한 전체 흐름 속에서 보면, 평지 설교를 시작하시는 지금 예수님의 설교의 주된 관심은 허다한 무리와 많은 백성보다는 제자들 무리를 향하고 있습니다. 주님의 평지 설교는 그 내용으로 보아도 소위 '전도 설교'라기보다는 '양육 설교'입니다. '어떻게 천국 시민이 되느냐'보다 '천국 시민은 어떻게 사느냐'에 관심이 있습니다.

이렇게 보면 본문에 등장하는 사람들은 물론 앞뒤 사건과 전혀 연관이 없지는 않지만 독자적인 관심을 갖고 몰려든 군중이고, 예수님이 그들의 욕구를 만족시켜 주신 일들이 본문 세 절 속에 기록되어 있습니다. 이 장에서는 세 절을 별도로 취급해 살펴보도록 하겠습니다. 세 가지 질문을 중심으로 본문을 이해해 봅시다.

군중의 필요를 채우고자 들판에 서신 예수님

첫째, 이 사건은 어디에서 일어났습니까? "예수께서 그들과 함께 내려오사 평지에 서시니"(눅 6:17). 평지가 이 사건의 무대입니다. 동시에 앞 사건과의 관련 지점이기도 합니다. 주님은 열둘을 택하여 사도라 칭하기 위해 산으로 올라가셨습니다. 밤새워 기도하신 후 그곳까지 쫓아온 제자들 가운데서 열둘을 택하여 사도라고 부르셨습니다. 아침 햇살이 온 누리에 내리비치는 시간에 주님은 제자들과 함께 산에서 내려오셨습니다.

주님이 열두 사도를 택하신 장소는 산이지만, 몰려드는 군중을 만나신 장소는 평지입니다. 무릎 꿇고 기도하기 위해서는 산이 적절한 장소이지만 몰려든 뭇 백성의 필요를 채우기 위해 일어서서 사역하기에는 넓은 평지가 적절한 공간이기 때문입니다. 여기서 우리는 주님께 실제적인 지혜를 배울 수 있습니다. 특정 장소나 지역에 매여 있을 이유는 없습니다. 새 언약 공동체의 열두 기둥을 택한 곳이니 그 산을 신성시해야 한다고 우길 필요도 없습니다. 사역에 따라서 장소는 충분히 옮길 수 있기 때문입니다.

주님은 사람들이 손쉽게 찾아올 수 있는 들판에 서셨습니다. 산 위에까지 올라오는 사람의 열심을 보아 병을 고쳐 주겠다는 입장보다는, 그들에게 다가서기 쉬운 곳으로 친히 내려가신 것입니다. 우리도 주님의 일을 할 때 무엇이든지 해 오던 방식을 고수하기보다 그것이 그 일을 하기에 가장 좋은 방식인지를 물어야 합니다.

주님의 제자가 되고, 제자 됨의 값을 지불하는 삶

둘째, 어떤 사람들이 주님께로 나아왔습니까? 누가는 산기슭 평지에 서신 주님을 기다리는 무리를 크게 두 부류로 나눕니다. 먼저는 '그 제자의 많은 무리'이고, 다음은 '사방에서 모여든 많은 백성'입니다 (눅 6:17). 전자는 주님의 말씀을 이미 듣고 그 말씀대로 살기로 결단한 무리입니다. 후자는 아직 그 자리에 이르지 못했으나 예수님께 관심을 갖고 나아온 사람들입니다.

우리도 예배의 자리에 나아온 사람들을 두 부류로 나눌 수 있습니다. 예배하는 자리에 함께 앉아 있다고 해서 꼭 같은 영적 신분은 아닙니다. 우리 가운데 얼마는 제자이며, 나머지는 신앙에 관심을 가지고 나아온 자들입니다. 당신의 영적 신분은 어떠합니까? 스스로 자신을 분류해 보십시오. 주님을 따르기로 결단했습니까? 그러면 제자입니다. 아직도 주님이 어떤 분이신지 살피는 중이면 관심자입니다.

관심을 가지고 주님께 나아온 사람들에게 특별히 주목하기 원합니다. 처음 예배당에 온 사람들은 세상 모임과 달리 하나님을 예배하는 분위기 자체가 지금까지 살았던 세상과 달라 낯설 것입니다. 예배 순서 하나하나가 서툴기만 할 것입니다. 아직 하나님에 대해서 마음이 열리기 전에는 귀에 들어오지 않는 말씀을 듣고 있자니 어렵게만 느껴질 수 있습니다. 예수님이 설교를 하셨는데도 사람들이 설교가 어렵다고 떠나갔습니다. 기대했던 떡을 줄 줄 알고 왔는데 와 보니 '생명의 떡'에 대해서 설교를 하시니 난해하다며 가 버린 것입니다. 예수님은 남은 제자들을 향해 "너희도 가려느냐"(요 6:67)고 물으셨습니다. 이에 시몬 베드로는 "주여 영생의 말씀이 주께 있사오니 우리가 누구에게로 가오리이까"(요 6:68)라고 대답했습니다.

하나님께 예배드리는 자리에 나아올 때 관심이 잘못되어 있으면 앉아서 하나님의 말씀을 들어도 별로 귀에 들어오는 내용이 없습니다. 하나님을 만나고 싶다는 소원을 가지고 나아와야 설교가 귀에 들어옵니다. 말씀이 특별히 어려워서가 아니라, 마음 자세에 달린 것입니다. 주님을 만나기 원한다면 계속해서 예배의 자리에 나아오십시오. 와서 듣다 보면 무엇인가 마음에 부딪히는 것이 있습니다. 처마 끝에서 떨어지는 빗방울이 돌에 구멍을 내기도 하지 않습니까.

예배의 자리로 나아오십시오. 하나님의 말씀을 들으십시오. 믿음은 들음에서 납니다(롬 10:17). 예수님이 누구이며 어떤 분이신지 들어야만 그분을 믿고 따르는 대열에 함께 설 수 있습니다. 그분에 대해서 들을 수 있는 기회의 자리를 놓치지 마십시오. 혹시 교회에 나올 형편이 안 되는 경우라도 포기하지 마십시오. 꼭 주님을 더 알고 싶다면 방안이 있을 것입니다. 뜻이 있는 곳에 길이 있기 마련입니다. 예를 들어, 날마다 틈나는 대로 예수님의 사역이 기록된 성경을 읽거나 출퇴근하는 차 안에서 혹은 집안일을 하면서 성경 통독 파일을 듣는 것도 좋은 방법입니다.

혹 예수님이 누구이신지 알고 있습니까? 세상에 오신 하나님의 아들이며 우리의 구원자이심을 알게 되었습니까? 더 이상 관심자로서 주위를 맴돌지 말고 속히 주님의 제자가 되기로 결단하십시오. 이미 그분을 따르기로 결단하고 제자의 대열에 섰다면 제자 됨의 값을 지불하십시오. 어떤 대가를 지불하더라도 주님의 말씀에 순종하는 것이 제자의 삶입니다. 또한 참된 제자는 자기만 주님을 믿고 따르는 데 그치지 않고 주위 사람들이 좋으신 구주를 만나기까지 열심을 다해 주님을 소개합니다(왕하 5:3). 세상 사람들은 하나님을 만나기까지는 그 삶에 참된 만족이 없습니다.

그날 사방에서 모여든 사람들이 산기슭 평지에 서신 주님께 나아오기까지는 틀림없이 누가가 앞서 기술한 허다한 제자들의 활동이 있었으리라 추론할 수 있습니다. 제자의 길은 혼자 걷는 길이 아니라, 함께 걷는 길입니다. 좋으신 구주의 풍성함을 아는 자들은 구주 없이 굶주린 영혼을 지나쳐 가지 않습니다(왕하 7:9). 이미 제자입니까? 그러면 누군가를 데리고 예배의 자리로 나아오십시오. 함께 말씀을 듣고 그 능력을 체험하도록 기회를 제공해 주십시오. 그리하여 그들도 제자가 되도록 도와주십시오. 제자로서 자신의 몫을 다하십시오. 지금 있는 그곳에서 사람들을 주께로 인도하십시오.

주님의 말씀을 듣고자 하는 분명한 목적

셋째, 왜 사람들이 지금 주님께 나아왔을까요? 누가는 그들의 목적을 두 가지로 밝혔습니다. "그들은 예수의 말씀도 듣고, 또 자기들의 병도 고치고자 하여 몰려온 사람들이다"(눅 6:18, 새번역). 산기슭 평지에 서신 주님께 나아온 뭇 백성은 분명한 목적을 가졌습니다. 그 목적이 무엇입니까? 그들은 말씀도 듣고 병도 고치려고 주님 앞에 나아왔습니다. 우리가 하나님 앞에 나아가는 목적은 무엇입니까? 그냥 왔다 돌아가서는 안 됩니다. '내가 여기에 왜 왔는가'를 생각해야 합니다. 무의미하게 예배의 자리만 왔다 갔다 해서는 하나님의 능력을 체험할 수 없습니다. 주님의 능력을 체험하려면 주님을 사모해야 합니다. 우리 마음속에도 그 무리들처럼 예수님을 만나 그분의 말씀을 듣고자 하는 분명한 목적이 있어야 합니다.

혹시 그 무리들처럼 질병으로 고통당하고 있지는 않습니까? 마지막 기대를 주님의 능력에 걸어야만 하는 상황에 처해 있지는 않습니까? 우리가 예배하는 예수님은 우리의 모든 질병을 고칠 수 있는 대의사시요, 모든 사람을 낫게 하고 새롭게 하는 능력의 구주이십니다. 그 주님을 사모하십시오. 하나님께 매달리십시오.

"온 무리가 예수를 만지려고 힘쓰니 이는 능력이 예수께로부터 나와서 모든 사람을 낫게 함이러라"(눅 6:19). 능력은 어떤 사역자가 아니라 예수께로부터 나와서 모든 사람에게로 나아갑니다. 예수께로부터 나오는 능력은 사람들을 치유하고 만족하도록 하기에 부족함이 없습니다. 기자인 의사 누가의 증언을 귀담아 듣고 마음에 믿으십시오. 그는 의사인 자기의 한계를 뛰어넘으시는 예수님의 능력을 신뢰했습니다.

고통으로 인해 주님을 만지려고 시도해 본 일이 있습니까? 예수님을 만지려고 힘쓰십시오. 지금도 능력이 그분에게서 나옵니다. 모든 사람을 낫게 하는 능력의 근원은 주님이십니다. 예배드리는 자리를 하나님의 말씀을 들으며 하나님을 만나고 하나님의 능력을 체험하는 기회로 삼겠다고 마음먹고 그 자리에 나오면 시간 가는 것이 아까워질 것입니다.

누가의 증거를 본래 의도대로 들어 보십시오. 그들은 단지 병 고침을 받으려고 모인 것이 아닙니다. 동시에 말씀을 들으려는 소원을 갖고 있었습니다. 누가는, 예수님은 병 고침과 말씀 사역을 함께 행하시는 분이라고 증거했습니다. 그러나 이 본문에서는 병 고치시는 사역을 마태에 비해 약화시키고 말씀 사역을 강조했습니다. 교회는 병원 이상의 곳입니다. 병원은 병이 나으면 더 이상 가지 않습니다. 교회는 그렇지 않습니다. 아픈 것을 계기로 나왔다가 영혼의 구주 되시는 주님을 만나면 그분을 섬기는 삶을 계속 살아가게 됩니다. 영혼을 해방시켜 주시는 생명의 말씀으로 인해 새 삶을 사는 자가 됩니다. 주님의 말씀을 듣는 것이 그 무엇보다 우선되어야 할 이유가 여기 있습니다.

교회는 참 하나님을 아버지라고 부르는 가족 신앙 공동체입니다. 우리가 왜 교회에 나오는지, 주님 앞에 왜 나아오는지 다시금 목적을 분명히 하십시오. 말씀을 듣기 위해서 나오십시오. 병을 고치기 위해서 나오십시오. 귀신에게 놓임을 받기 위해서 나오십시오. 무한히 솟아나는 주님의 능력이 더러운 귀신의 손에서 우리의 영혼을 자유하게 하고, 질병의 고통에서 우리를 놓아 줄 것입니다. 기뻐 뛰며 주님께 영광을 돌리십시오. 마음껏 주님을 순종하는 제자의 삶을 살아가십시오. 강건한 능력은 그분께로부터 나옵니다. 무한히 솟구치는 주님의 말씀이 우리를 새롭게 할 것입니다.

끊임없는 자아의 넋두리에서 벗어나십시오. 주님이 영광 가운데 말씀하십니다. 조용히 그분께 청종하십시오. 그러면 영혼이 삽니다. 무지에서 지식을, 암흑에서 빛을, 혼돈에서 질서를 찾게 될 것입니다. "너희는 귀를 기울이고 내게로 나아와 들으라 그리하면 너희의 영혼이 살리라"(사 55:3).

무리들은 예수님의 '말씀도 듣고 병 고침을 받으려는' 뚜렷한 목표를 가지고 먼 길을 마다하지 않고 주님 앞에 나아왔습니다. 뚜렷한 목표가 있으면 길이 멀게 느껴지지 않습니다. 답답한 상황 속에 도움 받을 곳이 있다면 길이 멀다는 이유로 결코 포기하지 않습니다.

그들이 어디에서부터 나아왔습니까? "유대 사방과 예루살렘과 두로와 시돈의 해안으로부터"(눅 6:17). 주님이 지금 서 계신 가버나움 근방 한 들 판에서 보면 유대 지방은 남쪽에 있고, 두로와 시돈은 북쪽에 있습니다. 한마디로, 교통이 발달되어 있지 않았던 그 시기에 사람 사는 곳이면 모든 지역에서 주님께로 나아온 것입니다. 외형상 하나님의 자녀부터 아직 복음을 한 번도 들은 적 없는 이방인에 이르기까지 모든 사람이 구주 예수께 나아왔습니다. 주님은 온 열방의 구주이시기 때문입니다. 세상 사람들은 좋은 물건을 하나 살 수 있다고 해도 거리를 개의치 않고 달려갑니다. 말씀다운 말씀을 듣기 위해서라면 어디든지 갈 수 있는 각오가 되어 있어야 합니다.

○

본문을 잘 이해하기 위해 몇 가지 질문을 던졌습니다. 사건은 어디에서 일어났습니까? 산 대신 평지에서 일어났습니다. 기도하기에는 산이 낫지만 사역하기에는 평지가 나았습니다. 목표 달성을 위한 방안은 가변적이어야 합니다. 정말로 중요한 신앙의 문제는 하나가 되어야 하지만, 그 나머지는 이래도 되고 저래도 되는 일입니다. 무슨 일을 하든지 사랑 가운데서 하면 됩니다.

어떤 사람들이 주께로 나아왔습니까? 누가는 그들의 영적 상태를 바로 진단해 제자와 백성으로 구분했습니다. 당신의 신분은 어떠합니까? 관심을 가졌다면 예배의 자리에 나와 말씀을 듣는 일을 사모하십시오. 삶을 주께 드리십시오. 제자라고 생각한다면 당신의 삶을 온전히 주님께 드리기 바랍니다.

왜 그들은 주께로 나아왔을까요? 말씀도 듣고 병 고침도 받기 위해서였습니다. 누가는 여기서 특별히 '말씀도 듣고'라는 표현을 강조했습니다. 우선은 말씀이고, 병 고침은 그다음입니다. 병 고침만 얻으려고 하면 실패할지 모르겠습니다. 그러나 말씀을 사모하다 보면 질병은 온데간데없이 사라질 것입니다. 그들은 분명한 목표가 있었기에 먼 거리를 마다하지 않고 주님께 나아왔습니다. 현명한 신자는 영혼을 위해 값을 지불하기를 아까워하지 않습니다.

2.

축복이냐, 재앙이냐(6:20-26)

설교자 예수님의 탁월한 면모가 드러난 평지 설교

사도 요한의 기록을 보면, 명절에 예수님이 예루살렘에 올라가 성전에서 뭇 백성을 가르치신 적이 있습니다. 예수님의 설교는 이내 사람들의 마음을 사로잡았습니다. 예수님을 두고 백성의 의견은 양분되었고 소위 민심이 동요하기 시작했습니다. 가만히 두고 볼 수 없을 만큼 사태가 심각하다고 판단한 유대 당국자들이 급기야 예수님을 체포하기 위해 아랫사람들을 현장에 보냈습니다.

예수님이 가르치시는 현장에 도착한 아랫사람들은 어쩔 수 없이 말씀이 끝나기를 기다렸습니다. 기다리면서 그분의 말씀을 듣던 그들의 마음은 한결같이 예수님의 말씀에 매료되고 말았습니다. 예수님의 설교가 끝나자 파송받은 아랫사람들은 빈손으로 예루살렘으로 돌아갔습니다. "어찌하여 잡아 오지 아니하였느냐"는 유대 당국자들의 질문에 아랫사람들은 이렇게 답했습니다. "그 사람이 말하는 것처럼 말한 사람은 이때까지 없었나이다"(요 7:46).

바로 '그 사람이 말하는 것'이 이 장의 본문입니다. 설교자 예수님의 탁월한 말씀이 평지 설교에 여지없이 드러나 있습니다. 탁월한 설교는 누가 들어도 어렵지 않습니다. 쉬운 것은 탁월한 설교의 특징 중 하나입니다. 배운 적 없는 사람이라도 쉽게 알아들을 수 있는 설교, 그것이 하나님의 능력으로 하는 설교입니다. 동시에, 많이 배운 사람이라도 귓전에 흘려들을 수 없는 설교를 여기서 만날 수 있습니다.

"지금 주린 자는 복이 있나니 너희가 배부름을 얻을 것임이요"(눅 6:21). 배고파 본 경험이 있는 사람이라면 너희가 이제는 배부를 것이라는 말이 어렵다고 트집 잡을 수 없을 것입니다. 위대한 설교자는 누가 들어도 알아들을 수 있도록 단순하게 말합니다. 그러나 동시에 그는 위대한 설교자답게 인생의 가장 근본 된 문제를 다룹니다. 사람들로 하여금 영원한 운명에 대해 직면하도록 하는 것이 설교자의 위대함입니다.

예수 그리스도께서는 사람들을 모아 놓고 그들의 시간을 빼앗는 설교를 하신 적이 없습니다. 언제, 어디서나 사람을 가르칠 때 그분의 설교의 요지는 인생의 핵심 문제를 다루었습니다. 이 장 본문에서 우리는 예수님의 설교의 표본을 만납니다. 여기서 주님은 기질도, 성격도, 관심사도, 추구하는 것도 다양한 인생을 단지 두 부류로 대조시키십니다. 모든 복잡함을 뛰어넘는 공통 요소를 파악하신 것입니다. 모든 사소한 차이를 초월해 근본적인 차이를 파악하셨습니다. 여기 범인(凡人)의 수준을 뛰어넘는 대가(大家)의 능력이 나타나 있습니다.

예수님은 모든 사람이 축복 아래 있든지, 아니면 재앙 아래 있다고 분석하셨습니다. 모든 사람이 오직 두 가지 상황 아래 살아가고 있다고 파악하셨습니다. 축복이냐, 재앙이냐는 것은 모든 사람의 문제인 동시에 우리 한 사람, 한 사람의 운명이기도 합니다. 이러한 주님의 인간 분석은 변함없는 성경의 구분이기도 합니다(시 1편). 모든 사람은 의인의 길과 악인의 길, 두 길 중 하나를 걷고 있습니다. 제3의 길이란 없습니다. 마찬가지로 그 길의 마지막도 두 가지, 즉 형통이냐, 파멸이냐밖에 없습니다. 인생 길에 제3의 결말은 없습니다.

여기서 주님은 일관된 성경의 진리를 한 번 더 부각시키십니다. "복이 있나니, 복이 있나니, 복이 있도다!" 천국의 종소리처럼 되풀이되는 축복의 선언입니다. 동시에 지옥의 절규처럼 반복되는 저주도 선포됩니다. "화 있을진저! 화 있을진저! 화 있을진저!" 우리의 귀는 지금 어느 소리를 듣고 있습니까? 예수님이 우리를 향해 무엇을 선언하고 계십니까? 두 가지 운명의 분기점이 어디서 결정되는지를 본문을 통해 살펴볼 필요가 있습니다.

가난한 자는 복이 있다

예수님이 축복을 선언하신 첫째 그룹의 사람들을 생각해 보십시오. 겉으로 보면 아무것도 가진 것이 없는 가난한 사람들입니다. 세상의 눈으로 보면 가련한 사람들입니다. 내세울 것도 없고, 자랑할 만한 것도 없는 사람들입니다. 그러나 주님의 눈에는 귀중한 이들이었습니다. 가난한 그들의 현재 처지(외적 상태) 때문이 아니라, 놀라운 그들의 현재 소속(신분) 때문에 그들은 복이 있습니다.

주님은 제자들을 바라보면서 "너희 가난한 자는 복이 있나니 하나님의 나라가 너희 것임이요"(눅 6:20)라고 말씀하셨습니다. 주님이 설교하신 기독교는 빈곤 지향주의나 궁핍 예찬주의가 아닙니다. 청빈만큼이나 청부 사상도 성경 본연의 메시지입니다. 깨끗하게 살다가 가난하게 되는 것이나 깨끗한 돈으로 부하게 되는 것이나 성경은 다 권장하고 있습니다. 성경은 결코 가난 자체가 복된 것이라고 말하지 않습니다. 그보다는 가난으로 인해서 겸허해진 자를 향해 축복을 선언합니다. 하나님 외에 달리 부르짖을 데를 얻지 못한 인생이 복되다고 선포합니다.

사람들은 가난하고 궁핍한 처지에 빠지면 도와줄 자를 발견하지 못하게 됩니다. 그저 딱한 상황 속에서 "여호와여 나는 가난하고 궁핍하오니 주의 귀를 기울여 내게 응답하소서"(시 86:1) 하고 하나님만을 바랄 수밖에 없습니다. 절박한 가난 가운데 달리 어쩔 수 없이 하나님을 바라게 된 사람을 향해서 예수님은 복되다고 말씀하십니다. "가련한 자들의 눌림과 궁핍한 자들의 탄식으로 말미암아 내가 이제 일어나 그를 그가 원하는 안전한 지대에 두리라"(시 12:5)고 여호와께서 말씀하십니다. 안타까운 처지로 인해서 개입하기로 결단하신 주님으로 인해 복이 있습니다. "그가 원하는 안전한 지대에 두리라"라는 그분의 선언 때문에 복이 있습니다. 달리 말해서, 가난한 자에게 주어진 하나님의 약속 때문에 복이 있습니다.

주님의 눈은 지금 제자들을 향해 있습니다. 제자들을 의도하고 지금 이 선언을 하고 계시는 것입니다. 하나님은 언제나 가련한 인생을 긍휼히 여기시는 분입니다. 창세기에서부터 시작해서 요한계시록에 이르기까지 성경의 하나님은 절박한 상황 가운데서 부르짖을 때 들으시는 분입니다. 하나님은 가문, 재산, 혈통을 묻지 않으십니다. 하나님은 답답해서 부르짖는 사람들의 소리를 들으시는 분으로 자신을 소개합니다.

그러므로 가난이라는 것은 의외로 우리를 하나님께로 인도하는 도구가 될 수 있습니다. 신앙생활을 수십 년씩 한 사람들은 옛날 어려웠던 때와 지금을 생각해 보십시오. 그때 예배 자리에 나와서 하나님 앞에 간절히 바라던 그 마음을 지금도 가지고 있습니까? 내일 아침 땟거리가 없어 절박하던 그때의 심정, 내일 빚 막음을 하지 않으면 파산해서 거리에 나앉을 절박한 상황에 놓여 있다면, 하나님 앞에 예배하러 나와 편안히 말씀 듣다 꾸벅꾸벅 졸 수 없을 것입니다. 사람은 그럴 수가 없습니다. 하나님은 절박한 가운데서 부르짖을 때 응답해 주시는 분, 눈물을 씻겨 주시는 분, 병든 자의 고통을 제하시는 분으로 당신을 성경에 계시하십니다. 그러므로 가난한 자에게 복음이 선포되는 것입니다(눅 4:18).

바울은 물론(고전 1:26-28) 야고보도 이 사실을 알고 이렇게 말했습니다. "내 사랑하는 형제들아 들을지어다 하나님이 세상에서 가난한 자를 택하사 믿음에 부요하게 하시고 또 자기를 사랑하는 자들에게 약속하신 나라를 상속으로 받게 하지 아니하셨느냐"(약 2:5). 여기서 '받게'라는 말은 삽입된 것입니다. 예수님과 함께 한 가정에서 형제로 자라난 야고보도 가난이 무엇인지를 어렸을 때부터 알았습니다. 그러므로 하나님이 가난한 자들을 택하사 약속하신 나라를 유업으로 풍성히 받게 하지 아니하셨느냐고 말할 때 너무 감격해서 '받다'라는 단어를 그냥 생략해 버리고 말았습니다.

가난은 그 자체가 행복의 조건은 아니지만, 때로 우리를 하나님 앞으로 인도해 줍니다. 그래서 성경은 가난한 자들에게 주어진 약속 때문에 그들에게 복이 있다고 말합니다. 하나님 나라가 그들의 것입니다. '하나님 나라'는 하나님이 우리를 위해서 하실 수 있는 모든 것을 다 담아 놓은 말입니다. 하나님 나라는 구원을 가져다주는 하나님의 능력입니다. 동시에 하나님 나라는 구원 얻은 백성이 사는 영역입니다. 하나님의 다스리심을 받는 사람이 복이 있습니다. 바라던 하나님의 통치 아래 들어온 사람이 복이 있습니다. 소망하던 모든 것이 이루어진 곳, 거기가 하나님 나라입니다.

주님은 이 축복을 제자들에게 미래의 것이 아닌 현재의 축복("너희 것임이요")으로 말씀하셨습니다. 이어지는 축복들이 미래의 것으로 표현되어 있는 것과는 대조적입니다("얻을 것이요 … 웃을 것임이요"[눅 6:21]). 예수 그리스도를 통해서 누리는 축복은 지금 우리의 것이어야 합니다. 비록 하나님 나라가 영광 중에 임할 때 그 모든 충만한 것을 받게 될 것이지만, 지금 우리는 이미 하나님의 통치 아래 들어왔습니다. 하나님 나라는 이 선언을 하시는 주님으로 말미암아 지금 여기서부터 우리의 것입니다.

예수님이 축복하신 대상은 누구인가

예수님은 이어서 가난한 자들이 누구인지를 구체적으로 설명해 주십니다. "지금 주린 자는 복이 있나니 너희가 배부름을 얻을 것임이요 지금 우는 자는 복이 있나니 너희가 웃을 것임이요"(눅 6:21). 가난과 굶주림은 떼려야 뗄 수 없습니다. 여기서 굶주림은 신체적인 굶주림과 더불어 영적인 갈구를 표현합니다(사 55:1; 암 8:11). 동시에 구약 선지자들은 하나님이 가난한 자를 만족시켜 주시는 분이라고 예언했습니다(렘 31:11-12; 겔 36:29). 하나님은 사모하는 영혼에게 만족을 주시며 주린 영혼에게 좋은 것으로 채워 주시는 분입니다(시 107:9). 구약의 성도들은 이 신앙 고백에 함께 섰습니다. 우리도 이와 동일한 신앙 고백을 할 수 있어야 합니다.

굶주림을 경험해 본 적이 있습니까? 배가 고프면 먹는 것밖에는 생각나지 않습니다. 이처럼 온 마음을 다해서 하나님을 사모하면 그분이 채워 주십니다. 이전에 궁핍한 처지에서 하나님께 부르짖던 그날처럼 사모해 보십시오. 하나님이 하늘의 창을 열고 감당하지 못할 만큼 채워 주실 것입니다. 만족한 성도의 고백은 신약에서도 다르지 않습니다. "모든 일 곧 배부름과 배고픔과 풍부와 궁핍에도 처할 줄 아는 일체의 비결을 배웠노라"(빌 4:12). 하나님으로 말미암아 만족하는 사람들은 어떤 상황 속에서도 자족할 수 있습니다. 그렇기에 이제 배고픈 자가 복이 있습니다. 배부를 것이기 때문입니다. 성경은 하나님이 우리를 위해서 잔치를 예비해 놓으셨다고 말합니다.

의에 굶주린 자는 자신의 죄악으로 우는 자를 의미합니다. 의를 사모하는 자는 세상의 악함으로 탄식하는 자입니다. 그런 그들을 향해 예수님은 "악한 세상으로 인해서 탄식하며 자신의 죄악으로 인해서 통곡하는 너희는 복이 있다. 너희가 위로를 받을 것이다"라고 말씀하십니다. 성경은 하나님이 슬픔을 기쁨으로 바꿔 주신다고 무수히 약속합니다(사 35:10, 66:10). "무릇 시온에서 슬퍼하는 자에게 화관을 주어 그 재를 대신하며 기쁨의 기름으로 그 슬픔을 대신하며 찬송의 옷으로 그 근심을 대신하시고"(사 61:3).

주님은 그 눈을 아직도 제자들을 향한 채 그들을 바라보며 축복을 선언하셨습니다. 그러면서 "인자로 말미암아"(눅 6:22)라고 하셨습니다. 갈수록 이 축복이 누구를 향해서 선언되었는지를 더 분명하게 보여 주십니다. 가난한 자들은 그냥 핍절한 자들이 아니라 인자로 말미암아 가난한 자들입니다. 인자로 말미암아 주리고 우는 자들입니다. 인자 때문에 미움을 받을 때 복이 있습니다. 사람의 아들로 오신 예수로 인해서 소외당하고 비난받을 때 복이 있다고 말씀하신 것입니다. 이 같은 일을 당한다면 침체되고 낙심할 때가 아니라 기뻐하며 뛰놀 때입니다. 예수 그리스도로 인해서 받는 모든 수모는 영광스러운 보상을 받을 것입니다. 언제라도, 누구에게서라도 그분을 위해서 박해를 받을 때는 하늘의 놀라운 보상이 약속되어 있습니다.

우리가 하나님의 것이라고 하면 박해는 필수적입니다. "무릇 그리스도 예수 안에서 경건하게 살고자 하는 자는 박해를 받으리라"(딤후 3:12). 하나님 나라가 이 땅에 시작될 때 예수님의 이름 때문에 믿는 자들이 박해를 당했습니다. 이제 하나님 나라의 완성을 앞두고 다시 한 번 온 세상과 마귀가 우리를 향해서 마지막 도전을 해 올 것입니다. 그날을 위해 준비되어 있습니까? 박해를 받을 때 낙심해서는 안 됩니다. 그날은 기뻐 뛰면서 즐거워하십시오. 주님은 당신의 권위로 "그날에 기뻐하고 뛰놀라 하늘에서 너희 상이 큼이라"(눅 6:23)라고 선언하셨습니다.

인자를 알지 못하는 이들의 대조적인 운명

인자를 알지 못하는 이들의 운명을 살펴봅시다. 축복과 완전한 대조를 이루는 저주의 선언입니다. 무엇이 축복과 저주를 갈라놓습니까? 첫째, 현재의 만족과 현재의 집착이 재앙을 초래합니다(눅 6:24-25). 하나님 나라보다 세상에 관한 관심과 만족이 그들을 재앙으로 몰아넣습니다. 스스로 만족하면서 달리 무엇을 찾지 않는 사람에게 성경은 심판을 선언합니다. 좋으신 하나님께 나오지 않고도, 그 하나님을 간절히 사모하지 않고도 잘 살 것처럼 생각하는 자에게 성경은 저주를 선언합니다. 스스로 만족하면서 동료 인생의 고통에 대해서 무관심하며 오늘을 사는 자를 향해서 성경은 재앙을 선포합니다. 아니, 지금 좋은 것으로 만족할 뿐 아니라 웃고 즐기면서 자랑하고 교만한 그들을 향해서 주님은 "화 있을진저"

라고 선언하십니다.

그들이 더 바라는 것이 있다면 다만 사람들의 인정과 대접받고 싶은 것뿐입니다. 그 외에는 달리 욕망을 갖지 않고 만족합니다. '나는 부자라 궁핍한 것이 없다'는 태도로 불의한 세상에서 웃고 즐기면서 살아갈 때 주님은 "화 있을진저"라고 선포하십니다. "모든 사람이 너희를 칭찬하면 화가 있도다 그들의 조상들이 거짓 선지자들에게 이와 같이 하였느니라"(눅 6:26).

물론 제자들은 바깥 사람들에게도 칭찬을 받아야 합니다. 한 사람이 집사와 감독이 되려면 믿지 않는 사람들에게서도 훌륭한 사람이라는 인정을 받아야 한다고 성경은 말합니다(딤전 3:7). 그러나 성경은 사람 사이에서 유명해지고 인정받는 것이 궁극적인 목표가 될 때 화가 있다고 선언합니다. 경건한 신앙의 세계에서 위선의 세계로 옮겨지기 때문입니다. 신앙이란 무엇입니까? 사람의 눈길을 살필 수 있는 곳이 아니라 아무도 보지 않는 자리에서 어떻게 생각하고, 어떻게 궁리하고, 어떻게 행동하는지를 보이는 것이 신앙입니다. 누구나 깨어 있지 않으면 자기도 모르는 사이에 거기서 살게 됩니다.

○

어떤 목적을 추구합니까? 현재의 만족입니까, 미래의 약속입니까? 세상입니까, 하나님 나라입니까? 사람들입니까, 하나님의 평가입니까? 운명의 갈림길 앞에서 어떻게 대답하겠습니까? 축복과 재앙은 자신의 평가에 달려 있습니다. 현재의 만족보다 미래의 약속을 귀히 여기십시오. 세상보다 하나님 나라를 사모하십시오. 사람보다 하나님의 평판을 염두에 두십시오.

세상은 우리를 바보 취급할 것입니다. 속된 신자들은 우리를 조롱하고 멀리할 것입니다. 세상에 속한 그들은 우리를 욕하고 미워할 것입니다. 그러나 사람들의 눈에 하찮게 대접받을 때 그날 제자들을 쳐다보셨던 주님이 우리를 바라보며 귀하게 여기실 것입니다. 오직 두 운명만이 우리를 기다리고 있습니다. 축복입니까, 아니면 저주입니까? 주님은 영원한 축복 아래 우리 한 사람, 한 사람이 들어오기를 바라십니다.

3.

원수를 사랑하라 (6:27-36)

//

     우리의 눈이 세상에 오신 하나님의 아들을 알아본다면 복된 내일이 있습니다. 하지만 계속 세상과 그 가운데 있는 것들에만 집착하고 산다면 내일의 화를 면할 수 없습니다. 주님은 그 엄청난 사실을 시적인 언어로 묘사하면서 설교를 시작하셨습니다.

  이제 본문은 "예수께서 눈을 들어 제자들을 보시고 이르시되"(눅 6:20)가 "그러나 너희 듣는 자에게 내가 이르노니"(눅 6:27)로 바뀝니다. 앞서 주님은 시적인 언어로써 제자들과 하나님의 관계를 말씀하셨으나, 지금은 보다 현실적인 언어로써 제자들이 사람들과 더불어 어떻게 살아야 할 것인지를 말씀해 주십니다. 운문은 산문에게 자리를 내어 주고, 미래는 현실에게 그 입장을 양보하고 있습니다. 하나님과 복된 관계를 맺은 이들은 사람들과 더불어서 사랑의 관계를 맺어야 한다는 것이 주님이 말씀하신 설교의 요지입니다.

31

사랑의 삶은 예수님의 제자 된 자들이 마땅히 살아야 하는 삶인 동시에 모든 인생이 추구해야 하는 삶의 기준입니다. 따라서 주님은 대상을 '제자들'이 아닌 '듣는 자'로 바꾸고 "너희 원수를 사랑하라"고 말씀하셨습니다. 여기서 주님이 요구하시는 행동은 제자가 되는 조건이 아닙니다. 오히려 제자들이 마땅히 살아가야 하는 삶의 지침입니다. 원수를 사랑하는 행위로 주님의 제자가 되는 것이 아닙니다. 제자라면 마땅히 원수를 사랑함으로 자신이 인자와 더불어 새로운 관계에 들어간 자라는 사실을 입증해야 합니다.

'듣는 자' 가운데는 이미 제자가 되기로 결단한 사람들도 있었고, 아직 그 결단에 채 미치지 못했지만 주님의 말씀을 들으려고 모여든 사람들도 있었습니다. 주님은 그들을 구별하지 않고 "너희 원수를 사랑하라"고 말씀하셨습니다. 하나님은 이 말씀을 우리 모두를 향해 삶의 표준으로 제시하십니다. 하나님은 이 땅에 사람을 창조하실 때 그들이 서로 사랑하기를, 심지어는 원수까지도 사랑하기를 바라셨습니다. 율법과 선지서의 요점이 무엇입니까? 온몸과 마음을 다해서 하나님을 사랑하고 이웃을 자기 몸처럼 사랑하는 것으로, 이는 성경의 근본 원리입니다.

새 시대의 지평을 여는 낯선 가르침

"너희 원수를 사랑하라", "너희를 미워하는 자를 선대하라", "너희를 저주하는 자를 축복하라", "너희를 모욕하는 자를 위하여 기도하라"와 같이 주님의 설교는 항상 쉽습니다. "너희 원수를 사랑하라"고 말씀하신 후 누가 원수인지 혹 이해되지 않는 사람이 있을까 봐 '너희를 미워하는 사람을, 너희를 저주하는 사람을, 너희를 모욕하는 사람을'이라고 밝혀서 설명했습니다. 사랑하는 것이 무엇인지 모르는 사람들을 향해 "선대하라", "축복하라", "위하여 기도하라"고 구체적으로 일러 주셨습니다.

주님의 말씀 가운데는 알아듣지 못할 말이 없습니다. 어느 한 단어도 특별한 해석학적 기술을 요하는 말이 없습니다. 주님은 누구나 들으면 이해할 법한 설교를 하셨습니다. 이것이 주님의 설교의 특징입니다. 이날 주님이 하신 설교의 핵심은 한마디로, '너희 원수를 사랑하라'라고 요약할 수 있습니다.

그런데 그날 주님의 설교를 듣던 제자들과 우리 사이에는 입장 차이가 있습니다. 우리는 교회에서 '너희 원수를 사랑하라'라는 내용의 설교를 들으면 강단에서 설교할 만한 주제이며 기독교의 가르침의 진수라고 생각합니다. 그러나 그날 그 산에서 내려오신 주님의 설교를 듣던 사람들은 전혀 다른 반응을 보였습니다. '원수를 사랑하라고? 저분이 지금 말실수를 하고 있군'이라고 생각할 만큼 귀에 익숙지 못한 말이었습니다. 그들에게는 '원수를 사랑하라'는 말만큼 앞뒤가 맞지 않는 말이 없었습니다. 당시 회당의 가르침은 '네 이웃은 사랑하고 네 원수는 미워하라'는 것이었습니다. 이방 사람을 멸시하는 것을 사명처럼 알고 살았던 그들의 귀에 '원수를 사랑하라'는 말만큼 받아들이기 어색한 말도 없었을 것입니다.

그런데 그다음 말씀이 "너희를 미워하는 자를 선대하라"입니다. 원수를 사랑한다는 것은 자신을 미워하는 자를 선대하는 것이라고 풀이해 주신 것입니다. 달리 해석할 수 없는 분명한 말씀입니다. 어떤 랍비나 현인, 철인도 이렇게 가르친 적이 없었습니다. 주님은 세상에 오신 하나님의 아들의 권위로써 새로운 명령을 하신 것입니다. 하나님의 아들이 사람의 아들로 세상에 오심으로 인류 역사는 새로운 장을 맞이했습니다.

그런데 사실 원수를 사랑하라는 이 새로운 명령이 이전에 주신 율법과 서로 모순되지는 않습니다. 다만 사람들이 이미 율법 속에 배태된 원리를 깨닫지 못했을 따름입니다. 율법의 토양 속에 뿌려진 씨앗을 신약 복음의 계절에 수확하는 것이 바로 이 말씀인 것입니다. 이전에는 소극적으로 표현되었지만 이제는 적극적으로 표현됩니다. 죄인의 죄를 참아 오신 자리에서, 더 나아가 죄인의 죄를 용서하기 위해서 오신 주님의 말씀입니다. 하나님의 새 시대의 정신에 어울리게 표현하신 말씀이 원수를 사랑하라는 것입니다.

원수를 사랑한다는 것의 의미와 이유

구약 율법은 복수를 금하고 있습니다. 더 나아가 원수가 궁지에 빠졌을 때 쾌재를 부르지 못하도록 명하고 있습니다. 원수가 궁지에 몰렸을 때는 도움의 손을 내밀기를 주저하지 말라고 명하고 있습니다 (출 23:4-5). 이처럼 '네 원수를 도와주라'는 구약 말씀에서 한 걸음 더 나아가 '네 원수를 사랑하라'는 말씀으로 본문은 나아가고 있습니다. 이것은 동일한 하나님의 성품에서부터 나온 명령입니다.

'원수를 사랑하라'는 말은 구약 율법의 원리인 동시에 신약 성도들의 삶의 기본 원리입니다. 다른 사람들을 대하는 그리스도인의 기본 태도는 적극적으로 사랑하는 것입니다. 심지어 원수까지도 사랑하는 것입니다.

그러면 원수를 사랑하는 것은 무엇을 의미합니까? 무엇보다도 우리가 다른 사람을 대할 때 그들이 누구냐, 혹은 그들이 무엇을 우리에게 하느냐에 따라 대하지 않는 것입니다. 오히려 우리가 그들을 어떻게 보느냐, 우리의 관점에 그들이 어떤 상태에 있느냐에 따라 대하는 것입니다. 하나님은 당신이 누구이며 무엇을 의도하는지에 따라 행동하십니다. 즉 당신이 사랑이시라는 사실에 근거해서 그들을 대하십니다. 우리 속에 있는 그 무엇에 의존하지 않고 우리의 우리 됨에도 불구하고 우리를 사랑하십니다.

원수를 사랑하라는 이 명령의 의미는 그 사랑으로 다른 사람을, 원수까지도 사랑하라는 말씀입니다. 자신의 기준으로는 사랑할 만한 사람들이 많지 않습니다. 원수까지도 사랑하기 위해서는 자신을 앞세우고 중시하는 삶에서 벗어나야 합니다. 자신을 위해서 사는 한 나에게 하는 대로 갚아 주고 싶은 생각이 납니다. 순간적으로 그런 반응이 나오도록 되어 있습니다. 그러나 그리스도인은 이 세상에 살지만 이 세상 사람들이 사는 방식으로 살지 않습니다. 다른 세계, 하늘의 시민, 새로운 피조물로서 세상을 새롭게 바라보고 다르게 처신하는 사람입니다.

우리가 비참해지는 이유는 우리의 삶이 다른 사람에 의해서 지배당하기 때문입니다. 다른 사람에게 신경을 쓰고 살기 때문입니다. 아무리 거센 태풍이 일어나도 수만 미터 바다 깊은 곳에서는 물이 잔잔하지 않습니까. 다른 사람이 어떻게 처신하느냐가 우리 행동의 기준이 되어서는 안 됩니다. 다른 사람이 우리의 생각과 행동을 좌우하는 한 항상 기뻐하고 감사할 수 없습니다. 그 사람만 보면 화가 나고 그 사람을 안 보면 살 것 같다면, 이는 이미 그 사람에 의해 지배당하며 살고 있는 것입니다.

주님은 지금 우리가 그런 상태에서 벗어나기를 요구하십니다. 우리 삶이 다른 사람이 아니라 우리 자신에 의해서 지배되기를 바라십니다. 우리 자신이 믿는 새로운 사랑의 원리에 의해서 살아가기를 바라십니다. 우리가 믿는 하나님이 자비하신 분이라면 하늘에 계신 아버지의 자비하심처럼 사람을 대하는 것입니다.

하나님은 악한 세상을 어떻게 대하십니까? 인생들이 배은망덕한 삶을 살지만 그들을 불쌍히 여기십니다. 하나님은 그들이 행동하는 대로 갚지 않고 안타까워하십니다. 그래서 아들을 세상에 보내고 십자가에 달려 돌아가시게 하셨습니다. 우리의 무엇에 근거해서가 아니라, 우리를 사랑하기로 작정하신 그 영원한 하나님, 당신의 결단에 따라서 우리를 대하셨습니다. 그렇기에 구원의 역사가 이 땅에 펼쳐지고 있고, 하나님 앞에 나아와 예배하는 사람들이 이 땅에 존재하고 있는 것입니다.

우리 역시 동일한 시각으로 이웃을 바라보아야 합니다. 우리를 미워하고 저주하고 모욕하는 사람들을 연민의 눈으로 바라보십시오. 그들의 무례하고도 악한 행동조차 불쌍히 여기게 될 것입니다. 그들을 위해 최선의 길을 모색하게 될 것입니다. 이런 식으로 생각해 보면 원수를 사랑하라는 주님의 명령이 더 이상 불가능하게 여겨지지 않을 것입니다.

왜 우리는 원수를 사랑해야 합니까? 여기에 대해 상당히 많은 사람이 감상주의적인 입장을 취합니다. 우리가 그들을 사랑하면 그들도 우리를 사랑할 것이라고 말합니다. 그러나 우리는 감상주의자가 되는 대신에 현실주의자가 되어야 합니다. 현실은 이와 같이 전개되지 않습니다.

또 다른 사람들은 하나님이 그들의 현재 모습보다 그들 안에 있는 가능성을 보고 대하신다고 말합니다. 이런 입장이 현대의 심리학적 접근의 배후에 깔려 있습니다. 그런 의미에서 학교에서 아동을 대하는 자세뿐 아니라 교도소에서 죄수들을 대하는 태도도 변해야 한다고 주장합니다. 그런 주장의 결과는 어떠할까요? 별반 변화를 가져오지 못합니다. 우리의 행동이 그들을 심리적으로 변화시켜 그들이 우리가 원하는 사람이 될 것이라고 생각하는 것은 현실적이지 못합니다.

우리가 그들을 사랑해야 하는 이유는 단 하나입니다. 하나님의 사랑을 나타내기 위해서입니다. 우리가 그들을 사랑한다고 그들의 가슴속에 하나님의 생명의 불꽃이 점화되고 부채질되어 활활 타오르리라고 낭만적으로 생각하지 마십시오. 인간은 죄 중에 형성되고 죄악 가운데 태어난 존재로서 스스로 바른 선택을 할 수 있는 능력을 갖고 있지 못합니다. 그럼에도 우리가 이웃을 사랑하고 심지어 원수까지 사랑해야 하는 이유는 하나님이 가끔 놀랍게 영광스러운 복음을 이와 같이 전달되게 하시기 때문입니다.

그래서 원수가 자기를 사랑하는 성도를 바라보며 의문을 품습니다. 아니, 마침내 묻게 됩니다. "왜 당신은 당신을 미워하고 조롱하고 박해하는 나를 사랑합니까? 왜 내게 보복하지 않습니까? 무엇이 당신을 다르게 행동하게 만들었습니까?" 그때 우리는 답할 기회를 갖게 될 것입니다. "하나님의 은혜 때문입니다. 하나님의 사랑이 나에게 역사했기 때문입니다."

예수님의 말씀에 순종해 사랑한다는 것은

그러면 우리는 이 하나님의 사랑을 어떻게 우리가 만나는 사람들에게 나타낼 수 있겠습니까? 본문은 이에 대해 상세히 나열하고 있습니다. '원수를 사랑하라'는 주님의 명령은 한마디로 끝나지 않고, 연달아 명령들이 나옵니다. 이 명령들 사이에는 반드시 서로 상관관계가 있을 것입니다. '사랑하라', '선대하라', '축복하라', '기도하라' 등 명령이 네 번 반복됩니다. 원수, 미워하는 자, 저주하는 자, 욕하는 자는 모두 같은 사람을 지칭하고 있지 않습니까. 같은 부류의 사람들이지만 좀 더 설명하기 위해 말씀을 반복하신 것입니다.

사랑한다는 것은 속에서부터 나오는 마음의 자세입니다. 그러나 마음

씀씀이 정도로 끝나서는 충분하지 않습니다. 사랑하는 마음을 품을 때는 반드시 구체적으로 선을 행하는 데로 나아가야 합니다. 원수를 사랑한다는 것은 미워하고 있는 그 사람에게 지금 선을 행하는 것입니다. 좋은 마음을 먹고 만났는데 상대방이 우리의 마음을 모르는 채 속을 뒤집는 말을 합니다. 그럴 때는 축복하는 말로 답해야 합니다. 혼자 무릎 꿇고 앉아 있는 순간에도 그 사람을 생각하면 위해서 기도하고 싶은 마음이 솟아나기를 하나님은 바라고 계십니다. 왜냐하면 하나님이 우리를 그처럼 사랑하시기 때문입니다. 우리의 마음이 하나님의 사랑에 접한 적이 있다면 우리의 마음이 하나님을 닮아야 합니다. 그렇기에 나를 미워하는 자에게 선을 행하는 것입니다. 나를 모욕하는 자에게 축복으로 다가서는 것입니다. 나는 그를 위해서 기도할 뿐입니다. 시편 기자는 이렇게 고백했습니다. "나는 사랑하나 그들은 도리어 나를 대적하니 나는 기도할 뿐이라"(시 109:4).

사랑은 반드시 능동적이어야 하고 구체적인 행동으로 나아가야 합니다. 미워하지 않는 정도가 아니라 선대하는 행동으로 나아가야 합니다. 잔인한 행위에 대한 대답은 친절한 행동이어야 합니다. 아주 비열하게 다가오지만 나는 최선의 친절을 베푸는 것이 사랑이라고 주님은 말씀하십니다.

여기 선으로 악을 이기신 분의 설교가 있습니다. 새 시대의 지평을 여는 놀라운 설교가 있습니다. 지금껏 상상하지 못하고 깨닫지 못했던 인간 상호 간의 삶의 방식이 있습니다. 주님의 말씀은 그들이 하는 대로 하는 것이 아니라, "너는 사랑하라. 너는 선으로 행하라. 너는 축복하라. 너는 기도하라"는 것입니다. 예수님이 선언하신 축복의 영역에 옮겨진 이들의 삶의 모습은 이전의 삶과 전혀 달라야 합니다. '화 있을진저'라는 무서운 저주를 뒤로한 자들의 삶의 모습은 옛날의 삶과 같을 수 없습니다.

선을 행하는 구체적인 방식은 무엇일까요? 입의 말이 달라져야만 합니다. 누군가 모욕하는 말을 골라서 할지라도 생각해 낼 수 있는 가장 아름다운 축복의 말로써 기도하라는 것이 우리를 향한 하나님의 기대입니다. 저주할 때 악담으로 되받지 말고 진심으로 위해서 축복하라는 것입니다. 사랑은 감상적인 기분이 아닙니다. 사랑은 적극적인 친절입니다. 사랑은 원수의 선을 적극적으로 추구하는 것입니다. 나를 지금 미워하고 저주하고 모욕하는 사람의 선을 적극적으로 추구하는 것이 '사랑하라'는 말씀 속에 포함되어 있습니다. 사랑하는 것은 행동으로 선을 베푸는 것입니다. 사랑하는 것은 언어로 축복을 비는 것입니다. 사랑하는 것은 중심에서부터 위해서 기도하는 것입니다. 그러면 말과 행동과 표정이 바뀔 것입니다.

○

주님은 "원수를 사랑하라"고 말씀하십니다. 말은 어렵지 않습니다. 그러나 이 말씀을 실천하기 위해서 우리는 자신을 십자가에 못 박아야 합니다. 되로 주면 되로 갚고, 말로 주면 말로 갚고 싶은 것이 우리이기 때문입니다. 더 이상 자신을 위해 살지 않고, 나의 삶은 하나님의 사랑을 이 땅에 나타낼 기회라고 생각한다면 무엇을 믿느냐에 따라 행동할 수 있습니다. 그 사람의 처신에 따라서 반응을 보이는 것이 아니라, 내가 누구이며 무엇을 믿고 소망하는지에 따라서 사랑할 수 있는 사람이 될 것입니다. 우리 안에 성령님을 주신 하나님의 영광을 위해 살아가십시오. 이제부터 새 시대를 대망하는 하나님의 백성답게 원수까지도 사랑하며 살아갑시다.

4.

자비로운 자가 되라(6:36-38)

//

　계속해서 살펴보고 있는 평지 수훈은 제자의 많은 무리와 유대 사방뿐 아니라 예루살렘과 두로와 시돈의 해안으로부터 몰려온 많은 백성에게 평지에 서서 하신 주님의 기억할 만한 설교입니다. 여기에 설교자로서 주님의 탁월한 면모가 유감없이 드러나 있습니다.

　주님은 눈을 들어 제자들을 보고 그 입을 여사 '복이 있나니'와 '화 있을진저'를 거듭 선언하셨습니다. 이어 현장에 있는 모든 듣는 자를 향해서는 "너희 원수를 사랑하라"고 말씀하셨습니다. 주님다운 설교 주제입니다. 그리고 그 주제를 풀어서 설명하시는데, "너희를 미워하는 자를 선대하라. 너희를 저주하는 자를 위하여 축복하라. 너희를 모욕하는 자를 위하여 기도하라" 등 아주 손에 쥐어 주듯이 구체적으로 말씀해 주십니다.

　주님은 원수를 사랑하는 것이 무엇인지 예를 들어 말씀하시고, 한 걸음 더 나아가 모든 그리스도인의 삶의 보편적 원리를 선언하십니다. "남에게 대접을 받고자 하는 대로 너희도 남을 대접하라"(눅 6:31). 그리고 이어서 우리의 행동이 그 수준에 미쳐야 할 이유를 제시하십니다. 한마디로 요약하면, 인자하신 분의 자녀이기에 그렇게 살아야 한다고 하셨습니다. "너희 아버지의 자비로우심같이 너희도 자비로운 자가 되라"(눅 6:36).

자비로운 자가 되고 비판하지 말라

'자비로운 자가 되라'는 말씀은 '원수를 사랑하라'라는 앞 장 본문의 결론인 동시에 '비판하지 말라'라는 이 장 본문의 기본 전제이기도 합니다. 주님은 지금 이 설교를 아무에게나 하지 않으십니다. 하나님을 '아버지'로 부르는 특별한 부류의 사람들에게 명령하신 것입니다. 하나님 아버지의 자비로우심을 체험한 사람만이 동료 인생을 불쌍히 여길 수 있습니다. 오직 그리스도 예수를 통해 삶이 바뀐 사람만이 이 말씀을 수용할 수 있습니다. 하나님의 자비는 하나님의 자녀들이 따라야 하는 모범인 동시에 추구해야 할 목표입니다. 우리 삶의 모습은 우리가 누구인지를 보여 줍니다. 하늘에 계신 아버지의 자비로운 성품을 닮아 가십시오. 자녀들은 부모를 닮는 것이 정상적입니다.

과연 주님은 훌륭한 설교자답게 주제만 밝히고 지나가지 않고 36절의 원리를 보다 구체적으로 밝히십니다. 두 개의 부정적 명령과 두 개의 긍정적 명령으로 주제를 설명하십니다. 아버지의 자비로우심처럼 자비로운 삶을 사는 사람은 남을 비판하거나 남을 정죄하지 않습니다. 오히려 남을 용서하고 필요한 것을 채워 주는 삶을 삽니다(눅 6:37).

'비판하지 말라'라는 명령만큼이나 쉽게 오해되는 말씀도 드뭅니다. 다른 사람의 삶에 개입할 이유가 없으니 무슨 일이든지 판단 없이 받아들이라는 의미로 이해하기 쉽습니다. 성경은 타인의 도덕적 상태에 대한 무관심을 결코 권장하지 않습니다. 함께 살아가는 이들을 바라보고 진지하게 살피는 일을 그만두라는 권면이 아닙니다. 여기서 금하는 바는 남의 잘못을 들추고 사사건건 비난하는 태도입니다. '내가 낫다'는 우월감을 경고합니다. 자신의 잘못을 생각하지 못하는 일이 없도록 주의를 줍니다.

성경이 금하는 비판과 정죄의 태도가 무엇인지는 바리새인의 기도를 보면 알 수 있습니다. "하나님이여 나는 다른 사람들 곧 토색, 불의, 간음을 하는 자들과 같지 아니하고 이 세리와도 같지 아니함을 감사하나이다"(눅 18:11). 이런 태도는 바리새인들의 전유물이 아닙니다. 신약성경은 이런 태도가 우리 모두의 고유 속성임을 분명히 밝힙니다. 혹시 '나는 그런 식으로 살지 않는다'고 여기는 사람이 있다면 어느 누구보다 자신을 먼저 살펴야 합니다. 고통스럽지만 반드시 필요한 과정입니다. 곪은 상처를 치료하는 길은 그냥 덮어 두는 것이나 피상적인 처치가 아닙니다. 곪은 데를 세밀히 관찰한 후 고통스럽지만 필요하다면 수술을 해야 합니다.

정죄함의 배후에 있는 세력

우리가 하늘 아버지의 자비로우심같이 자비로운 삶을 사는지, 스스로를 먼저 두 개의 부정적 명령으로 관찰해 봅시다. 주님은 "비판하지 말라", "정죄하지 말라"고 말씀하셨습니다. '비판하지 말라'는 말씀은 '정죄하지 말라'는 말씀과 통하는 것입니다.

왜 우리는 그처럼 쉽게 남을 비판하고 정죄할까요? 어떤 정신이 그 배후에 도사리고 있는 것일까요? 그 배후에는 자기가 옳다는 생각이 있습니다. 나는 안 그러는데 다른 사람들은 왜 그러는지 모르겠다는 우월감이 들면 다른 사람을 비판하고 정죄하게 됩니다. 그러다 보면 남의 일에 사사건건 간섭하고, 허물을 잡고, 은근히 무시하고 깔보는 태도를 보이게 됩니다. 비판 정신 자체는 나쁜 것이 아닙니다. 분석하고, 어둠과 밝음을 분별할 줄 알아야 합니다. 그것은 하나님이 사람에게 주신 이성이 가진 가장 최고의 활동입니다. 다만 과도하게 비판하는 것, 비판을 즐기는 것이 문제입니다. 성경은 남의 허물을 찾아내고 은근히 기뻐하는 태도를 금합니다.

사랑은 모든 것을 참으며, 모든 것을 믿으며, 모든 것을 바라며, 모든 것을 견디는 것입니다(고전 13:7). 그러나 비판하는 사람의 마음은 형제자매의 나쁜 점에 관심을 가지고 들추어내기를 즐겨합니다. 별로 중요하지 않은 문제를 아주 중요한 문제로 삼아서 비난합니다. 남의 잘못을 볼 때 신나고, 발견하지 못하면 오히려 실망하는 마음을 성경은 금합니다.

바울은 로마서에서 아무것도 아닌 문제(먹고 마시는 문제, 날짜를 지키는 문제)를 중요하게 여기며 사는 사람들을 향해 말했습니다(롬 14장). 이러한 문제로 서로 이해할 수 없어 비판한 것이 초대 교회 로마 성도들의 문제였습니다. 어느 교회든지 문제가 될 수 있습니다. 왜냐하면 교회에는 신앙의 배경이 서로 다른 사람들이 모여들었기 때문입니다. 각자가 자라난 전통이나 문화 배경이 다르기 때문에 서로를 이해하지 못할 수 있습니다. 예를 들어, 포도주를 대하는 태도가 한국 교회와 프랑스 교회에서 각각 다른 것과 마찬가지입니다.

그러나 그것은 중요한 문제가 아니라고 바울은 말합니다. "네가 어찌하여 네 형제를 비판하느냐 어찌하여 네 형제를 업신여기느냐 우리가 다 하나님의 심판대 앞에 서리라"(롬 14:10). 그러므로 하나님의 심판대 앞에 서는 그날까지는 형제자매들이 하는 행동을 이해할 수 없을 때 최악의 경우를 상상할 필요가 없습니다. 그것이 늘 문제를 유발시킵니다. '이것은 틀림없이 저 사람이 나한테 이런 생각을 가지고 있기 때문일 것이다'라고 생각할 필요가 없습니다. 사람이 한 가지 행동을 하는 동기는 아주 각양각색일 수 있습니다. 그중 하필이면 가장 나쁜 경우를 상상해 문제를 도발시킬 이유는 없습니다.

비판하는 자가 저지르는 잘못은 별로 중요하지 않은 문제를 매우 중요한 문제로 만드는 데 있습니다. 타인에 대해 좋지 않은 이야기를 듣고는 "봐! 하는 것 보니까 내가 그럴 줄 알았다" 하며 은근히 기뻐하며 비판합니다. 평소에 시샘하고 질투하는 사람이 잘못을 저질렀다는 이야기만을 듣고도 즉각 기뻐하는 사람은 남을 정죄하는 자리에 쉽게 나갈 수 있습니다. 우리는 자신을 살펴볼 필요가 있습니다.

이런 비판의 문제는 바리새인들과 함께 끝나 버릴 문제가 아니라, 모든 성도와 함께 남아 있는 문제입니다. 우리와 직접 관련이 없는 일에 대해 이러쿵저러쿵 이야기해서는 안 됩니다. 혹시 원리보다는 편견을 가지고 대하지는 않습니까? 입장보다는 인상만 가지고 중요하게 생각해서는 안 됩니다. 사건에 대해 깊이 알아보고 양쪽 이야기를 다 들어 보기 전까지는 판단하지 마십시오. 상황을 알아보고 이해하거나 측은히 여기는 대신에 듣자마자 한마디를 해 버린다면 그것은 비판하는 것입니다. 사건을 두고 말하는 대신에 사람을 매도하는 것은 잘못된 비판 정신을 가진 것입니다. 이 모두가 '비판하지 말라', '정죄하지 말라'는 주님의 말씀을 귀담아듣지 못한 현상입니다. 보고 듣는 대로 마지막 판단을 하는 것은 하나님께 속한 권한을 침해하는 것입니다.

두 가지 긍정적 명령, "용서하고 주라"

이어서 주님은 아버지의 자비로우심을 따라 사는 사람들의 모습을 적극적인 명령 속에 보여 주십니다. 오늘 우리의 삶의 모습은 내일 하나님의 심판과 깊은 관련을 가지고 있습니다. "비판하지 말라"는 말씀만큼이나 "비판을 받지 않을 것이요"라는 그다음 말씀도 사람들은 오해합니다. 이 말씀은 "남의 일에 참견하지 말라. 그러면 너도 같은 일을 당한다"는 일반적인 도덕 교훈이 아닙니다. 여기서는 "비판하지 말라. 그리하면 하나님이 너를 비판하지 않으실 것이다. 정죄하지 말라. 그리하면 하나님이 너를 정죄하지 아니하시리라"라는 의미입니다. 하나님 아버지의 자비로우심을 본받아 사는 사람이라면 실제로 자신에게 잘못을 범한 형제자매를 용서하라는 말씀입니다.

여기서 우리는 용서가 일반적인 경우라고 오해합니다. 일반적인 경우는 아무라도 용서할 만한 마음의 여유를 가지고 있습니다. 문제는 나의 뺨을 치고 외투를 벗겨 갈 때에 내가 어떻게 할 것인지입니다. 그때 용서하라는 말씀입니다. 인격적인 모독을 당한 경우에도 내 자존심을 넘어서서 사랑을 보이라는 뜻입니다.

세상의 누가 이 말씀을 따를 수 있습니까? 오직 그리스도인들만이 이 명령에 순종할 수 있습니다. 그들은 하나님으로부터 한없는 용서를 받았기에 다른 사람을 용서할 수 있는 여유를 가진 사람들입니다. 하나님으로부터 한없는 은혜를 받았기에 남을 향해서 은혜를 끼칠 수 있는 사람들입니다.

이 은혜를 받기 전에는 아무도 줄 수 없습니다. 이것이 기독교와 다른 종교의 차이입니다. 기독교는 먼저 하나님으로부터 받고 나서 그리스도인다운 삶을 살 수 있는 종교입니다. 우리가 노력해서 도달하는 종교가 아닙니다. 우리의 치성을 드리는 종교가 아니라, 하나님이 하신 일 때문에 나도 할 수 있는 그 자리로 나아가게 되는 것입니다. 하나님은 당신으로부터 받은 자에게, 당신의 용서를 받은 자에게 "너도 베풀라"라고 말씀하십니다. 큰 용서와 베풂을 누린 자만이 이런 경우에 용서하고 베풀 수 있습니다.

주님은 우리의 연약함을 아시기 때문에 명령만 하시지 않습니다. 각 명령에 상응하는 약속도 주십니다. "비판하지 말라. 그리하면 너희가 비판을 받지 않을 것이다", "정죄하지 말라. 그리하면 너희가 정죄를 받지 않을 것이다", "용서하라. 그리하면 너희가 용서를 받을 것이다". 그러면서 마지막 부분에서는 "주라 그리하면 너희에게 줄 것이니 곧 후히 되어 누르고 흔들어 넘치도록 하여 너희에게 안겨 주리라"(눅 6:38상)라고 말씀하셨습니다. 우리가 사람들을 용서할 때는 고민하고, 또 고민하다 용서하기로 결단합니다. 그러나 하나님은 마지못해서 하시는 분이 아닙니다. 후히 되어 누르고 흔들어 넘치도록 해서 안겨 주시는 분입니다. 후히 준다는 것은 우리의 순종에 따른 풍성한 상급을 약속하신 것입니다. 하라고만 하셔도 한마디 말 없이 순종해야 하는 것이 우리의 처지입니다. 그럼에도 하나님은 하라고만 말씀하시지 않습니다. 명령을 하면 반드시 이유를 밝히시든지, 우리로 하여금 수긍하게 하시든지, 약속을 해서 순종하기 쉽게 해 주십니다.

이는 우리의 행동에 따른 놀라운 약속입니다. 하나님은 언제나 넘치도록 주십니다. 우리는 그냥 드리지만, 하나님은 풍성히 갚아 주십니다. 우리는 망설임 가운데서 결단하지만, 하나님은 달려 나와서 우리를 맞이하십니다. 오늘 이 땅을 살아가는 우리는 주님의 말씀을 귀담아 들어야 합니다. 주님은 "너희 아버지의 자비로우심같이 너희도 자비로운 자가 되

라"(눅 6:36)고 말씀하셨습니다. 남을 비판하지 않는 것이 하나님의 자비로
우심을 닮은 삶입니다. 하나님의 자비로우심을 본받아 사는 사람은 남을
정죄하지 않습니다. 오히려 용서하고, 그에게 정말로 필요한 것이 무엇인
지 고민하며 그를 위해 축복하고 기도하기를 쉬지 않는 사람입니다.

○

이제 이 장의 마지막에 기록된 주님의 말씀을 귀담아 들으십시오.
"너희가 헤아리는 그 헤아림으로 너희도 헤아림을 도로 받을 것이니
라"(눅 6:38하). 형제자매를 향해서 예리한 자로 잴 때 하나님이 그 자로
동일하게 재실 것이라는 말입니다. 우리는 우리가 사용한 되와 말로
하나님으로부터 받게 될 것입니다. 타인에게 베푸는 척도는 자신을
재게 될 척도입니다. 그런데 되는 되로, 말은 말로 갚고 끝나는 것이
아닙니다. 우리가 베푼 관대함에 대해서는 하나님이 더 풍성한 관대함
으로, 후히 되어 누르고 흔들어 넘치도록 보상해 주겠다고 약속하셨습
니다.

이처럼 풍성한 하늘의 보상이 약속된 삶을 살아가십시오. 비판하고 정
죄하는 삶 대신에 용서하고 베푸는 삶은 하나님의 자녀들만이 실천할
수 있습니다. 이는 아버지의 자비로우심을 경험한 심령만이 가능합니
다. 그래서 주님은 하나님의 백성을 향해서 "너희 아버지의 자비로우
심같이 너희도 자비로운 자가 되라"(눅 6:36)고 말씀하십니다.

5.

맹인이 맹인을(6:39-40)

//

    이제 주님이 평지에 서서 하신 설교의 후반부에 접어들었습니다. 지금껏 주님은 "너희 원수를 사랑하라", "남에게 대접을 받고자 하는 대로 너희도 남을 대접하라"(눅 6:31) 등 어떤 랍비도 감히 제시하지 못한 새로운 삶의 방식을 설교하셨습니다. 그리고 계속해서 "비판하지 말라", "정죄하지 말라", "용서하라", "주라" 하며 이 사랑의 원리를 확장해서 가르치셨습니다. 그리고 나서 갑자기 본문 말씀이 이어집니다.

  너무 급박한 주제의 변화 때문에 그리고 워낙 격한 감정 가운데 행하신 설교요, 압축된 형태로 기록되어 있어서 설교의 흐름을 따라잡는 것이 쉽지 않습니다. 그날 현장에서 들었던 이들에게는 수정같이 분명한 설교였는데, 현장에 있지 않았던 오늘 우리에게는 상당히 파악하기 힘든 부분입니다. 어찌 보면 예수님이 갑작스러운 비유를 또 하나 하시는 듯 보입니다. 앞서 하신 말씀과 어떤 관련을 맺고 있는지를 파악하기가 그리 쉽지 않습니다. 그것은 어쩌면 평지 수훈을 하시는 주님의 심정에 우리가 충분히 동화되어 있지 못하기 때문이기도 합니다.

먼저, 39절은 단순한 비유의 형식입니다. 그리고 이어지는 40절은 지혜자의 말이 잠언 형식으로 주어지고 있습니다. 39절의 비유는 두 번의 수사학적 질문을 하고 있습니다. "맹인이 맹인을 인도할 수 있느냐?" "아니요." "둘이 다 구덩이에 빠지지 아니하겠느냐?" "그렇고 말고요." 주님은 청중의 즉각적인 반응을 유도해 낸 다음에 지혜자의 잠언 형식을 빌려서 한마디 하셨습니다. "제자가 그 선생보다 높지 못하나 무릇 온전하게 된 자는 그 선생과 같으리라"(눅 6:40).

지금 누구를 의도하고 말씀하시는지 얼핏 읽고는 알기가 힘듭니다. 분명한 것은, 맹인은 맹인을 인도할 수 없다는 사실입니다. 그런 시도는 인도하는 자와 인도받는 자 모두 구덩이든, 시궁창이든, 벼랑에든 빠지거나 떨어지는 비참한 결말을 가져올 수밖에 없다는 것입니다. 여기에 문제의 심각성이 있습니다. 예수님은 지금 당신에게서 듣는 자들을 향해 경고하고 계십니다. 결코 제자가 그 선생보다 높지 못하며, 어떤 선생도 자신이 아는 것 이상으로 가르칠 수 없습니다. 이 사실은 그들 모두를 향한 이중 경고입니다. 먼저 누구에게서 들어야 할 것인지, 누구의 인도를 받아야 할지를 선택할 때 주의하라는 경고가 포함되어 있습니다. 동시에 그들이 장차 어떤 부류의 지도자가 되어야 할 것인지를 말씀하셨습니다. 이제 하나씩 살펴보겠습니다.

누구를 따라야 하는가,
어떤 지도자가 되어야 하는가

　　주님은 사방에서 몰려온 사람들을 향해서 설교하셨습니다. 이전에 한 번도 들어 보지 못한 능력 있는 설교를 하셨습니다. 평소에 회당에 가서 성경 봉독이 끝나면 편안한 자세로 앉아서 졸기에 바빴던 사람들까지도 그날은 초롱초롱한 눈망울을 하고 있었습니다. 평소에는 회당에 앉아서도 바깥을 지나다니는 사람들에게 신경 쓰기 바빴는데 그날은 산만해지기 쉬운 들판에 앉아 있었으나 태도가 사뭇 달랐습니다. 그들의 관심은 온통 예수님께로 쏠렸고, 그들의 시선은 주님의 입술을 향했습니다. 그분의 입술에서 나오는 한마디, 한마디를 놓치지 않고 들으려고 했습니다.

　　예수님은 그들이 경청하는 모습을 보고는 느닷없이 수사학적 질문을 던지셨습니다. "맹인이 맹인을 인도할 수 있느냐?" 모두 그럴 수 없다고 반응했습니다. "둘이 다 구덩이에 빠지지 아니하겠느냐?" 모두 다 그렇다고 수긍했습니다.

　　설교자로서 주님은 당시 강단의 형편을 알고 계셨습니다. 회당마다 행해지는 설교의 내용과 그 설교를 하는 설교자의 영적인 상태를 아셨습니다. 그들의 설교의 흐름을 파악하고 계셨습니다. 한 예로, 그들은 간음하지 말라고 가르쳤습니다. 그러나 주님은 "또 간음하지 말라 하였다는 것을 너희가 들었으나 나는 너희에게 이르노니 음욕을 품고 여자를 보는 자마다 마음에 이미 간음하였느니라 … 또 일렀으되 누구든지 아내를 버리려거든 이혼 증서를 줄 것이라 하였으나 나는 너희에게 이르노니 누구든지 음행한 이유 없이 아내를 버리면 이는 그로 간음하게 함이요 또 누구든지 버림받은 여자에게 장가드는 자도 간음함이니라"(마 5:27-28, 31-32)라고 말씀하셨습니다. 당시는 자기가 원하는 여자와 결혼하고 마음에 들지 않을 경우 이혼 증서 한 장 써서 주면 마음대로 내보낼 수 있었습니다. 그러므로 예수님의 말씀을 들은 그들은 차라리 결혼하지 않는 편이 낫겠다고 생각했습니다(마 19:10). 이러한 주님의 말씀은 안식일마다 랍비들의 설교를 듣던 그 당시 사람들로서는 전혀 납득할 수 없었습니다.

이 외에도 주님은 마태복음 5장에 기록된 산상 보훈에서 "너희가 들었으나 나는 너희에게 이르노니"라고 거듭 말씀하셨습니다. 당시 사람들이 들어 온 설교와 주님이 지금 하시는 설교의 내용은 차원이 전혀 달랐습니다. 설교자로서 주님은 설교에 대해서 관심을 가지셨습니다. 정치가는 정치에, 사업가는 경제계의 동향에 대해 누구보다도 관심을 가집니다. 마찬가지로 주님은 설교자이기 때문에 당시 강단의 형편에 관심이 있으셨습니다. 주님은 당대 설교자들의 영적 형편을 한마디로 맹인으로 규정하신 것입니다. 동시에 당시의 회중, 소위 그들의 설교를 듣는 이들 또한 맹인으로 규정하셨습니다.

생각해 보십시오. 자기가 하는 말이 무슨 의미인지도 모르고 내뱉는 그들이 맹인이 아니고 무엇이겠습니까. 자기도 알지 못하면서 남을 가르친다고 하는 그들의 행위가 맹인이 맹인을 인도하는 일이 아니고 무엇이겠습니까. 설교다운 설교와 그렇지 못한 설교를 구별하지 못하는 회중도 맹인이 아니고 무엇이겠습니까. 따라야 할 길과 따라서는 안 되는 길을 구별하지 못할 때 그것이 맹인의 일이지 무엇이겠습니까. 생명의 길과 죽음의 길을 분간하지 못하는 자가 맹인이지 달리 무엇이겠습니까. 그저 강단에서 외치는 말이라고 무엇이나 따르는 사람들의 처지를 맹인이 아니고 무엇이라고 규정할 수 있겠습니까.

이런 상황이 어찌 당시 유대 회당만의 비극이겠습니까. 당시 유대의 상황이나 오늘 우리의 형편이나 다를 바 없습니다. 유대인은 열 가정만 있으면 회당부터 세웠기에 유대인들이 모인 동네라면 회당이 없는 곳을 찾아보기가 힘들었습니다. 오늘 우리도 마찬가지입니다. 우리는 수없이 많은 예배 처소, 설교의 홍수 시대에 살고 있습니다. 홍수를 만나면 정작 사람들은 마실 물을 찾지 못해 곤란을 당합니다. 설교의 홍수 시대인데도 불구하고 마실 만한 물을 찾을 수 없는 것이 오늘날의 문제입니다. "외치는 자 많건마는 생명수는 말랐어라"(새찬송가 515장). 바로 이것이 1952년 6·25전쟁 시 석진영 여사가 한국의 강단을 둘러보면서 썼던 현실 진단이었습니다. 6·25전쟁을 당한 시대의 상황이나 번영의 노래를 구가하던 때나 코로나 시대나 크게 다를 바가 없습니다.

주님은 당신 앞에서 듣고 있는 사람들을 향해서 "맹인이 맹인을 인도할 수 있느냐? 둘이 다 구덩이에 빠지지 않겠느냐?"라고 경고하셨습니다. 연거푸 질문을 던짐으로 주님의 심정이 얼마나 답답한지를 여실히 보여 주십니다. 주님은 목자 없는 양 같은 그들의 처지를 보며 그 영혼까지 지옥의 나락으로 떨어지게 하는 맹인 된 인도자를 의식하셨습니다. 주님의 평지 설교는 처음부터 끝까지 그들을 의식하고 있습니다. 그래서 주님은 "화 있을진저"를 연발하셨습니다.

주님은 지금 웃는 자들을 향해서 "화 있을진저"라고 선포하셨습니다. 지금 사람들이 찬사를 보내는 이들을 향해서 "화 있을진저"를 선언하셨습니다. 사람들이 모두 설교를 잘하는 사람이라고 몰려들 때 "화 있을진저"라고 선언하셨습니다. "그들의 조상들이 거짓 선지자들에게 이와 같이 하였느니라"(눅 6:26). 맹인이 맹인을 인도할 때 피치 못할 결말은 둘 다 구덩이에 빠지는 것입니다. 여기에 그때나 지금이나 문제의 심각성이 있습니다.

맹인이 맹인을 인도하는 죽음으로의 유희가 예배라는 의식 속에 설교라는 이름으로 오늘도 자행되고 있습니다. 때로는 장엄한 의식 속에서, 때로는 듣기에 감미로운 말로써 청중을 죽음의 구덩이로 유혹하고 있습니다. 무엇을 들어야 할지를 일깨워 주는 대신에 듣고 싶어 하는 말들을 들려주고, 가려운 데를 긁어 줌으로써 사람들을 모으고 있습니다. 수백 명, 수천 명이 아니라 수만 명 단위로 모아 줄줄이 엮어서 나락으로 떨어뜨리고 있습니다. 당시 바리새인과 서기관들이 한 사람씩 구덩이로 인도했다면, 오늘 우리 현실은 대형 참사 현장입니다.

주님은 당대의 모든 바리새인과 서기관의 잘못을 신랄하게 지적하셨습니다. 생명이 없는 종교일수록 주변적인 것을 중요시합니다. 있어야 할 것이 없으니까 분위기로 한몫 잡으려고 합니다. 게다가 아무것도 아닌 것을 가지고 문제 삼기를 좋아합니다. 예를 들면, 떡을 먹을 때는 반드시 손 씻는 의식을 행해야 한다는 것입니다. 위생을 위해 비누칠을 해서 30초 동안 손을 씻는 것이 아니라 그냥 손가락을 물에다가 잠깐 찍어 담그기만 하면 됩니다. 의식적인 절차를 거쳐야 밥을 먹을 수 있다는 것입니다. 주님은 이에 대해 정면으로 반박하셨습니다. "입으로 들어가는 것이 사람을 더럽게 하는 것이 아니라 입에서 나오는 그것이 사람을 더럽게 하는 것이니라"(마 15:11)라고 말씀하시며 그들의 위선을 신랄하게 지적하셨습니다.

너무 직선적으로 신랄하게 공격하니까 주님의 말씀을 듣고 있던 제자들이 괜히 마음이 초조해져 "바리새인들이 이 말씀을 듣고 걸림이 된 줄 아시나이까"(마 15:12)라고 말씀드렸습니다. 그러자 주님은 더 날카롭게 대답하셨습니다. "심은 것마다 내 하늘 아버지께서 심으시지 않은 것은 뽑힐 것이니 그냥 두라 그들은 맹인이 되어 맹인을 인도하는 자로다 만일 맹인이 맹인을 인도하면 둘이 다 구덩이에 빠지리라"(마 15:13-14).

다른 경우이기는 하지만, 마태복음에서는 맹인 된 인도자가 누구를 가리키는지 분명히 밝히십니다. 즉 무엇이 핵심인지 가르쳐 주지 않고, 사람들로 하여금 손쉽게 손을 물에다 담근 다음 음식을 먹어야만 신앙인의 행위라고 가르치는 자들이라고 지적하고 계십니다.

주님은 본문의 비유를 통해 당시 청중만큼이나 우리를 향해 경고하고 싶어 하십니다. 누구의 인도를 받고 누구의 가르침을 따라야 할 것인지를 선택하도록 요구하십니다. 맹인이 맹인을 인도할 수는 없습니다. 그럴 경우 둘 다 구덩이에 빠지고 맙니다. 본문은 누구를 따라야 할지 선택하는 일뿐만 아니라 어떤 유의 지도자가 되어야 하는지에 대한 경고이기도 합니다.

너 자신을 알라

이제 두 번째 경고를 살펴보겠습니다. 주님은 당대의 영적인 상황, 강단의 형편을 바로 지적해 주셨습니다. 그러나 분석과 지적만으로 끝내지는 않으셨습니다. 문제를 분석하고 지적하고 끝내는 것은 철학자의 일인지는 몰라도 설교자의 일은 아니기 때문입니다. 문제의 근원을 파악하고 그 문제를 근본적으로 개혁하는 것이 설교자의 임무입니다. 예수님은 "너희가 들었으나 나는 너희에게 이르노니"라고 말씀하셨습니다.

강단은 문제의 지적에서 끝나는 곳이 아닙니다. 문제의 해결과 개혁을 시도하는 자리여야 합니다. 어리석은 청중을 그들이 원하는 대로 이끄는 곳이 아니라, 그들로 하여금 눈을 뜨도록 말하는 자리여야 합니다. 주님은 맹인 지도자들 대신에 진리를 바로 보는 지도자를 공급함으로써 나락으로 떨어져 가는 영혼들을 구원하는 방도를 제시하셨습니다. 그러므로 주님은 지금 눈을 들어 제자들을 보면서 그들이 장차 어떤 지도자로서 양육, 훈련받아야 할지를 말씀하십니다. 남을 비판하기에 앞서 자신을 비판하는 이들이 되도록 비유를 들어서 다시 설명하십니다.

자기 비판과 자기 분석이 없는 지도자는 맹인 지도자입니다. 제자는 스승만큼 온전해지지 못합니다. 하지만 주님은 비록 스승을 능가하지는 못해도 철저한 자기 성찰과 훈련을 통해서 스승과 같아질 수 있다고 격려하십니다. 그 지식과 지혜의 정도가 주님처럼 될 수는 없다 할지라도 그와 같은 모습, 그와 동일한 유형을 보여 줄 수 있다고 하십니다. "무릇 온전하게 된 자는 그 선생과 같으리라"(눅 6:40하). 주님을 닮은 제자들의 출현이야말로 민중을 나락으로 떨어지지 않게 하는 유일한 방책이라고 말씀하신 것입니다.

주님은 자기 앞을 볼 줄 모르는 자더러 맹인이라고 말씀하셨습니다. 우리는 사물을 볼 수 없는 사람을 맹인이라고 부릅니다. 눈 뜬 자들은 모두 사물과 다른 사람을 볼 수 있습니다. 하지만 어려서는 철이 없어 제대로 보지 못하고, 나이 들면 시각이 고착되어 자기 자신을 보지 못합니다. "너 자신을 알라"는 말은 바른 지적이었습니다. 성전을 출입하는 자들마다 반드시 생각해 보아야 하는 명제였습니다. "너 자신을 알라"는 것은 곧 우리의 문제이기 때문입니다. 자기를 보지 못하기 때문에 자기 스스로와 따르는 이들을 함께 데리고 벼랑으로 떨어집니다.

사람들의 문제는 언제나 사물을 바로 보지 못하는 것, 다른 사람의 약점을 잘 못 보는 것이 아닙니다. 한국 교회에는 목사의 수에 비해 엄청나게 많은 수의 평신도가 있는데 왜 세상으로부터 지탄을 받는 것일까요? 왜 성도가 자기 스스로의 문제를 보지 못하는 것일까요? 항상 나를 제외한 다른 사람의 문제라고 생각하는 사람과 더불어 사는 것은 위험한 일입니다. 맹인이 맹인을 인도할 수는 없습니다. 자기를 살필 줄 모르는 사람, 자기가 보기에는 자기가 잘 믿는 것처럼 보이는 사람이 맹인입니다.

주님은 오늘 이렇게 우리에게 말씀하십니다. "안약을 사서 발라 보라. 너는 네가 부유하다고 생각하는데 아무것도 가진 게 없구나. 금을 사서 부요하게 하라. 흰옷을 사서 벌거벗은 것을 가리라"(계 3:17-18 참조). 자기의 실상을 모르는 사람은 공동체 안에서 자기의 신앙이 좋아 보입니다. 그는 자기를 바로 보지 못하는 사람입니다. 문제는 다른 사람들에게 있다고 생각하는 그 사람이 바로 맹인입니다. 우리의 표준이신 예수 그리스도를 알게 된다면 그렇게 한가하게 다른 사람을 향해 가타부타할 수 없습니다. 무릇 온전하게 되고자 노력하는 자는, 하나님의 은혜를 갈구하는 자는 그 선생과 같아질 것입니다.

○

기준이 어디에 있습니까? "너희 아버지의 자비로우심같이 너희도 자비로운 자가 되라"(눅 6:36)라는 말씀을 기준으로 삼을 때 다른 사람의 허물에 관여할 시간을 갖지 못할 것입니다. 자신의 추한 모습을 가리기에 급급할 것입니다. 자신의 헐벗은 것을 감추기에 바쁠 것입니다. 자신의 핍절한 모습 때문에 괴로울 것입니다. 어느 틈에 남의 이야기를 할 수 있겠습니까.

맹인이 맹인을 인도할 수는 없습니다. 맹인의 인도는 모두의 재난으로 끝나고 맙니다. 우리는 우리 눈의 들보를 제하기 위해 기도해야 합니다. 우리 마음속에 솟아나는 악이 멈추고, 하나님이 주시는 선으로 대체되도록 간절히 쉬지 않고 기도해야 합니다. 주님께 나아와 주님의 말씀을 듣고 행하는 복된 사람이 됩시다.

6.

티와 들보(6:41-42)

//

주님이 하신 평지 설교의 연속인 본문에는 두 개의 질문과 하나의 명령이 나옵니다. "어찌하여 형제의 눈 속에 있는 티는 보고 네 눈 속에 있는 들보는 깨닫지 못하느냐"(눅 6:41), "너는 네 눈 속에 있는 들보를 보지 못하면서 어찌하여 형제에게 말하기를 형제여 나로 네 눈 속에 있는 티를 빼게 하라 할 수 있느냐"(눅 6:42상). 두 번 연거푸 질문한 후 이어서 명령이 따릅니다. "외식하는 자여 먼저 네 눈 속에서 들보를 빼라 그 후에야 네가 밝히 보고 형제의 눈 속에 있는 티를 빼리라"(눅 6:42하).

우선, 두 질문 속에 감추어진 해학을 살펴봅시다. 주님은 한 번도 사람을 웃기기 위해 설교하신 적이 없습니다. 그분이 다루시는 설교의 주제가 갖는 엄숙함 때문입니다. 그럼에도 주님은 본문처럼 웃지 않을 수 없는 유머 감각을 가진 설교자이십니다. 우스꽝스러운 예화를 통해 우리의 문제를 깊숙이 다루십니다.

첫 번째 질문을 통해 주님은 자기 눈의 들보는 보지 못하고 형제의 눈의 티만 보는 위선자를 등장시키셨습니다. 눈에 들어간 티를 모르는 사람은 없을 테지만, 간혹 들보가 무엇인지 알지 못하는 사람이 있을지 모르겠습니다. 들보란, 나무로 집을 지을 때 사용하는 가장 핵심적인 재목으로서, 건물 맨 꼭대기에서 지붕을 이루는 모든 서까래가 걸쳐지는 목재를 말합니다. 아마 목재 건물에서 사용되는 가장 큰 나무일 것입니다. 그 큰 목재가 문자 그대로 사람 눈에 들어갈 수는 없습니다. 다만 눈에 들어가는 조그만 티와 비교해 사용되고 있을 뿐입니다.

두 번째 질문을 통해서 주님은 자기 눈에는 그 큰 들보가 있는데도 형제에게 "나로 네 눈 속에 있는 티를 빼게 하라"고 말하는 위선자의 끈질긴 요청을 우리에게 들려주셨습니다. 이런 상황을 설정하신 다음 주님은 "이 위선자여!" 하며 벼락같은 호통을 치셨습니다. 두 질문을 통해 웃을 수밖에 없는 상황을 설정하신 후 신랄한 교훈을 주셨습니다.

우리는 이와 같은 비유를 들으면 누군가 매우 위선적인 사람을 떠올리고 싶어 합니다. 하지만 만약 그 누군가가 이 말씀을 듣고 깨닫기를 바란다면 또 하나의 위선극을 연출하게 될 것입니다. 우리는 흔히 이 말씀은 본래 주님이 위선적인 바리새인과 서기관을 향해 "위선자여!" 하고 호통을 치신 것으로 여기려 합니다. 하지만 이는 우리의 억지일 따름입니다.

누가복음의 평지 수훈은 결코 바리새인을 향한 말씀으로 볼 수 없습니다. 바리새인은 한 번도 그 표면에 등장한 적이 없습니다. 오히려 주님 앞에 앉은 수많은 제자 무리와 많은 백성을 향해 하신 말씀임을 부인할 근거가 없습니다. 주님은 그 자리에 참석하지 않은 어떤 위선자들을 향해 지탄하신 것이 아니라, 참석해 있는 사람들을 직접 진리 앞에 대면시키고 계신 것입니다. 그러므로 이 비유에 내포된 진리를 다른 사람에게 적용하려는 것은 바른 자세가 아닙니다. 그런 위선적인 누군가를 바로 자기 안에서 발견해야만 합니다. 남의 눈에 있는 조그만 티는 보면서도 자기 눈 속에 있는 커다란 들보는 보지 못하는 사람이 바로 우리 자신이기 때문입니다.

티와 들보 비유는 "비판하지 말라"는 말씀의 근거

이 비유를 통해 말씀하시고자 하는 주님의 의도는 정확히 무엇일까요? 여기서 주님은 타인을 비판하는 일을 금하셨습니다. 그런 의미에서 보면 이 비유는 사실 앞서 37절의 대명제("비판하지 말라")를 입증하기 위한 근거라고 볼 수 있습니다. 즉 "맹인이 어떻게 맹인을 인도할 수 있느냐? 어떻게 사람이 자기 눈 안에 들보를 두고 남의 눈의 티를 보고 논할 수 있느냐? 그러므로 비판하지 말라"는 것입니다.

첫 번째 질문을 통해 주님은 '우리는 남을 비판할 수 있는 능력을 전혀 소유하고 있지 못하다'는 점을 보여 주십니다. 자신에게 커다란 비판의 여지를 남겨 두고 어떻게 남의 작은 실수를 논할 자격이 있느냐는 것입니다. 우리가 바로 그런 사람입니다. 자기 안에 있는 들보는 전혀 의식하지 못하고 다른 사람의 눈에 있는 조그마한 먼지에 대해서만 신경을 쓰고 기어코 빼야겠다고 주장합니다. 우리 눈 속에 있는 들보가 형제의 눈 속에 있는 티를 빼내는 작업을 불가능하게 함에도 불구하고 "나로 네 눈 속에 있는 티를 빼게 하라"고 계속 요청하는 것은 웃지 않을 수 없는 비극의 연출입니다.

예수님은 지금 형제를 비판하기에 앞서 자신을 살펴보도록 요청하십니다. 아니, 타인을 비판하는 일은 전혀 우리 능력 밖의 일이라고 말씀하십니다. 수술 가운데서도 가장 예리한 시술을 요하는 경우가 눈 수술일 것입니다. 그런데 시력이 안 좋은 사람이 남의 눈을 수술하려 들어도 문제일 텐데, 들보로 인해 전혀 보지 못하는 사람이 어떻게 남의 눈에 있는 티를 끄집어낼 수 있느냐고 주님은 말씀하셨습니다.

인간은 편견의 피조물입니다. 우리는 나면서부터 공정하지 못합니다. 공평을 내세우면서도 자신을 그 잣대로 재려고 하지 않습니다. 개인적인 감정이 앞서는 인간은 참된 비판을 할 수 있는 능력을 갖고 있지 못합니다. 말로는 "비판하려는 것이 아니라 사실이 그렇지 않느냐?" 하며 자신과 남을 설득시키려고 합니다. 그렇게 진리가 중요하다면 먼저 그 진리에 따라 자신을 비판할 수 있어야 합니다. 하지만 불행히도 우리는 그렇게 하지 못합니다. 다른 사람을 향해서 내뱉고 있는 말을 잠자리에 들어 곰곰이 생각해 보십시오. 다른 사람에게 요구했던 것을 한번 스스로에게 적용시켜 보십시오.

말로는 개인적인 감정 때문이 아니라고 주장하지만 기실은 개인감정 때문에 남을 비판합니다. 말로는 비판하는 것이 아니라 원리를 세우기 위해서라고 하지만 사실은 원리보다 편견을 가지고 접근합니다. 그 사람을 위해서라고 하지만 그 사람에게 있는 나쁜 점을 제거하도록 돕는 데 열심을 내기보다는 그 사람을 비난하는 일을 즐깁니다. 그러면서 문제를 발견했을 때 "그럴 줄 알았어!"라고 말합니다. 오히려 흠을 발견하지 못하면 실망했을 것처럼 말합니다. 형제자매의 잘못된 행동을 시정하도록 돕기보다는 그 인격을 모독하고 신랄한 비판을 퍼붓습니다. 사람과 행실을 구별하지 않습니다. 이렇게 자기 속에 있는 들보를 보지 못하는 한, 형제의 눈 속에 있는 티를 보고 빼겠다고 하는 것은 억지 주장에 불과합니다.

다른 사람들의 허물과 실수를 보고 은근히 잘되었다고 기뻐한다면 형제의 눈 속에 있는 티를 뽑을 수 있는 처지가 못 됩니다. 티와 들보, 이 얼마나 대조적입니까? 티에 비해서 들보가 얼마나 큰지 비교해 본 적 있습니까? 형제에게 있는 조그만 허물을 교정하겠다고 나서는 것은 아직 자기 안에 있는 엄청 큰 허물을 보지 못하고 있다는 증거입니다. 만약 자기의 문제가 어떤 것인지 안다면 형제의 문제에 대해 달려들 여유를 갖지 못할 것입니다.

우선 자기 눈 속에 있는 들보를 제거하는 작업을 하십시오. '나는 되었다'고 여기는 교만을 버리십시오. 자기를 의롭다고 믿고 다른 사람을 멸시하는 교만의 들보를 제거하라고 주님은 지금 말씀하고 계십니다.

물론 우리도 말은 이렇게 합니다. "나도 물론 부족하고 잘한 것은 없어. 하지만 저 사람은 도저히 안 돼. 어떻게 저럴 수가 있어?" 이렇게 말하는 한, 참된 자기 모습을 보지 못합니다. 그렇게 말하는 사람은 자기표현과 달리 실상은 그런대로 자기 모습에 만족합니다. "나도 잘하는 것이 없다"는 표현은 들러리에 불과합니다. "나는 되었다"고 말하면 당장 비난받을 테니 말하지 못할 뿐, 사실은 스스로에게 상당히 만족하고 있습니다. 그렇기에 형제의 허물 교정에 그처럼 끈질기고 지대한 관심을 가지는 것입니다.

먼저 자신을 살펴보십시오. 자기가 어떠한 사람인지를 알기 원한다면 고린도전서 13장 말씀을 자주 묵상하는 것이 좋습니다. "사랑은 오래 참고 사랑은 온유하며 시기하지 아니하며 사랑은 자랑하지 아니하며 교만하지 아니하며 무례히 행하지 아니하며 자기의 유익을 구하지 아니하며 성내지 아니하며 악한 것을 생각하지 아니하며 불의를 기뻐하지 아니하며 진리와 함께 기뻐하고 모든 것을 참으며 모든 것을 믿으며 모든 것을 바라며 모든 것을 견디느니라"(고전 13:4-7). '사랑'이라는 단어에 당신의 이름을 넣어 읽어 보십시오. 나는 오래 참고 있는지, 온유한지, 투기하는 자가 되지 않고 자랑하지 않는지를 판단해 볼 수 있을 것입니다. 형제의 허물을 보고 비판하는 마음보다 울고 싶은 심정이 되기 전까지는 아직 그를 도와줄 형편이 되지 못합니다.

제자라면 영적인 통찰을 가지라는 메시지

주님이 평지 설교에서 의도하신 이야기는 일반적인 영역에도 적용 가능해 모든 사람을 대상으로 할 수 있습니다. 사람들은 모두 자기 눈 안에 있는 들보는 보지 못하고 남의 눈 속에 있는 티를 밝히기에만 급급하기 때문입니다. 하지만 한 걸음 더 나아가 이 말씀은 주님을 친히 따르는 제자들을 향한 말씀이기도 합니다. 따라서 지금까지 살펴본 일반적인 교훈 외에 조금 더 영적인 의미로 생각해 볼 수도 있습니다. 먼저 하나님의 진리를 밝히 보라는 것입니다. 너희 자신이 밝은 눈으로 사물을 판단하기 시작할 때 비로소 형제를 도울 수 있다는 의미입니다. 그렇다면 앞 장에서 살펴본 주제('맹인이 맹인을')와 서로 통합니다.

이 말씀은 주님이 제자들을 향해 그들이 제자로서 갖추어야 할 자격을 말씀하신 것으로 볼 수 있습니다. 무엇보다도 제자로서 직무를 다하기 위해 영적인 통찰력을 가져야만 한다고 말씀하셨습니다. 제자인 자신이 영적인 통찰력을 전혀 갖추지 못한 채 다른 사람들더러 이 길로 가야 된다고 말하는 것은 있을 수 없습니다.

인간은 자신이 봐야 할 진리를 전혀 깨닫고 있지 못할 때 다른 사람들의 삶에 대해서 계속 말하기를 좋아합니다. "이건 이래야 한다", "어떻게 저 사람은 저렇게 하는지 이해할 수 없다", "그것을 고치지 않는 한, 나는 저 사람과 같이 일할 수 없다"고 말합니다. 그런 그들을 향해 주님이 말씀하십니다. "외식하는 자여 먼저 네 눈 속에서 들보를 빼라 그 후에야 네가 밝히 보고 형제의 눈 속에 있는 티를 빼리라"(눅 6:42). 먼저 하나님의 진리를 밝히 보십시오. 그 후에라야 다른 사람들을 영적으로 도울 수 있습니다.

본문의 문맥을 살펴보면, 자질구레한 문제를 가지고 시비를 삼는 사람들이 주목해야 할 근본적인 문제는 '서로 사랑하라'는 주님의 말씀에 자신이 얼마나 부합한 삶을 살고 있는가입니다. 이런저런 사소한 일들을 문제 삼기 전에 내가 정말 형제를 사랑하고 있는지 자신을 살펴보아야만 합니다. 내가 정말로 남을 비판하지 않는 자리에 있는지, 용서하는 자리에 이르러 있는지를 살펴보아야 합니다. 그 일이 먼저 있은 후에야 남을 도울 수 있는 자리에 설 수 있다고 주님은 말씀하고 계십니다.

○

죄악 가운데 태어난 우리는 사물을 공정하게 볼 수가 없습니다. 나면서부터 편견의 인간이기 때문입니다. 우리는 오직 하나님의 은혜로 말미암아 우리가 얼마나 편견의 사람인지 깨닫고, 자기 안에 있는 허물을 발견하기에 바쁜 삶을 살아야 합니다. 자신이 가진 이 문제를 밝히 보고 제거한 다음에야 남을 돕고 분별할 수 있는 자리에 이를 수 있습니다.

주님은 우리가 무분별한 사람이 아니라 영적인 분별력을 갖춘 사람이 되기를 원하십니다. 그래서 우리는 우리의 내재적인 허물, 타고난 죄악을 제거해 달라고 기도해야 합니다. 나의 나 된 실상을 보고, 우리를 이 처절한 자리에서 구출하신 구주 예수님으로 말미암아 이제는 진실로 남을 긍휼히 여기며 용서하는 마음을 갖게 해 달라고, 남을 사랑하는 자리에서 진리를 말하게 해 달라고 기도하십시오. 먼저 자신을 살피며 훈련시킨 다음에, 서로를 진리 가운데서 훈련해 나가는 공동체가 되기를 바랍니다. 사랑 안에서 진리를 말하고, 진리 앞에서 서로가 살 수 있는 우리가 됩시다.

7.

나무와 열매(6:43-45)

//

　　예수님의 평지 설교는 맑고 푸른 가을 하늘과도 같습니다. 매우 단순하면서 매우 심오한 설교이기에 달리 어떻게 설명할 말을 찾기가 어렵습니다. 예수님이 말씀하신 것보다 더 쉽게 설명할 길이 없고, 예수님이 말씀하신 것보다 더 깊게 설명할 길이 없어 망설여지는 본문입니다.

　　예수님은 나무와 그 열매에 관한 두 가지 비유를 말씀하신 후 일반적인 원리를 하나 언급하셨습니다. "선한 사람은 마음에 쌓은 선에서 선을 내고 악한 자는 그 쌓은 악에서 악을 내나니 이는 마음에 가득한 것을 입으로 말함이니라"(눅 6:45). 나쁜 성품의 사람은 좋은 행위나 선한 말을 할 수 없다는 원리를 가르치신 것입니다. 이는 앞서 39절부터 계속되는 제자의 자질론에 대한 설명입니다. 악한 행동, 악한 말은 악한 마음에서부터 비롯한다는 것입니다. 따라서 이 가르침은 바리새인들을 향한 경고인 동시에 제자들을 향한 경고이기도 합니다. 그러므로 누구든지 예외 없이 자신을 살펴야 할 말씀입니다. 이제 주님의 비유를 좀 더 자세히 살펴봅시다.

내 입술의 열매가 내 삶을 드러낸다

주님은 늘 그러듯이 모든 나무를 크게 두 가지 범주로 나누셨습니다. 또한 사람을 나무에 비유하면서 모든 사람을 못된 나무와 좋은 나무, 두 가지 범주로 구분하셨습니다. 물론 이 시대 사람들은 흑백 논리를 좋아하지 않습니다. 그러나 주님은 사람들이 무엇이라 말하든 그 본질로 판단할 때는 좋은 나무가 있고 나쁜 나무가 있다고 선언하셨습니다. 건강한 나무가 있는가 하면 병든 나무가 있고, 유용한 나무가 있는가 하면 쓸모없는 나무가 있다고 크게 둘로 나누셨습니다. 그리고 나무에 따라서 좋은 열매든 못된 열매든 맺힌다고 하셨습니다. 들으면 누구나 수긍할 수 있는 비유입니다.

어떻게 한 나무가 좋은 나무인지, 나쁜 나무인지 알 수 있습니까? 가을에 맺히는 열매를 보면 판단할 수 있습니다. 해마다 시원찮은 열매를 맺는 나무더러 '이 나무는 나쁘구나' 하고 사람들이 판단하는 것은 무리가 아닙니다. 가시나무나 무화과나무나 다 나무지만, 가시나무에서는 무화과를 얻을 수 없습니다(눅 6:44). 같은 덩굴나무라고 해도 찔레에서 포도를 얻을 수는 없습니다. 포도가 열려야 포도나무라 부릅니다. 열매를 보고 나무를 구별하고 판단하는 것입니다. 너무나 분명한 주님의 말씀이므로 여기에는 더 이상 논란의 여지가 없습니다.

주님이 나무 이야기를 하신 까닭은 과실 농사에 특별한 관심이 있어서가 아닙니다. 주님은 항상 사람에 관해 관심을 가지셨습니다. 나무 이야기를 시작한 것도 사람에 관해서 말씀하시고 싶어서였습니다. 비유에서 이끌어 낸 일반적인 원리를 우리 삶에 적용시키시려는 것입니다.

한 사람이 신앙이 좋다는 것을 어떻게 알 수 있습니까? 한 사람의 신앙적인 인격을 살필 수 있는 유일하고도 만족할 만한 시금석은 그 사람의 행동, 더 구체적으로 말하면 그 사람의 입술의 말입니다. 주님은 "사람은 … 마음에 가득한 것을 입으로 말함이니라"(눅 6:45)라고 선언하셨습니다. 나무는 각각 그 열매를 보고 좋다, 나쁘다 판단하듯이, 사람은 각각 그 언어로써 알 수 있습니다. 그 이유는 마음에 가득한 것이 입 밖으로 나오기 때문입니다. 이 말씀은 아주 깊은 의미가 있습니다. 실제적인 기독교 신앙을 점검하는 시금석이기 때문입니다. 교회에 다닌다고 모두가 신자일 수는 없고, 세례를 받았다고 모두가 거듭난 사람은 아닙니다. 성령의 열매를 맺지 못한다면 그 안에 성령이 계시지 않는다는 의심을 받게 될 것입니다.

그 누구도 우리의 마음 깊숙한 곳을 들여다볼 수 없습니다. 하나님이 사람을 그렇게 만드신 것은 찬양받으실 만한 죄인들을 향한 배려입니다. 내가 나를 알듯이 다른 사람이 내 속을 알면 누가 나와 교제하려고 하겠습니까. 그러나 누구든지 나의 입에서 나오는 말은 들을 수 있습니다. 본문을 통해서 주님은 분명한 원리를 제시하십니다. "나무는 각각 그 열매로 아나니 … 선한 사람은 마음에 쌓은 선에서 선을 내고 악한 자는 그 쌓은 악에서 악을 내나니 이는 마음에 가득한 것을 입으로 말함이니라"(눅 6:44-45). 더러운 말과 속이는 말이 입술에 자리하고 있습니까? 그것은 더러운 영과 속이는 영이 마음속에 자리하고 있다는 결정적인 증거입니다. 특별한 영적 분별력이 없는 사람이라 할지라도 더럽고 속이는 언어가 거침없이 튀어나오면 그 마음에 가득한 것이 무엇인지 상식만 가지고도 알아볼 수 있습니다.

당신의 입술은 어떤 열매를 맺고 있습니까? 입을 열 때마다 계속 불평이 터져 나온다면 그 안에 불만이 가득하다는 증거가 아니겠습니까. 불평을 하는 사람은 참 안됐다는 생각이 듭니다. 듣는 사람도 괴롭긴 하지만 그 안에 불만이 가득 차 있는 본인은 얼마나 더 괴롭겠습니까. 입을 열 때마다 불평이 나오는 사람은 화평이신 그리스도가 마음속에 부재하신 증거입니다. 당신의 입에서 나오는 더럽고 추한 말로 인해 괴로워해 본 적이 있습니까? 당신의 입에서 나오는 신실하지 못한 말, 속이는 말로 인해 고민해 본 적이 있습니까? 진심으로 당신의 삶이 거룩해지기를 소원하고 있습니까? 만약 우리 안에 거룩한 영이 자리하고 있다면 더럽고 추한 말, 악의가 가득 찬 말은 더 이상 우리 입에서 튀어나올 수가 없습니다.

우리는 한 사람의 언어 습성이 경건하지 못하다면 그 마음이 은혜 받은 적이 없는 것임을, 그 중심이 아직 회개한 적이 없는 것임을 알아야 합니다. "사람이 어떻게 다른 사람의 마음을 알 수 있습니까?"라고 말할지 모르겠습니다. 그렇습니다. 사람의 마음을 속속들이 알 수는 없습니다. 하지만 입에서 나오는 말들은 귀로 들을 수 있습니다. '저 사람, 말이 좀 거칠고 더럽기는 해도 마음은 착할 거야'라는 생각은 주님의 가르침과 일치하지 않습니다. 주님은 입에서 나오는 그것이 그 사람 안에 있는 것을 보여 준다고 지적하셨습니다.

한 사람의 언행이 세속적이고, 비신앙적이고, 경건하지 못하며, 나아가 하나님의 거룩을 훼손한다면 그 사람의 마음 상태를 알아보아야 합니다. 그의 말은 거룩하지 못하고 그 입술의 열매는 지저분한데 그 마음은 깨끗하고 바르다는 것은 비합리적인 추론이요, 동시에 비성경적인 주장입니다. 입술이 추한 사람의 심령에 하나님의 성령이 거하신다는 것은 외람된 주장입니다.

우리는 누구와 자주 만나서 그 사람과 더불어 어떤 말을 내뱉고 있는지 한번 생각해 볼 필요가 있습니다. 형제를 향한 친절한 말, 힘을 주는 말이 나오고 있습니까? 아니면 만나기만 하면 피곤하고 피했으면 좋겠다는 사람으로 전락되고 말았습니까? 만약 형제자매를 향한 격려의 말이 나오고 있다면 마음속에 그를 향한 연민의 정, 사랑이 있기 때문입니다. 우리 마음이 하나님의 용서를 경험했기 때문에 용서하는 말이 나올 수 있습니다. 만약 입술에 감사의 말과 찬양의 노래가 터져 나온다면 그것은 우리 마음에 평강과 구원의 기쁨이 넘치기 때문입니다. 마음속을 들여다볼 수는 없지만 입술의 열매로 그 속을 짐작할 수는 있습니다.

무엇이 흘러나오게 할 것인가

마음에 있는 것이 무엇이든 우리는 그것을 어떻게든 표출하게 되어 있습니다. 최근 핵 폐기물 때문에 왜 골치를 앓고 있습니까? 핵 폐기물을 저장해 놓으면 어디론가 유출되기 때문에 두려워서입니다. 핵 폐기물만큼이나 확실히 유출되는 것이 우리 각자의 마음에 들어 있는 것입니다. 마음 안에 있는 것은 아무리 보관을 잘하려고 해도 흘러나오기 마련입니다. 물론 나오는 방법은 사람마다 기질 차이가 있기에 다 다릅니다. 하지만 마음에 가득한 것이 나오는 것은 틀림없습니다. 불만이 가득하면 불평이 터져 나오는 것은 자명한 일입니다. 한편, 감사가 가득해 있으면 입술에서 찬양이 흘러나옵니다. 혼자서 방을 치울 때도 찬양이 터져 나오고, 길을 가면서도 노래가 입술에서 떠나지 않습니다.

통 안에 무엇이 가득해 있든지 흔들면 흘러나오게 되어 있습니다. 가만 놓아두면 잘 모릅니다. 그러나 누가 와서 슬쩍 흔들어 보면 튀어나오는 것이 안에 든 것 아니겠습니까. 추하고 더럽고 남을 괴롭히는 말이 입술에 넘치면 그 마음속에 무엇이 있는지 상식적으로도 짐작이 가능합니다. 불의, 추악, 악의, 사기, 살인, 분쟁, 악독, 시기가 가득하고, 수군수군하고 비방하는 말, 교만하고 자기를 자랑하는 말이 막 튀어나옵니다. 그 사람의 말을 들어 보면 온 세상이 자기 때문에 존재하고, 자기 때문에 아침 해가 뜨고 저녁 해가 지는 것 같습니다. 입술에 그런 말들이 채워져 있으면 그 속이 뭔가 잘못되어 있는 것입니다.

남을 의심하고 험담하고 비방하는 입술은 그 마음에 자리한 영이 누구인지를 폭로해 줍니다. 남을 이해하고 격려하고 축복하는 입술을 보면 그 속에 하늘 아버지의 영이 계시다는 것을 알아볼 수 있습니다. 아무도 남의 속을 들여다볼 수는 없습니다. 그러나 누구든지 입술의 열매를 통해서 그 마음에 무엇이 가득한지가 드러납니다.

무엇에든지 참되며, 무엇에든지 경건하며, 무엇에든지 옳으며, 무엇에든지 정결하며, 무엇에든지 사랑받을 만하며, 무엇에든지 칭찬받을 만하며, 덕이 있고 칭송할 만한(빌 4:8) 언어로 가득 채워진 입술은 그 안에 성령이 계시다는 증거이며, 그것은 성령의 사역이요, 성령의 열매입니다. "사랑과 희락과 화평과 오래 참음과 자비와 양선과 충성과 온유와 절제"(갈 5:22-23)의 말이 입술에 있다면 우리 마음속에 성령이 좌정하신 확실한 증거가 아니겠습니까. 사랑의 말, 기쁨의 말, 화평과 온유의 말이 자신을 특징짓고 있다면 우리 안에 성령이 내주하고 계시는 것입니다.

마음에 기쁨이 있으면 찬양이 터져 나옵니다. 하나님과 더불어 화목한 성도의 마음속에는 평강과 기쁨이 넘쳐 납니다. 자기가 기쁘니까 다른 사람과 만나서도 좋은 말을 하게 됩니다. 격려하는 말, 힘을 북돋워 주는 말이 나옵니다. 반대로 불만스럽고 짜증스러운 사람의 입에서는 상처를 주는 말이 튀어나오기 마련입니다.

찬송과 저주가 한 입에서 나오는 사람

어떤 사람들은 경건하다, 거룩하다는 것을 어렵고 비실제적인 것으로 생각하는데, 성경은 아주 단순하게 보여 줍니다. 골로새서 3장 1-17절에서 새로운 삶을 말하면서 벗어 버려야 할 옛 삶과 대조해서 말합니다. 분과 노가 그 마음에 자리 잡고 있고 결국 더러운 말과 거짓말이 튀어나오는 것은 옛 삶의 모습입니다. 새로운 삶은 서로를 바라볼 때 불쌍히 여기고 이해하고 오래 참습니다. 나와 다른 기질로 태어나 다른 배경에서 살았기 때문에 이해하려고 노력하며 용서해 줍니다. 마음속에 품은 그리스도의 평강에서 터져 나오는 것이 감사의 말과 찬양의 말입니다.

10년 예수 믿으면 달라져야 합니다. 자신과 배우자, 혹은 가족 및 지인과의 관계에서 조금도 달라진 것이 없다면 10년 예수 믿어도 아무 소용이 없습니다. 가장 가까이 만나는 사람들이 당신으로 인해 힘을 얻고 있는지 한번 살펴보십시오. 우리는 몸으로 부딪쳐서 상대방을 상하게 하는 일은 별반 없습니다. 하지만 말로 심한 상처를 남깁니다. 사실 생각해 보면, 나 아니면 달리 사랑해 줄 사람이 이 세상에 없고, 그 사람 아니면 달리 나를 이해해 줄 사람이 없는데 주로 가까운 관계에서 서로에게 말로 상처를 내곤 합니다.

부부 관계를 한번 생각해 보십시오. 서로 말고 달리 누가 또 있습니까.

배우자 중에 한 사람이 오늘이라도 세상을 떠나면 세상에 그처럼 외롭게 남는 사람이 없습니다. 그런데 그런 사이에서 주로 마음에 심한 상처를 남길 만한 말을 골라 합니다. 그런 말은 미리 생각하지 않아도 순발력 있게 튀어나옵니다. 아주 정확하게 아픈 데를 골라서 긁어 버립니다. 우리 안에 분노가 가득해 있을 때는 저주와 악담이 나오게 되어 있습니다. 그러나 우리 안에 감사와 찬양, 평강이 있으면 좋은 말이 나올 수밖에 없습니다. 마음속은 들여다볼 수 없지만 입술의 말은 들을 수 있습니다.

흩어져 있는 열두 지파를 향해 야고보는 "한 입에서 찬송과 저주가 나오는도다"(약 3:10)라고 지적했습니다. 야고보는 흩어져 있는 열두 지파를 일일이 다 찾아가 본 적이 없습니다. 그런 그의 이 말에 "나는 아닙니다"라고 말할 수 있습니까? 사람은 성령으로 사로잡혀 있지 않으면 자기 유익을 구하는 말, 변명을 먼저 내세웁니다. 남의 입장을 살피고 남을 세워주는 말을 하기보다는 내가 빠져나올 궁리를 먼저 하는 것이 사람의 죄악된 본성입니다. 우리가 죄 중에 태어나지 않았다면 그럴 리 없지만, 만일 죄 중에 태어났다면 이것은 우리의 모습입니다. 그러나 우리 안에서 이제 다른 사람을 불쌍히 여기고 이해하며 격려하는 말이 나온다면 그것은 틀림없이 하나님이 우리에게 허락하신, 우리 안에 계신 성령의 역사입니다.

그러므로 우리 입에서 나오는 말은 참 중요합니다. 사랑 안에서 진리를 말하는 것은 공동체를 세워 나가는 데 있어서 절실히 필요합니다. 사랑 안에서 진리를 말하는 것은 어떤 수학 공식이 아니라, 상대방이 들어서 유익할지 생각해 보고 말하는 것입니다. 어떤 말은 표면적으로 보면 진리 그대로인데, 다른 사람을 상하게 하고 공동체를 깨뜨립니다. 그런 말은 하나님이 원하지 않으십니다. 사람들은 모두 다 자신이 바른말을 한다고 생각합니다. 하지만 그런 사람들만 있으면 결코 화합이 될 수 없습니다. '내가 부족하다'고 생각하는 사람들이 서로 만나야 일이 좀 더 쉽게 됩니다.

우리는 말을 전할 때 아주 조심해야 합니다. 어떤 말이든 앞뒤 문맥 속에 존재하며, 정황을 떠난 말은 의미가 쉽게 달라질 수 있기 때문입니다. 말은 매우 중요합니다. 자신이 내뱉은 말로 상처 입은 형제자매가 있는지 살펴보고 고민하면서 하나님 앞에 정결하게 서기를 소원합시다.

○

다른 사람들은 내 중심의 소원을 보지 못합니다. 단지 내 입의 말을 듣고 있을 뿐입니다. 입술의 모든 말과 마음의 묵상이 주께 열납되기를 소원합니까? 잠자리에 들면서 그렇게 기도할 수 있겠습니까? 우리 입술의 말만 듣고 우리가 하나님의 자녀인 것을 증명할 수 있겠습니까? 중심에서 하나님을 찬양하는 사람은 하나님의 형상대로 지으심을 받은 사람들을 함부로 매도하지 않습니다. 행여 자제력을 잃고 함부로 말을 내뱉었어도 그것 때문에 괴로워할 줄 아는 사람, 잘못했다고 고백할 줄 아는 사람, 용서해 달라고 말할 줄 아는 사람이 그 안에 그리스도의 영이 있는 사람입니다.

행동은 인격을 측정하는 최대의 시금석입니다. 언어는 그 사람의 영적 상태를 반영해 주는 최상의 척도입니다. 좋은 열매를 원합니까? 좋은 나무를 만드십시오. 좋은 말을 하기 원합니까? 성령의 사람이 되기를 소원하십시오. 그때 입술의 모든 말과 마음의 묵상이 주께 열납될 것입니다.

8.

고백과 행동 (6:46-49)

///

　　이 장의 본문은 주님의 평지 설교의 결론입니다. 아무도 주님처럼 명쾌하게 하나님의 진리를 밝히 드러내는 설교를 한 적이 없었습니다. 주님은 평지 수훈을 통해 인간이 지킬 삶의 탁월한 표준을 설교하셨습니다. 하나님을 향한 우리의 마음 자세가 어떠해야 하는지, 또한 동료 인간을 향한 우리 삶의 태도가 어떠해야 하는지를 제시하셨습니다. 아무도 말한 적 없는 절대적인 사랑의 원리를 제시하셨습니다. 아무도 지키지 못한 완벽한 사랑의 원리를 설교하셨습니다. 오직 한 분, 주님만이 온전히 이 말씀을 성취하신 분입니다.

두 종류의 집과 두 부류의 신자

이제 주님은 그 설교를 마무리 지으면서 그 원리를 적용하십니다. 설교를 듣는 모든 사람에게 두 가지 가능성을 제시하십니다. 다시 한번 실천 결여의 문제를 다루십니다. 그저 듣고만 끝나는 소위 좋은 설교의 위험을 경고하십니다.

지금 주님은 이 설교를 세상에 오신 하나님의 아들, 예수 그리스도를 주님으로 고백하는 신자들을 향해서 하고 계십니다. 천국에 관한 가르침을 듣기 좋아하며 구원의 복을 사모하는 사람들을 향해서 설교하고 계십니다. 지금 당신 앞에 앉아 설교에 귀 기울이고 있는 그들을 향해서 경고하고 계십니다. "너희는 나를 불러 주여 주여 하면서도 어찌하여 내가 말하는 것을 행하지 아니하느냐"(눅 6:46).

주님은 사람들이 '선생님', '랍비' 등 단순한 존칭이 아니라 상당한 경의를 표하는 호칭인 '주님'을 사용해 부른다고 지적하셨습니다. 게다가 "주여, 주여"라고 거듭 부름으로써 주님의 관심을 끌려고 노력하는 사람들임을 보여 주셨습니다. 그냥 와서 한번 들어 보자는 사람들이 아니라 "주님, 주님" 하고 부르는 사람들을 향해서 지금 설교하고 계시는 것입니다.

주님은 하나님의 뜻을 결정적으로 나타내는 당신의 가르침의 중요성을 인식하고 계십니다. 현세와 내세에 있어서 운명의 분기점이 그 가르침에 대한 반응 여부에 달려 있다는 것을 알고 계셨습니다. 따라서 그 가르침을 듣고 행하는 자와 듣기만 하고 마는 자의 결정적인 운명을 보여 주기 위해 지금 이 비유를 들고 계시는 것입니다. 무엇보다도 이 비유는 모든 인생, 특히 하나님의 말씀을 듣는 모든 사람을 집을 짓고 있는 사람과 비교합니다. 사는 것 그 자체가 집을 짓는 것이라고 말합니다. 말씀을 듣고 살아가는 모든 사람은 오직 두 종류의 집을 짓는 자들입니다. 제3의 모델은 없습니다. 이 비유는 하나님의 말씀을 듣는 모든 인생을 두 종류 가운데 하나의 선택을 하도록 몰아넣고 있습니다.

두 종류 집과 신자의 유일한 차이점

우선 두 집의 차이는 외양에 있지 않습니다. 창문의 크기나 모양은 똑같습니다. 또한 내부 구조도 다를 바 없습니다. 두 집에는 오직 하나의 차이만 있습니다. 집을 지은 다음에는 식별하기 어렵고, 큰물이 나고 탁류가 부딪히기까지는 겉보기에 전혀 알 수 없는 차이입니다. 피상적인 식별은 불가능하지만 그 차이는 결정적입니다. 그것은 바로 기초에 관한 문제입니다. 한 집은 땅을 깊이 판 후 주초를 반석 위에 세웠고, 다른 집은 흙 위에 급히 세웠습니다.

이 비유는 또 하나의 엄청난 사실을 우리에게 말해 줍니다. 두 집 다 큰물이 나고 탁류가 부딪힌다는 것입니다. 위기의 순간을 두 집 다 피할 수 없고, 그 결과 또한 돌이킬 수 없으리라는 것을 말해 주고 있습니다. 그런데 그때 능히 요동하지 않는 집이 있는가 하면 부딪히는 순간 즉시 무너져 버려 파괴되는 정도가 심한 집이 있습니다.

주님은 지금 이 비유를 통해서 가르침을 듣고 있는 사람들의 영적인 기초를 확인하게 하십니다. 주님 앞에 나아와 가르침을 듣고 있다는 점에서는 다 똑같은 부류의 사람들입니다. 문제는, 한 사람은 듣고 끝나 버리고, 다른 사람은 들은 말씀대로 순종한다는 것입니다. 듣느냐, 듣지 않느냐가 아니라, 듣고 어떤 반응을 보이느냐, 그 차이입니다.

두 종류 집과 신자의 공통점

좀 더 세밀히 생각해 볼 필요가 있습니다. 비유에서 두 사람은 동일한 소원을 가졌을 수 있습니다. 둘 다 그럴듯한 집을 마련하고 싶어 했다는 것입니다. 우리는 흔히 참 신자와 거짓 신자를 생각할 때 겉보기에 큰 차이가 있을 것이라고 여깁니다. 그러나 비유에서 지어 놓은 두 집은 겉보기에는 전혀 차이를 알 수 없습니다. 크기도 같고, 모양도 같고, 건축 자재도 다 같은 것을 사용한 듯 보입니다. 그 차이점은 쉽게 드러나지 않습니다. 오직 하나의 차이는 그 기초에 있습니다.

한 사람은 땅을 깊게 파는 수고를 하고 주초를 반석 위에 놓았습니다. 그는 그냥 교회에 나와서 설교를 듣고 끝나는 것은 아무 소용이 없다는 것을 알았습니다. 따라서 자기 욕망을 절제하기를 원했습니다. 자기가 추구하는 방향을 하나님 말씀에 비추어 재조정하기를 원했습니다. 그러나 다른 사람은 그냥 땅 위에 집을 지었습니다. 기초를 놓는 수고를 생략한 것입니다. 지은 후에 겉보기에는 아무런 차이점이 나타나지 않는 두 집입니다.

참 신자와 거짓 신자의 차이도 마찬가지입니다. 겉모습이나 표정, 관심 등이 같아 보일 수 있습니다. 우리는 흔히 거짓 신자는 교회 바깥에 있는 사람일 것이라고 생각합니다. 그렇지 않습니다. 교회에 다니는 사람과 교회에 안 다니는 사람은 분명하게 구분됩니다. 하지만 참 신자와 거짓 신자는 꼭 같은 소원을 가지고 있어서 말씀을 듣는 자리에 나아오고, 말씀에 의해 선포되는 용서를 받고 싶어 합니다. 생활에 평안이 없고 고달파서 예배의 자리에 나온 사람들이기에 말씀에 의해 용서받고 위로받기를 원합니다. 행복하지 않고 만족이 없어 영적인 축복을 사모한다는 면에서 거짓 신자나 참 신자는 서로 닮았습니다. 그러므로 내적 평안을 원하는 사람이라고 모두 좋은 신앙인이라 단정해서는 안 됩니다.

참 신자와 거짓 신자는 고통과 역경의 인생길에서 바른 인도를 받고 싶어 한다는 면에서도 같을지 모르겠습니다. '시행착오 없이 갈 수 있는 길이 있을까? 그런 인도를 받을 수 있다면 얼마나 좋을까?' 하는 욕망 말입니다. 뿐만 아니라 좀 보람된 생활을 해 봤으면 좋겠다는 소망 정도는 누구나 가지고 있습니다. 이는 유독 신자들만의 것이 아니라 세상 모든 사람이 가진 공통 소망입니다. 선한 삶, 보다 도덕적인 삶을 살고 싶어 합니다. 그런 소망을 가지고 있다고 해서 자신이 좋은 신자요, 이미 하나님 나라를 차지한 것처럼 착각해서는 안 됩니다.

더 나아가 거짓 신자도 놀라운 영적 능력을 소유하고 싶어 합니다. 성령을 받고 싶어 돈까지 내려 한 사마리아 마술사 시몬을 생각해 보십시오 (행 8:9-25). 영적 은사를 사모하는 사람, 아니 능력을 행하고 있는 사람 가운데에도 거짓된 사람이 있을 수 있습니다. 영적인 능력을 행하는 것 자체가 한 사람을 안전지대로 옮겨 주는 것은 결코 아닙니다.

또한 거짓 신자들도 천국에 가고 싶어 하는 소원을 가지고 있었습니다. 거짓 신자뿐만 아니라 세상에서 예수님을 모르는 채 평범하게 살아가는 사람들도 천국에는 가고 싶어 합니다. 지옥에 간다고 하면 모두가 기분 나빠합니다. 하물며 예배의 자리에 나오는 사람치고, 하나님의 말씀을 듣는 사람치고 그런 소원이 없는 사람이 어디에 있겠습니까.

두 종류의 집이 보기에 비슷하듯이 두 부류의 신자도 아주 유사해 보입니다. 소망하는 것이 같아 보입니다. 그러나 위기에 봉착하면 비로소 그 구별이 가능합니다. 항상 청신호만 켜질 때에야 무엇이 문제가 되겠습니까. 그러나 문제는 비가 오고 바람이 불고 큰물이 날 때입니다. 그 순간 두 집의 차이가 완연히 드러납니다.

여기 엄청난 경고가 있습니다. 누구에게나 시험과 환난의 날이 있습니다. 인생길에는 항상 햇빛 비치는 날만 있지 않습니다. 갑작스러운 사업 실패가 인생의 기반을 뒤흔들 수 있습니다. 암이라는 의사의 선고가 존재 기반을 무너뜨릴 수 있습니다. 믿고 사랑하는 이와의 사별이라는 엄청난 시련이 몰아쳐 올 수 있습니다. 한평생 이루어 왔던 모든 일이 무너지는 모습을 두 눈으로 직접 봐야 하는 순간을 맞이할 때도 있습니다. 아니, 죽음 그 자체가 엄청난 위용을 가지고 우리를 덮치려 할 때도 있습니다. 그 위기의 순간에 신앙이 무엇인지, 그 진가가 비로소 발휘될 것입니다. 그때 내가 나의 집을 어디에 세웠는지를 알게 될 것입니다. 예수 그리스도의 말씀에 근거해 순종의 삶을 살고자 노력한 사람만이 피할 수 없는 재난의 날과 심판의 순간을 넉넉히 맞이할 수 있습니다. 최후 심판의 날은 오직 그 말씀을 듣고 행한 자만이 설 수 있는 날입니다.

○

세상을 살아가는 우리에게는 시험과 시련의 날이 있습니다. 그때 하나님의 말씀 위에 기반하고 그 말씀대로 실천했던 사람들이 흔들리지 않게 될 것입니다. 뿐만 아니라 최후 심판의 순간에도 우리를 능히 든든히 세울 수 있는 근거는 주님이 설교하신 사랑의 법을 따라 살았는지의 여부입니다. 하나님 앞에서 자신을 가난한 자로 처절히 여기면서 산 성도의 삶만이 최후의 시련을 승리의 순간으로 보장합니다. 동료의 인생을 불쌍히 여기며 용서하고 베풀던 자만이 심판을 이기고 자랑할 수 있습니다. 그날이 오면 모든 위선자의 삶은 끝장날 것입니다. "곧 무너져 파괴됨이 심하니라"(눅 6:49). 바로 이것이 그들의 삶의 결론입니다. 그때는 이미 돌이킬 수 없습니다. 지금 주님의 말씀을 듣고 그 말씀을 따라 살아가기 위해 얼마나 노력하고 있는지 자신을 정직하게 살펴보기 바랍니다.

9.

백부장의 믿음 (7:1-10)

주님이 믿음을 보고 놀라신 아주 특별한 이야기

누가복음 7장은 주님의 새로운 면모를 보여 줍니다. 제자들을 향한 집중적인 교육을 끝내고 사람들에게 좀 더 당신을 나타내시는 주님을 만나 봅시다. 이미 주님은 당신이 누구인지 알리셨지만 여기서 다시금 발전시키십니다. 7장의 중심 부분은 18-35절인데, 이는 앞뒤 사건들을 해설하는 열쇠입니다. 이 말씀은 예수 그리스도를 세례 요한이 대망한 오실 분이라 밝히므로, 앞뒤에 나오는 예수님의 행동들은 그분이 하나님이 약속하신 분이심을 입증합니다.

주님은 하나님이 마지막 시대에 하기로 약속하신 일을 지금 성취하고 계십니다. 세례 요한은 오실 메시아의 안내자 역할을 했고, 예수님은 메시아 시대를 열고 계십니다. 메시아 시대의 특징은 무엇보다도 그분의 백성의 삶에 찾아오시는 하나님의 긍휼입니다. 하나님의 백성의 모든 신체적 필요와 영적 필요를 채워 주시는 새로운 구원의 시대가 예수님의 사역으로 말미암아 열리고 있다는 것을 7장은 우리에게 보여 주고 있습니다. 모든 인생을 불쌍히 여기시는 주님의 면모가 유감없이 드러난 7장의 사건들을 몇 장에 걸쳐 살펴보겠습니다.

본문인 7장 1-10절은 예수님이 이방인인 한 장교의 하인을 고치신 기록입니다. 사실 이 사건의 주제는 병 고침보다는 백부장의 신앙에 있습니다. 하나님의 이름으로 와서 병을 고치신 주님의 권위를 알아보았던 한 이방 장교의 신앙이 여기서 돋보입니다. 뿐만 아니라 감히 주님 앞에 직접 나아갈 수 없어 한 겸손이 무척 눈에 띕니다. 주님은 인간의 몸을 입고 세상에 오셨기에 때로는 예상치 않은 일을 만나셨습니다. 백부장을 만나시던 날도 그러했습니다. 예수님이 감탄하신 백부장의 눈으로 주님을 만나는 시간이 되기를 원합니다.

사람들은 살면서 서로 알아보며 뜻이 통하는 친구를 갖기 원합니다. 날마다 함께 있지만 서로를 알지 못한 채 만나면 불행합니다. 주님은 그런 고통을 누구보다도 깊이 맛보신 분입니다(요 2:24). 물론 주님은 제자들과 '함께 있기 위해서' 열둘을 택하고 그들과 더불어 3년을 같이 지내셨습니다. 그러나 3년이 다 끝나 가는 시간까지 제자들은 주님을 온전히 알지 못했고, 핵심적인 부분에서는 여전히 타인에 불과했습니다. 그들은 주님의 인격에 대해서만 아니라 그분이 하실 사역의 본질에 대해서도 이해하지 못했습니다. 주님이 당신이 당할 고난과 죽음에 대해서 이야기하실 때 그들은 전혀 알아듣지 못했습니다(눅 18:34).

그러나 예외적으로, 본문에 등장하는 백부장은 주님이 누구이신지를 너무나 분명히 인식하고 있었고, 거기에 입각해서 처신했습니다. 오죽하면 주님이 가던 길을 멈추고 뒤를 돌아서 따르던 무리에게 "내가 진실로 너희에게 이르노니 이스라엘 중 아무에게서도 이만한 믿음을 보지 못하였노라"(마 8:10)라고 말씀하셨겠습니까. 주님은 그를 직접 대면하신 적이 없습니다. 물론 백부장도 주님을 직접 만나 뵌 적이 없습니다.

사역을 하면서 주님은 많은 사람을 만났지만 그분의 참모습을 이 이방 장교처럼 알아보았던 사람은 만나 보지 못하셨습니다. 땅에 오신 하나님의 대리자로서의 주님의 권위에 대해 바로 인식한 사람은 이스라엘 백성 가운데 아무도 없었습니다. 주님이 한 인간의 믿음에 놀라셨다는 것은 아주 특별한 이야기입니다.

백부장은 누구이며 어떤 사람인가

주님의 평지 설교가 끝난 후 이어지는 "예수께서 모든 말씀을 백성에게 들려주시기를 마치신 후에 가버나움으로 들어가시니라"(눅 7:1)라는 말씀은 이 사건이 일어난 장소를 소개해 줍니다. 주님은 본래 나사렛 사람이었으나 가버나움으로 이사를 가셨습니다. 가버나움은 풍부한 물산이 나는 갈릴리 해변을 끼고 있어서인지 사람들이 몰려드는 상당히 번성한 도시였습니다. 주님은 갈릴리 사역의 대부분을 가버나움에 본거지를 두고 활동하셨습니다. 갈릴리 가버나움 사람들은 다 예수님을 알고 있었고, 예수 사건은 마을의 소문거리였습니다. 그래서 가버나움에 주둔한 백부장이 자기 종이 죽게 되었을 때 떠올린 사람이 예수님이셨다는 것은 지극히 당연한 이야기일지 모르겠습니다.

당시 백부장은 온 천하를 지배하고 있는 로마 군대의 등뼈와도 같은 직책으로서, 칭호 자체가 암시하듯 수하에 100명 정도의 부하를 거느린 장교라고 할 수 있습니다. 사실 갈릴리나 예루살렘을 제외한 팔레스타인 지역에는 로마 군인들이 주둔하고 있지 않았습니다. 그런데 갈릴리 지역을 다스리고 있던 헤롯은 정치를 아주 못해 백성의 원성이 높았습니다. 이에 헤롯은 백성 중에 군인을 세우는 것이 불안해 돈을 주고 용병을 사 오는 식이었습니다. 그러다 보니 여기에 로마 군인이 등장하는 것입니다.

하지만 본문에 나오는 군인 장교는 일반적인 예상을 뒤엎는 사람입니다. 냉혈한이 아니라 따뜻한 사람입니다. 휘하에 있는 병사도 아닌 자기 집에 있는 종이 병든 일에 마음을 쓰는 아주 그럴듯한 장교입니다. 성경은 그가 종을 걱정하고 백방으로 손을 쓰는 까닭은 종을 사랑하기 때문이라고 밝힙니다(눅 7:2). 종이지만 그 됨됨이를 생각하며 아끼고 사랑한 백부장의 마음씨는 정말 높이 살 만합니다. 백부장의 사람됨은 유대 어른인 장로들의 증언을 통해서도 알려집니다(눅 7:4-5). 유대인들은 이방인에 대한 편견을 빼놓으면 시체라고 할 수 있는데, 그런 그들이, 그것도 장로들이 와서 이방인 장교를 위해 호소했다는 것은 대단한 일입니다.

물론 그들은 은혜 개념보다 보상 개념으로 생각해 "이 일을 하시는 것이 이 사람에게는 합당하니이다"라고 예수님께 말씀드렸습니다. 무슨 생각을 전제한 것입니까? 이방인들에게는 호의를 베풀 수 없지만 이 사람은 예외로 해도 된다는 이야기입니다. 사람들은 항상 자기 식으로 남을 생각하고, 자기 식으로 남을 설득하려고 합니다. 하나님의 은혜, 값없이 주시는 선물을 자주 들먹이면서도 유대인의 생각 깊숙한 곳에는 '하나님의 보상은 인간의 공로에 대한 대가'라는 공식이 있었습니다. 다분히 이방인에 대한 차별을 깔고, 백부장의 사랑의 구체적인 표현으로 회당을 지은 것을 들추어냈습니다. 특혜를 받을 만한 공로를 들이댄 것입니다.

하나님의 도우심을 요청하는 유대 장로들의 이런 사고방식이 문제입니다. 하나님의 은혜를 입에 달고 살지만, 막상 결정적인 경우에 부딪히면 한 사람의 선행 여부로 평가하려고 드는 철저히 인위적인 사고방식은 당시뿐 아니라 지금도 신앙 공동체에 남아 있습니다. 무엇인가 선행을 한 것이 있어야 하나님의 특별한 도우심을 받을 수 있다는 생각입니다. 사랑받은 대로 사랑하고, 도움 받은 대로 도와준다는 사고방식이 여기 있습니다.

어려운 상황에서 나의 일을 자기 일처럼 여겨 주님 앞에 가지고 나아갈 수 있는 친구가 있습니까? 지금 주님께 나아온 장로들의 사고방식은 문제가 있지만, 백부장은 자기가 어려운 처지에 있을 때 변호해 줄 수 있는 친구를 가진 사람이었습니다. 백부장은 사람을 사람으로서 사랑했습니다. 종이든, 압제를 받고 있는 나라의 백성이든 상관없이 사랑했습니다. 그래서 지금 유대인의 장로들이 발 벗고 나서서 예수님께 도움을 청하고 있는 것입니다. 평소에 사람을 아끼고 친구를 사귄 덕을 그는 지금 여기에서 보고 있습니다. 유대인들까지 감동시킨 백부장의 삶의 태도는 높이 평가할 만합니다. '합당하다'는 평가는 유대 사회가 이방 장교에게 한 일반적인 평가였습니다.

이제 백부장의 입을 통해 그가 누구인지 알아봅시다. 어떤 민족이든 긍휼히 여기시는 주님은 장로들과 함께 백부장의 집으로 향하셨는데, 도중에 우리의 예상을 뒤엎는 반전이 펼쳐집니다. 백부장의 부탁을 받았던 사람들이 황급히 나와서 예수님께 말씀드렸습니다. "주여 수고하시지 마옵소서 내 집에 들어오심을 나는 감당하지 못하겠나이다 그러므로 내가 주께 나아가기도 감당하지 못할 줄을 알았나이다 말씀만 하사 내 하인을 낫게 하소서"(눅 7:6-7).

주님이 평가하신 말씀을 보면 백부장의 말은 겉만 번드레한 것이 아니라 진실 그대로인 것 같습니다. 주님이 누구이신지 생각해 보니 감히 주님을 어떻게 집에 모실 수 있겠느냐면서, 도무지 감당할 수 없으니 그저 말씀만 해 주시면 하인이 나을 것이라고 말한 것입니다. 그를 향한 장로들의 평가와는 전혀 상반됩니다. 장로들은 "합당하니이다"라고 했는데, 백부장은 "나는 감당하지 못하겠나이다"라고 고백했습니다.

이것이 하나님의 은혜를 받은 자의 자기 고백입니다. 사람을 보내 놓고 나서 주님의 위대하심을 생각하면 할수록 감히 그분을 집에 모셔 오는 것이 송구스러운 일이라는 인식이 생긴 것입니다. 사람이 전혀 손쓸 수 없는, 모든 의사가 마지막 진단을 한 처지에 있는 종을 고치실 수 있는 예수가 과연 누구인가를 의식하게 된 것입니다. 생각하면 할수록 자기의 처음 생각을 교정해야 했습니다. 자신을 압도해 오는 주님의 말씀의 권위와 그분의 죽음이 임한 종을 고칠 능력을 인식하게 되자 그는 가만히 앉아 기다릴 수 없게 된 것입니다.

백부장은 예수님의 말씀 한마디면 죽음의 문전에 있는 종을 살릴 수 있음을 믿었습니다. "말씀만 하사 내 하인을 낫게 하소서"(눅 7:7). 백부장은 명령에 살고 명령에 죽는 군인 장교로서 말씀 한마디면 충분하다고 고백했습니다. 그분의 말씀 한마디면 된다는 확신을 가지고 있었습니다.

표면적으로만 읽으면 쉽게 이해할 수 없는 백부장의 변덕이라고 생각할 수 있습니다. 그러나 배후에 역사하시는 하나님의 손길을 볼 수 있는 사람은 여기에서 은혜를 발견합니다. 백부장이 급한 상황에서 치료자 예수님을 기억한 것은 은혜입니다. 그가 예수님의 소문을 들은 것도 은혜입니다. 그가 예수님께 도움을 요청한 것도 은혜입니다. 지금 죽어 가는 종을 위해 도움을 요청한 그분이 얼마나 위대한 분이신지 서서히 밝아지는 의식을 갖게 된 것도 은혜입니다.

주님과 더불어 함께하는 과정에서 그분이 얼마나 위대하신지를 알아챘다는 것은 우리가 사모할 은혜입니다. 급할 때 하나님을 찾고 부르짖으십시오. 그러나 다음 순간에는 우리의 간구를 들으실 하나님이 얼마나 위대한 분인지를 생각하십시오. 우리는 얼마나 주님을 아는 지식에서 자라 가고 있습니까? 이런저런 문제가 있다면서도 주님께 매달려 본 적 없이 지나가 버리지는 않았습니까? 오직 주님에게서 도움이 오는데도 불구하고 여기저기 엉뚱한 데를 기웃거리지는 않았습니까?

신앙은 위기 시에 하나님께 나아가는 것입니다. 어려움에 부딪히면 하나님의 얼굴을 사모하며 전능하신 하나님께 모든 문제를 아뢰십시오. 하나님이 주시는 지혜로 해결해 나가는 사람이 바로 신앙의 사람입니다. 우리의 도움은 천지를 지으신 하나님께로부터 옵니다. 환난 날에 전능하신 하나님의 얼굴을 구하십시오.

그러나 어려운 순간에 하나님을 찾는 신앙의 자리에 있는 사람은 이제 그 하나님이 얼마나 위대한 분이신지 생각하는 데로 한 걸음 더 옮겨져 가야 합니다. 우리의 생각대로 "도와주십시오"라고 기도하는 대신에, "다만 말씀만 하옵소서. 하나님의 처분만을 기다립니다"라고 고백하는 성숙한 자세로 나아가는 것입니다. 주님은 우리가 항상 보채는 자리에만 있기를 바라지 않으십니다. 대담하게 문제 속에서 잠잠히 주님을 바라보면서 주님이 당신의 때에 당신의 방법으로 하시기를 바라는 신앙의 자리로 나아가십시오.

백부장의 믿음을 놀랍게 여기신 예수님

주님은 백부장의 조리 있는 설명을 듣고 놀라셨습니다. 그때까지 하나님의 대리자로 오신 주님을 알아보는 자는 이스라엘 가운데 아무도 없었습니다. 본문의 '놀랍게 여겨'라는 표현은 신약성경에 한 번 더 나오는데 매우 아이러니하게 사용됩니다. 능력을 행하는데도 예수님을 믿지 않는 가버나움 사람들의 불신앙을 보고 주님은 놀랍게 여기셨습니다. 우리는 지금 어느 쪽으로 주님을 놀라게 해 드리고 있습니까?

"내가 너희에게 이르노니 이스라엘 중에서도 이만한 믿음은 만나 보지 못하였노라"(눅 7:9). 예수님은 바로 이스라엘이 대망하던 분이셨습니다. 세례 요한이 선포하던 분이셨습니다. 그분의 오심으로 하나님 나라가 도래하고 있습니다. 그분의 오심으로 죽어 가는 사람이 살아날 뿐 아니라 이미 죽어서 실려 나가는 청년이 살아나는 장면을 7장에서 만날 것입니다. 7장은 하나님의 능력으로 하나님 나라가 이 땅에 왔다는 것을 보여 주는 사건들을 소개하고 있습니다. 그러나 하나님은 물론 율법도, 소망도 없이 살던 한 백부장의 입을 통해서 하나님이, 하나님의 이름으로 오신 아들 예수 그리스도가 얼마나 위대한 분이신지가 드러나고 있는 것이 아이러니한 일입니다.

하나님은 10년 믿었던 우리를 통해서가 아니라 몇 달 전에 믿은 한 사람을 통해서 우리의 신앙이 얼마나 부끄러운지 느끼도록 사역하십니다. 생의 어려운 처지에서 부르짖으십시오. 신앙은 기도로 나타나야 합니다. 하나님은 전지전능하고 우리의 모든 쓸 것을 마련해 주실 분이지만 그럼에도 우리는 매일 구해야 합니다. 하나님이 바라고 계시기 때문입니다. 기도하십시오. 신앙은 기도하는 것입니다.

존 칼빈(John Calvin)은 《기독교 강요》 1장에서 신지식에 대해 논한 다음, 그것이 우리를 위대하신 하나님 앞으로 나아가도록 해야만 하나님을 아는 것이 유익하다고 규정합니다. 우리가 하나님을 많이 안다 할지라도 막상 문제가 터질 때 하나님 앞에 나아가지 않으면 우리의 신앙은 살아 있는 것이 아니라 관념에 머물 뿐입니다. 하나님 앞에 나아와 부르짖으십시오. 언제, 어디라도 상관없습니다. 하나님께 나아와 기도하는 사람은 하나님의 처분에 온통 자신을 맡겨야 합니다. 가장 골치 아픈 환자는 의사더러 이렇게 저렇게 치료해 달라는 환자가 아닙니까. 그렇게 하지 말고 의사 되신 하나님이 알아서 하시도록 "하나님, 말씀만 하십시오. 내 종이 낫겠나이다"라고 말한 백부장처럼 성숙한 자리로 나아가야 합니다.

○

백부장과 주님은 서로 만난 적이 없습니다. 그러나 그들은 서로 알아보았습니다. 주님은 백부장의 신앙 고백을 이해하셨고, 그 고백을 통해서 백부장이 어떤 사람인지를 아셨습니다. 신앙으로 인해 우리의 몸가짐이 겸손하게 되기를 바랍니다. 하나님의 은혜는 하나님의 권위로 오시는 그분을 알아보고 그분 앞에서 "말씀만 하사 내 하인을 낫게 하소서" 하고 겸손히 고백하는 것입니다.

10.

청년아 일어나라(7:11-17)

///

　　본문은 어느 면에서 앞 장에서 살펴본 1-10절 사건과 병행하는 기록입니다. 둘 다 하나님 나라의 능력을 예수 그리스도의 사역을 통해 나타내고 있습니다. 주님은 말씀 한마디로 병들어 죽게 된 백부장의 하인을 살리셨고, 한마디 말씀으로 죽은 자를 생명으로 돌이키셨습니다.

　세상에 오신 예수 그리스도의 사역은 하나님이 당신의 백성을 돌아보신 사건입니다. 예수님이 행하시는 능력은 전능하신 하나님의 능력입니다. 예수님이 발하시는 말씀은 전능하신 하나님의 말씀입니다. 질병이 자기 먹이로 움켜쥔 병자를 내어놓고, 죽음이 그 먹이로 삼킨 자를 토해 놓습니다. 세상에 오신 예수 그리스도의 사역은 하나님이 약속하신 새 시대가 도래했다는 증거입니다.

　맹인이 보며, 못 걷는 사람이 걸으며, 나병 환자가 깨끗함을 받으며, 귀 먹은 사람이 들으며, 죽은 자가 살아나며, 가난한 자에게 복음이 전파되는 것은 새 시대의 징조입니다. 세상에 오신 하나님의 아들, 예수님이 행하신 이 사건들은 세례 요한으로 하여금 "오실 그이가 당신이오니이까"(눅 7:19)라는 질문을 하게 한 엄청난 의미를 가지고 있습니다.

죽음의 행렬과 생명의 행렬의 의도적 만남

"그 후에 예수께서 나인이란 성으로 가실새"(눅 7:11)라는 말씀은 우리로 하여금 앞서 일어난 사건을 다시 한 번 생각하게 합니다. 가버나움에서 나인 성까지의 거리는 단지 하룻길 차이였지만 거기에서는 엄청난 사건들이 일어났습니다. 가버나움에서는 백부장의 죽어 가는 종이 살아나고 강건해졌다고 결론을 내리는데, 여기 나인 성에서는 이제 죽어 소망이 끝난 한 장례 행렬이 성 밖으로 나옵니다. 여기서 두 행렬이 서로 만납니다. 질병을 정복하신 예수 그리스도를 따르는 생명의 행렬은 나인 성으로 들어가고, 죽음에 정복당한 한 슬픈 과부를 앞세운 죽음의 행렬은 나인 성문에서 나오고 있습니다.

주님의 행렬은 떠들썩하지는 않았지만 앞서신 주님의 표정이나 뒤따르는 제자들의 모습에는 생명의 빛이 가득했습니다. 마침 그때 직업적인 울음꾼들의 우는 소리에 뒤덮인 또 하나의 전혀 다른 행렬이 성문을 나오고 있었습니다. 2천 년 전 유대인들의 장례 풍습은 오늘 우리와 그 양상이 다릅니다. 직업적인 울음꾼들이 동원되어 죽음이 확인되는 그때부터 그 집에서 피리를 불고 꽹과리를 두드리고 판을 치다가 장례 행렬에 동행했습니다. 상주가 상여 앞에 가는 것이 그들의 풍습입니다. 앞장선 소복한 여인, 중년을 넘어선 그녀의 처량한 절규를 통해 짐작할 수 있듯이 메고 나가는 송장은 그녀의 독자임을 성경은 밝히고 있습니다.

어떤 죽음인들 비극이 아니며 어떤 장례인들 슬픔이 없겠습니까마는, 갓 피어난 꽃다운 나이에 세상을 떠나는 것은 보고 듣는 모든 사람의 가슴을 미어지게 하는 슬픔입니다. 게다가 이 여인에게는 하나밖에 없는 아들의 죽음이었으니, 모든 소망을 일순간에 앗아 간 비극이었습니다. 이 극한 슬픔에 홀로 선 여인, 이 슬픔의 순간에 함께 설 남편조차 없는 과부가 본문의 주인공입니다.

하나님은 일찍부터 당신을 고아와 과부의 억울함을 갚아 주는 분으로 나타내셨습니다. 여기 예수님이 세상에 와서 독자를 잃은 과부의 슬픔을 가까이 가서 보고 계십니다. "이는 한 어머니의 독자요 그의 어머니는 과부라"(눅 7:12). 이 엄숙하고 간결한 문장은 이 땅에 사는 사람들의 절망적인 처지를 표현하고 있습니다. 독자를 잃은 과부의 슬픔은 이 땅을 사는 모든 인생이 당하는 비극의 절정을 묘사해 줍니다. 정도의 차이만 있지 생명의 구주를 만나지 못한 인생길은 죽음의 슬픈 그림자가 드리워진 길입니다. 하나님을 떠난 인생은 죽음으로의 인생입니다. 언젠가는 이 과부의 슬픔이 남의 것으로만 여겨지지 않는 순간을 누구나 맞이할 것입니다.

장례식 행렬이 상징하는 위대한 진리를 망각하지 마십시오. 우리가 살고 있는 이 세상에는 늘 슬픔과 고통이 있습니다. 주님과 함께한 무리는 주님과 함께 기쁨만 생각하고 있는지 모르지만, 세상 다른 곳에서는 죽음의 행렬이 이어지고 있습니다. 하나님이 섭리 가운데서 두 행렬을 만나게 하신 것입니다.

한 사람의 타락으로 죄가 세상에 들어왔고 죄로 말미암아 죽음이 찾아왔습니다. 우리가 사랑하는 사람들뿐 아니라 우리 자신도 죽음의 공격 앞에 속수무책으로 당하고 있습니다. 그래서 성경은 인류 최대의 대적으로 죽음을 묘사하고 있습니다. 그는 잔인하게 과부의 독자마저 삼키고 말았습니다. 비록 나인 성 주민들이 그녀와 함께 걸어 나오고 있지만 이 과부의 슬픔을 누가 위로할 수 있겠습니까. 이 완벽한 절망의 기술은 다만 이야기의 시작에 불과합니다. 속수무책으로 따라 나오는 나인 성 사람들의 행렬은 제자들과 허다한 무리와 함께한 주님을 성문 밖에서 맞닥뜨립니다.

"울지 말라"

그런데 상황이 한순간에 바뀝니다. 그들의 풍습을 따라 행렬 맨 앞에서 걷고 있는 소복한 슬픔의 여인을 주님이 먼저 보셨습니다(눅 7:13). 하나님의 눈은 태초 이후 지금껏 과부를 보고 계시는 눈입니다. 전능하신 하나님은 세상에서 달리 의지할 사람이 없는 자를 지금도 살피고 계십니다. 이 참담한 지경에 처한 과부를 주님은 보셨습니다. 과부를 보신 주님은 그녀를 '불쌍히 여기셨다'(눅 7:13)고 성경은 기록하고 있습니다. 불쌍히 여기셨다는 말은 간장이 끊어진다는 표현으로, 헬라어가 표현할 수 있는 가장 강렬한 단어입니다.

여기에 앞서 주님이 백부장의 종을 살리신 이야기와의 대조점이 있습니다. 그 사건의 경우에는 백부장이라는 유력한 주인 덕분에 이스라엘 장로들이 동원되어 "이 일을 하시는 것이 이 사람에게는 합당하니이다" 하며 호소했습니다. 뿐만 아니라 그 믿음을 자랑할 만한 주인 덕분에 그는 살아날 수 있었습니다. 그러나 과부의 상황은 전혀 다릅니다. 이미 죽었으니 이제 끝났다고 결론이 내려진 상황입니다. 아무도 주님께 다가와서 그를 도와 달라고 간청하지 않았지만 주님이 과부를 보셨습니다. 과부를 보셨을 때 그녀의 마음을 찢어지게 하는 고통이 주님의 마음속에 와 닿은 것입니다.

가슴을 찢는 모든 고통의 현장에 주님은 창세 이후 지금껏 같이하고 계십니다. 가슴 찢어지는 슬픔의 현장에 슬픔의 사람, 고통의 사람 예수 그리스도는 항상 동행하고 계십니다. 사람들의 슬픔은 항상 그들의 슬픔만으로 끝나지 않는 구주 예수 그리스도의 아픔입니다. 죄로 말미암아 죽음이 찾아왔고, 죽음으로 말미암아 인생이 모두 비극 속에 던져질 때 하나님은 그들의 중재자로 당신을 내어 주신 분입니다.

한마디 말을 듣기 전에 주님의 마음이 움직였습니다. 아무도 요청하거나 누구도 기대하지 않은 일을 주님 편에서 먼저 하셨습니다. 이것이 앞 사건과의 대조점입니다. 만약 우리가 앞 사건만을 알고 끝났다면 누군가가 대신 부르짖고 믿음을 나타내야만 주님이 능력을 행사하실 것이라고 결론을 내릴 것입니다. 그러나 그러한 우리의 섣부른 결론을 막는 사건이 여기에 있습니다. 주님은 먼저 과부를 보시는 분입니다. 언제나 그렇듯 구원은 주님이 먼저 보실 때 시작됩니다. 우리의 눈이 주님을 먼저 앙모한 것이 아니라, 고통 속에 있는 인생을 주님이 먼저 보심으로 우리에게 구원이 시작되었습니다.

과부를 불쌍히 여기신 주님은 먼저 다가와 "울지 말라"(눅 7:13)고 말씀하셨습니다. 이는 슬픔으로 통곡하는 여인에게 있어 놀라운 말씀이요, 감격적인 약속이 함축된 위로의 말씀입니다. 우리는 여기서 주님이 하실 무슨 일인가를 기대할 수 있게 됩니다. 관에 다가서시는 주님의 모습이 이 기대감을 더욱 고조시킵니다. 가장 슬픈 시간에 조용히 주님의 음성을 들어 보십시오. 변함없는 주님의 위로의 말씀을 음미하십시오. 주님의 말씀에 감추어져 있는 위로의 약속을 붙잡으십시오. "울지 말라."

우리의 고통에 똑같이 아파하시는 하나님

성경의 하나님은 우리 운명의 조소꾼이 아니십니다. 그것이 히브리인들의 탁월한 신관입니다. 성경의 하나님은 고통하는 사람들의 고통을 아파하시는 분입니다. 하나님은 모든 피조물의 아버지이기에 인생의 고통이 있는 곳에는 그리스도가 동참하고 계십니다. 성경의 하나님은 예수 그리스도 안에서 슬픔을 당한 인생에게 말씀하시는 분입니다. 하나님은 무자비하고 무정한 세대를 싫어하십니다.

하나님은 긍휼히 여기는 분, 가장 자비하게 여기는 분으로 당신을 계시하십니다. 하나님은 인생이 서로 긍휼히 여기기를 바라고 계십니다. 예수 그리스도의 하나님은 자비의 하나님이요, 모든 위로의 하나님이십니다. "우리의 모든 환난 중에서 우리를 위로하사 우리로 하여금 하나님께 받는 위로로써 모든 환난 중에 있는 자들을 능히 위로하게 하시는 이"(고후 1:4)가 하나님이십니다.

독자를 잃은 과부를 불쌍히 여기며 "울지 말라"고 다가와서 위로하실 뿐만 아니라 도움의 팔을 내밀며 능력의 말씀을 발하는 분이 우리 주님이십니다. "가까이 가서 그 관에 손을 대시니"(눅 7:14상). 아무 유대인도 관에는 가까이 가려고 하지 않았습니다. 주검은 인생을 부정하게 만든다고 생각했기 때문입니다. 하지만 생명의 구주께서는 시신이 담겨 있는 관으로 가까이 가시고는 "청년아 내가 네게 말하노니 일어나라"(눅 7:14하)고 말씀하셨습니다.

여기서 "내가 네게 말하노니"라고 말씀하신 분이 누구인지 생각해 보았습니까? 그분은 사람의 몸을 입고 온 하나님의 아들이십니다. 주님이 상여 안에 든 나무 관에 손을 대셨다고 상상하지 마십시오. 요람처럼 생긴

들것에 시체를 운반해 나가는 것이 유대인들의 장례식 풍습입니다. 거기에 주님은 손을 대고 멈춰 서도록 하셨습니다. 그러고는 생명의 주님이 싸늘한 시체를 향해 전능자의 권위로 명하신 것입니다. 생명과 죽음의 권위자인 예수님이 하신 명령입니다. 이미 떠난 죽은 자의 영이 그 순간 다시 청년의 몸에 찾아들었습니다. 심장이 뛰고 뇌가 활동을 재개했습니다. 일어나 앉았고 말을 하기 시작했습니다.

누가는 이 사건을 기술할 때 "주께서 과부를 보시고"(눅 7:13)라고 하면서 '주'라는 칭호를 사용했습니다. 누가복음을 읽어 보면 앞에서도 예수님을 주님이라고 부르는 사람들이 있었습니다. 다른 사람들의 입을 통해서 몇 번 주님이라고 고백되었습니다. 하지만 누가는 여기서 비로소 과부를 보고 계시는 그분이 주님이라는 사실을 확인시켜 주고 있습니다. 의도적으로 이제는 예수라는 이름 대신에 '주'라고 말하는 것입니다. 지금 청년에게 명하시는 분은 전능하신 하나님의 아들, 구주 예수 그리스도이십니다. 누가는 여기서 예수님을 '주'라고 부름으로써 생명의 세계의 주인인 동시에 죽음의 세계의 권위자로서 우리 주님을 나타내 보여 줍니다.

누가는 앞 사건에서보다 여기서 더 분명히 주님의 권능을 보여 줍니다. 주님의 음성이 떨어지는 순간 청년이 살아났습니다. 죽음이 그 삼켰던 것을 토해 놓았습니다. 산 자의 영역뿐 아니라 죽은 자의 영역까지도 주님의 명령에 순응합니다. 이 능력 있는 말씀이 한날 우리 모두의 귀에 들릴 것입니다. 마지막 날 모든 육체가 그 누웠던 곳에서, 그 썩었던 곳에서 일어날 것입니다. 그러나 지금도 그 명령 앞에 기적은 계속되고 있습니다. 지금도 주님은 그 원하는 자를 살리십니다(요 5:25).

본문에서 주님은 구약의 엘리야 선지자와 비교되고 계십니다. 이런 유비를 통해서 지금 하시는 행동이 과거에 하신 하나님의 행동과 선이 닿은 것임을 보여 주십니다. 아니, 과거에 나타난 하나님의 놀라운 행동의 참된 성취를 보여 주고 계십니다. 그때 그 사건이 보여 주고자 했던 장차 오실 메시아의 약속이 지금 이루어졌다는 것입니다. 성경은 예수님이 세상에 오심으로 약속된 새 시대가 도래했음을 선포하고 있습니다.

장지를 향해 가던 청년의 시신이 일어나 앉아 말을 하고 살아난 것을 모든 사람이 보았습니다. 주님은 즉각 청년을 슬픔에 지친 어미의 품에 돌려주셨습니다. 이 광경을 목격한 사람들의 마음에는 하나같이 두려움이 엄습했습니다. 하늘의 능력이 나타나는 현장에는 언제나 두려움에 사로잡히는 반응이 뒤따릅니다. 뿐만 아니라 본문은 그 능력의 원천 되시는 하나님을 향한 찬양을 기록하고 있습니다(눅 7:16).

더 나아가 본문은 계속되는 파장을 언급하고 있습니다(눅 7:17). 죽은 청년을 살린 크신 선지자의 소문이 유대 지경을 넘어서 전파되었다는 것은 아마 설명 없이도 이해할 것입니다. 만약 그 현장에 있었다면 아무리 누가 입을 막는다 해도 말하게 될 것입니다. 그렇기에 유대와 사마리아와 지구 땅끝까지 지금도 이 사건은 전파되고 있습니다.

○

세상이 위로할 수 없는 순간에는 "울지 말라"고 말씀하시는 주님만이 우리를 위로할 수 있는 유일한 분이십니다. 생사 간에 유일한 위로는 예수 그리스도로부터 나옵니다. 슬픈 인생의 행렬은 주님이 오심으로써 새로운 국면을 맞이합니다. 불쌍히 여기사 주님의 마음이 움직이고 전능하신 말씀이 그 입에서 발할 때 생명을 노래하는 찬양이 인생의 입에서 넘쳐 납니다. 애통이 변하여 찬양이 되게 하시는 주님의 사역을 믿으십시오. 하나님의 아들이 세상에 오신 것은 슬픔으로 종결되는 인생길을 환희와 찬양으로 바꾸시기 위해서입니다. 죽음 대신 생명을 되찾아 주시고, 죽음의 행렬을 생명의 행렬로 바꾸십니다.

우리 삶의 현장은 어떠합니까? 슬픔과 고통이 자리하고 있지는 않습니까? 아니, 차라리 죽었으면 좋겠다는 고통이 삶에 도사리고 있지는 않습니까? 그러나 예수 그리스도는 우리를 구원하고 위로하시는 분입니다. 청년은 생명이 떠나가자 아무런 위로와 소망을 가질 수 없었습니다. 그를 바라보는 모든 사람에게 근심과 슬픔의 요인이었습니다. 그러나 주께서 그에게 말씀하시는 순간 그를 통해 사람들은 찬양하게 되었습니다. 죽은 시체가 살아날 뿐 아니라 나로서는 도무지 이 상황에서 나아갈 수 없다고 생각되는 그 순간까지도 찬양의 순간으로 바꾸실 수 있는 분이 우리 구주 예수 그리스도이십니다.

11.

오실 그이가 당신이오니이까

(7:18-23)

///

신앙생활을 하면서 의문을 가진 적이 있습니까? 신앙생활을 오래 하고 신앙이 좋은 사람도 의문을 가질 수 있습니다. 이 장의 본문에는 이스라엘 백성을 하나님께로 무수히 돌아오게 한 신앙의 용장 세례 요한이 주님께 의문을 품는 흥미로운 장면이 나옵니다.

세례 요한의 질문의 의도

본문은 세례 요한의 질문과 주님의 대답으로 구성되어 있습니다. 먼저 질문부터 살펴봅시다. "오실 그이가 당신이오니이까 우리가 다른 이를 기다리오리이까"(눅 7:19). 이 질문이 두 번 반복해서 나옵니다. 누가는 반복을 통해 이 질문을 본문의 핵심으로 부각시킵니다.

세례 요한은 예수님의 사역에 대한 보고를 들으면서 오히려 메시아에 대한 의문을 갖게 되었습니다. 누가는 요한의 제자들이 그 모든 일을 스승에게 보고했다는 기록을 통해 지금 요한의 형편이 어떠한지를 암시합니다. 다른 사람이 전해 주어야만 바깥소식을 들을 수 있는 처지에 있는 것입니다. 마태복음 11장 2절을 보면 "요한이 옥에서 그리스도께서 하신 일을 듣고"라고 분명히 밝히고 있습니다. 요한은 지금 옥에 갇혀 있고, 상당 기간이 흘렀습니다. 요한은 제자 둘을 보내어 예수님이 정말 오실 구원자인지에 대한 의문을 제기합니다만, 우리에게 그 사건을 기술하고 있는 누가의 마음속에는 그분이 주님이시라는 것이 너무나 분명했습니다. 그래서 누가는 여기서 세례 요한이 질문을 던지면서 제자들을 '주께 보내었다'고 썼습니다.

그러면 왜 요한은 신앙의 근본적인 질문을 던지게 되었을까요? 감옥 안에 있는 요한의 입장에서 생각해 봅시다. 때로 역경은 우리에게 의문을 갖는 계기를 제공합니다. 옥중에 구금되기 전에 하나님의 말씀에 사로잡혀 광야에서 외치던 요한을 생각해 보십시오. 그는 자신이 이사야의 예언대로 '광야에서 외치는 자의 소리'라는 것을 알고 있었습니다. 또한 세례를 받기 위해서 나온 사람들을 향해 "독사의 자식들아!"라고 설교했던 선지자가 요한입니다.

요한은 앞에 없는 사람들의 잘못에 대해서는 신랄하게 비난하고 마주 대한 사람들의 잘못에 대해서는 침묵하는 설교자와는 달랐습니다. 자기 앞에 나아온 사람을 향해서 예배에 참석하는 것이 문제가 아니라, 예배드리는 자로서 합당한 삶을 살라고 외쳤던 설교자입니다. 동시에 그는 설교를 듣고 있는 사람들의 마음속을 꿰뚫어 보아 아브라함이 우리 조상이라고 속으로도 말하지 말라고 지적했습니다. 청중의 마음 어느 한구석에도 도피할 곳을 도무지 주지 않은 설교자였습니다.

요한은 열매 맺지 않는 가지만 꺾어 버리는 것이 아니라 도끼가 나무뿌리에 놓여 있다고 말했습니다. 총체적 위기에 처한 실상을 경고한 것입니다. 확실한 삶의 전환 없이는 찍혀 불에 던져질 것이라 말했습니다. 군병들을 향해서, 군중들을 향해서, 세리들을 향해서 도무지 오해할 여지가 없는 분명한 삶의 방식을 각 사람에게 제시한 선지자였습니다. 그런 요한이 지금 옥중에서 의문을 가지고 있습니다. 기약 없는 구금 생활이 그의 신앙을 송두리째 흔들어 놓았던 것일까요?

요한의 질문을 믿음 부족이라고 보기에는 길고 험난했던 그의 사역 준비와 어울리지 않습니다. 예수님이 그리스도시라는 하늘의 소리를 직접 듣고 성령이 비둘기같이 내려오시는 광경을 직접 그 눈으로 보았던 세례 요한과 뭔가 조합되지 않는 느낌을 받게 됩니다.

물론 신앙의 용사들도 흔들릴 수 있고 근본적인 의문을 제기할 수 있습니다. 하지만 세례 요한의 경우는 어쩐지 어울리지 않아 많은 주석가가 이 딜레마를 풀기 위해 여러 시도를 해 보았습니다. 대표적으로, 세례 요한이 자기가 죽고 나면 제자들이 갈팡질팡하다 예수님이 하시는 일에 반대 세력을 규합할까 염려되어 그들을 위해 대신 질문한 것이라고 설명하기도 합니다. 이는 요한 크리소스톰(John Chrysostom), 성 어거스틴(St. Augustine), 존 칼빈 등 많은 권위 있는 신학자와 주석가들의 입장이기도 합니다.

그러나 이 설명은 엄밀하게 살피면 본문과는 어울리지 않습니다. 영감된 하나님의 말씀이 이 질문을 요한이 제자들을 통해서 예수님께 했다고 밝히고 있기 때문입니다. 뿐만 아니라 예수님도 그 대답을 요한에게 하셨다고 기록되어 있습니다. "너희가 가서 보고 들은 것을 요한에게 알리

되"(눅 7:22). 만약 이 질문을 요한이 제자들 대신 했다면 예수님은 요한의
제자들에게 "보고 들은 것을 가지고 너희 스스로 판단하라"고 다그치셨을
것입니다. 그러나 본문에 의하면 예수님은 요한의 제자들에게 아무런 책
망도 하지 않으셨습니다. 따라서 이 의문은 요한 자신의 의문이라고 보고
풀어야 타당합니다.

내 생각과 다른 예수님을 만날 때

우선 질문의 성격을 바로 파악합시다. 요한은 왜 이런 질문을
했을까요? 이 질문은 예수님이 메시아이심에 대한 의문이라기보다는 예
수님의 사역의 성격 내지는 그 사역의 진척에 대한 불만족을 나타낸 것으
로 볼 수 있습니다. 즉 요한은 이 질문을 통해 보다 확실하고 신속한 예수
님의 사역을 요청한 것입니다.

예수님이 병들어 죽어 가는 백부장의 종을 말씀으로만 고치셨다는 소
식과 매장지를 향해 상여에 실려 가는 나인 성 과부의 아들을 살리셨다는
소문은 날마다 끝없이 퍼져 갔습니다. 그러다 마침내 감옥에 갇혀 있는
세례 요한의 귀에까지 전달되었습니다. 예수님의 사역은 날이 흐를수록
그 성격이 드러났습니다. 주님의 사역이 분명한 성격을 나타낼수록 감옥
에 갇혀 있는 세례 요한의 마음속에는 의혹의 구름이 피어올랐습니다. 자
신이 예언하고 바란 메시아와는 너무 대조적인 메시아라는 점이 분명해
졌습니다.

열매 맺지 않는 나무마다 찍어 불에 던지는 도끼가 아니라, 상한 갈대
도 꺾지 아니하시는 주님의 사역은 갈수록 이해하기 힘들어졌습니다. 알

곡은 모아서 곳간에 들이고 쭉정이는 골라서 꺼지지 않는 불에 태우는 대신에 헤롯 도당의 반민주적인 인권 유린에 대해서는 아는지 모르는지 한마디 성명조차 없는 그분의 입장이 불만스러웠을지 모릅니다.

헤롯의 반인륜적인 비리를 공개 비난한 죄목으로 감옥에 갇힌 양심수 요한으로서는 예수님의 사역이 너무 관용과 인내로 가득 차 있고, 동정과 연민으로만 특징지어진 듯 보였을 것입니다. "원수를 사랑하라. 비판하지 말라"라는 주님의 설교는 '사회학적 상상력의 빈곤'에 기인한 설교처럼 들렸습니다. 지금 이 시국에 기존 권력층을 옹호한다는 오해를 불러일으킬 소지가 다분한 말씀을 하시다니, 요한은 쉽게 이해할 수 없었을 것입니다.

도대체 언제까지 병든 자나 고치고 슬피 우는 과부를 위로하는 일에만 매달려 있으실 건지 상당 기간 감옥에 갇혀 있던 그로서는 답답하고 지루하기 짝이 없는 심정이었을 것입니다. 그래서 최근 예수님의 동향을 보고받은 요한은 드디어 결단을 내렸습니다. 직접 예수님께 질문을 하기로 말입니다.

의문이 생기면 의문 들고 주님 앞으로

다시금 본래적인 질문을 해 봅시다. 왜 요한은 의문을 갖게 되었을까요? 그의 질문을 어떻게 이해해야 할까요?

"주님, 당신이 오실 그분 같으면 무언가 빨리 일을 하셔야 되지 않겠습니까? 하나님이 당신을 통해서 하시는 일이라면 속히 해결되어야 하지 않습니까? 주님의 명령 한마디면 하룻밤에 감방 문을 열어젖힐 수 있는데,

당신의 길 안내자인 나를 언제까지 여기 두려고 하십니까?" 이런 개인적인 불만이 포함된 질문일 수도 있습니다. 한편 "양심수 석방뿐 아니라 헤롯 왕과 로마 통치를 절단 내어 새로운 나라의 도래를 빨리 이룩하셔야 되지 않겠습니까?"라는 간접적인 호소일 수도 있습니다.

하필이면 제자들을 예수님께 보내 이 질문을 하고 있는 것을 보면 예수님이 메시아라는 사실 자체를 의심하고 있는 것은 아닙니다. 하필이면 요한이 나인 성 과부의 아들이 살아난 이야기와 그 사역의 결과를 들은 후 제자들을 보내 묻고 있는 것을 보면 그는 아직 예수님이 메시아이심을 믿고 있었던 것이 틀림없습니다. 그렇습니다. 예수님은 주님이십니다. 그분께 물어보십시오. 신앙생활의 근본 문제는 주님에 관한 의문입니다. 그 의문은 제자들을 보내 묻는 요한의 질문 속에 요약되어 있습니다. "오실 그이가 당신이오니이까 우리가 다른 이를 기다리오리이까."

그럼에도 요한은 문제 해결을 위해 바른 접근을 하고 있습니다. 예수님께 나아가기로 결정한 것입니다. 문제를 가지고 예수님께 나아오는 것은 현명한 결단입니다. 신앙생활을 하면서 의심을 품지 않는 것을 이상적으로 생각하지 마십시오. 그것은 현실적으로 있을 수 없는 일입니다. 누구나 신앙생활을 하다 보면 이런저런 문제에 봉착할 뿐 아니라 신앙의 근본 대상이신 주님께조차 의문을 가질 수 있습니다.

신앙생활을 할 때 의문이 생기면 어떻게 해야 할까요? 세례 요한의 사건을 통해서 우리는 무엇을 배울 수 있을까요? 신앙생활의 문제는 혼자 안고 뒹굴어서는 답이 나오지 않는다는 것을 알 수 있습니다. 감방에서 요한은 혼자 생각할 충분한 시간을 가지고 있었습니다. 그러나 그는 문제를 안고 혼자서 뒹굴지 않고 그 문제를 해결해 주실 분에게로 나아갔습니다. 예수님을 만나기 전 이 사람, 저 사람 만나서 자기 느낌을 섞어 가면서 불평하지 않았습니다. 비록 행동의 자유가 없어 직접 나가지는 못했지만 제자들을 보내 질문했습니다. 신앙 수준과 상관없이 우리는 누구나 의문을 갖습니다. 다만 그때 어떻게 하느냐가 관건입니다. 의문을 해결해 주실 유일한 분, 예수님께 나아가십시오.

다만 여기서 세례 요한의 의문과 관련해 좀 더 살펴볼 필요가 있습니다. 사람마다 하나님이 어떻게 하시리라는 나름의 생각을 가지고 있습니다. 세례 요한도 마찬가지였고, 말씀에 근거해 사람들에게 전했습니다. 그러나 그는 아직도 예수님이 키질하시는 역사를 보지 못했습니다. 여기서 문제가 발생한 것입니다. 지금도 많은 신앙인의 문제가 여기에 있습니다. 자신이 그려 놓은 그림을 신뢰하고, 하나님의 방법을 깊이 생각하지 않는 데 있습니다.

예수님은 하나님이 보내신 메시아이십니다. 우리는 두 제자가 찾아가서 만난 예수 그리스도가 주님이심을 믿고 있습니다. 그렇다면 그분의 때에 그분이 당신의 일을 행하실 것을 믿으십시오. 주님은 당신의 방법으로 당신의 때에 일하실 것입니다. 문제에 봉착할 때마다 그분이 주님이신 것을 기억하십시오. 주님의 방법과 주님의 시기를 생각하지 않는다면 불만 가운데 신앙생활을 하게 될 것입니다.

사실 요한은 구약의 많은 선지자와 같은 계열에 서 있었습니다. 그런 관점 때문에 아직도 예수님이 오셔서 하게 될 구원 사역과 다시 오셔서 하게 될 심판 사역 사이를 구분 짓지 못하고 있었습니다. 요한은 구원 사역과 심판 사역을 동시에 설교했습니다. 그러한 메시아의 사역을 기대하고 있었기에 그로서는 지금 하시는 주님의 사역을 이해하기 어려웠습니다. 그는 지금 정의를 말하다가 감금된 것이기에 "하나님 나라가 왜 여기 감방에 임하지 않는가"라고 불만을 가질 수 있었습니다.

신앙의 용장 요한이 그랬다면 우리도 별반 다르지 않을 것입니다. 우리도 우리가 예상했던 방식으로 주님이 역사하지 않으신다고 의문을 품고 불만을 가질 수 있습니다. 게다가 상황이 어렵고 도움이 쉬 나타나지 않는 경우에는 문제가 심각해질 수 있습니다. 한때 모범적인 신앙의 사람조차도 의문을 가질 수 있습니다. 의문을 갖는 것 자체는 비난받을 이유가 없습니다. 하지만 신앙인은 그 의문을 주 앞에 가지고 나아갑니다. 성숙한 신앙인은 문제를 자기 관점에서만 보지 않고, 오히려 주님의 관점에서 보고 기다릴 줄 아는 사람입니다. 그때 "언제, 어떻게 하실 것입니까?"라는 우리의 질문이 사라지고 주님의 때에, 주님의 방법으로 구원하실 것을 내다봅니다.

○

문제가 생기면 혼자서 뒹굴지 말고 주님께 내어놓으십시오. 자신의 그림만 붙들지 말고 주님의 주님 되심을 믿으십시오. 주님이 당신의 때에 당신의 방식으로 역사하실 것을 신뢰하십시오. 상황이 어렵고 도움이 지연될 때 기다릴 줄 아는 지혜를 배웁시다. 문제를 주님의 관점으로 보는 성숙한 자리로 나아가게 되기를 기도합니다.

12.

나로 말미암아 실족하지 아니하는 자는 복이 있도다 (7:21-23)

///

신앙생활에는 의문만 있지 않습니다. 시원한 대답도 얻을 수 있습니다. 앞 장에서는 옥중에서 제기한 요한의 질문을 중심으로 살펴보았습니다. 이제 요한이 던진 질문에 대한 주님의 대답을 들을 차례입니다. 예수님의 대답은 크게 두 갈래로 나눌 수 있습니다.

세례 요한의 질문에 행동으로 답하신 예수님

먼저, 주님은 말로 대답하기 전에 행동으로 답하셨습니다. 기적을 베풀고 능력을 나타내며 당신이 약속된 메시아임을 보여 주셨습니다. 요한의 두 제자가 의문을 가지고 온 바로 그때 예수님은 한 무리의 많은 사람을 만나고 계셨습니다. 그 수효는 기록되어 있지 않지만 많은 맹인이 그날 눈을 떴고, 질병에서 고통받던 많은 사람이 나음을 얻었고, 뿐만 아니라 악귀에 사로잡혀 있던 많은 사람이 해방되었습니다. 누가는 '많다'는 말을 두 번 반복함으로써 그날 일이 엄청났음을 밝힙니다. 아마 이때는 또 한 번 주님의 사역 가운데 풍성한 은혜의 열매를 거둔 시기였던 것 같습니다(눅 4:40-41, 6:17-19 참조). 예수님의 긍휼과 능력이 육체적인 질병에 시달리고 있는 사람들, 극심한 고통 가운데 처한 자들, 악한 귀신으로부터 시달림을 받는 자들을 향해 베풀어졌습니다.

주님은 세례 요한이 보낸 제자들이 있는 현장에서 능력을 행하셨고, 그들은 그 자리에서 이루어진 일들을 자신들의 눈으로 목격했습니다. 메시아의 사역 현장을 목격하게 하신 다음 대답을 들려주십니다. 그리하여 보고 들은 것을 가서 답할 수 있도록 하십니다. 말로 하는 대답은 행동으로 하는 대답과 일치할 때 영향력과 설득력이 있습니다. 당신이 살고 있는 삶의 방식이 그리스도의 것과 일치합니까? 주 예수 그리스도를 아는 자답게 살고 있습니까? 부요하신 자로서 우리처럼 가난하게 되신 그분을 닮아 가는 삶을 살고 있습니까? 혹시 내 손에 쥔 것은 내 것이라고 끝까지 주장하며 살고 있는 것은 아닙니까? 당신의 부요함으로 형제의 가난함을 채우신 주님의 삶을 당신은 지금 본받고 있습니까?

우리는 주님이 하늘 영광과 부요를 포기하고 이 땅에 오셨다는 것이 무슨 의미를 가지는지 생각해 보아야 합니다. 하늘 영광 버리고 세상에 오신 예수님을 따르는 삶은 그분처럼 형제의 가난을 보살피는 삶이어야 한다는 뜻입니다. "하나님이 능히 모든 은혜를 너희에게 넘치게 하시나니 이는 너희로 모든 일에 항상 모든 것이 넉넉하여 모든 착한 일을 넘치게 하게 하려 하심이라"(고후 9:8).

우리는 우리 삶의 방식을 한번 생각해 볼 필요가 있습니다. 당신의 삶의 방식은 세상 사람들의 눈에 오실 그분을 따르고 사모하고 있는 부류로 비춰지고 있습니까? 우리는 주님이 속히 오신다고 전하신 메시지와 우리가 살고 있는 삶의 방식이 어울리는지를 살펴보아야 합니다. 우리의 삶이 우리의 메시지와 일치할 때 우리의 증거가 사람들에게 설득력 있게 다가갈 것입니다. 사람들은 우리 삶의 모습과 말이 일치하지 않을 때 우리 말을 쉽게 무시하기 때문입니다. 당신은 오실 주님을 기다리면서 살아가고 있습니까? 당신은 당신이 전하는 메시지와 일치하는 삶을 살아가려고 자신의 것을 포기해 본 적이 있습니까?

행동에 이어진 예수님의 답변

이제 주님의 입술에서 나온 말씀을 들어 봅시다. "맹인이 보며 못 걷는 사람이 걸으며 나병 환자가 깨끗함을 받으며 귀먹은 사람이 들으며 죽은 자가 살아나며 가난한 자에게 복음이 전파된다 하라"(눅 7:22). 이것이 주님의 입술을 통해서 나온 대답의 첫 부분입니다. 요한이 보낸 질문과 전혀 어울리지 않는 것 같고, 그가 듣고 싶어 했던 대답도 아닌 것 같습니다. 어떻게 보면 요한이 던진 예리한 질문에 대해서, 즉 양자택일의 질문에 대해서 주님이 회피하시는 듯 보입니다. 그러나 이 말씀이 세례 요한에게 전달되었을 때는 다른 의미를 가졌습니다. 흔들리던 그의 신앙이, 연약해진 그의 기다림의 자세가 분명 새로워졌습니다.

여기에 그리스도의 놀라운 방식이 있습니다. 연약해진 당신의 백성을 돌보시는 주님의 방식입니다. 주님은 약속의 말씀을 들려주심으로 연약한 성도들을 돌보아 주십니다. 어떻게 보면 이 말씀은 세례 요한이 익히 알고 있는 말씀이었습니다. 그럼에도 주님의 이 말씀이 우리가 이해하는 것과는 다른 의미로 세례 요한에게 다가온 것입니다. 이 말을 들을 때 세례 요한은 이사야를 통해 말씀하신 하나님의 약속을 다시금 기억하게 되었습니다.

일찍이 하나님은 당신의 종 이사야를 통해 약속하셨습니다. "그날에 못 듣는 사람이 책의 말을 들을 것이며 어둡고 캄캄한 데에서 맹인의 눈이 볼 것이며"(사 29:18). "그때에 맹인의 눈이 밝을 것이며 못 듣는 사람의 귀가 열릴 것이며"(사 35:5). "주 여호와의 영이 내게 내리셨으니 이는 여호와께서 내게 기름을 부으사 가난한 자에게 아름다운 소식을 전하게 하려 하심이라"(사 61:1). 이 말씀을 익히 알고 있었던 요한은 예수님이 지금 하신 말씀이 무슨 의미인지 알아들었습니다.

신구약 성경을 한 번도 통독한 적 없는 오늘날 어떤 성도들에게는 마치 예수님이 직접적인 대답을 회피하시는 듯 들리는 구절이지만, 하나님의 말씀을 영혼의 양식으로 삼고 있는 세례 요한과 예수님 사이에서는 약속된 암호와 같이 기다린 메시아가 맞다는 사실을 분명히 밝히는 말씀입니다.

이 말씀은 구약 예언의 말씀을 익히 알고 있는 옥중의 세례 요한에게 그 귀가 열리고 그 무릎에 힘이 솟는 약속 성취의 말씀으로 다가왔습니다. 세례 요한은 구약의 어떤 선지자보다 이사야 선지자를 잊어버릴 수 없는 사람이었습니다. 그는 자기의 사역이야말로 이사야가 예언했던 '광야에 외치는 자의 소리'라는 것을 알았기 때문입니다. 이사야의 예언은 광야에서 메시아의 오심을 준비했던 세례 요한에게는 피와 살이 되는 말씀이었기 때문입니다. 말씀을 읽으십시오. 하나님의 말씀을 기억하십시오. 그때 주님이 하시는 말씀이 능력의 말씀이 될 것입니다.

주님은 모든 이적을 뛰어넘는, 당신이 메시아인 결정적인 증거로서 가난한 자에게 복음이 전파된다고 말씀하셨습니다. 죽은 자가 살아나는 기적을 능가하는 하나님의 새 시대의 특징은 가난한 자들에게 복음이 전파되는 것이라고 말씀하십니다. 어느 정도 가진 자라야 적응하기 쉬운 공동체는 신앙 공동체의 특징을 상실해 가고 있습니다. 그때나 지금이나 세상은 가난한 자를 천대합니다. 헬라인이 무시하고 로마인이 짓밟던 자들이 가난한 자들입니다. 제사장들과 레위인들이 피해 가던 자들이 궁핍한 자들이었습니다. 그러나 복음은 가난한 자들에게 전파되는 하나님의 기쁜 소식입니다.

인생에서 실족할 만한 의문을 만날 때

우리는 여기서 메시아 사역의 진수를 만납니다. 주님은 의인 요한을 수감시킨 헤롯 왕궁을 향해 민중을 선동하여 들어가지 않으셨습니다. 하늘의 기적을 통해 감방 문을 열어젖히고 당신의 길을 준비한 은인 요한을 풀어 놓지 않으셨습니다. 어려서는 외롭게 자랐고 장성한 다음에는 의롭게 처신했던 하나님의 선지자의 목숨을 정권욕에 사로잡힌 헤롯과 정욕에 양심이 마비된 여인, 헤로디아에게 맡기셨습니다.

이런 일들을 보고 우리는 종종 당혹해 "하나님, 정말 하나님 당신이십니까? 어떻게 보고만 계십니까? 오실 그이가 당신이오니이까?"라고 질문합니다. 그때 주님은 행동과 말씀을 통해서 당신이 예언된 메시아임을 보여 주며 당신으로 인해 실족하지 말라고 당부하십니다. 그리고 주님은 하나님의 의를 그분의 방식으로 그분의 때에 이루십니다.

세상에서는 하나님의 공의가 우리가 예상하는 방식대로 실현되지 않을 때가 있습니다. 외롭게 자라고 의롭게 산 세례 요한이 감옥에서 석방되는 대신에 그 시대의 악에 의해 희생 제물이 되기도 합니다. 그런 일로 의혹과 의문을 지니고 있습니까? 그렇다면 그 삶으로 우리를 섬기고 그 죽음으로 우리를 구원한 주님이 걸으신 길을 외면하렵니까? 주님은 신앙의 본질 때문이 아니라 신앙의 인내가 부족해서라도 넘어질 뻔한 요한에게 그 유혹을 극복하도록 "누구든지 나로 말미암아 실족하지 아니하는 자는 복이 있도다"(눅 7:23)라고 말씀하셨습니다. 내가 믿었던 방식대로, 내가 생각했던 방식대로 일이 전개되지 않는다고 낙망하는 우리에게 주님은 축복을 선언하심으로써 경고와 아울러 우리를 격려하십니다.

무시무시한 요한의 심판의 메시지를 능가하는 원수 사랑의 메시지가 예수님께로부터 나왔습니다. 그것이 요한을 당혹케 했습니다. 당신은 고통을 당하는데 당신보다 악하게 사는 사람들은 아직도 편안하게 산다는 사실이 당신을 실족시킵니까? 심판을 이기고 자랑하시는 주님의 풍성한 긍휼 때문에 넘어질 뻔했습니까? 지금은 은혜 받을 만한 때요, 구원의 날입니다. 주님은 세파와 죄악에 시달리는 모든 인생을 초청하고 계십니다.

주님이 하고 계시는 일이 걸림이 됩니까, 아니면 주님이 하지 않으시는 일이 걸림이 됩니까? 오실 그분이 오셨습니다. 오실 그분이 다시 오실 것입니다. 그때까지 기다리십시오. 기다리지 못해서 의문 속에 살아가지 마십시오. 주님은 가장 자비한 분이십니다. 모든 눈에서 눈물을 당신의 손으로 씻길 날을 정하고 계시는 분입니다. 주님의 때에 그분의 방식으로 그분이 이루실 것입니다.

하나님의 주 되심을 믿지 못할 때 우리는 계속해서 의문을 가지게 될 것입니다. 욥기 1-39장까지 이르는 질문의 연속이 우리 자신의 것이 될 것입니다. 거기서 헤어나지 못하게 될 것입니다. 아무도 그 질문에 대해 대답할 자가 없기 때문입니다. 하나님만이 전지하고 전능하신 분입니다. 욥의 고백을 기억하십시오. "내가 가는 길을 그가 아시나니 그가 나를 단련하신 후에는 내가 순금같이 되어 나오리라"(욥 23:10). 세례 요한은 광야에서 메시아의 오심을 준비했던 자신의 삶 때문에 실족할 뻔했습니다. 그리고 아무도 두려워하지 않고 증거했던 자기의 메시지 때문에 스스로 실족할 뻔했습니다. "오실 그이가 당신이오니이까? 당신이 진정 오실 그이라면 제가 여기 있는 것을 기억해 주십시오, 주님!" 이것이 요한의 요청이었습니다.

하나님 나라는 우리 뜻대로 전개되지 않습니다. 하나님의 생각은 우리 생각보다 뛰어납니다. 그분의 생각은 우리의 생각과 다릅니다. 그분의 길은 우리의 길과 다릅니다. 하나님이 왜 그러시는지 때로는 답답한 가슴을 안고 밤을 하얗게 새우기도 하지만, 하나님이 하실 것입니다. 오실 그분이 약속된 분이고, 다시 오실 분입니다. 주님의 때에 주님의 방법대로 주님이 이루어 가실 것입니다. 의가 보금자리를 트는 새 하늘과 새 땅이 다가오고 있습니다. 주님의 말씀으로 인해서 하나님의 약속을 다시 한 번 붙드십시오.

"이 두루마리의 예언의 말씀을 인봉하지 말라 때가 가까우니라 불의를 행하는 자는 그대로 불의를 행하고 더러운 자는 그대로 더럽고 의로운 자는 그대로 의를 행하고 거룩한 자는 그대로 거룩하게 하라"(계 22:10-11). 이것이 하나님의 방식입니다. 사람들이 추구하는 방식대로 놓아 두라고 하십니다. 세상은 끝없이 악해질 것입니다. 그러나 주의 백성은 그 가운데서 밤하늘의 별빛과 같이 의롭게 살아갈 것입니다. "보라 내가 속히 오리니 내가 줄 상이 내게 있어 각 사람에게 그가 행한 대로 갚아 주리라"(계 22:12).

○

요한의 질문에 주님은 어떻게 답하셨습니까? 먼저 행동을 통해 대답하셨습니다. 많은 사람을 고침으로 새로운 시대의 도래를 알리셨습니다. 아니, 당신이 새로운 시대를 열어 가는 약속된 메시아임을 나타내셨습니다. 그러고 나서 말로써 대답하셨습니다. 약속의 말씀으로 의심하는 자에게 확신을 주셨습니다. 질병에서 사람들이 고침 받고 죽은 자가 살아나는 것보다 더 확실한 증거로서 가난한 자들에게 복음이 전파됨을 말씀하셨습니다. 메시아 시대의 가장 큰 특징은 지금껏 세상에서 무시받던 사람이 하나님의 특별한 관심의 대상이 되는 것입니다. 요한의 질문에 답하시는 주님은 그 일을 시작하신 하나님의 약속된 구원자이십니다.

하나님이 세상에 보내신 구원자 예수님처럼 삶을 통해 우리의 신앙을 입증합시다. 병들고 약한 자를 돌아봅시다. 가난한 자에게 복음을 전하는 기회를 만들어 봅시다. 그리스도가 세상에 오신 것이 어떤 의미를 가지는지 생각해 보십시오. 다시 한 번 주님의 경고와 축복을 귀담아 들으십시오. "누구든지 나로 말미암아 실족하지 아니하는 자는 복이 있도다"(눅 7:23). 이 축복이 오실 그분을 대망하며 말세를 사는 우리 모두에게 있기를 바랍니다.

13.

무엇을 보려고 나갔더냐 (7:24-28)

이 장의 본문은 세례 요한에 대한 예수님의 증언이고 평가이며 찬사입니다. 예수님은 요한의 질문에 행동과 말씀으로 답을 주어 제자들을 돌려보낸 뒤에 요한이 누구인지 사람들에게 말씀해 주셨습니다.

주님은 사람들에게 광야에 요한을 보러 몰려갔던 이유를 물으셨습니다. 우선 "아닙니다"라는 대답을 할 수밖에 없는 두 질문과 "그렇습니다"라는 대답이 예상되는 질문 하나를 던지셨습니다. 그 후 요한이 누구인지를 설명하셨습니다. 사람들은 요한을 하나님의 말씀을 예언한 선지자 정도로 알고 있었지만, 주님은 선지자보다 나은 자로 평가하셨습니다. 이에 요한에 대한 구약 예언을 상기시킨 다음 인류 역사에서 제일 큰 자라는 찬사를 그에게 돌리셨습니다. 동시에 인류 역사에 여자가 낳은 자 중에 그보다 더 큰 자가 없지만, 하나님 나라에서는 극히 작은 자라도 그보다 크다고 설명하셨습니다. 이 선언에서 한 인간의 위대성은 주님과의 관련에서 평가되며, 주님 당신이야말로 가장 위대한 분, 하나님의 아들임을 암시적으로 밝히셨습니다. 이제 예수님의 질문을 하나씩 따라가 봅시다.

"아닙니다"라는 답을 기대하신 예수님의 두 가지 질문

"너희가 무엇을 보려고 광야에 나갔더냐 바람에 흔들리는 갈대냐"(눅 7:24). 비록 지금 요한은 수감되어 있지만 한때는 광야의 소리로서의 역할을 분명히 감당했습니다. 그는 요단 강 각처를 다니면서 회개에 합당한 열매를 맺도록 사람들을 촉구했습니다. 마가복음 1장 5절은 "온 유대 지방과 예루살렘 사람이 다 나아가 자기 죄를 자복하고 요단 강에서 그에게 세례를 받더라"라고 간결하게 기록하고 있습니다. 평소에 종교적인 사람들뿐 아니라 종교에 무관심한 사람들까지 요한에게 나아갔고, 모든 백성과 세리들이 이미 요한의 세례를 받았다고 누가복음 7장 29절은 밝히고 있습니다.

요한의 사역은 유대 온 지방과 예루살렘 전역에 대단한 현상이었습니다. 이스라엘 사람치고 요한의 이름을 모르는 사람은 당대에 아무도 없었습니다. 그러나 지금은 사람들에게 잊힌 존재, 혹은 버려진 자가 되었습니다. 이런 상황을 염두에 두고 주님이 던지신 첫 질문을 생각해 봅시다.

주님은 일련의 질문들을 통해 당신의 길 안내자 요한의 위대성을 부각시키십니다. 요한은 시류에 따라 흔들리는 사람이 아니었습니다. 백성이 떼 지어 광야로 나간 까닭은 바람에 흔들리는 갈대를 보기 위해서가 아니었습니다. 주님은 여기서 요한을 흔들리지 않는 사람, 곁눈질하지 않고 자기 길을 걷는 사람, 확고부동한 사람임을 상기시키셨습니다. 그 결과 지금 요한은 헤롯의 감옥에 갇혔습니다. 요한과 같이 하나님이 주신 소명에 따라 사는 사람은 이 시대에 찾기가 힘듭니다. 그는 인기에 영합하고 시류에 편승하는 이 시대의 아들들과는 대조되는 삶을 산 사람입니다. 어제나 오늘이나 하나님의 사람은 그 부르심을 따르는 요지부동의 사람이어야 합니다. 사람들은 바람에 흔들리는 갈대를 보기 위해 광야로 나가지 않았습니다.

두 번째 주님의 질문과 스스로의 대답이 이어집니다. "그러면 너희가 무엇을 보려고 나갔더냐 부드러운 옷 입은 사람이냐 보라 화려한 옷을 입고 사치하게 지내는 자는 왕궁에 있느니라"(눅 7:25). 군중이 광야로 나간 이유는 부드러운 옷을 입은 사람을 보려는 것이 아니었습니다. 그런 사람은 광야가 아니라 왕궁에 있다고 주님은 말씀하셨습니다. 왕의 부름에 언제든 대답할 준비가 되어 있는 사람은 왕궁에서 화려한 삶을 보장받을 수 있을 것입니다. 그러나 요한은 왕궁 대신 광야를 거처로 삼았던 사람입니다. 요한은 자기가 전하는 설교에 부합한 삶을 살았습니다.

시류를 따르지 않고 할 말을 하기란 쉽지 않습니다. 동시에 자기가 한 말에 어울리는 삶을 산다는 것은 더욱 쉽지가 않습니다. 요한의 삶은 그의 설교처럼 화려함과 사치에서 멀었습니다. 그는 모든 인생에게 지금까지 걸어온 삶의 방식을 바꾸도록 요청한 자답게 살아갔습니다. 삶의 총체적인 변혁을 요구한 그의 메시지는 일반적인 사람들의 것과 스타일이 달랐던 그의 삶을 통해 더욱 강한 호소력을 가졌습니다. 그런 요한의 파격적인 삶의 방식을 마태는 이렇게 요약합니다. "이 요한은 낙타 털옷을 입고 허리에 가죽 띠를 띠고 음식은 메뚜기와 석청이었더라"(마 3:4). 아무데서나 자고 살아가기 위해 사람들이 입는 옷이 아니라 짐승의 털을 걸치고 살았다는 이야기입니다. 무엇이든지 먹고 생명을 부지한 단순한 삶을 말하고 싶어서 마가와 마태는 요한이 먹은 음식이 '메뚜기와 석청'이라고 전해 주었습니다.

요한은 임박한 하나님의 진노 속에서 철저한 회개를 촉구한 설교자답게 살아갔습니다. 결코 시류에 영합해 권력자에게 아부한 대가로 호사를 누린 사람이 아니었습니다. 그때나 지금이나 사람들이 살아가는 방식, 사람들이 추구하는 삶의 방식은 두 가지입니다. 대부분의 사람들은 세상에서 호사와 연락을 목표로 살아갑니다. 그러나 하나님의 백성은 세상에서 나그네와 행인으로 살아갑니다.

오늘 한국 교회 성도들은 삶의 종착지가 어디인지를 세상 사람들에게 보여 주는 삶을 살아야 합니다. 검소한 생활 방식을 통해 우리가 오실 그분을 위해 살아가는 사람이며, 다가오는 하나님 나라를 준비하는 이들이라는 것을 사람들이 느낄 수 있도록 해야 합니다. 설교뿐 아니라 거리에서 전하는 복음까지도 그 전하는 메시지가 사람들에게 들리기 위해서는 전하는 말과 부합한 삶이 동반되어야 합니다.

나그네와 행인으로서 자신을 인식하고 있습니까? 그렇게 살아가십시오. 우리는 정말 너무 많이 가지고 살아가고 있습니다. 세례 요한은 자기의 메시지를 효과 있게 전하기 위해서 자기 삶의 방식을 조절했습니다. 당대 이스라엘 백성이 광야로 내달렸던 이유는 거기서 화려한 옷 입은 자를 만나려 했던 것이 아닙니다. 광야는 사치하며 살아가는, 출세한 사람들이 모여 있는 곳이 아닙니다.

"그렇습니다"라는 답을 기대하신 예수님의 질문

이어서 예수님은 "그러면 너희가 무엇을 보려고 나갔더냐"(눅 7:26상)라는 제3의 질문을 던지고는 스스로 답하셨습니다. "선지자냐 옳다 내가 너희에게 이르노니 선지자보다도 훌륭한 자니라"(눅 7:26하).

요한은 선지자였습니다. 세상은 그를 선지자로 여겼지만 주님은 그를 선지자보다도 훌륭한 자로 밝히셨습니다. 왜냐하면 그는 여러 선지자보다 더 나은 사명을 가졌기 때문입니다. 앞선 선지자들은 오실 그분을 멀리서 증거했지만, 요한은 오실 그분을 눈으로 보면서 "보라 … 하나님의 어린양이로다"(요 1:29)라고 증거한 자였습니다. 오실 주님 앞에서 그분의 길을 준비하는 특별한 사명을 띠고 살았던 선지자였습니다. 회개의 설교와 죄 사함의 세례를 베풀면서 백성을 준비시킨 선지자였습니다.

요한은 말라기 3장 1절에 그 출현이 예언된 선지자였습니다. 요한의 위대성은 그가 하게 될 사역과 밀접한 관계를 가지고 있습니다. "보라 내가 내 사자를 네 앞에 보내노니 그가 네 앞에서 네 길을 준비하리라"(눅 7:27)라고 말씀하시는 분은 전능하신 하나님 아버지이시고, 그 말씀을 듣고 있는 분은 그분의 아들, 예수 그리스도이십니다. 하나님 아버지께서 아들 예수 그리스도에게 그 앞에 보낼 것이라고 약속하셨던 선지자의 역할을 감당한 사람이 세례 요한입니다. 요한은 선지자 중에 가장 위대한 선지자로 불렸습니다. 그가 와서 한 일이 오실 왕의 길을 준비한 것이기에 그렇습니다. 한 사람의 위대성은 오실 왕과의 관계와 밀접하게 연결되어 있습니다.

주님은 "내가 너희에게 말하노니"(눅 7:28상)라고 말씀하심으로, 즉 세상에 오신 하나님의 아들의 권위를 가지고 요한이 누구인지 이야기하셨습니다. "여자가 낳은 자 중에 요한보다 큰 자가 없도다"(눅 7:28중). 역사에 많은 사람이 흔적을 남겼지만 요한만큼 위대한 일을 한 사람이 없다는 의미입니다.

그러나 주님은 계속해서 "그러나 하나님의 나라에서는 극히 작은 자라도 그보다 크니라"(눅 7:28하)라고 말씀하셨습니다. 요한은 구약 최고의 선지자로서 구주를 가까이 모셨기에 인류 역사 최고의 위치를 점하지만, 하나님 나라에서는 아주 미미한 자라도 그보다 더 나은 자리에 있다고 선언하심으로써 주님으로부터 말미암는 하나님 나라가 얼마나 위대한 나라인지를 보여 주셨습니다. 즉 주님의 길을 예비한 세례 요한이 그처럼 위대하다면 그 길로 오시는 왕은 얼마나 위대한지를 말씀하고자 하신 것입니다.

이 말은, 시간적으로 요한은 그리스도로 말미암아 도래하는 하나님 나라의 이전 사람이라는 뜻입니다. 지금 그는 감옥에 갇혀 있어 예수 그리스도의 사역을 통해 임하고 있는 하나님 나라에서의 큰 역사에 참여하고 있지 못하는 자라는 의미입니다. 맹인이 보며, 못 걷는 사람이 걸으며, 나병 환자가 깨끗함을 받으며, 귀먹은 사람이 들으며, 죽은 자가 살아나며, 가난한 자에게 복음이 전파되는, 곧 예수 그리스도로 말미암아 전파되는 새 역사를 보고 있지 못하다는 것입니다.

요한은 새 시대의 준비 역할을 했을 뿐입니다. 그의 역할은 위대했지만 그것은 준비 사역이었지 새로운 나라에 참여하는 역할을 맡은 것은 아니었습니다. 요한도 선지자요, 하나님의 백성이기에 장차 하나님 나라의 권속이 되겠지만, 거기서 그가 누릴 영광이 따로 준비되어 있겠지만, 순교자로서, 신실한 증인으로서 그가 받게 될 상급이 예비되어 있겠지만 지금 역사 속에서 그는 아직도 하나님의 축복에 참여하는 자는 아니었습니다.

하나님의 구원 성취라는 사건을 중심해서 시간적으로 말하자면 요한은 이전 사람이었습니다. 그는 십자가에 못 박히신 구주를 친히 대면한 적이 없었습니다. 예수 그리스도의 구속 사역의 은혜를 누린 것은 분명하지만, 그 구속 사역의 현장에 참여하지는 못했습니다.

한 사람의 위대함은 언제나 주님과의 관계에서 진행됩니다. 당신은 그간 주님의 사역의 어떤 부분을 감당해 왔습니까? 앞으로 어떤 부분을 감당하기를 원합니까? 요한은 오실 그분의 길을 예비하는 자였습니다. 인생은 누구나 오실 그분의 길을 예비하는 일에 부르심을 받고 있습니다. 다시 오실 예수 그리스도의 길을 예비하는 일에 삶을 드리지 않겠습니까?

주님은 여기서 당신이 하나님이 약속하신 메시아임을 선언하십니다. "너희가 무엇을 보려고 광야에 나갔더냐?"라고 무리에게 연속해서 질문을 던지신 주님은 요한을 선지자보다 더 위대한 자로 만든 분이 당신임을 암시하십니다. 오실 이의 길을 준비하는 일만 해도 여자가 낳은 자 중에 가장 위대한 자라고 한다면, 그 준비된 길로 오시는 예수 그리스도는 얼마나 놀라운 분이실지 생각해 보십시오.

주님은, 여자가 낳은 자 중에 가장 위대한 자는 요한이지만, 하나님 나라에서는 가장 미미한 자라도 그 영광을 족히 비교할 수 없다고 말씀하셨습니다. 주님 당신이야말로 하나님 나라의 왕이라고 알리심으로 그 나라에 들어가는 것이 얼마나 귀한 일인지를 보여 주신 것입니다.

예수님에 관해 거듭 들을 수 있다는 것이 예수님에 관해 진정으로 쏟아야 할 관심을 쏟지 못하게 해서는 안 됩니다. 그분은 역사 속에서 읽을 수 있는 또 한 사람의 위인이 아닙니다. 하나님 나라의 왕, 예수 그리스도의 위대함을 묵상해 본 적이 있습니까? 그분은 우리의 찬양과 경배를 받기에 마땅하신 분입니다.

○

만왕의 왕, 만주의 주 예수 그리스도의 나라가 이 땅에 도래했습니다. 우리는 지금 어디에 있습니까? 그 나라 가까이에서 아직도 맴돌고 있습니까? "내가 어떻게 하여야 구원을 얻겠습니까?"라고 질문만 던지고 있습니까? "주여, 구원 얻을 사람의 수가 무척 적지요?" 하며 이론적인 질문만 하고 있습니까? 언제까지 광야에 있는 선지자를 좇아 이교회, 저 교회 방황하고 다닐 것입니까? 이제 말씀을 통해서 우리를 찾아오신 예수 그리스도께 찬양과 경배를 드립시다.

14.

거절한 사람들 (7:29-30)

기회는 공평하게 주어지지만 반응은 사람마다 똑같지 않습니다. 하나님이 주신 기회에 어떠한 반응을 보이느냐는 향후 10년을 좌우하는 것이 아니라 영원한 운명을 결정짓습니다. 이 장의 본문은 하나님이 주신 기회를 거절한 사람들의 슬픈 기록입니다.

누가복음 7장을 전체적으로 살펴봅시다. 예수님은 이스라엘 백성에게 당신이 누구인지를 밝히십니다. 7장 전반부에 기록된 사건들은 사람들을 긍휼히 여기시는 메시아로서의 예수님의 모습이, 7장 후반부에는 죄인인 한 여인을 긍휼로 만나시는 주님의 모습이 나옵니다. 하지만 7장의 중심 부분은 18-35절로서, 앞뒤 사건을 해설해 주는 부분입니다. 앞뒤 사건에 나오는 예수님의 행적은 세례 요한이 대망한 오실 이의 표적으로서의 의미를 갖습니다. 앞에서 하신 예수님의 행적과 뒤에서 하실 예수님의 행적은 요한이 기다려 온 메시아가 오셨음을 보여 줍니다. 하나님이 약속하신 모든 것이 성취되는 새 시대의 도래가 주님의 이 은혜로운 행동 속에 나타나 있습니다.

7장의 핵심부인 18-35절은 보다 분명히 예수님이 누구이신지를 나타내고 있습니다. 이 부분은 세례 요한과 예수님의 관계를 다루는데, 세 부분으로 나눌 수 있습니다. 첫 부분은, "오실 그이가 당신이오니이까 우리가 다른 이를 기다리오리이까"(눅 7:19)라는 요한의 질문에 대한 예수님의 대답입니다. 둘째 부분은, 요한이 파송한 이들이 돌아간 직후에 주님이 요한에 대해 증거하신 내용입니다. 셋째 부분인 29-35절에서는 요한과 예수님을 거역한 그 세대 사람들에 대한 주님의 판결문이 낭독됩니다. 먼저 29-30절은 요한의 설교와 예수님의 설교에 대한 두 가지 반응이 기록되어 있습니다. 이어지는 31-35절에서 예수님은 어떤 선포에도, 어떤 식의 접근에도 반응을 보이지 않는 세태를 지적하십니다. 어떻게 보면 29-30절은 31-35절을 이야기하기 위한 서론처럼 보이지만, 그 자체로도 별도 취급을 받을 만한 중요한 교리를 담고 있습니다.

이제 이 장의 본문인 29-30절을 살펴보겠습니다.

진리 앞에 두 그룹으로 나뉘는 사람들

요한에 대한 예수님의 증언을 들은 사람들은 크게 두 부류로 나누어졌습니다. 새삼스러운 구별이 아니라, 이미 요한의 설교를 통해 구별된 두 부류의 사람들이 다시 한 번 드러나고 있을 뿐입니다. 바른 설교, 능력이 함께한 설교는 항상 모인 사람들을 둘로 나누어 놓습니다. 하나님을 칭송하는 그룹이 있는가 하면, 하나님의 뜻을 저버리는 그룹이 있습니다. 사도행전에 나오는 사도들, 특히 바울의 설교도 그러했습니다. 그들은 예수를 그리스도로 영접하든지, 이단으로 몰든지 둘 중 하나를 택일하도록 설교를 했습니다.

세례 요한의 설교 역시 마찬가지였습니다. 대부분의 사람들은 그의 설교를 즐겨 들었고 즉각 행동에 옮겼습니다. 이제부터는 다시 살겠다는 결단으로 회개의 세례를 받았습니다. 요한이 베푼 세례에 대한 입장에 따라 이미 그들은 두 그룹으로 나누어져 있었습니다. 이미 요한이 베푸는 세례를 받은 모든 백성과 세리들은 요한에 대한 예수님의 증거를 듣고 하나님이 요한을 선지자로 보내신 사실이 옳다고 인정했습니다. 요한을 보내신 분이 하나님이며 요한이 선지자보다 위대하다는 주님의 증거를 듣고 모두 기뻐했습니다. 뿐만 아니라 요한을 통해 죄 사함의 세례를 받은 사실이 감격스러웠습니다. 그들이 받은 요한의 세례는 그런 의미를 담고 있었습니다. 하나님 편에서 세례는 '하나님은 뉘우치는 자를 용서하신다'는 증표입니다. 요단 강물이 죄를 씻는 것이 아니라 하나님이 정하신 용서의 표시였습니다.

한편, 모두 다 요한의 세례를 받은 것은 물론 아닙니다. 30절은 비극적인 길로 치닫는 무리에 대해서 "바리새인과 율법 교사들은 그의 세례를 받지 아니함으로 그들 자신을 위한 하나님의 뜻을 저버리니라"라고 기록하고 있습니다. 일찍부터 백성은 요한을 선지자로 대우했지만 백성의 지도자들은 요한을 무시했습니다. 훗날 "요한의 세례가 하늘로부터냐 사람으로부터냐"(눅 20:4)라고 예수님이 물으실 때 그들은 대답하지 못했습니다.

오늘날 그리스도인들은 바리새인과 율법학자들이라고 하면 응당 '문제 아들'이라 생각합니다. 그러나 당시 사람들에게는 훌륭한 종교인들을 지

칭하는 의미로 받아들여졌을 것입니다. 그들만큼이나 율법의 세세한 규정에 대해서 잘 아는 이들이 없었습니다. 하지만 그들만큼이나 율법의 근본 메시지를 이해하지 못하는 이들도 없었습니다. 그들은 율법에 대해 지대한 관심을 가졌지만 그 수많은 율법의 조항들이, 그 자세한 제사 제도들이 인간이 죄인임을 보여 주는 하나님의 말씀을 담고 있다는 것을 이해하지 못했습니다. 모세 오경의 핵심은 인생이 죄인이라는 사실을 폭로해 주는 것이지만, 그들은 율법을 붙들고 살았음에도 불구하고 율법이 말하는 사람의 본질을 망각하고 있었습니다. 자기가 죄인이라는 사실에 대해서는 인식하지 못하고 있었습니다. 하나님은 죄인의 죄를 용서하고 새 삶을 살기를 바라신다는 근본 하나님의 뜻을 이해하지 못했습니다.

세례 요한이 '하나님의 통치가 가까웠으니 누구든지 지금까지 살아왔던 방식에서 돌이켜 새로운 삶을 살라'고 회개의 세례를 선포했을 때 그들은 그것이 자신들에게 해당하는 이야기인지 알아듣지 못했습니다. 만약 매 주일 교회에 출석하면서도, 매 주일 사죄의 찬송을 부르면서도 자신이 그 은혜를 받아야 할 자라는 사실을 인식하지 못한다면 그들과 우리는 별반 다르지 않을 것입니다. 스스로 자신의 종교적인 열심에 만족하던 바리새인과 스스로가 가진 율법의 지식에 만족해하던 율법학자들은 스스로 만족해하면서 결국 하나님의 뜻을 스스로 저버린 무리들입니다. 회개의 설교와 죄 사함의 세례를 통해 그들을 구원하시려는 하나님의 뜻을 무효화시켜 버린 장본인들입니다.

하나님의 말씀은 오늘날에도 모든 그리스도인을 향해 동일한 진리를 말하고 싶어 합니다. 예수님 당시 사람들이 죄 사함에 자신을 맡기는 것이 하나님의 뜻에 순응하는 것이었듯이 지금도 인생들은 자신이 죄인이라는 사실을 수긍해야만 합니다. 예수 그리스도의 사죄의 공로만이 우리로 하여금 하나님을 만날 수 있게 하는 유일한 방편이라는 점을 인정해야 합니다. 그래서 성도들은 모이는 시간마다 하나님을 찬송하고 하나님이 보내신 구세주를 찬양하는 것입니다. 예수님이 두려움 없이 하나님을 만나게 해 주셨기 때문에 우리는 하나님의 은혜를 찬송합니다.

회개의 설교와 죄 사함의 세례를 통해 인간을 구원하시려는 하나님의 뜻을 무효화시킨 비극을 더 이상 연출해서는 안 됩니다. 그들은 요한의 세례를 거부함으로써 사죄의 축복을 거절하고 말았습니다. 그들은 이미 저지른 잘못으로 인해 요한에 대한 예수님의 증거조차 받아들일 수 없었습니다. 이미 요한의 세례를 거절했기 때문에 요한을 위대한 선지자로, 여인이 낳은 어떤 자보다도 더 위대한 자로 증거하시는 예수님의 증거를 받아들일 여지가 그들의 마음속에는 없었습니다. 선지자보다 더 나은 자요, 오실 왕의 길을 예비한 자라는 증거를 듣고도 그들은 지금 말씀하시는 바로 그분이 오실 왕이라는 사실을 인식하지 못하고 있었습니다.

도래할 하나님 나라를 예비하는 자가 그처럼 위대하다면 그들은 그 나라의 왕이 얼마나 위대한지 깨달아야 했습니다. 자기들에게 말씀하고 계시는 그분이야말로 하나님이 파송하신 메시아라는 사실을 수긍해야 했습니다.

하나님의 구원 계획은 세례 요한이 옴으로써, 예수님의 오심으로써 구체화됩니다. 요한과 주님의 활동은 하나님의 뜻을 구체화시키는 일입니다. 하나님의 무궁한 섭리를 이 역사 속에 가시화시키는 일을 위해 요한은 태어났습니다. 요한은 예수님이 오시는 길을 준비했고, 그 준비된 길로 그리스도가 오심으로 더 이상 질병에 사로잡혀 있지 않는 시대, 죽음까지도 기승을 부릴 수 없는 새로운 시대가 도래했습니다. 아니, 그보다 죄인의 죄가 용서받는 새로운 시대가 왔음을 누가복음 7장은 밝혀 주고 있습니다.

하나님 나라가 가까이 왔다며 회개를 요청한 요한의 설교는 이스라엘 백성 중 그 누구보다도 바로 그들 자신을 향한 하나님의 부르심이었는데도 불구하고 그들은 깨닫지 못했습니다. 자기들과는 아무 상관없는 설교로 인식했습니다. 유대의 지도자들, 바리새인과 율법학자들은 하나님의 호소를 외면하고 무시했습니다.

남은 것은 우리의 선택

"바리새인과 율법교사들은 그의 세례를 받지 아니함으로 그들 자신을 위한 하나님의 뜻을 저버리니라"(눅 7:30). 이 말씀에 엄청난 진리가 내포되어 있습니다. 사람은 누구나 하나님이 주신 기회를 가지고 자신을 망칠 수 있습니다. 인간은 누구든 자기 영혼을 파멸시켜 지옥에 보낼 만큼 가공스런 힘을 가지고 있습니다. 선을 행하기에는 전혀 무력하고 연약한 인간들이지만 우리는 모두 악을 행하기에는 가공할 만한 능력을 가지고 있습니다.

끝까지 회개하지 않고 하나님의 구원 계획을 불신할 때 우리는 스스로를 파멸시켜 지옥으로 보낼 수 있습니다. 끝까지 죄악을 사랑하고 죄를 짓는 것은 스스로를 영원한 파멸 속에 던지는 것입니다. 다른 사람이 아니라 나 자신이 나의 영혼을 파멸시킬 수 있습니다. 인생은 자신을 구원하기에는 전혀 무능하지만, 자신을 파멸시킬 만한 충분한 능력을 아직도 소유하고 있습니다.

하나님은 죄인이 죄 중에 죽는 것을 기뻐하시는 분이 아닙니다(겔 18:21,

32). 하나님은 당신의 백성에 대해 관심을 가지고 계십니다. 하나님은 우리 영혼이 파멸로 치닫는 것을 기뻐하지 않으십니다. 따라서 하나님은 구약의 선지자들뿐만 아니라 신약의 사도들을 통해서 다시 확인하십니다. 더 적극적으로, 더 분명하게 죄인을 향한 하나님의 뜻을 밝히십니다. "하나님은 모든 사람이 구원을 받으며 진리를 아는 데에 이르기를 원하시느니라"(딤전 2:4).

우리는 누구나 태어날 때부터 하나님의 정죄 아래 있다는 것을 인정해야 합니다. 우리 삶이 행복하지 않은 이유는 하나님의 법을 떠났기 때문입니다. 하나님은 우리를 지으신 분일 뿐 아니라 하나님의 법은 우리의 존재 조건입니다. 하나님은 인생을 아름답게 지으셨고, 만물보다 뛰어나게 만드셨습니다. 하나님의 창조 속에서 당신의 형상을 따라 그 은혜를 칭송하며 살도록 인생을 지으셨습니다. 당신은 우리를 창조하신 하나님의 수준에서 인생을 살아가고 있습니까?

교회는 어떻게 하면 건강하게 살 수 있는지, 어떻게 하면 부자가 될 수 있는지를 말하는 곳이 아닙니다. 교회는 우리가 죄인인 것을 말해 주는 곳입니다. 교회는 우리가 그 죄에서 어떻게 구원받을 수 있는지를 알려 주는 곳입니다. 하나님은 교회를 통해 죄인들을 당신에게로 불러 모으십니다.

하나님을 찬송하십시오. 하나님이 하신 일이 의롭다고 인정하십시오. 신앙은 하나님을 의롭다고 고백하지만, 불신앙은 하나님을 칭송하지 않습니다. 자신의 생각을 버리십시오. 지금까지 생각하고 분석한 대로 살았음에도 행복이 없다면 자신의 생각을 포기해야 합니다. 하나님은 우리가 누구인지를 알고 계십니다. 돌아서는 것만이, 회개와 죄 용서만이 우리의 삶을 새롭게 하는 유일한 길입니다.

지금대로 살아가면 지금처럼 살 수밖에 없습니다. 영원한 파멸이 내일

기다리고 있을 뿐입니다. 그러나 지금 돌아서서 스스로의 죄과를 고백하고 죄 사함의 세례에 자신을 내어 맡기면 하나님은 지금도 우리를 용서하십니다. 용서하시는 증표로서 오늘도 세례를 교회에 위탁하셨습니다. 뿌려지는 물이 우리의 죄를 씻는 것이 아니라, 그 이름으로 선포되는 사죄가 우리를 새롭게 합니다.

○

오늘도 그리스도인이라고 불리는 사람들 가운데 수없이 많은 이들이 바리새인과 서기관들이 걸었던 길을 걷고 있습니다. 교만은 예수님 당시나 지금이나 스스로의 손으로 천국 문을 닫고, 스스로의 발로 지옥을 향하게 합니다. 멸망 길에서부터 돌아서십시오. 지옥을 향한 길에서 돌아서십시오. 구원의 길로 향하십시오. 천국을 향해서 걸어가십시오. 교만은 겉으로 드러내 소리치지 않더라도 위험합니다. 감추어져 있어도 스스로를 파멸시키기에 충분합니다. 교만한 사람들은 자기가 하나님의 뜻을 저버리고 있다고 스스로 소리치는 사람들이 아닙니다. 하나님의 뜻을 가장 잘 순종하는 듯, 자기는 전혀 잘못한 것이 없는 자인 양 처신합니다. 교만은 겉으로 나타나지 않고 안에 감추어져 있어도 생명을 절단하기에 충분합니다. 우리 자신을 송두리째 파멸로 내던지기에 충분합니다. 하나님의 말씀을 멸시하지 마십시오. 구원의 방편을 무시하지 마십시오. 그렇기에 요한이 설교했고, 그렇기에 그가 사람들을 죄 사함을 받는 세례로 초청한 것입니다. 하나님의 말씀을 귀담아 들으십시오. 우리를 용서하실 수 있는 그분께 자신을 내어 맡기십시오. 스스로 하나님의 뜻을 저버리는 비극에서 벗어나기를 바랍니다.

15.

반응 없는 사람들 (7:31-35)

///

    본문은 요한과 주님을 배척한 세대에 대한 주님의 계속된 선고의 말씀입니다. 주님은 29-30절에서 스스로 하나님의 구원을 거절한 사람들을 언급하다 말고, 그 시대 사람들의 실상에 대해 분명히 짚고 넘어가려고 하십니다. 그들이 누구이며 어떤 사람들인지를 폭로하시려는 것입니다.

    "또 이르시되 이 세대의 사람을 무엇으로 비유할까 무엇과 같은가" (눅 7:31). 주님은 지금 연거푸 질문을 던짐으로써 답답한 심정을 나타내십니다. 완악하고 패역한 세대를 어떻게 적절히 비교할까 고심하신 흔적이 엿보입니다. 가끔 주님은 비유를 베풀기 전에 이와 같이 이중 질문을 던지셨습니다(눅 13:18). 주님은 훌륭한 교사답게 연거푸 질문을 던짐으로써 청중으로 하여금 한 번 더 생각해 보도록 유도하십니다. 고심해서 얻은 답은 쉽게 잊어버리지 않습니다.

예수님의 이 질문에 대해 스스로 생각해 보십시오. 우리가 살고 있는 이 시대를 살아가는 사람들의 성격을 규명해 본 적이 있습니까? 경건한 그리스도인은 자기를 지켜 세속에 물들지 않는 사람입니다. 이 세대의 흐름과 역류하고 있는 자신의 정체를 인식하고 사는 사람입니다. 이 세대 사람들의 속성을 알 때 어쩌면 주님의 비유를 쉽게 알아들을 수 있을 것입니다. 주님은 탄식하며 우리의 생각을 촉구하십니다.

당신은 '이 세대'라는 표현을 들을 때 어떤 느낌이 듭니까? 가끔 성경은 우리가 살고 있는 이 시대 사람들을 부릅니다. 이 세대라는 표현 자체가 부정적인 의미를 담고 있지는 않지만, 이 세대 사람들의 속성 때문에 좋지 않은 의미로 자주 사용됩니다. 성경의 표현에 익숙하다면 이 세대라는 표현만 들어도 이스라엘의 불신실함을 꾸짖은 하나님이 자주 사용하신 표현이라는 것을 알 것입니다.

"이 세대의 사람을 무엇으로 비유할까 무엇과 같은가"라는 말은 예수님이 이 세대 사람들의 완고함과 패역함과 불신에 대해 비유를 들어 말씀하시려고 하는 것입니다. 주님은 지금 이 세대라는 동일한 표현을 사용함으로써 구약의 이스라엘 백성과 패역에 동참하고 있는 당대 사람들의 성격을 규명하고 계십니다. 즉 "이 불신하고 패역한 사람들을 무엇으로 비유할까 무엇과 같은가"라는 의미입니다.

이 세대 사람 – 장터에 앉아 놀기를 거부하는 아이들

이에 주님은 무슨 놀이를 하자고 해도 함께 어울려 놀기를 거부하는 아이들의 모습에서 닮은 점을 찾으셨습니다. "비유하건대 아이들이 장터에 앉아 서로 불러 이르되"(눅 7:32상). 2천 년 전 어떤 장소든 아이들이 놀지 못할 곳은 없었지만 특히 장이 서지 않는 날 장터는 훌륭한 놀이 공간을 제공해 주었습니다.

아이들이 모여서 같이 놀자고 제의를 하는데 잘되지 않습니다. 이래도 안 하겠다, 저래도 안 하겠다는 상황에서 상대편을 비난하는 소리입니다. "우리가 너희를 향하여 피리를 불어도 너희가 춤추지 않고 우리가 곡하여도 너희가 울지 아니하였다 함과 같도다"(눅 7:32하). 양극단이 무슨 제의를 해도 조금도 함께 놀려고 하지 않는 아이들의 모습이 그 시대 상황이라고 주님은 말씀하신 것입니다. 세례 요한과 예수님의 제의는 모두 다 거절당했습니다. 주님은 왜 이 비유를 들어서 설명하는지 그다음 절에서 이어가십니다.

세례 요한에 대한 사람들의 태도

"세례 요한이 와서 떡도 먹지 아니하며 포도주도 마시지 아니하매 너희 말이 귀신이 들렸다 하더니"(눅 7:33). 요한의 메시지는 한마디로 즐거운 메시지가 아니었습니다. 장례식의 엄숙한 모습이 요한의 삶이었습니다. 그는 와서 떡도 먹지 않고 포도주도 마시지 않았습니다. 그러자 그들은 귀신 들렸다는 한마디로 그를 규정짓고 말았습니다. 인자는 와서 먹고 마시니까 '먹기를 탐하며 포도주를 즐기는 사람'이라고 했습니다. 단지 함께 드셨는데 먹기를 탐한다고, 단지 함께 마셨을 뿐인데 포도주를 즐기는 사람(포도주에 잠긴 사람)이라고 말했습니다. 그 세대 사람들이 세례 요한과 주님을 각각 거절한 이유입니다.

"세례 요한이 와서"(눅 7:33)와 "인자는 와서"(눅 7:34)라는 말씀에서 '와서'는 아주 중요한 말입니다. 이 말은 두 사람의 도래가 창출한 새로운 상황을 암시해 줍니다. 세례 요한이 옴으로써, 예수님이 오심으로써 사람들은 누구나 할 것 없이 새로운 상황에 결단해야만 했던 것입니다. 하나님은 세례 요한을 먼저 사람들에게 보내셨습니다. 그리고 이어서 예수님을 보내셨습니다. 두 사람 다 하나님의 사명을 띠고 왔지만 두 사람의 삶은 서로 대조적이었습니다.

"세례 요한이 와서 떡도 먹지 아니하며 포도주도 마시지 아니하매"(눅 7:33)라는 말씀은 우리 식으로 "세례 요한이 와서 밥도 먹지 아니하며 숭늉도 마시지 아니하매"라고 번역하면 훨씬 더 정확한 느낌을 줄 것입니다. 사람들은 주로 충격적이거나 슬픈 일을 당할 때 도무지 식사를 제대로 할 수 없는 상황에 봉착하지 않습니까. 요한이 밥도 먹지 않고 숭늉도 마시지 않았다는 것은 일상적인 사람들의 삶에 동참하지 않았다는 뜻입니다. 그는 금욕적인 자신의 삶을 통해 하고 싶은 이야기가 있었기 때문입니다. 지금은 하나님의 진노가 임박한 시대로, 안일하게 살 때가 아니라는 것을 알려 주고 싶었던 것입니다. 임박한 하나님의 진노 앞에 신속히 뉘우치기를 설득하고자 자신의 삶을 메시지화한 것입니다.

이것은 요한이 처음 시작한 방법은 아닙니다. 구약의 선지자들이 가끔 그 방법을 썼습니다. 보아도 보지 못하고, 들어도 듣지 못하는 이들을 깨우치기 위해서 자기 삶 전부를 메시지로 삼기도 했습니다. 호세아가 대표적입니다. 때로 선지자들은 말 대신 무언극을 하는 배우처럼 자신들의 이상한 거동을 통해 하나님이 자신을 통해서 전하고 싶어 하시는 메시지를 전했습니다. 어떤 사람은 스스로 자기의 수족을 동이기도 했고, 벌거벗기도 했고, 모로 누워서 저울에 물과 떡을 달아서 먹기도 했고, 급기야는 인분 대신에 쇠똥을 먹어 보이면서까지 회개하지 않으면 이와 같이 고생을 당하리라는 것을 보여 주었습니다. 세례 요한은 그런 선지자의 계열에 선

사람이었습니다.

이 세대 사람들은 정상적으로 누릴 수 있는 삶을 포기하고 살아가는 세례 요한을 존경하는 대신에 귀신 들려서 떡도 먹지 아니하며 포도주도 마시지 않는다고 비난했습니다. 그러면 다른 사람들처럼 먹고 마시는 이에 대해서는 존경했습니까? 예수님의 메시지도 '먹기를 탐하며 포도주를 즐기는 사람'이라며 들으려고 하지 않았습니다.

요한이 와서 전했지만 사람들은 요동하지 않았습니다. 그가 한 가장 중요한 일은 죄 사함을 받는 세례를 베푼 것입니다. 그의 메시지는 회개에 초점이 맞추어져 있었기에 무시무시한 내용이었습니다. 이미 도끼가 나무뿌리에 놓였다고 사람들을 몰아갔습니다.

예수님에 대한 사람들의 태도

그런데 예수님이 오셨을 때는 어떻게 했습니까? 33절은 예수님이 왔다고 말씀하지 않고 "인자는 와서"라고 말씀합니다. '인자'란 '사람의 아들'이라는 의미입니다. 주님이 당신을 '사람의 아들'로 칭하실 때는 의미가 있습니다. 하나님의 아들의 권위를 암시하는 동시에 그 권위가 무시당하는 상황을 가리킵니다. 주님은 당신의 권위를 나타내면서 한편으로 그 권위를 완전히 공개하지 않기 위해 '사람의 아들'이라고 칭하십니다. '사람의 아들'이라고 말씀하시지만 사실 '나는 사람의 아들이 아니라 하나님의 아들'임을 증거하십니다.

주님은 '사람의 아들'로 당신을 칭함으로써 사람들이 정말 사람 중 하나로 여겨 예수님을 무시하는 상황이라는 것을 우리로 하여금 깨닫도록 함과 동시에 언젠가는 사람의 아들로 오신 예수 그리스도 앞에서 모든 사람의 운명이 결정지어질 것을 보여 주셨습니다.

예수님은 사람의 아들로 세상에 오셔서 당신의 메시지에 어울리는 삶을 사셨습니다. 요한과는 대조해서 먹고 마시는 삶을 사셨습니다. 먹지 않고 마시지 않던 요한에게 귀신 들렸다고 하던 사람들이 같은 입으로 이제는 먹기를 탐하고 포도주에 잠긴 사람이라며 예수님을 비난했습니다. 유대인들의 요한에 대한 그리고 예수님에 대한 불편한 심기가 표출되고 있는 것입니다. 그들은 극단적인 과장을 망설이지 않았습니다. 여기에 사람들의 문제가 있습니다. 사람들은 있는 그대로를 말하지 않습니다. 이러한 과장된 표현은 우리의 관계를 파괴시킵니다.

그런데 여기서 '포도주에 잠긴 사람'이라는 표현은 그냥 넘길 만한 말이 아닙니다. 사실 유대 율법에 익숙한 귀로 들으면 엄청난 이야기입니다. 어떤 사람에게 아주 완악하고 몹쓸 자식이 있으면 부모가 그 자식을 공회에 넘겨주면서 "이 자식은 완악하고 패역하여 우리 말에도 순종하지 않고 방탕하며 술에 잠긴 자입니다"라고 말했습니다. 그러면 성읍에 있는 모든 사람이 그를 돌로 쳐 죽였습니다. 말하자면, 내어놓은 아들의 죄상을 말할 때 '술에 잠긴 자'라는 표현을 썼습니다. 그런데 예수님께 그 표현을 쓴 것입니다.

게다가 그들은 여기서 멈추지 않고 예수님을 내어놓은 사람 취급을 했습니다. "세리와 죄인의 친구로다"(눅 7:34). 세리는 지금의 세무서원과 같은데, 당시 '세리의 친구'라고 하면 끝나는 것입니다. 세리는 완전 구제불능인 자를 의미했으며, 예수님이 그런 그들과 어울리는 사람이라고 한 것입니다. 앞서 5장 30절에서도 예수님은 이 비난을 들으신 적이 있습니다. 세상을 살면서 한두 번 들으신 비난이 아닙니다. 하지만 우리 그리스도인의 귀로 들으면 '세리와 죄인의 친구'라는 말은 감동을 줍니다. 주님이 세상에서 따돌림당했던 사람들과 교제해 주셨던 것을 생각하면 우리 같은 사람들도 만나 주시리라 여겨지기 때문입니다. 주님은 이처럼 모욕적인 평가를 받기도 했지만 당신이 위임받은 메시지를 사람들에게 보여 주기 위해서, 당신의 사명을 다하기 위해서 먹고 마시셨습니다.

사실 그들은 하나님을 거부한 것이다

장례식의 슬픔으로 상징되는 요한의 금욕적인 회개의 요청과 마찬가지로, 결혼식의 잔치와 그 즐거움으로 나타난 예수님의 삶의 비유도 그들에게 거절되기는 마찬가지였습니다. 임박한 진노를 피하라고 이야기해도 움직이지 않던 그들이지만, 다가온 하나님의 잔치에 함께 앉기를 요청해도 무시하기는 마찬가지였습니다. 이런 이유, 저런 구실을 갖다 대지만 사실은 그들의 마음에 하나님을 모실 여유가 없었기에 그들을 그렇게 비난한 것입니다.

우리가 어떤 삶을 살아가든지 그 자체로 사람들을 회개시킬 수는 없습니다. 아무리 우리 말과 삶이 일치한다고 해도 사람들이 설득당해 감동할 리 없습니다. 타락한 인생은 자기가 하고 싶지 않은 일을 만나면 어떤 핑계를 대서라도 하지 않습니다. 엄숙한 삶도 싫다고 거절하고, 즐거운 삶도 거부할 충분한 구실을 가집니다. 자연인은 생래적으로 하나님을 미워합니다. 죄인은 어떤 구실을 갖다 대서라도 하나님을 만나지 않으려 할 것입니다.

오늘을 살아가는 우리에게도 마찬가지입니다. 당시 요한과 주님을 비방한 그들은 우리가 세상에 사는 한 우리를 비방할 구실을 언제든지 발견할 것입니다. 앞뒤 말이 맞지 않는 비난이지만 끊임없이 계속할 것입니다. "육신의 생각은 하나님과 원수가 되나니 이는 하나님의 법에 굴복하지 아니할 뿐 아니라 할 수도 없음이라 육신에 있는 자들은 하나님을 기쁘시게 할 수 없느니라"(롬 8:7-8).

그러나 마지막 말씀은 하나님이 하실 것입니다. 본문의 마지막 절을 보십시오. "지혜는 자기의 모든 자녀로 인하여 옳다 함을 얻느니라"(눅 7:35). 격한 주님의 감정에 더해진 진한 히브리식 표현이 우리로 하여금 이 말이 무슨 의미인지 잘 알아듣지 못하게 합니다. '지혜의 자녀들'이라는 표현은 히브리식 관용어입니다. 이 말씀은 '완고한 백성의 지도자들은 어떤 호소에도 무감각하며 무반응을 나타내겠지만 요한과 주님을 통해서 나타난 하나님의 지혜는 받아들이는 자에 의해서 인정될 것이다'라는 뜻입니다. 비록 다수의 백성과 지도자들은 받아들이지 않지만 한날 세례 요한과 주님을 통해서 증거되는 지혜는 하나님에 의해서, 가르침을 받는 하나님의 백성에 의해서 칭송될 것이라는 말씀으로 본문은 매듭짓고 있습니다.

패역한 세대의 부정적인 모습 및 무감동과 무반응에서 시작한 주님의 말씀의 절정은 35절에 있습니다. 이는 매우 긍정적이고 적극적인 주님의 선언입니다. 하나님의 지혜로운 계획은 결코 실패하지 않을 것이라는 말씀입니다. 요한이 옴으로 준비되었고, 예수께서 오심으로써 계시된 축복에 하나님의 백성 모두가 참여하게 될 것입니다.

○

독자의 죽음을 애곡하듯이 하나님의 진노와 심판의 두려움 앞에 서 본 적이 있습니까? 예수 그리스도는 '나는 하나님의 용서가 아니면 살길이 없다'는 사실을 인식한 사람에게만 귀한 분이 되십니다. 하나님 나라가 다가오고 있습니다. 세상에 태어난 인생들마다 한 번은 하나님 앞에 서야만 합니다. 그때 심판주 하나님에 의해서 용서받을 자신이 있습니까? 내가 네게 베풀어 준 것을 가지고 무엇을 하면서 살았느냐고 물으실 때 대답할 말이 준비되어 있습니까?

개인의 삶에 오신 예수님을 만나 본 적이 있습니까? 예수님은 주님 안에서 용서된 삶은 늘 먹고 마시는 잔치의 삶과 같다는 것을 보여 주기 위해서, 오늘 우리의 삶을 축제로 만들기 위해서 먹고 마시셨습니다. 그러므로 신앙을 가진 삶은 어떤 책의 제목처럼 황홀한 것입니다. "산다는 것이 황홀하다!"고 가식 없이 소리칠 수 있는 자만이 세례 요한을 통한 용서를 경험하고, 예수 그리스도를 통한 새 삶을 맛본 사람입니다.

자기 부인의 삶(세례 요한의 삶)과 자기 충만의 삶(예수님의 삶)은 서로 모순이 아니라 상호 보완입니다. 죄악된 자기 욕망을 부인하는 곳에 거룩한 만족이 찾아듭니다. "오호라 나는 곤고한 사람이로다"(롬 7:24)라고 소리쳐 본 사람이 예수님 안에 있는 정죄함이 없는 삶에 대해 소리칠 수 있는 특권을 가집니다. 세례 요한이 떡도, 포도주도 마시지 않은 이유를 파악할 때 그리스도 예수 안에서 먹고 마시는 새로운 삶을 살 수 있습니다.

16.

사죄와 사랑 1 (7:36-50)

///

　본문은 누가복음 7장의 마지막 사건입니다. 7장 전체가 요한과 예수님의 사역의 관계를 중심으로 다루고 있습니다. 어떤 주석가는 비록 누가가 이 점을 분명하게 나타내지는 않았지만 본문의 구조는 예수님께 향유를 부은 여인의 삶이 이미 요한의 사역에 의해 변화되었다는 사실을 암시한다고 주장합니다. 죄인인 여인이 이처럼 주님께 마음이 다 열려 있는 것은 이미 주님의 사죄를 받았음이 전제되어야 하며, 그때 비로소 이 사건을 바로 이해할 수 있다는 것입니다. 이는 앞서 살펴본 29-30절 말씀의 좋은 예증입니다. "모든 백성과 세리들은 이미 요한의 세례를 받은지라 이 말씀을 듣고 하나님을 의롭다 하되 바리새인과 율법교사들은 그의 세례를 받지 아니함으로 그들 자신을 위한 하나님의 뜻을 저버리니라."

　본문에는 이미 요한의 세례를 받은 모든 백성과 세리들의 대표로서 여인이 등장합니다. 한편 바리새인 시몬은 회개의 세례를 외쳐도 받아들이지 않고 사죄의 기쁨을 증거해도 동참하지 않는 대표로서 나옵니다. 그는 실로 '피리를 불어도 춤추지 않고 곡하여도 울지 않는 세대'의 대표입니다. 옥합을 가지고 주님 곁에 나와서 하염없이 눈물을 흘리는 여인을 보면서도 그 눈물을 조금도 이해하지 못하고, 주님의 발에 끊임없이 입 맞추는 여인을 보면서도 그 감격에 함께하지 않는 세대의 대표적인 예입니다. 슬퍼하는 자와 함께 슬퍼하지 않고 기뻐하는 자와 함께 기뻐하지 않는 무감각한 세대, 무엇을 보아도 의심하고 정죄하기에 바쁜 사람들의 표상입니다.

본문은 또한 바로 앞 절인 35절, "지혜는 자기의 모든 자녀로 인하여 옳다 함을 얻느니라"라는 주님의 말씀의 입증이기도 합니다. 요한과 예수님의 사역의 배경에는 사람을 구원하시는 하나님의 지혜가 감추어져 있습니다. 하나님은 요한을 보내 새 시대의 길을 준비하셨습니다. 그런 다음 예수님을 보내 새 시대를 여셨습니다. 요한은 사람들로 하여금 회개하도록 외쳤습니다. 예수님은 사람들에게 사죄를 선포하셨습니다. 요한이 시작한 것을 예수님이 완성하셨습니다. 이것은 하나님의 지혜의 실현입니다. 그리고 지금 여기서 거리의 한 여인을 통해 하나님의 지혜가 옳다 인정함을 받습니다.

여기 등장한 여인의 뜨거운 사랑과 감사의 표현은 본문을 누가복음 7장의 절정으로 만듭니다. 집주인 시몬은 손님을 대수롭지 않게 맞아들였지만 여인은 주님을 뜨겁게 환영했고, 마지막 시대에 하나님의 용서를 체험하고 있습니다. 여인의 뜨거운 환영을 통해 그녀가 주님으로부터 뜨거운 환영을 받은 여인임을 알 수 있습니다.

바리새인 시몬의 집에 초대받으신 예수님

본문은 총 네 문단으로 나눌 수 있는데, 각 문단은 대개 사건 서술과 평가로 구성되어 있습니다. 이 장에서는 먼저 사건의 발단 부분(눅 7:36-39)에 우리의 주의를 기울여 보겠습니다. 먼저 36-38절에 사건 자체가 기술되고, 이어지는 39절에 그 사건을 보고 난 바리새인 시몬의 평가가 나옵니다.

예수님이 어느 날 한 바리새인의 집에 초대를 받아 그 집에 들어가 식탁에 앉으셨습니다. 성경에 나오는 '식사 자리에 앉으셨다'는 표현에는 언제나 '기대어 누워 있는지라'라는 주(注)가 붙어 있는 것을 볼 수 있습니다. 유대인의 풍습을 우리 풍습으로 억지로 번역한 것이기 때문입니다. 2천년 전 예수님 시대의 유대 풍습에 의하면 '식탁에 기대어 눕는다'는 말이 정확한 표현일 것입니다. 우리 어린 시절 같으면 밥도 못 얻어먹고 호통만 맞았을 것입니다. 그렇지만 이것은 유대인들의 예의범절을 차린 식사 예절이었습니다. 왼손으로 턱을 괴고 옆으로 길게 누워 발은 뒤편으로 향하는 자세입니다. 오른손만 가지고 음식을 먹으면 됩니다. 그리스, 로마도 비슷한 풍습을 가지고 있습니다. 그렇다 보니 여인이 접근하기 가장 쉬운 장소가 발 뒤편이라는 것을 쉽게 알 수 있습니다.

왜 바리새인 시몬이 예수님을 초대했을까요? 누가만이 몇 번 예수님이 바리새인들의 초대를 받은 것을 밝히고 있습니다. 원문의 순서는 바리새인의 초대가 특별하다는 사실을 보여 줍니다. 이것이 자주 있는 일은 아니었다는 뜻입니다. 주님은 초대를 못 받으면 모르지만 초대를 받으면 가셨습니다. 그래서 먹기를 탐하고 포도주를 즐긴다는 이야기를 들으셨던 것 같습니다. 주님은 바리새인의 초대라고 해서 꺼리지 않으셨습니다. 주님은 멸시받는 사람들에게 특별한 관심을 나타내셨지만, 사회적으로 존경받는 사람들에 대해서도 무관심하지 않으셨습니다. 그들도 역시 복음을 필요로 하기 때문입니다. 소외 계층에 대한 배타적인 관심도 중산층에 대한 배타적인 관심만큼 비성경적인 태도입니다. 하나님이 가난한 사람을 사랑하신다는 것은 하나님이 가난한 사람까지 사랑하신다는 의미이지, 하나님이 가난한 사람만 사랑하신다는 말은 아닙니다.

세상에 오신 구주 예수님은 정말 사람을 차별 없이 대하신 분입니다. 모든 사람을 참 편하게 대해 주셨습니다. 모든 인생이 다 하나님을 떠났기에 모든 인생을 찾아 나선 분이십니다. 그러나 어떤 계층의 사람들은 보다 더 예수님을 무시하고 거부했습니다. 주님이 편견을 갖고 사람들을 대하지는 않으셨습니다. 다만 그들은 가졌다는 것 때문에, 사회적인 지위를 확보했다는 것 때문에 주님을 맞아들이는 데 어려움이 있었을 것입니다.

예수님의 발에 향유를 부은 여인과 시몬의 반응

예수님은 바리새인의 집에 초대받으셨습니다. 당시 바리새인은 유대 사회에서 가장 존경받는 계층이었습니다. 예수님이 이들의 초대를 받으셨다는 것은 상당한 대우를 받으셨다는 이야기가 됩니다. 그런 엄숙한 식사 자리에 전혀 예상할 수 없었던 사람이 나타났습니다. 식사하고 있던 모든 사람의 눈이 그녀를 주시했습니다. 37절의 초두를 원문으로 보면 이렇습니다. "보라, 그 동네에 한 여자가 있어." 그 여자에게 관심을 두도록 유도하고 있습니다. 사실 "보라"고 소리치지 않아도 식탁에 앉아 있던 사람들 전체가 나타나서는 안 될 여자가 등장했을 때 그녀의 움직임을 쫓기 시작했을 것입니다. 동네에서 죄인으로 알려진 여인이었기 때문입니다.

어쩌면 누가는 이 여자에 대한 사랑과 배려 때문에 '죄인'이라고 애매한 소개를 했겠지만, 대부분의 주석가들은 그 여인을 거리의 여인이라고 생각합니다. 의로움을 내세우고 사는 바리새인의 집에 매춘부가 등장한 것은 환영받을 일이 아니었습니다. 대문을 넘어선 여자의 발길은 그날 식탁의 주인공 곁으로 향했습니다. 청한 바리새인이 당황했던 것과는 대조적으로 예수님은 음식을 잡수시고 계셨습니다. 여인은 예수님의 뒤로 가서 그 발 곁에 섰습니다. 아무도 여인을 저지하지 못했습니다. 아무도 그 침묵을 깨뜨리지 못했습니다.

다만 여인의 눈에서 흐르는 눈물이 이 긴장을 깨뜨리고 있습니다. 보는 사람들은 그녀가 우는 이유를 아무도 몰랐지만 눈물은 계속 예수님의 발 위에 떨어졌습니다. 비가 땅을 적시듯이 그 눈물이 발을 적셨습니다. 뜨거운 눈물로 적셔진 발을 여인은 머리털로 씻었습니다. 의도하지 않은 눈물이 떨어짐으로 인해 일련의 사건이 발생하고 있습니다. 손에 아무것도 준비하지 못한 연고로 머리털을 풀어서 닦은 것입니다. 머리를 풀어서 닦다 보니 또 하나의 예기치 않던 행동이 초래되었습니다. 마음속의 넘치는 사랑과 감사가 그 발 위에 끊임없는 입맞춤으로 표시되었습니다. 그리고 그녀는 예수님의 발에 향유를 부었습니다. 그녀가 예수님의 발에 부은 향유는 틀림없이 예수님의 머리에 부으려고 준비해 간 향유일 것입니다. 발에 부어진 향유의 향기가 방 안에 가득했지만 방 안에 가득한 사람들의 얼굴은 모멸감으로 여인을 바라보고 있었습니다. 다만 한 분, 예수님의 표정만이 달랐을 것입니다. 들어온 것을 의식하지 않았던 것처럼 발 위에 떨어지는 눈물도, 여인의 행동도 저지하지 않으셨습니다. 머리털로 닦고

발에 입을 맞추었지만 그 얼굴에 불쾌감이라고는 전혀 나타나지 않았습니다. 예수님은 모든 좌중의 사람들과는 다른 분위기, 다른 생각을 가지고 계셨습니다. 아무 말 없이 여인의 아픈 마음을 받아 주셨습니다.

이를 지켜보던 바리새인 시몬의 반응이 39절에 나옵니다. 처음에는 여인의 출현에 당혹했지만 계속 내버려 두고 앉아 계시는 주님에 대한 실망으로 가득해져 갔습니다. 선지자 같으면 자기를 만지는 사람이 누군지 정도는 알아봐야 하며, 참 선지자라면 어떻게 창녀에게 자기 발을 맡겨 놓고 그녀가 만지고 입 맞추도록 자신을 내어 줄 수 있느냐는 것입니다. 그래서 그는 예수님에 대해 '선지자일 수 없다'고 결론을 내렸습니다.

어쩌면 그는 그것으로 예수님을 초청한 뜻을 이룬 것입니다. 지금껏 의문의 인물인 예수를 알아본 셈입니다. 시몬은 여인의 눈에서 흐르는 눈물에 무심했기에 주님을 알아보는 데 실패했습니다. 선지자보다 더 탁월하신 구주를 알아보지 못했습니다. 사람들이 흘리는 눈물을 알아볼 수 없으면 하나님이 누구이신지 알 수가 없습니다.

예수님 때문에 울어 본 적이 있는가

학자들이 인정하고 있듯이 예수님께 접근한 여인의 행동은 이미 용서받은 기쁨을 전제하고 있습니다. '죄 사함을 얻게 하는 회개의 세례'가 요한을 통해서 이미 선포되었습니다. 이 선포에 나타난 말씀을 듣고 자신을 그 회개에 맡긴 여인이 용서받은 감격 때문에 그 자리에 나타난 것입니다.

아무리 창녀로 살지만 그녀는 나이 든 여자로서 바리새인 시몬의 집이 어떤 집인지 알았을 것입니다. 그러나 주님으로부터 받은 용서, 곧 말씀을 듣고 사죄함을 받은 그녀는 거기서 그대로 있을 수 없었습니다. 사람들의 시선을 의식해서 용서받은 보답을 하지 않고 지나갈 수는 없었습니다. 전에 직접 예수님을 만났는지, 아니면 군중 속에서 예수님을 만난 적이 있는지는 알 수 없지만 그녀는 주님께 향유를 담은 옥합을 가지고 나아왔습니다. 죄악된 이전의 삶에 대한 회개의 눈물인 동시에 용서받음에 대한 감사의 눈물이 예수님의 발 위에 떨어졌습니다. 마치 잃어버린 자기를 찾아 나선 그 발에 고마움을 표현하듯이 거기에 눈물을 쏟았습니다.

하염없는 눈물을 예수님의 발 앞에 흘려 본 적이 있습니까? 예수님 때문에 울어 본 적이 있습니까? 뜨거운 눈물로 자신의 삶을 적신 적이 있습니까? 그리스도인의 삶이 시작된 증표는 이 감격과 감사의 눈물에 있습니다. 용서받은 죄인만이 지은 죄를 통회하고 감사의 눈물을 흘립니다. 자신의 눈에서 뜨거운 눈물과 감사의 눈물을 흘린 자만이 이 여인을 이해할 수 있습니다. 이 여인을 이해해야만 예수님이 누구이신지 알아보게 될 것입니다.

바리새인 시몬은 보이는 것이 아니라 들은 것을 가지고 판단을 내렸습니다. 시몬은 그 여인의 과거만을 알고 있었을 뿐 눈물을 흘리고 있는 그녀의 새로워진 삶은 보지 못했습니다. 그의 생각 속에 결정된 선지자의 상과 예수의 모습은 맞아떨어지지 않았습니다. 예수님은 용서받은 자가 나타내는 감격과 기쁨의 눈물을, 애정과 감사의 입맞춤을 귀하게 받으셨습니다. 그분이 선지자가 아니라서 그렇게 하신 것이 아닙니다. 선지자 가운데 탁월한 선지자이기 때문에 그렇게 하신 것입니다.

여기에 예수님의 종교와 바리새인의 종교의 차이점이 있습니다. 기독교와 유대교의 차이가 있습니다. 아니, 세상 모든 종교는 시몬과 입장을 같이합니다. 세상의 종교는 소극적입니다. 속세를 떠나야 하지, 세리와 죄인과 함께 앉으면 큰일 난다고 생각합니다. 그러나 기독교는 적극적인 종교입니다. 기독교의 하나님은 우리가 치성을 드릴 때까지 기다리지 않고 당신의 아들을 세상에 파송하신 분입니다. 부정 탈까 봐 다가오는 여인을 피하거나 저지하지 않으십니다. 예수의 종교는 죄 사함을 얻게 하는 하나님의 지혜를 사람들에게 선포했습니다. 자신의 죄로 인해, 용서받은 감격으로 인해 흘리는 눈물을 경멸하지 않습니다. 사건의 발단을 통해 우리는 주님의 참모습을 유감없이 만나게 됩니다. '세리와 죄인의 친구'라고 조롱받으셨던 그분의 모습을 여기서도 은혜 가운데 만나게 됩니다.

○

당신은 어떤 종교를 신봉하고 있습니까? 어떤 태도로 사람들을 대하고 있습니까? 그럴듯한 사람들을 분류해 그들과만 사귀기를 원합니까? 아니면 모든 인생이 교제의 대상으로 다가오고 있습니까? 그 여인이 죄인인 줄은 주님도 아셨습니다. 그러나 주님은 죄 문제를 보다 적극적으로 다루기를 원하셨습니다. 그처럼 통회하는 죄인을 밀쳐 두는 것은 또다시 상처를 주는 일임을 주님은 알고 계셨습니다. 그래서 붙잡고, 만지고, 입 맞추도록 허락하신 것입니다. 구주 예수께서는 죄인의 죄를 이렇듯 창조적으로 해결하십니다.

우리가 누구인지 몰라서 주님이 우리를 만나 주신 것이 아니라, 우리가 누구인 줄 알기 때문에 우리를 피하지 않고 만나 주신 것입니다. 주님은 일찍부터 우리 안에는 선한 것이 전혀 없다는 사실을 아셨고, 도무지 당신이 아니면 소망이 없다는 것을 아셨기에 세상을 창조하기 전부터 우리를 위해서라면 모든 것을 바치기로 결심하셨습니다. 기독교는 상대방이 누구인지 몰라서가 아니라, 상대방이 누구인지, 어떤 사람인지 알기 때문에 접근하고, 접촉하고, 복된 소식을 나눕니다. 나 같은 죄인을 사랑하신 하나님은 세상에서 사랑하지 않으실 사람이 없다는 것을 확신한 사람이 용서받은 그리스도인입니다.

당신이 믿는 종교가 시몬의 것과 유사한지, 주님의 것과 닮았는지 스스로를 살펴보십시오. 죄인을 만나 주시는 주님의 모습을 보고 시비 붙는 시몬의 종교 생활에서 벗어나기를 바랍니다. 우리는 죄인을 찾아 세상에 오신 주님의 마음을 시원하게 해 드리는 여인의 눈물을 보고도 아무런 깨달음이 없는 자리에서 벗어나야 합니다.

17.

사죄와 사랑 2(7:36-50)

///

두 빚진 자의 비유

앞 장에서 살펴본 사건의 발단에 이어 40절부터 시작하는 사건의 진전을 살펴봅시다. 예수님은 한 비유를 들어 시몬의 잘못된 생각을 시정하셨습니다. "시몬아 내가 네게 이를 말이 있다"(눅 7:40) 하며 정식으로 그에게 대답을 하십니다. 시몬은 비록 입 밖으로 자기 생각을 나타낸 적이 없지만, 주님은 그의 마음속 생각을 읽으셨습니다. 여기서 예수님은 여인이 누구인지 알 뿐만 아니라 시몬의 마음속 생각까지 읽으시는 분임을 알 수 있습니다.

이에 바리새인 시몬은 "선생님 말씀하소서"라고 예의 바르게 응답했습니다. '선생님'이라는 말은 유대인들에게는 '랍비여'라는 말일 것입니다. 바리새인 시몬이 예수님을 '랍비'라고 부른 것은 대단한 예의를 표한 것임이 틀림없습니다. 이제 예수님은 시몬의 주의를 환기시킨 후에 이야기 하나를 들려주십니다. 2천 년 전 사람이 살아가던 삶의 한 단면을 보여 주십니다.

한 사람에게는 500데나리온을, 다른 사람에게는 50데나리온을 빌려준 사람이 있었습니다. '데나리온'은 로마 시대의 화폐 단위입니다. 500데나리온은 당시 시골 농부가 500일을 일해야 받을 수 있는 돈이고, 50데나리온은 50일 품삯에 해당합니다. 하루 벌어서 하루 먹고살기에 급급한 사람들에게는 갚기 쉬운 돈이 아닙니다. 둘 다 어려워서 갚을 처지가 못 되었습니다. 그런데 빌려준 사람이 두 사람을 모두 다 고발해서 감옥에 넣는 대신에 빚을 탕감해 주었습니다.

주님은 이 두 사람 중에 누가 더 그를 사랑하겠는지 시몬에게 질문하셨습니다. 감사의 표현으로 누가 그를 더 사랑하겠느냐고 물으셨습니다. 이에 시몬은 "내 생각에는 많이 탕감함을 받은 자니이다"(눅 7:43)라고 주저하지 않고 답했습니다. 뭔가 함정이 있는 질문이라 느꼈을지도 모릅니다. 그러나 주님은 "네 판단이 옳다"며 그 답에 동의하신 다음, 일단 여자를 한번 돌아보면서 시몬에게 계속 말씀하셨습니다.

44절부터는 이야기의 반전이 시작됩니다. 주님은 당신을 초청한 바리새인 시몬이 누구이며 어떠한 자인지를 폭로하셨습니다. 시몬은 예수님이 이 여자가 누구이며 어떠한 자인지 모른다고 판단했습니다. 그것도 못 알아보는 것을 보니 선지자일 리가 없다고 생각했습니다. 그런데 주님은 그 정도가 아니라 시몬의 머릿속에 무슨 생각이 지나가고 있는지까지 벌써 읽고 계셨습니다. 그때 다시금 여인이 이야기의 중심에 등장합니다. 지금껏 주님은 이 여인에게 아무런 관심을 나타내지 않으셨는데 말입니다.

예수님은 시몬에게 "이 여자를 보느냐"라고 물으셨습니다. 이 여인의 행동에서 많은 빚을 탕감받은 자의 모습을 보고 있느냐고 물으신 것입니다. 시몬은 그제야 비로소 여인의 행동과 예수님의 짧은 비유와 자신이 내렸던 39절의 판단 사이에 무엇인가 관련이 있음을 느꼈을 것입니다.

여인의 행동 vs. 시몬의 행동

주님은 "이 여자를 보느냐"라고 질문하심으로 여인의 행동과 시몬의 행동을 대조적으로 보여 주십니다. 여인이 한 세 가지 행동은 시몬이 주인으로서 보여 주지 않았던 세 가지 손님 대접 방식과 대조되고 있습니다. "내가 네 집에 들어올 때 너는 내게 발 씻을 물도 주지 아니하였으되 이 여자는 눈물로 내 발을 적시고 그 머리털로 닦았으며 너는 내게 입 맞추지 아니하였으되 그는 내가 들어올 때로부터 내 발에 입 맞추기를 그치지 아니하였으며 너는 내 머리에 감람유도 붓지 아니하였으되 그는 향유를 내 발에 부었느니라"(눅 7:44-46).

얼핏 들으면 시몬이 주님을 초대해 놓고 무례하게 대한 것처럼 보입니다. 그러나 주님은 그가 당신을 무례히 맞이했다고 책망하신 것이 아닙니다. 최근 주석들에 의하면 시몬이 결례를 행했다고 설명하지 않습니다. 손님에게 발 씻을 물을 내어 주었던 것은 틀림없는 유대인의 관습이지만 일상적으로 시행되지는 않았다고 밝혀지고 있습니다. 즉 시몬은 무례하다고 비난받을 만한 큰 하자를 범한 것은 아니었던 것입니다. 주님이 하신 말씀의 의미는 기본적으로 이 일조차 하지 않았다는 것이 아니라, 이렇게 했을 수도 있는데 이 여자는 그보다 훨씬 탁월한 일을 했다는 것입니다.

먼 길을 온 손님에게 물을 떠 주는 정도는 할 수 있는 일입니다. 그러나 당시 유대인들이 손님이 오면 항상 그렇게 했던 것은 아닙니다. 다만 여인이 눈물로 물을 삼고, 머리털을 수건 삼아서 씻어 준 것은 지극한 감사의 표시라는 것입니다. 입맞춤도 마찬가지입니다. 누구나 손님을 맞을 때 항상 입맞춤으로 인사를 했던 것은 아닙니다. 기름 부음도 마찬가지입니다. 시몬은 향유에 비해 흔하고 값싼 감람유조차 주님의 머리에 붓지 않았습니다. 머리에 기름을 붓는 풍습 역시 당시 손님들에게 항상 대접한 방식이었는지에 대해서는 의문을 가질 수 있습니다.

시몬은 주인으로서 큰 결례를 범하지는 않았지만, 상황이 요구하는 것 이상으로 별다른 특별한 대접을 한 것은 없다고 예수님은 말씀하셨습니다. 그의 판단이 옳았던 것처럼 그의 처신도 옳았습니다. 물론 옳기만 했지 그 이상은 아니었습니다. 다만 여인의 경우에 일상적인 환대를 초월한 최상급의 사랑을 주님께 나타냈을 뿐입니다. 여인이 보인 일련의 감사 표현은 그녀가 죄로부터 벗어난 자임을 웅변적으로 보여 줍니다. 여인이 나타낸 행동 하나하나가 탁월한 사랑과 감사의 표현이라는 것을 알 수 있습니다.

과연 우리에게는 이 여인과 닮은 사랑의 표현이 있습니까? 우리의 신앙행위가 상황이 요구하는 선에서 끝나고 있는지, 아니면 할 수 있는 최선을 다하고 있는지 생각해 보십시오. 그러면 나의 행동이 바리새인 시몬의 행동에서 끝나는지, 아니면 여인처럼 탁월한 사랑과 감사의 표현을 하고 있는지 쉽게 알아볼 수 있을 것입니다. 우리는 우리가 누구와 닮았는지를 점검할 필요가 있습니다. 여인과 나 자신을 동일시하고 싶은 '마음'이 아니라, 누구의 행위와 비슷한 신앙생활을 하고 있는지 말입니다.

특별한 용서를 받은 사람은 특별한 사랑과 감사를 나타냅니다. 남들 다 받은 용서를 나도 받았다고 생각하는 사람은 남다른 사랑을 나타낼 이유가 없습니다. 하나님이 베푸신 은혜가 탁월하다고 생각한다면 남과 같이 하고 끝낼 수는 없지 않습니까. 자신의 처지를 어떻게 생각하고 있습니까? 특별히 크게 잘못된 삶을 살지 않았다고 생각한다면 크게 감사해야 할 이유를 찾지 못할 것입니다. 만약 자기 죄의 심각성을 인식한다면 그 죄 용서에 대한 남다른 사랑과 감사의 표현이 뒤따르는 것은 당연합니다. 주님의 말씀을 들어 보십시오. "이러므로 내가 네게 말하노니 그의 많은 죄가 사하여졌도다 이는 그의 사랑함이 많음이라 사함을 받은 일이 적은 자는 적게 사랑하느니라"(눅 7:47).

하나님은 그리스도 예수 안에서 여인의 많은 죄를 사하셨습니다. 그녀의 예외적인 풍성한 사랑의 표현이 이를 충분히 입증해 줍니다. 이 여인이 경험한 용서는 우리 모두에게 말세에 하나님이 베푸시는 용서가 어떠한지를 보여 주고 있습니다. 주 앞에 나오는 모든 용서의 예표를 이 여인이 경험하고 있습니다.

여인에게 죄 사함과 평강을 선언하신 예수님

이제 이야기의 마지막 단락을 살펴봅시다(눅 7:48-50). 지금까지 주님은 여인을 돌아보기는 하셨지만 시몬에게 말씀하셨습니다. 이제 비로소 여인을 면대해서 "네 죄 사함을 받았느니라"(눅 7:48)라고 말씀하십니다. 앞서 47절에서 시몬을 향해 "그의 많은 죄가 사하여졌도다"라고 하신 말씀을 48절에서는 여인에게 직접 이야기하십니다. 비로소 이때 사죄함을 받은 것이 아니라, 이미 여인의 삶에서 실현된 사죄가 확인된 것입니다. 즉 "내가 지금 너를 사죄하느니라"가 아니라 "사죄함을 이미 받았느니라"라고 말씀하신 것입니다. 여인은 사죄를 이미 체험했기 때문에 그 자리에 옥합을 가지고 나타난 것입니다. 직접 주님을 만났는지, 아니면 군중 속에서 예수님의 설교를 듣고 죄인임을 깨닫게 되었는지는 모릅니다만, 그녀의 마음속에는 사죄의 확신이 이미 있었습니다.

주님이 "네 죄 사함을 받았느니라"라고 말씀하신 데는 최소한 두 가지 이유가 있었을 것입니다. 첫째는, 여인의 개인적인 확신을 돕기 위해서일 것입니다. 먼저, 과거에 지은 죄로 인한 죄책감에 더 이상 괴로워하지 않고 새 출발할 수 있도록 주님이 개인적으로 죄 사함의 확신을 도우실 필요가 있었을 것입니다. 이는 참회의 눈물 대신에 감격의 눈물이 그녀의 삶에 있게 하시기 위함입니다. 둘째는, 함께한 사람들과의 관계 때문이기도 했을 것입니다. 여인의 마음속에는 사죄의 기쁨과 감격의 눈물이 이미 있었지만, 사람들은 그녀를 볼 때 죄인인 여자라고 생각했기 때문입니다. 죄인인 여자로서 낙인이 찍혀 있기에 지금 주님이 공적으로 사죄의 선언을 하신 것입니다.

"네 죄 사함을 받았느니라"라는 예수님의 선언이 통회하는 여인의 심령에 다시 한 번 평안을 가져다주는 순간, 함께한 많은 사람의 마음속에는 반발이 일어났습니다. "이가 누구이기에 죄도 사하는가"(눅 7:49).

누가는 여기서 다시 한 번 "그리스도가 누구이신가?"를 사람들의 입을 통해 묻고 있습니다. 기자 누가는 이 질문에 대답하지 않습니다. 마치 이 사건을 읽는 독자들로 하여금 스스로 답하도록 남겨 두고 있는 것 같습니다. 우리는 이 이야기를 들은 자신에게 누가가 던졌던 질문을 할 필요가 있겠습니다. 당신은 예수님이 누구라고 생각합니까? 누가의 질문에 어떻게 대답하겠습니까?

예수님은 선지자보다 더 탁월한 분으로서 당신을 만지는 여인의 과거를 알 뿐만 아니라 그녀의 용서받은 현재를 받아 주시는 주님입니다. 여인에 대해 알 뿐만 아니라 시몬의 마음속 생각까지도 읽으시는 주님입니다. 우리가 예배하는 예수님은 우리의 마음속 생각까지 다 읽고 계시는 주님입니다. 그렇기에 우리는 사람의 눈앞에서 예배하는 것이 아니라, 우리를 속속들이 아시는 주님께 우리 자신을 내어놓아야 합니다. 당신은 죄가 더한 곳에 은혜가 더욱 넘치게 하시는 구주 예수 그리스도를 만난 적이 있습니까? 그분의 사죄하심에는 한계가 없습니다. 하나님은 그분의 아들, 예수 그리스도 안에서 어떤 죄라도 용서받는 새로운 시대를 여셨습니다.

주님은 "이가 누구이기에 죄도 사하는가?"라는 그날 식탁에 앉은 자들의 의문에 답하는 대신에 한 번 더 여인을 향해서 선언하셨습니다. "네 믿음이 너를 구원하였으니 평안히 가라"(눅 7:50). 주님의 관심은 온통 통회하는 여인을 향해 쏟아졌습니다. 여인을 향해 사죄함을 얻은 믿음의 승리를 선언하셨습니다. 마지막 날 그리스도 안에서 베푸시는 사죄를 얻는 수단은 예수님이 하나님이 보내신 분이라는 사실을 믿는 것이라고 말씀하신 것입니다.

주님은 믿음으로 사죄함을 받은 여인에게 평강 또한 보증하셨습니다. 주님이 주시는 축복은 사죄 이상입니다. 사죄에 평강을 함께 허락하십니다. 주님은 모든 사람 앞에서 그녀의 위치를 회복시키셨습니다. 그녀는 이전에는 죄인이었지만 지금은 새로운 사람입니다. 사죄뿐만 아니라 평강이 그녀의 몫으로 선언되었습니다. 어떤 사람은 표현하기를, 이 평강은 '구속받은 성도의 가슴속에 반영되는 하나님의 미소'라고 했습니다. 당신의 마음속에는 하나님의 미소가 반영되고 있습니까? 사죄함을 받았습니까? 그렇다면 주님을 향한 지극한 사랑이 삶에 나타나야 합니다. 의무 규정에서가 아니라 사죄의 감격으로 나오는 지극한 사랑의 표현을 주님은 기다리고 계십니다.

○

사죄함을 받은 자만이 주님을 사랑할 수 있습니다. 그리스도를 향한 참된 사랑은 우리의 죄가 얼마나 큰가를 인식할 때, 하나님 앞에 도무지 받아들여질 수 없는 우리가 지금 받아들여졌음을 확인하게 될 때 우리 안에서 생깁니다. 사죄함을 받은 자에게는 또한 평강이 깃듭니다. 이 감격과 평안이 우리의 것이기를 기도합니다.

2부

주님을 따르는
순례자의 삶

18.

순회 전도단 1 (8:1-3)

//

"그 후에 예수께서 각 성과 마을에 두루 다니시며"(눅 8:1상)라는 말씀으로 본문은 시작합니다. '그 후에'라는 말은 앞 사건들을 다시 생각하게 해 줍니다. 앞서 7장에서 누가는 예수님이 어떤 분이신지를 보여 주었습니다. 예수님은 세례 요한이 기다려 온 약속된 오실 분으로 등장하셨습니다. 예수님은 죽은 자를 살림으로 하나님이 보내신 구원자임을 보여 주셨습니다. 예수님은 사람들의 마음속 생각이 어떻든 간에 당신이 죄를 사하는 하나님의 메시아라고 선포하셨습니다. 7장에 이어지는 본문은 이즈음 상당히 대중적인 영향을 끼치시던 주님의 사역을 일반적으로 기술하고 있습니다.

1-3절은 헬라어 원문에 한 문장으로 되어 있습니다. 여기서 가장 중심이 되는 동사는 '두루 다니시며'입니다. '두루 다니시는 일'에 열두 제자와 여자들의 무리가 함께했다고 기록되어 있습니다. 구성원을 살펴보면, 면

저 예수님이 순회 전도단의 팀장이시고, 열두 제자가 함께하고 있으며, 여자들의 무리가 지원을 하고 있습니다. 이 장에서는 팀장이신 예수님의 사역에 한정해서 살펴보겠습니다.

복음을 선포하신 예수님의 열심

"그 후에 예수께서 각 성과 마을에 두루 다니시며 하나님의 나라를 선포하시며 그 복음을 전하실새"(눅 8:1). 예수님이 어디에서 무슨 일을 하셨는지를 기록하고 있는 이 말씀은 갈릴리 사역의 시작을 요약한 4장 43-44절을 기억나게 합니다. 주님은 어디에서 사역을 하셨습니까? 갈릴리 여러 회당에서 복음을 전하던 예수님은 게네사렛 호숫가에서 복음을 전하셨습니다(눅 5:1). 이후 갈릴리 한 동네에 들어가 복음을 전하셨고(눅 5:12), 7장 1절을 보면 갈릴리 가버나움에서 사역하셨으며, 이어서 나인 성에서 사역하시는 주님의 모습이 기록되어 있습니다(눅 7:11). 그러나 본격적인 순회 전도가 언급된 것은 여기가 처음입니다.

여기서 우리는 바쁘게 다니며 복음을 전하시는 주님을 만납니다. 동네마다, 집집마다 다니시는 주님의 선교적 열심을 누가는 부각시킵니다. 주님은 특정 시간과 장소에 당신의 사역을 한정하지 않으셨습니다. 주님은 안식일에 회당에서만 설교하지 않으셨습니다. 주님의 사역은 이레 동안 계속되었고, 회당만 아니라 바닷가나 산 위나 빈 들 등 사람들을 만나는 곳이면 그곳이 주님의 사역지였습니다.

동네마다 주님이 하신 일은 모든 사람이 들어야 하는 소식을 전하는 일이었습니다. "하나님의 나라를 선포하시며"라는 말씀은 왕의 칙령을 전하는 전령사의 모습을 떠올려 줍니다. 왕의 칙령이기에 누구든 들어야 하는 말씀이라는 뉘앙스를 포함하고 있습니다.

예수님이 하나님 나라를 선포하셨다는 것은 하나님이 세상을 통치하신다는 것을 입증하셨다는 의미입니다. 사람들은 여러 가지 자기들의 문제에 집착해 있지만, 우리 주님의 우선순위는 하나님 나라를 선포하는 데 있었습니다. 몇몇 사람들의 병을 고치거나 귀신을 내쫓기도 하셨지만, 그것은 다만 하나님 나라가 임했다는 것을 보여 주는 표적에 지나지 않았습니다. 이제 하나님 나라가 임했기 때문에 귀신이, 질병이 더 이상 인간을 지배할 수 없다는 것입니다.

주님이 말씀하시기 좋아한 주제는 '하나님 나라'였습니다. 당신은 예수님이 기회가 있을 때마다 즐겨 전하셨던 하나님 나라에 대해서 알고 있습니까? 예수님을 믿고 따르는 자로서 하나님 나라에 대해서 무엇을 알고 있습니까? 사람들은 교회에 나와 예배를 드리면서도 하나님에 대해 관심을 쏟지 않습니다. 하나님 나라에 대해 생각하려고 하지 않습니다. 오직 관심이 세상에만 있습니다. '사람들의 근본 문제는 하나님 나라에 대해서 알아야 한다는 것이다'라는 것이 주님의 생각이었습니다.

사업이 잘되고 아픈 사람의 병이 빨리 낫기를 바라는 것은 우리가 빠뜨릴 수 없는 기도 제목입니다. 그러나 그것이 우리의 주 관심사가 되어서는 안 된다는 것을 주님은 보여 주십니다. 주님은 하나님이 우리 마음에 와서 우리를 다스리시는 것이 급선무라고 생각하셨습니다. 지금 우리가 관심을 쏟고 있는 문제들은 하나를 해결한다고 해서 모든 문제가 해결되는 것은 아니기 때문입니다. 한 가지 문제를 해결하고 나면 또 다른 문제가 밀려오기 마련입니다.

우리의 문제를 풀어 주시는 하나님, 우리의 문제에 시중을 들어 주시는 하나님은 성경이 말하는 하나님이 아니십니다. 성경의 하나님은 우리를 통치하는 분이십니다. 성경의 하나님은 당신의 백성의 마음을 다스리기 원하는 분이십니다. 우리는 우리의 마음을 다스리기 원하시는 하나님 앞에 겸비하게 나아가야 합니다. 하나님 앞에 나아갔을 때는 많은 문제를 접어놓고 오직 그분의 크신 영광에 대해서만 생각해야 합니다.

그래서 인생을 궁극적으로 돕는 것은 그가 안고 있는 문제를 해결해 주는 것이 아니라, 궁극적인 문제가 어디에 있는지를 알려 주는 것입니다. 중요한 것은 사람들이 병적으로 집착하는 세상일이 아니라, 하나님의 다스리심이 내 심령에 임하도록 하는 것입니다. 하나님이 우리 마음속에 오셔서 우리를 다스리시게 되면 우리는 세상을 이길 수 있게 되기 때문입니다. 세상의 그 어떠한 파도가 우리에게 다가올지라도 우리는 그 파도를 넘어 주님을 섬길 수 있습니다. "내가 세상을 이기었노라"(요 16:33)라고 하시는 예수님과 더불어 이겨 나갈 수 있습니다. 그래서 주님은 시간만 나면 하나님 나라에 대해서, 그분의 통치하심에 대해서 말씀하시기를 좋아했습니다. 마지막 순간까지 제자들을 향해서 말씀하셨던 주제가 '하나님 나라의 도래'였습니다.

하나님의 다스리심 아래 살아가는 삶

우리가 알아야 하는 가장 우선적인 사실은 하나님이 우리를 다스리고 계신다는 것입니다. 또한 하나님은 우리를 영원히 다스리실 분이라는 사실도 알아야 합니다. 하나님은 사람을 만들 때 당신의 통치 아래서만 행복할 수 있도록 하셨습니다. 하나님의 다스리심이 우리 마음에 자리하는 것은 인간의 행복 조건입니다.

하나님은 우리의 왕이십니다. 하나님은 지금도 우리 가운데서 다스리십니다. 하나님을 왕으로서 모셔 들이고 경배하십시오. 왕 되신 하나님께 영광의 찬송을 돌려 드리십시오. 하나님의 통치하심에 내일을 맡기십시오. 하나님은 우리보다 지혜로우십니다. 하나님은 우리보다 멀리 내다보십니다. 하나님은 우리보다 우리의 인생에 더 큰 관심을 갖고 계십니다. 하나님은 우리 자신보다 더 우리를 사랑하고 아끼십니다. 하나님은 지혜롭고 강한 분이십니다. 하나님은 우리를 사랑하고 돌보기 위해 당신의 아들까지 내어 주셨습니다. 하나님은 무엇이든 우리를 위해서 다 내어 줄 수 있는 분이십니다.

그러므로 신앙생활을 하면서, 또 신앙이 있다고 하면서 낙담할 이유가 없습니다. 낙담하는 것은 하나님을 기쁘시게 하는 일이 아닙니다. 모든 문제에 있어 통치자이신 주님이 궁극적으로 우리를 다스리신다는 사실을 알 때 우리는 낙심 대신 기쁨으로 하나님을 찬양할 수 있습니다. 하나님이 우리를 통치하신다는 사실을 알고 나면 우리에게 당면한 문제가 무엇이든지 그것은 문제가 될 수 없습니다.

우리의 진짜 문제는 하나님이 통치하신다는 사실을 잊어버리는 것입니다. 그때 이 걱정, 저 염려를 하게 됩니다. 미디안 사람도 두려워 보이고, 저 사막의 메뚜기 떼처럼 모든 사람이 적으로 느껴집니다. 하지만 하나님이 우리의 왕으로 우리 마음속에 좌정하시면 세상 모든 사람이 우리를 에워쌀지라도 진짜 메뚜기처럼 보일 뿐입니다.

하나님 나라는 예수 그리스도의 삶을 통해 세상에 침투했습니다. 하나님 나라는 지금도 침투하고 있습니다. 하나님의 통치하심에 인생을 맡기십시오. 당신의 마음을 지금 누가 다스리고 있습니까? 당신 자신입니까?

5분 후에 일어날 일도 내다보지 못하는 인생이 자기 인생을 추슬러 나간다는 것은 암중모색입니다. 좌충우돌할 수밖에 없습니다.

마음을 열고 주 예수 그리스도께 맡기십시오. 하나님이 우리를 지으셨습니다. 하나님이 우리를 이 땅에 보내셨습니다. 하나님은 이 어려운 시대에 우리가 살고 있다는 것을 잘 알고 계시는 분입니다. 하나님이 우리 삶에 들어와 다스리실 때 삶에 평강이 있습니다. 성도는 "죄 짐을 지고서 곤하거든 네 맘속에 주 영접하며 새사람 되기를 원하거든 네 구주를 영접하라 의심을 다 버리고 구주를 영접하라 맘 문 다 열어 놓고 네 구주를 영접하라"(새찬송가 538장)라고 찬양하는 사람들입니다. 하나님의 통치하심에 자신을 내어 맡길 때 하늘의 평강이 우리의 마음속에 찾아옵니다. 놀라운 평강과 기쁨은 하나님의 통치를 인정하는 마음에 지금도 임하는 축복입니다.

전도는 하나님의 통치 아래로 초대하는 것

사람은 태어나면서부터 죄악에 짓눌려 있습니다. 사탄은 우리의 기질을 이용해, 우리의 욕망을 통해 우리를 사로잡고 있습니다. 하나님을 만나기까지 사람은 사는 즐거움을 결코 누리지 못합니다. "사는 것이 황홀하다"고 고백하려면 주인 되신 하나님을 만나야만 합니다. 주위의 눌린 자들에게 하나님의 해방의 해가 도래했음을 알리십시오. 속박에서 벗어나 하나님의 아들의 새 시대가 열렸다고 증거해야 합니다. 하나님의 통치하심을 마음속에 경험한 우리가 해야 할 일은 우리처럼 즐거운 찬송을 하면서 인생을 살 수 있도록 사람들을 하나님의 통치하심 아래로 초대하는 것입니다. 이전에 나를 괴롭혔던 것과 지금 그리스도 안에서 맛보고 있는 평안이 무엇인지를 증거하십시오.

전도는 세상에 빠져 사는 사람들에게 하나님이 지금도 통치하고 계심을 깨우쳐 주는 것입니다. 하나님 나라의 선포야말로 백성에게 복음을 전하는 주된 내용이어야 합니다. "하나님으로 인하여 내 마음에 평안이 찾아왔다"고 이야기해 주어야 합니다. 그들은 우리가 맛본 평강을 누린 적이 한 번도 없기 때문에 먼저 체험한 우리가 가서 전해 주어야 합니다.

왕의 명령을 받아 선포하는 자로서, 왕을 대신하는 권위를 가지고 그분의 다스리심을 받는 새 삶이 어떠한지를 당당하게 말해 주십시오. 하나님의 아들이 세상에 내려와 방방곡곡을 다니며 하나님이 다스리신다고 선포하셨듯 우리도 그 일에 동참해야 합니다. 우리가 전하는 소식을 믿음으로 받아들이는 마음마다 우리가 경험한 평강이 깃들 것입니다.

○

주님은 장소와 환경을 가리지 않고 아무 데든 사람이 있는 곳이면 가서 복음을 전하셨습니다. 우리 안에 복음의 열정이 회복되면 우리 역시 어디서든 복음을 전하게 될 것입니다. 그러면 주님이 전하신 복음의 내용은 무엇입니까? 그분은 하나님 나라를 선포하셨습니다. 하나님이 우리를 다스리신다는 소식을 전하셨습니다. 하나님의 통치 아래들어오도록 사람들을 초청하셨습니다.

당신의 마음은 당신을 다스리시는 하나님으로 말미암아 평안을 누리고 있습니까? 이제 우리를 용서하신 하나님의 사랑에 자신을 내어 맡기는 은혜를 누리십시오. 그리고 이웃에게 복된 하나님의 다스리심을 전하는 사명을 감당하십시오. 새 삶의 평강을 경험한 우리가 전해 주어야 그들도 주님의 통치 아래 들어올 것입니다. 사람들이 하나님의 다스리심에 자신을 맡기는 일에 최우선 관심을 쏟도록 합시다. 복된 사역에 우리의 관심과 시간을 들일 때 하나님 나라가 이 땅에도 임할 것입니다.

19.

순회 전도단 2(8:1-3)

/ /

예수님과 함께한 열두 제자

앞 장에서는 순회 전도단, 특히 팀장 되시는 주님의 활동에 대해서 살펴보았습니다. 이 장의 본문은 갈릴리 몇몇 도시만이 아니라 여러 시골 마을을 두루 다니며 복음을 끊임없이 전하시는 예수님의 순회 전도에 열두 제자가 함께했다고 말합니다.

하지만 당시 열두 제자가 언제나 같이 다니면서 예수님처럼 하나님 나라를 선포하고 복음을 증거하지는 않았던 것 같습니다. 앞서 6장 12절 이하에서 예수님은 밤새워 기도하고 새벽이 밝아 오자 열둘을 선택해 사도로 부르셨습니다. '사도'란 '임무를 띠고 보내심을 받은 자'라는 뜻입니다. 그럼에도 그들이 사도라는 이름에 걸맞은 일을 한 기록이 아직까지는 나오지 않았습니다. 그래서 여기에도 단지 "열두 제자가 함께하였고"라고

만 기록되어 있습니다.

그러나 이 짧은 기록은 의미심장합니다. 마가는 예수님이 열두 제자를 택하신 사건을 기록하면서 몇 가지 이유를 들었습니다. "이에 열둘을 세우셨으니 이는 자기와 함께 있게 하시고 또 보내사 전도도 하며 귀신을 내쫓는 권능도 가지게 하려 하심이러라"(막 3:14-15). 주님이 열두 제자를 택하신 첫 번째 이유가 무언가 일을 맡기기 위해서가 아니라, '자기와 함께 있게' 하시려는 데 있었다는 것입니다. 또한 마가의 기술을 잘 보면 예수님이 열둘을 세우고 당신과 함께하도록 하신 이유를 말해 주고 있습니다. "또 보내사"라는 말씀입니다. '자기와 함께 있게 하는 것'과 '또 보내는 일'이 대칭을 이루고 있습니다. '함께 있게 하는 일'은 '보내는 일'을 위해서 반드시 필요한 과정이었습니다. 그래서 누가는 "열두 제자가 함께하였고"라고 짧지만 의미 있는 기록을 해 두었습니다.

혹시 교회에 나온 지 좀 되었는데 아직도 교회를 왔다 갔다 하는 것 말고는 별반 하는 일이 없어 '이래서 내가 예수님 제자라고 할 수 있는가?' 하며 염려하고 있습니까? 그렇다면 너무 실망할 이유가 없습니다. 예수님의 열두 제자로 파송받은 사람들도 이때까지 별로 한 일이 없었습니다. 그러니까 "열두 제자가 함께하였고"라는 말 외에는 덧붙일 표현이 아무것도 없었습니다.

제자들과 함께하신 주님의 목적이 무엇입니까? 보내서 일을 시키려는 것입니다. 주님은 참으로 지혜로우신 분입니다. 주님은 갈릴리 전도를 시작하면서부터 당신이 이 세상에 영원히 있지 않을 것을 알고는 배턴을 이어받을 사람들을 준비시키셨습니다. 다음 세대를 위한 준비와 훈련을 '함께하였고'라는 말이 설명해 줍니다.

열두 제자는 그들이 하나님 나라를 증거하기 전에 먼저 주님이 하시는 설교를 듣고 하나님 나라의 복음을 이해할 필요가 있었습니다. 그들의 가슴이 하나님의 통치를 경험함으로 뜨거워져야만 했습니다. 예수님의 설교를 듣고 그 말씀으로 기뻐 뛰며 하나님의 통치 아래 사는 새 삶을 경험해야 했습니다. 우리 역시 하나님의 말씀을 듣고 그 말씀에 은혜를 받아야 보냄을 받을 수 있습니다. 교회에 왔다가 그냥 가면 세월만 지나갔지 주님이 시키시는 일을 감당할 수 없습니다. 제자들은 주님과 함께하다 보니 주님이 하시는 설교를 하나도 빠짐없이 들었을 것입니다.

뿐만 아니라 제자들은 예수님이 행하시는 엄청난 사역을 목도해야 했습니다. 그래서 그들은 "그가 누구이기에 바람과 물을 명하매 순종하는가"(눅 8:25) 하고 기이히 여기며 서로 말했을 뿐만 아니라 "지극히 높으신 하나님의 아들 예수여 당신이 나와 무슨 상관이 있나이까"(눅 8:28) 하고 외마디 소리를 치는 귀신의 절규를 통해 주님이 누구이신지 알아 가야 했습니다. 제자들은 그 과정을 통해 주님을 배웠습니다.

여기서 누가는 열두 제자가 함께했다는 사실만 언급했으나, 그 함께했다는 사실 때문에 이후 9장 1절에서 주님으로부터 귀신을 제어하며 병을 고치는 능력과 권위를 받아 파송을 받게 됩니다. 이것이 주님의 제자 훈련 방식입니다. 단지 함께했던 것 말고는 별로 하신 일이 없었습니다. 그런 주님의 방식이 참 좋다고 생각됩니다. 사람을 보면 일부터 맡기는 것이 아니라, 함께하는 것이 먼저 되어야겠다고 생각합니다. 사람을 보고 일부터 맡기면 실패하기 알맞습니다. 직접 귀로 듣고 눈으로 보게 하는 것도 방법 아니겠습니까. 직접 듣고 현장을 목격하게 하는 방법을 통해 제자들을 훈련시키는 과정이 먼저 있어야 합니다.

예수님은 그들에게 비유를 들려주실 뿐만 아니라 엄청난 기적의 현장에 그들을 초대하셨습니다. 8장 전반부는 주님이 말씀으로 제자들을 가르치신 일을 강조하는 한편, 후반부는 능력 있는 사역으로 역사하신 일을 기록하고 있습니다. 열두 제자는 주님과 함께한 이 모든 과정을 통해 파송받을 준비를 갖추어 갔습니다.

예수님을 따른 여제자들

누가는 열두 제자의 경우는 짧게 기록한 반면, 여자들의 일은 비교적 상세히 기록해 놓았습니다. "열두 제자가 함께하였고"라는 말씀은 듣기에 따라서는 우두커니 서서 구경만 하는 느낌이 들지만, 여자들은 "자기들의 소유로 그들을 섬기더라"라고 표현했습니다. 순회 전도단을 가동시키고 지원하는 팀이 여자들이었습니다.

여기서 누가는 의도적으로 사도들과 여자들을 대조시킵니다. 누가가 기록한 복음서를 보면, 여러 번 남자와 여자를 대조하고 있습니다. 누가는 유독 여자들의 일에 대해 관심을 갖고 기록했습니다. 1장에서는 제사장 사가랴의 사역을 중심으로 기술했고, 2장에서는 마리아의 이야기를 했습니다. 4장 나사렛 설교에서 주님이 드신 예화에는 사렙다 과부와 나아만에 대해 나옵니다. 7장에서는 주님이 백부장의 종을 고치신 이야기를 하더니 나인 성 과부가 나옵니다. 15장의 비유를 보면 양을 잃은 남자와 동전을 잃은 여자의 이야기를 합니다. 이처럼 여자와 남자를 자주 대조하여 등장시키는 것이 누가가 가진 독특한 기술 방법입니다. 그래서 누가는 가난한 자와 여자들, 즉 당시 사회에서 소외받는 계층들에 대해서 지대한 관심을 가진 사람이라고 신학자들이 증거하고 있습니다.

본문에 등장하는 여자들은 사실 열두 사도와 쌍벽을 이루는 팀입니다.

물론 남자들은 사도로 임명되었지만, 사실 초창기부터 사역을 수행하기 위해서 수산나, 요안나, 마리아 등 여자로 이루어진 팀이 막강한 일들을 뒤에서 도왔습니다. 사도행전 1장에 의하면, 사도가 될 수 있는 자격은 예수님이 공사역을 처음 시작하실 때 "요한의 세례로부터 우리 가운데서 올려져 가신 날까지 주 예수께서 우리 가운데 출입하실 때에 항상 우리와 함께 다니던 사람"(행 1:21-22)이어야 했습니다. 가룟 유다를 대신할 사도를 뽑을 때 그 자격 기준을 언급했습니다. 그 자격만 가지고 말하면 여자들 가운데 그 기준에 합당한 경우가 많았습니다. 그들은 남자 사도들 못지않았습니다. 예수님이 십자가에 못 박히실 때 그 자리를 끝까지 지키고 있던 이들은 여자들이었습니다.

그런데 누가는 여기서 그 여자들의 이름을 들면서 특별한 관심을 나타냅니다. 의사였기 때문인지 그들이 제자가 된 치유 과정에 대해 언급했습니다. "또한 악귀를 쫓아내심과 병 고침을 받은 어떤 여자들"(눅 8:2상)이라고 말합니다. 말하자면 고난을 통해 그리스도의 제자가 된 사람들입니다. 그들이 당했던 고통이 엄청나게 컸기에 그들 마음속의 감사도 남달랐습니다. 지금 그들은 감사와 감격으로 주님과 함께 지내면서 주님을 섬기는 특권을 누리고 있습니다.

첫 번째 여제자, 막달라 마리아

명단의 첫 자리에는 막달라 마리아가 등장합니다. 열두 제자의 경우에는 베드로의 이름이 먼저 나오듯이, 여제자의 경우에는 막달라 마리아의 이름이 가장 먼저 나옵니다. 그녀가 차지하는 위치는 확고부동합니다. 당시 '마리아'는 흔한 이름이었기에 누가는 특별히 설명을 붙여 "일곱 귀신이 나간 자 막달라인이라 하는 마리아"(눅 2:8하)라고 소개했습니다. 여기서 누가가 귀신이 쫓겨나간 경우와 병 고침을 받는 경우를 구분해서 기록하고 있는 것을 볼 수 있습니다. 우리도 둘을 지혜롭게 구분할 필요가 있습니다.

일곱 귀신이 나갔다는 것은 막달라 마리아가 귀신에 의해 몹시 시달림을 받던 여인이었음을 말해 줍니다. 우리가 하나님의 사람이긴 하지만 하나님의 영에 사로잡힌 정도가 각각 다르듯이 귀신 들림도 정도의 차이가 있습니다. 마리아는 일곱 귀신에 사로잡힌 것을 보니 매우 악화된 폐인이었습니다. 그러나 주님이 그 더러운 귀신을 쫓아내시자 마리아는 새사람이 되었습니다. 전에는 마귀가 시키는 대로 따라다녔지만 이제는 자원하는 마음으로 주님을 섬기는 자유로운 여인이 된 것입니다.

마귀에게 종노릇하는 사람들은 본심이 원하지 않는 말과 행동을 하게 됩니다. 그러나 예수님을 믿는 사람들은, 물론 성령의 뜻에 따라 살지만, 그것은 자신이 원해서 하는 일입니다. 중심에서부터 하나님의 뜻대로 살고 싶은 소원이 있어서 그 뜻대로 살아가는 것입니다. 마귀가 시키는 대로 하다가 이제는 자원하는 마음으로 주님을 섬기게 된 마리아가 얼마나 기뻤겠습니까. 초대 교회 여성도들이 모두 충성했지만, 그 가운데 마리아는 탁월하게 주님을 섬기는 일에 자신을 헌신했습니다. 그래서 주님을 섬기는 여자들의 이름이 나오면 마리아가 첫째로 등장합니다. 주님이 부활 후 가장 먼저 만나신 여자가 막달라 마리아입니다. 달리 말해, 막달라 마리아야말로 주님의 무덤을 향해 맨 먼저 달려가고자 한, 주님을 사랑하는 마음이 탁월했던 여자입니다.

요안나와 수산나, 다른 여제자들

마리아의 이름에 이어서 두 여인의 이름이 등장합니다. 요안나의 경우 남편의 직함이 소개되어 있는데 그는 헤롯의 청지기, 즉 재무대신 격이었습니다. 요안나는 남편을 잘 만나서 별 어려움 없이 살았고 돈을 융통하는 것이 전혀 힘들지 않았던 것 같습니다. 복음이 벌써 상당한 고위층 인사들, 헤롯궁에도 침투되었음을 누가가 우리에게 은근히 알려 주고 있습니다. 요안나는 비록 결혼한 여인이었지만 남편을 떠나서 순회 전도단의 일원으로서 활약했습니다.

수산나에 대해서는 설명이 나와 있지 않습니다. 다만 그 이름의 뜻이 '백합'이라는 정도는 풀어 볼 수 있습니다. 그럼에도 누가가 수산나라는 이름을 기록한 것을 보면 쓸 만한 인물이었기 때문일 것입니다. 누가복음을 기록한 당시 성도들이 수산나 하면 '아, 그 수산나구나'라고 알 만하니까 썼을 것입니다. 아마도 초대 교회에서는 이름만 대도 통하는, 알려진 헌신자라는 생각이 듭니다. 수산나 역시 결혼한 사람으로서 남편을 떠나 주님을 섬기는 일에 자신을 드리고 있는 것으로 생각됩니다. 그녀가 주님을 섬기는 아름다움은 그 이름 뜻인 '백합'에 어울렸을 것입니다.

그 외 이름이 기록되지 않은 여자들이 등장합니다. "수산나와 다른 여러 여자가 함께하여 자기들의 소유로 그들을 섬기더라"(눅 8:3하). 여인들 중 어떤 사람은 귀신으로부터 놓임을 받았고, 어떤 사람은 질병으로부터 고침 받았고, 또 다른 많은 사람은 귀신에 들린 적도 없고 질병을 고침 받은 적도 없지만 주님을 섬기는 일에 함께했습니다. 주님을 만난 경위야 사람마다 다를 수 있지만 섬기는 일에는 같이 선 여자들이 많이 있었다는 것입니다. 누가는 명단을 다 쓰려면 한 장이 넘어갈 테니 '다른 여러 여자가 함께했다'고 하고는 지나갑니다.

열두 제자와 예수님이 같이 지내려면 뒷바라지가 튼튼해야 했을 것입니다. 뒷바라지를 하는 믿음의 여인들의 감사와 사랑을 통해 순회 전도단이 운영되고 있었다는 것을 누가는 보여 주었습니다. "자기들의 소유로 그들을 섬기더라"라고 누가가 밝히지 않았더라면 순회 전도단이 어떻게 구성되었는지, 재정 상황이 어떠했는지 등 우리가 궁금했을 뻔했습니다. 틀림없이 남자들끼리만 다녔을 것이라 생각했을 것입니다. 그러나 사실은 그렇지 않았던 것 같습니다.

하나님 나라의 일들은 언제나 주님을 사랑하는 평범한 사람들에 의해서, 그들이 드리는 물질과 헌신에 의해서 꾸려져 나갑니다. 예수님 당시나 지금이나 하나님의 교회는 주님으로 말미암아 삶이 새로워진 사람들의 손길에 의해 유지됩니다. 자기 소유로 주님을 섬기는 일이 얼마나 큰 즐거움인지를 맛본 사람들에 의해 오늘도 주님의 나라는 건설되고 확장되어 나갑니다.

○

모르드개는 에스더를 향해 "이때에 네가 만일 잠잠하여 말이 없으면 유다인은 다른 데로 말미암아 놓임과 구원을 얻으려니와 너와 네 아버지 집은 멸망하리라"(에 4:14)라고 경고했습니다. 하나님의 교회는 우리의 헌신이 없어도 유지될 수 있습니다. 그러나 우리가 헌신함으로 주님에 대한 우리 자신의 사랑을 확인할 수 있습니다.

순회 전도단이 몇몇 여성도들의 헌신으로 지속되었듯이, 우리가 섬기는 교회의 사역도 동일한 믿음과 사랑을 소유한 평범한 주의 백성의 헌신을 통해 계속될 것입니다. 하나님은 당신의 나라가 그 마음에 임한 신실한 성도들의 헌신을 통해서 그 나라를 선포하기를 기뻐하십니다. 존 칼빈은 다음과 같은 헌신을 다짐했습니다. "나의 마음을 주님께 바칩니다. 기꺼이 그리고 진심으로." 이 장의 본문에 비추어서 칼빈의 소원을 다음과 같이 고백해 볼 수 있지 않겠습니까? "나의 모든 것을 기꺼이 진심으로 주님께 바칩니다."

20.

심판 아래 있는 인생 (8:4-15)

말씀이 선포되는 자리에 나오면 언제나 두 가지 문제에 대해 진지하게 생각해 보아야 합니다. 첫째, 무엇을 듣는지를 생각하십시오. 우리가 듣는 말씀은 '하나님의 말씀'입니다(눅 8:11). 마태복음 13장 19절은 '천국 말씀'이라고 부릅니다. 천국의 비밀이 공개되는 그 말씀을 듣고 깨닫는 자는 천국을 소유하게 됩니다. 둘째, 어떻게 들을 것인지를 생각해야 합니다. 하나님의 말씀을 어떻게 듣느냐에 따라 영원한 운명이 결정됩니다. 어두움 속에서 방황할 것인지 빛 가운데서 걸을 것인지, 하나님의 진노 중에 머물 것인지 하나님의 기뻐하심을 입은 자들의 회중에 속할 것인지, 불안한 가운데서 인생을 살아갈 것인지 평안을 누리면서 새 삶을 살 것인지가 결정됩니다.

누가는 앞서 1절에서 "예수께서 각 성과 마을에 두루 다니시며 하나님의 나라를 선포하시며"라고 기술했기에 4절에서는 "각 동네 사람들이 예

174

수께로 나아와 큰 무리를 이루니"라고 이야기를 이어 가고 있습니다. 그러나 더 정확하게 말한다면 주님이 집에서 가르치신 것이 아니라 집에서 나가 바닷가에서 가르치셨다는 마태의 기술이 더 자세한 정황이라고 볼 수 있습니다(마 13:1).

가는 곳마다 수많은 군중이 몰려들었지만 주님은 군중의 숫자에 우쭐 해하는 설교자가 아니셨습니다. 빈자리 없이 몰려든 사람들이 다 듣고 있는 것은 아님을 알아차리셨습니다. 주님은 역시 탁월한 설교자이셨습니다. 설교자로서의 주님의 탁월한 면모는 예리한 청중 분석에 있습니다. 물론 주님은 결코 청중 분석 자체를 목적으로 삼지 않으셨습니다. 청중 분석은 각기 다른 상태에 있는 그들을 돕기 위한 주님의 적극적인 의지였습니다. 그토록 놀라운 천국 말씀을 듣고도 그 말씀에 상응하는 반응을 보이지 않는 청중을 돕기 위해 주님은 그들이 수긍할 수 있는 이야기에서 부터 천국 비밀을 풀어 나가셨습니다.

본문은 흔히 '씨 뿌리는 비유'라고 들어 왔습니다. 더 정확하게는 '씨가 떨어진 네 가지 토양의 비유'가 더 적합할지 모르겠습니다. 주님은 씨 뿌 리는 비유를 통해 네 가지 상이한 청중을 분석하면서 큰 소리로 "들을 귀 있는 자는 들을지어다"(눅 8:8)라고 소리치셨습니다. 설교를 하면서 답답해 하시는 심정이었음을 알 수 있습니다.

예수님 당시 팔레스타인 지역의 한 농부를 생각해 보십시오. 밭에 나가 서 농부가 씨를 뿌리고 있습니다. 밭을 다 갈아 놓고 씨를 뿌리는 것이 아 니라, 씨를 흩어 놓고 뒤에 적당하게 흙을 덮는 원시적인 농법을 상상하는 것이 본문 이해에 도움이 되겠습니다. 이것이 당시 통용되던 경작 방법이 었습니다. 이렇게 씨를 뿌리다 보면 자연히 여기저기에 씨들이 떨어지기 마련입니다. 이 장에서는 길가에 떨어진 씨에 대해서만 살펴보겠습니다.

천국 말씀은
말씀을 듣고 깨닫는 자에게만 공개된다

밭과 밭 사이에 나 있는 작은 길가에 떨어진 씨를 한번 생각해 보십시오. 뿌리를 내리고 자라기 전에 사람들이 와서 밟고 지나갈 수 있습니다. 뿐만 아니라 결국은 새들이 와서 먹어 버린다고 예수님은 말씀하셨습니다. 마태복음 13장 19절에서 주님은 "아무나 천국 말씀을 듣고 깨닫지 못할 때는 악한 자가 와서 그 마음에 뿌려진 것을 빼앗나니 이는 곧 길가에 뿌려진 자요"라고 친히 설명하셨는데, 여기서 '아무나'라는 표현에 주목할 필요가 있습니다. 교회를 오래 다닌 사람이건 처음 교회에 나온 사람이건 아무 구별이 없습니다. 아무라도 천국 말씀을 듣고 깨닫지 못할 때는 악한 자가 와서 그 마음에 뿌려진 것을 빼앗아 가고 만다는 것입니다. 그 이유는 "마귀가 가서 그들이 믿어 구원을 얻지 못하게 하려고 말씀을 그 마음에서 빼앗는 것이요"라고 본문 12절이 설명해 주고 있습니다. 구원을 얻지 못하게 하려고 말씀을 빼앗아 가는 것입니다.

우리가 듣는 말씀은 하나님의 말씀이요, 천국의 말씀입니다. 듣고 깨닫는 자에게 천국이 약속되는 말씀입니다. 들어도 깨닫지 못하는 자에게 천국 비밀은 공개되지 않습니다. 말씀을 듣기는 듣는데 깨닫지 못합니까? 만약 그렇다면 안타까운 심정으로 하나님께 부르짖어야 합니다. "하나님, 천국 말씀을 깨닫게 해 주십시오. 하늘의 비밀을 알려 주십시오. 제 눈이 봄으로 복이 있게 하시고, 제 귀가 들음으로 복되게 해 주십시오. 제게도 천국 문을 열어 주십시오"라고 호소해야 합니다. 지금 애타게 천국 문을 두드리지 않으면 한날 이를 갈면서 그 문을 두드리며 "주님, 제게도 문을 열어 주십시오!" 하고 소리치게 될 것입니다. 그때는 아무리 힘차게 두드려도 소용이 없을 것입니다. 깨닫지 못함으로 인해서 답답한 가슴으로 그냥 돌아서려고 해서는 안 됩니다. 지금 문을 두드려야 합니다. 지금 찾아야만 합니다. 지금 하나님께 간절히 구해야만 합니다.

어떤 이는 설교자를 핑계댈지 모르겠습니다. 그러나 본문에서 주님은 줄기차게 듣는 사람의 책임을 묻고 계십니다. 물론 주님은 5절에서 '씨를 뿌린다'는 말을 세 번 반복함으로써 그것이 얼마나 엄숙한 일인지를 우리에게 보여 주십니다. "씨를 뿌리는 자가 그 씨를 뿌리러 나가서 [그 씨를] 뿌릴새"(눅 8:5). 하지만 씨를 뿌리는 일은 차치하고 어떻게 그 씨가 자라는지에 대해서 말씀하십니다. 주님은 안타까운 심정으로 당신의 청중을 위해서 이 비유를 말씀하셨습니다. 길가에 떨어진 씨처럼 그냥 앉아 있다가 가게 할 수는 없었기 때문입니다. 무관심 가운데 하나님의 말씀이 발에 밟혀서 끝나지 않도록 하십시오. 그렇지 않으면 결국 그 씨는 싹트기 전에 사탄이 와서 쪼아 먹어 버릴 것입니다.

사람이 하나님의 말씀에 무관심할 수 있는 이유는 타락했기 때문입니다. 타락한 인생은 자기 생각을 중시하고 하나님의 말씀을 하찮게 여깁니다. 타락한 인생은 세상 이야기를 들으면 귀가 솔깃해집니다. 죄인들의 생각은 땅에 머물러 있기 때문에 그렇습니다. 인간이 창조주 하나님의 말씀에 귀를 기울이지 않는 것은 심판의 결과입니다. 그 자체가 심판입니다. 하나님의 말씀을 감동 없이 들을 수 있다는 자체가 하나님의 심판 아래 있다는 것입니다. 깨닫지 못하는 것이 아니라, 깨닫지 않으려고 귀를 틀어막고 있는 것입니다. "육신을 따르는 자는 육신의 일을, 영을 따르는 자는 영의 일을 생각하나니"(롬 8:5).

우리 죄를 대신 지신 하나님의 속죄양 예수 그리스도로 인해 하나님께 감사하는 마음이 있습니까? 그렇다면 천국 말씀이 세상의 어떤 이야기보다도 더 귀한 말씀으로 다가올 것입니다. 천국 말씀을 귀하고 놀랍게 여기십시오. 육신의 생각은 결국에는 사망입니다. 그러나 영의 생각은 생명과 평안입니다. 육신의 생각은 하나님과 원수 되게 하는 생각입니다. 그러므로 하나님의 말씀이 깨달아지지 않습니다. 육신의 생각은 하나님의 말씀, 천국 비밀을 알게 할 수도 없고 알려고도 하지 않습니다. 세상 생각으로 가득한 자에게 하나님의 말씀이 그 귀에 깨달아지지 않는 것은 너무 당연한 이야기입니다. 마가복음에서 예수님은 같은 말씀을 하면서 "너희가 무엇을 듣는가 스스로 삼가라"(막 4:24)고 말씀하셨습니다.

길가에 떨어진 씨 – 두 부류의 사람들

길가에 떨어진 씨는 말씀을 깨닫지 못해 구원을 얻지 못한 이들에게 하신 도전입니다. 하나님의 말씀, 천국 말씀으로 인해서 즐거워해 본 적이 한 번도 없는 사람들을 향해서 일차적으로 도전하신 말씀입니다. 그들의 마음속에는 말씀이 기쁨으로 수용된 적이 전혀 없었습니다. 듣자마자 끝나 버린 것입니다. 그러나 주님의 말씀은 천국 비밀의 말씀으로 인해서 감격한 적이 있는 자들을 향해서도 동일한 도전을 함축하고 있습니다. 만약 예배의 자리에 나아올 때 어떤 말씀이 선포될지 기대감이 전혀 없다면 그 마음 밭에 떨어지는 씨들도 자기 발 아래서 짓밟히고 결국은 공중의 새들의 먹이밖에 되지 않을 수 있습니다.

왜 들어도, 들어도 삶이 변하지 않습니까? 하나님의 말씀이 우리 가운데 성령의 능력으로 역사하지 않기 때문입니다. 마음에 갈급함 없이 말씀을 대할 때는 듣기는 들어도 하나도 남는 것이 없습니다. 왜냐하면 떨어지는 순간에 공중의 새들이 와서 다 집어삼키기 때문입니다. 하나님의 아들이신 예수님이 성령의 권능으로 말씀하신 그 현장에서도 씨앗이 떨어지는 족족 새들의 먹이로 변했던 것을 기억하십시오.

만약 우리 마음 가운데 생동감 있는 반응이 없다면 천국 말씀이 길가에 뿌려지고 있는 것입니다. 당신의 영적인 상태를 한번 심각하게 생각해 보십시오. 길가에 떨어진 씨의 비유는 천국 복음의 비밀을 한 번도 깨달은 적이 없는 자들에게 일차적으로 말씀하신 것이지만, 전에 깨달은 적이 있는 자들에게도 도전하시는 말씀일 수 있습니다. 누구라도 상관하지 않습니다. 예외란 없습니다.

우리를 사랑하사 구속하고 새 삶을 주신 하나님의 말씀을 어떤 자세로 들어야겠습니까? 우리가 듣는 것은 하나님의 말씀이요, 천국 복음입니다. 깨닫는 자에게 하늘의 비밀이 공개되는 복음입니다. 깨닫는 심령마다 천국의 기쁨이 넘치는 복음의 소식입니다. 말씀을 깨달을 때 믿음의 싹이 마음속에서 터 올라 가지를 뻗고 자라납니다. 하나님의 말씀을 사모해서 듣는 분위기 자체가 우리의 싸움의 반을 성공하게 만듭니다.

하나님의 말씀이 선포되는 현장이 중요한 이유는, 그 현장에 하나님의 말씀을 사모하며 듣고 있는 사람들이 있기 때문입니다. 그곳은 하나님의 거룩하신 영이 운행하는 곳입니다. 하나님이 사람들을 살려 내시는 역사가 일어나는 곳입니다. 하나님의 영으로 선포하고 하나님의 영으로 듣는 현장 속에서 사람들이 어두움의 권세에서부터 빛으로 옮겨질 수 있습니다. 사탄의 수하에 있던 사람들이 사랑하는 아들의 나라로 옮겨져 가는 것입니다. 영적인 신분이 바뀌는 것입니다.

○

길가에 뿌려진 씨의 비유는 하나님 말씀, 천국 비밀을 듣고 즐거워해 본 적이 한 번도 없는 사람들을 향한 말씀이기도 하지만, 이미 천국 복음을 듣고 깨달은 사람들에게도 동일한 도전의 말씀입니다. 교회에 나왔다는 것만으로 위안을 받으려는 사람들을 향해 주어진 하나님의 말씀을 가리켜 '길가에 떨어진 씨'라고 말합니다. 주님은 그런 사람들까지도 안타깝게 여겨 이 비유를 말씀하신 것입니다. 천국 복음이 선포되는 순간에 믿으면 구원을 얻을 수 있다는 사실에 주의를 환기시키셨습니다.

성숙한 신자들은 설교 본문만 보고 설교 내용을 판단하지 않습니다. 설교 제목만 읽고 익히 아는 내용이라고 마음 문을 닫지 않습니다. 첫사랑 속에 사는 성도들은 거듭 들었던 본문의 진리라도 더 분명히 선포되기를 바랍니다. 그 기도가 응답되는 은혜의 시간에 함께 감사합니다. 늘 읽고 듣던 말씀이 새롭게 공개될 때 "나 항상 듣던 말씀 나 항상 듣던 말씀 주 예수 크신 사랑 또 들려주시오"(새찬송가 205장)라고 감격으로 하나님을 찬양하는 자들입니다.

오늘도 천국 복음은 예외가 없습니다. 누구든지 천국 말씀을 듣고 깨닫지 못할 때는 그 마음에 뿌려진 것을 악한 자가 빼앗아가 버립니다. 왜냐하면 그들로 믿어 구원을 얻지 못하게 하기 위해서 사탄이 발악하기 때문입니다. 구원에 이르도록 자라나는 것이 우리 그리스도인들의 목표입니다. 믿어 구원을 얻도록 하나님 말씀에 귀를 기울이십시오.

21.

뿌리 없는 신앙 (8:4-15)

///

기독교 최대의 적, 돌밭 – 실용주의

씨 뿌리는 자의 씨가 모두 길가에만 떨어지는 것은 아닙니다. 말씀을 듣는 이들이 모두 무관심한 청중일 리는 없습니다. 더러는 바위 위에도 떨어집니다(눅 8:6). 달리 표현하면 "더러는 흙이 얕은 돌밭에"(마 13:5) 떨어집니다. 씨앗이 떨어지는 제2영역입니다. 여기서 '돌밭'은 자갈밭이 아니라 흙이 얕게 덮여 있는 바위 지대를 말합니다. 잔돌 틈에 씨가 뿌려진 것이 아니라, 밑바닥에 깔려 있는 넓은 바위 위에 덮인 얕은 흙에 씨가 떨어지는 상황을 묘사하고 있습니다. 제2영역에 떨어진 씨앗의 문제는 습기가 없으므로 마르는 것입니다.

두 번째 부류의 사람들은 길가에 떨어진 씨와 같이 무관심한 청중과는 다릅니다. 놀라운 천국 복음이 선포되어도 무슨 의미인지 깨닫지 못하는 사람도 있지만, 그 기이한 말씀으로 인해서 듣고 즐거워하는 사람들도 있습니다. 예수님은 이에 대해 13절에서 "말씀을 들을 때에 기쁨으로 받으나"라고 설명하셨습니다. 그들은 선포되는 말씀을 듣는 즉시 반응하며 받아들이는 무리입니다. 듣는 순간 기쁨으로 수용합니다. 겉으로 보면 아주 신앙이 좋은 것처럼 속기가 쉽습니다.

문제는 습기가 없으므로 곧 마르는 데 있습니다. 아래에 단단한 바위가 깔려 있기 때문에 땅속 깊이 뿌리를 내려 습기를 빨아들이지 못해 자랄 수가 없는 것입니다. 뿌리가 없어서 잠깐 믿다가 시험을 받을 때 배반하는 데 그들의 문제가 있습니다. 잠깐 동안 신앙생활을 잘하다가 말씀을 따라 사는 것이 불리하다고 생각될 때 기쁨으로 들은 진리의 말씀에서부터 등을 돌려 버립니다. "잠깐 믿다가 시련을 당할 때에 배반하는 자요"(눅 8:13). 마태를 통한 주님의 설명은 다음과 같습니다. "돌밭에 뿌려졌다는 것은 말씀을 듣고 즉시 기쁨으로 받되 그 속에 뿌리가 없어 잠시 견디다가 말씀으로 말미암아 환난이나 박해가 일어날 때에는 곧 넘어지는 자요"(마 13:20-21).

제1영역인 길가와 같은 마음 밭의 적이 마귀였다면, 제2영역인 바위 같은 마음 밭의 적은 죄악된 자기 자신입니다. 우리 육신은 항상 내가 편한 것을 무엇보다 중요하게 생각해 내게 유익한 것을 계속적으로 찾습니다. 그러다가 고생이 닥치고 어려움이 생기면 넘어지고 맙니다. 힘든 상황이 전개되면 그 상황에서 진리인지 아닌지를 구별하는 것은 아무 의미가 없습니다. 왜냐하면 그렇게 하다가 더 불리해질 수 있기 때문입니다. 진리라도 나한테 불리하면 받아들이지 않으려고 합니다. 어려움이 닥친다면 진리라도 더 이상 듣고 싶어 하지 않습니다.

주님은 정말 위대한 설교가이셨습니다. 탁월한 청중 분석을 하고 계십니다. 당신 앞에 있는 청중 가운데 듣지만 듣지 않는 사람들도 있고, 기쁨으로 듣지만 합당한 반응을 전혀 보이지 않는 사람들도 있다고 분석하셨습니다.

무엇 때문에 기독교를 택했습니까? 하나님의 말씀이 천국 복음이기에 받아들였습니까? 아니면 예수 믿으면 축복받는다고 해서 기독교를 선택했습니까? 왜 매 주일 예배당에 나와 기쁨으로 말씀을 듣고 있습니까? 유익 때문입니까? 평안 때문입니까? 축복 때문입니까?

기쁨으로 말씀을 받은 후 곧 그 말씀에 쉽게 등을 돌리며 "믿어 봐야 별수 없더라" 하는 그리스도인들을 가끔 보곤 합니다. 오히려 말씀을 들으니까 치러야 할 대가만 높아질 뿐이라며 떠나갑니다. 오늘날 한국 기독교의 큰 문제 중에 하나가 여기 있습니다. 잠깐 믿다가, 기쁨으로 받아들이다가 돌아서는 일이 너무나 쉽게 일어나고 있습니다. 달면 삼키고 쓰면 뱉는 시대입니다.

기독교 최대의 적은 실용주의입니다. 실용주의는 진리 여부에 관심이 없습니다. 다만 내게 어떤 유익이 있느냐만 따집니다. 만약 자신에게 주어질 유익만 생각하고 기독교를 선택했다면 환난과 박해가 다가올 때, 그것도 말씀 때문에 겪게 되는 어려움이 오면 우리가 설 자리가 있겠습니까.

환난이나 박해란 말씀대로 살고자 할 때 지불해야 하는 모든 종류의 어려움을 의미합니다. 제대로 신앙생활을 하려고 마음먹고 보니 주일 아침에 더 이상 늦잠을 잘 수 없는 것부터 출발해야 될지 모르겠습니다. 우리는 환난이라고 하면 생명을 위협받는 어려움을 떠올립니다. 그런 환난은 한평생에 한 번 만날까 말까 합니다. 대부분 우리에게 문제가 되는 것은 그처럼 큰 문제들이 아니라 사실은 사소한 문제입니다. '그냥 넘어가 버릴까?' 하며 슬쩍 넘어가는 그런 일입니다. 전에는 쉽게 타협할 수 있었던 문제를 신앙이 들어가면 쉽게 할 수 없게 됩니다. 유익 때문에 믿는 기독교는 시험의 바람이 불어오면 설 자리가 없습니다. 어쭙잖은 일에도 넘어집니다. 진리이기 때문에 믿는 기독교만이 그런 순간에 버틸 수 있습니다.

말씀대로 사는 삶이 어려워도 진리는 진리

믿는 사람도 믿지 않는 사람들과 똑같이 모든 환난을 겪습니다. 그 가운데서 고통당하는 세상 사람들에 대한 이해가 깊어집니다. 예수 믿고 나서 온실 속에 있는 것같이 세상을 살아간다면 세상을 아주 피상적으로만 알게 될 것입니다. 세상 사람들이 사는 삶의 고통에 대해서 전혀 알지 못할 것입니다. 하나님은 그리스도인들이 환난을 모면할 것이라고 약속하지 않으셨습니다. 오히려 "세상에서는 너희가 환난을 당하나 담대하라"(요 16:33)고 말씀하셨습니다. 유익만 생각하고 믿으면 하찮은 일에도 넘어질 수 있습니다.

다시 한 번 질문하고 싶습니다. 왜 기독교를 선택했습니까? 복을 받아서 잘살기 위해서입니까? 기독교의 하나님은 우리의 의식주 문제를 책임져 주는 분이심이 분명합니다. 일용할 양식을 구하면 공급해 주겠다는 약속을 우리에게 해 주셨습니다. 그러나 우리가 먹고 마시고 입기 위해서 하나님을 따르는 것은 아닙니다. 우리의 주요 관심이 거기에 머물러 있을 때 우리가 믿는 하나님은 성경이 계시하는 하나님과 같지 않습니다. 성경이 말하는 하나님의 이름을 부르고 있을는지는 몰라도 내용은 가나안 이방인들이 믿던 신들과 똑같습니다.

가나안 사람들은 풍요의 신 바알과 다산의 신 아세라를 믿었습니다. 풍요와 쾌락은 수천 년 전부터 사람들이 추구하던 것입니다. 먹을 것이 있고 즐길 수 있으면 그것이 삶이라고 생각했습니다. 교회에 나와서 다만 잘살기를 원하고 삶을 즐기는 것이 살아가는 목적의 전부라고 한다면 우리가 믿는 그 하나님이 바알과 아세라와 다를 바가 무엇입니까. 먹고 마시고 입는 것을 하나님은 우리에게 더해 주십니다. 그러나 우리가 진정 구해야 하는 것은 입고 마시는 것이 아니라 하나님 나라와 그분의 영광입니다. 그러면 나머지는 구하지 않아도 공급되는 것입니다(마 6:33). 우리는 하나님 나라를 소망하고 거기에 관심을 두어야만 합니다.

예수님을 믿어 유익을 얻는 대신 더 많은 대가 지불과 더 많은 희생과 더 많은 박해가 요구될 때 우리가 설 자리는 어디입니까? 말씀을 기쁨으로 수납하고 있습니까? 그 말씀이 진리요, 영생을 얻게 하는 것이라면 그 진리는 언제나 수호되어야 하고 그 대가는 지불되어야 합니다. 우리는 코스모스가 하늘거릴 때만 하나님을 찬양하는 것이 아니라, 눈보라가 치는 순간에도 내가 선택한 진리로 인해서 기뻐해야 합니다. 고난의 찬바람이 불어올 때에도 내가 신뢰하는 하나님을 인해서 찬송과 경배와 영광과 존귀를 그분께 돌릴 수 있어야 성숙한 그리스도인입니다.

말씀대로 사는 것은 말로 들을 때만큼 쉽지 않을 수 있습니다. 기쁨으로 들은 말씀이라도 기쁨으로 실천하기가 쉬운 것은 아닙니다. 오히려 말씀대로 살기 원하기에 타협을 거절해야 할 때가 있습니다. 말씀대로 살기 원하기 때문에 외로움과 아픔을 겪기도 합니다. 진리를 고수하는 우리에게서 돌아서는 이들로 인해 아픔과 괴로움을 겪기도 합니다. 그러나 내가 받아들인 하나님의 말씀이 진리라면 끝까지 진리와 함께 서서 진리와 함께 기뻐하기로 결단해야 합니다.

○

말씀을 관심을 가지고 듣고 있습니까? 말씀에 기꺼이 수긍합니까? 그렇다면 말씀을 기쁨으로 받으나 뿌리가 없어 잠깐 믿다가 시험받을 때 배반하는 자가 되지 않도록 자신을 돌아보아야 합니다. 신앙생활을 쉽게만 생각해서는 안 됩니다. 너무 쉽게 교회를 선택해서는 안 됩니다. 그러다 기대에서 벗어나는 상황이 발생하면 넘어지고 맙니다. 기대한 모든 유익을 얻지 못하면 돌아설 수밖에 없습니다.

기독교는 유익하기 때문에 믿는 종교가 아니라 진리이기 때문에 믿는 종교입니다. 생과 사에 있어서, 모든 상황에서 내가 믿는 이 진리가 바른 진리이기에 기독교를 신봉하는 것입니다. 진리이기 때문에 믿고 살 뿐 아니라 그 진리를 위해서라면 생명까지도 내어놓는 것입니다. 우리는 진리로써 이 말씀을 믿고 따를 때 금생과 내세에 유익이 있다는 것을 알고 있습니다. 그러나 금생과 내세에 있을 유익만 바라고 믿으면 때때로 불어오는 비바람과 먹구름에 견딜 수 없어 넘어지고 맙니다. 진리이기에 택한 기독교만이 시험을 받을 때 버틸 수 있습니다.

오히려 하나님 나라에 들어가려고 하면 많은 환난을 겪어야 할 것입니다. "무릇 그리스도 예수 안에서 경건하게 살고자 하는 자는 박해를 받으리라"(딤후 3:12)는 것이 성경의 교훈입니다. 어려움을 반드시 예상해야만 합니다. 그럼에도 우리가 믿는 이 진리를 포기할 수 없는 이유, 말씀으로 인해서 일어나는 환난과 박해에 대해 움츠러들 수 없는 이유는 그것이 진리이기 때문입니다.

22.

살았으나 죽은 자들의 인생 (8:4-15)

///

　　씨 뿌리는 비유에서 씨앗이 떨어지는 제3의 영역을 살펴봅시다. 씨앗은 길가에 떨어지고, 흙이 얕은 바위 위에 떨어질 뿐 아니라, 가시떨기 속에도 떨어집니다. "더러는 가시떨기 속에 떨어지매 가시가 함께 자라서 기운을 막았고"(눅 8:7). 이 비유의 의미를 주님이 친히 14절에서 설명하셨습니다. "가시떨기에 떨어졌다는 것은 말씀을 들은 자이나 지내는 중 이생의 염려와 재물과 향락에 기운이 막혀 온전히 결실하지 못하는 자요."

　가시떨기 속에 떨어진 씨는 우선 흙 속에 파묻히고 싹이 틉니다. 여기까지는 아무런 문제가 없습니다. 그들은 선포되는 말씀을 듣고 일단 마음속에 받아들이는 자들로 규정되고 있습니다. 바위 위에 떨어진 씨앗은 그 뿌리가 습기가 없어 곧 말랐지만, 제3의 영역에 떨어진 씨앗은 발아와 성장 과정에는 아무런 문제가 없으나 결실 과정에서 문제가 발생했습니다. 말씀을 듣고 살아가는 중에 세상으로부터 유혹을 받기 때문입니다.

첫 번째 세상의 유혹 - 이생의 염려

　　세상으로부터 받는 유혹은 크게 둘로 나눌 수 있습니다. 우선 '이생의 염려'란 사는 것 때문에 염려하는 것을 가리킵니다. 말씀을 즐겨 듣지만, 문제는 말씀을 듣는 자리에서 생기는 것이 아닙니다. 말씀을 듣는 순간에는 그렇게 살아야겠다고 결심했는데 현실로 돌아와 보니 '이렇게 해서 과연 될까?' 하고 걱정하는 사람들입니다. 세상을 사는 데 마음이 빼앗긴 사람들입니다. 생의 문제에 대한 집착은 신앙의 결실을 저해합니다.

　주님은 산상 설교에서 하나님이 기르시는 공중의 새와 들에 핀 백합화를 예로 들어 먹고사는 문제에 대한 천국 시민의 입장을 분명히 설명해 주셨습니다(마 6:26-31). 우리는 심고 거두고 모아들이는 일을 해야 하지만 우리의 생명은 우리의 노력이 아니라 궁극적으로 천부의 손에 달려 있습니다. 만약 이 관점을 상실한다면 신앙인이라고 할 수 없습니다. 먹고 마시는 것에 대한 염려에 매몰되어 사는 부류의 사람들은 신앙 성장 및 결실을 제대로 할 수 없습니다. 말씀으로 살기보다는 타협하는 쪽으로 기울어질 수밖에 없습니다. 살아가는 가운데 이생에 대한 염려가 그들을 잠식하고 있습니다. 귀로는 말씀을 듣되 마음에 도사린 세상의 염려가 문제입니다.

　믿음이 적은 자들을 향한 주님의 처방이 있습니다. "그러므로 염려하여 이르기를 무엇을 먹을까 무엇을 마실까 무엇을 입을까 하지 말라 이는 다 이방인들이 구하는 것이라 너희 하늘 아버지께서 이 모든 것이 너희에게 있어야 할 줄을 아시느니라 그런즉 너희는 먼저 그의 나라와 그의 의를 구하라 그리하면 이 모든 것을 너희에게 더하시리라"(마 6:31-33).

우리가 밤새워 열심히 부르짖으며 기도해도 그 내용이 먹고사는 것과만 관련되어 있는 것이라면 그 기도는 하나님과의 교제가 아니라 하나님께 떼를 쓰는 데 지나지 않습니다. 자기 욕망을 채우기 위해서 하나님께 억지를 쓰는 것입니다. 성경은 "아버지가 계시니까 그냥 입을 다물고 살아라"라고 단 한 번도 말하지 않습니다. 왜냐하면 우리는 하늘 아버지께서 돌보신다는 사실을 믿기 때문입니다. 오히려 그분의 나라와 그분의 의를 구하여 하나님 나라가 어떻게 확장될 것인지를 생각하며 이를 위해 기도해야 합니다. 하나님은 우리가 구하는 것이나 생각하는 것보다 훨씬 더 넘치도록 주실 분이지만 하나님께 나아와 부르짖으라고 말씀하십니다.

먹고 마시고 입는 문제에 집착해 이 모든 것이 우리에게 있어야 할 것을 아시는 하나님을 바라보지 못하면 신앙인의 삶을 살 수 없습니다. 그분의 나라와 그분의 의를 구하는 차원으로 접어들 수가 없습니다. 주님의 충고를 들어 보십시오. "그러므로 내일 일을 위하여 염려하지 말라 내일 일은 내일이 염려할 것이요 한날의 괴로움은 그날로 족하니라"(마 6:34). 바울 역시 같은 충고를 했습니다. "아무것도 염려하지 말고 다만 모든 일에 기도와 간구로, 너희 구할 것을 감사함으로 하나님께 아뢰라"(빌 4:6).

신앙인은 기도하고 간구하는 사람입니다. 물론 하나님께 요청하기도 합니다. 신앙인도 세상 사람들처럼 걱정하고 염려할 만한 상황에 부딪힙니다. 그러나 그들이 구하는 것과 우리가 구하는 것은 차이가 있습니다. 달라는 것은 모든 이들의 기도 요소 속에 있을 것입니다. 그러나 신앙인은 '염려하지 않고 감사함으로' 하나님께 아뢰는 자입니다. 염려는 하나님이 공급해 주신다는 것을 잊어버릴 때 생깁니다. 염려하기 시작하면 문제만 크게 보이지 그 문제를 능히 해결할 전능하신 하나님을 보지 못하게 됩니다.

두 번째 세상의 유혹 – 재물과 향락

이 세상의 염려만 아니라 세상 재물과 향락도 신앙 성숙과 말씀의 결실을 굉장히 저해합니다. 가난하면 가난한 대로 세상 살아갈 염려 때문에 신앙 성숙에 있어서 어려움을 당합니다. '뭘 먹고살지?'라는 것은 가난한 사람들이 세상으로부터 당하는 유혹입니다. 한편, 부하면 부한 대로 신앙 성숙을 저해하는 일들이 있습니다. 더 벌고 싶은 욕망이 우리를 유혹합니다. 돈이 있으니까 이제는 세상의 쾌락을 추구하고 싶은 유혹을 받습니다.

"가시떨기에 뿌려졌다는 것은 말씀을 들으나 세상의 염려와 재물의 유혹에 말씀이 막혀 결실하지 못하는 자요"(마 13:22). 마태는 여기서 '세상의 염려'와 '재물의 유혹'을 대조시킵니다. 말씀의 씨앗이 떨어져 발아하고 성숙해서 결실하는 데 방해하는 요소를 둘로 요약합니다. 우리가 신앙생활을 해 나가려고 할 때 세상에 남아 있는 한 세상으로부터 받는 유혹은 언제나 있다는 사실을 망각하지 마십시오.

재물과 향락에 기운이 막혀, 즉 부와 성의 쾌락 때문에 서서히 생명력이 잠식당하는 경우가 없잖아 있습니다. 이 말씀을 새번역 성경으로 읽으면 좀 더 쉽게 다가옵니다. "가시덤불에 떨어진 것들은, 말씀을 들었으나, 살아가는 동안에 근심과 재물과 인생의 향락에 사로잡혀서, 열매를 맺는 데에 이르지 못하는 사람들이다"(눅 8:14). 어려우면 어려운 대로 문제가 있을 수 있고, 풍족해도 그 나름대로 유혹이 있습니다. 우리가 세상으로부터 받는 긴장이 있는데, 여기에는 두 가지 국면이 있습니다. 염려는 세상을 소극적으로 사랑하는 것입니다. 그러나 재물의 유혹 혹은 향락에 몰입하는 것은 세상을 적극적으로 사랑하는 것입니다. 다 동일하게 세상을 사랑하는 것입니다.

말씀을 들으면서 받고 있는 유혹이 무엇입니까? 어떤 사람은 세상을 살아갈 염려가 짓누를 것이고, 어떤 사람은 세상이 주는 쾌락에 조용히 생명력을 빼앗기고 있을 수 있습니다. 말씀이 귀에 들어오지 않습니다. 이 모두가 신앙 성장을 저해하는 요소들입니다.

좋으신 하나님을 믿으면서 무엇을 먹고 입고 마실까 염려하며 살아서는 안 됩니다. 이 모든 것이 우리에게 있어야 될 줄을 하나님은 알고 계십니다. 세상 재물과 향락에 빠져들지 마십시오. 세상 것들과 하늘의 보화를 동시에 누릴 수는 없습니다(마 6:24). 세상과 하늘나라를 동시에 사랑할 수는 없습니다. 성경은 '세상을 사랑하지 말라'라고 단언합니다(요일 2:15). 세상의 쾌락을 좇는 자는 살아 있지만 죽은 자라고 말합니다.

누가복음에 나오는 어리석은 부자와 같이 "평안히 쉬고 먹고 마시고 즐거워하자"(눅 12:19)는 하나님 없이 사는 사람들의 삶의 궁극적인 목표입니다. 하나님이 없는 인생은 누구나 세상의 향락에 매여 사는 사람입니다. 바울 서신을 보면 우리 역시 과거에 그런 유의 삶을 살았던 어리석은 자요, 순종하지 아니한 자요, 속은 자요, 여러 가지 정욕과 행락에 종노릇한 자라고 말합니다(딛 3:3). 궁극적으로 하나님을 모르는 사람들은 향락을 추구하는 것밖에 할 수 있는 일이 없습니다. 돈 벌면 그다음에 무엇을 합니까? 결국 향락에 빠져들어 가는 것이 대다수의 선택입니다. 삶의 목표가 없는 인생들에게서 우리의 옛 모습을 보게 됩니다.

이제 하나님이 하나님을 영화롭게 하고 그분을 영원토록 즐거워하는 것으로 인생 목표 설정을 새롭게 해 주셨습니다. 우리는 이 새로운 삶에 들어온 자들입니다. 우리는 삶이 달라져야 합니다. 속아 사는 사람들과 더 이상 보조를 맞출 수 없습니다. 하나님을 영화롭게 하고 거기서 즐거움을 누리지 못하는 인생은 결국 속고 사는 것입니다.

그리스도인의 삶의 목표 - 결실하는 삶

삶의 목표가 무엇입니까? 부자가 되어서 날마다 호화로이 잔치 하듯이 살아가는 것이 삶의 목표입니까? 날마다는 못 해도 적어도 잔칫날 하루는 흥청망청 써 보자는 것이 생의 목표입니까? 평안히 쉬고 먹고 마시는 것이 삶의 목표입니까? 성경은 "향락을 좋아하는 자는 살았으나 죽었느니라"(딤전 5:6)라고 경고합니다. 이는 말세에 사는 모든 그리스도인을 향한 말씀입니다.

주님은 누가복음 21장 34절에서 마지막 세대를 앞둔 백성을 위해 다음과 같은 경고를 하셨습니다. "너희는 스스로 조심하라 그렇지 않으면 방탕함과 술 취함과 생활의 염려로 마음이 둔하여지고 뜻밖에 그날이 덫과 같이 너희에게 임하리라." 여기는 같은 내용이긴 하지만 순서가 바뀌어 '방탕함과 술 취함'이 '생활의 염려'보다 먼저 나옵니다. 말씀을 결실하지 못하는 경우를 말씀하실 때는 생활의 염려가 먼저 나오고 재물의 유혹과 현세의 쾌락으로 이어집니다. 그러나 말세적인 풍조는 오히려 생활의 염려보다 방탕함과 술 취함이 특징적인 현상으로 부각됩니다. 1세기 그리스도인들의 문제는 생활의 염려가, 21세기 그리스도인들의 문제는 풍요

속에서 생을 즐기는 풍조가 두드러진 현상일 것입니다.

어느 것이 먼저 나오든, 어느 것에 우리가 집착하든 사실 사탄은 신경 쓰지 않습니다. 오직 우리로 하여금 말씀대로 사는 것을 막기만 하면 됩니다. 궁극적으로 하나님의 말씀을 따라 사는 것을 막을 수만 있다면 소극적으로 세상을 사랑해서 염려를 하든지, 적극적으로 세상을 사랑해서 재물의 유혹과 현세의 쾌락에 빠지든지 상관하지 않습니다. 오직 말씀이 결실하지 못하기만 하면 그의 목표는 달성되기 때문입니다.

물론 그리스도인도 인생을 즐길 수 있습니다. 그 자체가 죄악이라기보다는 때로 그 태도가 죄악일 수 있습니다. 그 자체로는 순수하고 합법적이라고 할 수 있는 수천 가지 일들이 우리 영혼을 파멸시켜 지옥으로 보낼 수 있습니다. 방탕함과 술 취함, 도박과 마약 중독 같은 것만이 우리의 영혼을 파멸시키는 것이 아닙니다. 건전한 오락과 스포츠라도 지나치면 우리의 영혼을 영적인 추구에서 멀어지게 하고 결국 덫과 같이 우리의 영혼을 삼킬 수 있습니다. 천천히, 그러나 파괴적인 영향을 끼치는 세상 향락을 주의해야 합니다.

그리스도인들도 인생을 즐길 수 있습니다. 하나님이 우리에게 선물로 주신 것들을 감사함으로 받으면 버릴 것이 없습니다. 하나님이 우리의 생을 풍요롭게 하신 사실에 감사하면서 하나님을 찬양하십시오. 그러나 생의 향락이 하나님을 예배하는 것을 방해하기 시작한다면 이미 향락의 종이 되어 있는 것입니다. 세상의 염려와 현세의 쾌락이 삼키지 못하도록 간구하십시오. 온 지구상에 거하는 모든 사람에게 덫과 같이 임하는 환난의 날이 되지 않도록 조심해야겠습니다. 주님은 "너희는 장차 올 이 모든 일을 능히 피하고 인자 앞에 서도록 항상 기도하며 깨어 있으라"(눅 21:36)라고 말씀하셨습니다. 세상 사는 동안 세상 걱정과 세상 재물과 현세의 쾌락에 눌려서 말씀이 결실하지 못하는 불행한 사람이 없기를 바랍니다.

○

염려 대신에 감사함으로 하나님의 존전에 가서 아뢰십시오. 세상 재물에 집착하는 대신에 하늘의 보화를 사모하십시오. 현세의 쾌락 대신에 영원한 즐거움을 추구하십시오. 먹을 것과 입을 것이 지금 있은즉 만족하십시오. 돈을 사랑하고 쾌락을 추구하는 길에는 파멸만 기다리고 있습니다. 믿음에서 떠나 많은 근심으로 자기를 찌르는 자해 행위에서부터 벗어나야 합니다. 그리스도인은 있는 것에 족하는 사람들입니다. 우리 모두는 빈손으로 왔으매 빈손으로 돌아갈 자인 것을 명심하십시오. 하나님이 풍요롭게 해 주셨습니까? 내가 쓰기에 남는 만큼 주셨다면 이웃을 돌아보면서 살아가십시오. 한 분 하나님만으로 만족하는 것이 신앙인의 참다운 모습입니다.

"복되시고 유일하신 주권자이시며 만왕의 왕이시며 만주의 주"(딤전 6:15)이신 하나님 한 분만으로 만족하는 신앙생활을 하십시오. 날마다 하나님께 존귀와 영광과 능력을 돌려 드리면서, 우리 마음 밭에 떨어진 하나님의 말씀을 온전히 결실할 수 있기를 바랍니다.

23.

믿음 속에서 역사하는 말씀 (8:4-15)

농부가 뿌린 씨는 길가에도 떨어지고, 흙이 얕은 바위 위에도 떨어지고, 때로는 가시떨기 속에도 떨어집니다. 하지만 감사하게도 대부분의 씨들은 좋은 땅에 떨어집니다. 이 장에서는 농부가 뿌린 씨가 떨어진 마지막 좋은 땅에 대한 이야기를 살펴보겠습니다.

"더러는 좋은 땅에 떨어지매 나서 백배의 결실을 하였느니라 이 말씀을 하시고 외치시되 들을 귀 있는 자는 들을지어다"(눅 8:8). 이어지는 15절에서 주님은 "좋은 땅에 있다는 것은 착하고 좋은 마음으로 말씀을 듣고 지키어 인내로 결실하는 자니라"라고 친히 설명하셨습니다. 착하고 좋은 마음으로 하나님의 말씀을 듣는 것은 거룩한 열정을 가지고 하나님의 말씀을 듣는 것을 가리킵니다.

농부가 뿌린 씨가 모두 다 헛되이 돌아가지는 않습니다. 모두가 다 무관심한 청중일 수 없습니다. 말씀을 받는 즉시 사탄이 그 말씀을 빼앗는 경우만 있는 것은 아닙니다. 어떤 이는 기쁘게 듣고 있습니다. 다만 그 기쁨이 지속되지 못할 뿐입니다. 또 어떤 이는 말씀을 들을 뿐 아니라 상당 기간 동안 아무 문제없이 생활합니다. 다만 세상의 염려와 유혹 때문에 그 결실이 저해될 뿐입니다. 그러나 그것이 이야기의 전부는 아닙니다. 상당한 씨들이 부적절한 토양 속에 떨어지지만 감사하게도 대부분의 씨앗들이 떨어지는 곳은 좋은 땅입니다. 진지하게 말씀을 듣는 무리들이 반드시 있습니다. 들은 말씀을 삶 속에 적용시키는 사람들입니다. 끝까지 인내로 그 말씀을 이루는 사람들입니다. 그들의 삶의 결실이 허비된 모든 씨앗을 보상하고도 남습니다.

착한 마음으로 말씀을 듣고 지키어 인내로 결실하는 성도들 때문에 오늘도 설교자는 낙심하지 않습니다. 네 번째 땅에 대한 이야기는 낙심 중에 있는 설교자를 격려하기에 충분합니다. "더러는 좋은 땅에 떨어지매 나서 백배의 결실을 하였느니라"(눅 8:8)라고 주님이 우리 모두를 위로하십니다. 하지만 본문은 설교자를 격려하기 위함보다 우선적으로 하나님의 말씀을 듣는 우리 자신을 살피도록 촉구하고 있습니다.

설교를 잘 듣고 있습니까? 하나님의 말씀을 듣기 위해서 설교를 듣습니까? 왜 하나님의 말씀을 듣습니까? 네 번째 밭, 좋은 땅의 비유는 우리가 말씀을 받는 목적이 무엇인지를 강조하고 있습니다. 말씀은 듣고 지키기 위해서 듣습니다. 우리 삶 속에 말씀을 적용하기 위해서입니다. 들은 말씀으로 행동의 변화를 가져오기 위해서입니다.

하나님의 말씀을 청취하는 바람직한 태도

그렇다면 어떻게 말씀을 들어야 할까요? 하나님의 말씀을 들을 때 그 말씀대로 살고 싶은 거룩한 소원이 있습니까? 들은 말씀을 삶 속에 적용시키려는 거룩한 열망을 가지고 말씀을 듣고 있습니까? 하나님의 뜻대로 살고 싶은 거룩한 소원을 품고 말씀을 들으십시오. 우리를 창조하신 하나님을 영화롭게 하고 싶은 열망을 마음속에 품으십시오. 그러면 들은 말씀이 우리를 변화시킵니다. 행동의 변화는 거룩한 열망과 비례합니다. 그리고 만약 그렇게 하지 않으면 뿌려지는 씨가 앞선 세 가지 종류의 땅에 떨어지고 말 것입니다.

데살로니가인들은 짧은 기간에 소문난 교회를 이루었습니다. 아름다운 소문이 온 마케도니아 지방에 퍼졌습니다. 아름다운 소문은 하나님의 말씀을 청취하는 그들의 바람직한 자세와 관계가 있습니다. 그들은 "하나님의 말씀을 받을 때에 사람의 말로 받지 아니하고 하나님의 말씀으로 받음이니 진실로 그러하도다 이 말씀이 또한 너희 믿는 자 가운데서 역사하느니라"(살전 2:13)라고 성경은 기록하고 있습니다. 그렇기에 그 말씀이 그들의 삶 속에 역사할 수 있었습니다. 다 같은 말씀을 듣지만 어떻게 듣느냐에 따라서 삶이 바뀔 수 있습니다. 마음 밭에 뿌려지는 씨앗은 하나님의 말씀입니다(눅 8:11). 그래서 주님은 이 비유를 말씀하신 후 청중을 향해 "들을 귀 있는 자는 들을지어다"라고 외침으로 엄숙한 도전을 하셨습니다.

사람들은 자신이 듣는 말씀을 자신이 어떻게 평가하는지에 따라 그 말씀을 어떻게 들을 것인지를 결정합니다. 만약 자신이 듣는 말씀이 하나님의 말씀이라면 귀 밖으로 넘겨들을 수 없습니다. 당신은 하나님의 말씀을 어떻게 듣고 있습니까? 주님은 18절에서 "그러므로 너희가 어떻게 들을까 스스로 삼가라 누구든지 있는 자는 받겠고 없는 자는 그 있는 줄로 아는 것까지도 빼앗기리라"라고 경고하셨습니다. 말씀을 어떻게 여기느냐에 따라 우리의 오늘과 내일의 삶이 결정된다고 하면 말씀을 들을 때 그렇게 쉽게만 들을 수는 없을 것입니다. 씨는 하나님의 말씀입니다. 만약 우리가 듣는 말씀을 하나님의 말씀으로 여긴다면 삶이 변화될 수 있습니다.

그래서 사람들은 역설적이지만 설교를 하나님의 말씀으로 여기지 않으려고 합니다. 설교를 지금 나에게 하시는 하나님의 말씀으로 여긴다는 것은 부담스러운 일입니다. 말씀을 듣고 나서 자리를 털고 일어날 수가 없습니다. 설교를 단지 인간의 종교적인 이야기로만 치부하려고 드는 것은 하나님의 말씀으로 들을 때 느끼는 부담을 없애기 위함입니다.

마치 출애굽기 20장에 나오는 이스라엘 백성 같습니다. 모세가 하나님을 만나 하나님의 율법과 규례를 받아 가지고 내려오는 장면입니다. 그때 이스라엘 백성은 모세에게 "당신이 우리에게 말씀하소서"(출 20:19)라고 부탁했습니다. 여기서 죄인들의 속성이 폭로되고 있습니다. 하나님의 백성의 특권은 하나님의 말씀을 직접 듣는 것입니다. 그럼에도 그들은 하나님이 직접 말씀하시는 것을 꺼렸습니다. 그들은 종교적인 담화나 개인적인 간증에 안주하려고 했지, 거룩하신 하나님을 대면하려 하지 않았습니다.

하지만 인간인 설교자의 말이 우리에게 도대체 무슨 유익이 있겠습니까. 그러나 온 세상을 창조하신 분, 우리 생명의 주인이신 하나님이 말씀하실 때 우리는 그 말씀을 쉽게 묵살할 수 없을 것입니다. 하나님이 개인적으로 말씀하시는 두렵고 영광스러운 체험을 예배 시간마다 사모하십시오. 거룩하신 하나님으로부터 그분의 말씀을 직접 듣는 영광스러운 순간이 예배하는 가운데 일어날 수 있기를 간절히 바라십시오. 그때에 우리 삶이 변화될 것입니다.

참으로 말씀을 하나님의 말씀으로 듣는 사람은 변화될 수밖에 없습니다. 그 말씀 앞에 두려워 떨게 됩니다. 엎드러지고 승복할 수밖에 없습니다. 그 옛날 사무엘 선지자처럼 "말씀하옵소서 주의 종이 듣겠나이다"(삼상 3:10)라고 고백할 수밖에 없습니다. 착하고 좋은 마음으로 하나님의 말씀을 들으십시오. 하나님의 뜻대로 살고 싶은 소원을 가지고 하나님의 말씀을 들으십시오. 하나님의 말씀대로 순종하고 싶은 마음 때문에 하나님의 말씀에 귀를 기울여 보십시오. 하나님이 우리에게 말씀해 주실 것입니다.

오늘날 우리 시대에는 이런 진리를 망각해 버리고 말았습니다. 씨는 하나님의 말씀입니다. 하나님의 말씀이 증거되는 곳에는 하나님이 언제나 역사하실 수 있습니다. 어떤 설교자가 전유할 수 있는 것이 아니라, 누구라도 들으려고 할 때는 하나님이 능력으로 찾아오실 수 있습니다. 누가 집회 강단에 서느냐가 중요한 것이 아닙니다. 어떤 마음 밭에서 말씀을 받을 것인지가 오히려 중요합니다. 왜 하나님의 말씀을 듣습니까? 들은 말씀을 삶에 적용하십시오.

결실을 기다리는 아주 오랜 기다림

그러나 우리는 들은 말씀을 인내로 결실하기까지는 기다려야만 합니다. 반드시 그 말씀대로 살려고 할 때는 대가를 지불해야 합니다. 그것이 그리스도인의 삶입니다. 세상은 우리가 하나님의 말씀대로 살려고 할 때 우리를 도와주지 않습니다. 우리가 나아가려는 방향으로 바람이 불어 주지 않습니다. 오히려 세상은 역풍을 보냅니다. 하나님의 말씀대로 나아가는 항해 길은 결코 쉬운 길이 아닙니다. 고달픔을 감수해야 하는 길입니다. 애써야 합니다. 노력해야만 합니다. 세상을 따라 사는 삶은 전혀 그럴 필요가 없습니다. 그러나 그 끝은 멸망임을 기억하십시오.

하나님은 "너는 나 외에는 다른 신들을 네게 두지 말라"(출 20:3)고 명하십니다. 어려운 때나 기쁠 때나 어떤 순간에도 하나님만 바라도록 하나님은 우리에게 기대하고 계십니다. 하나님 한 분만을 바라보고 그 고달픈 상황을 이겨 낼 때에 그를 일컬어 신앙인이라고 부릅니다. 신앙인은 잘나가다가 어려운 순간 돌아서는 사람이 아닙니다. 그때 들었던 말씀대로 굳건히 서서 나아가는 사람이 신앙의 사람입니다. 가장 기쁘고 행복한 순간에 하나님께 영광과 존귀와 찬양을 드리는 사람이 신앙인입니다.

세상을 사는 날 동안 '어떻게 살까?' 하는 염려가 없는 사람은 없습니다. 오히려 의외로 하나님의 말씀이 귀에 들어오기 시작하자 그때부터 어려움이 시작되는 경우도 많습니다. 세상의 염려가 우리에게 닥칠 그때가 신앙이 제 역할을 할 때입니다. 신앙인은 역경에서 하나님을 바라보는 눈을 가질 수 있습니다. 항상 먹고살기 다급할 때만 예수 믿기 어려운 것은 아닙니다. 때로는 부유한 삶이 의외로 우리를 하나님의 말씀대로 사는 것을 힘들게 만듭니다. 그러나 좋은 땅에 떨어진 씨는 착한 마음으로 하나님의 말씀을 받아 듣고, 지켜서, 끝까지 인내하는 자에게서 결실합니다. 예수님이 세상에 다시 오셔서 우리 삶을 평가하는 그날까지 하나님의 말씀을 붙드는 사람들에게 이 축복이 약속되어 있습니다.

농부가 뿌린 씨는 여름 한철을 지나야만 합니다. 가을을 지나고 이제 풍성한 열매를 거둘 날이 반드시 올 것입니다. 좋은 땅에 뿌려졌다는 것은 말씀을 하나님의 말씀으로 받아 듣고, 깨닫고, 지켜서 그것을 삶 속에 적용하기 위해 하나님께 도움을 구하고 몸부림칠 때 비로소 열매가 맺히는 것을 말합니다. 듣는 말씀을 하나님의 말씀으로 받으십시오. 그 순간에 하나님이 우리 마음을 다스리기 시작하실 것입니다. 거기에 하나님이 다스리시는 하나님 나라가 임재할 것입니다.

하나님의 말씀을 듣고도 순종하지 않으면 듣는 만큼 괴롭고 불안해질 것입니다. 그러나 하나님의 말씀을 받아 듣고 순종하려고 한다면 듣는 만큼 우리 마음이 밝아 올 것입니다. 우리 마음에 평강이 찾아오고 기쁨이 샘솟을 것입니다. 그래서 하나님의 말씀을 천국 복음이라고 일컫습니다.

○

하나님의 말씀을 통해서 무엇을 듣고 있습니까? 말씀이 당신의 마음을 다스리고 있습니까? 말씀이 귓전을 넘기지 않고 당신을 다스리게 하십시오. 당신의 생각과 삶의 방식을 바꾸십시오. 거룩하신 하나님의 손길이 상처 난 삶을 치유하도록 그분께 당신 자신을 내어 맡겨야 합니다. 우리 삶을 새롭게 하시는 하나님의 손길을 사모하십시오. 하나님만이 치유하실 수 있습니다. 하나님만이 새롭게 하실 수 있고, 하나님만이 삶의 모든 문제를 해결하실 수 있습니다. 하나님이 친히 말씀하시는 순간 우리의 삶이 바뀔 것입니다. 하나님이 우리의 삶을 바꾸기 시작하십니다. 하나님의 영광스러운 통치의 새 빛이 비춰 올 때 죄악된 우리 삶의 어두움이 물러갈 것입니다.

하나님의 영광스러운 통치 아래 나아가십시오. 영광스러운 통치가 마음속에 임하는 경험을 해 보십시오. 영광스러운 거룩한 말씀의 씨가 좋은 땅 같은 소원을 가진 성도들의 마음속에 임해 새로운 싹이 트기를 바랍니다. 또한 하나님이 지배하고 다스리시는 역사로 계속 자라나길 바랍니다. 그래서 인내로 풍성한 결실을 맺기를 간절히 바랍니다.

24.

내 모친, 내 형제(8:16-21)

/

왜 하나님의 말씀을 듣고 순종해야만 하는가

16절은 또다시 비유입니다. 17절은 그 비유의 해설이고, 18절은 비유의 적용입니다. 등불을 켜는 이유가 어디에 있습니까? 어두우니까 비치게 하려고 켭니다. 아무도 등불을 켜서 그릇으로 덮지 않습니다. 덮으면 꺼져 버립니다. 실제로 예수님 당시에는 불을 끌 때 그릇으로 덮어서 껐습니다. 아무도 등불을 켜서 평상 아래에 두지 않습니다. 누구든지 불을 켜면 비칠 만한 곳에 놓아둡니다. 모든 사람이 불빛을 보게 하기 위함입니다. 주님은 이처럼 누구든지 들으면 알 수 있는 소재로 이야기를 풀어 나가셨습니다. 설교자의 탁월성은 누구나 쉽게 알아들을 수 있게 하는 데 있습니다. 듣는 사람의 수준에서, 그들의 눈높이에서 설명하는 교사가 뛰어난 교사입니다.

그런데 주님이 무슨 의도로 이 말씀을 하셨을까요? 주님은 왜 씨 뿌리는 비유를 하다 말고 불을 켜는 비유를 하셨을까요? 듣고만 끝나는 많은 사람들을 너무 안타깝게 여긴 나머지 이 같은 비유를 하신 것입니다. 등불을 켜는 것은 빛을 보게 하려 함입니다. 설교를 듣는 이유는 들은 말씀대로 실천하기 위함입니다. 말씀을 듣고 잊어버리는 것은 등불을 켜서 그릇으로 덮는 행위입니다.

그러면서 주님은 왜 이 비유를 하는지 설명하셨습니다. "숨은 것이 장차 드러나지 아니할 것이 없고 감추인 것이 장차 알려지고 나타나지 않을 것이 없느니라"(눅 8:17). 주님의 말씀은 너무 쉬운데 우리의 생각이 복잡해서 도대체 이 말씀이 왜 여기에 와 있는지 이해되지 않을 때가 있습니다. 주님은 항상 장차 이루어질 일을 염두에 두고 사신 분입니다. 그러므로 마지막 심판대 앞에 설 것을 의식하며 살라고 오늘 우리를 재촉하시는 것입니다.

우리는 늘 그 중요한 날을 잊어버리고 살고 있습니다. 그러나 한날 마지막 심판대 앞에서 우리의 삶은 다 폭로될 것입니다. 듣고 끝나는 것과 듣고 실천하는 것의 차이가 분명하게 나타나는 날이 다가오고 있습니다. 되는 대로 사는 삶과 말씀대로 살려고 했던 삶이 확연하게 구분될 날이 다가오고 있습니다. 주님은 "그러므로 너희가 어떻게 들을까 스스로 삼가라"(눅 8:18상)라고 말씀하십니다.

주의 깊게 듣고 인내로 결실하는 자를 향한 하나님의 약속이 있습니다. "누구든지 있는 자는 받겠고"(눅 8:18중). 깨달으려고 하면 더 깨닫게 해 주고, 주의해서 듣는 자에게는 더 깨달음을 주시겠다는 것입니다. 주님은 예수 믿은 세월이 흐르면 흐를수록 더 풍성하게 알게 될 것이라고 약속하셨습니다. 그러므로 우리는 스스로를 진단해 보아야 합니다. 깨달음이 있을 때 더 나은 깨달음이 주어질 것입니다. 들은 말씀을 실천할 때 더 나은 깨달음을 경험할 수 있습니다.

우리가 듣는 말씀은 듣고 기억하기 위한 말씀이 아닙니다. 하나님의 말씀을 들으면서 새로운 결단을 하고, 이제는 그 결단에서 나아가 우리 삶이 바뀌어야 합니다. 일단 아는 것과 들은 것부터 출발해서 순종해 보십시오. 순종하면 더 나은 순종으로 나아갈 수 있습니다. 삶이 뒤따라야만 말씀이 은혜가 될 수 있습니다. 믿고 복종하는 마음으로 따르는 자에게는 보다 깊고 심오한 통찰력을 주겠다고 하셨습니다. 하나님은 결코 거짓말하지 않으시는 분입니다.

그러나 동시에 여기에는 엄중한 경고가 있습니다. "없는 자는 그 있는 줄로 아는 것까지도 빼앗기리라"(눅 8:18하). 우리는 가끔 이런 말씀을 대하면 선문답처럼 느껴집니다. 문자만 해석하면 '없다고 했는데 어떻게 있는 것까지 빼앗기는가?' 하며 이해를 못 하게 됩니다. 듣기를 거부하는 자에게는 들을 기회마저 박탈될 것입니다. 그저 교회에 왔다 갔다만 하는 사람은 듣는 기회마저 상실될 것입니다. 삶의 즐거움마저 박탈당하고 더 어두운 상태로, 더 가난한 상태로 전락할 것을 예수님은 경고하고 계십니다. 하나님의 말씀을 듣고 있습니까, 아니면 들어도 듣지 못합니까?

왜 들은 말씀을 순종하면서 살아야 하는가

있는 자는 더 받고 없는 자는 있는 것까지 빼앗기기에

19-21절은 말씀을 듣고 행하는 자가 누리는 특권을 말해 줍니다. 우선 예수님이 이 말씀을 하시게 된 배경을 먼저 살펴봅시다. "예수의 어머니와

그 동생들이 왔으나 무리로 인하여 가까이하지 못하니"(눅 8:19). 주님이 초기 갈릴리 사역을 하실 때는 가는 곳마다 인산인해를 이루었습니다. 집에서 가르치실 때는 집 안까지, 사람들로 가득 차 버렸습니다. 도무지 가족들이 가까이 다가오려야 다가올 수 없는 상황이었습니다.

마태와 마가는 예수님의 어머니와 동생들이 찾아온 이 기사를 바알세불의 논쟁 뒤에 두고 있습니다. 예수가 바알세불이 지폈다고 비난한 논쟁 뒤에 이 사건을 두고 있습니다. 그러나 누가는 이 사건을 씨 뿌리는 비유 뒤에 두었습니다. 아마 본 문맥의 결론으로 적합하다고 생각한 모양입니다. 어쩌면 시간적으로는 바알세불 논쟁이 있은 다음이 더 적절할지 모르겠습니다. 그러나 누가는 말씀을 듣는 자들의 책임에 대해서 강조한 다음에 이 말을 하는 것이 적합하다고 생각한 것 같습니다. 누가가 처음에 모든 사건을 살핀 다음에 "차례대로"(눅 1:3) 기록하겠다고 한 것은 꼭 시간의 차례대로라고 고집할 필요가 없습니다. 논리적인 차례이거나 글을 써 나가는 유연성에 따른 차례일 수도 있습니다.

본문은 예수님의 어머니와 동생들이 왔다고만 기록하고 있지, 왜 왔는지는 알려 주지 않습니다. 그럴 때 우리는 상상할 수밖에 없습니다. 아마도 계속적인 설교와 축사와 사역으로 인한 과로가 염려되어서뿐만 아니라 들려오는 소문이 심상치 않았기에 그대로 주저앉아 있을 수 없었던 것 같습니다.

마가복음 3장 20절 이하를 보면 당시 상황을 조금 눈치 챌 수 있습니다. "집에 들어가시니 무리가 다시 모이므로 식사할 겨를도 없는지라 예수의 친족들이 듣고 그를 붙들러 나오니 이는 그가 미쳤다 함일러라 예루살렘에서 내려온 서기관들은 그가 바알세불이 지폈다 하며 또 귀신의 왕을 힘입어 귀신을 쫓아낸다 하니"(막 3:20-22). 가족들의 입장에서 보면 식사할 겨를도 없이 바쁜 상황이 그리 좋은 일만은 아닙니다. 게다가 심하게 비난하지 않던 사람들의 입에서도 미쳤다는 이야기가 나왔습니다. 평소에 예수님에 대해서 감정이 좋지 못한 서기관들은 한술 더 떠서 귀신에 들렸다고 심하게 혹평했습니다.

사실 여부는 둘째고, 이를 두고만 볼 수 없었던 가족들이 사랑하는 예수님을 찾아 나섰습니다. 그러나 엄청 많은 사람들 때문에 쉽게 만날 처지가 못 되어 전갈을 전했습니다. "당신의 어머니와 동생들이 당신을 보려고 밖에 서 있나이다"(눅 8:20)라는 전갈이 도착했을 때 주님은 말씀을 하고 계셨습니다. 새로운 상황이 전개되자 새로운 설교 주제가 나왔습니다. 주님은 세상에서 할 말이 많은 분이십니다. 설교를 한창 하는데 누가 와서 가족들이 기다린다고 전하자 말씀의 흐름이 끊어질 뻔했습니다. 주님은 워낙 탁월하신 분이니 어쩌면 설교를 중단시키려는 사탄의 궤계일 수도 있습니다. 그런데 주님이 되살려 다시 그 이야기를 본문으로 해서 설교를 하신 것입니다.

"도대체 누가 내 어머니며 내 동생이냐 누구든지 하나님의 말씀을 듣고 그 말씀대로 준행하는 자가 내 모친이고 내 동생이 아니냐"라고 계속 말씀하셨습니다(눅 8:21 참조). 찾아온 모친과 동생들을 무시하신 것이 아닙니다. 그들의 방문 전갈이 새로운 이야기를 하실 수 있는 계기가 되었을 수 있습니다. 워낙 하실 말씀이 많고 가슴이 뜨거운 분이기 때문에 무엇이든지 그분의 설교 주제가 되었던 것입니다. 어쩌면 사탄은 주님이 전하고 계신 말씀의 단절을 시도했는지 모르지만 그분은 그것을 결론으로 만드셨습니다.

예수님의 혈육지친이 되기 위해

여기서 주님은 말씀을 준행하는 자들이 누리는 축복된 상태가 어떠한 것인지를 말씀하심으로 지금껏 해 오던 말씀을 마무리 지으려고 하십니다. "누구든지 하나님의 말씀을 듣고 행하는 자라야 내 형제요 자매요 모친이다"라는 것입니다. 주님은 혈육보다 말씀을 믿고 따르는 자들에게 더 가까움을 느끼시는 분입니다.

주님은 결코 혈육의 유대를 무시하지 않으셨습니다. 사람은 편하고 배부르면 가까운 사람을 생각하다가 고통스럽고 어려우면 다 잊어버리고 자기 자신의 고통에만 매달리는 법입니다. 지옥의 고통이라고 일컫는 그 십자가의 고난 속에서도 주님은 어머니를 기억하고 마지막으로 사랑하는 제자에게 어머니를 부탁하셨습니다. 또한 부활해서 혈육인 동생 야고보를 만나 주심으로 예루살렘교회에 초석과 같은 일꾼으로 부르셨습니다. 주님은 오히려 가족 관계를 통해서 일하셨습니다.

그럼에도 주님께 가장 중요한 것은 육신적인 혈연관계가 아니었습니다. 지금 주님은 하늘 아버지의 부르심을 더 우선적으로 말씀하고 계십니다. 육신적인 혈육의 요청이 메시아로서의 사명보다 결코 우선적일 수 없었습니다.

부르심을 방해하는 것은 결코 원수들로부터만 온다고 생각해서는 오해입니다. 때로는 가장 가까운 혈육들의 사랑과 관심이 우리를 하나님으로부터 멀어지게 할 수 있습니다. 원수들의 미움과 시기만이 아니라 혈육들의 사랑과 충고가 걸림돌이 될 수도 있습니다.

"내 어머니와 내 동생들은 곧 하나님의 말씀을 듣고 행하는 이 사람들이라"(눅 8:21). 여기 주님의 새로운 혈육 이해가 있습니다. 말씀을 복종하는 자세로 받아들이는 자를 혈육지친처럼 귀하게 여기시는 것입니다. 사실 하나님의 말씀은 육신적인 혈연관계보다 더 진한 혈연관계를 창출하는 능력을 가지고 있습니다.

○

왜 우리가 하나님의 말씀을 듣고 순종해야만 합니까? 우리의 삶이 폭로될 날이 오기 때문입니다. 왜 우리가 들은 말씀을 순종하면서 살아야 합니까? 마지막 날만이 아니라 지금 세상을 살면서도 삶에 차이가 나기 때문입니다. 있는 자는 더 받겠고 없는 자는 그 있는 것까지 빼앗길 것입니다. 왜 우리가 들은 말씀대로 살아야 합니까? 주님이 "이 말씀을 듣고 지키는 자는 나의 혈육지친이다"라고 선언하셨기 때문입니다.

신앙의 결속체는 말씀을 사랑하는 이들의 모임입니다. 신앙 공동체는 말씀을 따르기로 애쓰는 사람들의 모임이어야 합니다. 신앙 공동체는 하나님의 뜻을 준행하는 것을 세상의 어떤 일보다 우선적으로 고백하는 사람들이 함께 모인 자리라야 합니다. 주님이 우리를 둘러보고 가리키면서 "내 어머니와 동생들을 보라. 누구든지 하나님의 뜻대로 행하는 자는 내 형제요 자매요 모친이다"라고 말씀하실 수 있게 되기를 소원합니다.

25.

너희 믿음이 어디 있느냐(8:22-25)

//

　　이 장의 본문을 기점으로 주님의 모습이 새롭게 계시됩니다. 지금껏 주님은 하나님 나라를 선포하는 위대한 설교자로서 당신을 나타내셨습니다. 이 장의 본문을 기점으로 예수님은 당신을 하나님의 능력을 가진 분으로 나타내십니다. 말씀으로 당신을 계시하다가 이제는 행동으로 당신을 보여 주십니다.

　8장 후반부에서는 예수님이 전능자이심을 삼중으로 대면하게 됩니다. 예수님은 자연 세력을 다스리는 분이요, 귀신을 제어하는 분이며, 질병과 죽음까지 정복하신 분입니다. 예수님은 자연계, 영계, 인간계의 주권자이십니다. 예수님이 누구이신지를 밝히는 사건들을 누가는 여기서 기록하고 있습니다. "그가 누구이기에"(눅 8:25)라는 제자들의 의문을 8장 후반부는 밝히기 시작합니다. 그리하여 9장 20절에서 "하나님의 그리스도시니이다"라는 고백을 하도록 제자들을 준비시킵니다.

폭풍이 덮친 갈릴리 호수를 주님이 말씀으로 잠잠하게 하신 이 기사는 복음서에 세 번 기록되어 있습니다. 마태복음, 마가복음, 누가복음의 모든 기자가 이 사건을 기록한 것을 보면 이것이 얼마나 충격적인 사건이었는지를 알 수 있습니다. 예수님에 대한 제자들의 신앙이 한 단계 더 성숙해지는 계기가 된 것이 분명합니다. 신앙은 예기치 않게 당하는 풍랑 앞에 좌초하지 않습니다. 신앙은 하나님이 설정하신 시련을 통해서 성숙해집니다.

예수님도 피곤을 느끼셨고 잠드셨다

우선 본문의 구성을 살펴봅시다. 네 절의 짧은 기록은 말로 다 할 수 없는 엄청난 감격을 싣고 있습니다. 22절은 상황 설정, 23절은 문제 제기, 24절과 25절 상반 절은 그 문제 해결을 보여 줍니다. 그리고 25절 하반 절은 제자들에게 주신 충격을 결론으로 기록하고 있습니다.

서막 격인 사건의 상황을 22절에서 볼 수 있습니다. "하루는 제자들과 함께 배에 오르사 그들에게 이르시되 호수 저편으로 건너가자 하시매 이에 떠나." 사건이 호수에서 이루어지고 있으며, 예수님과 제자들이 모두 같은 배에 타고 있다는 것을 알 수 있습니다. 병행 구절인 마가복음을 보면 하루해가 기우는 저녁녘에 이 사건이 이루어졌음을 알게 됩니다 (막 4:35). 무척 바쁜 하루가 지나가고 이제 쉴 곳을 향해 떠나는 듯한 모습입니다. 하지만 누가는 어느 때에 이 사건이 일어났는지에는 별로 관심이 없습니다. 그래서 단지 그는 '하루는'이라고 밝혔습니다. 누가의 관심은 오로지 예수께서 당신을 어떻게 나타내셨는지에 있었습니다. 맹렬한 폭풍 가운데 나타난 그분의 능력과 권세를 보이는 데만 관심을 쏟았습니다.

예수님께는 무척이나 바쁜 하루였습니다. 종일 가르치는 일에 당신을 쏟아 부으셨기 때문에 주님이 피곤하셨다는 것은 쉽게 이해가 갑니다. 그렇다 보니 배를 타고 육지를 떠나기가 무섭게 잠드신 것으로 보입니다. "호수 저편으로 건너가자" 하시고는 어느새 잠드셨습니다.

때로 마가는 모든 복음서보다 짧게 기록되어 있어서 박진감 있게 사건을 전개하면서도 어떤 때는 필요 이상(?)으로 자세히 기록합니다. 마가복음에는 이렇게 기록되어 있습니다. "그날 저물 때에 제자들에게 이르시되 우리가 저편으로 건너가자 하시니 그들이 무리를 떠나 예수를 배에 계신 그대로 모시고 가매"(막 4:35-36). 마가복음에서는 예수님이 씨 뿌리는 비유를 배에 앉아서 말씀하셨고 고물에서 베개를 베고 주무셨다는 것까지 상세히 기록하고 있습니다.

예수님의 적나라한 모습을 살펴보십시오. 예수님은 하나님의 아들이요, 곧 하나님이십니다. 그렇기에 풍랑 이는 바다를 향해 말씀하시니 잠잠해졌습니다. 그럼에도 예수님은 동시에 철저히 인간이시기에 휴식이 필요했습니다. 그렇기에 예수님은 어떤 상황에서도 우리를 이해하십니다. 성경은 "우리에게 있는 대제사장은 우리의 연약함을 동정하지 못하실 이가 아니요 모든 일에 우리와 똑같이 시험을 받으신 이로되 죄는 없으시니라"(히 4:15)라고 말씀합니다. 십자가 위에서 우리를 위해 당신을 내어 주신 주님은 우리의 약함을 이해하고 능히 어루만져 주실 수 있는 분입니다.

사는 것이 고달픈 때가 있습니까? 주님께로 나아가십시오. 고달픔을 느끼는 것은 죄악이 아닙니다. 하나님의 일을 할 때도 지치고 피곤해질 수 있습니다. 그럴 때는 쉬어야만 합니다. 햇빛이 비치다가 부드러운 달빛을 주시는 것도 하나님의 배려입니다. 하나님의 일에 지치는 것은 죄악일 수 없습니다. 그러나 하나님의 일에 싫증을 느끼는 것은 죄악입니다.

주님을 부르는 다급한 목소리 "주여, 주여!"

이제 제1막 사건의 발단을 살펴봅시다. "행선할 때에 예수께서 잠이 드셨더니 마침 광풍이 호수로 내리치매 배에 물이 가득하게 되어 위태한지라"(눅 8:23). 배는 육지를 떠나서 호수 가운데로 상당히 들어왔습니다. 그런데 갑작스런 광풍이 호수를 내리쳤습니다. 그러자 조그마한 배는 위기일발의 순간을 맞이했습니다. 자연의 위력 앞에 인간이 얼마나 초라한 존재인지가 여실히 드러나는 순간입니다.

제자들의 상당수는 어부 출신이었습니다. 그 호수를 알았고 폭풍우를 경험해 본 사람들이었습니다. 바람이 불면 속수무책으로 당하기만 하는 우리와는 달랐습니다. 그들은 온갖 방법을 사용해 보았지만 상황은 절망적이었습니다. "배에 물이 가득하게 되어 위태한지라." 누가가 기록한 상황 그대로였습니다. 모든 노력은 허사로 돌아가고 위험은 점점 가중되었습니다. 어쩌면 그 호수를 알고 폭풍의 위력을 알기에 질겁했는지도 모르겠습니다. 돌발적인 위험은 개인의 삶이나 신앙 공동체의 길이나 국가 공동체의 항로에도 있을 수 있습니다.

그러면 제2막, 문제 해결을 보여 주는 다음 구절을 봅시다. "제자들이 나아와 깨워 이르되 주여 주여 우리가 죽겠나이다 한대 예수께서 잠을 깨사 바람과 물결을 꾸짖으시니 이에 그쳐 잔잔하여지더라 제자들에게 이르시되 너희 믿음이 어디 있느냐 하시니"(눅 8:24-25). 주님은 얼마나 지치셨던지 그 풍랑의 와중에도 잠들어 계셨습니다. 제자들이 주님을 깨우기까지 그 좁은 배에서 얼마나 야단법석을 떨었을지 상상이 되지 않습니까. 그러나 주님은 마치 일부러 잠들어 계신 것처럼, 바람이 불고 물결이 튀는데도 일어나지 않고 주무셨습니다.

제자들에게 덮친 위험은 실제적이었고 점점 가중되었습니다. 다급해진 제자들은 "주여 주여 우리가 죽겠나이다" 하며 예수님을 불러 깨웠습니다. 주님이 도와주실 것이라고 생각한 것입니다. 예기치 않았던 돌풍은 그날 갈릴리 호수에만 한정된 것이 아닙니다. 우리 인생 항로에 언제나 덮칠 수 있는 위험입니다.

당신은 위기를 당하면 어떻게 대처합니까? 위기 시에 누구에게 나아갑니까? 근심과 걱정에 사로잡혀 있습니까? 당신은 현재 당면한 위기에 빠져서 한숨만 쉬고 주저앉아 있습니까, 아니면 엄청난 문제 앞에서 문제의 해결자 되신 예수 그리스도를 바라보고 있습니까? 우리를 삼키려는 위험보다 우리와 함께하는 주님이 더 위대하신 분입니다.

비록 차분한 믿음으로 나아가진 못했지만 그래도 제자들은 주님께로 나아갔습니다. 여기에 소망의 전환점이 있습니다. 그들은 간절하고 절박한 호소를 주님께 드렸습니다. "주여 주여"라고 두 번씩이나 주님을 부름으로 얼마나 정신없이 놀랐는지를 우리로 하여금 엿보게 합니다. 같은 상황을 마가는 "선생님이여 우리가 죽게 된 것을 돌보지 아니하시나이까"(막 4:38)라고 표현했습니다. 마태복음에는 "주여 구원하소서 우리가 죽겠나이다"(마 8:25)라고 기록되어 있습니다.

겁에 질린 호소 앞에 주님은 일어나 바람과 바다를 꾸짖으셨습니다. '바람과 바다를 꾸짖으셨다'는 것은 시적이고 상징적인 표현입니다(시 106:9-10 참조). 중요한 것은 주님의 위력입니다. 자연 세력을 지배하시는 주님의 권위입니다. 그분의 명령 앞에 바람과 물결이 곧 조용해졌다고 성경은 말합니다. 다시금 하늘의 별들이 수면에 반사되는 아름다운 호수로 돌아왔습니다.

그리고 나서 주님은 제자들을 향해서 말씀하셨습니다. "너희 믿음이 어디 있느냐"(눅 8:25). 마치 "믿음은 그런 위기에 필요한 것 아니냐?"라고 물으시는 것 같습니다. "필요한 때에 활용할 수 없다면 믿음의 위력이 어디 있느냐? 어려울 때 활용할 수 없다면 그 믿음이 도대체 무슨 유익이 있느냐?"라는 말씀입니다. 청명한 날씨에만 주님을 따르고 폭풍우 치는 날씨에는 주님을 따를 수 없다면 과연 믿음의 유익이 무엇이겠습니까.

질문에 답하라, "그가 누구이기에"

제3막, 사건의 종결 부분으로 가 봅시다. "그들이 두려워하고 놀랍게 여겨 서로 말하되 그가 누구이기에 바람과 물을 명하매 순종하는가 하더라"(눅 8:25). 제자들은 앞에서는 풍랑과 광풍으로 인해 기겁했지만, 여기서는 주님의 위엄 앞에 두려워하고 그것을 기이히 여겼습니다. 바다가 한순간에 조용해졌을 때 거룩한 두려움이 제자들을 덮쳤던 것입니다. 그 심한 바람과 파도 소리에 죽겠다고 두려워하다가, 이제 그 두려움은 말끔히 지나갔는데 고요와 함께 엄습해 온 새로운 두려움이 그들을 사로잡았습니다. 전능자의 임재하심 앞에 그들은 떨었습니다.

하나님의 역사가 나타나는 현장은 박수하고 환호할 수 있는 자리가 아닙니다. 걷지 못하는 자가 지팡이를 던지고 일어나면 갈채를 보내는 분위기가 될 수 없습니다. 하나님이 가까이 오셔서 그분의 위엄을 나타내는 현장은 모두가 다 거룩한 두려움에 사로잡히는 곳입니다. 제자들은 지금껏 주님의 기적을 봐 왔지만 이 순간의 두려움과 감동과는 비교할 수 없었습니다. 그분이 누구이신지, 전능자의 모습을 유감없이 드러낸 사건을 본문은 보여 주고 있습니다. "그가 누구이기에 바람과 물을 명하매 순종하는가"(눅 8:25하). 누가는 여기에 질문만 던지고 대답을 생략했습니다. 대답할 이유가 없었기 때문입니다. 성경을 아는 자라면 이는 하나님만이 하실 수 있는 일이라는 것을 다 알기 때문입니다. 아니, 성경을 몰라도 자연을 아는 자라면 사람의 명령에 자연의 세력이 굴복했으니 그는 이상한 사람임이 틀림없습니다.

우리는 "그가 누구이기에 바람과 물을 명하매 순종하는가"라는, 대답이 생략된 이 질문 앞에 서야만 합니다. 그러고는 생략된 대답을 각자의 입으로 해야만 합니다. 그분이 누구시라고 생각합니까? 그분은 전능자이십니다. 자연의 주님이십니다. 그분은 세상의 어떤 세력도 굴복시킬 수 있는 하나님이십니다. 돌발적인 위기가 인생 항로에 닥쳐도 그분이 누구이신지를 기억하십시오. 우리를 엄습하는 어려움이 아무리 커도 우리를 보호하시는 분의 능력이 더 크다는 사실을 기억하십시오. 모든 파멸의 세력을 한마디로 굴복시키는 전능하신 분이 우리 구주이십니다.

인생으로서 주님은 잠드셨지만, 풍랑의 와중에도 피곤해 깨어나지 못하셨지만, 그분은 동시에 전능한 하나님이셨습니다. 그 항로를 명하신 분이 주님이셨습니다. 주님은 그 호수를 건너기 전에 어떤 일이 일어날지를 알고 계셨습니다. 그 일을 통해서 당신이 누구인지를 계시하고자 의도하셨습니다. 호수 건너편에 주님의 도움을 필요로 하는 절박한 인생이 있다는 것을 내다보고는 거라사인의 땅을 향해서 가신 것입니다.

이것은 인간적인 관점에서 보면 우발적인 사건입니다. 그러나 전능하신 하나님의 계획 속에서는 어떤 사건도 돌발적일 수 없습니다. 전능하신 하나님의 눈으로 볼 때는 항상 계획하신 일이 일어나고 있는 것입니다. 우리 삶에 닥치는 어떤 위기도 우연이 아닙니다. 이는 한 치의 오차도 없는 하나님의 계획 속에서 일어나는 일입니다.

당신은 이러한 위기에 어떻게 반응하겠습니까? "주여 주여 우리가 죽겠나이다!"라고 소리치기만 할 것이 아니라 주님이 누구이신지를 바라보고 그분 앞에 나아가는 것이 신앙입니다. 어떤 광풍도 주님을 태운 배를 침몰시킬 수 없듯이, 어떤 박해도 주님이 머리이신 교회를 거꾸러뜨릴 수 없습니다. 모든 지옥 권세가 계속 그 위력을 나타내도 가장 연약한 한 성도조차 삼킬 수 없습니다.

우리와 함께 계시는 분은 우주보다 크십니다. 피 흘려 값 주고 사신 하나님의 백성을 결코 포기하지 않으십니다. 세상의 군왕들이 나서며 사람들이 모의해서 기름 부음 받은 자와 하나님을 대적하자고 하지만, 하늘에 계신 이가 웃으실 뿐입니다(시 2:2, 4). 전능하신 하나님의 아들이 그 배의 선장이시기에 어떤 세력도 그 배를 침몰시킬 수 없습니다.

이 사건을 통해서 제자들은 주님의 위대하심을 이전보다 더 실감하게 되었습니다. 성도에게 위기는 하나님의 위대성을 깨닫게 하는 기회일 뿐입니다. 바람과 물결까지 굴복시키시는 그 위대함을 새삼 접하게 되는 기회일 뿐입니다. "그가 누구이기에 바람과 물을 명하매 순종하는가"(눅 8:25하). 이 질문에 스스로 대답하십시오. 당신의 신앙을 고백하고 당신이 드릴 수 있는 영광의 찬송을 하나님 앞에 드리십시오. 시편 89편 기자의 고백입니다. "여호와 만군의 하나님이여 주와 같이 능력 있는 이가 누구리이까 여호와여 주의 성실하심이 주를 둘렀나이다 주께서 바다의 파도를 다스리시며 그 파도가 일어날 때에 잔잔하게 하시나이다"(시 89:8-9).

○

이전에 경험하지 못한 위기 앞에 설 때면 새롭게 주님의 위대하심을 배우는 계기로 삼으십시오. 우리의 인생 항로에 함께 계시는 주님은 온 우주보다 크신 분입니다. 세상의 어떤 군왕도, 어떤 통치자도 바다의 물결을 명령으로 잠재울 수 없습니다. 광풍을 일순간에 멈추게 할 수 없습니다. 이것은 오직 전능하신 하나님만이 하실 수 있는 하나님의 대권입니다. 하나님을 향해 "높이 계신 주님의 능력은 많은 물소리와 바다의 큰 파도보다 위대합니다!"라고 고백할 수 있기를 바랍니다.

26.

네 이름이 무엇이냐(8:26-39)

악령에 사로잡힌 자 vs. 성령에 사로잡힌 자

이제 배는 목적지인 거라사인의 땅에 도착했습니다(눅 8:26). 거라사인의 땅에는 예수님이 누구이신지를 보여 줄 또 하나의 사건이 기다리고 있었습니다. 악령의 세력을 굴복시키는 전능하신 승리자 예수님의 모습이 드러납니다.

본문은 거라사인의 땅이 '갈릴리 맞은편'이라고만 말합니다. 정확히 말하면, 갈릴리 가버나움 맞은편, 호수에 연하여 있는 가파른 언덕 위 무덤들이 즐비한 음산한 지역에 주님이 내리셨습니다. 그러나 예수님은 무덤들이 널려 있는 그곳에 가야 할 이유를 알고 계셨습니다. 절벽을 파서 만든 무덤들 가운데는 비어 있는 무덤도 있었습니다. 텅 빈 동굴 무덤은 귀신 들린 사람의 좋은 거처였습니다. 그곳은 죽은 자의 거처, 더러운 귀신들의 거처로 어울리는 곳입니다. 거기는 바로 귀신에 사로잡힌 이 불행한 사람의 본거지였습니다.

그는 인간 사회에 어울리는 존재가 아닙니다. 산 사람들과 같이 어울려 지내기보다는 죽은 자들과 어울려 지냈습니다. 뿐만 아니라 그는 매우 난폭한 사람이었습니다. 마태는 같은 사건을 두고 "아무도 그 길로 지나갈 수 없을 지경이더라"(마 8:28)라고 설명했습니다. 이것이 악한 영의 지배를 받는 사람들의 특징입니다. 악령의 지배 아래 있는 사람은 가까이 가는 사람을 피곤하게 하고 괴롭힙니다. 그러나 성령의 지배 아래 있는 사람은 온유하고 친절하고 평안하게 하며, 다가오는 사람들에게 도움을 줍니다.

그런데 이 귀신들린 자는 한 걸음 더 나아가 다른 사람을 해칠 뿐 아니라 자신마저도 해치는 상태에 처했습니다. 병행 본문인 마가복음에는 "밤낮 무덤 사이에서나 산에서나 늘 소리 지르며 돌로 자기의 몸을 해치고 있었더라"(막 5:5)라고 기록되어 있습니다. 악령에 사로잡힌 사람들은 자기 자신에게 짐이 될 뿐 아니라 주위에 있는 모든 사람에게 짐이 되고 고통이 됩니다. 악령에 사로잡힌 사람은 행복하지 못합니다. 밤낮 소리치는 이유가 거기에 있습니다. 물론 성령의 사람도 큰 소리를 칠 수 있습니다. 그러나 그것은 찬양과 감격의 소리입니다. 축복과 만족의 노래입니다. 불만과 저주의 소리를 외치는 자는 악령의 지배 아래 있는 사람입니다. 악령의 지배 아래 사는 사람은 난폭하고 위험하고 불행합니다.

한적하고 음산한 지역에 한 척의 배가 다가올 때 이 난폭한 귀신들린 자는 여느 때와 같이 공격하려고 다가갔을지 모릅니다. 그러나 그는 예수님을 보았을 때 그 앞에 엎드려 큰 소리로 외쳤습니다. "지극히 높으신 하나님의 아들 예수여 당신이 나와 무슨 상관이 있나이까 당신께 구하노니 나를 괴롭게 하지 마옵소서"(눅 8:28). 그가 예수님 일행에게 달려들다가 갑

자기 소리치며 엎드린 이유가 예수님의 명령 때문임을 29절이 설명해 주고 있습니다. "이는 예수께서 이미 더러운 귀신을 명하사 그 사람에게서 나오라 하셨음이라." 예수님은 귀신 들린 자를 보자마자 말로써가 아니라 마음속으로 명령을 내리셨고, 귀신은 그 명령을 접수했습니다. 그래서 두려워 떤 것입니다.

지금껏 그가 사람들을 엎드러지게 하고 소리치게 한 것과 얼마나 대조적인 상황을 보여 주고 있습니까. 악령은 예수님이 누구인지 단번에 알아보고는 제발 자신을 괴롭게 하지 말라고, 즉 무저갱으로 들어가게 하지 말아 달라고 간구했습니다. 무저갱이란 문자 그대로 밑이 없는 곳을 가리킵니다. 그래서 성경은 그곳을 사탄을 잡아 감금하는 곳으로 설명하고 있습니다. 더러운 귀신은 주님의 권위를 철저히 인식했습니다. 그분이 최후의 심판자이심을 알았습니다. 그래서 때가 되기 전에 자신을 괴롭게 하지 말아 달라고 한사코 사정했습니다. 귀신들은 예수님이 세상에 오신 이유를 알고 있었습니다. 요한이 서신서에서 밝힌 것처럼 "하나님의 아들이 나타나신 것은 마귀의 일을 멸하려 하심"(요일 3:8)입니다.

예수님이 "네 이름이 무엇이냐"(눅 8:30)라고 물으시자 그는 군대라고 답했습니다. 이는 그가 많은 귀신의 지배 아래 있다는 것과 함께 군대가 가진 속성을 보여 줍니다. 무엇이든 차지하고 점령하고 잔인하게 파괴하는 속성을 가진 귀신이 그를 지배하고 있었습니다. 파괴할 만한 상대가 없으면 자기 몸이라도 돌로 상하게 하는 것이 그를 사로잡고 있는 귀신의 속성입니다.

그러나 지금 이 수많은 군대 귀신은 한 분 하나님의 아들 앞에 무력해 있습니다. 두려워 떨며 애걸하고 간구합니다. 제발 무저갱으로 들어가지 않게 해 달라고 간구하고 있습니다. 그래서 돼지에게 들어가게 해 달라고 부탁했더니 예수님이 허락하셨습니다. 귀신이 사람에게서 나와서 돼지에게로 들어가니 돼지 떼가 바다를 향해 달려들어 몰사했습니다.

자기 이익 외에는 무관심한 사람들

여기서 중요한 포인트는 왜 예수님이 남의 돼지 떼를 몰사시키셨느냐가 아닙니다. 사람들은 그런 문제로 시비를 붙습니다. 누가가 전하고 싶어 하는 강조점은, 예수님의 허락 없이는 그 난폭한 귀신들조차 아무것도 자기 뜻대로 움직이지 못하더라는 것입니다. 귀신들이 그리스도의 주권 앞에 즉각 복종했다는 것을 누가는 여기서 보여 주고 싶어 했습니다. 귀신들은 많고 강하고 악랄했지만, 그는 주님이 더욱 강하신 분임을 알려 주고 있습니다.

귀신은 악랄하고 잔인합니다. 그 손아귀에 놀아나는 자를 비열하게 만듭니다. 사람이면 옷을 걸치고 살아야 하는데 옷을 벗고 살도록 비열하게 만듭니다. 도대체 사람이면 생각도 못할 짓을 서슴지 않고 하게 합니다. 귀신에 사로잡힌 사람은 그런 말을 쉽게 내뱉을 뿐만 아니라 그런 행동을 아무렇지도 않게 합니다. 스스로를 괴롭힐 뿐만 아니라 남을 괴롭히면서 다가오는 사람들 모두를 피곤하게 하고 탈진시킵니다.

그러나 그리스도 예수 앞에서는 어떤 귀신도 무력합니다. 그들은 밤낮으로 악한 계략을 꾸며 내지만 그 궁극적인 승리는 하나님께 있습니다. 그래서 스스로 악랄한 계획을 짜 놓고도 늘 불안해하는 것이 마귀의 속성입니다. 자기 계획이 이루어지지 못하고 하나님이 승리하실 것을 알기 때문입니다. 두려워하는 자에게는 사자처럼 으르렁대지만, 우리를 대신해

싸우시는 위대한 주님을 아는 자에게는 무력한 존재가 귀신들입니다.

거라사인의 사회는 이 귀신 들린 사람에 대해 그 누구도 관심을 표하지 않았습니다. 본래 도시에 살던 사람이었지만 그는 더 이상 도시 사람들과는 관련이 없었습니다. 도시에 살고 있어도 전혀 도움을 받지 못하는 상황이었습니다. 아무런 가망성이 없었습니다. 모든 방법이 통하지 않던 사람이었습니다. 그러나 예수님이 그를 변화시키고 계셨습니다. 세상에 오신 하나님의 아들은 사람을 새롭게 하십니다. 어떤 절망적인 상황에서도 희망을 선포하십니다. "사람들이 그 이루어진 일을 보러 나와서 예수께 이르러 귀신 나간 사람이 옷을 입고 정신이 온전하여 예수의 발치에 앉아 있는 것을 보고 두려워하거늘"(눅 8:35).

주위에 포기하고 싶은 사람이 있습니까? "아무래도 그 사람은 안 돼"라고 말하고 싶은 사람이 있습니까? 예수님은 변화시키실 수 있습니다. 몰려든 사람들은 예수님을 보았고, 그 발 아래 앉아 있는 귀신 나간 사람을 보았습니다. 이제 악령이 그를 떠났습니다. 이제 그는 예수님의 발 앞에 고요히 앉아 있습니다.

거라사 사람들은 이 모든 일을 자세히 살펴보았습니다. 그들의 삶을 괴롭히고 공포를 끼치던 사람이 변해 새사람이 되어 있었습니다. 이 놀라운 구원으로 인해 그들은 예수님을 믿었을 법한데 그러지 않았습니다. 온 마을 사람들이 모여서는 "선생님, 제발 좀 떠나가 주십시오"라고 했습니다. 이것이 예수님의 기적을 본 사람들의 반응이었습니다. 2천 마리에 달하는 돼지의 손실이 그들에게는 중요한 문제였습니다.

거라사인의 땅에는 두 부류의 사람이 살고 있었습니다. 한 부류의 사람은 귀신에 사로잡혀 있었습니다. 그리고 또 한 부류의 사람은 재물에 사로잡혀 있었습니다. 그들에게는 이 폐인 된 사람이 중요하지 않았습니다.

그들은 귀신 들린 사람이 구원받은 사실에 감격해하지 않았습니다. 오직 그들에게는 지금 자기들이 입은 손실이 중요할 뿐입니다. 다른 이의 영혼 구원만큼이나 자신의 영혼에 관심이 없는 사람들이었습니다. 귀신 들렸던 사람처럼 자기도 주님으로 인해 새사람이 될 수 있다는 사실에 대해서 그들은 무관심했습니다. 그렇기에 주님께 떠나가시기를 구했습니다.

주님은 사역을 하면서 때로는 거절당하기도 하셨고 때로는 환영받기도 하셨습니다. 때로는 사람들이 주님에게서 떠나가기도 했습니다. 그러나 여기에서는 예수님께 제발 떠나 주시기를 바라는 사람들을 만나 볼 수 있습니다. 그들은 예수님을 자기들의 삶을 불안하게 하는 존재로서만 받아들였습니다.

구원받은 사람이 할 일, 전도

이 사건의 마지막 구절을 봅시다(눅 8:37-39). 예수님은 귀신 들렸던 자를 보내면서 "하나님이 네게 어떻게 큰일을 행하셨는지를 말하라"라고 하셨습니다. 그리고 그는 온 성내에 예수께서 자기에게 어떻게 큰일을 행하셨는지를 전파했습니다. 예수님이 하신 사역은 하나님의 사역이었기 때문입니다.

예수님이 다시 배를 타고 갈릴리 가버나움으로 돌아가려고 하실 때 많은 사람은 예수님께 떠나라고 했지만 한 사람만은 같이 가기를 원했습니다. 하지만 주님은 거절하셨습니다. 귀신들의 요청까지도 허락하신 분이 열렬한 당신의 추종자의 요청을 거절하셨다는 것은 쉽게 이해가 안 됩니다. 성도들의 기도가 언제나 응답되는 것은 아닙니다. 때로는 "아니다"라고 주님이 말씀하실 수 있습니다. 우리의 요청을 언제나 승인하시면 그분은 주님이 아니요, 알라딘의 요술 램프에서 나온 거인 요정입니다. 우리의 시중을 들어 주는 종에 불과합니다. 하나님은 우리의 요청에 대해 "안돼"라고 말씀하실 수 있는 분입니다. 그러나 그것은 주님이 우리를 거절하시는 것이 아닙니다. 요청은 거절하시지만 우리를 향한 호의를 거두시는 것은 아닙니다. 사안은 거부되었지만 사람은 거부되지 않았습니다.

주님을 따르고자 하는 귀신 들렸던 자의 뜻은 귀합니다. 그렇지만 그를 보내고자 하시는 주님의 뜻은 더 귀합니다. 거라사 사람들은 예수님을 쫓아냈지만, 예수님은 당신을 거역하는 사람들에게 한 전도자를 주기 원하셨습니다. 하나님의 큰일에 대해서 증거할 사람을 남겨 두기 원하신 것입니다. 그래서 같이 가고 싶지만 돌아가라고 하셨습니다.

거라사인의 땅은 더 이상 오실 메시아를 대망하는 소망의 불길이 타오르는 지역이 아니었습니다. 그렇기에 그가 남아서 복음을 전할 필요가 있었습니다. 마가복음에는 "집으로 돌아가 주께서 네게 어떻게 큰일을 행하사 너를 불쌍히 여기신 것을 네 가족에게 알리라"(막 5:19)라고 기록되어 있습니다. 그러나 가족들에게만 전하고 입을 다물 수 있었겠습니까? 친구들에게 전했을 것입니다. 옆집 사람들에게도 전했을 것입니다. 주님은 성내에 가서 전하라고 하셨지만, 그는 온 도시는 물론 시골로도 다니면서 복음을 전했을 것입니다. 누가는 여기서 의도적으로 구원받은 사람이 할 일이 무엇인지를 부각시키고 있습니다.

예수 그리스도가 당신의 생애에 무엇인가 큰일을 행하셨습니까? 그러면 가서 그 일을 전하십시오. 이것이 구원받은 신자의 의무입니다. 친척과 친구들에게 하나님이 어떻게 우리 삶에 역사하셨는지를 전하는 것이 전도입니다. 그리스도 예수의 마음이 있습니까? 복음으로 인한 모든 수

모와 멸시를 당신의 몸에 채우십시오. 그리스도의 남은 고난을 당신의 몸에 채우면서 믿지 않는 영혼을 위해 모욕을 당하더라도 나아가십시오. 하나님이 전도자를 파송하시는 목적이 무엇입니까? 그 눈을 뜨게 해 어두움에서 빛으로 들어가게 하시기 위함입니다. 사탄의 권세에서 하나님께로 돌아가게 하시기 위함입니다.

○

본문은 귀신이 쫓겨나는 일과 복음을 전파하는 일을 아주 밀접하게 관련시켜 이야기합니다. 복음이 증거되기 위해서는 하나님의 능력이 능력으로 나타나야 합니다. 사탄의 권세가 먼저 격파되어야 주님의 권능의 나라가 임할 수 있습니다. 그래서 우리는 간구해야만 합니다. 능력을 덧입어야만 합니다. 능력으로 전도해야만 합니다. 사탄과 대결해야만 합니다. 사탄이 우리를 쫓아낼 것인지, 우리가 사탄을 쫓아낼 것인지 결판을 봐야만 하는 것입니다. 쉽게 예수 믿으려고 해서는 안 됩니다. 우리는 하나님의 군병으로 훈련되기 위해 교회에 모여든 것입니다. 하나님 나라의 확장을 위해, 싸우기 위해 교회에 모이는 것입니다.

예수님이 악령을 이기신 분임을 믿어야 합니다. 모든 악령을 정복하신 구주께서 우리 가운데 역사하시기를 간절히 사모해야 합니다. 우리 안에서 주님의 거룩하심이 나타나기 시작할 때 마귀적인 역사가 종결된다는 것을 바라보아야만 합니다. 귀신 들렸던 사람이 예수님의 발치에 앉아 있었듯이, 우리가 주님의 발치에 앉는 훈련이 될 때 하나님의 역사가 일어납니다. 귀신이 쫓겨 나가고 사람이 어떻게 제정신으로 돌아오는지를 알게 될 것입니다. 사람들을 괴롭히던 사람도 도움을 주고 사랑스러운 사람으로 바뀌는 놀라운 주님의 역사를 보게 될 것입니다.

27.

내게 손을 댄 자가 누구냐(8:40-56)

본문은 연속적인 기적을 통해 당신을 보여 주신 누가복음 8장의 세 번째 사건입니다. 두 가지 이적이 겹쳐서 이 부분의 절정을 이루고 있습니다. 본문의 두 기적의 배경을 살펴보면 구주께서 세상에 오셔야 했던 필연적인 이유가 드러날 것입니다. 이 세상에는 열두 살 난 어린 딸로 인해 근심 걱정에 사로잡힌 아버지가 있습니다. 세상은 열두 해 동안 불치병에 시달리는 여인이 있는 곳입니다. 질병과 죽음은 우리의 삶을 장악해 왔습니다. 죄로 인한 질병과 죽음, 그 고통과 비참이 있는 곳에 예수님이 오셨습니다. 질병과 죽음을 정복하심으로 구주의 모습이 찬연히 드러나고 있습니다. 이 장에서는 이중의 기적 가운데서 한 사건만 집중적으로 살펴봅시다.

예수님을 만난 혈루증 앓는 여인

예수님이 갈릴리 가버나움으로 돌아오셨을 때 절실한 도움을
바라는 무리가 환영했습니다. 그 가운데는 열두 살 먹은 외동딸의 죽음을
눈앞에 둔 아버지의 애타는 호소가 기다리고 있었습니다. 자기 집에 오시
기를 엎드려 애걸하는 회당장 야이로의 호소에 따라 주님이 발걸음을 옮
기실 때 일어난 또 하나의 사건이 본문의 내용입니다. "지켜보는 가마솥
은 더 늦게 끓는다"고, 시간이 촉박하면 길이 막혀 애를 먹는 수가 있습니
다. 아버지의 입장에서는 한시가 급한데 길에는 엄청 많은 사람이 붐비고
있었습니다. 그러다 드디어 예상치 않은 사건이 생겼습니다. 우리에게 예
상치 않은 일이란 때로 성가신 일일 수 있습니다. 그러나 때때로 예상하지
않은 일들이 일어날 때 우리 주님께는 영광스러운 기회가 되기도 합니다.

둘러싼 많은 사람 가운데 한 여인이 등장했습니다. 누가는 이 여인을
'혈루증을 앓는 여인'으로 소개했습니다. 혈루증은 '피가 흐르는 병'으로,
모세의 율법인 레위기에 따르면 불결한 병입니다. 무리 속에 섞어 살 수
없는 병입니다. 그 질병은 열두 해 동안이나 지속되었습니다. 할 수 있는
노력을 다해 보았으나 소용없었습니다. 누가의 "아무에게도 고침을 받지
못하던 여자"(눅 8:43)라는 구절을 마가는 이렇게 표현했습니다. "많은 의사
에게 많은 괴로움을 받았고 가진 것도 다 허비하였으되 아무 효험이 없고
도리어 더 중하여졌던 차에"(막 5:26). 그녀는 많은 의사로부터 많은 효험을
얻는 대신에 많은 고통만 받았던 가련한 여인입니다. 효험이 없이 도리어
더 중해졌다고 치료비를 돌려주는 의사는 없으니 가진 것을 다 허비했다
는 기록은 정확한 사실입니다.

건강도 잃고 재산도 잃고 얻은 것은 심해진 증상밖에 없었습니다. 종교

227

적 사회인 이스라엘에서 사람답게 처신할 기회마저 박탈당한 그녀는 마지막 기대를 걸고 예수님께 나아왔습니다. 마가의 기록을 보면 "예수의 소문을 듣고 무리 가운데 끼어 뒤로 와서 그의 옷에 손을 대니"(막 5:27)라고 경위를 밝힙니다. 일찍이 예수님의 소문을 들었을 법한데 고생할 것 다 해 봐야 참으로 들어야 할 소리가 들리니 참 안타까운 일입니다. 예수님은 지역 사회에서 알아주는 회당장 야이로뿐 아니라 이름 없는 미천한 여인에게도 소망의 대상이십니다. 예수님은 우리의 능력이 다한 곳에, 우리의 수단이 다한 곳에 비로소 소망이 되십니다. 예수님은 모든 계층의 사람들에게 소망을 주기 위해서 오신 분입니다. 그러나 자기 처지를 인식한 사람들만이 예수님을 소망의 구주로 만날 수 있습니다.

세상에 오신 하나님의 아들의 소문을 들은 여인의 발걸음은 예수께로 옮겨졌습니다. 그녀는 사람들 중에 섞여 예수의 뒤로 와서 그 옷자락에 가만히 손을 댔습니다. 믿음은 들은 소문에 대해 반응을 보이는 것입니다. "예수의 뒤로 와서 그의 옷가에 손을 대니"(눅 8:44상). 유대인의 옷 네 귀퉁이에 붙은 푸른 끈에 손을 대는 것은 뒤로 넘긴 머플러 자락을 만지는 것과 같습니다. "이에 그의 혈루 근원이 곧 마르매 병이 나은 줄을 몸에 깨달으니라"(막 5:29). 마가의 기록입니다. 그녀에게는 병이 나았다는 자각 증상이 있었습니다.

바로 그 순간 예수님이 말씀하셨습니다. "내게 손을 댄 자가 누구냐"(눅 8:45). 베드로가 무리 때문이라고 말하자 다시 예수님은 "내게 손을 댄 자가 있도다 이는 내게서 능력이 나간 줄 앎이로다"(눅 8:46)라고 말씀하셨습니다. 주님은 밀려들어 미는 사람들 가운데 어쩌다가 손이 닿은 사람을 찾고 계신 것이 아니라 의도적으로, 믿음으로 손을 갖다 댄 사람을 찾으셨습니다. 전능자의 능력을 바라고 손을 내민 사람을 찾으신 것입니다.

주님은 오늘 우리에게도 질문하십니다. "내게 손을 댄 자가 누구냐?" 예배는 신앙의 손을 주님께 갖다 대는 것입니다. 신앙의 눈으로 주님을 앙모하고, 신앙의 손을 그분의 옷자락에 대는 것이 예배입니다. 예배 시간에는 그런 사건이 일어나야 합니다. 주님의 관심은 주님께 손을 댄 자에게 있습니다. 그때 여자가 스스로 숨기지 못할 줄 알고 떨며 나아와 엎드려 자신이 손 댄 이유와 곧 나은 것을 모든 사람 앞에서 말했습니다. 그리고 예수님은 "딸아 네 믿음이 너를 구원하였으니 평안히 가라"(눅 8:48)고 말씀하셨습니다.

주님이 "내게 손을 댄 자가 누구냐"고 물으시면

주님은 당신에게 손을 댄 자가 누구인지 몰라서 물으신 것이 아니라, 여인의 행위가 신앙의 행위임을 밝히기 위해서 물으셨습니다. 주님은 그 여인을 깊이 생각하셨고, 둘러싸 밀어붙이는 많은 사람을 위해서 그 여인을 찾고 계셨습니다. 예수님은 고통받는 여인을 못 본 척하실 수 없었습니다. 하나님의 피조물로서 여인을 주목하고 존중하셨습니다. 그때 여인은 스스로 숨기지 못할 줄 알고 떨며 나아와 엎드렸습니다. 그리고 왜 손을 댔는지 설명하고 어떻게 나았는지 고백했습니다. 주님은 이 질문을 통해서 그 여인으로 하여금 공적 신앙 고백을 하게 만드신 것입니다.

신앙은 마음으로 믿을 때 이미 성립하는 것입니다. 신앙의 혜택은 우리가 마음으로 믿을 때 참여할 수 있습니다. 주님과 우리의 관계는 마음속에서부터 이루어질 수 있습니다. 마음으로 믿으면 인정받을 수 있습니다. 그러나 신앙 고백은 우리의 신앙을 강화시키고, 다른 사람에게 유익을 줄 수 있습니다. 참된 간증은 개인의 영혼에 유익할 뿐 아니라 듣는 사람에게도 유익을 끼칩니다. 나아가서 하나님을 영화롭게 합니다.

"내게 손을 댄 자가 누구냐"고 주님이 물으신다면 무엇이라고 대답하겠습니까? "그동안 고민하던 문제가 해결되었습니다. 기도했던 일들을 이루어 주셔서 감사합니다. 드디어 응답되었습니다." 이것이 주님의 질문에 대한 우리의 대답이 되기를 간절히 바랍니다. 더 이상 문제를 안고 뒹굴 필요가 없습니다. 우리와 함께 걷고 계시는 주님을 바라보고 앙모하십시오. 주님의 도움은 즉각적입니다. 지난날 주님의 도우심을 받아 본 적이 있습니까? 공적으로 고백하는 기회를 가지십시오. 지난 세월 우리의 삶 속에 깊이 다가오신 주님을 고백하면 자신과 남을 위해 유익한 기회가 될 것입니다. 우리가 공적으로 신앙 고백을 할 때 주님이 우리의 영혼을 위해 더 분명한 말씀을 하실 것입니다. "딸아 네 믿음이 너를 구원하였으니 평안히 가라!" 주님은 자애로운 아버지처럼 우리 마음에 평강을 주시는 분입니다. 이 평안은 하나님의 평안입니다. 주님은 우리의 가냘픈 신앙을 칭찬하고 격려해 주십니다.

그녀는 신체적인 치유를 넘어 영적인 건강까지 회복되었습니다. "평안히 가라"는 말씀은 아마 유대인들이 사용하는 '샬롬'이라는 인사말이었을 것입니다. 샬롬이 의미하는 모든 축복을 여기서 주님은 선언하셨습니다. 마음으로 믿으면 구원을 얻지만, 입으로 고백하면 구원받은 백성과 교제가 시작됩니다. 고백하기 전에 이미 그녀의 병은 치유되었습니다. 혈류의 근원이 곧 말랐다고 성경은 기록하고 있습니다. 사죄는 마음속에서부터 시작되지만 고백을 통해 성도들과 더불어 교제의 삶이 시작됩니다. 이 선언으로 말미암아 이제 그녀는 공동체 속에서 살 수 있는 사람이 되었습니다.

미래를 두려워하지 마십시오. 어떻게 고백한 것처럼 살아갈 것인지 고민하지 마십시오. 혼자 마음속으로 믿을 때는 오히려 흔들릴 수 있습니다. 그러나 함께 고백하고 서로 도울 때는 힘을 얻습니다. 주님을 공적으로 고백함으로써 주님께 한 걸음 더 나아갈 수 있습니다. 공적인 고백은 다음 단계인 우리의 신앙을 보장해 주시기 위한 주님의 지혜와 사랑 가운데서 나온 배려입니다.

이제 더 이상 숨길 것이 없습니다. 용서받은 죄를 비난할 자는 더 이상 없습니다. 하나님이 우리 죄를 용서해 주시면 어떤 사람의 비난도 더 이상 두려울 필요가 없습니다. 하나님이 우리 죄를 용서해 주셨습니다. 우리는 죄를 용서해 주신 하나님께 감사하고 찬양하면 됩니다.

전능자의 능력을 믿는 그 믿음을 보고 주님은 곧바로 그 여인의 요청을 허락하셨습니다. 주님과 그녀 사이에는 이미 일들이 끝난 것입니다. 그럼에도 주님은 많은 사람 사이에서 그녀가 회복되기를 바라셨습니다. 그녀가 주님을 만졌다는 사실 때문이 아니라, 가냘프지만 그 믿음이 자신을 구원했다는 것을 인식하기를 주님은 바라고 계셨습니다.

○

"내게 손을 댄 자가 누구냐"고 주님이 물어 오실 때 이제 어떻게 하겠습니까? 그 손을 댄 연고와 나은 것을 모든 사람에게 고백함으로 하나님께 영광을 돌리십시오. 여인의 고백을 통해서 주님이 누구이신지가 드러났습니다. 치료받았을 때 주님이 누구이신지를 그녀 혼자는 알았을 것입니다. 그러나 그녀가 고백했을 때 밀어닥치는 사람 모두가 알게 되었습니다. 둘러싸인 많은 사람 가운데서 질병을 치유하신 주님의 모습이 찬란히 드러나고 있습니다. 고백 없이도 병은 나았지만, 고백이 또 하나의 기회가 된 것입니다.

28.

두려워하지 말고 믿기만 하라

(8:42하-56)

///

누가는 8장 후반부에서 예수님을 전능하신 분으로 소개합니다. 전능자이신 주님의 모습은 회당장 야이로의 딸을 살리심으로 결정적으로 드러납니다. 그리하여 "너희는 나를 누구라 하느냐"는 주님의 질문에 대해 "하나님의 그리스도시니이다"(눅 9:20)라는 고백을 하도록 준비시키십니다.

우선 사건의 배경인 40절은 "예수께서 돌아오시매 무리가 환영하니 이는 다 기다렸음이러라"라고 말합니다. 갈릴리 가버나움 사람들은 제발 떠나 달라고 부탁한 거라사 사람들과 달리 호수 저편을 바라보면서 주님이 돌아오시기만 기다리다가 마침내 도착하자 환영했습니다. 하지만 열두 살 난 외동딸이 죽어 가는 야이로만큼 절박한 심정은 아니었을 것입니다.

"이에 회당장인 야이로라 하는 사람이 와서"(눅 8:41). 누가는 제삼자의 관점에서 그를 소개해 주고 있습니다. 회당장이라는 유대 사회에서 야이로의 위치를 보여 주고 있습니다. 보통 때 같으면 위엄을 내세워서 살 만한 사람인데, 지금은 외동딸이 죽어 가는 처지에 있습니다. 예수님의 발앞에 나와 엎드려 간구하는 모습을 보십시오. 유대주의의 대표자 중 한사람인 그가 한 젊은 선생을 붙들고 늘어지는 이유는 상황의 급박함 때문입니다. 사람은 절박한 상황에 부딪혀야 비로소 하나님의 아들 앞에 무릎을 꿇습니다. 그는 우리의 자화상입니다. 복음서는 주님을 간구하는 자앞에 흔쾌히 응답하시는 분으로 우리에게 소개해 줍니다. 긴급한 요청 앞에 주님은 흔쾌히 길을 나서셨습니다.

그러나 일이 항상 순조롭게만 풀리지는 않습니다. 엄청난 군중 때문에 자연히 움직이는 속도가 떨어질 수밖에 없었습니다. 뿐만 아니라 주님은 열두 해 동안 혈루증 앓던 여인을 고치고 그 신앙을 격려하신 다음에야 비로소 가던 길을 떠나셨습니다.

그런데 "아직 말씀하실 때에"(눅 8:49상) 한 사람이 군중을 비집고 나타나 야이로에게 "당신의 딸이 죽었나이다 선생님을 더 괴롭게 하지 마소서"(눅 8:49하)라고 말했습니다. 혈루증 앓던 여인의 일로 인한 지연은 딸을 살려 보겠다는 야이로의 발버둥을 헛되게 만든 치명적인 결과를 가져왔습니다. 아마 야이로는 온몸에서 힘이 쫙 빠져나갔을 것입니다. 주님 앞에 엎드릴 때만 해도 소망을 붙잡고 있었습니다. 안타깝게도 지연되었지만 마지막까지 포기하지 않았습니다. 하지만 "당신의 딸이 죽었습니다"라는 말을 듣자 '이젠 끝났구나'라고 생각했을 것입니다. 모든 것이 끝났음을 선고하는 순간입니다.

병이 심히 악화된 상태와 숨이 떠난 상태는 하늘과 땅만큼의 차이입니다. 마지막 숨을 몰아쉬고 나면 모든 상황은 끝나 버리는 것이 우리가 아는 현상 파악입니다. 야이로는 열두 해 동안 혈루증을 앓던 여인의 고백을 자기 귀로 들었습니다. 그러나 집에서 온 사람의 보고로 인해 이제 모든 것을 체념해야만 했습니다.

상황이 급박할 때 그리스도인이 해야 할 일

야이로의 집에서 온 보고를 곁에 서신 주님도 들으셨습니다. 그래서 그 소식을 듣는 순간에 절망하는 아버지의 마음이 어떠할 것인지를 주님은 아셨습니다. 한마디의 말이 야이로의 입에서 나오기 전에 주님이 먼저 입을 여셨습니다. "두려워하지 말고 믿기만 하라 그리하면 딸이 구원을 얻으리라"(눅 8:50).

주님은 그 소식에 표정 하나 바꾸지 않으셨습니다. 괜히 따라나서서 바쁜 시간을 허비했다고 생각하지 않으셨습니다. 고요한 위엄으로써 절망적인 소식을 무시하셨고, 절망적인 보고 앞에 굴복하기를 거부하셨습니다. 동시에 야이로에게 동일한 믿음으로 대처할 것을 요구하셨습니다. 절망적 소식을 듣는 순간 야이로의 가냘픈 꿈이 꺾이지 않도록 명하셨습니다.

절망할 수밖에 없을 때 절망하기를 거부하는 것이 믿음의 행위입니다. 모든 것이 끝났다는 생각이 들 때 주님의 말씀에 귀를 기울이는 것이 믿음입니다. 야이로는 오는 길에 예수님의 능력을 목격했습니다. 그러나 그는 더 큰 믿음을 갖도록 주님으로부터 요청을 받았습니다. "두려워하지 말고 믿기만 하라"는 말씀의 헬라어가 가진 뉘앙스는 "지금부터 믿어라"라는 의미입니다.

지금부터 믿음이 필요한 순간이 아닙니까? 믿음이 필요한 곳은 상황이 끝났다는 판정이 난 곳입니다. 아직 한 가닥 인간적인 기대가 남아 있을 때는 주님을 믿는다고 하다가 결정적인 순간에는 '이젠 틀렸구나' 하고 포기해 버립니다. 이것은 '믿는다'고는 쉽게 고백하지만 아직도 절망적이지 않을 때입니다. 진짜 절망적인 상황에 부딪히면 믿음이고 뭐고 다 포기해 버립니다. 하지만 상황이 끝났다는 인식 없이는 절대자를 결코 신뢰할 수 없습니다. 상황이 끝났다는 인식이 있어야 우리는 전능하신 하나님을 바라보게 됩니다. 믿음의 본질은 항상 그러했습니다. 끝난 것을 끝났다고 인정하기를 거부하는 것, 그것이 신앙입니다.

때로는 믿음으로 적진을 향해 달려 나갈 때도 있습니다. 믿음으로 높은 담을 뛰어넘을 때도 있습니다. 활을 당기고 칼을 휘두를 때도 있습니다. 그러나 때로는 달리 어떻게 할 수 없는 상황도 있습니다. 지나온 이야기를 뒤편에서부터 읽으면 어렵지 않으나 지금 상황을 앞두고 생각하면 낙담의 위기에 부딪히기도 하는 것입니다. 그럴 때 바로 절망을 거부하는 것이 신앙입니다. 절망이 마음속에 엄습해 올 때 두려워하지 않는 것은 쉬운 일이 아닙니다. 두려워하지 말라고 하신 이유는 우리가 두려워하기 때문입니다. 소식을 듣는 순간, 우리는 낙담하고 맙니다. 그런 순간에 주님은 절망하지 말라고 명령하십니다. 두려워하지 말고 믿기만 하라고 하십니다. 주님의 임재하심을 믿으십시오. 주님의 약속하심을 믿으십시오. 주님의 긍휼하심을 믿으십시오. 주님의 크신 능력을 믿으십시오.

야이로는 지금 주님의 명령에 순종해서 주님의 약속을 붙들어야만 했습니다. 주님의 약속을 믿고 주님의 긍휼하심을 바라봐야만 했습니다. 주님의 크신 능력을 앙모해야만 했습니다. 주님은 "그리하면 딸이 구원을 얻으리라"고 말씀하셨습니다.

우리는 너무 상황 판단이 빠를 때가 있습니다. 나름의 판단을 신뢰하기 때문에 주님이 다가오시는 것을 인식하지 못할 때가 있습니다. "딸이 죽었나이다"라는 보고 앞에 완전히 절망한 나머지 은혜로운 약속으로 찾아오시는 주님을 위한 여유가 없을 때가 있습니다. 재빨리 명석한 두뇌로 상황에 대한 진단을 해 버리고 마는 것입니다. 주님의 무궁한 긍휼하심과 전능한 능력을 체험하는 기회를 스스로 포기하고 마는 것입니다. 하나님이 전능하신 것은 맞지만 설마 나를 도우시겠느냐는 생각으로 낙담합니다. 상황이 급박하다는 것은 주님이 가까이 오셨다는 뜻이 아닐까요? 그만큼 가까이 와 계시는 그 주님의 인자하심을 믿음의 눈으로 바라보십시오. 자신의 판단만 앞세우지 마십시오. 믿음이 필요할 때 믿음을 포기하지 마십시오. "지금부터 믿기만 하라"는 주님의 명령에 순복하십시오. "그리하면 딸이 구원을 얻으리라"는 약속을 붙드십시오.

하나님의 관점으로 해석하라

주님은 세 제자만 데리고 아이의 부모와 함께 방 안으로 들어가셨습니다. 벌써 온 집 안은 울음과 통곡으로 가득했습니다. 이스라엘의 풍습에 따라서 직업적인 울음꾼까지 동원되었습니다. 그러나 주님은 그들을 향해 "울지 말라 죽은 것이 아니라 잔다"(눅 8:52)라고 말씀하셨습니다. 사람들은 그 말에 감동하기는커녕 소녀가 죽은 것을 알고는 비웃었습니다. 울 때가 아니라 오히려 기뻐할 때라고 주님이 선언하시는데 우리는 우리의 판단이 더 결정적이라고 생각합니다. 분명 죽었는데 "죽은 것이 아니라 잔다"니 무슨 말씀입니까? 그들이 아는 것과 정반대의 진단을 하시는 주님의 말씀이 받아들여질 리 없었습니다.

사람들은 자신들의 판단이 옳다고 생각했습니다. 이루어진 일, 즉 죽은 아이의 호흡을 두고 말하면 그들의 판단이 옳았습니다. 그러나 주님은 앞으로 이루어질 일을 두고 말씀하고 계십니다. 다시금 숨을 쉬게 될 아이를 두고 하시는 말씀입니다. 그렇기에 지금 상태는 자는 것에 불과한 것입니다.

과거를 판단 기점으로 두면 죽은 것이 틀림없습니다. 그러나 미래를 판단 기점으로 두면 자는 것이 틀림없는 것입니다. 무엇을 판단 기준으로 삼느냐에 따라서 진단이 달라집니다. 주님은 전능한 당신을 두고 말씀하고 계십니다. 전능한 능력의 주님이 가시는 곳은 절망적인 상황으로 끝나지 않습니다. 죽음이 기승을 부릴 수 없는 생명의 주님이 그 발걸음을 아이를 향해서 내딛고 계십니다.

어떤 관점으로 삶을 바라보고 있습니까? "다 틀렸어!" 이런 과거 지향적인 패배주의가 지배하고 있습니까? 이제는 모든 것을 새롭게 하노라고 선언할 전능자의 보좌에 앉으신 분의 말씀을 근거해서 자신의 날들을 바라보십시오!

되어진 일만을 보고 판단하면 항상 기뻐할 수 없습니다. 그러나 영광의 주님으로 말미암아 다시 새롭게 될 것을 바라보는 자는 어떤 상황 속에서도 절망하지 않습니다. 항상 기뻐합니다. 그렇기에 쉬지 않고 기도합니다. 범사에 감사할 수밖에 없습니다. 가장 절망적인 상황이야말로 놀라우신 주님을 만날 기회가 될 것입니다. 우리는 결코 패배자로 끝나지 않습니다. 우리는 천천만만 천사들과 함께 영광의 승리자로서 한날 서게 될 것입니다. 지금 어떤 일이 닥쳤다 하더라도, 그것은 아무런 차이도 만들어 낼 수 없을 것입니다. 우리의 미래에 아무런 흠집도 만들지 못할 것입니다. 영광의 주님과 함께 설 자신을 바라보면서 오늘의 상황을 진단해 보십시오.

주님이 오심으로 말미암아 세상은 바뀌었습니다. 지금도 세상은 바뀌고 있으며, 세상은 완전히 변화될 것입니다. 죽음이 마지막 소리를 치던 시대는 예수 그리스도가 세상에 오심으로 끝장이 난 것입니다. 주님이 오시기 전에는 숨이 떨어지면 모든 것이 끝났습니다. 하지만 주님이 오신 다음부터는 항상 소망이 있습니다. 죽음이 마지막 소리치던 시대는 끝났습니다. 하나님의 관점으로 죽음이 재해석됩니다. 하나님의 관점에서는 실패가 재해석될 수 있습니다.

달리다굼! 아이야 일어나라!

사람들의 비웃음을 뒤로하고 방 안에 들어가신 주님은 아이의 싸늘한 손을 잡고 "아이야 일어나라"(달리다굼)라고 말씀하셨습니다. 전능자의 말씀이 발해지는 순간, 아이가 일어나 앉았습니다. 떠났던 영이 돌아와서 아이가 곧 일어났다고 의사 누가는 설명해 주고 있습니다. 의사 누가의 사망 진단이 아니라 의사의 소생 진단입니다.

소녀는 생기가 돌아와서 심장이 박동했습니다. 눈을 떠서 사방을 돌아보았습니다. 일어나 앉고, 걸어서 다녔습니다. 주님이 울지 말라고 하신 이유가 여기에 있습니다. 사람들은 죽음을 정복한 축제를 앞두고 슬피 울며 통곡했던 것입니다. 바로잡아질 내일을 바라보고 항상 기뻐하는 것이 그리스도인의 삶입니다. 그러므로 그리스도인의 삶은 언제나 축제일 수밖에 없습니다.

그리스도인은 세상이 당하는 재난을 잘 피해 가기 때문에 삶이 항상 기쁜 것이 아닙니다. 세상이 당하는 모든 일을 겪지만 앞으로 다가올 영광을 두고 기뻐하는 것이 그리스도인인 우리의 사명입니다. 절망적인 인생의 상황 때문이 아니라, 언제나 희망이신 그리스도의 임재가 우리를 기쁘게 하는 것입니다.

아이가 다시 살아나자 부모가 얼마나 기뻤겠습니까. 예수 그리스도는 우는 자의 위로이고 절망자의 소망이십니다. "그 부모가 놀라는지라 예수께서 경고하사 이 일을 아무에게도 말하지 말라 하시니라"(눅 8:56). 부모가 놀란 것은 당연하지만 주님은 아무에게도 말하지 말라고 경계하셨습니다. 살아난 딸의 이야기가 비밀에 붙여질 수는 없습니다. 그러나 그 사건에서 주님이 어떤 역할을 하셨는지는 소문내지 말라고 주님은 말씀하셨습니다. 십자가 부활 사건이 있기 전에는 그분이 누구이신지 공포될 때가 아직 아니기 때문입니다. 정해진 때가 오기 전에는 아직 하실 일이 남아 있었습니다. 주님은 당신이 정한 시간에 따라 일들을 완성시켜 나가셔야만 했습니다. 주님의 부활로 인해서 그분이 누구이신지 환히 드러날 때가 올 것입니다.

부모가 감격해 있는 순간에 주님이 뭐라고 명하셨는지 들어 봅시다. "먹을 것을 주라"(눅 8:55). 아마 이 아이는 상당 기간 아팠을지도 모릅니다. 오랫동안 먹지 못했을 것 같습니다. 다시 살아났을 때 필요한 것이 기운을 지탱해 줄 음식이라는 것을 주님은 알고 계셨습니다. 주님은 전능자이면서 세심하신 분입니다. 주님은 위대한 분이면서 우리의 비천함을 우리같이 이해하시는 분입니다. 전능한 기적 앞에서 우쭐대지 않고 소녀의 필요가 무엇인지를 말씀하시는 자상하신 분입니다. 사람을 사랑하시되 얼마나 자상히 사랑하는지를 보여 주시는 분입니다.

○

주님과 함께 걷는 인생길에는 지체라는 것이 있을 수 없습니다. 주님과 동행하는 삶은 울음과 통곡으로 끝나지 않습니다. 경외와 찬양, 환희로 종결지어질 것입니다. 스스로의 삶을 살펴보십시오. 지나간 날들을 두고 판단할 때 우리는 실패자일지 모르겠습니다. 이제 가까이 다가올 주님으로부터 당신의 삶을 재평가해 보십시오. 주님과 동행하는 삶은 절망으로 끝나는 삶이 아닙니다. 주님과 함께하는 자에게는 소망이 있습니다. 주님과 함께하는 곳에는 기쁨과 환희가 기다리고 있습니다.

29.

열두 제자의 파송 (9:1-6)

///

누가복음 8장은 주로 예수님의 말씀과 사역을 강조했습니다. 주님은 백성 가운데서 가르치는 일과 능력의 사역을 통해 하나님의 능력과 자비를 드러내셨습니다. 이 기간 제자들은 주님을 따라다니면서 주님이 행하시는 것을 보고 주님이 말씀하시는 것을 들었습니다. 그러나 9장부터는 강조점이 예수님과 제자들의 관계에 놓입니다.

제자들은 주님이 십자가에 달려 돌아가시고 장사된 지 사흘 만에 부활하신 사건이 있은 다음에 비로소 예수님을 주와 그리스도로 인정하게 됩니다. 하지만 이 시기에 일어난 일들이 결정적인 영향을 주었습니다. 사람은 누구나 주님이 열어 주시기까지 보기는 보아도 그 참 의미를 깨닫지 못합니다. 그럼에도 주님은 가르치십니다. 제자들이 깨닫는 수준이 당신이 원하는 수준이 되지 못함에도 주님은 가르치기를 계속하셨습니다. 그들에게 당신이 누구인지 나타내 보이기를 멈추지 않으셨습니다.

누가복음 9장 1-50절의 제목을 '예수님과 열두 제자'라고 붙일 수 있겠습니다. 이 장과 다음 장에 걸쳐 이 부분의 첫째 사건인 열두 제자의 파송을 살펴보겠습니다. 본문의 핵심은 주님이 전도를 위해 파송받는 제자들에게 주신 교훈에 있습니다. 이 장의 본문인 여섯 절은 총 세 부분으로 나눌 수 있습니다. 1-2절은 예수께서 제자들을 파송하기 전에 능력과 권세를 부여하시는 장면입니다. 3-5절에는 예수님이 제자들을 내보내면서 하신 파송사가 적혀 있습니다. 6절은 제자들이 파송받은 일을 수행한 기록입니다. 특히 첫 부분을 중심으로 주님이 열두 제자를 어떻게 파송하셨는지를 집중적으로 알아봅시다.

예수님이 열두 제자에게 하신 세 가지 일

"예수께서 열두 제자를 불러 모으사 모든 귀신을 제어하며 병을 고치는 능력과 권위를 주시고 하나님의 나라를 전파하며 앓는 자를 고치게 하려고 내보내시며"(눅 9:1-2). 예수님이 하신 일들을 주의 깊게 살펴보십시오. 성경을 읽을 때는 주의해서 모든 낱말을 다 살펴야 하지만 특별히 주동사에 언제나 관심을 가져야 합니다. 여기에 세 가지 중요한 동사가 나옵니다. '불러 모았다', '주셨다', '내보내셨다'입니다. 불러 모아서 주고 내보내셨다는 것이 핵심입니다.

제자들을 불러 모으시다

첫째, 주님이 열두 제자를 파송하기 위해 먼저 그들을 불러 모으신 사건으로 이 장은 시작합니다. 예수님의 사역은 맨 처음부터 사람들을 주위에 불러 모으는 것이었습니다. 예수님의 주위에는 늘 사람들이 같이 있었던 것을 복음서를 통해서 알 수 있습니다. 갈릴리에서 사역을 시작할 때부터 사람들이 나아오기 시작했습니다. 그러다가 누가복음 6장 12절 이하를 보면 예수께서 그 가운데서 열둘을 따로 세우신 기록이 나옵니다. 주님은 누구를 사도로 세워야 하는지 기도를 많이 하셨습니다. 밤이 새도록 기도한 다음에 열둘을 택해서 '사도'라 칭하셨습니다. 열두 명을 따로 세워 특별한 훈련을 시켜서 세상에 내보낼 것을 계획하셨습니다.

'제자'란 예수님을 따라다니면서 그분의 가르침을 받는 사람을 의미합니다. 예수님이 훈련시키시는 과정에 있는 사람을 가리킵니다. 그런데 언제나 제자 노릇만 해서는 안 되고, 3년 훈련을 받고 나면 파송을 받아야 합니다. 파송받은 그들을 주님은 '사도'라고 칭하셨습니다. 예배 시간에 말씀을 듣는 것뿐만 아니라 사람들을 섬기고 치유하고 가르치는 일에 자신을 드리고 있다면 사도들이 하던 일의 한 부분을 하고 있는 사역자임이 틀림없습니다. 먼저 제자의 자리에 나아오십시오. 장차 사도의 사역을 하게 될 것입니다. 오늘은 진리를 배우기 위해 오지만 내일은 진리를 전하는 일을 맡게 될 것입니다.

제자들은 처음에는 스승 예수님의 말씀을 듣고 주님의 사역을 보기만 했습니다. 따라다니면서 주님의 기적을 듣고 본 것이 훈련의 전부였습니다. 이제 주님은 그 열두 제자를 불러 모아 내보내기를 원하셨습니다.

그러면 열두 제자를 이미 세우셨는데 여기서 '불러 모았다'는 말은 무슨 의미일까요? 주님이 지금 사역을 하시는 본거지는 갈릴리 가버나움입니다. 열두 제자 중 적어도 다섯 사람은 그곳이 고향이었습니다. 사도로서 임명을 받은 후에도 상당 기간까지는 때로 자기 일도 잠깐씩 보았던 것 같습니다. 열둘을 공식적으로 택해 놓았는데 그 이름에 걸맞은 일은 제대로 못 했던 것입니다. 말하자면 시간을 모두 드려 훈련을 받는다기보다는 부분적인 시간에 훈련을 받는 형편이었습니다. 또 예수님도 제자 열둘을 다 데리고 다니신 것이 아니라 야이로의 딸을 고치러 가셨을 때처럼 어떤 때는 특별한 사람 세 명만 데리고 다니기도 하셨습니다. 따라서 여기서 열둘을 불러 모았다는 것은, 이제는 파송할 일을 생각하고 다시 모으신 것으로 볼 수 있습니다.

제자들에게 능력과 권세를 주시다

둘째, 주님은 열두 제자를 내보내기 전에 그들에게 먼저 능력과 권세를 부여하셨습니다. 먼저 능력과 권세를 받아야만 사역을 할 수가 있습니다. 권세라는 것은 직분을 받는 것이고, 직분에 걸맞은 권위를 입는 것을 말합니다.

열두 제자는 자신이 받은 능력과 권세를 통해 크게 두 가지 일을 했습니다. "하나님의 나라를 전파하며 앓는 자를 고치게 하려고 내보내시며"(눅 9:2). 곧 전파와 치유입니다. 제자들은 주님이 주시는 능력과 권세로 모든 귀신을 제어하고 온갖 치유를 했습니다. 그러나 치유하는 사역은 선포하는 사역을 부각시키기 위함입니다. 제자들이 귀신을 내쫓고 병을 고치는 것은 그들이 선포하는 하나님 나라가 왔다는 것을 사람들이 보게 하려는 것입니다. 예수님의 제자들이 나가서 팔레스타인에 있는 모든 병자를 고치지는 않았습니다. 모든 귀신 들린 사람에게서 귀신들을 내쫓은 것은 아닙니다. 다만 몇몇 귀신 들린 자를 깨끗게 하고 병자를 고친 것은 하나님 나라가 왔다는 것을 사람들에게 입증하려는 것이었습니다.

열두 제자를 파송하시다

셋째, 주님은 하나님 나라를 선포하기 위해서 열두 제자를 파송하셨습니다. 사도들의 주 임무는 복음을 전하는 것입니다. 우리는 무슨 일을 하더라도 주 임무인 하나님 나라를 전파하는 일을 망각해서는 안 됩니다. 병자를 낫게 하고 귀신을 쫓아내는 일을 하기 위해 주님이 우리를 내보내시는 것이 아닙니다. 우리를 내보내시는 주 목적은 하나님이 세상을 다스리신다는 것을 사람들에게 선포하기 위해서입니다.

하나님이 통치하시는 새로운 시대가 왔다는 것을 입증하는 증거로서 제자들이 귀신을 내쫓았습니다. 그러므로 치유와 축사는 복음서가 기록될 당시에만 있다가 끝날 수는 없습니다. 만약 우리가 속한 공동체에 아직도 사탄의 지배를 받고 있는 사람이 있다면, 우리에게는 그 사람을 벗어나게 할 책임이 있습니다. 원치 않는 불평들을 늘어놓고 마음속에 기쁨이 없는 사람이 있다면 기도함으로써 자유할 수 있도록 도와야 합니다.

그러므로 제자들이 귀신을 내쫓고 병을 고치는 것은 특별한 의미가 있습니다. 이는 마귀와 그의 추종자들에 의해서 수행되는 모든 일을 끝장내기 위함입니다. 이 세상의 악한 영들과 끊임없이 싸우는 사람들이 그리스도인입니다. "하나님의 아들이 나타나신 것은 마귀의 일을 멸하려 하심이라"(요일 3:8). 하나님의 아들이 세상에 오신 것은 마귀의 일을 멸하려 하심이듯이, 하나님의 아들이 당신의 사람들을 세상에 파송하신 까닭도 마귀의 일을 중단시키기 위함입니다.

그러면 어떤 일이 악한 영, 마귀의 일들입니까? 우리는 흔히 악한 영에 사로잡혀 있는 사람이라고 하면 거라사인의 땅에서 귀신 들렸던 청년을 생각합니다. 아주 심한 경우입니다. 그러나 그보다 훨씬 많은 사람이 증상은 심하지 않아도 마음에 악한 영이 도사리고 있는 경우가 많습니다.

그러면 어떤 일을 하는 사람이 악한 영에 속해 있는 사람입니까? 거짓, 미움, 시기, 증오 등은 다 마귀가 주는 마음입니다. 마귀는 사람 사이의 관계를 깨뜨리도록 합니다.

당신의 삶에 그런 일들이 아직도 있는지 살펴보십시오. 마귀적인 일을 내버리고 살고 싶습니까? 그러면 마음속에 거룩한 영이신 성령을 모셔야 합니다. 이를 위해서는 "이제는 예수님을 내 마음속에 보내 주십시오." "예수님, 내 마음속에 들어와 주십시오"라고 기도해야 합니다. 그렇게 기도하기만 하면 그 기도는 놀라운 능력을 발휘합니다. 그 기도를 드리기만 하면 마음속에 하나님의 영이 들어와서 거하시게 됩니다. 하나님의 빛이 그 마음에 비치기 시작하는 것입니다. 성령이 우리 안에 들어오시면 우리의 삶이 바뀝니다.

그리스도인은 형제자매로 인해서 감사하며 찬양하는 자들입니다. 그리스도인은 서로를 바라보며 하나님의 영광을 고백합니다. 하나님의 영을 가진 사람은 다른 사람이 나보다 더 나은 은사를 가지고 있다고 해서 시기하지 않습니다. 오히려 그것으로 인해서 하나님께 감사합니다. 그것이 성숙한 그리스도인의 모습입니다.

다른 사람을 두고 집요하게 비난하거나 계속 미워하고 있다면 자신을 살펴야 합니다. 어떤 사람이 못마땅하다면 그 사람이 문제가 아니라 나 자신이 문제입니다. 독한 시기와 다툼은 모두 세상적이고 정욕적이고 마귀적입니다. 이러한 마귀의 덫에 걸렸을 때는 모든 요란과 악한 일들이 계속 일어나게 되어 있습니다. 한편, 마귀의 덫에서 벗어난 사람들의 삶은 구별되어 있습니다. 성결하고, 화평하고, 관용하고, 양순하고, 긍휼과 선한 열매가 가득하고, 편벽과 거짓이 없습니다. 형제를 사랑하되, 그리스도의 사랑 때문에 사랑하게 되면 모든 사람을 사랑할 수 있습니다. 사람의 참모습을 보게 되면 특별히 나은 사람도 없고, 특별히 못한 사람도 없고, 다 같은 죄인이요, 불쌍히 여길 동료일 뿐입니다. 하나님의 은혜가 떠나가면 별 볼 일 없습니다.

마귀의 덫에서 벗어나 서로 사랑하는 인간관계를 만들어 가십시오. 사실을 있는 그대로 이야기하십시오. 아니, 그보다 더 중요한 것은 사랑 안에서 사실을 말하는 훈련이 필요합니다. 사랑 가운데서 진리를 말하게 되면 사람들 사이가 점점 더 회복되어 갈 수 있습니다.

새 나라의 도래를 알리는 것이 궁극적 사명

사탄의 올무에서 벗어나는 것은 하나님 나라가 임한 증표입니다. 사탄이 뿌린 불화의 고통뿐만 아니라 질병의 고통에서 벗어나는 것은 하나님의 손을 통해서 능력이 나타나고 있는 증거입니다. 다시 말하지만, 파송받은 제자들이 모든 질병과 모든 귀신으로부터 모든 사람을 치유한 것은 아닙니다. 다만 새 나라의 도래를 알리는 상징적인 증표로서 치유와 축사를 행했습니다.

이제 옛 습관을 버리십시오. 옛 습성에 따라서 비난하는 일을 이제 중단해야 합니다. 형제자매에게 허물이 보이면 내 것으로 여기고 위해서 기도해야 합니다. 치유와 축사는 복음 전파를 위한 것으로서 그 의미가 있습니다. 지금 임한 하나님의 임재를 보여 줌으로써 새 시대가 임했음을 입증하는 증거입니다.

교회는 땅 위에 하나님 나라를 확장하기 위한 기관입니다. 하나님이 세상을 다스리신다는 진리를 선포하기 위해 교회는 존재합니다. 그래서 이 소식을 증거하지 않으면 교회 되기를 그만두는 행위입니다. 잃어버린 자들에게 나가서 하나님이 왕이심을 증거하십시오. 하나님이 만사를 주관하고 계신다는 사실을 알리십시오. 이 어려운 시대를 살아가는 많은 사람에게 위로가 될 것입니다. 인간은 막연한 운명의 굴레 속에 내던져져 있지 않습니다. 언제나 우리를 사랑하고 우리의 삶에 개입하시는 하나님이 함께 계신다는 것을 사람들에게 이야기해 주십시오. 주후(主後)는 주님의 통치 아래 들어온 연대를 가리키는 말입니다. 주님이 이 땅에 와서 통치하기 시작하신 지 이미 2천 년이 지났습니다. 사람들의 삶 속에 하나님이 다스리고 계신다고 전해 주어야 합니다. 이것은 불변하는 교회의 사명입니다.

우리의 남은 삶이 이 증거에 자신을 쏟아 붓는 기회가 되기를 바랍니다. 산다는 의미는 곧 나타날 그 나라의 도래를 알리는 데 있습니다. 능력과 영광 가운데 곧 임할 하나님 나라가 이제는 가까웠다는 것을 사람들에게 전해 주는 데 있습니다. 하나님의 통치 아래 들어오기 위해서는 자기 생각을 버려야 합니다. 자기 뜻에 사로잡혀 있으면 하나님의 계획을 알 수 없습니다. 자기 생각의 메아리에 사로잡혀 있는 자에게는 하나님의 뜻이 공개될 수 없습니다. 하나님의 다스리심에 당신을 내어 맡기십시오. 그때 마음에 평강이 찾아듭니다.

○

제자들에게 부과된 이 임무는 바로 주님이 하시던 임무이기도 합니다. "무리가 알고 따라왔거늘 예수께서 그들을 영접하사 하나님 나라의 일을 이야기하시며 병 고칠 자들은 고치시더라"(눅 9:11). 주님은 바로 그 일을 제자들에게 맡기신 것입니다.

요한복음 14장에서 주님은 우리에게 놀라운 도전의 말씀을 하십니다. "나를 믿는 자는 내가 하는 일을 그도 할 것이요 또한 그보다 큰일도 하리니"(요 14:12). 주님이 하신 일보다 더 크고 놀라운 일을 하기 원합니까? 주님이 파송하신 자로 남은 생애를 살아가기 원합니까? 그렇다면 말씀 앞에 나오십시오. 말씀을 통해서 능력을 체험하십시오. 그러면 세상이 감당 못할 사역자가 될 것입니다. 하나님의 권능을 나타내는 자로서 살아가는 우리의 남은 생애가 되기를 바랍니다.

30.

전도자의 생활 방식 (9:1-6)

///

주님은 갈릴리 지역 전도를 끝내려고 제자들을 불러 모아 권세와 능력을 주어 내보내셨습니다. 맡은 임무를 잘 수행하기 위해서는 파송하시는 분의 말씀을 잘 들어야만 합니다. 그러면 주님은 제자들에게 무슨 말씀을 하셨습니까?

주님의 일을 하는 자는 주님이 책임지신다

먼저, 전도 여행을 위한 지침을 말씀하셨습니다. "여행을 위하여 아무것도 가지지 말라 지팡이나 배낭이나 양식이나 돈이나 두 벌 옷을 가지지 말며"(눅 9:3). 주님은 하나씩 구체적으로 설명하셨습니다. 지팡이나 배낭은 여행의 필수용품이었습니다. 그러나 주님은 그것들을 가지지 말라고 하셨습니다. 게다가 양식을 가지지 말라고 하셨습니다. 며칠 먹을 쌀이라기보다는 가다가 가볍게 먹을 간식 하나도 가져가지 말라는 뜻으로 이해하면 됩니다. 뿐만 아니라 돈이나 갈아입을 내의조차 준비하지 말라고 하셨습니다. 이런 명령을 통해 주님이 말씀하시고자 한 의도가 무엇입니까?

첫째, 만약 전도가 주님이 위임하신 사명이라면 전도자의 삶을 주님이 책임져 주신다는 약속이 이 명령에 포함되어 있습니다. 일을 맡기신 분이 그 삶을 책임져 주시는 것은 당연합니다. 누군가 군에 입대하면 그다음부터는 모든 것에 대해 나라가 책임을 집니다. 이 불의한 세상 정부도 그 정도의 상식을 가지고 책임을 집니다. 하물며 의로운 하나님이시겠습니까.

뿐만 아니라 우리가 가서 전하는 복음이 진짜 복음이라면 결코 복음만 받고 끝나지 않습니다. 그 소식이 기쁘고 반갑고 자기 삶을 바꾸어 놓은 것이라면 전도자를 대하는 태도가 달라질 수밖에 없습니다. 21세기를 사는 우리와 달리, 2천 년 전 사람들은 반가운 손님이 오면 가려는 사람도 붙들어 자기 집에 유하라고 했습니다. 그러니 전한 복음을 기쁘게 받아들인 사람이라면 자기 집에 영접해 일일이 챙겨 주지 않겠습니까. 따라서 주님은 그냥 가라고, 하나님이 준비해 놓으실 것이라고 말씀하신 것입니다.

또 하나 이런 명령의 배후에는 다음과 같은 의미도 내포되어 있을 것입니다. "맡은 임무가 중대하다. 이런 것, 저런 것 챙긴다고 주저앉아 있지 말고 빨리 나가서 복음을 전하라"는 것입니다. 무엇 때문에 저렇게 급히 가는지에 대해서 사람들이 궁금증을 가질 수 있도록 말입니다. 복음을 전하는 자의 행동 자체가 사실은 메시지인 것입니다.

중요한 것은 파송하신 하나님이 그들의 모든 것을 공급할 것이라는 믿음을 가지고 전도할 길을 나가라는 것입니다. 주님이 우리에게 맡기신 사역은 주님의 사역입니다. 주님이 위임하시는 일을 수행하는 한 나머지는 주님이 책임져 주십니다. "그런즉 너희는 먼저 그의 나라와 그의 의를 구하라 그리하면 이 모든 것을 너희에게 더하시리라"(마 6:33). 이 믿음이 항상 우리에게 있어야 할 것입니다.

신앙 공동체가 새로운 일을 시작할 때도 마찬가지입니다. "정말로 이 일을 주께서 하기를 원하시는가?"에 대해 고민하고 질문하고 심도 깊게 기도해야 합니다. 그리고 정말 주님이 그 일을 하기를 원하신다는 결론이 내려지면 그대로 나가야 합니다. 뒷감당은 주님이 책임져 주실 것을 믿고 시작해야 합니다.

있는 바에 만족하는 전도자의 삶

주님은 여행에 대한 주의 사항뿐 아니라 체제에 대한 주의를 주셨습니다. 전도자는 아무것도 없이 나섰기 때문에 공동체의 호의에 의존하는 삶이어야 합니다. 어느 동네에 들어가든지 전도자를 받아들일 사람이 있기 마련입니다. "어느 집에 들어가든지 거기서 머물다가 거기서 떠나라"(눅 9:4). 이 명령의 의미를 소극적으로 보면 '더 나은 대접을 받을 곳을 찾아다니지 말라'는 것일 수 있습니다. 기왕 전도자로 나선 삶이라면 고생을 각오하는 것이 마땅하지 않겠습니까. 전도자의 삶의 목적은 돈벌이가 아닙니다. 사역자의 삶의 목표는 평안과 쾌락이 아닙니다.

그러므로 모든 그리스도인은 소박한 삶을 지향해야 합니다. 지금 주어진 삶에 만족해야 합니다. 가장 적게 갖고 가장 많이 하나님께 의존하는 삶이 우리의 이상이어야 합니다. '더 많이 갖겠다', '더 많이 축적하겠다', '더 많은 지원을 받겠다'는 것은 세속주의와 쾌락주의의 목표입니다. 더 나은 삶의 조건이, 더 많은 사례가, 사치스러운 삶이 오히려 사역자의 영혼을 파멸시킬 수 있습니다. 모든 그리스도인의 삶도 마찬가지입니다. 부하게 살기보다 경건하게 살기를 기도하십시오. 풍요롭게 사는 것보다 성도답게 살기를 기도하십시오. 성경은 분명히 있는 바에 만족하는 삶을 살라고 말합니다(히 13:5).

달음박질에 누가 승리하느냐는 결국 하나님께 달려 있습니다. 그러므로 필요 이상 날뛸 필요가 없습니다. 예배 시간조차 확보하지 못하는 삶, 하나님을 위해 봉사하는 시간마저도 확보하지 못하면서 인생을 낭비해서는 안 됩니다. 좋은 시절 다 보내고, "이제는 시간은 있는데 기력이 없어서 주의 일을 못합니다"라고 고백하지 않기를 바랍니다. 가장 귀하신 하나님과 만나는 가장 중요한 시간을 정해 두십시오. 주님의 일을 하기 원하는 사람은 주님이 제공하시는 지금에 만족해야 합니다. 주님이 주시는 바에 만족하고 거기서 주님을 섬길 길을 찾으면 됩니다. 지금 가진 것을 가지고 주님을 섬길 방안을 찾아보십시오. 주어진 세월을 허송하지 마십시오. 주님의 일을 진정으로 하기 원한다면 주님이 제공해 주시는 데 만족하며 소박한 삶의 자세를 견지해야만 합니다.

삶은 될 수 있는 대로 간편하게 그리고 있는 것으로 만족하는 것이 중요합니다. 그리스도인은 도래할 하나님의 영광의 나라를 사모하기에 잠깐 머무는 삶에서 모든 만족을 추구하지 않습니다. 받은 바에 만족하면서 사는 것이 때로는 우리가 전하는 복음을 입증하는 행위입니다. 우리는 궁극적인 소망이 내세에 있다고 전하는 자들이기에 그 소식 그대로 우리의 삶이 꿋꿋하게 서 있는 것 자체가 우리가 전하는 진리를 세상에 증거하는 일이 됩니다. 예수 믿는 사람들은 가진 것이 없는데 왜 저렇게 당당하게 살아가는지, 사람들이 우리에 대해 의아하게 생각할 것입니다. 그래서 우리가 사는 모습이 우리 주위에 있는 사람들에게 증거가 될 것입니다.

기쁜 소식을 거부하는 자들에게는

물론 사역자의 길에 항상 환영만 기다리고 있지는 않습니다. 주민 모두가 나서서 반대할 수도 있습니다. 주님은 반대받을 경우를 대비해 미리 준비시키셨습니다. "누구든지 너희를 영접하지 아니하거든 그 성에서 떠날 때에 너희 발에서 먼지를 떨어 버려 그들에게 증거를 삼으라"(눅 9:5). 우리는 기쁜 소식을 전하지만 영접하지 않는 사람도 분명히 있습니다. 시큰둥하게 받을 뿐만 아니라 매우 격렬하게 반대하는 동네를 만날 수도 있는 것입니다. 그때는 붙잡혀서 있을 이유가 없으니 발에서 먼지를 떨어 버리라고 주님은 말씀하셨습니다.

'발에서 먼지를 떨어 버리라'는 말은 우리 귀에 수수께끼처럼 들리지만 당대 유대인들이라면 다 아는 엄숙한 이야기입니다. 이스라엘 사람들은 이방 나라에 가서 장사를 하거나 여행을 다니다가 본국에 돌아올 때면 국경에서 신에 묻은 먼지를 털어 버리고 들어왔습니다. 먼지를 터는 곳은 이방 땅입니다. 자기 땅에 와서는 먼지를 털지 않습니다. 이는 이방 나라에서 더럽혀진 자신을 정결케 하는 행위였습니다. 그러므로 어떤 성을 떠나면서 발에서 먼지를 털어 버리는 것은 그 도시를 이방 도시와 같이 여기는 일입니다. 즉 주님의 말씀은 "복음 전도자를 영접하지 않는 동네가 있다면 이방 도시와 같이 취급하라. 하나님의 복된 언약의 축복에서부터 외인으로 간주하라"는 것입니다. 하나님의 기쁜 소식을 거절했으므로 그 마을은 하나님의 언약과 관계없음을 증거하라는 뜻입니다.

한편, 발에서 먼지를 떨어 버리는 이 엄숙한 최후의 경고에는 그 마을 사람들을 한 번 더 돌이키시려는 주님의 사랑이 담겨 있습니다. 동네 사람들이 전도자가 발의 먼지를 떨어 버리는 모습을 보고 자기들이 어떤 위치에 전락했는지 인식하게 해 다시 한 번 경각심을 일으키려는 것입니다. 오늘날 교회에서 권징은 이렇게 시행되어야 합니다. 징계 당사자에게 그런 식으로 계속 행동하면 우리 공동체와 아무 교제가 없는 것임을 밝혀야 합니다.

자기 스스로 하나님의 복된 소식으로부터 귀를 막는 자는 불행한 사람입니다. 그런 자에게 남는 것은 하나님의 심판밖에 없습니다. 복음의 말씀에 순종하기를 거부하면 하나님의 저주만 그 삶에 가득합니다. 복음은 듣는 자에게 축복이 아니라 순종하는 자에게 복이 됩니다. 발에서 먼지를 떨어 버리는 경고 앞에서도 돌이키지 않는다면 최후의 파멸만이 그들의 것입니다.

마지막으로 6절은 "제자들이 나가 각 마을에 두루 다니며 곳곳에 복음을 전하며 병을 고치더라"라고 기록하고 있습니다. 누가는 몇 마디 말로써 제자들이 주님의 명령을 어떻게 수행했는지를 보여 주었습니다. 주님이 주신 권세와 능력 그리고 주님이 공급하시는 손길은 그들의 사역 완수에 충분한 것임을 보여 주었습니다.

○

이 장 본문의 본래적인 정황은 주후 1세기 팔레스타인입니다. 하지만 이 본문에 나타난 원리는 21세기를 살아가는 우리에게도 동일하게 적용될 수 있습니다. 2천 년 전 제자들을 세상으로 내보내신 그 주님이 오늘 우리를 세상으로 내보내기를 원하십니다. 주님은 오늘도 우리를 향해 가라고 명하고 계십니다. 우리의 임무는 세상이 우리에게 오기를 기다리는 것이 아니라 우리가 그들에게 나아가는 것입니다. 이것은 불변하는 원리입니다. 교회가 사람들에게 관심을 기울이지 않으면 그들은 교회에 아무런 관심도 기울이지 않습니다. 지금도 주님은 "가라"고 명하십니다. 우리 주위에 아직도 하나님 앞에 나와 예배하지 않고 살아가는 사람들이 있는 한 우리의 사명은 남아 있습니다.

그러면 파송받은 자는 어떻게 살아야 합니까? 전도자의 삶은 단순합니다. 전적으로 하나님을 의지하는 삶입니다. 순종하는 것이 우리의 일이고 결과는 하나님께 맡기는 것입니다. 전도의 결과를 맡길 뿐만 아니라 우리의 삶 전부도 주님께 맡겨야 합니다. 주님은 순종하는 사역자를 축복하십니다. 순종하는 사역자에게 많은 열매를 주고자 하십니다. 또한 파송받은 전도자로서 살아갈 때 하나님이 주신 조건에 만족하면서 나아가야 합니다. 가서 하나님이 다스리신다는 소식을 전해 줍시다.

31.

이 사람이 누군가 (9:7-9)

///

헤롯은 누구이며 무슨 일을 했는가

누가는 우리의 신앙이 자라게 하기 위해서 예수님 사건을 차례 대로 썼습니다. 우리는 누가가 기록한 순서에 따라서 예수님이 누구이신 지를 살펴보고 있습니다. 예수님은 사역을 당신의 고향 갈릴리 지방에서 시작하셨습니다. 그런데 이 장의 본문을 보면, 당시 그 지역을 다스리던 헤롯 왕까지 예수 소식을 들었습니다. 누가는 헤롯을 가리켜서 '분봉왕' 이라고 했습니다. 분봉왕이란 로마의 원로원으로부터 위임 통치를 맡은 책임자이지, 독립된 왕권을 행사하는 임금은 아닙니다. 헤롯은 주전 4년 부터 주후 39년까지 갈릴리 지방과 베뢰아 지방을 다스린 통치자입니다. 43년 동안 장기 통치를 했는데 그의 업적 중 하나는 갈릴리 호숫가에 새 로운 도시를 건설한 것입니다. 그리고 그 도시의 이름을 황제 티베리우스의 이름을 따 '디베랴'라고 불렀습니다. 헤롯은 세례 요한을 죽이고 예수님을 심문했던 악명 높은 왕입니다.

"분봉왕 헤롯이 이 모든 일을 듣고 심히 당황하니"(눅 9:7상). 헤롯이 들은 '이 모든 일'은 무엇일까요? 예수님께로 사람들이 몰려들고, 주님이 수많은 병자를 고치고 더러운 귀신을 쫓아내신 사건에 대해 들었을 것입니다. 나병 환자를 고치고 풍랑 이는 호수를 잔잔하게 하신 소문을 들었을 것입니다. 그리고 나인 성 과부의 아들을 살리고 회당장 야이로의 딸을 고치신 소문을 들었습니다. 뿐만 아니라 제자들을 각처에 보내 복음을 전하게 하신 소식과 또 그들이 나가서 행한 놀라운 기적들도 들었을 것입니다. 그래서 이 모든 일은 헤롯의 관심을 끌기에 충분했습니다.

그런데 예수님과 그 제자들의 사역뿐 아니라 이에 대해 항간에 떠도는 이야기가 심상치 않았습니다. 사람들이 능력 있는 설교와 놀라운 치료를 하는 예수를 가리켜 틀림없이 세례 요한이라고 수군거렸습니다. 헤롯 자신이 목 베어 죽인 그 의인이 살아나서 지금 그와 같은 능력을 발휘한다는 것입니다. 성경에는 세례 요한이 무슨 기적을 행했다는 이야기가 전혀 없습니다. 그럼에도 세례 요한을 추종하는 이들은 그가 죽음에서 살아났기 때문에 이런 능력이 나타났다고, 예수가 요한이 틀림없다고 생각해 수군거렸습니다.

또 다른 이들은 엘리야가 나타났다고 말하기도 했습니다. 말라기서의 예언에 근거한 추측입니다. "보라 여호와의 크고 두려운 날이 이르기 전에 내가 선지자 엘리야를 너희에게 보내리니 그가 아버지의 마음을 자녀에게로 돌이키게 하고 자녀들의 마음을 그들의 아버지에게로 돌이키게 하리라"(말 4:5-6). 한날 구원자가 나타나기 전에 그분이 오시는 길을 예비하는 사람으로서 엘리야를 보내 주겠다는 하나님의 약속입니다. 제3의 그룹 사람들은 옛날 선지자 중 한 사람이 살아나서 지금 역사하고 있는 것이 틀림없다고 말했습니다. 어쨌든 백성은 예수님에 관해 여러 가지 추측을 했습니다. 그 무수한 추측이 급기야는 왕궁에 있는 헤롯의 귀에까지 들렸습니다. 그만큼 주님의 사역과 말씀 증거가 위력을 지녔다는 뜻입니다.

본문은 주님이 열두 제자를 파송하신 후 그들이 돌아오기 전에 그 막간을 이용해 헤롯의 이야기를 기록하고 있습니다. 먼저, 예수 사역의 결과로 떠도는 이야기를 헤롯의 귀를 통해서 우리에게 들려주고 있습니다. 백성의 일반적인 반응보다는 분봉왕 헤롯이 어떤 반응을 보였는지에 대해서 많은 부분을 할애하고 있습니다. 이 모든 일을 듣고 헤롯은 심히 당황했습니다. 뿐만 아니라 헤롯이 혼자서 중얼거리는 소리까지 여기에 기록했습니다. "요한은 내가 목을 베었거늘 이제 이런 일이 들리니 이 사람이 누군가"(눅 9:9).

앞서 언급했듯이, 헤롯은 요한의 목을 벤 사람입니다. 요한은 목을 내어놓고 진리를 전했던 사람입니다. 분봉왕 헤롯이 자기 동생의 처와 눈이 맞아서 아내로 삼은 것은 잘못이라고 지적했습니다. 처음에 헤롯은 요한의 입을 막기 위해서 감옥에 넣었습니다. 한편으로 헤롯은 요한의 말이 옳다고 양심이 인정했기에 죽이려고 하지는 않았습니다(막 6:20). 틈이 나면 요한을 불러서 그의 말을 듣기까지 했습니다.

그러나 분봉왕 헤롯과 지금 같이 살고 있는 헤로디아는 생각이 달랐습니다. 새로운 행복을 깨뜨리는 이 독설가를 살려 둘 수 없다며 앙심을 품고 있었습니다. 마침 기회가 왔습니다. 헤롯 왕의 생일을 맞아 큰 잔치가 열렸습니다. 그날 헤로디아의 딸이 잔치 손님을 기쁘게 하려고 춤을 추면서 손님들의 흥을 돋우었습니다. 기분이 좋아진 헤롯은 "나라의 절반이라도 줄 테니 네 소원을 말하라"고 약속했습니다. 딸이 어머니를 만나고 와서는 답하기를, "세례 요한의 목을 쟁반에 담아 주십시오"라고 했습니다. 헤롯은 요한을 선지자라고 여기면서도 헤로디아의 딸의 요청을 들어주었습니다.

그 후 헤롯은 양심의 고통을 수시로 느끼고 있었습니다. 어떤 때는 예수 소문을 듣고는 신하들에게 헛소리처럼 이런 이야기를 했다고 기록되어 있습니다. "이는 세례 요한이라 그가 죽은 자 가운데서 살아났으니 그러므로 이런 능력이 그 속에서 역사하는도다"(마 14:2). 예수가 누구인지 헤롯에게는 수수께끼였습니다. 때로 그는 궁금했고, 때로는 매우 당황스럽기까지 했습니다.

여기 죄인의 모습을 보십시오. 그 자리만 모면했다고 해서 끝나지 않습니다. 헤롯은 세례 요한을 한편 죽이고 싶었지만, 다른 한편 백성이 그를 선지자로 여기는 한 죽일 수가 없었습니다. 그런데 마침 공교롭게 기회가 온 것입니다. 약속 때문에 죽였다고 할 수 있는, 백성에게 내세울 수 있는 명분이 주어졌기에 그는 세례 요한을 죽였습니다. 그리하여 직언하는 세례 요한의 입을 막을 수 있었습니다. 하지만 고발하는 자기 양심의 소리는 침묵시킬 수 없었습니다.

지금 헤롯은 예수님의 사역 이야기를 듣고는 그 양심이 깨어나기 시작했습니다. 예수님의 사역 소식은 끝난 줄 알았던 세례 요한의 일을 기억나게 했습니다. 침묵시킨 줄 알았던 죄악의 고발이 거세게 그의 양심을 찔렀습니다. 양심은 결코 우리의 죄악을 망각하지 않습니다. 우리가 범한 죄가 우리 양심까지 잠재울 수는 없습니다. 양심의 고통을 치료할 자를 만나야 합니다. 세상 모든 죄를 위해 피 흘리신 그분을 만날 때 우리는 양심에서 자유할 수 있습니다. 우리 죄를 용서하고 십자가에서 벌을 받으신 주님께 고백하십시오. 우리의 죄악을 고발하는 양심은 십자가의 피만이 침묵하게 합니다. 죄지은 인생은 왕궁에 살아도 행복이 없습니다. 모든 좋은 것을 가지고 온갖 권력을 구사해도 죄책감과 불안을 면할 수가 없습니다. "사악한 자의 길은 험하니라"(잠 13:15). 지혜자의 말입니다. "악인에게는 평강이 없다 하셨느니라"(사 57:21). 이사야 선지자의 말입니다.

예수가 누구인지 궁금한 헤롯

헤롯은 주님을 만나 본 적이 아직 한 번도 없었습니다. 우리처럼 주님이 하신 일들에 대해서 들었을 따름입니다. 소문으로 들은 주님의 말씀 앞에 잠든 양심이 깨어났습니다. 당신은 어떻습니까? 주일마다 주님의 행적을 들으면서 스스로를 돌아보고 있습니까? 의로우신 그분 앞에서 죄악된 자신의 모습을 보고 있습니까? 사람이 어떻게 사죄함을 받았다는 것을 알 수 있습니까? 사소한 것도 죄라는 사실을 보게 된 것이 용서함을 받은 자의 특징입니다. 역설적이지만, 죄를 용서받기 전에는 먹구름이 하늘을 뒤덮고 있는 것 같습니다. 결코 죄가 무엇인지를 모릅니다. 죄를 먹고 마시면서도 그것이 죄인지, 아닌지를 모릅니다. 그러나 먹구름이 치워지고 나면 사소한 말 한마디도 함부로 내뱉는 것조차 죄라는 것을 알게 됩니다.

헤롯은 악한 왕이었지만 예수 소문을 듣고 반응을 보였습니다. 심히 당황해하면서 그를 보고자 했다고 성경은 기록하고 있습니다. 그러면서 "이 사람이 누군가?"라고 질문했습니다. 누가는 계속 이 의문을 우리에게 던집니다. 눈물로 예수님의 발을 씻긴 여인의 기록 가운데 맨 먼저 이 의문을 제기했습니다. 그 자리에 함께 앉아 있던 사람들의 마음을 빌려서 이 질문을 던졌습니다. "이가 누구이기에 죄도 사하는가"(눅 7:49). '이가 누구이기에 죄도 사하는가?'라는 의문을 가져 본 적이 있습니까? 예수님이 누구이며 어떤 일을 하시는지 궁금한 생각이 들어야 정상적입니다.

누가복음 8장 25절에서도 동일한 질문을 던졌습니다. 바람과 물결을 잔잔하게 하신 주님을 향해 제자들이 던진 질문입니다. 누가는 제자들의 입을 통해서 그 의문을 표출시켰습니다. "그가 누구이기에 바람과 물을 명하매 순종하는가"(눅 8:25). 놀란 제자들이 서로를 향해서 물은 말입니다. 제자들의 입을 통해서 이 질문을 던진 것은 예수님의 사역을 읽고 배우는 우리로 하여금 동일한 질문을 갖도록 하려는 것입니다. 누가는 이 장의 본문을 통해 똑같은 질문을 던짐으로써 베드로의 입을 통해서 하게 될 놀라운 신앙 고백을 미리 준비했습니다. 제자들은 5천 명을 먹이시는 사건을 통해서 주님이 누구이신지, 즉 "주님은 하나님의 그리스도이십니다"라고 분명하게 고백하게 될 것입니다.

우리는 예수님의 사역 현장인 팔레스타인에 있지 못했습니다. 그러나 시간마다 주님의 사역을 듣고 그분의 말씀에 귀를 기울였다면 지금쯤은 예수가 누구이신지에 관심이 있어야 합니다. 제자들과 사람들, 헤롯 왕의 질문이 이제는 나의 질문으로 다가와야 합니다. 의문은 관심의 표현입니다. 중학생이 되면 중학생 수준에 맞는 질문을 던질 수 있어야 합니다. 고등학생이 되면 고등학생 수준의 문제 제기를 말씀을 통해서 할 수 있어야 합니다. 언제나 주일학교 때 들었던 이야기에 머물러 있으면 신앙은 성장할 수가 없습니다. 우리는 우리의 신앙 연조에 맞는 의문을 갖고 있어야 합니다. 예수가 누구이신지 알고 싶어 하는 소원을 한번 그 마음속에 갖게 된 사람은 이 세상 사는 동안에 그분이 관심사가 될 것입니다. 그분을 계속해서 알고 싶어 하게 될 것입니다. 그분을 아는 것이 생애 최대의 소원이 될 것입니다.

차라리 예수님을 안 만났다면 좋았을 혜롯

　마지막으로 누가는 이 사건의 기술을 통해 앞으로 오게 될 예
수님과 혜롯의 만남에 대해서 준비하고 있습니다. 혜롯은 그가 누군가 하
며 만나 보고자 했습니다. 혜롯은 지금 궁금해할 뿐 아니라 '만날 수 있을
까?' 하는 생각을 가지고 있습니다. 의문을 가질 뿐 아니라 기회를 가지려
했습니다. 혜롯의 의문과 갈망은 앞으로 나올 사건들을 예비시켜 줍니다.
혜롯과 예수님의 계속될 관계를 전망해 주고 있습니다.

　혜롯의 계속된 궁금증은 쉽게 풀리지 않았습니다. 그러나 시간이 흐름
에 따라서 변덕스러운 왕의 마음은 미움으로 변했습니다. 어떤 연고에서
인지 예수님을 죽이려고 했습니다. 누가복음 13장 31절 이하를 보면 어
떤 바리새인들이 예수님께 "나가서 여기를 떠나소서 혜롯이 당신을 죽이
고자 하나이다"라고 경고했습니다.

　이 경고 앞에 주님은 의연하게 대처하셨습니다. "너희는 가서 저 여우
에게 이르되 오늘과 내일은 내가 귀신을 쫓아내며 병을 고치다가 제 삼
일에는 완전하여지리라 하라 그러나 오늘과 내일과 모레는 내가 갈 길을
가야 하리니 선지자가 예루살렘 밖에서는 죽는 법이 없느니라"(눅 13:32-
33). 혜롯이 잡아 죽이고자 하니 빨리 떠나라고 권고했지만 주님은 여기
에 당신이 할 일이 아직도 남아 있다고 선언하셨습니다.

　수년 후에 예수님을 보고자 했던 혜롯의 소원은 마침내 이루어졌습니
다. 비록 그가 예상했던 방법은 아니었지만 혜롯은 주님을 만나게 되었습

니다. 같은 역사를 산 동시대인의 숙명적인 만남이 이루어졌습니다. 헤롯은 심문자로서 예수님을 만났습니다. 아마 2년 수개월이 지나간 다음이었을 것입니다. 누가복음 23장 6절 이하를 보십시오. 빌라도가 예수가 갈릴리 사람인 줄 알고는 헤롯에게 보냈습니다. 이어지는 8절에는 "헤롯이 예수를 보고 매우 기뻐하니 이는 그의 소문을 들었으므로 보고자 한 지 오래였고 또한 무엇이나 이적 행하심을 볼까 바랐던 연고러라"라고 기록되어 있습니다. 예수님을 만나게 되었을 때 헤롯은 예수님의 이적 행하심을 보게 되었다며 좋아했습니다. 헤롯은 여러 말로 질문했습니다. 그러나 주님은 침묵으로 일관하셨습니다. 헤롯은 화가 나서 예수님을 조롱했고, 빛난 옷을 입혀 빌라도에게 돌려보냈습니다.

헤롯은 수년간 예수님을 보고 싶어 했습니다. 그러나 그의 관심은 잘못된 방향이었습니다. 때로 사람들은 예수님께 관심을 표현하곤 합니다. 호기심 때문에 만나고 싶어 하기도 합니다. 도대체 예수쟁이들이 믿는 예수가 누구인지 한번 보자고 말합니다. 무슨 기적이나 한번 볼 수 없을까 하여 이런 질문도 던져 보고, 저런 질문도 던져 봅니다. 그러나 주님은 기적을 행해서 그런 호기심을 충족시켜 주는 분이 아니십니다.

○

예수님을 어떻게 생각합니까? 예수님에 대해 질문을 해 본 적이 있습니까? 주님은 우리의 구주이십니다. 우리의 주인이십니다. 헤롯의 호기심을 채워 주시는 분이 아니라, 헤롯의 양심의 고통을 치유할 수 있는 분이십니다. 잘못된 관심은 비극적인 결말을 초래할 수밖에 없습니다. 헤롯은 차라리 예수님을 만나지 않는 것이 더 나을 뻔했습니다. 그는 호기심이 채워지지 않자 군병과 더불어 하나님의 아들을 조롱하는 죄까지 범했습니다. 올바른 관심을 가지고 하나님께 나오십시오. 예수께서 누구이신지 당신의 입술로 하루속히 고백하게 되기를 바랍니다.

32.

너희가 먹을 것을 주어라 (9:10-17)

/ /

이 장의 본문은 파송받은 열두 제자가 돌아온 이야기입니다. 앞 문단에서 그들은 모든 귀신을 제어하며 병을 고치는 능력과 권세를 부여받아 곳곳에 복음을 전하며 병을 고치는 사역을 하도록 파송받았습니다. 그리고 7-9절에서 헤롯 이야기가 막간에 삽입된 뒤에, 10절부터 다시 열두 제자를 파송했던 앞 이야기로 연결됩니다. 제자들은 선교 여행 다녀온 보고를 하듯이 자기들이 행한 모든 일을 예수님께 말씀드렸습니다. "사도들이 돌아와 자기들이 행한 모든 것을 예수께 여쭈니"(눅 9:10). 여기서 '모든 것'이란 말을 주의해야 합니다. 자기들이 했던 사역을 낱낱이 말하기를 원했다는 기록에서 흥분한 제자들의 모습이 느껴집니다.

그 수개월 동안 여러 일이 일어났습니다. 세례 요한이 잔인하게 처형되었고, 목이 잘린 그의 시체를 제자들이 장사 지냈습니다. 그 소식을 예수께서 들으셨습니다. 반면에 그를 죽인 분봉왕 헤롯은 예수님과 사도들이 행하는 기적을 전해 듣고 매우 당황했습니다. 그즈음 열두 제자가 돌아와 파송받은 일에 대한 감격스러운 보고를 드린 것입니다. 그들의 보고를 들은 예수님은 함께 흥분하지 않고 제자들을 데리고 그들만의 시간을 갖기 위해서 벳새다라는 지방으로 떠나가셨습니다. 틀림없이 쉬면서 재충전할 기회를 만들기 위해서였을 것입니다.

그러나 그들의 계획은 무산되어 버린 것 같습니다. 백성이 알고 따라왔기 때문입니다. 다른 복음서를 보면, 제자들이 주님과 함께 배를 타고 오는 동안에 배의 방향을 눈치챈 무리들이 해변을 따라 달려왔다고 기록하고 있습니다. "무리가 알고 따라왔거늘 예수께서 그들을 영접하사"(눅 9:11).

주님과 제자들은 초대하지 않은 손님을 맞이해야 할 형편이었습니다. 그럼에도 주님은 그들을 '영접'하셨다니 놀랍습니다. 주님은 일 중심이라기보다는 사람 우선이셨습니다. 따로 생각이 있어서 한적한 곳으로 제자들을 데리고 오셨는데 그 계획된 일이 마치 중단된 것처럼 보입니다. 주님은 하나님 나라의 일을 이야기하며 병 고칠 자들을 고치셨습니다. 주님은 계속해서 영육 간 무리의 필요를 채워 주셔야 했습니다. 누가는 무리들이 어떻게 벳새다라는 지점에 도달했는지에 대한 설명을 생략하고, 예수님이 어떻게 그들을 맞이하셨나에만 관심을 집중했습니다. 주님이 그들을 맞이해서 무엇을 하셨는지를 밝히고 있습니다. 파송받았던 열두 제자가 나가서 했던 바로 그 일을 지금 주님이 하고 계십니다.

주님은 사실 제자들에게 당신의 일을 맡기셨고, 제자들의 일은 바로 주님의 일이었습니다. 그분은 하기 싫은 일을 남에게 맡기는 스승이 아니셨습니다. 주님은 "하나님의 나라를 전파하며 앓는 자를 고치게 하려고"(눅 9:2) 열두 제자를 파송하셨습니다.

"너희가 먹을 것을 주라"

그런데 여기서 "하나님 나라의 일을 이야기하시며"라는 말씀은 상당히 긴 시간을 가지고 말씀하셨음을 의미합니다. 동시에 주님은 파송받은 제자들이 한 것처럼 병 고칠 자들을 고쳐 주셨습니다. 이 장면에서 누가는 예수께서 "그 목자 없는 양 같음으로 인하여 불쌍히 여기사"(막 6:34)라는 마가복음의 설명은 생략했습니다. 물론 그들을 불쌍히 여기셨던 것은 틀림없으나, 누가는 지금 그것을 강조하고 있지는 않습니다. 누가는 주님이 하나님의 통치에 대해 말씀하시며 그 증거로 질병을 고치는 사역을 지금 행하고 계심을 기록했습니다.

이런 일들은 모두 시간이 드는 일입니다. 주님은 하나님 나라에 대해서 긴 설교를 하셨고, 사람들을 일일이 고쳐 주셨기에 시간이 흘러가기 마련입니다. 그러다 보니 날이 저물어 간 것은 당연합니다. 해가 저물 때가 되면 저녁 먹을 시간이기에 누구나 밥 먹을 생각을 합니다. 하지만 벳새다 들판에 5천 명이나 되는 사람이 있는데, 제자들끼리만 둘러앉아서 밥을 먹을 수는 없었습니다. 그래서 열두 사도가 주님께 제의를 했습니다. "무리를 보내어 두루 마을과 촌으로 가서 유하며 먹을 것을 얻게 하소서 우리가 있는 여기는 빈 들이니이다"(눅 9:12).

배가 고파지자 함께한 무리들이 걱정되어 한 말 같습니다. 그러나 사실은 "자기들이 알아서 처리하도록 보내 버립시다"라는 이야기가 아닙니까? 이 무리들의 문제에서부터 벗어나고 싶다는 것이 제자들의 속마음이었습니다. 그러나 주님은 다르셨습니다. "너희가 먹을 것을 주라"(눅 9:13). 걱정되면 너희가 먹을 것을 주라는 말씀입니다. 마음에 부담이 되면 부담이 되는 사람이 그 일을 하면 제일 좋습니다.

이 말씀을 들었을 때 제자들이 얼마나 황당했을까요? 누가가 기록한 제자들의 반응은 그래도 온건합니다. 한편 마가의 기록을 보면 상당히 노골적인 불만이 나타나 있습니다. "우리가 가서 이백 데나리온의 떡을 사다 먹이리이까"(막 6:37). 누가는 어떻게 기록하고 있습니까? "우리에게 떡 다섯 개와 물고기 두 마리밖에 없으니 이 모든 사람을 위하여 먹을 것을 사지 아니하고서는…" 하다가 말꼬리를 흐리고 맙니다(눅 9:13). 본문을 보면 말꼬리가 흐려졌음을 알 수 있습니다. 성경에 작은 글자로 인쇄된 것은 본래 없는 말인데 의미를 살리기 위해 번역자가 삽입한 것입니다.

제자들이 말을 하다 말고는 대책이 없으니 슬쩍 말꼬리를 감추고 말았습니다. 그 이유를 누가는 "이는 남자가 한 오천 명 됨이러라"(눅 9:14상)라고 밝힙니다. 한 5천 명이나 된다는 것도 누가 그렇게 빨리 계산했는지 신통합니다. 모인 군중의 수를 헤아리기란 쉬운 일이 아닙니다. 사실 이것은 수학적 계산이라기보다는 당시 일반적 표현을 따랐다고 볼 수 있습니다. 단지 많은 숫자의 사람이 모였다고 표현할 때 한 5천 명, 한 4천 명이라고 말했을 가능성이 없잖아 있습니다. 굉장히 많은 무리가 모였다고 이해하는 것이 좋을 듯합니다. 한편, '5천 명이 모였다'는 말은 많이 모였다는 관용적인 표현이라고 볼 수도 있지만 상당히 수학적인 계산의 결과로 볼 수도 있습니다. "제자들에게 이르시되 떼를 지어 한 오십 명씩 앉히라 하시니"(눅 9:14하)라고 본문에 기록되어 있기 때문입니다. 그러면 몇 그룹으로 앉았느냐에 따라 계산이 가능합니다.

제자들은 "떼를 지어 한 오십 명씩 앉히라"라는 주님의 분부대로 수행했습니다. 우리는 이런 기록을 읽으면 자연스럽게 뒤에 이루어질 일까지 생각하게 됩니다. '떡을 제대로 나누기 위해서는 50명씩이라도 그룹을 나누어 앉혀야지' 하며 떡 줄 것을 미리 생각합니다. 그러나 당시 제자들의 입장에서 날은 저물어 가는데 50명씩 앉히라는 주님의 말씀은 도대체 납득이 안 되었을 것입니다. 또 여기 '앉힌다'는 말은 식사 자리에 앉힌다는 의미입니다. 제자들은 나누어 줄 떡도 없는데 무엇 때문에 앉히는지 이유도 모르고 사람들을 앉혔습니다. 예수님의 말씀에 제자들이 단 한 명의 반발도 없이 순종했다는 것이 놀랍습니다.

우리는 주님의 말씀을 전폭 신뢰해야 합니다. 이것은 정말로 중요한 진리입니다. 주님의 말씀은 우리의 이해 여부에 상관없이 순종할 때 축복이 됩니다. 하나님의 말씀은 우리가 다 이해하고 나서 따르는 것이 아닙니다. "앉히라" 하시면 앉히는 것입니다. 우리가 그렇게 순종할 때 하늘의 축복을 경험할 것입니다. "가라"고 하시면 가십시오. "맡으라" 하시면 맡으십시오. 하나님의 역사는 순종할 때 일어납니다.

"예수께서 떡 다섯 개와 물고기 두 마리를 가지사 하늘을 우러러 축사하시고 떼어 제자들에게 주어 무리에게 나누어 주게 하시니"(눅 9:16). 무리를 먹일 만한 무엇인가가 있다고 생각하지 못한 제자들이 주님의 손으로부터 계속 공급되는 떡과 물고기를 무리 앞에 갖다 놓는 장면을 상상해 보십시오. 지금껏 주님을 알아 왔지만 새롭게 주님을 알게 된 계기였음이 틀림없습니다. 신나게 갖다 나른 떡을 먹고 풍성한 여분까지 갖게 된 것을 본문은 보여 줍니다. "먹고 다 배불렀더라 그 남은 조각을 열두 바구니에 거두니라"(눅 9:17).

주님은 하나님의 그리스도이시다

누가의 기록을 따라 사건을 재현시켜 보았습니다. 이 기적은 복음서 기자마다 기록하고 있습니다. 네 기자가 동일한 사건을 기록하면서 자기 나름대로 강조점을 가지고 있습니다. 예컨대, 마가는 인간의 필요를 채워 주시는, 핍절한 상태에 놓인 양 떼의 목자로서의 주님을 보여 주었습니다(막 6:34). 그런가 하면 요한은 굶주린 무리를 먹이신 분으로만 그치지 않고 영적 양식의 공급자로 주님을 보여 주었습니다.

그런데 누가는 이 이야기를 통해 무엇을 우리에게 말해 주고 싶어 합니까? 누가는 이 사건을 통해 예수께서 누구이신가를 부각시키고 있습니다. 앞뒤 문맥을 주의하십시오. 앞부분에는 헤롯을 통해 질문이 나오고 있습니다. "이 사람이 누군가"(눅 9:9). 이 기사 바로 뒤에는 베드로의 입을 통해 대답이 나오고 있습니다. "하나님의 그리스도시니이다"(눅 9:20). 질문과 대답 사이에 나오는 사건이 5천 명을 먹이신 이 장의 기사입니다.

이 기사를 통해서 누가는 사실 제자들 스스로가 일찍 던졌던 질문에 대한 결정적인 대답을 하게 합니다. 광풍 이는 게넷사렛 호수에서 던졌던 의문을 기억합니까? "그가 누구이기에 바람과 물을 명하매 순종하는가"(눅 8:25). 제자들이 놀라서 그 밤에 예수님을 향해서 던졌던 질문입니다. 풍랑을 진정시킬 때 생긴 의문이 주님이 5천 명을 먹이심으로 결정적으로 해결됩니다. 물론 이 한 사건을 통해서만 밝혀진 것은 아닙니다. 거라사인의 땅에서 주님은 제어할 수 없는 그 엄청난 귀신을 쫓아냄으로 당신을 계시하셨습니다. 열두 해나 시달린 혈루병을 고치면서 주님은 조금 더 당신을 계시하셨습니다. 열두 살 난 야이로의 딸을 살림으로 한 번 더 주님은 당신이 어떤 분인지를 나타내 보여 주셨습니다. 이제 결정적으로 열두 바구니에 부스러기를 거두면서 예수님이 누구이신지를 알게 됩니다.

누가가 기록한 본문을 자세히 보면 엄청난 떡을 먹은 무리들의 반응은 간략하게 기록되어 있습니다. 누가는 지금 이 사건을 따로 데리고 나온 제자들을 위해서 행하신 것으로 보여 주고 있습니다. 주님은 의도적으로 제자들에게 "너희가 먹을 것을 주라"고 말씀하셨습니다. 주님은 제자들이 먹을 것을 가지지 않았다는 것을 아셨습니다. 하지만 그들이 "무리를 보내서 잘 곳과 먹을 곳을 찾도록 합시다" 하고 걱정하니까 "너희가 먹을 것을 주라"고 하셨습니다.

당혹한 처지에 서 보지 않고는 제대로 교훈을 얻을 수 없습니다. "너희가 먹을 것을 주라"는 주님의 말씀에 제자들이 얼마나 황당했겠습니까. 난감한 상황에 처했었기에 '다 배불리 먹고 남은 조각 열두 바구니'에 누구보다도 그들은 감격했을 것입니다. 배고픈 무리를 돕기에 철저히 무능한 제자들과 대조적으로 무리를 다 배불리기에 능하신 주님의 모습이 여기에 부각되고 있습니다. 모세를 통해서 이스라엘을 먹이셨던 분, 엘리사를 통해서 보리떡 스무 개로 굶주린 무리를 먹이셨던 하나님이 여기서 보리떡 다섯 개와 물고기 두 마리로 5천 명을 먹이시되, 열두 광주리 가득 남을 만큼 풍성히 먹이셨습니다. 그분이야말로 약속된 메시아시라는 것을 제자들이 마음속 깊이 느끼도록 한 사건이었습니다.

주님이야말로 약속된 "하나님의 그리스도시니이다"(눅 9:20)라는 고백은 단지 베드로의 것만이 아닙니다. 믿음으로 바라보는 이들의 가슴마다 "주님은 하나님의 그리스도이시다"라는 것이 확실해진 사건이 본문의 사건입니다.

가지사 축사하시고 떼어 주신 주님의 행동

누가는 예수님이 하나님의 그리스도라는 결정적인 증거로서

5천 명을 먹이신 기사를 들고 있습니다. "예수께서 떡 다섯 개와 물고기 두 마리를 가지사 하늘을 우러러 축사하시고 떼어 제자들에게 주어 무리에게 나누어 주게 하시니"(눅 9:16). 주님의 행동 하나하나를 자세히 묘사했습니다. '가지사 축사하시고 떼어 주시니.' 이 말씀을 들으면 무슨 생각이 납니까? 이 말속에 최후의 만찬을 하시던 주님의 모습이 남아 있습니다. 뿐만 아니라 성찬을 시작하며 하신 말씀이 비치고 있습니다. "또 떡을 가져 감사 기도하시고 떼어 그들에게 주시며 이르시되 이것은 너희를 위하여 주는 내 몸이라 너희가 이를 행하여 나를 기념하라 하시고"(눅 22:19).

예수님의 십자가 처형 후 엠마오를 향해 두 제자가 슬픈 표정으로 걷고 있었습니다. 그때 한 사람(부활하신 예수님)이 나타나서 무슨 이야기를 하고 있느냐고 물었습니다. 그들이 예수님의 십자가 처형 사건을 말하자 예수님은 모세의 율법에서부터 시작해 모든 선지자의 글을 설명하면서 그리스도가 고난을 받고 죽어야 한다고 말씀하셨습니다. 그런데도 두 제자는 예수님을 알아보지 못했습니다. 언제 알아보게 됩니까? 결정적으로 두 제자가 예수님을 알아보게 된 것은 함께 식탁에 앉았을 때입니다. "그들과 함께 음식 잡수실 때에 떡을 가지사 축사하시고 떼어 그들에게 주시니"(눅 24:30). 떡을 가지고 축사한 후 떼어 주시던 주님의 독특한 모습이 그들로 하여금 주님을 알아보게 한 것입니다.

본문에서 누가는 의도적으로 16절을 자세히 기록했습니다. 주님의 한 동작, 한 동작을 묘사함으로써 "그가 누구이기에?"라는 질문에 답하게 합니다. "이 사람이 누군가?"라는 헤롯의 의문에 답하게 합니다. 하늘로부터 만나를 내려 이스라엘을 먹이셨던 그 동일한 손이 지금 물고기 두 마리와 보리떡 다섯 개를 가지고 5천 명을 먹이셨습니다. 다시 말해서, 이 기적의 손은 전능하신 하나님의 손이 틀림없습니다. "하나님의 그리스도시니이다"라는 고백은 이 현장에 있었던 제자들로서는 확신을 가지고 말할 수 있는 고백입니다.

○

주님은 지금도 우리를 향해 명하고 계십니다. "너희가 먹을 것을 주라." 놀라운 것은, 우리 손에 있는 것을 주님께 드리기만 하면 주님이 그것을 가지고 하늘을 우러러 기도하실 때 기적이 일어난다는 것입니다. 그것은 우리의 물질만이 아니라 시간도 마찬가지입니다. 믿음으로 자신을 드려서 순종할 때 우리의 궁핍과 무가치함에도 불구하고 주님이 우리를 통해 세상을 구원하시는 역사가 나타날 것입니다. 제자들에게 주어 무리 앞에 놓게 하시는 주님은 당신이 직접 하지 않고 당신의 제자들을 통해서 역사하기를 기뻐하십니다. 전능의 주님은 우리를 사용해 말씀의 떡을 갖다 나르기를 원하십니다. 우리의 손에서부터 다섯 개의 떡과 두 마리의 물고기를 받고 그것을 떼어서 우리의 손을 통해 필요한 사람들에게 나누어 주도록 명하십니다.

열두 바구니의 부스러기가 남았다는 것을 꼭 기억하십시오. 아직도 주님께는 열두 바구니 가득 남아 있습니다. 다섯 개의 떡과 두 마리의 물고기로 5천 명을 먹이고도 남았다면, 열두 광주리에 남아 있는 여분의 음식들은 수많은 하나님의 백성을 전부 살려 내기에 충분하고도 남을 것입니다.

33.

그리스도시니이다 (9:18-20)

/

    아이들은 자라는 과정에서 많은 의문을 가집니다. 그러다가 그 질문에 스스로 답하는 단계로 나아갑니다. 제자들은 누가복음 6장에서 이미 사도로 택함을 받아 예수님과 함께 다녔지만 8장에 와서야 비로소 함께 계신 예수님에 대해 의문을 표했습니다. "그가 누구이기에 바람과 물을 명하매 순종하는가"(눅 8:25). 이 장의 본문에 제자들 스스로의 대답이 나옵니다. "하나님의 그리스도시니이다"(눅 9:20).

  당신의 신앙생활을 스스로 측정해 보십시오. 교회에 나오지만 아무런 의문도 없는 단계입니까? 그렇다면 아직 매우 어린 수준에 있습니다. 혹 요즘 부쩍 의문이 많아졌습니까? "정말 성경은 하나님의 말씀입니까?", "예수님은 정말 하나님의 아들이십니까?"라는 의문을 갖는 것은 자랐다는 증거입니다. 이런 단순한 의문뿐 아니라 상당히 복잡한 질문을 가지고 있다면 조금 더 자란 증거입니다. 그러다 어느 날 "주님은 하나님의 그리스도이십니다"라고 스스로 대답하게 될 것입니다. 의문은 신앙 성장 과정에 있어서도 필수적입니다.

기도하시는 예수님

"예수께서 따로 기도하실 때에 제자들이 주와 함께 있더니"(눅 9:18). 제자들도 주님과 함께 있었지만 기도 시간을 가진 것은 주님 홀로이십니다. 또한 누가는 주님이 자주 기도하셨음을 밝히고 있습니다. 다른 복음서의 기자가 밝히지 않은 기도에 대해 누가는 일곱 번 더 기록했습니다. 세례를 받으실 때, 인기가 높아지셨을 때, 열두 사도를 선택하시기 전날 밤, 이 장의 본문에서 제자들에게 당신이 누구인지 물으시기 전에, 본문 이후에 변화 산에서 변형되시기 이전에, 제자들에게 기도를 가르쳐 주시기 직전에, 체포되시기 전 겟세마네에서 기도하신 것도 누가만 밝히고 있는 사실입니다. 이 일곱 번의 기록은 누가만이 복음서에 남겼습니다.

사람들은 자기가 관심을 가지고 있는 부분을 보기 마련입니다. 누가의 관심사는 기도에 있었습니다. 그래서 오늘날 신학자들은 누가를 가리켜 '기도의 신학자', '성령의 신학자'라고 말하기도 합니다. 왜냐하면 누가 자신이 기도하는 일에 관심이 있었을 뿐 아니라 주님이 기도하신 일을 빠뜨리지 않고 기록했기 때문입니다. 뿐만 아니라 기도에 관한 교훈도 다른 복음서보다 누가복음에 더 많이 실려 있습니다.

누가의 보고에 따르면, 예수님은 삶의 중대한 계기마다 기도에 당신을 쏟아 부으시는 분으로 소개됩니다. 제자들과 함께하는 중에 주님은 기도하셨습니다. 앞으로 하실 일들을 생각하며 결정적인 계시를 앞두고 하나님의 인도를 구하셨습니다.

예수님이 기도하시는 모습을 유심히 관찰해 보십시오. 생의 고비마다 기도하시는 주님의 모습은 우리의 모범이 되기에 충분합니다. 혹 어려운 상황에 처해 있다면 우리 주님처럼 하나님의 인도하심을 구하는 기도를 드리십시오. "예수께서 따로 기도하실 때에"라고 본문은 말합니다. 따로 기도할 필요를 느끼고 있다면 담대히 하나님의 은혜의 보좌를 향해 나아가십시오.

주님의 기도는 지금 여기서 주님이 제자들에게 묻게 될 질문과 관련이 있습니다. 달리 말해서 "하나님의 그리스도시니이다"(눅 9:20)라는 대답은 주님의 기도와 무관하지 않습니다. 스승으로서 주님의 중보 기도가 제자들로 하여금 분명한 고백을 하도록 하는 데 필요했습니다. 이러한 주님의 모습을 우리의 삶에도 적용해 볼 수 있을 것 같습니다. 선생은 제자들을 위해 기도하는 자라야 합니다. 말씀과 기도에 전무해야 할 필요가 있습니다.

예수님의 두 가지 질문에 답하라

"무리가 나를 누구라고 하느냐"

기도를 끝내신 주님은 제자들에게 두 가지 질문을 하셨습니다. 첫째는, "무리가 나를 누구라고 하느냐"(눅 9:18)이고, 둘째는, "너희는 나를 누구라 하느냐"(눅 9:20)입니다. 처음 질문은 객관적인 대답을 요구합니다. 여기에 대한 제자들의 대답을 들어 보십시오. "세례 요한이라 하고 더러는 엘리야라, 더러는 옛 선지자 중의 한 사람이 살아났다 하나이다"(눅 9:19). 이 대답은 이미 7절 이하에서 제시된 바 있습니다. 예수의 소문 때문에 당혹한 헤롯이 어쩔 줄 몰라 혼자서 중얼거리는 그 사연을 설명하는 말로서 다음과 같습니다. "이는 어떤 사람은 요한이 죽은 자 가운데서 살아났다고도 하며 어떤 사람은 엘리야가 나타났다고도 하며 어떤 사람은 옛 선지자 한 사람이 다시 살아났다고도 함이라"(눅 9:7-8). 본문보다 여기에 더 자세하게 설명되었습니다. 내용은 같습니다.

당시 이스라엘에 살고 있던 사람들은 예수님의 그 예외적인 초자연적 능력의 사역을 모두 듣고 있었습니다. 다만 그때 팔레스타인에 살던 사람들은 예수님이 누구이신지에 대해서 충분히 이해를 못 했을 따름입니다. 특별한 인물로서 보기는 했지만 아직도 하나님의 그리스도이심은 알지 못했습니다.

세상은 지금이나 그때나 예수님에 대해서 특별한 분으로서 대우하고 있습니다. 상식이 있는 사람이라면 예수님을 우리 중 하나같이 여기지는 않을 것입니다. 인류의 4대 성인 중 하나라고 인정합니다. 그들도 예수님이 기독교의 창시자라는 것을 부인하지 않을 것입니다. 유대인들이 자신들의 정황 속에서 인정하고 있듯이, 오늘날 사람들도 자신들의 삶의 정황 속에서 그렇게 고백하기를 주저하지 않습니다. 특히 신학적인 자유주의에 속한 사람들은 예수께서 행하신 모든 기적을 부인합니다. 예수께서 사람이 되신 하나님이라는 사실에 대해서도 부인합니다. 그러나 그들도 예수께서 '위대한 윤리적 선생'임은 인정합니다. 그분의 가르침을 구현하는 기관이 교회라고 생각합니다.

금세기 실존주의 철학자들은 예수께서 하나님이신 것은 부인하지만, 예수야말로 사회의 모든 압력을 거부한 실존적 인간의 위대한 모델이라고 주장합니다. 1960-1970년대 들어 공산주의 혁명이 인기를 얻을 때 예수님이야말로 '위대한 혁명가요, 따라야 할 영웅'으로서 배역을 바꾸기도 했습니다. 사람들이 생각하는 예수님과 성경이 말하는 예수님은 매우 다릅니다. 그러므로 주님은 그때나 지금이나 사람들의 고백만 듣고 만족해하지 않으셨습니다.

"너희는 나를 누구라 하느냐"

주님께서는 제자들의 객관적인 대답을 들으신 다음 이제는 주관적인 대답, 개인적인 답변을 요구하는 질문을 하셨습니다. 그때 열두 제자의 대표로서 베드로가 대답했습니다. 베드로는 기질적으로 남이 대답할 때까지 기다리지 못하는 사람입니다. "하나님의 그리스도시니이다"(눅 9:20). 무리의 일반적인 인식과는 대조적인 대답이 제자들의 입을 통해서 나왔습니다.

이것은 그동안 주님이 하신 일을 중간 평가한 사건입니다. 주님은 지금 때가 무르익었다는 것을 아셨습니다. 주님은 그동안 조금씩 당신을 나타내 오셨습니다. 광풍을 잠잠케 하심으로, 거라사의 귀신들린 자의 입을 통해서, 열두 해 혈루증을 앓는 여인을 고치심으로, 열두 살 난 야이로의 딸을 살리심으로, 열두 바구니 가득 부스러기를 거두게 하심으로 당신이 하나님의 그리스도임을 나타내셨습니다.

이 모든 예비적인 사건이 있고 나서 주님은 제자들에게 비로소 "너희는 나를 누구라 하느냐"라는 질문을 던지셨습니다. "하나님의 그리스도시니이다"라는 베드로의 대답은 누가복음의 분수령입니다. 지금껏 예수께서 하신 사역의 절정이 여기에 있습니다. 예수께서 누가복음 3장부터 시작해 지금까지 하신 모든 일은 이 고백이 나오도록 하는 데 목표가 있었습니다. 이후 주님은 새로운 내용을 가르치기 시작하십니다. 확신에 찬 제

자들의 대답을 듣고 나서야 비로소 하나님의 그리스도로서 당신이 겪게
될 수난과 죽음을 말씀하셨습니다.

주님은 하나님의 그리스도이시다

주님은 3년 사역을 마감할 시점에 결정적인 고백을 이끌어 내
십니다. 주님이 우리 한 사람, 한 사람에게 예수님이 누구라고 생각하는
지 물어 오시면 무엇이라고 대답하겠습니까? 훌륭한 사람 가운데 한 분입
니까? 아직도 인류의 스승이며 4대 성인 가운데 한 분으로만 그분을 여깁
니까? 그것은 일반적인 평가는 될 수 있으나 우리 자신의 신앙 고백은 되
지 못합니다. 예수님을 하나님의 그리스도로 고백하는 것이 신앙입니다.
당신은 예수님이 하나님이 세상에 보내신 구원자라고 고백하고 있습니
까? 우리 삶의 정황에 구원자로 오신 그분을 만나 본 적이 있습니까? 우리
문제의 해결자로 오신 예수님을 통해 문제 해결을 받아 보았습니까? 신앙
은 거기에서부터 나오는 것입니다.

광풍 이는 게네사렛 호수의 물결에 의해 삼켜질 것 같은 두려움 속에서
주님이 잠잠케 하시는 체험을 할 때 우리는 예수님이 누구이신지 스스로
배우게 됩니다. 우리의 딱한 형편을 구체적으로 도울 수 있는 전능한 분
이 바로 우리의 구주이십니다. 하나님이 보내신 구원자 예수를 삶 속에서
경험해 보십시오. 그분이 하나님의 그리스도이시면 우리 문제는 그분의
손에 의해서 해결을 받아야만 합니다. 예수님은 우리가 가진 그 문제를
해결해 주기 위해서 세상에 오셨습니다. 우리는 그리스도를 통해 삶을 새
롭게 살아갈 수 있습니다.

누가는 복음서 서두부터 예수님을 하나님의 그리스도로 소개했습니다 (눅 2:11, 26). 탄생 기사뿐 아니라 사역 초두부터 그렇게 밝혔습니다(눅 4:41). 이제 하늘이 밝힌 사실에 대해서 땅에서의 화답이 일어나고 있습니다. 그것이 베드로의 입을 통해 최초로 나타나고 있습니다. "하나님의 그리스도시니이다." 예수님은 하나님의 기름 부음을 받은 분이십니다. 하나님이 준비시키신 분입니다. 그리스도란 하나님이 준비시키신 구원자라는 말입니다.

구약성경을 읽어 보면 백성의 지도자를 임직할 때 황소의 뿔에 기름을 채워 머리에 부었습니다. 그로써 그 직무를 감당하기에 구비된 능력자라는 의미를 부여했습니다. 왕과 제사장과 선지자는 모두 기름 부음을 받은 자들이었습니다. 왜 예수님을 보고 '기름 부음을 받은 자'라고 말합니까? 예수님이야말로 우리의 왕이시고, 우리의 선지자이시고, 우리의 제사장이 되시기 때문입니다. 그 모든 직무를 수행하도록 갖추신 분이 예수님이시라는 이야기입니다. 베드로는 하나님의 그리스도의 사역을 다음과 같이 설명했습니다. "하나님이 나사렛 예수에게 성령과 능력을 기름 붓듯 하셨으매 그가 두루 다니시며 선한 일을 행하시고 마귀에게 눌린 모든 사람을 고치셨으니 이는 하나님이 함께하셨음이라"(행 10:38).

뿐만 아니라 '하나님의 그리스도'라는 말은 누가복음 9장 22절에서 밝히는 바와 같이 그분이 장차 받으실 수난이 함축된 말입니다. '하나님의 그리스도'라는 말속에는 하나님의 택하심을 받은 자가 그 직무를 수행하는 데는 말할 수 없는 수난이 있다는 것을 암시하고 있습니다. 주님이 택하신 길은 쉬운 길이 아닙니다. 하나님이 맡기신 사역을 감당하는 데는 버림받고 고난받고 죽임을 당하는 일까지도 무관하지 않습니다.

우리가 예수님을 하나님의 그리스도로 고백한다면 우리의 삶도 하나님의 그리스도의 삶을 닮아 가야만 합니다. 쉬운 길, 좋은 길, 번영의 길만 찾는다면 우리는 입으로만 예수를 고백하지 삶으로는 따라가지 않는 것입니다. 우리 삶이 하나님과 함께하는 삶이 되기를 원한다면 고난의 길을 걸을 각오를 해야만 합니다. "무릇 그리스도 예수 안에서 경건하게 살고자 하는 자는 박해를 받으리라"(딤후 3:12)라고 성경은 말합니다.

○

예수님을 하나님의 그리스도라고 고백하는 삶은 그분이 남기신 발자취를 따라가는 삶이어야 합니다. 세상에 처음 오셨던 주님은 수난의 발자국을 우리를 위해 남기셨습니다. 예수님을 하나님의 그리스도라고 고백합니까? 그렇다면 이제 그 그리스도가 우리를 위해서 남기신 발자국을 따라가십시오. 자신의 신앙 고백에 걸맞은 삶을 한평생 살아가기 바랍니다. 후일에 하나님의 그리스도와 함께 영광 중에 다스리게 될 것입니다.

34.

나를 따라오려거든 1(9:21-27)

//

 이 장의 본문은 제자들의 신앙 고백에 따른 두 가지 교훈을 기록하고 있습니다. 먼저 주님은 제자들을 향해 비로소 엄숙한 수난 예고를 하십니다. 그리고 고난당할 인자를 따르게 될 때 그들이 지불할 대가가 무엇인지를 말씀해 주셨습니다. "하나님의 그리스도시니이다"라는 베드로의 대답은 정답임이 틀림이 없으나 오해될 여지가 있었습니다. 그러므로 주님은 그 베드로의 대답에 이어서 하나님의 택하심을 받은 사역자의 길이 어떠한지를 엄숙히 선언하셨습니다.

 "경고하사 이 말을 아무에게도 이르지 말라 명하시고"(눅 9:21). 주님은 당신이 '하나님의 그리스도'라는 사실을 아무에게도 말하지 말라고 심각하게 명령하셨습니다. 그 사실이 잘못되었기 때문이 아닙니다. 오히려 그 고백이 진리이기 때문입니다. 하지만 사람들이 주님이 '하나님의 그리스도'라고 생각할 때 갖게 될 오해를 막기 위해서 그 사실을 언급하지 못하도록 명하셨습니다.

당시 모든 유대인은 하나님이 보내실 구원자에 대한 믿음을 가지고 있었습니다. 심지어 유대인이 사람 취급을 하지 않은 사마리아 사람들도 메시아에 대한 믿음을 공유했습니다. 하지만 그들은 그들 나름대로의 메시아를 생각하고 있었습니다. 일반적으로 말하면, 적어도 로마의 압제에서 자신들을 구원할 분으로 기대했습니다. 말하자면, 자신들의 꿈과 소망을 성취하실 분으로 하나님의 그리스도를 그리고 있었던 것입니다. 하지만 그 누구도 하나님의 구원자가 오셔서 먼저 수난을 당해야 한다고 생각하지는 않았습니다. 그러므로 때가 되기까지, 주님이 대제사장 앞에 서서 증언하는 시간이 올 때까지는 당신이 '하나님의 그리스도'라는 사실을 말하지 못하도록 엄금하셨습니다.

그리고 나서 주님은 하나님의 택한 자로서 당신이 겪을 수난을 미리 말씀해 주셨습니다. 인자로서 많은 수난을 겪어야 하는 것은 하나님이 정하신 필연적인 길임을 이야기하셨습니다. 주님은 수난의 의미가 함축된 칭호인 '인자'라는 말을 스스로에게 사용하셨습니다.

지금 주님의 말씀은 우리의 예상을 뒤엎습니다. 어떤 사람도 생각하지 못한 사실을 공개하고 계십니다. 우리는 대개 하나님의 그리스도, 하나님이 기름 부어 세우신 사역자는 평탄한 길을 갈 것으로 기대합니다. 그러나 주님은 이런 일반적인 생각과는 달리 수난의 길을 걸어야 한다고 말씀하셨습니다. 하나님의 택하심을 받은 자가 그 직무를 수행하는 데는 피할 수 없는 고난이 있다는 것을 알리셨습니다. 하나님이 맡기신 사역을 감당하기 위해서 주님이 겪으셔야 할 많은 수난이 무엇입니까? "인자가 많은 고난을 받고 장로들과 대제사장들과 서기관들에게 버린 바 되어 죽임을 당하고 제 삼 일에 살아나야 하리라 하시고"(눅 9:22).

'인자'(人子, 사람의 아들)는 주님이 즐겨 사용하신 자기 칭호입니다. 예수님은 본질상 하나님의 아들이지만 '사람의 아들'이라는 칭호를 즐겨 사용하신 것은 그분이 하실 사역과 무관하지 않습니다. 하나님의 아들인 그분이 세상에 내려와 사람의 아들이 되신 까닭은 사람의 아들들로 하나님의 아들들이 되게 하시기 위함입니다. 이를 위해 그분은 사람의 아들이 되셨고, 사람의 아들들을 대신해서 죽는 수난을 담당하셔야 했습니다. 그래서 누가복음에서는 두 번의 예외 말고는, 수난에 관해서 당신을 가리킬 때는 항상 '인자'라고 부르셨습니다.

수난당하실 인자이신 주님

본문은 인자의 역할을 수행하기 위해 주님이 반드시 치르셔야 할 수난을 언급하고 있습니다. 먼저 많은 고난을 겪으셔야 합니다. 사람의 아들은 사람들에 의해서 버림을 받을 것입니다. 산헤드린 구성원인 장로들과 대제사장들과 서기관들에 의해서 쓸모없는 자로 거부될 것을 밝히셨습니다. 장로들은 당시 산헤드린을 이루고 있는 평신도 대표 격이며, 대제사장들은 대제사장 자신들을 포함한 가문의 귀족들을 말합니다. 그리고 서기관들은 율법을 연구하고 해석하고 가르치는 지식층을 가리킵니다. 신앙을 수호하고 증진시켜야 할 책임이 있는 구성원들에 의해서 주님은 거부를 당하고 죽임을 당하셨습니다.

하지만 그분의 죽음은 유대의 실력자들에 의해서 억울하게 당한 죽음이 아닙니다. 그분을 향한 아버지의 뜻이었습니다. 세상을 끔찍이 사랑하신 아버지께서는 세상을 위해서 아들을 제물로 내어 주셨습니다. 그것은 또한 주님 당신의 선택이기도 했습니다. 아무도 주님의 생명을 빼앗을 자가 없습니다. 그러나 주님은 우리를 위해서 그 생명을 포기하기로 작정하셨습니다. 예언을 따라서, 율법의 요구가 이루어지기 위해서 걸어야 할 필연적인 길을 그분은 선택하셨습니다. 율법 아래 있는 자들을 속량하고 하나님의 도덕적인 표준에 미치지 못하는 인생을 구원하기 위해서, 하나님의 그 표준에 이르지 못한 사람들을 대신해서 그분은 죽으셔야만 했습니다.

그러나 그것이 이야기의 끝은 아닙니다. 인자는 제3일에 다시 살아나셨습니다. 하나님이 그분의 수많은 수난의 삶과 대속의 죽음에 대해서 의미 있게 받으신 증표로서 주님을 다시 살리셨습니다. 주님의 죽음이 쓸데없는 허무한 죽음이 아니라는 것을 입증하기 위해서 하나님은 그분을 다시 살리셨습니다. 하나님이 인자의 사역과 희생을 인정하실 뿐만 아니라 그 능력의 손으로 예수님을 높이신 것이 바로 부활 사건입니다(행 2:33). 사람들이 짓밟아 버린 예수님이지만 하나님은 그분을 존귀하게 하기를 기뻐하셨습니다. 주님은 죽은 사람들 가운데서 부활하심으로, 권능으로 하나님의 아들로 확정되셨다고 로마서 1장에 밝혀져 있습니다.

주님의 십자가 길은 우리의 십자가 길

주님은 베드로의 신앙 고백에 이어서 이 사실을 밝히심으로 있을 법한 오해를 미리 바로잡으셨습니다. 수난의 길을 통한 부활의 영광에 이르는 당신의 여정을 밝히신 다음에 주님은 제자가 되기 원하는 모든 사람에게 그들이 명심해야 하는 제자 됨의 대가를 이어서 말씀하셨습니다.

"또 무리에게 이르시되 아무든지 나를 따라오려거든 자기를 부인하고 날마다 제 십자가를 지고 나를 따를 것이니라"(눅 9:23).

그리스도인은 예수님을 따르는 사람들입니다. 주님을 따르기 위해서는 그분이 걸으신 길을 바로 이해해야만 합니다. 많은 수난의 길, 버림과 죽음의 길이 있지만 종국에는 부활과 영광이 기다리고 있는 길입니다. 부활의 영광에 이르기 위해서는 수난의 길을 통과해야만 한다는 사실을 명심하십시오.

주님은 당신이 걸어야 하는 길만 말씀하시지 않고 곧바로 그분의 제자가 되기 원하는, 우리 모두가 걸어야 하는 필연적인 길에 대해서 말씀하셨습니다. 제3일에 살아나기 위해서 주님이 걸으신 많은 수난의 과정이 또한 그분의 제자들에게도 기다리고 있다고 이야기하셨습니다. "무릇 그리스도 예수 안에서 경건하게 살고자 하는 자는 박해를 받으리라"(딤후 3:12)라고 사도 바울은 증거하고 있습니다. 뿐만 아니라 우리가 하나님 나라에 들어가려면 많은 환난을 겪어야 한다고 그는 가는 곳마다 사람들에게 가르쳤습니다. 천국에 가는 길이 험해도 우리가 그것을 따르는 이유는, 그 길이 생명 길이 되기 때문입니다.

제자들도 인자의 영광에 동참하기 위해서 예수님이 버림받고 죽임당하신 것처럼 분명한 포기를 요청받습니다. "아무든지 나를 따라오려거든", 이 말씀에는 예외가 없습니다. 이미 주님을 따르기로 하고 모든 것을 버린 베드로뿐만 아니라 그날 처음으로 주님 곁에 둘러서서 그 말씀을 듣고 있었던 사람들에게도 마찬가지 요구 조건입니다. 10년 동안 교회를 다닌 사람에게도 요구되는 조건인 동시에 오늘 처음 교회에 나온 사람에게도 요구되는 조건입니다.

주님은 "자기를 부인하라"고 말씀하십니다. "날마다 제 십자가를 지라"

고 하십니다. "나를 따르라"고 명하십니다. 주님을 따르기로 하고 나선 제자들뿐만 아니라 모든 사람을 향해서 도전하시는 말씀입니다. 그날 자신의 귀로 주님의 말씀을 들었던 자들만 아니라 지금 주님의 말씀을 읽고 듣는 모든 사람을 향해서 주님은 동일한 요구 조건을 내세우십니다. 누가는 마가보다 더 밀접하게 주님의 수난과 그분을 따르는 제자들의 운명을 함께 엮고 있습니다. 고난받는 운명은 주님만이 아니라 그분의 제자가 되기 위한 모든 사람의 필수 조건입니다.

주님은 우리에게 자기 부인의 길을 요구하십니다. 옛 자아에 대해서 "아니다"라고 말할 때 주님의 제자가 될 수 있습니다. 과거에 세상을 살면서 추구하던 것들에 대해서 "아니다"라고 대답할 수 있을 때 주님의 제자가 될 수 있습니다. 본래 태어날 때부터 가지고 있는 인간적 욕망에 대해서 "아니다"라고 답할 수 있는 사람만이 그분의 제자의 길을 걸을 수 있습니다. 날 때부터 우리에게는 자기 보존 본능과 자기 이익 추구 본능이 있습니다. 그러나 자기의 이익과 자신의 자연적인 행복에 관한 관심을 분명히 부인하도록 부르심을 받은 자가 제자입니다.

주님이 이 요구를 제자들이 예수님을 향해 "하나님의 그리스도시니이다"라고 고백했을 때 하셨다는 데 의미가 있습니다. 이처럼 확실한 결단은 위기 상황에서만 요구되는 것이 아닙니다. 믿기로 작정한 첫 결단의 순간에만 필요한 것이 아닙니다. 날마다 새롭게 다짐해야 할 일입니다. 날마다 삶에서 일어나는 모든 상황 속에서 자신을 부인하는 결단이 요구됩니다. 이것만이 십자가를 지고 예수님을 따르는 길입니다. "날마다 제 십자가를 지고 나를 따를 것이니라"(눅 9:23하). 동일한 말씀에 대해 마가는 첫 결단에 대해서 강조했습니다. 그러나 누가는 그것이 날마다의 결단이어야 함을 강조하고 있습니다.

여기서 "제 십자가를 지라"는 것은 자주 오해되는 말씀이기도 합니다. 여기서 '십자가'는 일상적인 인간의 고통이나 슬픔, 질병, 실망, 궁핍, 죽음 등을 가리키는 상징적인 표현이 아닙니다. 그리스도를 섬기기 위해서 겪게 되고, 견뎌야 하고, 포기되어야만 하는 일들을 가리킵니다. 그리스도 때문에 듣는 악담과 받는 박해를 의미합니다. 그리스도의 이름을 위해서 치르는 자기희생과 때로는 죽음까지 의미하는 말입니다. 예수께서는 그분에 대한 충성이 때로는 삶 전부를 파멸시키는 상황으로 인도될 수 있음을 내다보고 계셨습니다. 조롱과 박해, 급기야는 순교까지 배제할 수 없는 상황으로 인도될 것을 아셨기에 제자들로 하여금 이런 상황을 미리 고려하도록 처음부터 요청하신 것입니다. "그럴 줄 알았으면 처음부터 나는 따르지 않았을 텐데"라고 말하지 못하도록 "주님은 하나님의 그리스도이십니다"라고 고백하는 자들에게 이 말씀을 하신 것입니다.

당신은 예수님이 하나님의 그리스도이시라고 고백할 수 있습니까? 예수님이 하나님이 세상에 보내신 구원자라고 고백하고 있습니까? 그렇다면 하나님의 그리스도가 걸어가신 그 길은 우리 자신이 걷게 될 길과 무관하지 않음을 기억하십시오. 작두에 목을 얹고 사는 길입니다. 교수형 밧줄을 목에 걸고 사는 길입니다. 순교의 삶에 대해서 매일 응답하는 각오를 해야 한다고 주님은 여기서 말씀하십니다.

○

그리스도가 고난을 통해서 그 영광에 들어가셨음을 고백하고 있습니까? 부활하신 주님은 엠마오로 가는 두 제자를 향해서 "그리스도가 이런 고난을 받고 자기의 영광에 들어가야 할 것이 아니냐"(눅 24:26)라고 책망하셨습니다. 선지자의 예언을 마음에 더디 믿는 그들이 답답해서 다그치신 것입니다. 사람은 죄인이기 때문에 자기 생각에 사로잡혀 있습니다. 그렇기에 부활하신 주께서 그들 곁에 친히 서서 모세의 글로부터 시작해 온 구약을 통해 메시아가 먼저 고난받아야 할 것이 아니냐고 가르쳐 주셨지만 그들은 깨닫지를 못했습니다.

그리스도가 고난을 받고 제3일에 살아난 것을 이미 마음에 믿는 성도들이라면 주님의 길이 바로 나 자신이 걸어야 하는 길임을 마음에 확실히 믿어야만 합니다. 우리는 앞서가신 주님의 고난의 발자취를 따라가는 사람들이어야 합니다. 주님이 세상을 사실 때 고난을 통해서 영광에 이르셨다는 사실을 기억하십시오. 그렇다면 우리 역시 고난을 배제한 채 영광을 바라볼 수 없습니다.

주님의 십자가는 주님으로 인해 끝나는 것이 결코 아닙니다. 우리 역시 주님이 십자가를 지고 가셨던 동일한 방법으로 그 십자가를 지고 가야만 합니다. 그때에 주님의 제자가 될 수 있습니다. 그때 하나님이 우리를 통해 영광을 받으실 수 있습니다. 그리스도의 십자가가 이제 우리에게 주어져 있는 십자가라는 사실을 기억해야만 합니다. 주님을 바로 알고, 바로 믿고, 바로 순종하는 길은 날마다 자기를 부인하는 길입니다.

아무런 고난 없이 예수님의 제자가 되려고 하면 얼마든지 그리스도의 이름을 욕되게 할 수 있습니다. 그러므로 우리는 우리가 믿고 따르기로 한 예수님이 누구이신지 배워 가야만 합니다. 주님이 친히 제자들에게 요구하신 말씀을 살펴보아야만 합니다. 교회는 자기 십자가를 지라고 요구할 수 있는 곳이어야 합니다. 자기 십자가를 져야만 주님을 따를 수 있습니다. 자기를 부인하고 자기 십자가를 지고 살아가는 제자의 삶을 살아갑시다.

35.

나를 따라오려거든 2(9:21-27)

주님은 제자들의 고백을 듣고 사람의 아들로서 겪어야 할 다가오는 고난을 말씀하신 후 이어서 주님을 따르는 제자의 길은 십자가의 길임을 말씀하셨습니다. 23절은 기본적인 선언이고, 24-27절은 상세한 선언입니다. "누구든지 제 목숨을 구원하고자 하면 잃을 것이요 누구든지 나를 위하여 제 목숨을 잃으면 구원하리라"(눅 9:24). 당시 상황에서 예수님의 제자가 된다는 것은 사회에서 인정받기를 포기하는 일, 즉 세상으로부터 따돌림당하겠다는 각오를 해야 하는 일이었습니다. 하나님을 믿는다는 것은 처음부터 세상이 줄 수 있는 찬사와 세상이 줄 수 있는 안정을 포기하는 것입니다.

자신의 것을 붙잡는 사람과
주님을 위해 포기하는 사람

　　여기서 주님은 두 유형의 사람을 대조시키십니다. 성경은 아주 쉽게 인생을 갈라놓습니다. 생긴 모양이 천차만별이고, 자라 온 배경도 다르고, 기질과 성격도 모두 제각각이지만, 주님은 인생을 둘로 나누어 놓으셨습니다. 한 유형은 자기 목숨에 집착하고 자기 명예와 그 삶이 주는 쾌락과 행복에 매달리는 사람입니다. 그러나 결코 참된 기쁨과 풍성한 삶을 누리지 못하는 사람입니다. 삶에 집착할수록 오히려 풍성한 삶에서 점점 멀어질 뿐입니다.

　　정말 행복하게 살고 싶습니까? 참 기쁨과 평안을 누리고 싶습니까? 그러면 자신을 포기하십시오. 욕망을 포기하십시오. 자신이 지금껏 살아온 삶의 방식을 고수하는 한 하나님이 주실 수 있는 새로운 삶은 열리지 않습니다. 지금 움켜쥐고 있는 그것을 붙잡고 있는 한 하나님이 주실 수 있는 새로운 선물을 받을 수가 없습니다. 자신이 갖고 있는 그 세상 것을 포기해야만 빈손으로 주님이 주시는 새로운 생명과 풍성한 삶을 받을 손이 있게 됩니다.

　　또 한 유형이 있습니다. 그는 기꺼이 주님을 위해서 자신을 포기하는 자입니다. 인생의 가치 있다고 여기는 것들을 기꺼이 포기하는 사람입니다. 삶 전부를 주님을 섬기는 제단 위에 올려놓습니다. 주님의 이름과 하나님 나라의 확장을 위해 자원하는 마음으로 헌신하는 자입니다. 자기 자신을 부인하고 온 마음을 드리는 자입니다. 자기 삶을 포기함으로 더 풍성한 삶을 누리는 자입니다. 주님께 충성하기 위해 모든 것을 잃음으로 모든 것을 얻는 역설적인 삶을 사는 자입니다.

편하고 욕심만 차리는 삶은 참 생명과 기쁨을 주는 주님께 대한 절대 헌신을 못하게 방해합니다. 그래서 성경은 "마음과 뜻과 정성을 다해 주너의 하나님을 사랑하라"고 명하고 있습니다. 주 우리 하나님을 사랑하는 유일한 방법은 마음과 뜻과 정성을 다할 때 가능합니다. 자기를 먼저 두고는 아무도 이웃을 자기 몸처럼 사랑할 수 없습니다. 하나님 사랑과 이웃 사랑을 이룰 수 있는 길은 자기 포기의 길을 통해서만 가능합니다.

모든 것을 포기할 때 모든 것을 다시 얻게 될 것입니다. 이 세상에서 참 기쁨과 생명을 얻을 뿐만 아니라 오는 세상에서도 그것을 영원토록 누릴 것입니다. 그렇기에 주님은 이어서 "사람이 만일 온 천하를 얻고도 자기를 잃든지 빼앗기든지 하면 무엇이 유익하리요"(눅 9:25)라는 질문을 던지셨습니다. 이 질문을 통해 두 유형의 삶 가운데 어느 것을 택할 것인지를 결단하도록 유도하십니다. 자기를 추구하는 삶을 살 것인지, 그리스도를 위해서 자기를 포기하는 삶을 살 것인지 결단하도록 요구하십니다.

세상에 있는 것들을 위해서 영혼을 거는 도박을 하지 마십시오. 세상이 줄 수 있는 것들에 혼을 빼앗기는 어리석음을 피하십시오. 지나가는 세상 영화와 자랑을 위해서 고귀한 영혼을 넘겨주는 어리석은 삶을 살지 마십시오. 참된 생명을 얻고 싶습니까? 기쁨과 평안을 누리고 싶습니까? 내면의 만족과 숭고한 삶의 보람을 누리고 싶습니까? 주님을 위해서 삶을 포기하십시오. 주님을 위해서 젊음을 드리십시오. 하나님을 영화롭게 하는 그 일에 자신을 쏟아 부으십시오. 그때에 하나님을 만나는 즐거움, 하나님을 섬기는 기쁨을 맛보게 될 것입니다.

세상 모든 것을 얻으려다가 자신을 잃든지 빼앗기는 비극이 없기를 바랍니다. 우리 앞에 있는 모든 것이 손을 내밀기만 하면 잡힐 것 같습니다. 이 일만 잘되면 성공할 것 같습니다. 그렇게 허우적거리다가 영원히 자기 자신을 잃게 되는 비극을 만나지 않기를 바랍니다. 세상에 온통 정신을 빼앗겨 하나님과 교제하는 기쁨을 오늘 상실하게 된다면 영원토록 하나님으로부터 단절당하는 고통을 누리게 될 것입니다.

그러므로 대학 입시나 직장 승진, 또한 사랑과 결혼에 인생을 걸 이유가 없습니다. 건강과 성공이 삶의 관건이 아닙니다. 쾌락에 모든 것을 걸게 되면 죽음으로 끝장을 내고 맙니다. 그 움켜쥐려고 했던 모든 것이 수포로 돌아가고 말 것입니다. 직장이나 수입이 우리의 삶을 보장해 주는 것이 아닙니다. 우리의 영원한 운명은 오늘을 사는 나 자신의 태도에 달려 있습니다. 주님은 "누구든지 나와 내 말을 부끄러워하면 인자도 자기와 아버지와 거룩한 천사들의 영광으로 올 때에 그 사람을 부끄러워하리라"(눅 9:26)라고 말씀하셨습니다.

오늘 예수님의 말씀을 소중히 여기는 삶

바쁜 삶에 자기 영혼을 내어놓지 마십시오. 우리의 영혼이 만나야 할 주님을 만나야 합니다. 사람은 하나님을 만나기까지는 그 마음에 참된 만족이 없습니다. 사람은 주님의 음성에 귀를 기울일 때 비로소 삶의 의미를 발견하게 됩니다. 지금 사람의 아들로 오신 주님에 대해서 어떤 태도를 취하느냐에 따라서 운명이 결정될 것입니다. 사람의 아들로 오신 예수님께 대한 태도가 우리의 궁극적인 운명을 결정합니다. 주님은 "누구든지 나를 따라오려거든 자기를 부인하라. 자기 십자가를 지라. 날마다 나를 따르라"고 도전하고 계십니다. 자기를 부인하고 자기 십자가를 지는 일은 단번에 해야 하는 일입니다. 그러나 주님을 따르는 일은 날마다 계속되는 행동입니다.

오늘 예수님의 말씀을 소홀히 여기고, 오늘 예수님의 말씀에 귀 기울이는 것을 생의 가장 중요한 일로 여기지 않는 한 우리는 항상 주님을 섬길 기회를 상실할 것입니다. 성경 읽고 묵상하는 것을 하루의 소중한 일로 여기지 않으면 하루가 그냥 지나가 버립니다. '바쁜 일이 있어서 일을 해 놓고 해야지' 하면 바쁜 일이 끝나기 전에 다음 바쁜 일이 또 찾아오기 마련입니다. '전화 한 통화만 하고 해야지' 하면 또 전화가 걸려옵니다. 자기 자신이 누구인지에 대해서 스스로를 점검해 보려면 매일 성경을 묵상해야 합니다. 자기가 생각하듯이 자신이 정말 하나님을 중요하게 여기는 사람인지, 하나님의 말씀을 귀히 여기는 사람인지를 시험대에 올려놓아 봐야 정체가 드러나는 법입니다.

주님은 "나와 내 말을 부끄러워하면 나도 그를 부끄러워하리라"라고 말씀하셨습니다. 저는 초등학생 때 이 말씀이 마음에 걸려 선생님이 "예수 믿는 사람 손들어 봐라" 하고 물으실 때 한 반에 한두 명밖에 손을 안 드는 분위기에서도 손을 들었습니다. 제가 부끄러워 손을 안 들었다가 주님이 나중에 아버지와 아들과 천사들의 영광으로 오실 때 저를 모른다고 하셔서는 안 되지 않겠습니까. 오늘 하나님의 말씀에 대한 우리의 태도가 하나님이 우리에게 축복을 하실지를 결정합니다. 주님을 귀중히 여기는 사람의 특징은 주님의 말씀을 소중히 여긴다는 것입니다. 보이지 않는 주님을 사랑하는 사람은 보이는 성경 말씀을 사랑합니다. 하나님의 말씀을 귀하게 여깁니까? 하나님도 그런 우리를 귀하게 여기실 것입니다. 말씀에 대해서 주의를 기울입니까? 그러면 그만한 보상을 받을 것입니다. 그만한 보상뿐 아니라 하나님은 보너스의 보상까지 약속하셨습니다.

21절의 인자는 세상에 와서 많은 고난을 받으십니다. 무시함을 당하고, 넘겨짐을 당하고, 십자가에서 죽임을 당하십니다. 사람의 아들로 오신 그분은 그 형색이 너무나 초라했기에 사람들이 무시하고 소홀히 하고 적당하게 취급해도 될 만했습니다. 그러나 26절의 인자를 한번 보십시오. "인자도 자기와 아버지와 거룩한 천사들의 영광으로 올 때에." 주님은 인자가 '자기의 영광, 아버지의 영광, 거룩한 천사들의 영광'으로 오리라고 말씀하고 계십니다. 삼중 영광 속에 오시는 심판주이십니다. 자기와 아버지와 거룩한 천사들의 영광으로 와서 모든 인간의 운명을 결정지을 분이 인자이십니다.

사람 사이에서 고난과 버림을 받고 죽임을 당한 예수께서 하늘 영광 가운데 심판주로 오실 것입니다. 그렇기에 우리가 주님과 주님의 말씀을 어떻게 대할 것인가는 중대한 문제입니다. 고난과 죽음의 길로 오신 주님이 최종 승리자요, 심판주로서 하늘로부터 임하실 것입니다. 영광 가운데 오실 그분이 모든 인생의 영원한 운명을 결정하실 것입니다. 세상을 사랑하고 세상의 칭찬을 즐기다가, 세상의 쾌락과 편의를 따라 살다가 영원한 정죄를 자기 몫으로 차지하게 되는 어리석은 자리에서부터 벗어나기를 바랍니다.

하나님의 백성을 위한 주님의 약속

오늘을 살면서 인자의 수난을 나의 수난으로 선택하며 내일의 영광을 사모하는 주의 백성을 위한 약속을 성경은 또한 밝히고 있습니다. "내가 참으로 너희에게 이르노니 여기 서 있는 사람 중에 죽기 전에 하나님의 나라를 볼 자들도 있느니라"(눅 9:27). 십자가의 길로 오신 예수님을 따르십시오. 그분을 따르는 제자들이 누리는 혜택은 먼 미래의 일이 아닙니다. 주님은 여기 서 있는 사람 중에 죽기 전에 하나님 나라를 볼 자들도 있다고 말씀하셨습니다. 동일한 표현이 마태복음에는 "죽기 전에 인자가 그 왕권을 가지고 오는 것을 볼 자들도 있느니라"(마 16:28)라고 기록되어 있습니다. 또한 마가는 "죽기 전에 하나님의 나라가 권능으로 임하는 것을 볼 자들도 있느니라"(막 9:1)라고 기록했습니다.

이 말씀은 귀한 약속인데도 불구하고 초대 교회부터 지금까지 자주 오해되고 있습니다. 곧 나오는 변화 산 영광을 가리킨다고 보기에는 '죽기 전에'라고 못 박은 말씀이 어쩐지 부합하지 않는다는 것입니다. 그러나 주님은 하나님 나라에 대해서 우리와 조금 다르게 생각하셨습니다. 우리는 하나님 나라를 단편적으로 이해하려고 듭니다. 그러나 주님은 하나님 나라를 총체적으로 보고 계십니다. 부활과 승천과 성령 주심과 재림과 심판하심을 한 사건으로 묶어서 하나님 나라라고 생각하십니다. 그 나라의 종말적인 도래는 장차 있을 것이지만, 지금 여기서는 그 나라의 시작을 말씀하고 계십니다.

부활은 하나님 나라가 능력으로 오는 것의 시작입니다. 부활은 주님의 왕 되심을 인정하는 하나님의 행위입니다. 예수 그리스도가 왕이심을 선포하는 것이 그리스도의 부활입니다. 이는 죽은 자들 가운데서 부활함으로 권능으로 하나님의 아들로 확정되시는 하나님의 역사입니다. 동시에 오순절 성령 강림은 그 나라가 능력으로 임한 사건입니다. 성령의 오심은 그분이 권능으로 온 왕이심을 입증한 사건입니다. 오순절 성령 강림은 높임 받은 주님이 등극하신 선물로서 성령을 보내신 사건입니다. 당대에 승리자들은 개선 행진을 하면서 싸움에서 빼앗았던 수많은 승리의 전리품을 행렬들에게 뿌려 주었습니다. 동일하게 주께서 승리의 전리품으로 우리에게 보내신 그것이 성령의 선물이라는 말씀입니다.

그때에 주님 앞에서 제자들이 그 나라가 권능으로 임하는 시작을 보았다고 한다면, 오늘 우리에게는 그 나라가 권능으로 임하는 종국을 볼 수 있는 약속이 남아 있습니다. 그들은 교회가 시작되고 확장되고 수천 명이 예수님을 믿게 되는 사건들을 보았습니다. 오늘 우리 앞에서도 마찬가지입니다. 우리 가운데 하나님 나라가 이 땅에 권능으로 임하는 것을 볼 자들도 있을 것입니다. 주님의 나라는 권능으로 지금도 임하고 있기 때문입니다. 수천 명이 한꺼번에 예수님을 믿게 되는 은사가 부어지는 것을 그때 제자들이 목격했다고 한다면, 우리 가운데는 하나님 나라가 완성되어 호령과 천사장의 소리와 하나님의 나팔로 임하는 영광을 체험할 약속이 남아 있습니다.

○

사람의 아들이 걸어야 할 길이 무엇인지 기억하십시오. 그때 사람의 아들을 따르는 우리의 길이 밝히 드러날 것입니다. 고난을 통해 영광에 이르는 길, 그 길에 주님은 우리 모두를 초대하십니다. 예수님이 하나님이 보내신 구원자이시라고 고백할 수 있습니까? 그렇다면 우리도 하나님의 구원자의 길을 따라서 걸어야만 합니다. 그분이 하늘의 영광을 포기하고 당신을 십자가에 내어 주셨기에 오늘 우리에게 구원이 왔듯이, 먼저 예수님을 영접한 우리가 우리의 삶을, 우리의 것을 포기하지 않고는 하나님 나라가 이 땅에 확장되어 갈 수 없습니다. 어떤 사역을 감당하게 되더라도 마찬가지입니다.

죽음과 고난받으심을 인하여 영광과 존귀로 관 쓰신 예수님을 묵상하십시오. 고난으로 온전하게 되신 주님의 제자 된 길로 나아가십시오.

주님은 하나님의 아들이지만 받으신 고난을 통해서 순종함을 배우셨고, 온전한 자리에 이르게 되셨습니다. 심한 통곡과 눈물과 간구의 소원을 올리심으로 하나님의 들으심을 얻었다고 성경은 말하고 있습니다. 죄 없으신 하나님의 아들이라도 순종을 통해서 하나님을 기쁘시게 했다면 우리는 더 말할 나위가 없습니다.

자기를 부인하고 날마다 자기 십자가를 지고 주님을 따르는 제자의 길 역시 고난의 길일 수밖에 없습니다. 통곡의 기도를 통해서 배워 가는 길일 수밖에 없습니다. 성경이 영광 중에 오시는 그날 인자 앞에 서도록 항상 깨어서 기도하라고 명하는 이유가 여기에 있습니다. 심한 통곡과 간구를 통해서 주님의 뜻에 온전하게 자신을 드려 가는 법을 배우기 바랍니다.

36.

영광스러운 변모(9:28-36)

//

변화 산 사건의 구조 및 흐름

누구의 관점에서 기록되어 있느냐에 따라 본문은 두 부분으로 나눌 수 있습니다. 첫 부분은 28-31절로서, 예수님의 관점에서 서술되어 있습니다. 둘째 부분은 32-36절까지로서, 제자들의 관점에서 서술되고 있습니다.

본문은 "이 말씀을 하신 후 팔 일쯤 되어"(눅 9:28)라는 말씀으로 시작합니다. 앞서 주님은 당신의 수난에 관해, 주님을 따르는 자들이 걸어야 하는 고난의 길에 대해 말씀하셨습니다. 그리고 나서 팔 일쯤 되었다는 뜻입니다. 앞부분의 말씀과 이 사건이 서로 관련되어 있음을 암시합니다. 예수님이 세 제자를 데리고 올라가신 산은 바로 앞 사건과 관련한 일이 벌어질 산이라는 것을 보여 주고 있습니다. 산에 올라가신 것은 바로 앞

구절인 27절의 약속 성취를 그들에게 맛보기로 보여 주시기 위함이었습니다.

기도할 때 어떤 일이 나타났습니까? "기도하실 때에 용모가 변화되고 그 옷이 희어져 광채가 나더라"(눅 9:29). 우선 이 변화가 기도 가운데서 일어났다는 사실에 관심을 가져야만 합니다. 기도는 우리가 하나님을 뵙는 시간입니다. 하나님의 거룩하신 임재를 가장 가까이에서 느끼는 시간입니다. 기도하면 하나님을 뵙게 될 것입니다. 하나님을 닮게 될 것입니다. 하나님의 영광이 우리 자신과 주위를 밝히게 될 것입니다.

모세는 40일 동안 하나님의 산 호렙에서 하나님을 대면하고 내려왔을 때 그 얼굴에서 하나님의 영광이 빛났습니다. 당신의 얼굴에는 하나님을 아는 광채가 나고 있습니까? 기도를 통해서 하나님을 만나고 하나님의 영광을 반영하십시오. 기도의 자리를 나서는 우리의 모습 속에서 사람들이 하나님의 영광의 흔적을 느끼도록 하십시오. 그것이 진정한 기도의 자리에서 은혜를 받는 성도의 모습입니다.

기도하신 주님께 일어난 변화를 누가는 두 가지로 말하고 있습니다. 그 얼굴이 변하였고, 그 입은 옷까지 변해서 눈부신 광채가 났다고 말입니다. 얼굴이 밝게 빛났다는 것입니다. 마가는 "그 옷이 광채가 나며 세상에서 빨래하는 자가 그렇게 희게 할 수 없을 만큼 매우 희어졌더라"(막 9:3)라고 밝히고 있습니다. 하늘 영역에 속한 자들의 영광을 나타낼 때 성경은 '빛난 옷'이라고 말합니다. 이는 주님이 기도하시는 가운데 하늘 영역으로 옮겨져 가셨음을 보여 줍니다. 세상에 와서 감추어 두셨던 그 영광을 지금 나타내고 계십니다. 아니, 장차 와서 나타내실 영광을 지금 주께서 잠깐 보여 주고 계십니다.

하늘의 방문객, 모세와 엘리야

이제 주님은 하늘의 영역에 속한 영광의 모습을 취하고 하늘 손님을 맞이하십니다. "문득 두 사람이 예수와 함께 말하니 이는 모세와 엘리야라"(눅 9:30). 누가는 이 영광스러운 순간을 곤히 자고 있던 세 제자가 보지 못했다고 기술하고 있습니다. 여느 하나님의 기획처럼 갑작스러운 등장으로 모세와 엘리야 두 사람이 나타나서 주님과 더불어 이야기를 나누었습니다.

왜 하필 모세와 엘리야입니까? 둘은 흔히 율법과 선지자의 대표로 여겨집니다. 성경을 보면 이 두 사람만이 호렙 산에서 하나님을 만난 자로 나옵니다. 또한 성경은 그들이 세상 끝날 다시 나타날 것이라고 서술하고 있습니다. 모세의 경우는 그 율법을 기억하는 일로서, 엘리야의 경우는 그 자신이 말세에 나타날 자로서 말라기는 예언하고 있습니다(말 4:4-5). 두 사람은 예수님으로 성취될 하나님의 뜻을 이루는 전 구속 역사의 과정을 대표하는 인물입니다.

모세는 일찍이 하나님의 백성을 구속시킨 일로써 예수님의 선구자 역할을 했습니다. 애굽에서 그 백성을 이끌어 내어 이스라엘을 제사장 나라로 만든 장본인입니다. 출애굽 역사는 모든 구속사의 원형입니다. 그런 의미에서 모세는 예수님의 모형이 맞습니다. 엘리야는 국가적으로 우상 숭배에 치달았을 때 하나님을 떠난 그 백성을 회복시킨 자로서 역사 속에 기록되어 있습니다. 특히 성경은 엘리야가 마지막 때에 다시 한 번 이스라엘 자손을 주, 곧 하나님께로 많이 돌아오게 할 자라고 말하고 있습니다. 주님의 설명에 따르면 모든 것을 회복하기 위해서 엘리야는 마지막 때에 나타났습니다.

영광 중에 등장한 모세와 엘리야와 예수님의 대화의 주제가 무엇입니까? "장차 예수께서 예루살렘에서 별세하실 것을 말할새"(눅 9:31). 표준새번역 성경은 "예수께서 예루살렘에서 이루실 일, 곧 그의 죽으심에 대하여 말하고 있었다"라고 번역하고 있습니다. 9장 51절부터 시작하는 예루살렘으로의 여정이 이제 곧 시작될 것입니다. 누가는 예수님을 하나님이 명하시는 일에 순종하시는 분으로 부각시키고 있습니다. 주님은 하나님이 맡기신 일을 이루기 위해서 곧 떠날 것을 이야기하셨습니다. 당신의 생애에 대해서 스스로 말씀하신 그것을 하늘의 방문객이 찾아와서 확인한 것입니다.

하늘 방문객의 대화의 주제는 '그리스도의 수난'입니다. 그러나 그분의 수난은 더 이상 눈물을 자아내는 비극적인 이야기가 아닙니다. 곧 이루어질 놀라운 하나님의 목적 성취 속에서 이해되고 있습니다. 정하신 시간 속에 곧 정하신 장소인 예루살렘에서 이루어질 일로서 그분의 수난을 밝히고 있습니다. 주님이 수난을 받으심으로 하나님이 작정하신 놀라운 계획이 성취될 것이라고 말합니다.

"너희는 그의 말을 들으라"

그때 잠들었던 제자들이 깨어났고, 그들이 보고 있는 광경으로 인해 정신이 확 들었습니다. 분위기가 조금 바뀐 것을 느끼고는 깨어난 것 같습니다. 졸고 있던 그들은 깨어서 하늘 장면 마지막을 보았습니다. 기도하시던 주님을 둘러싸고 하늘 방문객이 대화하는 그 시간의 대부분을 그들은 육신이 약해서 놓쳐 버리고 말았습니다. 겨우 마지막 한 부분을 들었을 때 그들은 정신이 확 들었습니다. 그러나 그 순간 아쉽게도 하늘의 방문객은 떠날 채비를 하고 있었습니다. 하나님의 전 구원 드라마의 시작자와 완성자의 대표 격인 모세와 엘리야가 떠나려고 하자 베드로는 황급히 무의식적인 제의를 했습니다.

하늘의 영광 속에 대화하는 그들을 바라보는 것은 놀라운 경험이고 달콤한 체험입니다. 베드로는 피로 물든 십자가의 길을 말씀하시는 주님의 전망보다 이 영광스러운 광경 속에 머물고 싶었습니다. 자신의 말이 하나님의 영광스러운 목적 성취에 방해가 된다는 의식조차 없이 튀어나왔습니다. "주여 우리가 여기 있는 것이 좋사오니 우리가 초막 셋을 짓되 하나는 주를 위하여, 하나는 모세를 위하여, 하나는 엘리야를 위하여 하사이다"(눅 9:33상).

사탄은 어떤 때든 공격해 들어옵니다. 걸어야 할 십자가의 길을 회피하도록 제의한 것입니다. 인간은 의식적으로든 무의식적으로든, 의도적으로든 비의도적으로든 이처럼 사탄의 도구가 되기도 합니다. 주님이 기도하시는 순간 잠들어 있던 베드로에게 우리가 무슨 기대를 달리 하겠습니까. 우리는 누가의 설명을 따라 이해해 줄 수밖에 없습니다. "자기가 하는 말을 자기도 알지 못하더라"(눅 9:33하). 아마 그랬을 것입니다. 다만 그 영광스러운 순간을 붙잡기 위해서 악의 없는 제의를 하는 듯하지만 그 가운데는 사탄의 계책이 숨어 있었습니다. 하늘의 방문객은 영광스러운 장면을 연출하기 위해서 나타난 것이 아닙니다. 베드로가 한 말을 보면 베드로의 무지가 폭로되고 있습니다. 무엇보다도 예수님이 먼저 떠나셔야만 영광의 순간이 도래한다는 것을 그는 잊고 있었습니다. 하나님의 말씀에 대한 계속적인 순종이 있어야만 영광스러운 순간이 도래한다는 것을 그는 기억하지 못했습니다.

우리는 하나님의 목적 성취에 방해된다는 의식도 없이 동일한 실수를 종종 하곤 합니다. 기도로 깨어 있지 않고 하는 처신들은 때로 하나님의 영광스러운 사역에 방해가 됩니다. 깊이 생각해 보지 않고 내뱉는 한마디의 말, 하나의 행동이 하나님의 일을 그르칠 수 있다는 것을 기억해야 합니다.

베드로의 제의는 주님의 책망 대신에 구름 속의 음성으로 답해졌습니다. 이제 장면이 바뀝니다. "이 말할 즈음에 구름이 와서 그들을 덮는지라"(눅 9:34상). 예수님과 찾아온 두 사람을 구름이 덮었습니다. 그들이 구름 속으로 들어가는 것을 지켜보고 있던 제자들에게는 두려움이 엄습했습니다. "그들이 무서워하더니"(눅 9:34하). 여기서 두 번째의 '그들'은 베드로와 요한과 야고보입니다. 성스러운 구름은 종종 하나님이 당신의 임재를 나타내는 표시이기도 합니다. 하나님은 파송했던 두 하늘의 방문객을 데려가는 장면을 나타내지 않도록 하시기 위해 구름으로 가리셨습니다.

이제 하나님의 그 영광스러운 음성이 들립니다. "이는 나의 아들 곧 택함을 받은 자니 너희는 그의 말을 들으라"(눅 9:35하). 예수님이 세례 받으실 때도 유사한 일이 일어났습니다. 그러나 여기서 들린 음성에는 차이가 있습니다.

첫째, 예수께서 세례를 받으실 때는 하늘의 음성이 예수님께 말씀하셨습니다. 그러나 여기서는 제자들에게 하시는 말씀입니다. 둘째, '사랑하는 자' 대신에 '택함 받은 자'라고 주님을 부르고 있습니다. "내가 붙드는 나의 종, 내 마음에 기뻐하는 자 곧 내가 택한 사람을 보라"(사 42:1)고 예언했던 이사야서의 말씀을 기억나게 하는 구절입니다. 셋째, "내가 너를 기뻐하노라"라는 선언 대신에, "너희는 그의 말을 들으라"라고 명하고 있습니다. 예수님이 그들에게 하신 말씀을 받아들이라는 뜻입니다. 예수님이 그들에게 무슨 말씀을 하셨습니까? 당신이 십자가에서 고난당할 것을 말씀하셨습니다. 그리고 예수님은 "나를 따라오려거든 자기를 부인하고 날마다 제 십자가를 지고 나를 따를 것이니라"(눅 9:23)라고 말씀하셨습니다. 이 십자가에 대한 주님의 말씀을 수용하도록 하나님은 친히 당신의 음성으로 세 제자에게 찾아오셨습니다.

변화 산 사건의 의의

이제 하늘의 음성은 끝났습니다. 거룩한 구름도 사라졌습니다. 하늘의 손님도 돌아갔습니다. 예수님 혼자 평상시 모습으로 남아 계셨습니다. 영광의 순간은 우리가 붙잡아 둘 수 있는 것이 아닙니다. 땅에 사는 날 동안 우리가 아무리 신령해져도 영광의 순간을 우리의 수중에 붙들고 있을 수는 없습니다. 그것은 잠깐인 것입니다. 하늘의 영광을 맛보게 되면 땅에서 이 순례의 걸음을 걸어갈 때 새 힘을 얻을 수 있는 것은 틀림이 없습니다. 그렇다고 해서 언제까지나 그 영광만을 붙잡고 살 수는 없습니다.

영광의 순간은 지나가고 예수님만이 그들 앞에 남아 계십니다. 하나님이 무엇이라고 말씀하셨습니까? "그의 말을 들으라"고 하셨습니다. 우리는 베드로와 요한과 야고보가 누렸던 변화 산상의 영광을 체험하지 못했습니다. 그럼에도 우리는 주님의 말씀을 들을 수 있습니다. 주님의 말씀을 묵상하고 읽고 외우고, 주님의 말씀에 은혜 받을 수 있습니다. "그의 말을 들으라", 이 말씀이 중요합니다. 신비한 체험, 놀라운 은혜의 순간이 그리스도인을 성숙하게 만드는 것이 아닙니다. 그리스도인을 성숙하게 만들어 가는 것은 그분의 말씀에 귀 기울이는 것입니다.

한순간 제자들은 주님의 영광을 보았습니다. 그 영광은 우리 주님의 영광임에 틀림이 없습니다. 본래부터 가지셨던 영광이고, 장차 나타날 온 누리를 채울 주의 영광의 일면입니다. 다만 그 영광은 죽음과 부활 저편에 있는 그분께 속한 것입니다. 병들지 않고, 고통당하지 않고, 언제나 건강한 모든 축복은 죽음 이후에 만끽하게 될 것입니다. 여기 죽음 이쪽 편에는 눈물과 고통, 실패와 좌절이 있습니다. 그러나 그로써 하나님은 우리를 당신의 사랑하는 자녀로 빚어 가십니다. 어떤 상황 속에서도 하나님이 주시는 조건을 수용할 수 있는 성숙한 성도가 되기를 바랍니다. 높은 산에서 받았던 충격이 얼마나 컸던지 한동안 제자들은 입을 열지 못했다고 성경은 말합니다(눅 9:36).

이 장에서 우리가 살핀 변화 산 기사는 누가가 기록한 다른 사건들과 유사점이 있습니다. 첫째, 부활절 아침을 회상해 보십시오. 주님의 무덤에도 빛나는 옷을 입은 두 사람이 있습니다. 그들이 주께서 미리 알려 주신 말씀(수난과 부활에 관한)을 기억하라고 다그치고 있습니다(눅 24:7). 둘째, 승천 기사와 유사점을 가지고 있습니다. 역시 거기에도 흰옷 입은 두 사람이 나타납니다. 승천하시는 주님을 망연히 쳐다보고 있는 갈릴리 사람들에게 그들은 말합니다. "너희 가운데서 하늘로 올려지신 이 예수는 하늘로 가심을 본 그대로 오시리라"(행 1:11). 제자들을 떠나서 하나님 우편에 등극하시는 주님의 영광을 변화 산 영광은 미리 보여 주었습니다. 셋째, 마지막 날 영광 중에 오실 인자에 관해서도 동일합니다. "그때에 사람들이 인자가 구름을 타고 능력과 큰 영광으로 오는 것을 보리라"(눅 21:27).

변화 산 사건은 달리 말해서 주님의 부활 사건의 예표이고, 주님의 승천 사건의 예표이고, 주님의 재림을 맛보기로 보여 준 사건입니다. 영광주로 오실 인자의 궁극적인 모습을 잠깐 막을 열고 보여 준 것입니다. 그럼으로써 주님이 십자가를 지실 때, 아니 십자가를 지신 주님을 따를 때 우리로 하여금 실족하지 않도록 주께서 보여 주신 것입니다. 당신이 걷게 될 고난의 길과 주님을 따르는 자들이 걸어야 할 십자가의 길을 장차 나타날 영광으로써 지금 비추고 계십니다.

○

구름 속에서 들린 하나님의 음성은 "너희는 그의 말을 들으라"(눅 9:35)였습니다. 오죽하면 하나님이 당신의 음성을 통해서 주님이 하는 말을 들으라고 하셨겠습니까. 누가복음에는 주님이 계속해서 수난에 관해서 말씀하시지만 마지막까지 제자들이 알아듣지 못했다고 기록하고 있습니다. 왜 그들이 못 알아들었습니까? 본능에 맞지 않는 말씀이기 때문입니다. 본능적으로 우리는 고난의 길을 택하고 싶지 않기 때문입니다. 주님의 말씀은 우리의 자연적인 성향과 맞지 않습니다.

우리는 한순간이라도 그 영광을 붙잡고 싶어 합니다. 초막 셋이라도 지어서 붙들려는 시도를 합니다. 그러나 주님은 고난을 통한 영광에로의 길을 걸어가야 한다고 말씀하십니다. 자신을 포기하고 자기 십자가를 지고 따르지 아니하면 영광의 주님을 뵙지 못할 것이라고 말씀하십니다. 이 첫 번째 수난 예고를 들은 얼마 후 세 제자는 예수님의 영광의 일면을 보는 특권을 누렸습니다.

주님의 길을 따르기 원합니까? 그분이 걸으시는 길이 어떤 길인지 기억하십시오. 뿐만 아니라 동시에 그분이 걷는 그 길의 영광이 어떠할 것인지를 내다보십시오. 지금 걸어야 하는 길은 어두운 십자가의 길입니다. 그러나 그 종국에는 빛나는 영광이 기다리고 있습니다.

37.

네 아들을 데리고 오라 (9:37-43)

//

비참한 산 아래 풍경

유명한 화가 라파엘(Raphael)은 주님의 영광스러운 변모를 그 마지막 작품으로 남겼습니다. 큰 캔버스를 상하로 나누어 위쪽에는 변화 산의 장면을, 아래쪽에는 산 아래의 상황을 그렸습니다. 두 장면을 한 화폭에 담아 산 위의 영광과 산 아래의 비참함을 대조시키려 한 것입니다. 이것이 바로 누가가 이 장의 본문에서 나타내려고 시도한 바입니다. 산 위에는 떠나고 싶지 않은 영광이 있었지만 산 아래에는 처참한 투쟁과 실패 그리고 절망이 깃든 모습입니다. 눈부시며 희고 빛난 영광의 광채와 대조적인 음울하고 음산한 그림자가 아래에는 깔려 있습니다. 어쩌면 이야기의 구조는 간단해 보입니다. 특히 누가는 같은 사건을 기록한 마태나 마가보다 단순하게 이야기를 전개하고 있습니다.

37절은 이야기의 배경을 제공합니다. "이튿날 산에서 내려오시니 큰 무리가 맞을새." 이튿날 산에서 내려오셨다는 말로써 앞 사건과 관련을 짓고 있습니다. 산 위의 눈부신 영광이 세 제자에게만 허락된 특권이라고 한다면, 이제 나타날 주님의 위엄은 모든 사람에게 공개적으로 보일 것입니다. 두 사건은 서로 관련되어 있으며, 그런 의미에서 앞 사건보다 뒤 사건은 더 진전하고 있습니다.

기다리던 주님이 나타나시자 사람들은 반갑게 맞이했습니다. 구경거리가 생겼기 때문입니다. 일반 백성뿐 아니라 헤롯 왕까지 예수님을 만나보고 싶어 하는 분위기였습니다. 예수님의 사역 소문이 파다하게 퍼져 있었기 때문입니다. 게다가 이 사건의 1회전은 이미 예수님 편의 판정패로 끝났습니다. 제자들이 손쓰지 못한 상황을 그 선생은 어떻게 다룰 것인가 모두들 궁금하게 생각하고 있었습니다. 마치 시골에서 닭싸움을 붙여 놓고 사람들이 몰려들듯이 어린아이의 간질병을 두고 사람들의 호기심이 발동한 것입니다. 그래서 모든 무리가 예수님을 보자 반색했습니다.

그러나 그 무리 중 한 사람은 달랐습니다. 그에게는 승부에 대한 관심이 없었습니다. 예수님이 이기시느냐, 귀신이 이기느냐에 관심을 쓸 만한 여유가 없었습니다. 그는 결사적으로 주님께 매달렸습니다. 그는 아이의 아버지였습니다. 그는 큰 무리 가운데서 튀어나오면서 "청컨대 내 아들을 돌보아 주옵소서 이는 내 외아들이니이다"(눅 9:38) 하고 소리치고는 이어서 아들의 처참한 상황을 진술했습니다. "귀신이 그를 잡아 갑자기 부르짖게 하고 경련을 일으켜 거품을 흘리게 하며 몹시 상하게 하고야 겨우 떠나가나이다"(눅 9:39). 아들의 입에서 나오는 절규를 들을 때마다, 거품을 물고 경련을 할 때마다 찢어지는 아버지의 심정을 생각해 보십시오. 그것도 하나밖에 없는 아이였습니다. 누가는 긍휼의 은사를 가진 사람처럼 보입니다. 그렇기에 나인 성 과부의 외아들, 야이로의 외동딸, 여기 귀신으로 인해 고통받는 아이가 외아들인 점을 서술하고 있습니다.

심지어 아들은 절규와 경련만 일으키고 끝나는 것이 아닙니다. 아버지는 귀신이 장시간 몸서리치게 아이를 기진하게 만든 후에야 겨우 물러난다고 말했습니다. 그 같은 과정을 속수무책으로 바라보기만 하는 아버지에게 들려온 예수님의 사역 소식은 절망 가운데 복음이었습니다. 그래서 예수님께 아이를 데려왔으나 정작 예수님은 만날 수 없었고 제자들만 만나게 된 것입니다. 그는 제자들에게도 동일한 상황을 설명하며 도움을 요청했을 것입니다. 제자들이 먼저 시도해 보았지만 성공하지 못했습니다. 제자들은 도와주고 싶었지만 도울 수가 없었습니다.

앞서 누가복음 9장 1절에서 주님은 열두 제자에게 모든 귀신을 제어하고 병 고치는 능력과 권능을 주셨으나, 이 상황에서는 무능한 제자들의 모습입니다. 아들이 귀신 들려서 자주 발작하는 것은 비극입니다. 그러나 도움을 요청했으나, 또 도와주려고 시도했으나 도울 수 없는 상황은 더 비극적입니다. "당신의 제자들에게 내쫓아 주기를 구하였으나 그들이 능히 못하더이다"(눅 9:40). 아버지의 상황 보고를 겸한 호소가 이렇게 끝났습니다. 그다음부터는 주님의 대답과 행동이 개시됩니다.

믿음이 없고 패역한 세대를 향한 주님의 탄식

상황을 들은 주님은 "믿음이 없고 패역한 세대여"(눅 9:41) 하고 깊이 탄식하셨습니다. 그 탄식 속에는 주님의 상황 진단이 표현되어 있습니다. 내면의 고통과 실망이 그분을 둘러싼 불신과 패역의 세대를 향해서 표현되고 있습니다. 그 상황을 해결할 수 없었던 아홉 제자만을 향한 탄식이 아닙니다. 믿음이 없는 아버지와 아울러서 호기심으로 기적만 바라는 군중 모두에 대한 탄식이기도 합니다. 한 아이가 당하는 고통보다 호기심으로 사건을 바라보기만 할 뿐 개입하지 않는 세대를 향해 주님은 탄식하셨습니다. 흠 없는 사랑과 변하지 않는 신뢰를 아버지께 두고 계신 분이 겪는 불신과 패역의 세대로 인한 고통입니다. 버림당하고 십자가에서 못 박히는 것만이 그분의 고통이 아니라, 백성의 불신과 실패한 사역을 목도하는 것까지 주님이 겪으신 고통의 한 부분입니다.

제자들로 말하면 주님이 3년 가까이 데리고 계셨던 자들입니다. 그들은 모든 귀신을 제어하는 권세와 능력을 수여받고도 스스로는 행하지 못하는 자들이었습니다. 당시는 3년에 걸친 사역이 이제 끝을 내리려는 시점이었습니다. 주님은 지금 마지막을 바라보며 갈망하고 계십니다. 그러나 상황은 3년이 지났음에도 불구하고 이전과 조금도 달라진 것 같지 않습니다.

3년이 지나도 조금도 달라진 것 같지 않다는 데 우리의 문제가 있습니다. 이에 주님은 "내가 얼마나 너희와 함께 있으며 너희에게 참으리요" 하고 탄식하십니다. 그러나 한편, 불신의 어두움을 책망하며 탄식하시는 말씀 속에 아들의 비참을 호소하는 아버지를 향한 소망의 빛이 비치고 있습니다. 조금 더 같이 있으리라는 약속, 한 번 더 참고 기다리겠다는 주님의 의지가 암시되고 있습니다. 불신과 몰이해에도 불구하고 예수님의 긍휼이 다시 한 번 개입하는 순간입니다. "네 아들을 이리로 데리고 오라"(눅 9:41하). 아버지의 애절한 간구에 대한 주님의 응답입니다.

누군가 가서 그 아이를 데려왔습니다. 오는 도중에 아이는 또 한 번 발작을 일으켰습니다. 이는 그 아이의 상황이 얼마나 극심했는지를 보여 줄

뿐 아니라 그를 사로잡은 귀신의 마지막 발악을 보여 줍니다. "올 때에 귀신이 그를 거꾸러뜨리고 심한 경련을 일으키게 하는지라"(눅 9:42상).

이 상황에 주님이 어떻게 대처하십니까? 누가는 특히 치유하시는 주님의 사역을 부각시킵니다. 42절 하반 절은 주님의 행동을 간결한 동시에 힘 있게 서술하고 있습니다. "예수께서 더러운 귀신을 꾸짖으시고 아이를 낫게 하사 그 아버지에게 도로 주시니." 그 광경을 친히 목도하신 주님은 다만 권위 있는 꾸짖음 한마디로써 귀신을 내쫓으셨습니다. 아이는 회복되어 아버지의 품에 안겼습니다. 특히 '아버지에게 도로 주셨다'는 표현은 긍휼히 여기시는 치료자의 면모를 느끼게 해 줍니다.

이 광경을 지켜본 큰 무리의 반응으로 누가는 이야기를 끝맺었습니다. "사람들이 다 하나님의 위엄에 놀라니라"(눅 9:43). 여기 주님으로 말미암는 기적의 특색이 있습니다. 사람들은 주님의 능력 속에서 하나님의 활동을 접했습니다. 주님이 고치셨는데, 사람들이 감탄하는 것은 하나님의 영광이었습니다. 전능자의 능력이 나타나는 현장에는 하나님에 대한 거룩한 두려움이 임하는 것입니다. 예수님의 사역은 언제나 그 반응이 하나님의 위엄, 하나님의 영광을 지향하고 있습니다.

누가의 모든 초점, "예수님은 누구이신가"

지금껏 누가가 기록한 사건의 전모를 살펴보았습니다. 다른 공관복음서와 달리 누가복음의 기자는 믿음의 기적을 강조하지 않습니다. 마가처럼 믿음 없는 아버지를 책망하는 부분을 기록하고 있지 않습니다 (막 9:23). 뿐만 아니라 이야기의 말미에 마태, 마가가 둘 다 강조하는 제자들을 향한 믿음과 기도에 관한 도전도 누가는 생략했습니다(마 17:19-20; 막 9:28-29). 왜냐하면 누가는 그 이야기를 하고 싶어서 이 기록을 남긴 것이 아니기 때문입니다. 우리가 알다시피 누가는 그 어떤 복음서의 기자보다도 기도에 대해 관심이 많은 자입니다. 그러나 누가는 여기서 불신과 패역의 세대를 대처하기 위해서 믿음의 기도를 해야 한다고 말하고 싶어 하지 않습니다. 누가의 관심은 다른 데 있었습니다.

누가는 처음부터 변화 산 이야기에 이 사건을 밀접하게 연결시키고 있습니다. 마태나 마가의 기록에 나오는 엘리야의 이야기에 대해서도 누가는 생략해 버렸습니다(마 17:10-12; 막 9:11-13). 이튿날 바로 이 사건이 일어났다고 이야기함으로써 변화 산상 사건과 지금 이 사건이 밀접한 관련을 가지고 있다는 것을 암시하고 있습니다. 누가는 의도적으로 산상에 영광 중에 나타나셨던 주님이 여기 기적의 현장에 서 계신 주님임을 말하고 싶어 했습니다. 그리하여 누가복음 9장 9절에서 "요한은 내가 목을 베었거늘 이제 이런 일이 들리니 이 사람이 누군가"라는 헤롯의 의문에 대해 은근히 답하고 있습니다. 누가는 이 의문에 계속적으로 답하고 있습니다.

제자들이 능히 귀신을 쫓아내지 못했다는 40절의 보고가 없이도 상황 전개에는 지장이 없습니다. 하지만 누가는 본문의 구조상 중심 되는 위치에 이 사실을 기록함으로써 제자들과는 대조적인 능력의 주님을 부각시켰습니다. 제자들의 실패라는 어두운 배경 속에 찬연히 빛나는 주님의 승리를 보여 주었습니다.

예수님을 통해서 하나님의 능력이 역사했습니다. 예수님을 통해서 하나님의 위엄이 과시되었습니다. 산상의 영광이 제한된 자들만이 누린 특권이었다고 한다면, 산 아래의 권능은 모든 자에게 차별 없이 나타났습니다. 누가는 지금 이 점을 부각시키기 위해 모든 불필요한 것을 가지치고 있는 것입니다. 그는 믿음에 대한 도전보다 긍휼히 여기시는 주님의 모습을 부각시켰습니다. 그래서 큰 무리의 반응으로 이야기를 끝맺었습니다.

하지만 주님은 그날 그 현장에 있었던 군중이 기적을 보고 감탄하도록 이 사건을 행하신 것이 아닙니다. 그것은 주님이 바라시는 반응의 전부가 아닙니다. 주님은 당신의 말씀을 듣는 우리 모두가 하나님의 위엄에 놀랄 뿐 아니라 감사와 찬양의 자리에 나아가기를 바라고 계십니다. 예배는 호기심으로 주님을 반기는 행위가 아닙니다. 아이의 아버지처럼 절박한 자신의 상황 인식이 있을 때 예배는 의미가 있습니다. 신앙은 소리치며 주님을 만나는 것입니다. 주님을 환영하면서 맞이하는 것에서 끝나는 것이 아니라, 그 주님 앞에 나아가 절규해야 하는 것입니다. 신앙은 주님 앞에 자기 문제를 가지고 나아가 자신의 입술로 주님께 아뢰는 것입니다. 이 일이 어려워서 못하고 있습니까? 절박한 자기 상황 인식만 된다면 누구나 할 수 있는 일입니다. 예배는 그렇게 주님을 찾을 때 축제가 됩니다.

산에서 내려오시는 주님을 사모하십시오. 산정의 영광을 유보하고 하산하시는 그 주님은 바로 하늘 영광을 포기하고 세상에 오신 구주이십니다. 무의미한 삶의 늪에서 우리를 구하시려는 분입니다. 무목적의 삶의 올가미에서 우리를 탈출시키고자 하시는 분입니다. 삶의 모든 절망적인 상황 속에서 우리를 도우실 수 있는 유일한 구원자, 예수님을 사모하십시오. 소리치며 만신창이가 된 사람들뿐만 아니라 점잖게 자신의 삶을 탕진하는 사람들도 주님을 만나야 합니다. 모든 인생을 긍휼히 여겨 하늘 영광을 포기하신 주님이 지금도 우리에게 다가서시는 영광의 주님이라는 것을 믿습니까? 인생의 유일한 소망 되신 주님을 바라보십시오.

○

성경이 보여 주는 대로 주님을 만나 보십시오. 그때 변화 산 모습뿐만 아니라 귀신을 쫓아내는 사건을 통해 찬연히 빛나는 영광의 주님을 뵙게 될 것입니다. 그분을 뵙고 그 크신 영광 앞에 합당한 경배를 드리고 싶을 것입니다. 다만 그 위엄에 놀랄 뿐만 아니라 그 크신 이름에 지금부터 영원토록 찬양하고 싶은 소원이 솟아날 것입니다. 생의 어떠한 문제도 그분의 위엄 앞에서는 계속해서 문제로 남아 있을 수 없습니다. 비록 우리가 만나 본 주님의 제자들은 우리를 도와주기에 무능했다 치더라도 우리가 믿는 주님은 우리를 돕기에 능한 전능자이십니다. 그 영광을 우리 눈으로 보고 그 위엄을 우리 입으로 함께 찬양하는 영광의 자리로 나아가게 되기를 바랍니다.

38.

누가 크냐(9:46-48)

시대를 초월한 이슈, "누가 크냐"

'누가 크냐'는 문제는 예수님 당시 제자들 사이에서 처음 제기된 문제도 아니고 또한 그때 끝난 문제도 아닙니다. 사람들이 모여 사는 곳에는 언제나 존재하는 문제입니다. '누가 말하고 누가 들을 것인가' 하는 문제는 사람이 사는 공동체라면 언제나 있기 마련입니다. 그것 때문에 자주 사람들의 마음이 불편해지곤 합니다. 서로 잘났다고 생각하는 사람들이 모인 곳에서는 협력과 조화가 이루어질 수 없습니다. 누가복음 9장 46절은 "제자 중에서 누가 크냐 하는 변론이 일어나니"라는 말씀으로 짧게 상황을 설정하고 있습니다. 기술은 짧지만 변론의 배후는 단순하지 않습니다.

언제 제자들 사이에 이런 변론이 일어났을까요? 주께서 막 당신의 수난을 두 번째로 말씀하신 직후임을 누가는 보여 줍니다. 처음 수난 예고가 제자들의 삶에 관련된 도전으로 인도했듯이, 두 번째 수난 역시 예수님의 제자들에게 참된 위대성이 무엇인지를 묻고 있습니다.

제자들은 지금 그들 나름대로의 생각으로 가득 차 있습니다. 자기들의 스승인 예수께서 하나님의 그리스도이시라는 사실로 들떠 있습니다. 하나님이 택하신 자, 그리스도라는 고백이 받아들여진 순간부터 그들은 도래할 그리스도의 나라의 영광에 도취되었습니다. 제자로서 받아 누릴 영광에 사로잡힌 나머지 주님이 무슨 말씀을 하셔도 귀에 들어오지 않았습니다.

영광 중에 곧 도래할 하나님 나라를 바라보는 제자들의 관심사는 당연히 '누가 크냐'에 있었습니다. 마태복음 18장 1절에서는 "천국에서는 누가 크니이까"라고 주님께 물었습니다. 자기들끼리 변론하다가 급기야는 주님께 묻게 되고, 그럼에도 확정이 안 되자 이제는 어머니까지 끌어들였습니다(마 20:21). 예루살렘을 향한 일정이 잡혀 갈수록 그들의 요구는 노골화되었습니다. 누가복음 9장 51절을 보십시오. "예수께서 승천하실 기약이 차 가매 예루살렘을 향하여 올라가기로 굳게 결심하시고." 주님은 굳게 결심하고 그 길을 나서려고 하시는데 제자들은 예루살렘을 향해서 출발하는 순간이 가까워질수록 누가 요직을 차지하게 되느냐에만 관심을 쏟았습니다. 그러므로 46절에 짧게 기술된 변론의 배경은 단순하지만은 않습니다.

특히 변화 산상에서 주님과 함께 있었던 세 제자는 자신들이 나머지 제자들보다 크다는 생각을 했을지도 모릅니다. 주님은 지금 당신을 기다리는 수난의 길을 더욱 분명하게 내다보시는 반면에 제자들의 생각은 전혀 반대 방향으로만 향해 있습니다. 스승은 배신과 죽음을 내다보는 자리에서 제자들은 영광과 성공만을 꿈꾸고 있습니다.

당신은 어떤 생각을 가지고 하나님 앞에 나아갑니까? 무슨 기대를 가지고 주님의 뒤를 따르고 있습니까? 오늘날 한국 교회가 세상의 소금과 빛의 구실을 못하는 이유가 때로는 어디 있다고 생각합니까? 성도들이 생각하는 방향이 주님의 방향과 다를 때 교회는 주님의 기대치에 이를 수 없습니다. 주님이 우리에게 부과하신 역할을 세상에서 감당해 낼 수 없습니다.

진정으로 어린아이 하나를 영접하면

주님이 앞서시고 제자들이 따라가면서 뒤에서 한참동안 수군거렸던 모양입니다. 마가복음에 의하면, 아무 말씀이 없으셨던 주님은 조용한 곳에 도착하자 물어보셨습니다. "너희가 길에서 서로 토론한 것이 무엇이냐"(막 9:33). 그 질문에 아무도 입을 열지 않았습니다. 누가는 이 장면을 아주 간략하게 표현했습니다. "예수께서 그 마음에 변론하는 것을 아시고"(눅 9:47). 제자들의 마음속에 변론이 일어났던 것을 주님은 아셨습니다. 마음에 가득한 것은 밖으로 드러나기 마련입니다.

주님은 그 마음의 생각을 알고 어떤 반응을 보이셨습니까? 아무 말없이 행동으로 반응하셨습니다. 당신 곁에 어린아이 하나를 데려다가 세우셨습니다. 제자들의 눈에는 위대하신 주님과 비천한 어린아이 하나가 나란히 서 있는 것입니다. 그러고 나서 주님은 말씀하셨습니다. "누구든지 내 이름으로 이런 어린아이를 영접하면 곧 나를 영접함이요 또 누구든지 나를 영접하면 곧 나를 보내신 이를 영접함이라 너희 모든 사람 중에 가장 작은 그가 큰 자니라"(눅 9:48).

누가 크냐는 변론에 대해서 주님은 이 아이가 주님인 것처럼 영접하는 것이 곧 당신을 영접하는 것이라고 말씀하셨습니다. 달리 말해서 크고자 하는 자는 먼저 작은 자 됨을 배워야 한다는 것입니다. 별 볼 일 없는 어린아이 하나를 영접하고 섬기고 도울 때 하나님이 보시기에 큰 자가 될 것이라는 하나님 나라의 원리를 말씀하셨습니다.

요즘과 달리 고대 세계에서 어린아이의 위상은 보잘것없었습니다. 반면에 현대 세속 사회에서는 노인층이 인정받지 못하는 것 같습니다. 어떤 시대든 인정받지 못하는 계층은 언제나 존재합니다. 잘 생각해 보면 그것은 우리를 위해서 남겨 두신 하나님의 은혜입니다. 실제로 주님을 대접하는 일은 오늘 우리에게는 더 이상 가능하지 않으나, 아직도 우리 곁에는 주님을 사랑하는 마음으로 섬겨야 할 계층이 남아 있습니다. 주님의 이름으로 그들을 섬기는 것이 바로 주님을 섬기는 것입니다. 주님은 한 비천한 사람에게 보이는 친절이 바로 주님께 나타내는 친절이라고 말씀하셨습니다.

이 말씀이 우리에게는 얼마나 어려운지 모릅니다. 알아듣기도 힘들지만 받아들이기는 더욱 힘듭니다. 하지만 순종하면 부지중에 천사를 대접하는 복을 받을 수 있습니다. 주님의 말씀은 거기에 끝나지 않습니다. "누구든지 나를 영접하면 곧 나를 보내신 이를 영접함이라"(눅 9:48). 어려운 이들을 주님처럼 영접하고 대접하면 그것은 바로 주님을 대접하는 것이며, 주님을 보내신 이를 영접하는 것입니다. 성 테레사(Teresa) 수녀가 인도의 가난한 사람들을 그토록 섬길 수 있었던 것은, 어쩌면 그들의 모습을 주님의 얼굴로 대했기 때문이었을 것입니다. 정말 세상에서 별 볼 일 없이 여겨지는 사람들을 주님을 섬기듯 돌볼 수 있을 때 주님의 이 말씀을 깨닫게 될 것입니다. 주님은 당신을 사랑하는 자들로 하여금 그 사랑을 표현할 수 있도록 하기 위해 연약한 자들을 아직도 우리 주위에 남겨 두셨습니다.

주님을 사랑하는 마음으로 이웃을, 연약한 계층의 사람들을 섬겨 보십시오. 그것은 곧 주님을 섬기는 일입니다. 누가는 이 사실을 누가복음 벽두에서부터 밝히고 있습니다. 누가복음을 읽어 보면 예수님은 당신이 이 일을 하기 위해 보내심을 받은 자라는 사실을 인식하고 계셨습니다. "주의 성령이 내게 임하셨으니 이는 가난한 자에게 복음을 전하게 하시려고 내게 기름을 부으시고 나를 보내사"(눅 4:18). "내가 다른 동네들에서도 하나님의 나라 복음을 전하여야 하리니 나는 이 일을 위해 보내심을 받았노라"(눅 4:43). 주님은 당신이 보내심을 입은 자라는 의식이 투철하셨습니다.

한편, 주님을 거절하는 것을 역으로 말하면 주님이 보내신 이를 거절하는 것입니다. 지극히 작은 자를 섬기는 것은 주님을 섬기는 것입니다. 주님을 섬기는 것은 주님을 보내신 하늘 아버지를 섬기는 일입니다.

주님은 많은 사람을 섬기셨을 뿐만 아니라 또한 많은 사람을 위한 대속물로서 당신의 생명을 주셨습니다. 살아서는 비천한 자들을 섬기고, 죽으면서는 생명을 몸값으로 내어 주셨습니다. "인자가 온 것은 섬김을 받으려 함이 아니라 도리어 섬기려 하고 자기 목숨을 많은 사람의 대속물로 주려 함이니라"(막 10:45). 지금 주님은 대신 죽는 자리에 나아가기 위해서 예루살렘으로 올라갈 채비를 하고 계시는데, 제자들은 주님이 무슨 말씀을 하시는지 전혀 알아듣지 못했습니다. 모두 하나같이 잘나기만 했습니다. 주님은 그런 제자들에게 수난받는 그 길을 따라오도록 요청하고 계십니다.

오늘 주님이 당신의 집에 가신다면 주님을 어떻게 영접하겠습니까? 지극정성으로 영접할 준비가 되어 있습니까? 주님은 진정으로 어린아이 하나를 섬기는 것이 바로 주님을 섬기는 것이라고 말씀하셨습니다. 주님의 사랑으로 우리 사회에서 가장 미천한 자들을 받아들일 준비가 되어 있습니까? 주님을 섬기듯이 섬길 준비가 되어 있습니까? 제자의 길은 사람들 사이에서 보잘것없는 사람들을 섬기는 것입니다. 세상은 출세하면 그런 부류의 사람들과 거리를 둡니다. 그러나 주님은 "그들을 주의 이름으로 존중하는 것이 곧 나를 대접하는 것이다"라고 말씀하십니다.

작은 자를 그리스도 섬기듯 섬기라

제자들은 왜 서로 다투었습니까? 주님이 누구이신지를 몰랐기 때문입니다. 왜 천국을 향해서 나아가는 이 땅의 순례자인 성도들이 세상을 살면서 아웅다웅합니까? 우리가 섬기고 따라가는 주님이 누구이신지 명확하게 이해하지 못했기 때문입니다. 주님이 어떠한 길로 가시는지 생각해 보십시오. 주님의 길에 대한 몰이해가 '누가 크냐'는 경쟁 심리를 유발시킵니다. 다른 사람을 무시하게 합니다.

그런 그들에게 주님은 누가 큰 자라고 말씀하십니까? 위대한 사람에게 관심을 쏟는 자가 아닙니다. 오히려 비천한 자를 섬기는 자가 위대한 자라고 주님은 거꾸로 말씀하십니다. 말은 전혀 어렵지 않은데 그 말씀이 실감 나게 들리지 않는 이유는 무엇입니까? 그건 지식의 문제가 아니라 심령의 문제입니다. 우리는 받아들이기 싫은 진리는 아무리 쉬워도 어렵다고 말합니다.

비천한 자를 섬기는 것은 결코 사람을 비천하게 만드는 것이 아닙니다.

그런 미미한 사람들의 친구가 되었다 해서 우리가 미미해지지 않습니다. 사람들은 우리더러 세리와 죄인들의 친구라고 조롱할지 모르겠습니다. 그런 조롱은 주님도 받으셨습니다. 우리 주님은 다르게 보십니다. 하늘에 계신 아버지는 다르게 평가하십니다. 비천한 자를 섬기게 될 때 비천한 자를 섬기러 오신 주님과 우리는 하나 되는 것입니다. 주님과 하나 되면 우리는 아버지의 눈에 주님처럼 존귀한 자가 됩니다. 정말로 위대한 사람은 세상에서 가장 보잘것없는 사람 곁으로 다가서는 사람입니다. 그를 바라볼 때 주님이 내게 맡겨 주신 사람으로 생각하고 섬기는 사람이 위대한 사람입니다.

교회 속에도 세상의 생각이 들어와 있습니다. 아주 깊게 자리 잡고 있습니다. 그래서 목소리가 큰 사람이라야 무언가 위대해지는 양 착각하곤 합니다. 우리 주님은 "너희 모든 사람 중에 가장 작은 그가 큰 자니라"(눅 9:48)라고 말씀하십니다. 비천한 자를 주님의 사랑으로 섬길 때 위대한 자라는 칭호를 받게 될 것입니다.

예수님과 친밀한 교분을 가지고 싶습니까? 하나님과 긴밀히 사귀는 특권을 누리고 싶습니까? 그러면 비천한 자를 주님의 이름으로 돌보십시오. 이 주님의 교훈을 받아들이십시오. 제자의 위대성은 가장 작은 자 됨으로부터 오는 것입니다. 가장 작은 자와 하나 되기로 결단할 때 위대한 자라 일컬음을 받게 될 것입니다.

본문은 제자들의 다툼에서부터 시작했습니다. 그들은 누가 크냐는 문제를 놓고 변론했습니다. 그들을 향한 주님의 처방이 무엇입니까? 말로 그토록 해도 못 알아듣는 제자들을 위해서 주님은 어린아이 하나를 세우셨습니다. 실물 교훈을 시작하신 것입니다. 참으로 큰 자 되기를 원한다면 다른 사람을 섬기는 자가 되십시오. 그리스도인의 위대성은 작은 자를 그리스도 섬기듯 섬길 때 얻어집니다. 주님은 아직도 누가 크냐고 변론하는 이 세상을 위해서 당신 자신을 주셨습니다. 그분은 섬기고 많은 사람의 대속물로 당신의 목숨을 주기 위해 세상에 오셨습니다. 그분이 선택하신 고난의 길이 바로 주님의 제자인 우리가 선택해야 할 제자의 길입니다.

○

우리가 주님의 제자로서 그분이 선택하신 고난의 길을 걸어가게 될 때 세상은 새로워질 것입니다. 세상이 우리를 통해 그리스도가 왜 수난받으셨는지에 대해서 비로소 알게 될 것입니다. 왜 주님의 죽음이 세상의 화해를 이루는지를 깨닫게 될 것입니다. 주님을 섬기듯이 섬기는 일에 자신을 드리는 제자가 됩시다.

39

금하지 말라 (9:49-50)

//

말씀에 내 지나간 행위를 비춰 보는 태도

'누가 크냐'는 제자들 상호 간의 문제를 두고 겸손을 교훈하신 주님은 "금하지 말라"는 명령으로 다른 사람들을 향한 관용을 가르치십니다. 이 장 본문의 기사는 갈릴리 사역 마지막 사건으로 기록되어 있습니다. 3년간 예수님의 공사역의 주요 무대는 갈릴리였습니다. 예수님은 지금 그 갈릴리 사역을 마감하는 시점에 서 계십니다. 그리고 예루살렘을 향하는 여정을 준비하십니다. 특히 예루살렘을 향한 여행 준비에 초점이 맞춰진 누가복음 9장 21-50절은 이 장의 본문 기사로 종결됩니다.

주님은 지금 예루살렘을 향한 길을 내다보고 계십니다. 거기서 당신을 십자가의 제물로 내어놓을 것을 바라보고 계십니다. 하지만 제자들은 막바지까지 주님의 비전을 공유하지 못하고 '누가 크냐'는 문제를 놓고 논쟁을 했습니다. 주님의 생각은 제자들의 생각과 달랐습니다. 주님의 길은 제자들이 예상한 길과 달랐습니다.

주님이 "누구든지 내 이름으로 이런 어린아이를 영접하면"이라고 말씀하셨을 때 요한은 자기들이 했던 일을 기억하게 되었던 모양입니다. 그당시는 마땅히 할 일을 했다고 생각했지만 지금은 자신이 서지 않는 일이 하나 있었습니다. 그는 자신들이 전도 여행을 위해 파송 받았을 때의 일을 회상했습니다. 전도 여행을 하는 가운데 어떤 사람이 주의 이름으로 귀신을 내쫓는 모습을 보았습니다. 자신들과 함께 주님을 따르는 사람이 아니므로 하지 말라고 금했습니다. 그때는 의당 해야 할 일을 했다고 생각했지만 주님의 말씀을 듣는 가운데 과연 그 행동이 정당했는지 의문을 갖게 된 것입니다.

은혜 받은 자의 삶은 이러해야만 합니다. 이전에 당당히 했던 일도 다시금 살필 수 있어야 합니다. 끝까지 자기 행동을 옹호하는 대신에 주의 말씀에 비추어 '과연 그때 내 행위가 옳았는가?' 하고 다시금 되돌아볼 수 있다면 은혜 입은 자입니다.

지금 요한이 말하고 있는 사람은 누구입니까? 그는 사도행전에 나오는 제사장 스게와의 일곱 아들(주님의 이름으로 귀신을 내쫓으려고 했지만 성공하지 못하고 오히려 귀신에게 혼쭐이 났던 사람들)과는 달랐습니다(행 19:14-16). 또한 앞서 누가복음 9장 40절에서 귀신을 내쫓으려고 시도했으나 실패한 자도 아니었습니다. 열두 제자 가운데 속하거나 넓은 의미의 제자단 가운데 한 사람도 아니었습니다. 그러다 보니 요한에게는 면식이 없었습니다. 그렇지만 그는 주님의 이름으로 귀신을 내쫓는 일을 능히 수행할 수 있는 자였습니다. 그렇다고 주님의 이름으로 귀신을 쫓아내며 주의 이름으로 많은 권능을 행했으나 주님이 "내가 너희를 도무지 알지 못하니 불법을 행하는 자들아 내게서 떠나가라"(마 7:23) 하실 무리에 속하는지에 대한 근거는 찾지 못합니다.

오히려 그는 주님을 그 나름대로 믿은 자라고 결론을 내려야 옳을 것입니다. 주의 말씀을 그도 군중 틈에 끼어서 들었을 것이고, 그 말씀에 입각해 주님을 받아들이고 그분의 이름으로 사역했을 것입니다. 다만 아직 주님의 제자들과 밀접한 교분을 갖고 있지 못했을 뿐입니다. 우리는 지금 그가 누구인지, 왜 그가 제자들과 함께 주님을 따르지 않았는지에 대해서는 이유를 알 수 없습니다. 그러나 분명한 사실은, 그가 마귀를 쫓아내는 착한 일을 수행했다는 것입니다. 더군다나 그가 그것을 주의 이름으로 수행했다는 점입니다. 그럼에도 요한과 그 동역자는 그의 일을 금지시키려 시도했습니다. 사람들은 어느 시대나 같습니다. 당시의 제자들만 아니라 오늘날 성도들도 동일한 열심에 사로잡혀 살 때가 많습니다. 자만심과 이기심에서 비롯한 잘못된 열심은 오늘도 주님의 선한 일을 중단시키려 하고 있습니다.

여기서 요한의 실수가 들추어지고 기록으로 남아 오늘 우리 앞에 제시되는 이유가 무엇일까요? 우리에게도 동일한 잘못이 있기에 시정되기를 바라시는 주님의 뜻을 읽을 수 있어야 합니다. 은혜는 지나간 실수를 보는 것입니다. 때로는 말씀을 듣는 가운데 이전의 확신이 흔들리는 것도 은혜일 수 있습니다.

주님의 제자들에게 요구되는 성품, 겸손과 관용

이제 주님의 대답을 들어 보십시오. "금하지 말라 너희를 반대하지 않는 자는 너희를 위하는 자니라"(눅 9:50). 주님은 칭찬도 하지 않고, 비난도 하지 않으셨습니다. 그에 대해서 아무 말도 하지 않으셨습니다. 다만 주님은 제자들이 그런 사람을 어떻게 수용해야 할 것인가에 대해서 말씀하셨습니다. 십자가에서 당신을 내어 주실 주님을 따르는 제자들의 태도가 어떠해야 할지를 보여 주는 것이 주님의 관심사였습니다. 동일한 십자가의 길로 부르심을 받은 제자들의 태도가 어떠해야 할지를 보여 주고자 하셨습니다.

제자들은 내세울 만한 명분을 가지고 금지시켰습니다. 객관적으로 타당하든 말든 사람은 각자 자기 행동에 이유를 가지고 있습니다. 문제는 그 명분을 주님이 인정하시느냐에 있습니다. 나름대로 이유가 있어서 다른 사람의 행동을 볼 때 비난하고 제지시키지만, 주님이 무어라 하실지, 주님은 그런 일을 어떻게 생각하실지 한번 물어보았습니까? 주님은 "금하지 말라 너희를 반대하지 않는 자는 너희를 위하는 자니라"(눅 9:50)라고 답하셨습니다.

이제 3년 동안 가르치신 일이 거의 마감될 지경에 도달했습니다. 주님이 언제나 제자들과 같이 있지는 않으실 것입니다. 그렇기에 주님은 그들의 생각이 좀 바뀌기를 바라셨습니다. 시간이 오래되어도 우리의 생각이 바뀌지 않는다면 주님이 우리를 향해서 무어라 말씀하시겠습니까? 주님은 제자 됨을 특권으로, 집단 이기심의 보루로 여기지 말도록 권고하셨습니다.

제자들이 갖는 특권이 있습니다. 9장 1절에서 주님은 열두 제자를 불러 모으고는 모든 귀신을 제어하고 병을 고치는 능력과 권세를 주어 세상에 내보내셨습니다. 그렇지만 주님은 당신의 이름을 사용할 권한을 제자들에게만 전매특허로 허용하지는 않으셨습니다. 귀신에 사로잡힌 인류를 자유하게 하는 거룩한 사역을 열두 제자만 해야 한다고 말씀하신 적이 없습니다. '누가 크냐'고 변론한 사건이 열두 제자 사이에서 가질 태도가 어떠해야 하는지를 보여 준 것이라면, 지금 이 사건은 제자단이 바깥 사람들에 대해서 어떤 태도를 가져야 할 것인지를 이야기하고 있습니다. 그들끼리 모여서는 겸손해야 한다는 것입니다. 여기서는 다른 사람들을 향해서는 관용해야 한다는 것을 말합니다. 겸손의 자연적인 귀결로 관용을 취급하고 있습니다. 한마디로 주님은 "너희들끼리 만나면 서로 잘났다고 하지 말고 겸손해라. 동시에 다른 이를 향해서는 마음을 열고 받아들여라"라고 말씀하신 것입니다.

주님의 일이 이루어지면 함께 기뻐하라

당신의 모습은 어떠합니까? 타인을 금지시키고 제지하는 자신을 정직하게 진단해 보십시오. 의견이 다른 사람을 용납하십시오. 의견이 나와 달라도 옳을 수 있다고 생각하고 들어야 합니다. 방법이 달라도 더나은 방법일 수 있다는 것을 우리는 생각해야 합니다. 보십시오. 귀신이 내쫓기는 곳에서는 마귀의 왕국이 무너지고 있다는 사실로써 감사해야만 합니다. 한 영혼이 회개하고 주께로 돌아온다면 함께 기뻐해야 할 것입니다. 사도 바울은 "무슨 방도로 하든지 전파되는 것은 그리스도니 이로써 나는 기뻐하고 또한 기뻐하리라"(빌 1:18)라고 고백했습니다.

열 사람이 모이면 열 사람의 생각이 다 다를 수 있습니다. 열 사람의 방법이 다 다를 수도 있습니다. 의견이 다르고 방법이 달라도 주님의 이름을 위해서 사역을 하면 함께 기뻐하고 함께 격려할 수 있어야 주님의 제자다운 사람입니다. 생각이 다르다는 것은, 의견이 다르다는 것은, 방안이 다르다는 것은 우리의 삶을 풍요롭게 하는 하나의 방편입니다.

교회와 성도가 자주 실패하는 자리가 여기입니다. 오늘날 우리뿐만이 아니라 광야에 있었던 옛 교회도 마찬가지였습니다. 민수기 11장을 보면, 모세가 하나님 앞에 하소연을 한 내용이 기록되어 있습니다. "책임이 심히 중하여 나 혼자는 이 모든 백성을 감당할 수 없나이다 주께서 내게 이같이 행하실진대 구하옵나니 내게 은혜를 베푸사 즉시 나를 죽여 내가 고난당함을 내가 보지 않게 하옵소서"(민 11:14-15). 그러자 하나님이 무엇이라고 하셨습니까? 혼자서 낙심하지 말고 장로와 지도자가 될 만한 70명을 소집해 그들과 함께 백성의 짐을 담당하라고 하셨습니다. 이후 70명의 장로가 소집되었습니다. 그런데 엘닷과 메닷이라는 자는 불참했습니다. 그럼에도 장로들이 회막에 둘러서자 하나님은 그들에게도(엘닷과 메닷에게도) 성령을 부어 주셨습니다. 하나님은 우리보다 마음이 정말 넓은 분이십니다.

그때 즉각 연락병이 달려와 엘닷과 메닷에게도 하나님의 영이 임하셨다는 사실을 모세에게 알렸습니다. 그 말을 들은 시종 여호수아가 모세에게 충고를 드렸습니다. "내 주 모세여 그들을 말리소서"(민 11:28). 그때 모세가 어떤 반응을 보였습니까? "네가 나를 두고 시기하느냐 여호와께서 그의 영을 그의 모든 백성에게 주사 다 선지자가 되게 하시기를 원하노라"(민 11:29). 때로 자만심과 이기심이 이 같은 옹졸한 요청을 하게 합니다. 그러나 주님의 길을 따르는 제자들이라면 자기희생적인 넓은 마음을 가져야 합니다. 하나님이 이 백성 모두에게 하나님의 영을 주어 선지자가 되게 하시기를 바라는 모세와 같은 사람이 진정한 지도자입니다.

언젠가 〈국민일보〉에 이런 만화 그림이 있었습니다. 사람들이 "예수 믿고 구원받는다. 예수 믿고 축복받는다" 하면 입이 벌어지는데, "십자가를 져야 된다" 하면 그다음부터는 한 사람씩, 한 사람씩 떠나 버리는 그림입니다. 만화의 네 번째 칸에는 남아 있는 사람이 하나도 없었습니다. 지금 주님이 그 이야기를 하고 계신 것입니다.

우리가 자기희생의 길을 나서는 주님을 따르는 자들이라면 자기희생적인 넓은 마음을 소유해야만 합니다. 섬기는 사역, 지극히 작은 자 하나까지 섬기는 사역은 자기 십자가를 지는 결단 없이는 불가능합니다. 죄인으로 태어난 우리가 자신의 무릎을 꿇어서 다른 사람을 섬기는 일은 자신을 자기 십자가에 못 박지 않고는 불가능합니다. 자신들은 실패하는 사역에 다른 사람들은 성공하고 있는 모습을 수용하기란 쉽지 않은 일입니다. 하나님의 은혜가 아니면 불가능한 일입니다. 동역하는 마음은 자기 십자가를 날마다 지고 가는 것입니다. 누가 사역을 하든지 그것이 중요한 것이 아닙니다. 주님의 일이 이루어지면 함께 기뻐할 수 있는 사람이 주님의 백성입니다.

○

누구든지 주의 이름으로 사역할 때는 함께 기뻐하십시오. 귀신이 내쫓김을 당한 사실 앞에 그가 우리 편이냐를 물을 필요가 없습니다. 사람은 서로 다를 수 있습니다. 방법은 다양할 수 있습니다. 같은 주의 이름으로 사역을 하는 자는 모두 하나님의 백성임을 인식해야 합니다. 주의 나라가 확장되는 한 함께 주님을 찬양하는 기쁨을 소유하게 되기를 바랍니다. 그때 세상이 보다 넓게 우리에게 다가올 것입니다. 아니, 세상에서 우리의 사역이 보다 더 강력해질 것입니다.

40.

거부당할 때(9:51-56)

//

주님을 기다리는 첫 사건, 십자가

누가는 일찍부터 예수님의 생애를 여행자로서 그려 왔습니다. 이제 여기서부터 주님은 예루살렘을 향해 발걸음을 내디디십니다. 지금까지는 갈릴리 지방 여기저기를 다니면서 설교하는 순회 설교자이셨다면, 이 장의 본문부터 시작해서 19장까지는 예루살렘으로 향하는 주님의 여로가 시작됩니다. 그러므로 이제 주님의 여정을 따라 성지 순례를 떠나는 심정으로 누가복음을 살펴봅시다.

9장 51절부터 19장까지는 여러 가지 면에 있어 누가복음에서 가장 중요한 중심 부분임을 알 수 있습니다. 여기에는 다른 세 복음서에 나오지 않는 내용이 많이 포함되어 있기 때문입니다. 예컨대 선한 사마리아인의 비유, 탕자의 비유, 잃은 양의 비유, 잃은 동전의 비유, 부자와 나사로의 비유 등입니다. 만약 누가가 기록하지 않았다면 영원히 소개되지 않았을 다른 많은 이야기가 이 부분에 기록되어 있습니다.

이 장의 본문은 주님이 예루살렘으로 올라가시는 여로의 첫 기사입니다. 동시에 9장 51절부터 10장 24절까지의 큰 문단('예수님과 제자들'이라는 주제로 묶을 수 있다)의 첫 부분이기도 합니다. 이 문단의 초점은 제자들의 훈련에 있습니다. 먼저 '사람들로부터 거부를 당할 때 어떻게 할 것인가'를 다루고, 다음 사건에서는 '예수님을 따르는 것이 얼마나 급진적인 성격의 일인지'를 보여 줍니다. 이 문단의 핵심으로 볼 수 있는 10장 1-24절은 우리가 나가서 전도할 때 예수님의 방법으로 할 것을 제자들에게 훈련시키는 것이 초점입니다.

앞의 문맥을 생각하면서 읽으면 본문의 첫 부분을 쉽게 이해할 수 있습니다. 이 장의 본문은 어떻게 시작합니까? "예수께서 승천하실 기약이 차가매 예루살렘을 향하여 올라가기로 굳게 결심하시고"(눅 9:51). 무언가 심상치 않은 느낌이 들지 않습니까? 여기서는 예수님의 결단이 두드러집니다. 이 장엄한 결단은 예루살렘에서 그분을 기다리는 운명을 미리 보여 줍니다. 동시에 그분이 마지막으로 받으실 최후 거절을 미리 맛보게 합니다. 하나님의 계획 속에서 시간은 빨리 흘러 예수님이 하늘로 올라가실 날이 다가왔습니다. 이제 예수님은 예루살렘을 향한 운명적인 여행을 떠나서야 합니다.

여기서 '승천'이라는 말은 죽음을 의미하는 경건한 표현이지만, 여기서는 예수님의 예루살렘 죽음을 의미합니다. 하지만 누가는 그분의 죽음이 가까웠다고 말하지 않고 승천하실 기약이 가까워졌다고 표현했습니다. 초점을 '죽음'보다는 '승천', '고난'보다는 '영광'에 두었습니다. 왜냐하면 고난의 십자가는 단지 그분이 받으실 영광의 면류관의 디딤돌임을 알았기 때문입니다. 여기서 또한 누가는 승천하실 기약을 언급함으로써 십자가에 못 박히심, 부활하심, 승천하심을 하나의 사역의 완성으로 보고 있습니다. 그러나 그분을 기다리는 첫 사건은 십자가이므로 예수님은 굳게 결심하시고 예루살렘을 향한 걸음을 내디뎌야만 했습니다. 하나님의 뜻을 따라 나서는 길에 청신호만 있을 것을 기대하지 마십시오. 현실은 냉혹합니다.

제자의 임무는 구원의 소식을 전파하는 것

"사자들을 앞서 보내시매 그들이 가서 예수를 위하여 준비하려고 사마리아인의 한 마을에 들어갔더니 예수께서 예루살렘을 향하여 가시기 때문에 그들이 받아들이지 아니하는지라"(눅 9:52-53). 예수님은 지금 갈릴리에서 예루살렘으로 향하고 계십니다. 갈릴리에서 예루살렘으로 향하는 직선 코스는 유대인들과 불화 가운데 있는 사마리아 지역을 통과하는 것입니다.

그런데 왜 주님은 사자들을 앞서 보내셨을까요? 열두 제자 외에도 수많은 사람이 같이 가고 있었기 때문일 것입니다. 주님은 미리 그 길을 준비할 생각으로 사자들을 보내셨습니다. '혹시나' 하고 사마리아 한 촌에 사자들을 보냈지만 결과는 '역시나'였습니다. 사명은 물거품이 되고 말았습니다. 결과는 "그들이 받아들이지 아니하는지라"(눅 9:53)라는 말씀으로 기술됩니다.

이유는 예수님이 얼굴을 예루살렘으로 향하셨다는 데 있습니다. 예수를 비롯한 많은 무리가 자기 동네를 거쳐서 예루살렘으로 가고 있다는 사실 때문에 거부한 것입니다. 소문난 선생 예수, 그 능력을 행한 위대한 분께서 자기들의 그리심 산은 거들떠보지 않고 예루살렘으로 올라가신다는 사실이 그들의 기분을 상하게 한 것입니다.

그때쯤은 예수님의 지명도가 높았습니다. 그러니까 사마리아 전도 계획은 성공적으로 끝날 법했습니다. 그러나 이 짧은 기록은, 주님을 향한 거부는 이스라엘에게만 한정되어 있지 않았다는 점을 분명히 보여 주고 있습니다. 달리 말해서, 세상의 구원자이신 예수님을 향한 거부는 보편적이었습니다. 어디에서나 그분의 몫이었습니다. 비록 결정적인 거부가 예루살렘에서도 일어날 것이지만, 여기 사마리아에서 당한 거절은 장차 예수님이 예루살렘에서 무슨 일을 당할 것인지를 보여 주는 그림자였습니다.

세상은 어디든 예수님에 대해서 호의적이지 않습니다. 동시에 이는 그분을 따르는 제자들의 몫이기도 합니다. 세상은 우리가 전하는 복음에 대해서 우호적이지 않습니다. 우리가 아는 하나님에 대해서도 그렇습니다. 그들은 우리가 즐기는 빛 가운데서의 삶을 흠모하지 않습니다. 왜 그렇습니까? "사람들이 자기 행위가 악하므로 빛보다 어둠을 더 사랑"하기 때문입니다(요 3:19). 그들이 "공중의 권세 잡은 자"(엡 2:2)에게 속해 있기 때문입니다. 하나님의 자녀가 되기까지는 이 세상과 세상에 있는 것을 사랑하기 때문입니다. 육신의 정욕과 안목의 정욕과 이생의 자랑이 그들의 관심사이기 때문입니다.

남녀노소를 불문하고 관심사가 먼저 바뀌어야 합니다. 예루살렘을 향하여 올라가기로 굳게 결심하신 주님을 알고자 하는 마음이 우선적으로 필요합니다. 환영받지 못하신 예수님의 운명은 그때에만 한정되지 않습니다. 그때 사마리아뿐만 아니라 오늘 우리 시대에도 마찬가지입니다. 당신의 마음은 지금 주님을 향해 열려 있습니까?

물론 사마리아 사람들은 예루살렘으로 향하는 예수님이 어떤 결심을 하셨는지는 몰랐을 것입니다. 다만 그들은 민족적 편견이나 종교적 이유로 주님을 거부했습니다. 예수님이 예루살렘을 향하신다는 사실이(눅 9:53) 그분을 거부하게 만든 것입니다. 사마리아의 입장에서 예루살렘은 특별한 곳이 아니었습니다. 예루살렘에서만 예배를 드리고 유월절 축제를 가져야 한다는 것은 그들의 예배 처소에 대한 모욕이요, 부인이기 때문에 그들로서는 그보다 더 자존심 상하는 일이 없었습니다. 예루살렘에서 드리는 유대인의 축제 때문에 순례자들이 그 길을 통과하는데, 그에 대해 그들은 환영할 의사가 조금도 없었습니다. 오히려 미워했습니다. 특히 지금 갈릴리 출신의 선지자 예수님과 그 일행은 영접할 수 없었습니다.

거부당한 제자들은 분노했습니다. 특히 불같은 성격 때문에 '우레의 아들'이라는 별명을 가진 야고보와 요한은 참을 수가 없었습니다. "제자 야고보와 요한이 이를 보고 이르되 주여 우리가 불을 명하여 하늘로부터 내려 저들을 멸하라 하기를 원하시나이까"(눅 9:54). 그들은 주님께 확실한 응징을 요청했습니다. 며칠 전 변화 산에서 만났던 엘리야 전법을 구사하자는 의미입니다. 즉 하늘에서 내린 불로써 50인을 끝장낸 화공법이야말로 사마리아 동네에 적합하겠다는 것입니다.

그러나 반드시 불같은 성격만이 이유가 아닐 수 있습니다. 성경을 자세히 보면 제자 야고보와 요한이 처음 사마리아에 파송받은 사자들이었을 가능성이 높습니다. 거절의 현장을 본 그들로서는 그 타고난 성질에 흥분할 만했습니다. 흥분하기 잘하는 사람들은 그때 기분에 따라 무엇이든 믿는 것 같습니다. 마치 그들의 요청에 따라 불이 하늘에서 내려온다는 보장이라도 받고 있는 듯합니다. 변화 산 영광을 목도했으며 주님의 이름의 놀라운 능력을 알았기 때문일지도 모릅니다. 그들의 요청 속에는 어쩌면 그들의 큰 믿음과 주님의 이름에 대한 불타는 열심이 내포되어 있을 수도 있습니다. 그들의 과격한 요청을 비난하기 전에 우리는 우리 자신과 비교해 볼 필요가 있습니다. 오늘날 주님을 따르는 우리의 문제는 어디에 있습니까? 주님의 일에 무관심한 것이 아닙니까? 오늘날 우리의 무관심과는 뚜렷한 대조를 이루는 두 형제의 모습에서 우리가 처한 자리를 돌아보게 됩니다.

다시 한 번 두 제자의 요청을 살펴봅시다. 좀 전에 귀신도 내쫓지 못한 처지에 꿈이 아주 야무져 보입니다. 그들은 엄청난 능력이 자신들에게 있는 것처럼 생각하고 있었습니다. 문제는 그 능력을 보복용으로 쓰고자 한 것입니다. 그들의 생각에 따르면, 주님을 거부한 대가는 즉각적인 심판을 받는 것이어야 했습니다.

예수님은 돌아보며 꾸짖으시고 다른 말씀이 없으셨습니다. 그들의 잘못을 바로잡기에는 꾸짖음만으로 충분했습니다. 내용이 없습니다. 야고보와 요한은 예수님의 이름에 대한 열심이 대단했습니다. 그러나 그들의 열심은 바른 지식에서 나온 것이 아니기에 예수님은 꾸짖으셨습니다. 주님의 제자들이라면 누구나 하늘의 능력을 심판의 방망이로 쓰려고 해서는 안 됩니다. 주님을 거부하는 자를 다루실 하나님의 응징은 뒤에 올 것입니다. 경고는 해야 하지만(눅 9:5, 10:13-16, 17:20-36), 하나님은 많은 사람이 하나님께 돌아올 기회를 먼저 갖기를 바라십니다. 하나님은 오래 참으사 더 많은 사람이 멸망하지 않고 회개할 기회를 갖기를 바라십니다. 그러므로 그분의 제자 된 우리의 임무는 구원의 소식을 전파하는 것입니다.

복음을 받아들이지 않으면

만약 사람들이 복음을 받아들이지 않으면 어떻게 해야 합니까? 여기에 대한 대답을 본문이 하고 있습니다. 하나님의 뜻을 이루는 길이라고 해서 반대가 없는 것은 아닙니다. 오히려 하나님의 뜻을 따라 복된 소식을 가지고 나아가면 평소에 우호적인 사람들도 반대할 수 있습니다. 좋은 친구들도 등을 돌릴 수 있습니다. 거부당할 때 어떻게 반응합니까? 우리는 호의를 가지고 다가섰는데 상대방이 냉담한 반응을 나타내 보이면 어떻게 처신하겠습니까? 주님은 당신의 행동을 통해 우리에게 그 답을 주셨습니다. 예루살렘을 향한 여정의 첫걸음에 반대를 받았으나 주님은 그대로 받아들이셨습니다. 주님을 모욕한 자들에게 보복을 구하지 않으셨습니다.

이 기사는 예수님이 적대감을 어떻게 다루시는지를 우리에게 보여 줍니다. 주님은 본래부터 하늘의 영광을 가지신 분이었습니다. 사마리아 사람들이 무엇이기에 영광의 구주께서 하룻밤 묵으시겠다는 제의를 그처럼 무시해 버릴 수 있습니까. 주님은 마땅히 대접받고 존경받아야 했지만 거부당하셨습니다. 그럼에도 보복하지 않으셨습니다. 적대감을 적대감으로 갚는 것을 금하셨습니다. 성경은 악을 악으로 갚지 말라고 명합니다. 주님은 우리에게 관용하기를 다시금 명하십니다. 앞 장에서 살펴보았듯이, 주님의 이름을 사용하면서 주님을 따르지 않는 사람들에 대해 관대하게 대하라고, 그들을 금하지 말라고 명하신 주님은 여기서 다시금 주님과 그 제자들에 대해 적대적인 자들에게까지도 넓은 아량으로 대하라고 모범을 보이셨습니다.

빗나간 우리의 열심은 주님의 사역을 변질시킬 수 있습니다. 그분의 제자인 우리에게 보복이나 폭력은 자리할 수 없습니다. 예수님은 죄와 정죄로부터 사람들을 구원하기 위해 하늘로부터 땅으로 오셨습니다. 죄인들을 심판하고 멸망시키는 일을 하려 했다면 그분이 땅에 오셔야 할 이유는 없었습니다. 심판하는 일을 하기 위해서는 사람이 되어야 할 이유가 없습니다. 그분이 인간의 몸을 입고 오신 이유는 많은 사람을 섬기고 그들을 위해서 당신의 몸을 제물로 내어 주시기 위함이었습니다. 이 일을 위해 주님은 지금 예루살렘을 향해 첫걸음을 내디디셨습니다. 두 제자의 요청은 온 세상의 죄를 위해 당신을 대속물로 내어 주고자 예루살렘을 향하시는 분과는 너무나 거리가 있습니다.

예수님은 제자들과 함께 사마리아를 떠나 조용히 다른 마을로 가셨습니다. 물론 그것은 또 하나의 심판이기도 합니다. 첫 마을은 영광의 주님과 함께 지낼 기회를 놓쳤습니다. 사마리아 사람들은 그 역사 초기에 하나님 아버지를 바로 진리로 예배할 특권을 상실했습니다. 이제 여기서 또한 아들 하나님을 만나고 경배할 기회를 스스로 거부했습니다. 자신을 살펴보십시오. 어떤 편견은 영광의 하나님을 바르게 예배할 특권을 상실하게 만들 수 있습니다.

○

당신은 주님의 제자입니까? 아니면 그분의 제자가 되기 위해서 따라나섰습니까? 제자들의 세상적이고도 보복적인 정신을 꾸짖으신 주님을 바라보십시오. 주님은 거절당했지만 보복하지 않고 조용히 그 마을을 떠나 다른 마을로 가셨습니다. 받아들이지 아니하면 옮겨 갈 수 있습니다. 그러나 불로 멸하자고 나올 이유는 없습니다. 거절한 자들은 심판자 하나님이 당신의 때에 당신의 방법으로 처리하실 것입니다. 아직은 심판의 때가 도래하지 않았습니다. 우리는 지금 구원의 때에 살고 있습니다. 구원의 때에 복음 전하는 자로서 부르심을 받았을 뿐입니다.

예수님 일행은 어떤 마을로 옮겨 갔을까요? 다른 사마리아 마을일 수도 있고 아닐 수도 있습니다. 누가는 그것을 밝히지 않습니다. 누가에게는 그것이 중요하지 않았기 때문입니다. 누가의 관심은 예루살렘, 곧 하나님 아버지의 사명을 이루기 위한 길을 주님이 계속 걸어가셨다는 데 있었습니다. 그러므로 지금 예루살렘을 향해 가기로 굳게 결심하신 주님의 마음을 닮아 갑시다. 인간을 구하기 위해 간절하고 끈기 있는 마음으로 조용히 당신의 길을 걸으시는 주님을 바라봅시다. 구원의 길이라면 거절과 수난과 십자가의 길이라도 마다하지 않고 나아가시는 주님을 바라봅시다.

41.

주를 따르려면(9:57-62)

//

　앞 장에서는 거절과 수난의 길이지만 낙담하거나 좌절하지 않고 예루살렘을 향한 인간 구원의 길을 계속 가시는 주님의 모습을 살폈습니다. 주님은 당신의 모습을 통해 제자들을 훈련시키셨습니다. 곧 장차 세상으로 파송할 제자들을 훈련시키시는 것이 이 부분의 초점입니다. 이를 위해 먼저 거절당할 때 어떻게 해야 하는지를 몸소 보여 주셨습니다. 이제 이 장의 본문에서 주님은 예수님을 따르는 것이 얼마나 중대하고 심각한 일인지를 가르치십니다.

주님이 길에서 만나신 세 사람

　본문의 문체는 설화체입니다. 이 일은 "길 가실 때에"(눅 9:57상)

일어났습니다. 이 말은 앞서 51절과 밀접한 관련이 있습니다. "예수께서 승천하실 기약이 차 가매 예루살렘을 향하여 올라가기로 굳게 결심하시고." 그러므로 '길 가실 때에'라는 말씀은 우리에게 그 길이 어떤 길인지를 생각하게 합니다. 이는 예수님이 당신을 우리를 위해 속죄의 제물로 내어주시는 예루살렘을 향한 길입니다. 하지만 그 첫걸음부터 거절당하는 길이기도 합니다.

주님은 이 길에서 이름이 밝혀져 있지 않은 세 사람을 만나셨습니다. 그들은 모두 제자가 되고자 하는, 혹은 제자가 되도록 요청받은 사람들입니다. 주님은 그들 각자를 향해서 말씀하셨습니다. 그러므로 이 장 본문의 구조는 세 부분으로 나눌 수 있습니다. 주님이 제자가 될 법한 세 사람을 만나서 하신 말씀이 각각 두 절씩 공평히 할애되어 있습니다. 여기서 주님은 제자가 되는 것이 무엇인지를 보여 주십니다.

제자가 되는 것은 무슨 즉각적인 능력을 소유한다든지 지위를 얻게 되는 것이 아니라, 세상으로부터 거절당하는 것을 의미합니다. 거절의 와중에 제자 됨의 성격을 바로 이해하는 것이 매우 중요합니다. 제자가 되는 것은 무엇보다 철저한 헌신을 요구합니다. 사마리아 마을에서의 거절은 예루살렘에서 일어날 일을 예상하게 합니다. 이 예루살렘을 향한 길에서 주님을 따르기로 나서는 세 사람의 이야기는 우리로 하여금 주님이 앞서 하신 도전의 말씀을 다시금 생각하게 합니다.

23절을 떠올려 보십시오. "아무든지 나를 따라오려거든 자기를 부인하고 날마다 제 십자가를 지고 나를 따를 것이니라." 이 장 본문의 열쇠는 반복되는 '따르다'라는 동사에 있습니다(눅 9:57, 59, 61). 여기에 나오는 세 가지 예증은 엘리야에 의한 삼중 부름(왕하 2:1-6)을 떠올려 줍니다. 다른 점이 있다면 누가복음은 각기 다른 세 사람을 향한 부름이라는 것입니다.

하지만 자세히 관찰하면 세 가지 경우가 모두 다릅니다. 사람마다 제자가 되는 길은 서로 다르지만, 어떤 경우든 주님을 따르는 것이 무엇보다 우선적이어야 한다는 것은 공통입니다. 하나님 나라의 요구가 최우선이어야 합니다. 이제 한 사람씩 만나 보겠습니다.

대단한 열심을 표명한 첫째 사람

첫째 사람은 주님께 "어디로 가시든지 나는 따르리이다"(눅 9:57)라고 말씀드렸습니다. 대단한 자신감으로 열심을 표명합니다. 주님을 따르는 데 무조건적인 제안을 합니다. 너무 쉽게 하는 말처럼 느껴집니다. 이는 주님의 길에 기다리고 있는 고통과 죽음을 조금도 고려하지 못한 자신감일 수 있습니다. 동시에 자신의 연약함을 바로 인식하지 못한 소치로, 자신이 얼마나 쉽게 무너져 내릴 수 있는지를 알지 못한 발언 같아서 걱정이 됩니다. 우리는 그 사람의 속마음을 다 알지 못합니다. 그러나 우리는 이 이야기가 우리를 도전하기 위해 기록된 것임을 알 수 있습니다. 동시에 그가 주님의 말씀에 어떻게 반응했는지는 성경에 기록되어 있지 않으나, 우리가 어떻게 제자로서 반응해야 할지는 알아야만 할 것입니다.

당신에 대한 그의 충성스러운 결단을 들은 주님은 어떻게 대답하셨습니까? "여우도 굴이 있고 공중의 새도 집이 있으되 인자는 머리 둘 곳이 없도다"(눅 9:58). 겁 없이 주님을 따라나서겠다는 사람에게 냉엄한 현실을 보도록 요청하신 것입니다. 예수님은 당신을 '인자'(사람의 아들)로 부르면서 적나라한 현실을 직시하도록 요구하셨습니다. 여우도 굴이 있고, 공중의 새도 집이 있으되, 슬픔의 사람인 주님은 사마리아에서도 거절을 당하고 예루살렘에서도 적의에 찬 마지막 거부를 당할 일만 기다리고 있을 뿐입니다. 가는 길목마다 거부가 기다리고 있고, 만나는 사람마다 도움을 요청하는 현실 속에서 주님은 쉴 만한 여유를 찾으실 수가 없었습니다.

한편, 이 말씀은 그분이 처한 핍절한 상황에 대한 탄식이나 불평이 아닙니다. 오히려 어떤 대가를 치르더라도 마음과 뜻과 힘을 다해 그 길을 가겠다는 결단의 말씀입니다. 동시에 그 상황을 바로 말씀하심으로써 이 열광적인 제자로 하여금 그의 결단이 의미하는 바가 무엇인지를 미리 생각하게 하신 것입니다. 그를 낙담시키려는 것이 목적이 아니라, 그로 하여금 주님을 따르는 대가를 바로 알고 시작하도록 격려하시려는 것이 주님의 의도였습니다.

제자가 되려면 모든 세상적 안정을 포기해야 합니다. 주님의 제자가 되는 것은 세상으로부터 거부당하는 길을 걷는다는 것을 의미하기에 결단이 필요한 일입니다. 이 말씀의 배후에는, 제자가 되는 것은 인자가 걷는 그 길을 걸어야만 한다는 뜻이 놓여 있습니다. 제자가 되는 것은 거절당하는 속에서도 하나님을 신뢰하는 것입니다. 제자가 되는 것은 많은 것을 요구하는 일입니다. 처음부터 그 점을 알고 시작해야 합니다.

주님 앞에 어떤 기대를 가지고 나왔습니까? 교회에 나오기만 하면 주님이 하늘의 복을 주실 것을 기대하고 있습니까? 즉각적인 보상과 축복을 기대해서는 안 됩니다. 바로 눈앞에 우리를 기다리고 있는 것은 거절과 불신임을 알고 주님을 따라야 합니다. 환영과 인정이 아닙니다. 그러므로 눈을 똑바로 뜨고 제자의 길을 나서야 합니다. 그렇지 않으면 실망과 낙담만이 우리 품에 돌아올 것입니다.

사람 가운데서 머리 둘 곳을 찾지 못한 예수님을 따르는 길은 구약의 선지자들이 가던 길을 가는 것입니다. 히브리서를 보면, 그들은 양과 염소 가죽을 입고 유리했습니다. 오늘 우리는 주님의 제자라고 하면서 너무 안정된 삶을 살고 있는것은 아닌지 모르겠습니다. 지금 우리가 걷고 있는 길이 예루살렘을 향해 가시는 주님의 제자로서 과연 어울리는 길인지 한 번 생각해 보아야 합니다.

주님이 우선순위가 아닌 둘째 사람

둘째 사람은 주님 편에서 "나를 따르라"라고 말씀하셨습니다. 주님이 부르신 그가 어떤 사람인지 참 궁금합니다. 그런데 그는 "나로 먼저 가서 내 아버지를 장사하게 허락하옵소서"(눅 9:59)라고 답했습니다. 어쩌면 그의 아버지가 지금 임종이 아주 임박한 것 같습니다. 만약 이미 사망했다면 여기 나와서 주님과 대화할 처지는 아니었을 것입니다. 유대 사회나 우리 사회나 장례는 가장 엄숙한 의식이요, 자식 된 도리로서는 가장 큰 의무이기에 다른 어떤 율법 규정보다도 우선하는 것이므로 장례는 정중히 치러져야 마땅합니다. 그러므로 그는 아버지가 돌아가신 후 장사를 지내고 나면 곧바로 주님을 따라나서서 계속 따르겠다고 말했습니다.

그러나 주님은 무엇이라고 대답하십니까? "죽은 자들로 자기의 죽은 자들을 장사하게 하고 너는 가서 하나님 나라를 전파하라"(눅 9:60). 주님은 죽은 자를 장사하는 경건한 의무를 다하겠다는 요청을 부인하지 않으셨습니다. 다만 그가 주님이 따르라고 하시는데 지연 술책을 쓰고 있다는 점을 지적하신 것입니다. 그는 맞닥뜨려서 거절하기 어려우니 연로한 아버지를 내세워서 생각해 보겠다고 한 것입니다.

죽은 자에 대한 임무보다 더 큰 것은 산 자에 대한 의무입니다. 주님의 이 선언에는 중대한 의미가 함축되어 있습니다. 우선, 주님은 당신을 따르지 않는 무리들에게 어찌 보면 심한 말처럼 들리는 말을 사용함으로써(죽은 자들) 더 긴급한 임무가 있음을 알려 주셨습니다. 그들을 영적으로 죽은 자들로 여기신 것입니다(눅 15:32; 딤전 5:6). 바울은 에베소서에서 "허물과 죄로 죽었던 너희"(엡 2:1)라는 말로 우리의 옛 상태를 표현했습니다.

사람은 부모가 되면 자식에 대한 도리가 있습니다. 그리고 자식은 부모에 대한 도리를 가집니다. 이는 우리가 사람으로 사는 한 벗어날 수 없는 중요한 일들입니다. 그러나 이미 돌아가신 부모, 아니 곧 임종할 수 있는 아비에 대한 의무보다도 주님을 따르는 것이 더 긴급하고 중대한 의무라고 주님은 말씀하십니다. 주님을 따르는 일과 하늘나라 복음을 전하는 일이 인생사의 그 어떤 일보다 우선적이라고 주님은 이야기하셨습니다.

여기서 주님은 새로운 시대가 도래했음을 선언하셨습니다. 이 새로운 시대는 부모의 장사조차도 미미한 것으로 보이는 시대입니다. 주님의 제자로서 응답하는 일은 인간사의 중대사조차 미미하게 만드는 긴급하고도 중차대한 것입니다. 최선의 변명조차 설자리가 없는 것이 제자의 길입니다. 왜냐하면 제자가 되는 것은 바로 그 나라의 복음을 전파하는 길이기 때문입니다. "너는 가서 하나님의 나라를 전파하라." 이는 모든 제자의 임무입니다.

산 자에 대한 의무는 죽은 자에 대한 의무보다 우선합니다. 주님은 결코 우리의 가족적 의무를 부인하지 않으십니다. 육체의 생명이 꺼지기 전에 그 안에 하나님의 생명이 심겨야 사람은 영생합니다. 여기서 주님이 말씀하시는 것은, 주님으로 말미암는 하나님 나라의 도래가 우리의 모든 일 가운데서 가장 중요한 일을 새롭게 부여했다는 것입니다. 예루살렘을 향한 십자가를 지는 이 길이 가장 우선적인 길이라고 보여 주신 것입니다. 하나님 나라가 걸린 일이라면 우리에게 달려 있는 주어진 선택은 하나밖에 없습니다. 최전선에 서야 하는 것입니다.

파송받은 자로서의 삶을 살고 있습니까? 훈련을 제대로 받았다면 우리는 전도자로 서 있어야 합니다. 예수님은 우리의 죄를 용서하신 분입니다. 우리의 삶을 인도하신 분입니다. 모든 축복은 그리스도 예수를 통해 우리에게 전달됩니다. 우리는 잘 알고 있는 소식이지만 이 사실을 알지 못하는 사람들이 세상에는 많이 있습니다. 복음 전파 사역의 현장에 서십시오. 하나님께 전도의 문을 열어 달라고 기도하십시오.

세상을 놓지 않는 셋째 사람

예수님이 앞의 두 사람과 대화하시는 가운데 셋째 사람은 감동되었던 모양입니다. 그는 주님께 "주여 내가 주를 따르겠나이다마는 나로 먼저 내 가족을 작별하게 허락하소서"(눅 9:61)라고 말씀드렸습니다. 그런데 주님이 무엇이라고 하십니까? "손에 쟁기를 잡고 뒤를 돌아보는 자는 하나님의 나라에 합당하지 아니하니라"(눅 9:62). 주님의 반응은 예상외로 엄격합니다. 주님을 따르는 일에는 어떤 지체나 주저가 있을 수 없습니다. 주님의 말씀에 즉각 반응을 보이지 않는 것은 마치 쟁기를 잡고 엉뚱한 데를 쳐다보는 것과 같다고 주님은 말씀하셨습니다.

주님의 부르심은 예전 선지자들의 부름과는 달랐습니다. 엘리야가 엘리사를 제자로 불렀을 때 그는 식구들과 송별 파티를 하고 떠났습니다. 그러나 지금 예수님의 부름은 더 중요하고 긴급해, 손에 쟁기를 잡고 뒤를 돌아보면 하나님 나라에 합당하지 않다고 주님은 말씀하십니다.

제자는 언제나 쟁기를 붙들고 있어야만 합니다. 바위가 많은 팔레스타인 땅을 가는 일은 한순간도 방심해서는 안됩니다. 뒤를 돌아다보면 골을 바로 만들 수가 없습니다. 이처럼 제자가 되는 일은 언제나 관심 집중이 요구됩니다. 하나님 나라는 우리에게 최선의 관심을 요구합니다. 제자의 삶을 첫 출발할 때뿐만 아니라 주님이 부르시는 그 순간까지 제자의 삶은 언제나 관심을 쏟아야 하는 길입니다. 사도 바울의 고백을 들어 보십시오. "형제들아 나는 아직 내가 잡은 줄로 여기지 아니하고 오직 한 일 즉 뒤에 있는 것은 잊어버리고 앞에 있는 것을 잡으려고 푯대를 향하여 그리스도 예수 안에서 하나님이 위에서 부르신 부름의 상을 위하여 달려가노라"(빌 3:13-14).

신앙생활한 지 오래된 것을 말하지 말고 지금 달리고 있어야 합니다. 신앙생활은 주님이 부르시는 순간까지 달려가는 길입니다. "의인은 믿음으로 말미암아 살리라 또한 뒤로 물러가면 내 마음이 그를 기뻐하지 아니하리라"(히 10:38). 제자의 삶은 모든 순간 집중을 요구합니다. 신앙생활이 두 번째가 되어서는 안 됩니다. 주님을 기쁘시게 하는 삶을 살고 있습니까? 주님과 당신의 관계가 우선순위가 되고 있습니까?

○

본문은 예수님의 제자가 되고자 했던 세 사람의 반응을 전혀 기록하고 있지 않습니다. 다만 각 사람을 향한 주님의 말씀만 울려 퍼지고 있을 뿐입니다. 주님은 그들 가운데 아무도 거절하지 않으셨습니다. 다만 주님의 제자가 되고자 하는 소원을 가진 이들에게 수난의 길을 가는 주님을 따르는 데 요구되는 것이 무엇인지를 말씀하셨습니다. 주님을 따르는 자들에게 요구하신 길은 주님이 지금 걸어가시는 바로 그 길입니다. 우리 주님은 전적으로 자기 부인의 길을 걸어가셨습니다. 그분은 최후 쓴잔까지 마시셨습니다. 필요하다면 가족의 유대감까지 포기하셨습니다. 사랑하는 제자에게 어머니마저도 부탁하셨습니다(요 19:27). 주님은 하늘 아버지께서 맡기신 사명을 완수하기 위해 그 손을 쟁기에서 한순간도 떼지 않으셨습니다. 어떤 값을 지불하고라도 맡은 사명을 다 이루셨습니다.

주님을 따르는 길은 변명과 타협이 용납되지 않는 엄숙한 길입니다. 세상과 타협하지 마십시오. 어중간한 자세로 나서지 마십시오. 우리를 위해 모든 것을 바치신 주님께 합당한 헌신은 우리 자신을 모두 드려서 그분을 위해 사는 그 길밖에는 없습니다. 그분을 따르는 첫걸음부터 제자 되는 값을 알고 시작하기를 바랍니다. 그러나 그것이 모든 이야기의 끝은 결코 아닙니다. 사람의 아들과 오늘 운명을 함께할 때 내일 하나님의 아들과 영광을 함께 누릴 것입니다. 하나님 나라는 이미 우리 삶 속에 도래하고 있습니다. 이제는 더 이상 뒤를 돌아보지 마십시오. 가서 하나님 나라를 선포하는 그 일을 하기 바랍니다. 그것이 주를 따르는 자들에게 요구되는 유일한 선택입니다.

3부

어떻게 살 것인가,
무엇을 구할 것인가

42.

칠십 인의 파송 1(10:1-9)

//

앞 장에서는 주님의 제자가 되고 싶었으나 제자가 되는 값을 치르는 데는 주저하던 사람들을 만났습니다. 그러나 이 장에서는 일단의 신실한 일꾼들을 만납니다. 서슴지 않고 주님의 부르심을 따라나섬은 물론 상당한 성공을 거둔 무리들입니다. 주저하는 사람들 사이에서 이와 같이 충성스러운 제자들을 만난다는 것은 바라보는 우리에게조차 기쁨이 됩니다.

누가복음 10장은 분명히 크게 두 부분으로 나눌 수 있습니다. 첫 부분은 1-24절입니다. 또한 이 첫 부분은 네 문단으로 구분할 수 있는데, 그 첫 문단은 칠십 인의 파송에 관한 기사이고(1-12절), 둘째 문단은 메시지를 거부한 사람들에 대한 심판 선언이고(13-16절), 셋째 문단은 칠십 인의 사역 보고와 주님의 충고이고(17-20절), 넷째 문단은 주님의 기쁨과 감격의 선언입니다(21-24절).

이 장에서는 첫 문단을 중심으로(9절까지 한정해서) 파송받은 제자들의 사역의 한 측면만을 중점적으로 살펴보겠습니다. 파송받는 제자들의 앞길에는 두 가지 상황이 예상됩니다. 첫째는 영접받는 상황이고, 둘째는 영접받지 못하는 상황입니다.

칠십 인을 파송하신 예수님

우선 몇 가지 서론적 고찰을 할 수 있습니다. 먼저 생각해 볼 문제가 있는데, 개역개정 성경은 "그 후에 주께서 따로 칠십 인을 세우사"라고 번역하고 있는 한편, 표준새번역 성경은 "이 일이 있은 뒤에 주께서는 달리 일흔두 사람을 세우셔서"라고 번역하고 있습니다. 이 경우를 사본상의 차이라고 말합니다. 칠십 인이 맞는지, 칠십이 인이 맞는지의 문제는 별반 중요하지 않습니다. 가장 권위 있는 사본학자가 밝힌 바대로 유대인들에게 '칠십'과 '칠십이'는 언제든지 서로 섞어 쓸 수 있는 숫자입니다. 다만 왜 칠십 인 혹은 칠십이 인을 세우셨느냐가 중요합니다.

이스라엘 사람들은 흔히 세상 나라의 숫자를 그렇게 파악했습니다. 이 숫자는 창세기 10장에 근거한 것입니다. 창세기 10장에서 노아 홍수 후 각 나라를 열거할 때 히브리어 성경 원본에는 칠십 개의 나라가 나와 있고 그것을 번역한 헬라어 성경에는 칠십이 개의 나라가 나와 있습니다. 그래서 유대인들은 세상 나라 하면 칠십 개의 나라, 혹은 칠십이 개의 나라라고 생각했습니다. 열두 사도가 이스라엘 열두 지파를 위해서 보내심을 받았다면, 칠십 인 혹은 칠십이 인은 온 세상을 위한 일꾼이라는 의미가 있습니다.

누가는 여기서 숫자를 언급하면서 앞으로 이루어질 일, 즉 앞으로 다가올 세계 선교의 시대를 미리 내다보고 있습니다. 예루살렘을 향한 여정은 주님의 사명을 중단시킬 수 없었습니다. 오히려 주님의 사명은 승천하신 이후에 하나님의 보좌 우편에서 완성될 것이기 때문입니다.

또 하나 생각할 점은, 왜 하필 둘씩 파송하셨는가입니다. 무엇보다 서로 돕고 격려하기 위해서였을 것입니다. 게다가 유대 전통에 따라 증인으로서 자격을 갖추기 위해서는 둘씩 나가야 했을 것입니다(신 19:15). 사도행전에는 그런 전통이 자주 반영되고 있습니다. 베드로와 요한이 함께 사역을 한다거나 바나바와 사울, 바울과 실라가 동역하는 모습을 떠올려 볼 수 있습니다.

끝으로 언제 이 일이 있었느냐는 문제입니다. 본문에는 '그 후에'라고만 언급되어 있습니다. 자연스러운 추론은 두 가지 중 하나일 것입니다. 우선 '그 후에'를 9장 51절과 관련해서 이해할 수 있습니다. 그렇다면 예수님이 그 얼굴을 예루살렘으로 향하신 후에도 변함없이 본래 사명에 충실하셨음을 알 수 있습니다. 또한 '그 후에'를 9장 1-6절 사건과 관련시킬 수 있습니다. 칠십 인의 파송은 열두 사도의 파송과 짝을 이루기 때문입니다. 그렇게 보면 예수님은 선포의 사명을 열두 제자에게만 한정하지 않으셨습니다. 9장 1-6절에서는 열두 제자가 복음을 선포하는 사명을 받아 보내심을 받았습니다. 그러나 여기는 더 많은 사람, 칠십 인이 파송을 받았습니다. 예수님은 선택된 소수에게만 사역을 위임하지 않으셨습니다. 예수님은 당신의 사역을 구원받은 모든 사람이 함께하기를 원하셨습니다.

파송받는 제자들을 향한 주님의 분부

본문을 잘 살펴보면 파송받은 칠십 인이 나가서 한 일에 대해서는 별반 기록되어 있지 않습니다. 그 대신 파송하시는 주님이 하신 말씀이 주 내용을 이루고 있습니다. 주님의 분부를 몇 가지 내용으로 나누어 살필 수 있습니다.

영적 추수를 위한 기도

첫째, 주님은 파송받는 자들에게 추수할 일꾼들을 보내 달라고 기도하라는 특별한 요청을 하셨습니다(눅 10:2). 주님은 전도를 추수에 비교하셨습니다. 추수는 한 해 농사를 마무리 짓는 일입니다. 구약성경에서는 종종 하나님이 그 백성을 모으시는 일을 추수에 비유합니다. 신약의 비유를 보면 천사들이 인자, 혹은 추수꾼으로 등장합니다. 하지만 본문에서는 제자들에게 추수의 사명이 위임되었습니다. 마지막 그 백성을 불러 모으는 추수가 제자인 우리에게 맡겨져 있습니다.

추수 자체는 한 해 농사의 끝마무리를 의미하지만, 여기서는 종말의 성격을 강조하는 대신에 그 일이 엄청나다는 사실을 부각시키고 있습니다. 칠십 인을 파송해야만 하는 상황을 생각해 보십시오. 이스라엘을 불러 모으는 일뿐만 아니라 열방을 구원하는 일은 엄청난 일꾼을 필요로 하는 일입니다. 농사를 지어 본 사람이라면 알겠지만, 무르익은 곡식은 농부의 상황을 고려하지 않습니다. 곡식이 익으면 때를 넘기지 말고 바로 추수해야 합니다. 추수는 미룰 수 있는 일이 아닙니다. 그러므로 주님은 제자들에게 마땅히 더 많은 일꾼을 보내 달라고 기도할 것을 명하셨습니다. 선교, 즉 영적 추수는 무엇보다도 기도로 시작해야 하는 일입니다. 선교는 기도가 뒷받침되지 않을 때 제대로 열매를 거둘 수 없기 때문입니다. 이를 위해 우리는 기도로 동역해야 합니다.

여기서 또 하나 명심해야 할 사실은 추수하는 주인을 의식하는 일입니다. 기도는 전능하신 하나님을 믿을 때 하게 됩니다. 전능하신 하나님이 추수의 주인이심을 알 때 영적 추수를 위해서 주인 앞에 아뢰는 시간을 먼저 가지게 되는 것입니다. 더 많은 일꾼을 요청하는 일은 더 많은 전도의 열매를 거두기 위해서 절실한 일입니다. 하나님은 일꾼을 보내기만 하는 것이 아니라 일꾼들의 뒷감당까지 해 주는 분이십니다. 그렇기에 하나님은 추수하는 주인으로 불리십니다.

우리가 전하는 복음은 소비자 지향적인 상품이 아닙니다. 회심 과정에 있어서 하나님의 주권이 필요합니다. 복음의 진수란 그대로 살아서는 안 되므로 돌아서라는 이야기가 아닙니까. 복음을 처음 들으면 사람의 자존심이 건드려집니다. 그럼에도 그 복음을 듣고 돌아서서 하나님 앞에 나오는 것은 하나님의 은혜가 역사한 결과입니다. 하나님은 듣는 사람의 마음을 변화시키고 그 마음을 열도록 역사하십니다. 따라서 영적 추수를 앞두고 우리가 가장 먼저 해야 할 일은 기도입니다.

"내가 보호해 주겠다"

둘째, 주님은 사역자들을 위한 특별한 보호를 암시하셨습니다. "갈지어다 내가 너희를 보냄이 어린양을 이리 가운데로 보냄과 같도다"(눅 10:3). 주님은 전도자가 가게 되는 상황이 어떤지를 이 말씀 속에 나타내셨습니다. 주님 당신이 예루살렘을 향한 첫 마을에서 거부당하셨습니다. 전도하러 나가 보면 환영도 받고 거절도 당하는 것입니다. 여기서 누가는 전도자를 '이리 가운데 어린양'이라고 표현했습니다. '이리 가운데 있는 양'이라는 마태의 표현에 비해(마 10:16) 위험에 노출된 상황을 더 실감 나게 그렸습니다.

하나님의 백성인 우리는 이리 가운데로 보내심을 받은 어린양과 같은 처지입니다. 그 상황에서 어린양이 살아남을 수 있는 유일한 대안은 목자에게 달려 있습니다. 세상은 제자인 우리에게 적대적입니다. 그러나 제자로서 우리는 물러설 자유를 가지고 있지 않습니다. 복음의 선포는 나아가는 것입니다. 주님은 "갈지어다"라고 명하십니다. 적대적인 세상 속에 그 백성을 향해 가라고 명하시는 주님의 심중을 헤아려 보십시오. 여기에 기록되어 있지는 않지만 이 말씀에는 "내가 지켜 주마. 내가 함께하마", 이런 결심을 주님 편에서 하셨을 것입니다. 우리를 세상 가운데로 보내고 명령하는 분은 주님이십니다. 어린양 같은 그 백성의 목자이십니다. 그분을 떠나서는 속수무책입니다. 주님의 명령은 주님으로부터 발해졌습니다. 그분이 명령하셨으면 그분이 지키실 것입니다.

주님의 구체적인 지시

셋째, 칠십 인을 파송하시는 주님의 구체적인 지시가 4-9절에 이어집니다. 먼저 주님은 여행 준비와 관련해 "전대나 배낭이나 신발을 가지지 말며"(눅 10:4상)라고 말씀하셨습니다. 이는 열두 제자를 파송하실 때와 같습니다. 선교가 주님의 일이라면 제자의 삶은 주님이 책임지십니다. 모든 것을 주님께 맡기면 주님이 공급하십니다. 또한 주님은 이어서 "길에서 아무에게도 문안하지 말며"(눅 10:4하)라고 하심으로 여행에 관해서도 말씀하셨습니다. 주의 일을 맡은 자는 언제나 신속하고 긴급한 심정으로 사역해야 합니다. 왜냐하면 그것은 생명을 다투는 일이기 때문입니다.

그러면 집에서는 어떻게 처신해야 합니까? 주님은 길에서는 인사하지 말라고 하셨으나 집에서는 전도자가 먼저 "이 집이 평안할지어다"(눅 10:5)하고 문안하라고 명하셨습니다. 평범한 인사 같지만, 제자들의 입으로 전달되는 이 인사는 놀라운 것입니다. 단순히 평안을 비는 것이 아니라, 그 평안을 실제 선물로 가지고 가는 것입니다. 듣는 이마다 평안을 받아들이든지 아니면 거부하든지 결정해야 합니다. 칠십 인을 영접하는 일은 바로 하나님을 영접하는 것이었습니다. 그들을 거절하는 것은 주님을 거절하는 것입니다.

주님은 평화의 복음을 받아들인 가정을 만나면 그 집에서 자고, 주는 음식을 먹으라고 말씀하셨습니다. 대접받는 것을 미안해하지 말고 하나님이 주시는 삯으로 간주하라고 하셨습니다(눅 10:7). 그리고 이 집에서 저 집으로, 즉 더 나은 조건을 제시하는 집으로 옮기지 말라고 충고하셨습니다. 그것은 공급하시는 하나님에 대한 불신이기 때문입니다. 이처럼 주님은 여행할 때만 아니라 머물 때도 어떻게 해야 하는지를 구체적으로 말씀하셨습니다.

그러면 어떻게 사역해야 할까요? "어느 동네에 들어가든지 너희를 영접하거든 너희 앞에 차려 놓는 것을 먹고 거기 있는 병자들을 고치고 또 말하기를 하나님의 나라가 너희에게 가까이 왔다 하라"(눅 10:8-9). 치유 사역은 주님의 사역의 본질적인 구성 요소 가운데 하나입니다. 주님은 지금 당신이 끊임없이 해 왔던 사역을 열두 제자와 칠십 인에게 맡기셨습니다. 여기서 치유 사역은 선포 사역에 앞서서 하라고 명하셨는데, 그것은 병을 고치는 것 자체가 하나님 나라가 임했음을 나타내는 상징이기 때문입니다. 하나님 나라는 예수 그리스도의 사역을 통해 이 땅에 도래했습니다. 또한 지금 칠십 인의 사역을 통해서 온 누리에 확산되어 가고 있습니다.

병자를 고치는 사역과 항상 동반되어야 하는 또 하나의 사역이 선포의 사역입니다. 하나님이 다스리시는 새로운 시대가 열렸다는 것을 전해야 하는 것입니다. 주님을 마음속에 모시게 되면 우리는 마음에 평안과 기쁨을 누리게 됩니다. 우리의 입술에는 감사와 찬양이 넘쳐 나게 됩니다. 전도자의 전도를 받아들이는 사람들은 이와 같이 놀라운 하나님의 통치를 경험하게 됩니다.

○

주님이 칠십 인에게 주신 명령은 오늘날 전도자의 삶을 살아야 하는 우리 모두에게 하시는 말씀입니다. 추수할 일꾼을 보내 달라고 기도합시다. 동시에 그들을 위해 축복의 기도를 드립시다. 하나님의 이름으로 평안을 빌어 줍시다. 그러면 평안이 그들의 삶 속에 임할 것입니다. 우리에게 "갈지어다" 하고 명하는 분은 전능자 하나님이십니다. 그분은 이리 가운데서도 어린양을 지키기에 능하신 분입니다. 우리를 파송하고 보호하기에 능하신 분입니다. 하나님 나라가 도래했습니다. 우리가 하나님을 만나 평안을 누린다면, 우리가 하나님께 찬송하고 감사한다면 동일한 축복의 새 삶을 누군가 누릴 수 있기를 기도하기 바랍니다.

43.

칠십 인의 파송 2 (10:10-16)

"하나님의 나라가 가까이 온 줄을 알라"

이 장의 본문은 주님의 파송사의 연속입니다. 앞의 파송사는
파송받은 사람들과 그들을 영접한 사람들을 마음에 두신 말씀이었다면,
여기는 파송받은 사람들을 영접하지 않는 사람들을 마음에 두고 하신 말
씀입니다. 주님은 전도자를 영접하는 사람들을 향해서는 축복을 선언하
셨다면, 거부하는 사람들을 향해서는 화를 선언하셨습니다.

그러나 두 경우 모두 공통점이 있습니다. 결정적인 말씀은 서로 일치한
다는 것입니다. 9절 끝부분과 11절 끝부분에서 이를 확인할 수 있습니다.
영접하는 사람들을 향한 축복의 근거도 "하나님의 나라가 너희에게 가까
이 왔다"는 것이고, 거부하는 사람들을 향해 화를 선언하신 근거도 "하나
님의 나라가 가까이 온 줄을 알라"입니다. 이것은 전도자가 명심해야 하

는 사실입니다. 우리는 왜 나가서 복음을 전해야 합니까? 하나님 나라가 가까이 왔기 때문입니다. 우리는 나가서 무엇을 전해야 합니까? 하나님 나라가 가까이 왔다는 사실입니다. 이 사실은 또한 전도자의 동기의 순수성을 판정하는 시금석이며, 전도자의 사역의 순수성을 검증하는 근거이기도 합니다. 칠십 인을 파송하신 바로 앞 사건에서도 우리는 그 점을 확인할 수 있습니다. 주님을 따르고자 하는 제자들을 향해서 주님은 각각 하나님 나라에 입각한 결단을 요구하신 바 있습니다(눅 9:57-62).

그러면 '하나님 나라가 가까이 왔다'는 말씀은 무슨 의미일까요? 나라를 구성하는 3대 요소, 즉 영토, 국민, 주권을 떠올려 보십시오. 이 중 하나라도 없으면 나라가 될 수 없습니다. 하나님 나라도 마찬가지입니다. 그러나 성경에서 하나님 나라라고 할 때는 특히 그 가운데 주권 행사, 통치권 행사를 강조합니다. 그러면 다시 한 번, 하나님 나라가 가까이 왔다는 말은 무슨 뜻일까요? 그때까지 하나님 나라가 없었을까요? 아닙니다. 인간이 창조된 이후 언제나 하나님 나라는 세상에 존재해 왔습니다. 그러나 하나님 나라는 하나님의 아들이 세상에 오심으로 새로운 국면에 접어들었습니다. 하나님의 아들인 예수 그리스도가 세상에 오심으로 하나님 나라가 이제 가까이 손에 잡힐 만큼 다가온 것입니다. 달리 말하면, 하나님 나라는 언제나 있어 온 것이 사실이지만, 신약이 말하는 하나님 나라는 구약에 존재하지 않던 모습입니다. 하지만 구약의 성도들이 대망해 온 나라입니다.

주님은 10장 24절에서 "많은 선지자와 임금이 너희가 보는 바를 보고자 하였으되 보지 못하였으며 너희가 듣는 바를 듣고자 하였으되 듣지 못하였느니라"라고 말씀하심으로 새로운 시대가 주님으로 말미암아 지금 도래했음을 보여 주셨습니다. 주님이 이 땅에 오시기 전에 이스라엘의 많은 선지자와 임금들은 지금 제자들이 보고 듣는 그것을 보고 들을 수 없었습니다. 요한복음은 좀 더 적극적인 표현으로 하나님 나라가 주님으로 말미암아 도래했음을 증거합니다. "너희 조상 아브라함은 나의 때 볼 것을 즐거워하다가 보고 기뻐하였느니라"(요 8:56).

하나님은 예수님을 통해서 지금도 당신의 통치권을 세상 가운데 행사하십니다. 지금도 예수님을 믿는 사람들이 하나님의 뜻대로 살기를 작정하면 그 마음속에 하나님이 다스리시는 나라가 형성됩니다. 하나님의 뜻을 알고 하나님께 순종하면 그곳은 하나님이 통치하시는 영역입니다. 우리의 심령이 주님의 뜻을 따르기를 즐겨하면 거기야말로 하나님이 다스리시는 자리입니다.

물론 하나님이 당신의 통치권을 지금 다 나타내시는 것은 아닙니다. 우리가 사도신경에서 고백하듯이, 산 자와 죽은 자를 심판하시는 하나님의 대권은 장차 나타날 것입니다. 그러나 지금도 하나님은 그분의 통치권을 세상 가운데 행사하고 계십니다. 그리고 여기서는 제자들을 세상에 파송하면서 세상을 구원하는 권세를 주셨습니다. 권세를 주어 하나님이 통치하는 새로운 공동체를 건설하도록 하셨습니다.

교회는 하나님이 다스리시는 공동체가 되어야 합니다. 건물이나 사람 수가 아니라, 교회는 하나님의 뜻을 따르기로 결단한 사람들이 자랑이어야 합니다. 하나님의 뜻이라고 하면 목숨을 내어놓을 각오가 되어 있는 사람들이 많이 모여 있을 때 교회의 분위기는 새로워질 수 있습니다. 그런 이들이 함께 만날 때 하나님의 역사에 놀라운 장이 펼쳐지는 것입니다.

우리는 왜 칠십 인의 뒤를 따라 세상을 향해 가야만 합니까? 하나님 나라가 우리의 삶 속에 도래했기 때문입니다. 우리가 전할 말씀은 동일합니다. "하나님의 나라가 너희에게 가까이 왔다." 이제 예수 그리스도가 오셨기 때문에 하나님이 준비하신 모든 유익을 받아 누리도록 사람들에게 전해 주어야 합니다.

주의 이름으로 나가서 병을 고치는 것은 하나님 나라가 임한 것을 보여 주는 증표입니다. 그러므로 선포와 치유는 동일한 사실을 드러냅니다. 하나님의 통치가 도래한 것을 말로 전하면 선포요, 전도입니다. 그러나 병 고침은 하나님 나라가 임한 사실을 행위로 보여 줍니다. 말과 행위가 함께 가면 언제나 능력이 나타납니다. 병을 고치는 기적이 함께할 때, 자비의 행위가 동반될 때 우리의 선포와 증거는 엄청난 능력을 발휘합니다. 먼저 하나님의 자비를 구체적으로 보여 주십시오. 그리고 나서 주님의 사랑을 선포하십시오. 그때 주님의 말씀은 새로운 차원의 능력을 나타낼 것입니다.

이 새로운 나라의 중심에 예수님이 계십니다. 그러므로 예수님의 제자가 되는 것은 그 어떤 일보다 우선적인 일입니다. 우리에게는 해야 할 중요한 일이 많습니다. 그러나 그 어떠한 일보다 중요한 것은 하나님 나라를 선포하는 일입니다. 하나님 나라가 가까이 왔다고 사람들에게 알리는 것입니다. 당신이 행복하지 못한 것은 당신이 생각하는 그 문제 때문이 아니라 당신의 마음을 하나님께 드리지 못했기 때문입니다. 우리는 우리의 마음을 창조하신 하나님이 다스리시기 전에는 결코 행복해질 수 없도록 지으심을 받은 존재입니다. 그 나라를 선포하는 일은 그렇기에 어떤 일보다 우선적이어야 합니다.

주님의 복음을 거절하는 자들에게 임할 화

주님은 지금 전도자를 영접하지 않는 사람들을 마음속에 떠올리며 그 경우 제자들이 해야 할 일을 말씀하십니다. "어느 동네에 들어가든지 너희를 영접하지 아니하거든 그 거리로 나와서 말하되 너희 동네에서 우리 발에 묻은 먼지도 너희에게 떨어버리노라 그러나 하나님의 나라가 가까이 온 줄을 알라 하라"(눅 10:10-11). 말하는 것을 행동으로 보여 주도록 요구하셨습니다. 이는 예부터 하나님의 말씀 듣기를 싫어하는 백성에게 선지자들이 자주 취했던 방법입니다. 마지막으로 하는 경고임을 알린 것입니다.

그리스도를 통해서 구원하시려는 하나님의 뜻을 거부하면 남는 것은 심판밖에 없습니다. 개인이나 공동체나 마찬가지입니다. 이제 복음을 거부한 그 동네는 심판하시는 하나님 앞에 홀로 서야 합니다. 언약 공동체의 모든 축복에서 배제되어야 합니다. 하나님의 무서운 진노만 거기 기다리고 있습니다. 은혜의 하나님을 거절하면 심판의 하나님을 대면해야 합니다. 도래하는 하나님 나라를 방해하는 어떤 시도도 하나님은 묵과하지 않으십니다.

주님의 복음을 거절한 동네는 하나님 나라가 가까이 왔다는 경고를 받아야 합니다. 그들이 받아들이지 않는다고 하나님 나라를 멀리할 수 있는 것이 아닙니다. 하나님은 당신의 계획에 따라서 다가가고 계십니다. 하나님 나라는 우리의 수용 여부와 상관없이 다가서는 나라입니다. 다만 그 나라를 받아들이느냐 마느냐는 엄청난 결과를 가져다줍니다. 받아들이는 자는 엄청난 축복을 받을 것입니다. 거절하는 자는 무시무시한 심판 아래 빠져들 것입니다.

예수 그리스도로 말미암는 하나님의 통치를 받아들이고 있습니까? 하나님의 말씀을 거부하지 마십시오. 기회는 항상 있지 않고 지나갑니다. 그러고 나면 무서운 심판만이 기다릴 뿐입니다. 구약에서 악명 높은 대표적인 도시가 소돔입니다. 소돔은 하나님 앞에서 범죄하다가 최초로 불 심판을 받아 멸망한 곳입니다. 어떤 랍비는, 소돔 사람들은 최후 부활도 없을 것이라고까지 말합니다. 그렇지만 주님은, 최후 심판 날에는 소돔이 차라리 나을 것이라고 하셨습니다. 주님과 주님이 파송한 자들이 전하는 복음을 거절한 동네의 운명은 그보다 더 심각하리라고 말씀하셨습니다.

마음을 활짝 열고 주님의 다스리심을 기쁘게 수용하십시오. 만약 거부하면 그 결과 역시 심각할 것입니다. 차라리 듣지 않는 편이 더 나을 것입니다. 특권이 크면 책임도 큰 것이 불변의 진리입니다.

"화 있을진저 고라신아, 화 있을진저 벳새다야"(눅 10:13상). 주님은 복음을 선포하는 제자들의 사명이 심각하기에 고라신과 벳새다를 차례로 불러서 "화 있을진저"라고 하며 그 입술에서부터 저주를 선언하셨습니다. 고라신이라는 마을은 성경에서 여기밖에 나오지 않습니다. 그에 비해서 벳새다는 익숙합니다. 주님이 벳새다에서 기적을 베풀기도 하시고 은혜로운 말씀을 들려주기도 하셨다는 기록이 성경에 종종 나옵니다.

두로와 시돈은 아주 악질적인 나라들입니다. 하나님의 심판의 우선순위에서 1, 2번을 다투는 동네들입니다. 그럼에도 주님은 "너희에게 행한 모든 권능을 두로와 시돈에서 행하였더라면 그들이 벌써 베옷을 입고 재에 앉아 회개하였으리라 심판 때에 두로와 시돈이 너희보다 견디기 쉬우리라"(눅 10:13하-14)라고 말씀하셨습니다.

'베옷'과 '재'는 회개와 슬픔의 표시로 간주되었습니다. 재는 머리에 뿌리기도 하고 회개하는 사람이 그 위에 앉기도 했습니다. 누가는 후자로 그리고 있습니다. 주님은 두로와 시돈을 언급하심으로 당신이 파송한 자를 거부하는 대가가 얼마나 심각한지를 보여 주셨습니다. 이제 가장 끔찍한 최후의 심판이 그들의 몫으로 기다리고 있습니다. 우리는 하나님 말씀을 듣고, 들은 말씀에 순종해야만 합니다.

가버나움은 주님의 제2의 고향입니다(마 4:13; 막 2:1). 본래 주님은 나사렛에서 쭉 어린 시절을 지내다가 공사역을 시작할 무렵 가버나움으로 이사를 가셨습니다. 모두 다 갈릴리에 속한 마을들입니다. 그렇기 때문에 가버나움은 다른 어떤 갈릴리 도시보다 주님의 사역의 혜택을 후히 받았습니다. 가버나움은 예수님과 관련해 상당한 자부심을 갖기도 했습니다. 그러나 주님의 말씀에 대한 반응은 신통치 않았습니다. 그러므로 그들 자신의 미래에 대한 스스로의 평가와 주님의 평가는 놀라운 대조를 이루고 있습니다.

다가올 심판이 얼마나 끔찍한지 추호도 의심할 수 없도록 주님은 "가버나움아 네가 하늘에까지 높아지겠느냐 음부에까지 낮아지리라"(눅 10:15)라고 선언하셨습니다. 그리고 그 저주의 심각성을 주님은 다음과 같은 말씀으로 강조하셨습니다. "너희 말을 듣는 자는 곧 내 말을 듣는 것이요 너희를 저버리는 자는 곧 나를 저버리는 것이요 나를 저버리는 자는 나 보내신 이를 저버리는 것이라"(눅 10:16).

주님의 파송사는 파송받는 사람들에게 엄청난 격려가 되었을 것입니다. 그들이 나가서 하는 바로 그 일을 주님이 당신의 일로 간주하셨기 때문입니다. 전도자들의 말을 들으면 주님의 말씀을 듣는 것이고, 그들을 거절하는 것은 주님을 거부하는 것입니다. 주님을 거절하는 것은 궁극적으로 그리스도를 세상에 보내신 하나님을 거부하는 것입니다.

하나님 나라의 메시지를 거절하는 것은 그 나라를 제공하신 하나님을 거부하는 것입니다. 하나님은 어떤 제사보다 하나님의 목소리에 순종하는 것을 기뻐하십니다. 사무엘 선지자는 사울을 향해서 "순종이 제사보다 낫고 듣는 것이 숫양의 기름보다 나으니 이는 거역하는 것은 점치는 죄와 같고 완고한 것은 사신 우상에게 절하는 죄와 같음이라"(삼상 15:22-23)라고 말했습니다. 우리의 전도를 받지 않는 것은 우리를 파송하신 하나님을 거부하는 것입니다.

하나님 나라가 가까이 왔다는 소식을 들을 때마다, 혹은 전할 때마다 사람들을 안타깝게 여기는 마음을 품으십시오. 12절 이하에서 탄식하시는 주님의 부담을 안고 있습니까? 하나님 나라를 전하는 것은 사소한 일이 아닙니다. 그만큼 하나님 나라를 영접하는 것도 사소한 일이 아닙니다. 그 선택은 우리의 영혼을 좌우하기 때문입니다. 누구를 배우자로 택하느냐는 중요한 문제입니다. 그러나 그것은 기껏 몇십 년의 문제입니다. 누구를 나의 하나님으로 섬길 것인가의 문제는 이 땅에서뿐만 아니라 영원한 운명을 결정짓는 일입니다.

하나님의 구원의 소식을 듣고도 거부하는 자의 운명은 비참합니다. 하나님이 다스리신다는 통치의 소식을 듣고도 그분의 다스리심을 거부하면 그의 결국은 참혹합니다. 그는 결국 구원의 하나님을 거부한 심판을 받을 것입니다. 왜냐하면 보내심을 받은 자가 전하는 말씀의 중심에는 보내신 분이 서 계시기 때문입니다.

○

우리는 지금 중대한 기로에 서 있습니다. 이제는 한번 생사를 걸고 하나님의 말씀에 순종하기로 결단해 보십시오. 주님을 기쁘시게 하기 위해 내 생을 드리겠다고 결심해 보십시오. 예수님을 왕으로 모시십시오. 예수님의 뜻을 따라 살기로 결심하십시오. 그러면 마음속에 하늘의 기쁨이 찾아옵니다. 하나님을 기쁘시게 하기를 소원하면 하늘의 기쁨이 우리의 몫이 됩니다. 우리의 소원이 새로워지고 우리의 생활이 달라질 것입니다.

주님을 기쁘시게 하는 삶은 어떤 것입니까? 좋으신 주님을 목숨이 있는 순간까지 전하는 것입니다. 하나님이 우리에게 바라시는 것은 두 가지입니다. 주님의 뜻대로 사는 것과 좋으신 주님의 통치를 전하는 일입니다. 거룩한 하나님의 역사에 동참하기를 바랍니다. 하나님 나라는 우리의 동역 없이도 임합니다. 그러나 우리가 순종하면 우리가 복을 받습니다.

44.

칠십 인의 귀환(10:17-20)

//

복음을 전한 자가 누리는 기쁨

전도의 현장에서 돌아온 칠십 인을 만나 봅시다. 그들의 표정을 보면 그들의 현장에서 있었던 일들을 짐작할 수 있습니다. 칠십 인의 얼굴마다 기쁨이 넘쳤습니다. 특별히 그들을 흥분시켰던 일은 귀신들까지 주님의 이름으로 항복했다는 사실이었습니다(눅 10:17). 얼마나 감격스러운 순간인가요. 주님이 변화하신 그 순간까지 사실 제자들은 무력했습니다. 주님이 변화 산에서 내려오셨을 때 제자들이 귀신 들린 한 사람을 붙들고 쩔쩔맸던 일을 우리는 기억합니다. 그때 능히 행하지 못했던 일들을 지금 그들은 해냈습니다. 그들의 기쁨은 이 사실에 근거했습니다. 병자들을 고쳐 주도록 지시를 받았는데 귀신까지 쫓아냈으니 흥분과 기쁨을 감출 수가 없었던 것입니다. 기대하지 않았던 수확 때문에 지금 기뻐하고 있습니다.

　당신은 이와 같은 기쁨을 맛본 적이 있습니까? 혹시 지금 기뻐하고 있습니까? 흥분된 보고를 할 만한 사역 현장을 가지고 있습니까? 순종하는 현장에서부터 돌아온 사람들은 할 말이 있고 감격이 있습니다. "귀신들도 우리에게 항복하더이다"라고 말하기 전에 우리는 나가서 복음을 전하는 현장을 가져야 합니다. 예나 지금이나 하나님 나라가 가까이 왔다는 소식을 전하는 전도자의 마음속에는 기쁨이 찾아옵니다. 그 기쁨은 귀신들이 항복했든 항복하지 않았든 상관이 없습니다. 물론 복음을 들은 사람이 그 복음을 영접하면 그 기쁨은 배가 될 것입니다. 그러나 영접하지 않더라도 주님의 말씀에 순종해 복음을 전한 자가 누릴 수 있는 기쁨이 있습니다. 영원한 생명을 구해 주는 일은 지극한 기쁨을 맛보게 합니다. 하나님의 진노 가운데서 구원을 얻는 것은 죽음 한가운데서 영원한 생명을 얻게 된 것입니다.

칠십 인을 향한 주님의 메시지

　이제 주님은 흥분된 제자들을 향해 조용히 요긴한 교훈을 하셔야 했습니다. 주님의 말씀은 세 가지 사실을 확인하고 있습니다. 첫째, 주님은 "내가 보았노라"고 하며 사탄을 이긴 승리를 말씀하셨습니다. 둘째, 주님은 "내가 주었노라"며 제자들이 받은 권세를 재확인하셨습니다. 셋째, 주님은 "기뻐하라"는 명령을 통해 제자들의 기쁨이 어디에 근거해야 할 것인지를 말씀하셨습니다. 그러면 이제 주님이 하신 말씀을 하나씩 살펴보겠습니다.

"내가 보았노라"

주님은 "귀신들도 우리에게 항복하더이다"라고 말하는 제자들에게 "사탄이 하늘로부터 번개같이 떨어지는 것을 내가 보았노라"(눅 10:18)라고 말씀하셨습니다. 마치 동문서답 같지만, 사실 매우 의미 있는 말씀입니다. 주님의 대답은 기쁨에 넘친 제자들의 보고의 이면을 공개하신 것입니다. 귀신들이 제자들에게 항복한 이면에는 사탄의 패배가 있었다고 설명하신 것입니다. 성경은, 귀신은 졸개들이고 그들의 우두머리는 사탄이라고 말합니다. 그래서 성경에서 사탄은 항상 단수입니다. 현상적으로 말하면 칠십 인이 나가서 동네에 있던 귀신들을 몇몇 내쫓았습니다. 하지만 그 승리는 결정적인 더 큰 승리의 징표였습니다. 귀신들의 두목인 사탄의 패배라는 이 배경 속에서 우리는 제자들의 사역을 이해할 수 있습니다.

한때 사탄은 그 세력이 하늘에 치솟았으나 지금은 거기서부터 추락했습니다. 그는 정복당했고 그의 무장은 해제되었습니다. 사탄은 더 이상 인간을 자기 수중에 넣고 있을 수가 없기에 사탄적인 책략은 이제 승리를 거둘 수가 없습니다. 그리스도인인 우리는 사탄의 권세가 무력화되었음을 보여 주는 증거입니다. 그의 손에 힘이 빠졌기 때문에 우리는 거기서 벗어났습니다. 이전에 우리는 사탄의 권세 아래 있으면서 그가 시키는 대로 살았습니다. 하나님의 법에 불순종했습니다. 세상 풍조를 따라 살았습니다. 공중의 권세 잡은 자를 추종했습니다. 우리의 욕망을 따라서 죽는 순간까지 어디로 치닫는지도 모르고 달려가던 자들이었습니다. 죄악된 본성과 마음이 원하는 것을 행하던 하나님의 진노 아래 살던 우리였습니다. 성경은 우리의 과거를 죄와 허물로 죽었던 자들이라고 규정합니다.

그러나 이제 하나님이 그 큰 사랑으로 우리를 구출하사 빛 가운데로 옮기셨습니다. 아들의 사랑의 통치권 아래로 옮기셨습니다. 더 이상 죄악된 욕망대로 살지 않습니다. 이제는 거룩한 소원을 따라 사는 자리로 나아왔습니다. 우리 마음의 감사와 우리 입술의 찬양은 새로운 삶의 증거입니다. "내가 보았노라"라고 선언하신 주님의 승리로 말미암는 해방을 이제부터 영원토록 찬송하기 위해서 우리는 하나님 앞에 예배드리는 자리에 모입니다. 우리는 이제 승리자 예수께 속한 무리입니다. 우리 주님은 일격에 사탄을 치명적으로 물리치고 승리자로서 지금 선언하십니다.

'주님의 이름으로' 귀신들도 전도자들에게 항복하는 이면에는 그 두목인 사탄의 결정적인 패배가 자리하고 있습니다. 주님은 "내가 보았노라"라고 선언하시는 그때뿐 아니라, 그 이후 모든 동일한 승리를 내다보고 계십니다. 사탄의 세력은 점점 위축되어 가고 있으며, 한날 결정적으로 그 영향을 상실하게 될 것입니다. 곧 우리 주님의 최후 승리가 완성될 것이기 때문입니다.

우리가 누구입니까? 우리는 승리자 예수님과 함께 다시 일으킴을 받은 사람들입니다. 승리자 예수님과 함께 다시 살아난 주님의 군사들입니다. 주님과 함께 일으킴을 받아 이제 하늘 보좌에서 군림하는 자들입니다. 우리 주 예수 그리스도만이 아버지의 보좌 우편에 계시는 것이 아니라, 그분과 영원히 하나 된 우리도 주님과 더불어 통치에 참여하고 있습니다. 하늘에서 우리의 참소자가 쫓겨났습니다. 우리의 지위는 회복되었고, 우리의 권세는 확보되었습니다.

"내가 주었노라"

이제 주님은 이 사실을 조금 더 보충 설명하십니다. "내가 너희에게 뱀과 전갈을 밟으며 원수의 모든 능력을 제어할 권능을 주었으니 너희를 해칠 자가 결코 없으리라"(눅 10:19). 주님은 제자들에게 주신 권세를 재확인하셨습니다. "내가 권세를 주었노라"라고 선언하신 것입니다. '하늘과 땅의 모든 권세를 받으신' 주님은 제자들에게 동일한 권세를 이미 주셨습니다. 그 권세를 주님은 먼저 상징적인 언어로, 그러고 나서 사실적인 언어로 표현하셨습니다. 그것을 '뱀과 전갈을 밟을 권세'라고 표현하셨습니다. 이는 듣는 이로 하여금 실감 나게 하시기 위해서입니다.

우리는 이 말씀의 의미를 제대로 음미하기가 힘듭니다. 팔레스타인 사막 지대에서 뱀과 전갈은 광야를 통과하는 이스라엘 백성에게 있어 아주 무시무시한 짐승이요, 독충이었습니다. 그 상황을 경험해 본 사람들은 '뱀과 전갈을 밟을 권세'가 얼마나 큰 권세인지를 잘 알 것입니다. 달리 말하면, 예수님이 세상 광야를 정복해 나갈 권세를 주셨다는 뜻입니다. 땅의 모든 세력을 짓밟는 권세를 주님은 이미 주님의 백성 된 우리에게 주셨습니다.

하늘과 땅의 모든 권세를 가진 분이 우리를 파송하셨습니다. 그 어떤 세력도 우리를 위협하거나 이겨 낼 수 없다고 주님은 선언하십니다. 승리는 보장되었고 안전은 우리의 것으로 확보되었습니다. "가라"고 명하시는 주님의 말씀에 이제 순종하십시오. 비록 어린양들을 이리 가운데 보내심과 같지만 그 양들을 끝까지 보호할 목자가 우리에게는 있습니다. 우리는 약하지만 우리와 함께하시는 주님은 강하십니다.

우리를 본래 위치에서 떨어지게 한 자는 이미 하늘에서 떨어졌습니다. 우리는 지금 이 땅에서 사탄의 모든 졸개의 세력을 짓밟는 권세를 행사하고 있습니다. 그러므로 우리가 나가서 사탄의 종 되었던 사람들을 구출할 수 있습니다. 우리가 나가서 그들을 만나고, 그들을 인도하고, 그들에게 평화를 선언하는 것입니다. 싸움의 본질을 바로 파악해야 합니다. 귀신이 쫓겨나는 현장을 가지십시오. 병자가 치유되는 사역 현장을 가지십시오.

예수 그리스도의 복음은 전파되고 있습니다. 이 권세가 눈에 보이도록 드러나는 현장이 바로 전도자의 현장입니다.

"기뻐하라"

그러나 권세의 행사가 최후의 관건은 아닙니다. 최후의 관건은 우리의 이름이 하늘에 기록되는 것입니다. "그러나 귀신들이 너희에게 항복하는 것으로 기뻐하지 말고 너희 이름이 하늘에 기록된 것으로 기뻐하라 하시니라"(눅 10:20). 귀신들이 항복한 배경을 설명하신 주님은 이같이 결론적인 권면을 하셨습니다.

주님은 사탄의 세력을 정복한 그들의 사역만으로 기뻐하지 말라고 충고하십니다. 사역으로 기뻐하는 자는 열매가 없으면 실망합니다. 그러므로 사역으로 기뻐하지 말고 너희에게 주어진 새로운 신분으로 기뻐하라고 말씀하셨습니다. 하나님의 능력은 나타날 때도 있고, 우리 눈에 보이지 않을 때도 있습니다. 그러나 한 가지 변하지 않는 사실이 있습니다. 그것은 우리의 이름이 이미 하늘에 기록되었다는 사실입니다. 우리가 사역자로서 무엇을 했느냐보다 하나님이 우리를 위해 무엇을 하셨는지를 기억할 때 우리는 영원토록 즐거워할 수 있습니다. 우리의 지속적인 기쁨의 근거는 우리가 한 일에 있는 것이 아니라 하나님이 우리를 위해서 무엇을 하셨는지에 있습니다.

주님은 세상에 와서 사람들을 구출해 하나님의 백성으로 삼는 일을 하셨습니다. 탕자가 아버지께 돌아오는 일, 잃어버린 자를 찾아서 구원하는 일은 주님의 사역의 궁극적인 목표입니다. 그렇기에 이는 주님의 백성 된 우리에게 부과된 임무이기도 합니다. 그러나 우리는 우리가 누구인지를 기억해야 합니다. 우리는 하나님의 자녀요, 우리 이름은 하늘에 기록되었습니다. 그 사실을 기억하면 언제나 감사하게 될 것입니다. 언제나 하나님께 찬송을 돌리게 될 것입니다. 그 기쁨은 영원히 변하지 않을 것입니다.

"네 삶은 주님의 사역자로서 보잘것없다"고 사탄이 속삭이는 순간에도 우리의 영원한 신분은 변하지 않는다는 사실로 인해 감사하십시오. 자신이 성취한 일에서부터 주님이 성취해 주신 그 엄청난 사실로 눈길을 돌리십시오. 확실하고 불변하는 주님의 승리의 업적에 항상 마음을 쏟기 바랍니다. 우리가 기뻐해야 하는 참된 승리는 우리가 행한 어떠한 일 때문이 아니라, 우리의 부족함에도 불구하고 하나님이 우리를 사랑하셔서 우리를 여기까지 인도하셨다는 놀라운 사실에 있습니다. 우리를 사랑하시되 당신의 독생자를 내어 주어 사랑하셨다는 그 사실에 있습니다. 땅의 일에만 시선을 두지 말고 하늘로 눈을 돌리십시오. 하나님의 생명책에 기록된 당신의 이름으로 인해서 기뻐하십시오.

그러나 오해하지 말 것은, 능력은 없으면서 자기 이름이 하늘에 있다는 것으로 스스로 위로하라고 주님이 이 말씀을 하신 것이 아닙니다. 그래서 이 말씀은 문맥에서 이해해야 합니다. 해석의 원리입니다. 주님은 지금 파송받은 후 기쁨의 보고를 하고 있는 칠십 인을 향해서 말씀하고 계십니다. 그러므로 우리는 반드시 우리가 승리의 기쁨을 맛보고 있는지를 먼저 물어야 합니다. 주님은 승리로 인해 기뻐하는 제자들을 향해 그보다 더 큰 기쁨을 가지라고 말씀하십니다. 귀신의 항복을 받는 기쁨을 땅에서 체험하십시오. 나아가 당신의 이름이 하늘에 기록된 사실로 인해서 더욱 감사하십시오. 거기에 우리의 이름이 기록된 것은 사탄에 대한 최후의 승리의 증표입니다. 하늘 백성의 명부에 우리 이름이 기록된 것은 사탄을 정복하신 주님의 공로입니다.

○

"가라"는 주님의 명령에 순종하십시오. 생명을 구하는 일에 참여하십시오. 하나님은 순종하는 자에게 기쁨을 허락하십니다. 마귀의 손아귀에서부터 형제자매를 구출하는 일에 동참하는 기쁨을 맛보기를 바랍니다.

주님은 "내가 온 것은 양으로 생명을 얻게 하고 더 풍성히 얻게 하려는 것이라"(요 10:10)라고 말씀하셨습니다. 하나님의 관점에서 잃은 양은 하나님을 향해서 아버지라고 부르지 못하는 모든 사람입니다. 하나님 앞에 나아와 예배하는 특권을 누리지 못하는 모든 사람입니다. 그들은 아직도 사탄의 손아귀에 있습니다. 하나님의 권세를 소유하지 못한 잃은 양들을 찾는 거룩한 역사에 동참하십시오. 영적인 추수를 거두는 기쁨의 현장에 참여하기를 바랍니다. 그 기쁨 위에서 우리의 이름을 하나님의 생명책에 기록하신 아버지의 사랑을 영원토록 찬미하는 우리가 되기를 바랍니다.

45.

예수님의 기쁨(10:21-24)

///

주님은 기뻐하며 돌아온 칠십 인에게 참으로 기뻐해야 하는 사실이 무엇인지를 말씀해 주셨습니다. 그리고 나서 주님은 당신이 기뻐하는 모습을 보여 주십니다. "그때에 예수께서 성령으로 기뻐하시며"(눅 10:21상). 지금 주님은 '성령으로' 기뻐하고 계십니다. 이것은 앞선 제자들의 기쁨과 견줄 수 없는 크고 격렬한 기쁨입니다. 제자들의 기쁨은 그들의 사역에 근거한 기쁨이지만, 주님의 기쁨은 그분 안에 계신 성령이 주시는 내적 기쁨입니다. 넘쳐 나는 기쁨이요, 소리치게 되는 기쁨입니다. 누가복음 초두에서 기뻐하던 성도들을 기억합니까? 오랫동안 기다려 온 하나님의 구원 역사가 전개되는 모습을 바라볼 때 그들은 그 감격을 마음속에 가두어 둘 수 없었습니다. 넘쳐 나는 기쁨은 가두어 둘 수 없습니다. 입술로 터져 나올 수밖에 없습니다. 그 기쁨이 주님의 경우 어떻게 표현되고 있습니까? 성령의 기쁨으로 먼저 감사 기도를 드리셨습니다.

그리고 나서는 제자들을 향해 축복을 선언하셨습니다.

예수님은 왜 성령으로 기뻐하셨는가

이 장의 본문은 누가복음 9장 51절에서 시작한 '예수님과 제자들'이라는 주제의 큰 문단의 완성 부분입니다. 주님이 예루살렘으로 올라가는 여로의 첫 기사로 시작하는 이 부분에서 주님은 이후 열두 제자를 파송하셨고, 더 나아가 칠십 인을 따로 세워 파송하셨으며, 그들은 승리의 보고와 함께 돌아왔습니다. 이제 그들의 보고를 들은 주께서 성령의 기쁨으로 놀라운 말씀을 하십니다.

본문의 구조를 살펴보겠습니다. 21-22절은 형식상 주님의 감사 기도이고, 23-24절은 제자들을 향해 축복하시는 부분입니다. 21절에는 계시의 주인이신 아버지의 활동이 부각된 반면, 22절은 계시의 대리인인 아들 예수님의 독특한 위치가 강조되고 있습니다. 그렇게 보면 23-24절은 계시의 수혜자가 된 제자들의 복된 신분을 축복하는 가운데 예수님의 탁월한 계시가 드러나 있습니다. 그래서 이 장의 제목을 '예수님의 기쁨'이라고 정했습니다. 주님은 왜 기뻐하셨습니까? 계시자 아버지로 인한 기쁨이 먼저 주님의 마음에 가득했기 때문입니다.

예수님의 기쁨의 첫 번째 근거

가까이에서 주님의 기도를 들어 보십시오. "천지의 주재이신 아버지여 이것을 지혜롭고 슬기 있는 자들에게는 숨기시고 어린아이들에게는 나타내심을 감사하나이다"(눅 10:21상). 주님의 기도의 특색은 무엇보다 먼저 그

부름말에서 발견할 수 있습니다. 원문에 의하면, 하나님을 향해 아무런 수식어 없이 '아버지여', 조금 더 친근감 있게 번역한다면 '아빠'라고 부르신 것입니다. 개역개정 성경은 원문의 어순을 살려서 "천지의 주재이신 아버지여"라는 말씀으로 엄숙하게 번역합니다.

그러나 우리 주님은 그냥 '아빠', '아버지여'라는 부름으로 기도를 시작하셨습니다. 하나님과 주님 사이의 친밀한 관계를 나타내는 호칭으로써 하나님께 나아가신 것입니다. '아버지여'라고 부르고 나서 '천지의 주재이신'이라고 말을 이어 가셨습니다. 우리의 기도를 들으시는 하나님은 우리와 친밀한 관계를 가지신 분인 동시에 온 천지의 주재이시라는 사실을 밝히셨습니다. 지금 공개되는 것은 천지의 주재이신 하나님의 뜻이라는 것입니다.

그러면 예수님이 성령의 기쁨 가운데서 찬사를 돌리고 있는 아버지의 행동은 무엇입니까? 주님은 그 행동을 이중으로 말씀하십니다. '숨기시고', '나타내심'입니다. 계시의 주인인 하나님의 활동은 '숨기시고 나타내시는 것'으로 요약할 수 있습니다. 또한 주님은 여기서 지혜롭고 슬기 있는 자들(하나님의 말씀을 듣지 않고 자기 손에 자기 것으로 가득한 자들)과 어린아이들(아무것도 가진 것이 없어 빈손으로 주님께 구하는 자들)을 서로 대조시키셨습니다. 둘의 차이는 교만과 겸손에 있습니다. 빈손으로 나아와 주실 분인 하나님만 사모하면 우리는 양손 가득히 하나님의 은혜를 받을 수 있습니다. 어린아이다우려면 성령으로 다시 태어나야 합니다. 복음의 능력만이 사람으로 하여금 하나님께 무릎 꿇고 구하게 만듭니다.

하나님이 어떤 이에게는 숨기시고 다른 이에게는 나타내시는 궁극적 이유는 무엇입니까? "옳소이다 이렇게 된 것이 아버지의 뜻이니이다"(눅 10:21하). 지금 주님은 하나님의 행동에 대한 전적 찬동을 표명하십니다. 계시의 양면 행동에 대한 부분적인 설명은 앞에서 가능했습니다. 궁극적인 설명은 아버지께 있습니다. 말하자면, 현상만 두고 생각하면 어떤 사람은 교만해서 안 받아들이고 어떤 사람은 겸비하게 받아들이는데, 궁극적인 설명은 하나님께 있다는 것입니다. 인간의 궁극적인 구원의 근원은 아버지의 기쁘신 뜻에 달려 있습니다. 그러므로 주님은 그 기쁘신 뜻에 따라 제자들에게 아버지의 뜻을 계시하셨음을 감사하며 기뻐하셨습니다.

예수님의 기쁨의 두 번째 근거

22절은 성령으로 기뻐하시는 주님의 기쁨의 또 다른 측면을 공개합니다. 먼저, 예수님은 당신이 계시의 대리자가 됨으로 기뻐하셨습니다. 아버지를 아는 자는 당신밖에 없는데 아버지와 당신의 기쁜 뜻에 따라서 어떤 사람들은 하나님을 알게 되었다는 사실로 기뻐하셨습니다. 하나님은 혼자서 일하지 않으십니다. 하나님은 천지를 창조할 때도 말씀으로 창조하셨습니다. 인격이신 예수 그리스도를 통해서 온 세상을 지으셨습니다. 하나님은 이 세상에 빛을 주고 이 세상을 구원해 나가는 일을 할 때 아들과 더불어 하십니다. 그렇기에 예수님도 혼자서 일하기를 원하지 않고 우리가 주님의 일에 동역자가 되기를 바라십니다.

"내 아버지께서 모든 것을 내게 주셨으니"(눅 10:22상)라는 말씀은 예수님이 계시의 대리자의 자격을 구비한 하나님 아버지의 합법적인 상속자이심을 밝힙니다. 인간이 되신 예수님께 하나님은 모든 것을 주셨습니다. 예수님은 하나님으로부터 하늘과 땅의 모든 권세를 받은 특별한 분이십니다(마 28:18; 요 13:3). 서신서를 읽어 보면 만물보다 먼저 계신 분으로 예수님을 소개하고 있습니다(골 1:17). 죽은 자들 가운데서 먼저 나신 자로서 예수님을 말하는 것은 곧 그분이 합법적인 상속자로서 하나님의 권한을 위임받은 분이심을 말해 줍니다. 특히 여기서는 계시의 대권을 주님이 맡으셨음을 밝혀 줍니다.

이어지는 22절 하반 절에서 예수님은 "아버지 외에는 아들이 누구인지 아는 자가 없고 아들과 또 아들의 소원대로 계시를 받는 자 외에는 아버지가 누구인지 아는 자가 없나이다"라고 기도하셨습니다. 이는 하나님 아버지와 아들 예수님 간의 상호적 지식을 강조하신 것입니다. 이처럼 친밀한 관계가 완벽히 아버지와 아들 사이에 존재했습니다. 가장 깊은 의미에서 아버지와 아들은 서로를 아십니다. 오직 아버지와 아들만이 서로를 아십니다. 서로의 의지를 아십니다. 서로의 마음을 아십니다. 그러므로 아들만이 아버지를 계시하실 수 있습니다. 달리 말하면, 예수께서 계시자가 되기 위해서 그분은 계시하실 아버지를 아셔야만 했습니다. 아들만이 아버지를 아실 뿐 아니라 아들만이 아버지를 다른 사람에게 계시하실 수 있습니다. 아들만이 아버지와 꼭 같은 분이시기 때문입니다(요 1:1). 우리가 하나님을 아버지라고 부르게 된 것은 예수님 때문입니다. 인간은 아들 예수님을 통해서 하나님을 만날 수 있습니다(요 14:6). 예수님만이 하나님을 아는 지식을 사람에게 알릴 수 있는 유일한 분이십니다.

22절의 핵심 진리는 마지막 문장에 실려 있습니다. 아버지를 아는 지식을 아들이 당신의 뜻대로 수여하셨습니다. 하지만 22절의 아들의 소원은 21절의 아버지의 뜻과 일치합니다. 아버지의 뜻과 아들의 소원이 합해져서 우리가 아버지의 나라에 들어갈 수 있는 길을 얻게 되었습니다. 우리가 하나님 나라 안에 있는 유일한 이유가 여기에 있습니다. 예수님은 당신의 인격을 통해서 우리에게 하나님을 알리셨습니다. 그분 안에 인간을 향한 하나님의 생각과 뜻이 드러났습니다. 예수님은 당신의 사역과 말씀을 통해 아버지를 우리에게 알리기를 원하십니다.

예수님의 기쁨의 세 번째 근거

끝으로 성령의 기쁨으로 기뻐하신 주님의 마지막 이유가 23절에 이어집니다. "제자들을 돌아보시며 조용히 이르시되 너희가 보는 것을 보는 눈은 복이 있도다." 누가는 주님이 여기서 제자들을 돌아보셨다고 기술합니다. 감사 기도를 드린 후 주님은 그 시선을 제자들에게로 돌리면서 축복으로 옮기셨습니다.

하늘을 우러러보며 기도하시던 주님의 영광스러운 시선이 자기들을 향해 와 닿았을 때 감동이 되었던지 누가는 주님이 돌아보셨다고 기록했습니다. 우리에게 현장 느낌을 전하고자 한 것입니다. 조용히 이르신 이유는, 이 축복은 오직 제자들에게만 한정된 것임을, 또 제자들처럼 볼 줄 아는 자들에게만 제한된 것임을 보여 주시기 위해서였습니다.

칠십 인이 본 것을 보는 눈은 복이 있습니다. 그들은 지금 약속된 구원자에게서 직접 말씀을 듣고 있습니다. 하나님의 유일한 계시자를 직접 보고 있습니다. 보는 것을 볼 수 있고 듣는 것을 들을 수 있는 것은 아들의 소원대로 계시를 받은 결과입니다. 보아도 보지 못하고 들어도 듣지 못하는 심판 날이 있는 사람들 가운데서 그들이 누리는 복은 아버지의 뜻에 따라 그리고 아들의 소원대로 누리는 축복이기 때문에 계시의 수혜자가 된 그들로 인해서 예수님은 지금 기뻐하고 계십니다.

24절은 23절의 보충 설명입니다. "내가 너희에게 말하노니 많은 선지자와 임금이 너희가 보는 바를 보고자 하였으되 보지 못하였으며 너희가 듣는 바를 듣고자 하였으되 듣지 못하였느니라." 주님은 제자들이 누리는 축복이 얼마나 엄청난 것인지를 말씀하시기 위해서 "내가 너희에게 말하노니"라고 하셨습니다. 하나님의 아들의 권위로써, 인류의 구원자의 권위로써 "내가 너희에게 말하노니"라고 말씀하고 계십니다. 이전 세대에 속한 사람들은 주님의 말씀을, 아니 주님 그분을 보지 못했습니다. 그러나 지금 그들은 보고 듣는 축복을 누린다고 하셨습니다. 그 옛날 위대한 선조들조차 다만 멀리서 바라만 보던 그것을 직접 귀로 듣고 눈으로 보는 시대에 살고 있다고 그들의 축복을 일러 주고 계십니다.

민음의 조상 아브라함은 주님을 멀리서 보고 기뻐했는데, 그들은 이처럼 가까이서 주님이 조용히 말씀하셔도 알아들을 수 있으니 얼마나 큰 축복을 누리고 있는 것입니까. 주님은 계시의 축복을 받은 자들을 향한 기쁨을 나타내고 계십니다.

주님은 지금 간접적으로 중대한 발언을 하고 계십니다. 당신이 누구인지에 대한 신적 자기 증언을 하고 계십니다. 당신이 약속된 메시아라는 사실을 이 말씀을 통해 간접적으로 밝히신 것입니다. 선지자 이사야가 그 영광을 보고 예언한 메시아가 지금 도래했습니다. 다윗 왕이 성령의 충만함으로 예언했던 그 메시아를 제자들은 지금 보고 있습니다.

○

우리 그리스도인들이 오늘날 누리는 특권을 생각해 보았습니까? 열두 제자와 칠십 인의 전도자들 못지않은 축복을 받은 자들이 우리입니다. 그들은 아직 예수님의 죽음과 부활을 알지 못했으나, 우리는 주님의 죽음과 부활이 성취된 자리에서 이 복된 소식을 듣고 있습니다. 무엇을 보고 무엇을 듣는지 주의하십시오. 축복을 누리는 수단이 여기에 달려 있습니다. 하나님은 우리의 눈과 귀가 복되기를 원하십니다. 눈을 통해 봄으로써 복 받기를 바라십니다. 귀를 통해 들음으로써 복을 누리기를 원하십니다. 이 완성된 구원의 복음을 받아들이십시오.

구약의 왕들은 다만 약속을 받았을 뿐이지만, 우리는 그 실현을 바라보고 있습니다. 구약의 선지자들은 다만 그림자를 보았지만, 우리는 그 실체를 보고 있습니다. 구약의 왕들과 선지자들은 다만 모형만 보았지만, 우리는 지금 원형을 대하고 있습니다. 우리는 예수님 당시의 제자들조차 누리지 못한 축복의 시대에 살고 있는 것입니다. 우리는 홍해가 갈라지는 기적을 본 적은 없습니다. 무덤에서 나오는 나사로를 본 적도 없습니다. 그럼에도 우리는 그 현장에 있었던 자들보다 더 큰 영광을 보고 있습니다. 성육신하신 구주를 볼 뿐만 아니라 못 박히고 살아나신 구주 예수님을 우리는 찬양하고 있습니다. 하나님께로부터 큰 축복을 받은 사람은 언제나 크고 무서운 책임을 가진다는 사실을 기억하십시오.

46.

하나님을 사랑하는 사람들(10:25-28)

하나님을 어떻게 사랑할 수 있는가

주님은 지금까지(눅 9:51-10:24) 제자들의 의무와 특권에 대해서 주로 말씀하셨습니다. 이어지는 이 장의 본문부터 11장 13절까지는 제자들이 어떤 사람들인지를 보여 주십니다. 신앙인을 한마디로 무엇이라고 표현할 수 있을까요? 이 장의 본문은 '하나님을 사랑하는 사람들'이라 하고, 이어지는 말씀에서는 '이웃을 사랑하는 사람들'이라고 답합니다.

본문은 한 율법학자가 예수님께 던진 질문으로 시작합니다. "선생님 내가 무엇을 하여야 영생을 얻으리이까"라는 그의 질문에 주님은 "율법에 무엇이라 기록되었으며 네가 어떻게 읽느냐"라고 오히려 되물으셨습니다(눅 10:25-26). 율법학자는 율법에 대해 전문적인 지식을 가진 사람이기에 그의 대답은 완벽했습니다. "네 마음을 다하며 목숨을 다하며 힘을 다하며 뜻을 다하여 주 너의 하나님을 사랑하고 또한 네 이웃을 네 자신같이 사랑하라 하였나이다"(눅 10:27). 그때 주님은 그 율법학자에게 말씀하셨습니다. "네 대답이 옳도다 이를 행하라 그러면 살리라"(눅 10:28).

본문에는 율법학자와 예수님, 단 두 사람만 등장합니다. 그리고 구성도 단순합니다. 율법학자와 예수님이 서로 질문을 주고받습니다. 하지만 그 내용을 실천하기란 그리 간단하지 않습니다. 이 장부터 몇 장에 걸쳐 예수님의 제자들, 오늘의 신앙인이 어떤 사람들인지를 살펴보려고 합니다. 여기서는 본문의 첫 정의에 따라서 '하나님을 사랑하는 사람들'에 대해서 살펴보겠습니다.

하나님을 사랑하는 것이란 도대체 무엇을 의미합니까? 우리는 날마다 하나님을 사랑한다고 고백합니다. 그러나 구체적인 의미를 깨닫지 못하면 우리의 고백은 공허할 따름입니다. 삶도 구체적일 수가 없습니다. 그러므로 다시금 묻습니다. 하나님을 사랑하는 사람들은 어떻게 살아야 합니까? 아마 우리 역시 율법학자처럼 완벽한 답변을 할 수 있을 것입니다. '마음을 다하고 목숨을 다하고 힘을 다하고 뜻을 다하여 하나님을 사랑하는 것'이라고 말입니다. 또 어떤 사람은 '하나님을 경외하는 마음을 늘 간직하고 자신을 하나님이 받으시기에 합당한 제물로 드리는 것'이라고 말할 수도 있겠습니다.

그렇다면 질문을 바꾸어, 하나님을 어떻게 사랑하고 있습니까? 만약 우리가 이 질문에 분명한 대답을 할 수 없다면 우리는 하나님을 어떻게 사랑해야 하는지를 모르고 있다는 이야기입니다. 율법학자의 표현을 따르면 영생에 이르는 길을 구체적으로 모르고 있다는 말이 될 수 있습니다. 다른 복음서의 표현대로라면, 우리 삶에서 지켜야 할 가장 큰 계명을 알지도 못하고 결과적으로 순종하지도 못하고 있다는 말이 됩니다. 이것이 바로 교회가 세상에서 무력한 이유일 것입니다.

우리는 하나님의 백성입니다. 하나님의 백성은 하나님을 사랑하는 사람들입니다. 하나님의 사랑 안에서 행동할 때 우리는 강력한 군사, 능력 있는 교회가 될 수 있습니다. 만약 우리가 믿는 진리대로 살기 시작하면 세상이 어떻게 바뀌어 나갈지 상상해 보십시오. 한 사람, 한 사람의 그리스도인을 통해서 온 세상은 다시금 뒤집어질 것입니다. 우리를 통해서 일하시는 하나님의 권능으로 전 세계의 예수 혁명은 완성될 것입니다.

그러나 만약 우리가 하나님의 말씀을 듣고도 순종하지 않으면 우리는 계속 연약한 성도로 비틀거릴 것입니다. 하나님의 사랑 안에서 살아가지 않는다면 우리는 무능력한 교회로 남을 수밖에 없을 것입니다. 어떤 내일을 선택하겠습니까? 하나님을 사랑하는 사람들의 대열에 이미 들어온 우리는 어떻게 하나님을 사랑해야 할까요? 하나님을 사랑하는 것은 무엇입니까? 하나님을 사랑하는 것은 우리가 믿는 진리에 순종하는 것입니다. 하나님의 성령의 인도하심을 따라 사는 것입니다. 하나님을 어떻게 사랑하는지에 대해 한 사람의 예를 들어 설명하겠습니다.

하나님을 사랑한 사람, 코른펠드

스탈린 치하에 시베리아 수용소에서 있었던 일입니다. 코른펠드(Boris Nicholayevich Kornfeld)라는 한 의사에 관한 이야기입니다. 코른펠드의 부모는 성을 바꾸고 러시아인처럼 살려고 노력한 '계몽된 유대인'이었던 것 같습니다. 메시아를 기다리는 정통 유대인의 대열에서 이탈된 사람이었을 것입니다. 공산주의 혁명에 희망을 건 사회주의자였기 때문에 아들을 의대에 보낼 수 있었을 것입니다. 코른펠드 역시 부모를 따라 공산주의야말로 반드시 역사가 나아갈 새로운 길이라고 믿었을 것입니다. 어쩌다가 그가 정치범이 되어 수용소에 들어가게 되었는지는 전혀 알려진 바가 없습니다. 하지만 1950년 초 구소련에서는 말 한마디 잘못해도, 표정 관리 한 번 잘못해도 정치범이 될 수 있었습니다.

그러나 하나님이 하시는 일은 정말 묘합니다. 철조망 안의 수용소야말로 공산주의가 무엇인지 그 실체를 보도록 한 장소였습니다. 그는 그곳에서 공산 체제의 허구성을 보게 되었습니다. 철조망 안에 갇혀 있는 사람들에게 있는 것이라고는 시간밖에 없었습니다. 지금껏 자기의 길을 형성해 온 모든 관계에서부터 단절되어 지금껏 자기가 생각해 온 것을 다시금 반추해 볼 수 있는 좋은 기회가 된 것입니다. 그 시간은 그로 하여금 어린 시절부터 들어 온 조상들의 신조에 대해서 재검토하게 만들었습니다. 그리고 그는 거기서 모든 사회주의적 이상을 포기했습니다. 사회주의를 깨끗이 포기한 것뿐 아니라 부모가 들었으면 놀라 쓰러질 만한 결단을 했습니다. 그리스도인이 된 것입니다. 유대인이 그리스도인이 된다는 것은 그때나 지금이나 어려운 일입니다.

코른펠드는 그곳에서 한 신실한 그리스도인을 만났습니다. 그는 매우 교양 있고 아주 상냥한 사람이었습니다. 그 동료 죄수는 이스라엘에 하나님이 허락하신 메시아에 대한 이야기를 늘 하곤 했습니다. 게다가 어떤 때는 주님이 가르쳐 주신 기도를 큰 소리로 외우곤 했습니다. 코른펠드는 그 짧은 기도문 속에서 무엇인가 감동적인 진리를 접하게 되었습니다. 그는 유대인들이 죄 없이 박해를 당해 온 것과 예수님이 비슷하다는 것을 알게 되었습니다. 그래서 내면에서 변화가 일어나기 시작했습니다.

다행히 그는 의사였기에 정치범 수용소에 있으면서도 다른 죄수들보다 훨씬 나은 여건에서 지냈습니다. 벽지에 있는 포로수용소에서 의사의 존재는 소중했기 때문입니다. 그러다가 한번은 자기가 몹시 싫어하고 미워한 한 경비병을 수술하게 되었습니다. 어쩌다가 칼에 맞아 동맥이 끊어져 혈관 봉합 수술을 하게 되었습니다. 갑자기 동맥 수술을 하면서 혈관이 수술 직후 다시 터지도록 실을 매어 둘까 하는 생각을 갖게 되었습니다. 그러면 경비병은 얼마 안 있어 죽을 것이며 아무도 모를 것이라는 생각이 스쳐 갔습니다.

그 생각을 하면서 코른펠드는 아주 소스라치게 놀랐습니다. 자기 마음속에 있는 증오와 살의에 놀라 전율했습니다. 그는 조상들처럼 자신도 증오와 폭력의 희생자였고, 그래서 자신이 가장 경멸하는 바로 그 악에 사로잡혀 있다는 사실을 알게 된 것입니다. 그는 자신이 전 세계를 수용소로 만든 증오심의 포로가 되어 있다는 사실을 깨닫게 되었습니다. 그래서 마음을 가다듬고 혈관을 잘 봉합하면서 자기도 모르는 사이에 그리스도인 죄수로부터 들은 주기도를 하게 되었습니다. "우리가 우리에게 죄지은 자를 사하여 준 것같이 우리 죄를 사하여 주옵시고…" 중얼거리면서 수술을 마무리했습니다. 한 유대인의 입에서 나온 예상치 못한 말이었습니다.

그 후 그는 몹시 고되고 희망 없는 수용소 의사로서 일하는 동안 주기도문을 계속 외웠습니다. 죄 사함에 대한 기도를 드리면서 그의 삶은 달라지기 시작했습니다. 수용소 당국에서 협조하지 않는 죄수들을 위협하고 제거하는 수단으로서 처벌 병동으로 보내는 일이 있었는데, 그때 의사는 그 죄수가 죽지 않을 만큼 튼튼하다는 의료 진술서에 서명을 해 왔습니다. 그러나 사실은 위증이었습니다. 그곳에 가면 살아 나오는 사람은 아무도 없었기 때문입니다. 다만 그들의 처벌을 합법화하기 위한 방법이었던 것입니다. 죄 사함에 대한 기도를 하기 시작하면서 코른펠드는 이

처벌 허가서에 서명하는 일을 거부했습니다.

하루는 코른펠드가 회진하는 중에 수용소 안에 가장 흔한 펠라그라 (pellagra) 환자 한 사람을 만나게 되었습니다. 이 병의 원인은 영양실조인데 이 병에 걸리면 소화가 거의 불가능해져서 문자 그대로 굶어 죽는 무서운 병입니다. 코른펠드는 환자에게 맛 좋은 흰 밀 빵과 설사를 멈추게 할 훈제 청어를 처방하고 혈액에 영양 주사를 놓았으나 환자는 이미 치료할 수 없게 되어 버렸습니다. 코른펠드는 죽어 가는 환자에게 이름을 물었으나 그는 자기 이름조차 기억하지 못했습니다.

그 환자를 치료하고 돌아서 오는데 한 간호사가 게걸스럽게 흰 빵을 훔쳐 먹고 있는 모습을 보게 되었습니다. 그 모습은 코른펠드가 처음 본 일은 아니었습니다. 그러나 그때는 더 이상 가만히 있을 수가 없었습니다. 주기도문을 외우기 시작하면서 그의 삶에 변화가 일어난 것입니다. 코른펠드는 그녀를 고발했습니다. 물론 수용소 간호사는 아무나 될 수 있는 자리가 아니었습니다. 말하자면 당국과 한편인 사람이었습니다. 그를 고발한다는 것은 굉장한 모험이었습니다. 뿐만 아니라 당시 사람들이 비명에 죽곤 했는데 대체로 그 고발을 한 사람들이 죽어 가는 현실이었습니다.

고발 후 그는 숙소에서 잠을 자지 못하고 진료실에서 밤을 새우곤 했습니다. 어느 순간이 마지막이 될지 모른다는 위험을 느끼면서도 동시에 비로소 엄청난 자유를 맛보게 되었습니다. 하나님의 말씀에 순종하는 자에게 주어진 자유를 맛보고 나서부터 코른펠드는 누구에게든 이 사실을 이야기하고 싶어 두리번거렸으나 사람을 찾을 수가 없었습니다. 자기에게 주기도문을 들려준 그 동료 죄수는 이미 다른 수용소로 떠난 뒤였기 때문입니다. 그러다가 마침내 대장암 수술을 받고 막 나온 환자를 접하게 되었습니다. 그 환자를 보면서 그의 얼굴에 영적 곤고함과 공허함이 깃들어 있는 것을 보고는 그는 자기에게 일어난 영적 변화를 말해 주기 시작했습니다. 환자가 듣다 말고 까무러치면 또 처음부터 다시 이야기를 해 주었습니다. 그 젊은 청년 환자가 바로 세계에서 가장 영향력 있는 작가가 된 러시아의 문학가 알렉산드르 솔제니친(Aleksandr Solzhenitsyn)이었습니다.

코른펠드는 예상했던 대로 밤중에 살해를 당했습니다. 하지만 그 열정적인 증거는 솔제니친을 그리스도인으로 만들었고, 그를 통해서《수용소군도》라는 작품이 세계에 생생한 증언으로 남게 되었습니다. 코른펠드는 죽었으나 그의 증언은 죽지 않았습니다.

어떻게 보면 코른펠드는 실패자였습니다. 그러나 하나님은 한 사람의 실패를 취하셨습니다. 그의 온전한 순종을 통해 전 세계를 향해 예언자의 목소리를 발한 사람이 그리스도께로 인도되었습니다. "만유의 하나님, 나는 다시 당신을 믿습니다. 나는 당신을 버렸었지만 당신은 나와 함께하실 것입니다"라고 고백한 신앙인을 탄생시킨 것입니다.《수용소군도》에서 솔제니친은 이와 같이 증언합니다. "지상에서의 생존의 의미는 우리가 그렇게 익숙하게 생각해 온 것처럼 번영에 있는 것이 아니라 영혼의 성숙에 있다."

○

하나님을 사랑하는 사람은 어떻게 살아가야 합니까? 믿음의 조상 아브라함처럼, 이방인의 사도 바울처럼 하나님이 요구하시는 것이라면 무엇이든 순종하십시오. 온전한 믿음의 순종을 통해서 하나님을 사랑한다는 것을 보여 드리십시오. 하나님이 당신을 사랑하는 당신의 백성에게 원하시는 것은 오직 순종입니다. 하나님은 상황이나 결과에 관계없이 드리는 순종을 원하십니다.

사람들은 아직도 묻습니다. "선생님 내가 무엇을 하여야 영생을 얻으리이까?" 그날 주께서 무엇이라고 답하셨습니까? "네 마음을 다하며 목숨을 다하며 힘을 다하며 뜻을 다하여 주 너의 하나님을 사랑하라" 고 확인해 주셨습니다. "이를 행하라 그러면 살리라"라고 말씀하셨습니다. 주님은 제자들을 향해서 거듭 확인하셨습니다. "너희가 나를 사랑하면 나의 계명을 지키리라"(요 14:15). 이 교훈을 받았던 요한도 서신서에서 같은 진리를 말합니다. "하나님을 사랑하는 것은 이것이니 우리가 그의 계명들을 지키는 것이라"(요일 5:3).

하나님을 사랑하기에 그분의 계명을 지키기 위해서는 그분의 말씀을 알아야 합니다. 그러므로 하나님을 사랑하는 사람은 하나님의 말씀을 사랑합니다. 그리고 그 말씀에 온전히 순종합니다. 이제부터 말씀을 배워 순종하는 삶으로 하나님 사랑을 입증해 보이십시오. 성경은 하나님을 사랑하는 열쇠입니다. 다만 도를 듣기만 하는 자가 되지 말고 마음을 다해 실천하는 사람이 되십시오. 믿는 자만이 순종하고, 순종하는 자만이 믿습니다. 신앙인은 하나님을 사랑하는 사람입니다. 하나님을 사랑하는 사람은 하나님께 온전히 순종합니다. 온전한 순종의 첫걸음은 하나님의 말씀을 듣고 사랑하는 것입니다. 들은 말씀대로 온전히 순종하는 우리가 됩시다.

47.

이웃을 사랑하는 사람들 (10:25-37)

//

　　신앙인은 무엇보다도 '하나님을 사랑하는 사람'이고, 동시에 '이웃을 사랑하는 사람'입니다. 하지만 '우리가 사랑해야 할 이웃은 누구일까?'라고 고민할 필요는 없습니다. 누구든 도움이 필요한 사람이 우리의 이웃입니다. 그러나 당시 유대인들은 '이웃'이라는 말에 대해서 오늘 우리와는 다른 생각을 가지고 있었습니다. 그들은 동족 유대인은 이웃이지만 민족이 다르면 이웃이 될 수 없다고 생각했습니다. 그래서 이웃을 사랑하라는 주님의 말씀을 들은 율법학자는 마치 자기 이웃이 누구인지 정확히 몰라서 이웃 사랑을 하지 않은 듯 "그러면 내 이웃이 누구니이까?"라고 질문했습니다. 이때 주님은 '선한 사마리아인의 비유'를 들어 대답하셨습니다. 이 비유는 오직 누가복음에만 기록되어 있으며, 세심한 주의를 기울여 이해해야 합니다.

선한 사마리아인의 비유

    한 사람이 등장합니다. 주님은 '어떤 사람'이라고만 소개할 뿐 의도적으로 자세한 설명은 생략하셨습니다. 누구든지 그 사람이 될 수 있습니다. 하지만 유대인의 입장에서 그는 쉽게 유대인 한 사람을 떠올렸을 것입니다. 그가 예루살렘에서 여리고로 내려가고 있었습니다. 예루살렘에서 여리고까지는 약 20킬로미터 정도 되었습니다. 흔히 걸어 다닐 만한 거리였습니다. 다만 경사가 아주 심한 내리막길에 한적하고 바위가 많은 지역이라서 도적들의 은신처로서 적절한 장소이기도 했습니다. 그렇기에 그런 길을 가다가 한 사람이 강도를 만났다는 것은 조금도 놀랄 일이 아닙니다.

  강도들은 그 사람을 완전히 털었습니다. 문자 그대로 가진 것을 모두 빼앗고 옷까지 벗겨 갔습니다. 당시 중동 지역에서 낮에는 사람 구실을 할 수 있는 외출복이요, 밤에는 이불 구실을 톡톡히 하는 겉옷은 상당한 값이 나가는 재산이었습니다. 게다가 때려서 거의 죽은 것을 버리고 갔다는 기록은 강도 만난 사람이 순순히 옷을 벗어 주지 않았을 상황을 연상하게 합니다. 결과적으로 힘이 약하고 수가 적은 쪽이 죽을 만큼 얻어맞았다고 볼 수 있습니다.

  "마침 한 제사장이 그 길로 내려가다가"(눅 10:31)라는 말은 그 길이 한적한 길이었다는 느낌을 줍니다. 또한 강도 만난 사람이 도움을 만나기 전에 한동안 버려진 채 누워 있었다는 것을 암시합니다. 그대로 좀 더 시간이 흘러가고 아무런 도움을 만나지 못하면 그는 죽을 수밖에 없었습니다. 마침 그때 한 제사장이 온 것입니다. 여리고는 본래 제사장들이 많이 어울려서 살고 있는 집성촌이었습니다. 그렇기에 제사장이 예루살렘에서 두 주간의 근무를 끝내고 자기들이 살고 있는 여리고로 내려오는 것은 당연했습니다.

그는 틀림없이 제사장의 직무를 수행하고 귀가하는 중이었을 것입니다.

제사장이 나타났을 때 쓰러져 있던 사람뿐 아니라 예수님의 말씀을 듣고 있던 청중도 모두 안도의 숨을 내쉬었을 것입니다. 제사장이라면 강도 만난 사람을 돕는 일에 누구보다도 앞장설 만하기 때문입니다. 하지만 제사장은 그를 보고는 피하여 지나가고 말았습니다. 흘깃 보긴 했지만 자비의 눈길을 보낸 것은 아닙니다. 그는 아무런 머뭇거림도 없이 어떠한 도움도 베풀지 않고 총총히 사라졌습니다.

어떤 사람들은, 제사장은 시체를 만지면 부정하게 된다면서 그럴 수밖에 없었던 제사장의 입장을 설명하기도 합니다. 제사장의 행동을 옹호해 그와 같은 행동을 저지르는 자기 자신을 무의식중에 대변하려는 것입니다. 사실을 직시하십시오. 지금 길가에 버려진 사람은 시체가 아닙니다. 비록 옷이 벗겨졌고 매도 수없이 맞아서 거의 죽게 되었으나 아직은 살아 있습니다. 하지만 제사장은 우리의 기대와 달리 아무런 도움을 베풀지 않고 지나치고 말았습니다.

이번에는 레위인 한 사람이 오고 있습니다. 레위인은 신분상 제사장보다는 못했지만 유대 사회에서는 특권을 누리는 계층이었습니다. 성전에서 제사드리는 일이나 성전 안에서 질서를 유지시키는 일을 도맡았기 때문입니다. 당시 레위인의 지시를 따르지 않는 것은 불가능했습니다. 유대인들로서는 레위인 하면 모두 존경했던 것이 틀림없습니다.

강도 만난 자가 쓰러져 있는 지점에 한 레위인이 나타났을 때 기대를 걸수밖에 없는 것은 당연한 이치입니다. 하지만 레위인 역시 그를 보기는 했으나 도와주려고 멈추지는 않았습니다. 선을 베풀어야 할 직책에 있는 사람이었으나 최소한의 도움도 베풀지 않고 사라져 버리고 말았습니다.

저 쓰러져 있는 사람에게 아직도 희망이 있을까요? 두 번이나, 그것도 기대를 걸 만한 신분의 사람들로부터 아무런 도움도 받지 못한 그에게 또 한 번의 기회가 남아 있을까요? 우리는 불행하게도 이 이야기의 결말을 다 알고 있습니다. 그래서 우리의 마음은 지금쯤 선한 사마리아인이 빨리 나타났으면 좋겠다고 생각합니다. 그런 면에서 예수님의 첫 청중에 비해 불리한 자리에 있는 것이 틀림없습니다. 긴장하다 안도의 한숨을 내쉬어야 감동이 될 텐데 말입니다.

하지만 당시 유대인의 입장에서 이 이야기를 듣는다고 생각해 보십시오. 그들은 제사장이 나타났고 이어서 레위인이 나타났으니, 이제 평범한 유대인이 나타날 것이라고 예상했을 것입니다. 그런데 안타깝게도 사마리아 사람이 나타났습니다. 원문은 사마리아 사람이라는 점을 매우 강조하고 있습니다. 주님은 의도적으로 그가 사마리아 사람이라고 말씀하셨습니다. 유대인들로부터 질시와 미움을 받는 계층인 사마리아 사람에게 무슨 기대를 걸겠습니까. 예수님의 말씀을 듣고 있던 청중 모두에게서 실망하는 눈빛이 역력합니다. 이때 청중들은 속으로 어떤 생각을 했을까요? '틀림없이 그냥 지나치겠지. 사마리아 사람이 왜 친절을 베풀겠어'라고 생각했을 것입니다. 오늘 우리의 기대와는 사뭇 다릅니다. 그들은 사마리아 사람에게 전혀 기대하지 않았습니다.

하지만 2천 년 전 우리 주님의 첫 청중의 기대를 깨고 행동하는 사마리아 여행객을 주의 깊게 살펴보십시오. 그는 쓰러져 있는 사람을 보는 즉시 '불쌍히 여겼습니다'. 앞서와 얼마나 대조적인 행동입니까. 제사장과 레위인에게서 볼 수 없던 행동입니다. 동시에 유대인과 사마리아인 사이에서 기대할 수 없던 일이기도 했습니다. 이윽고 동정심은 친절한 행동으로 전환되었습니다. 그는 '가까이 갔습니다'. 이것은 매우 중요한 일입니다. 감동으로 끝나지 않고 다가서는 것, 이것이 친절을 베풀기 위한 첫걸음입니다. 다가서서는 '기름과 포도주를 그 상처에 붓고 싸매는' 사마리아 사람의 재빠른 손놀림을 보십시오. 당시 사람들이 흔히 알고 있는 응급처치 방법입니다. 뿐만 아니라 사마리아 여행객은 판단도 민첩했습니다. 응급조치가 끝나자마자 그 사람을 자기가 타고 온 짐승에 태워서 가까운 주막으로 데리고 갔습니다. 가서 따뜻한 곳에 눕혀 놓고 제대로 된 치료를 마저 했습니다. 그리고 다음 날 주막 주인에게 두 데나리온을 주고 비용이 더 들면 돌아올 때 주겠다는 말과 함께 나머지 일을 맡기고 떠났습니다. 한 데나리온은 하루 품삯인데, 당시 하루 품삯이면 보통 여관에 열이틀 날을 머물 수 있었다고 합니다.

"너도 이와 같이 하라"는 주님의 명령

이제 주님이 율법학자에게 직접 질문하십니다. "네 생각에는 이세 사람 중에 누가 강도 만난 자의 이웃이 되겠느냐"(눅 10:36). 주님은 본래 질문("내 이웃이 누구니까")을 의도적으로 변형시켜 더 이상 그가 빠져나가지 못하도록 하셨습니다. 여기에 대해서는 오직 하나의 대답만 있을 뿐입니다. "자비를 베푼 자니이다"(눅 10:37상). 그는 일부러 "사마리아 사람입니다"라고 답하지 않았습니다. 유대인 율법학자로서 사마리아 사람이 그처럼 착한 일을 해냈다는 말을 입에 담고 싶지 않았을 것입니다. 하지만 이웃이 된다는 것은 곧 자비를 베푸는 것이라는 진리를 그가 피해 갈 수는 없었습니다.

물론 정통 유대인으로서는 비유대인으로부터 이런 친절한 도움을 받아들이는 것이 금지되어 있긴 하지만, 사실 자비를 베풀고 받아들이는 데 있어서 인종적인 장벽을 그어야 되겠습니까. 사랑을 베푸는 데 있어 인종적인 고려는 더 이상 중요하지 않습니다. 남은 모든 일은 그것을 실천하는 것입니다. 주님은 당신의 권위로 명령하셨습니다. "너도 이와 같이 하라"(눅 10:37하). 가서 사마리아 사람의 모범을 따르라는 말씀입니다.

그러면 우리에게 남겨진 것은 무엇입니까? 적어도 두 가지는 분명합니다. 주후 1세기의 역사적인 상황을 고려할 때 이 비유는 듣는 사람들에게 큰 충격을 주었을 것입니다. 주님은 당대의 청중의 세계에 들어가서 그들 모두가 감정적으로 적대적인 태도를 고수하고 있는 사람을 일부러 골라 주인공으로 내세우셨습니다. '착한' 제사장, '좋은' 레위인 그리고 '나쁜' 사마리아인이 당연했습니다. 그러나 주님은 그 도식을 뒤집어엎고 더 이상 '착한' 제사장, '좋은' 레위인 그리고 '나쁜' 사마리아인이라는 형용사를 고집해서는 안 된다는 것을 보여 주셨습니다. 세상의 모든 기성 생각과 윤리를 뒤집어엎으려는 것이 주님의 의도였습니다.

여기에는 또한 엄청난 역할의 역전이 있습니다. 강도 만난 사마리아인과 착한 유대인이라면 용납하기가 쉬웠을 것입니다. 강도 만난 사람을 궁극적으로 도와준 사람이 제사장이었다면 금방 받아들였을 것입니다. 그러나 주님은 의도적으로 역할을 바꾸어서 청중으로 하여금 자기들이 가지고 있는 기존 생각을 다시 한 번 생각해 보도록 하셨습니다.

당신은 어떤 고정관념에 사로잡혀 있는지 스스로를 돌아보십시오. 당신에게는 누가 기피 인물입니까? 혹시 주님의 비유를 통해 기존 생각을 바꾸었던 많은 청중처럼 우리가 생각을 바꿀 필요가 있는 대상은 누구입니까? 손을 내밀고 싶지 않은 사람, 관여하고 싶지 않은 사람이 누구인지 직면하십시오. 그를 언제나 나쁜 사마리아인으로 규정하지 마십시오. 그가 오히려 당신의 생각을 초월해 이웃에게 도움을 베푸는 일을 할 수도 있습니다.

혹시 아직도 누가 나의 이웃인지를 묻고 있습니까? 마치 이웃의 한계만 분명히 설정되면 이웃을 나 자신처럼 사랑할 것이라고 자위하고 있지는 않습니까? 입장을 다시금 정리해 보십시오. 사랑해야 할 대상을 한정하지 마십시오. 사랑은 대상에 의해 한정되지 않습니다. 사랑은 우리 자신에 의해서 규정됩니다. 우리가 어떤 사람인지에 따라서 사랑은 누구에게나 베풀어져야 합니다. 자비의 행동으로 나타나야만 합니다. 그것은 값을 치르는 일이기도 합니다. 여행 중에 꼭 필요할 때 쓰려고 자신을 위해서 남겨 둔 포도주를 붓거나 아껴 둔 올리브기름을 아낌없이 쏟아붓는 대가를 지불해야 할 수도 있습니다. 하지만 하나님의 사랑을 받은 사람은 그런 대가를 지불하기를 주저하지 않습니다.

○

그리스도인은 이웃을 사랑하는 사람입니다. 그리스도인은 도움을 필요로 하는 자들의 이웃이 되는 사람입니다. 이웃이 된다는 것은 자비를 베푸는 것입니다. 불쌍히 여기는 마음에서 나오는 친절을 나타내는 일입니다. 사랑은 그가 누구든지 도움을 필요로 할 때 손을 내미는 것입니다. 누군가가 이렇게 말했습니다. "사람은 자기 이웃을 정의할 수 없습니다. 다만 사람은 다른 사람의 이웃이 될 뿐입니다." 특정한 사람을 이웃의 범주에서 제외시키지 말고 그가 누구든 도움을 필요로 할 때 이웃이 되어 주십시오. 진정한 삶은 하나님을 섬기고 이웃을 돌보는 것이요, 그것이야말로 제자 됨의 핵심입니다. 이것이 바로 인간을 창조하신 하나님의 고귀한 뜻을 성취하는 것입니다. 하나님을 사랑하십시오. 그리고 필요를 채워 줌으로 선한 이웃이 되어 주십시오. 세상에 오신 주님이 우리에게 손 내미신 것처럼 이웃에게 손을 뻗치는 우리가 되기를 바랍니다.

48.

말씀을 사랑하는 사람들 (10:38-42)

우리는 계속해서 신앙인이 누구인지를 살펴보고 있습니다. 그 이유는 누가복음이 제자들이 누구인지를 보여 주기 때문입니다. 이 장에서는 신앙인은 무엇보다 '말씀을 사랑하는 사람들'임을 살피려고 합니다.

주님은 마르다의 집에 도착해 자리에 앉자마자 제자들에 둘러싸여 말씀을 전하셨습니다. 마르다와 마리아도 처음에는 주님 곁에서 말씀을 들었을 것입니다. 하지만 마르다는 계속 듣고 있을 수가 없었습니다. 이것저것 마음이 쓰여서 동분서주하다가 다시금 예수님이 계신 방으로 들어왔나 봅니다. 마리아의 도움이 필요하다고 느낀 모양입니다. 들어와 보니 마리아는 아직도 예수님의 발 앞에 앉아 말씀을 듣고 있었습니다. 순간적으로 기분이 상했던지 마르다는 예수님께 불평을 했습니다. "주여 내 동생이 나 혼자 일하게 두는 것을 생각하지 아니하시나이까 그를 명하사 나를 도와주라 하소서"(눅 10:40).

어쩌면 마르다는 이제 마리아가 주님으로부터 한 말씀 듣게 될 것이라 예상했을 것입니다. 하지만 예상외로 주님은 오히려 마르다를 책망하고 마리아를 두둔하는 말씀을 하셨습니다. "마르다야, 마르다야, 너는 많은 일로 염려하며 들떠 있다. 그러나 필요한 일은 하나뿐이다. 마리아는 좋은 몫을 택하였다. 그러니 그는 그것을 빼앗기지 않을 것이다"(눅 10:41-42, 표준새번역). 이 정곡을 찌르는 대답으로 인해 마르다는 틀림없이 놀랐을 것입니다. 자신이 책망을 받고 마리아가 칭찬을 받으리라고는 예상하지 못했기 때문입니다. 이 사건을 통해서 몇 가지 교훈을 얻기 바랍니다.

마르다에게서 배울 교훈

먼저 마르다의 행동을 통해서 얻을 교훈은 무엇입니까? 마르다가 무슨 큰 잘못을 저지른 것은 아닙니다. 마르다는 신앙인임이 틀림없습니다. 그녀의 심령 속에 하나님의 은혜가 있었던 것은 확실합니다. 요한복음 11장 5절이 밝히는 바와 같이 예수께서는 '본래 마르다와 그 동생과 나사로를 사랑'하셨습니다. 사실 마르다는 주부의 역할을 탁월하게 감당한 여인입니다. 성격상 적극적이고, 나아가서는 자기가 느끼는 바를 직설적으로 말해 버리는 사람이긴 합니다. 하지만 그것은 활달한 성격 때문일 수도 있습니다. 세세한 일에 좀 지나치게 관심을 쏟긴 하지만 그것 말고는 큰 잘못이 없습니다. 식사를 준비하는 일은 그 집에서는 마땅히 언니인 마르다의 몫이었습니다. 특별한 손님이 오셨으니까 조금 부산스러운 것도 이해해 줄 만합니다.

그러면 어떤 면에서 마르다는 책망, 아니 가벼운 교정을 받았습니까?

주님은 "마르다야 마르다야"라고 부드럽게 사랑으로 다가가셨습니다. "마르다야 마르다야 네가 많은 일로 염려하고 근심하냐." 예수님은 대화에 있어서 탁월하신 분입니다. 일단 상대방을 있는 그대로 인정하면서 대화를 시작하십니다.

그러면 그녀의 잘못은 무엇입니까? 사실 예수님은 전국을 다니며 설교하는 순회 설교자이셨습니다. 마르다가 살고 있는 그 지역에 자주 들르지 못하셨습니다. 모처럼의 기회에 마르다가 사는 동네를 주님이 지나가시게 된 것입니다. 마르다로서는 나사로의 일로 인해 주님께 신세 진 적도 있었습니다. 주님이 모처럼 오셨으니 그녀는 굽고 지지고 상다리가 휘어질 만큼 음식을 차리고 싶었을 것입니다. 이해가 될 만합니다. 하지만 마르다는 모처럼 오신 분이 전하는 하늘 음식보다 자신이 마련할 음식에 마음을 온통 빼앗겼습니다. 거기에 그녀의 잘못이 있습니다. 음식 마련, 식탁 준비 등을 주님의 말씀보다 앞자리에 둔 것입니다. 신앙생활을 주님으로부터 무엇인가를 받는 일이라고 생각하지 않고 내가 주님을 위해서 무엇인가를 하는 것으로 생각했습니다.

지금도 그런 사람이 적지 않습니다. 그런 사람도 신앙인이지만 은혜 안에 있는 어린아이와 같습니다. 우리가 그리스도를 위해서 무엇을 할 것인가를 생각하는 것은 좋은 일입니다. 하지만 가장 중요한 주제는 아닙니다. 우리가 마음에 정말 묵상해야 하는 주제는 '주님이 우리를 위해 무엇을 하셨는가?'입니다. 주님이 우리를 위해 하신 일이야말로 놀라운 일이요, 비교할 수 없는 일이요, 말로 표현할 수 없는 일이요, 영광스러운 일입니다. 성숙한 성도는 그 사실을 묵상하는 데 많은 시간을 들입니다. 시선을 십자가에, 주님의 삶과 죽으심에 고정시키십시오. 우리는 결코 우리 자신이 한 일로 인해서 구원받지 못합니다. 마르다와 동일한 실수를 하는 것입니다.

지금 마르다는 초조해하고 있습니다. 그것은 무엇이 잘못되었다는 증표이기도 합니다. 모처럼 오신 주님을 집에 모셔 두고 안달하고 투정을 부리는 것은 성숙한 제자의 모습이 결코 아닙니다. 물론 마르다는 제일 좋은 것을 주님께 대접하고 싶었을 것입니다. 문제는 그 일로 마음이 분주해졌고 짜증이 나기 시작했다는 것입니다. 마음이 나누인 것이 문제였습니다. 주님을 위해 무슨 일을 하든지 모든 염려는 주께 맡겨야 합니다. 주님을 위해서 만 가지 일을 구상할 수 있습니다. 그러나 그때도 염려는 주께 맡기라고 성경은 이야기합니다. 깊게 생각하고 부지런히 움직이는 것은 하나도 잘못된 것이 없습니다. 하지만 염려가 우리를 사로잡게 되면 우리 역시 주님의 충고를 듣게 될지 모릅니다.

마음의 평정을 잃지 마십시오. 근심하고 안달하는 것이 문제를 개선시키지 못합니다. 조용히 침착하게 대처하는 것이 은혜 가운데 사는 성도의 모습입니다. 그러면 아무리 많은 일이 우리를 기다리고 있어도 그것들이 우리의 평정을 깨뜨리지 못할 것입니다. 비록 많은 일을 해내야 하지만 평강 가운데 하나씩 처리해 갈 수 있을 것입니다.

또 하나, 마르다는 주님을 섬기는 일에 열심인 것은 좋으나 동생 마리아를 신랄하게 비난하기 시작한 데 문제가 있었습니다. 우리에게는 다른 사람을 판단할 권리가 없습니다. 단지 우리는 우리의 생각에 옳다고 여기는 일을 해야 합니다. 마르다는 자신이 중요하다고 생각하는 일을 할 수 있습니다. 마리아 역시 마찬가지입니다.

마르다의 경향을 가진 사람은 마리아의 잘못을 찾아내는 것이 자신의 임무가 아니라는 점을 꼭 기억하십시오. 마르다처럼 바쁘게 주님을 위해 뛰어다니며 일하는 사람은 마리아를 판단하는 일에 성급하지 마십시오.

염려컨대 마르다처럼 주님조차 가르치려고 드는 어리석음을 범하게 될수 있습니다. 얼마나 대조적입니까? 마리아는 예수님이 하시는 말씀을 다소곳이 듣고 있습니다. 그러나 마르다는 지금 주님이 하셔야 할 말을 가르쳐 드리느라 바쁩니다. 마르다의 말을 요약하면 핵심은 이렇습니다. "주님, 제 생각은 왜 안 하십니까?" 주님은 언제나 모든 사람의 짐을 대신 지고 고통을 담당하려고 세상에 오신 분입니다. 그런 주님을 향해 너무 무례한 말이 아닙니까.

그런데 아직도 이렇게 생각하는 그리스도인들이 있습니다. 자기의 시선을 주님의 사역에 충분히 돌리지 않는 사람들입니다. 다만 그리스도를 위한 사역에 나름대로 바빠 있을 뿐입니다. 그래서 결국 주님께 비난의 화살을 돌립니다. "주님, 저를 왜 챙겨 주지 않으십니까?" 마치 탕자의 형님 같은 사람들입니다(눅 15:29-30). 많은 봉사로 인해 넘어지지 마십시오. 우리는 결코 우리의 선행으로 하늘나라에 도달할 수 없습니다. 오직 하나가 필요할 뿐입니다. 그것은 주님이 십자가 위에서 하신 일입니다. 당신을 넘어뜨리는 알량한 착한 일일랑 모두 잊어버리고 있는 그대로 주님께 나아가십시오. 그러면 빼앗길 수 없는 좋은 몫이 기다리고 있을 것입니다.

마리아에게서 배울 교훈

이제 마리아의 모습을 통해서 배울 점을 살펴보겠습니다. 마리아를 행여 게으른 사람으로 생각하지 않기를 바랍니다. 성경의 다른 사례를 보면, 마리아는 자기가 해야 할 일을 기피하는 사람이 아닙니다. 주님의 머리에 귀한 향유를 부어 드려 주님의 죽음을 준비하는 일을 맡았던 여인입니다. 주님의 죽음이 다가오고 있다는 사실을 말하진 않았지만 그녀는 느끼고 있었던 것입니다.

우리가 배우고 닮아 가야 하는 마리아의 귀한 성품은 육신을 돌보는 일보다 영혼을 돌보는 일에 더 관심을 기울인 점입니다. 마리아는 그리스도가 공급하시는 생수를 마시기를 즐겨했습니다. 가장 필요한 한 가지 일을 위해 마음을 쏟았습니다. 주님의 말씀에 귀를 기울이십시오. 세상은 영혼을 돌보는 것을 가장 중요한 일로 여기지 않습니다. 세상은 오히려 그 일이야말로 쓸데없는 짓이요, 세상 살아가는 데 꼭 필요한 것은 돈이라고 생각합니다. 그러나 우리 모두에게 꼭 필요한 한 가지 일은 주님의 발아래 나아가는 것입니다. 그분의 말씀을 듣는 것입니다. 그 말씀을 통해서 믿음을 가지는 것입니다. 바로 이것이 오늘 우리에게도 꼭 필요한 한 가지 일입니다. 만약 믿음을 얻지 못한다면 우리가 듣는 수많은 설교와 우리를 위해 드려진 수많은 기도는 결코 우리에게 유익이 되지 않을 것입니다. 오히려 한날 우리를 고발하는 일들이 될 것입니다. 그리스도의 발 아래 나아가십시오. 그렇지 않으면 한날 캄캄한 어두움 가운데 절망할 것입니다.

나이가 많은 성도들에게 참으로 필요한 한 가지 일은 무엇입니까? 주님의 발 아래 나아가 그분의 말씀에 귀를 기울이는 것입니다. 하나님이 참 사람을 잘 만드신 것 같습니다. 나이가 많아 사물이 잘 안 보이면 이제는 세상 것 볼 때가 다되어 간다는 경고입니다. 나이가 많아 귀가 잘 안 들리면 이제는 세상 소리 들을 때가 다되어 간다는 경고가 아니겠습니까.

이른 아침부터 저녁 늦도록 수고하는 중년인 성도들에게 가장 필요한 한 가지 일은 무엇입니까? 역시 말씀을 사랑하고 신앙을 갖는 것입니다. 지금은 먹고살기에 바빠서 그럴 겨를이 없다고요? 그보다 더 중요한 것은 하나님의 말씀을 듣고 하나님이 주시는 지혜를 얻는 일입니다. 우리 삶 속에서 성령의 위로를 경험하지 못한다면 세상 살면서 할 수 있는 일이 무엇이겠습니까? 그처럼 노력해서 자녀를 위해 정신없이 살지만 그 자녀의 삶을 한번 보십시오. 부모의 마음에 말씀이 자리하지 않고 그 심령에 하나님의 은혜가 있지 않으면 자식 키워서 불의의 도구로 드리는 것 외에 뭐가 있습니까. 자식들을 보며 탄식이 나올 때는 부모인 자신을 보십시오. 그런 우리를 보고 계시는 주님의 심정을 한번 생각해 보십시오. 어떤 삶을 살고 있습니까? 우리를 보고 살아가는 자녀들이 우리에게 무엇을 배울 수 있겠습니까.

사랑하는 젊은이들에게 꼭 필요한 한 가지 일은 무엇입니까? 주님의 무릎 앞에 앉아서 주의 말씀에 주의를 기울이는 일입니다. 젊은 날 날 밝을 때 주님 앞에 나아가는 훈련을 해 두면 평생 살면서 덕을 볼 것입니다. 나쁜 습성은 나쁜 주인과 같아서 우리를 얼마나 괴롭히는지 모릅니다. 그러나 좋은 습성은 충직한 하인과 같아서 우리를 잘 도와줍니다. 성경은 "너는 청년의 때에 너의 창조주를 기억하라"(전 12:1)라고 명령합니다. 봄날에 새 생명을 주님께 드려 보십시오. 그러면 하나님이 놀랍게 사용하실 것입니다. 가을날 다 시들해져 버린 꽃과 같은 시절에 천부께 의지 없어서 손들고 가는 것도 귀한 일이지만, 갓 피어나는 꽃봉오리 같은 젊음을 주께 드릴 때 주님이 얼마나 놀랍게 사용하실지 기대해 보십시오. 젊음을 노래하는 이들에게도 가장 필요한 한 가지 일은 살아 계신 주님께 살아 있는 믿음을 고백하는 것입니다.

마리아가 칭찬을 들은 또 하나의 이유는 이것이 그녀 자신의 선택이었다는 것입니다. 주님은 마리아가 좋은 편을 택했다고 말씀하셨습니다. 구원받는 사람마다 구원받기를 스스로 선택합니다. 물론 이 선택의 배후에는 하나님의 선택이 있습니다. 하지만 하나님의 은혜는 언제나 원하는 사람의 마음에 주어집니다. 하나님이 은혜 베푸시는 날에 우리의 영혼은 흔쾌히 은혜 받기를 소원하게 되어 있습니다. 이것이 바로 하나님의 은혜의 승리입니다. 자신의 의지에 전적으로 일치해서 받는 은혜를 사모하십시오.

우리 각자는 엄숙한 선택을 해야 합니다. 한편에는 이 세상의 즐거움이 눈앞에 화려하게 그려지고 있습니다. 한편으로는 우리의 청각, 후각, 미각, 시각, 촉각 등 오감을 자극하는 것들이 기다리고 있습니다. 그리고 다른 한편에는 골고다 언덕 위 십자가에 우리를 위해 달리신 예수 그리스도가 계십니다. 무엇을 선택하겠습니까? 마리아는 좋은 편을 택한 것으로 인해 칭찬을 들었습니다.

마지막으로 주님은, 마리아가 선택한 것은 아무도 결코 빼앗을 수 없는 것이라는 사실로 인해 칭찬하셨습니다. 소유함으로 자랑할 만한 것들이 있습니다. 그로 인해 괜찮은 평판을 얻을 수 있습니다. 하지만 근거 없는 모함이 그 평판을 하루아침에 빼앗을 수 있습니다. 그럴듯한 저택을 소유할 수도 있습니다. 하지만 화재가 나면 한 줌의 재로 변할 뿐입니다. 사랑스러운 가족과 함께 살 수도 있습니다. 그러나 그들 역시 죽음이 손을 뻗치면 되돌릴 수 없습니다. 빼앗기지 아니할 것은 오직 하나뿐입니다. 삶과 죽음이 앗아 갈 수 없는 것은 주님의 말씀을 사랑하는 것이요, 주님이 주시는 위로입니다. 나그네 된 인생길에서 주의 율례와 법도가 우리에게 위로가 되고, 그것이 우리의 분깃이 되는 것입니다. 예수 그리스도 안에 있는 소망은 영원합니다. 예수 그리스도 안에 있는 믿음은 불변합니다. 주님과 더불어 나누는 교제는 아무도 넘볼 수 없습니다.

○

"마리아는 이 좋은 편을 택하였으니 빼앗기지 아니하리라"(눅 10:42). 당신을 두고도 주님이 이렇게 말씀하시도록 하십시오. 하나님을 사랑하는 사람은 하나님의 말씀을 사랑합니다. 주님의 말씀을 귀히 여깁니다. 하루를 주님의 말씀으로 시작하고, 주님의 말씀으로 마감합니다. 분주한 일들을 접어 두고 이제 주님의 말씀 앞으로 나아가십시오. 주의 발 앞에 앉아 주의 말씀을 듣는 제자의 삶을 훈련합시다. 예배의 자리를 사모합시다. 기도의 자리로 나아갑시다. 말씀을 듣는 일에 모든 마음을 모아 보십시오. 살려면 해야 될 일이 많지만, 가장 중요한 일은 말씀을 듣는 것입니다. 모든 일에는 우선순위가 있습니다. 하나님 나라를 위한 그 어떤 일도 주님의 말씀을 듣는 것보다 우선할 수 없습니다. 제자의 삶에 있어서는 주님의 발 앞에 무릎 꿇고 귀 기울이는 것이 가장 먼저 되어야 할 일입니다.

49.

무엇을 기도해야 하는가 (11:1-4)

신앙인은 하나님을 사랑하는 사람, 이웃을 섬기는 사람 그리고 말씀을 사랑하는 사람입니다. 이 장에서는 신앙인이란 무엇보다 기도하는 사람이라는 것에 대해 살펴보겠습니다. 누가는 다른 복음서 기자들보다 기도에 관심이 더 많습니다. 기도에 관한 예수님의 가르침을 더 자주 기록했을 뿐 아니라 주님이 사역의 결정적인 순간마다 기도하셨음을 보여 줍니다. 주님의 사역 가운데 언제, 어디서 일어났는지는 모르지만 이장의 본문도 기도하시는 주님의 모습으로 시작합니다.

기도를 통해 하늘 아버지와 깊은 교제를 나누시는 주님을 보면서 깊은 감동을 받은 한 제자가 그와 같은 기도의 비결을 알고 싶어 했습니다. "주여 요한이 자기 제자들에게 기도를 가르친 것과 같이 우리에게도 가르쳐 주옵소서"(눅 11:1). 그리하여 우리가 '주님의 기도'라고 부르는 내용을 듣게 됩니다. 당시에는 이러한 공동체 기도가 유행했습니다. 유대인들에게는 카디쉬(Kaddish) 기도문이나 18번의 축복 기도로 구성된 테필라(Tepillah) 기도문이 있었다고 합니다. 쿰란 공동체는 그들 나름의 찬송가와 기도문을 가지고 있었고, 세례 요한도 자기 제자들에게 그들 나름의 기도문을 가르쳐 준 것으로 밝혀졌습니다.

주님의 제자들이 기도를 가르쳐 달라고 요청한 것은 그들 나름대로의 독자적인 정체성을 느꼈기 때문입니다. 그들은 주님을 따르면 따를수록 그분이 유대인들의 소망을 분명히 나타내는 새로운 공동체를 만들어 가신다는 사실을 더욱 분명히 알게 되었습니다. 그래서 그들은 자신들만의 독특성을 드러내는 기도를 가르쳐 달라고 요청한 것입니다. 그런 면에서 '무엇을 기도하느냐'는 '무엇을 믿느냐'와 분리될 수 없습니다. 무엇을 기도합니까? 그것이 우리가 무엇을 믿는지를 나타낼 것입니다.

본문에 나오는 제자처럼 기도를 배워 본 적이 있습니까? 기도에 관심이 있다면 기도를 배우기 바랍니다. 그 제자는 자신과 동료 제자들이 주님처럼 기도하지 못한다는 사실을 알고 주께서 그들에게 기도를 가르쳐 주시기를 사모했습니다. 동일한 심정을 가지고 주님의 입술에서 나오는 기도의 모범을 배워 봅시다.

주님의 기도로 기도하라

기도의 첫 시작에서부터 많은 것을 배울 수 있습니다. "예수께서 이르시되 너희는 기도할 때에 이렇게 [말]하라"(눅 11:2상). 우리는 주기도를 외워야 하는 것으로 생각합니다. 그러나 주님은 '말하라'고 강조하셨습니다. 주기도를 드릴 때 말하듯이 기도하는 것이 아니라 외우는 것으로 대신하는 잘못을 범해서는 안 됩니다. 그 기도는 내 고백이고 내 말이어야 합니다. 아니면 주기도를 뼈대로 삼아 자기 말로 바꾸어서 기도할 수도 있습니다. 의미 있게 주기도를 사용해야 합니다. 단순한 언어의 나열이 아니라 예수 그리스도를 통해 그분의 이름과 나라를 나타내신 하나님과의 관계 속에서 기도해야 합니다.

첫 번째 기도

"아버지여 이름이 거룩히 여김을 받으시오며"(눅 11:2중). 먼저 우리는 주님이 하나님을 아무런 수식어 없이 '아버지'라고 부르시는 사실을 주목해야 합니다. 하나님과의 친밀한 관계가 아주 분명히 드러나는 표현입니다. 유대인들이 결코 사용한 적이 없는 용어입니다. 지금 주님은 당신이 하나님을 아버지로 부를 뿐 아니라 제자들에게 이 특권을 부여하고 계십니다. 예수님은 하나님과의 새로운 친밀성을 기도를 배우려는 우리에게 가르쳐 주십니다.

기도하기 전에 하나님을 친밀하게 알고 부르고 있습니까? 친밀함은 단어 선택의 문제가 아니라 관계의 문제입니다. 예수님을 만나고 나서 하나님이 멀리 계신 분이 아니라 내 아버지로서 가까이 다가오신 적이 있습니까? 기도의 삶은 하나님, 우리 아버지와의 관계를 나타내 보이는 삶이어야 합니다. 주님의 기도를 통해서 우리가 배울 점은 주님이 보여 주신 이 친밀감입니다.

주님이 가르쳐 주신 기도의 구조를 살펴보면 아주 단순합니다. 특히 누가복음에 나오는 기도는 마태복음에 기록된 기도보다 길이도 짧고 표현의 변화도 적습니다. 성경에는 헬라어로 기록되어 있지만 주님은 아람어를 쓰셨을 것이라 추정합니다. '아버지여'라는 헬라어는 '아빠'라는 아람어입니다. 하나님을 '아빠'로 부를 때 우리는 하나 됨과 가족의 유대감을 누릴 수 있습니다. 제자들과 성도들이 하나님께 친밀감을 느끼는 것은 당연합니다. 왜냐하면 예수님을 통해 하나님이 우리 아버지가 되셨기 때문입니다. 우리는 하나님께 당당히 나아갈 수 있게 되었습니다.

하지만 친밀하다는 것은 존경심을 배제하지 않습니다. 그러므로 "이름이 거룩히 여김을 받으시오며"라고 간구합니다. 우리가 하나님께 가까이 나아갈 때마다 하나님은 우리와 구별된 분이시라는 사실을 가장 먼저 기억해야 합니다. 하나님은 독특하며 구별되신 분입니다. 이처럼 높으신 분께 우리 자신을 전적으로 내어 맡기는 것이야말로 주기도의 맥박과 같이 중요합니다. 아버지의 이름이 거룩히 여김을 받으시는 것은 자녀들의 중심 소원입니다. 자녀들은 자기 아버지의 이름이 존귀히 여김을 받기를 바랍니다. 하나님의 백성은 하나님의 임재하심이 사람들의 눈에 분명하게 드러나기를 바랍니다.

두 번째 기도

두 번째 청원은 "나라가 임하시오며"(눅 11:2하)입니다. 하나님의 약속이 충만히 실현되기를 바라는 기도입니다. 우리가 영생을 누리는 것 정도가 아니라 모든 피조 세계가 회복되기를 열망하는 기도입니다. 죄와 불의와 혼란이 물러가고 의가 보금자리를 트는 새 질서가 자리하기를 소망하는 기도입니다. 공의가 강물처럼 흐르는 새로운 사회가 건설되기를 간구하는 기도입니다.

주님이 오신 이후 우리 안에 이미 하나님 나라가 임했습니다. 그 나라가 지금도 복음 전파를 통해 확장되고 있습니다. 그러나 동시에 하나님 나라는 철저히 미래적이고 종말적입니다. 주님의 재림하심으로 완전히 이루어질 것입니다. 하나님 나라가 이 땅에 임하도록 우리가 끌어당길 수는 없습니다. 하나님만이 그분의 나라를 이 땅에 임하게 하실 수 있기 때문입니다. 우리는 단지 임하시기를 간구함으로써 그 나라를 바라볼 뿐입니다.

하나님의 통치와 주권이 실현되는 영광스러운 나라가 반드시 도래할 것입니다. 우리는 모두 한날 그 나라의 영광에 참여할 것입니다. 그러나 다른 한편으로 우리는 하나님의 통치와 주권이 임하기를 소원합니다. 죄와 어두움의 사슬이 끊기고 아들의 사랑의 나라로 사람들이 구출되기를 바라는 것입니다. 교회가 좀 더 온전히 교회다워지기를, 말씀으로 성숙해지기를 기도하는 소망이 담긴 기도입니다. 그리스도인으로서 우리는 이미 임한 하나님 나라와 장차 임할 하나님 나라 사이에 끼여 있습니다.

첫째 청원은 하나님이 어떤 분이신가를 말해 주고, 둘째 청원은 하나님이 이 세상 속에서 하고 계시는 일을 말해 줍니다. 하나님은 이 세상 나라를 하나님 나라로 바꾸어 가시는 분입니다. 그 일이 이루어지기까지 필요한 것들을 다음 청원들이 보여 줍니다.

세 번째 기도

"우리에게 날마다 일용할 양식을 주시옵고"(눅 11:3). 예수님은 우리의 일상적인 필요마저도 아버지이신 하나님께 의존해야 함을 아주 실제적으로 가르치셨습니다. 가장 기본적인 먹는 것에서 시작해서 입고 사는 것 전체가 아버지의 손에서부터 온다는 것을 우리에게 가르쳐 주고 계십니다. 마치 하루 품삯으로 먹고사는 일용직 노동자처럼 일용할 양식을 구하라고 명하신 것입니다. 하루하루 하나님을 의지하게 하시려는 의도입니다.

비록 하루 이상의 먹을 것을 소유하고 있는 우리에게는 실감 나지 않지만 우리는 이 기도를 드리면서 배워야 합니다. 우리를 먹이고 입히는 분이 진정 하나님 아버지이심을 인정하고 겸비해야 합니다. 하나님의 보호와 돌보심이 없으면 모든 것이 한순간에 무너진다는 사실을 깨달은 사람이 하나님의 은혜를 입은 자입니다.

우리가 이 청원을 통해서 배워야 할 것은 하나님이 당신의 자녀들을 매일 돌보아 주신다는 사실입니다. 하나님이 날마다 함께하고 필요를 채워 주시는 그것이 우리가 신자로서 누리는 축복입니다. 여기서 우리가 기억할 것이 있습니다. 우리는 아버지께 '일용할 양식'을 구하고 있습니다. 결코 '풍요로운 잔치 음식'을 구하는 것이 아닙니다. 꼭 필요한 것을 구하고 아버지의 선하신 손에서부터 공급받습니다. 혹 필요한 것 이상 하나님이 공급해 주시면, 하나님이 왜 내게 그것을 맡기셨는가 그 뜻을 물어야 합니다.

우리는 일용할 양식을 구하면서 물질적인 필요에 있어서 스스로 절제하는 법을 배워야 합니다. 하나님의 공급에 만족할 뿐만 아니라 하나님 앞에서 우리가 받은 것을 가지고 이웃과 서로 나누는 법을 배워 가야만 합니다. 그러므로 우리는 셋째 청원을 드릴 때 나와 가족을 생각할 뿐만 아니라 믿음의 형제들, 신앙 공동체를 기억하고, 또 나아가서는 우리 주변의 가난한 이들을 생각하며 간구해야만 합니다.

네 번째 기도

"우리가 우리에게 죄지은 모든 사람을 용서하오니 우리 죄도 사하여 주시옵고"(눅 11:4상). 우리는 하나님의 용서가 필요한 자들입니다. 하지만 용서는 받을 권리가 있는 것이 아니라 하나님이 은혜로 베풀어 주시는 것입니다. 하나님의 용서를 구하기 전에 이웃을 용서할 자세를 가져야 합니다.

이 청원은 만일 우리가 확신을 가지고 하나님의 용서를 받으려고 한다면 다른 사람들에게 용서하는 마음의 자세를 가져야만 한다는 의미입니다.

사람은 떡으로만 사는 존재가 아닙니다. 사람답게 살기 위해서는 홀로 살 수 없습니다. 사람 사이에 살 때 사람 구실을 하는 것입니다. 그런데 문제는 사람 사이에 살기가 쉽지 않다는 데 있습니다. 이를 위해서는 용서가 꼭 필요합니다. 우리는 지금 불완전하고 타락한 세상에 살고 있다는 사실을 기억하십시오. 우리 자신도 불완전한 존재라는 것을 한순간도 망각하지 마십시오. 우리 같은 죄인들로 구성된 세상에는 온갖 문제가 속출하는 것이 정상적입니다. 그러므로 죄 때문에 놀랄 것도 없으며, 그렇다고 죄를 무시하고 살 수도 없습니다. 성숙한 성도는 손가락으로 남을 가리키기보다는 불완전한 자신의 모습을 관찰하고 하나님 앞에 나아가는 사람입니다. 오늘날 우리가 사는 세상에서 서로 용서하고 화해하는 것만큼 중요하고 절실한 것은 없습니다. 아직 용서하지 못한 일이 있고 용서하지 못한 사람이 있습니까? 이제 하나님 앞에 나아가십시오. 마음 깊이 그를 용서하는 기도를 드리십시오. 그때에 미움의 사슬에서부터 해방될 것입니다.

다섯 번째 기도

"우리를 시험에 들게 하지 마시옵소서"(눅 11:4하). 영적 보호에 관한 청원입니다. 세상을 살아갈 때 우리가 만나는 어려움은 사람들 사이에서만 존재하는 것이 아닙니다. 사실은 사람들 배후에서 사람들 사이를 어렵게 만드는 악한 영이 작용하고 있습니다. 악한 영들은 우리를 언제나 서로 시기하고 미워하게 하며, 우리의 관계를 깨뜨리려고 합니다. 그래서 "시험에 들게 하지 마시옵소서"라는 기도는 우리의 삶에 언제나 필요한 것입니다.

기도를 통해 하나님의 능력을 입어야만 미움 대신에 사랑할 수 있는 능력을 받게 됩니다. 시련과 유혹이 닥칠 때 우리는 기도해야만 합니다. 그때 이길 수 있는 능력을 공급받습니다. 천지를 주관하시는 하나님께 넘어지지 않도록 기도하십시오. 우리를 향한 하나님의 은혜로운 용서를 기억하면서 다른 사람을 용서하며 살아갈 수 있도록 기도하십시오.

○

기도에 대한 우리의 자세는 하나님을 바로 아는 것입니다. 친밀하신 그분을 알아야만 합니다. 이것이 바로 주기도의 핵심입니다. 누가복음의 맥락에서 보면 하늘 아버지는 좋으신 분입니다. 그분은 모든 좋은 것을 우리를 위해서 예비해 놓으셨습니다. 우리가 달라고 말씀드리면 주려고 기다리시는 분입니다. 우리의 기도를 기꺼이 들으시는 분입니다. 이 사실로 인해 우리는 지속적으로 기도할 수 있습니다.

하나님 나라의 소망을 가진 자로서 우리의 필요를 위해 기도해야 합니다. 우리는 남을 용서하는 자로서 하나님의 용서를 구해야 합니다. 하나님이 우리로 하여금 유혹에 굴복하지 않게 해 달라고 기도해야 합니다. 예수님은 당신이 산 그대로 기도하셨습니다. 기도한 그대로 사셨습니다. 하나님을 아버지로 알고 그분의 나라가 가까이 왔음을 인식하면서 기도하셨습니다. 우리가 살아가며 기도할 때에 우리도 주님을 본받기를 소원합니다. 하나님께 전적으로 복종하고 의존하는 기도를 드립시다. 하나님과 동행하며 먹는 일부터 시험에 들지 않게 해 달라는 기도까지 모든 것을 하나님께 아뢰면서 하나님을 바라는 그리스도인이 되기를 바랍니다.

50.

어떻게 기도해야 하는가 (11:5-8)

///

앞 장에서 '무엇을 기도해야 하는가'라는 제목으로 주님이 가르쳐 주신 기도의 내용을 살펴보았습니다. 마음속으로 대답해 보십시오. 자신의 기도 생활을 떠올려 볼 때 당신 역시 "주님, 기도를 가르쳐 주옵소서"라는 요청이 필요하다는 생각이 듭니까? 어떤 점에서 우리의 기도와 주님의 기도가 다릅니까? 주님의 기도에는 당신의 욕구나 소원을 아뢰는 내용이 조금도 없습니다. 일용할 양식을 달라고 구하고, 죄 용서를 구하고, 시험에 들지 않게 해 달라고 간구하는데 어떻게 그렇습니까? 잘 살펴보면 주님이 가르쳐 주신 기도의 핵심은 아버지의 이름, 아버지의 나라에 있다는 것을 알 수 있습니다. 그 사실을 먼저 인정하고 나면 우리 자신의 필요를 구하는 것조차 아버지의 뜻을 이루는 방편임을 깨닫게 됩니다.

당신의 기도는 어떠합니까? 언제, 어디서, 얼마나 오랫동안, 아니면 얼마나 규칙적으로 기도하는가를 묻는 질문이 아닙니다. 기도의 내용이 어떠한지를 묻고 있습니다. 가장 최근에 드린 기도를 떠올리고 주님이 가르쳐 주신 기도와 비교해 보십시오. 혹시 자신의 욕구를 채우기 위한 수준에 머물러 있지는 않습니까? 기독교의 기도는 다른 종교의 기도와 그 내용에 있어서 확실히 다릅니다. 기도하는 모습은 같을 수 있으나 그 내용만은 달라야 합니다. 대부분의 종교는 자신의 행복과 영달이 목적이지만, 기독교는 궁극적으로 하나님의 뜻을 이루기 위해서 기도합니다.

주님이 가르쳐 주신 기도를 잘 들어 보십시오. 밥 한 그릇을 위해서 비는 것도 목숨을 부지하기 위해서가 아니라, 하나님의 이름을 위한 것입니다. 내 마음 편하자고 용서를 구하는 것이 아니라, 용서를 구하는 삶이 아버지의 뜻을 이루는 것이기에 죄 사함을 구합니다. 그리스도인의 간구의 모든 소원은 하나님 나라를 위한 것이요, 그것이 기독교에서 말하는 기도입니다. 그것이 우리가 배워야 할 기도입니다. 이제라도 기도를 다시 배우고 싶다는 마음이 생긴다면 우리의 기도는 달라지기 시작할 것입니다.

기도의 내용보다 기도하는 방법

주님은 기도를 가르쳐 달라는 한 제자의 요청에 무엇을 기도해야 할 것인지를 말씀하신 후 끝내지 않고 기도에 관한 말씀을 이어 가셨습니다. 본문이 시작하는 5절은 "또 이르시되"로 시작합니다. 그리고 5절에서 시작하신 말씀이 13절까지 계속되었습니다. 기도의 내용(무엇을 기도해야 하는가?)의 무려 세 배나 되는 분량을 기도의 방법(어떻게 기도해야 하는가?)을 교훈하는 데 할애하신 것입니다. 우리는 이 점을 눈여겨보아야 합니다. 한 제자는 자신의 부족을 무엇을 기도해야 할지 모른다는 데서 찾았지만, 마치 주님은 그것만이 너희의 문제가 아니라고 말씀하시는 것 같습니다. "그보다 더 긴급한 문제는 어떻게 기도해야 하는지를 모른다는 사실이다"라고 간접적으로 말씀하셨다는 점을 부인할 수 없습니다.

우리의 기도에 관한 주님의 분석을 수긍합니까? 기도의 내용보다 기도의 자세가 더 심각하다고 느껴 본 적 있습니까? 이기적인 욕망을 나타내는 기도의 내용 못지않게 집요함이 없는 기도의 실태로 인해 고민해 보았습니까? 참된 기도는 놀라운 힘이 있습니다. 사람을 바꾸고 세상을 변화시킵니다. 그러므로 만약 우리가 기도하는 사람이라면 기도하는 우리의 삶과 이 사회는 바뀌어야 합니다. 우리 기도의 능력이 삶의 현장에서 나타나고 있는지 정직하게 검증해 봅시다.

영적인 침체에 빠진 사람을 볼 때 우리의 마음속에서 중보 기도의 거룩한 소원이 일어나야 합니다. 아직도 버려진 영혼들이 우리의 집요한 기도를 요청하고 있습니다. 우리의 끈질긴 기도를 요청하는 현실은 여기에서 끝나지 않습니다. 성경은 "믿음의 기도는 병든 자를 구원하리니 주께서 그를 일으키시리라"(약 5:15)라고 선언하는데 우리의 현실은 질병 앞에서 딱하고 무력하기만 합니다. 살아 계신 하나님의 자녀들이 왜 이토록 무력한 삶을 살아야 합니까? 왜 우리는 이토록 적은 능력을 가지고 발버둥 쳐야 합니까? 우리 개개인의 삶도 다를 바 없습니다. 능력 있는 기도가 요청되는 일이 얼마나 많은지 모릅니다. 이 모든 답답한 현실의 유일한 해결책은 집중적인 기도에 우리 자신을 드리는 것입니다. 주님은 그 사실을 아셨기에 무엇을 기도해야 할지 묻는 제자에게 이어서 어떻게 기도해야 할지를 말씀하셨습니다.

주님은 5-8절에서는 밤중에 떡을 빌리러 온 한 사람의 이야기를 통해서, 9-10절에서는 직접적인 교훈을 거듭 말씀하심으로, 마지막으로 11-13절에서는 또 한 번 우리의 일상적인 삶의 이야기를 예로 들어 도전하며 기도를 어떻게 해야 할지를 가르쳐 주셨습니다.

왜 그처럼 끈질기게 기도하도록 세 번 연거푸 강조하신 것일까요? 능력을 얻는 기도, 능력을 행사하는 기도, 다시 말해 성령의 능력을 우리 삶에 공급하는 기도는 지금 대부분 우리가 하는 기도의 방법이 달라지지 않고서는 얻을 수 없기 때문입니다. 성도가 세상을 이기는 능력을 얻기 위해서는 주님이 가르쳐 주시는 방법으로 기도해야만 합니다. 그 자세로 부르짖어야 합니다. 그렇다면 우리는 어떻게 기도해야 합니까?

끈질긴 기도에 관한 반복된 교훈

예수님의 비유를 들어 보십시오. 자는데 밤중에 한 친구가 찾아왔습니다. 목소리를 들어 보니 누구라고 하지 않아도 알 만한 친구입니다. 늦은 시간에 찾아온 친구를 누가 반기겠습니까. 하지만 반갑지는 않아도 큰 소리로 외치는 요청을 듣지 않을 수는 없었습니다. 떡 세 덩이를 빌려 달라는 요청이었습니다. 집요하게 소리치면 답하지 않을 도리가 없습니다. 문이 이미 닫혔고 아이들과 함께 잠자리에 누웠으니 일어나서 줄 수 없다고 해도 소용없었습니다. 계속 문을 두들겼습니다. 부끄러움을 모르고 매달렸습니다. 잘못하면 그날 밤 잠자기는 다 틀릴 수 있으니 빨리 요청을 들어주고 돌려보내는 것이 상책입니다. 주님의 결론을 들어 보십시오. "내가 너희에게 말하노니 비록 벗 됨으로 인하여서는 일어나서 주지 아니할지라도 그 간청함을 인하여 일어나 그 요구대로 주리라"(눅 11:8). 당시는 찾아오는 손님을 홀대하는 사람은 사람 축에 들지 않았습니다. 그리고 이는 동네 전체의 망신이었습니다. 그러니까 이것은 중대사입니다.

같은 이야기를 주님은 9-10절에서 다시금 정리해 주십니다. "구하라 그러면 너희에게 주실 것이요 찾으라 그러면 찾아낼 것이요 문을 두드리라 그러면 너희에게 열릴 것이니"(눅 11:9). 세 번 거듭 명령하셨습니다. 중요하기 때문에 강조하기 위해서입니다. 그러고도 안심이 안 되셨던지 주님은 10절에서 다시 그 이유를 세 번 거듭 밝히셨습니다. "구하는 이마다 받을 것이요 찾는 이는 찾아낼 것이요 두드리는 이에게는 열릴 것이니라."

여기서 '구하라', '찾으라', '두드리라'는 말은 세 종류의 기도를 말하는 것이 아닙니다. 세 가지 다른 표현을 통해서 모두 같은 기도를 말하고 있습니다. 계속 끈질기게 기도하라는 뜻입니다. 받기까지, 찾기까지, 열릴 때까지 기도하라는 의미입니다. 주님은 기도의 다양한 측면을 나타내는 표현을 동원해 간절히 매달리라고 교훈하셨습니다. 부끄러움을 접어 두고 간절한 마음으로 얻기까지 간구하라고 가르치셨습니다.

주님은 어떻게 기도해야 할 것인지를 교훈하기 위해서 마지막으로 또 한 번의 예화를 사용하셨습니다. 예화를 들면 이해가 쉽고 주의가 집중되기 때문입니다. "너희 중에 아버지 된 자로서 누가 아들이 생선을 달라 하는데 생선 대신에 뱀을 주며 알을 달라 하는데 전갈을 주겠느냐 너희가 악할지라도 좋은 것을 자식에게 줄 줄 알거든 하물며 너희 하늘 아버지께서 구하는 자에게 성령을 주시지 않겠느냐"(눅 11:11-13). 전갈이 움츠리고 있으면 달걀 같습니다. 자녀가 알을 달라는데 알처럼 생긴 전갈을 주면 그 아이는 전갈에 쏘여 죽습니다. 세상에 그런 부모가 어디 있습니까. 우리가 악한 죄인이라도 자식이라면 선한 마음이 발동해서 물불을 가리지 않는데, 하물며 선하신 하늘 아버지께서 구하는 자에게 성령을 주시지 않겠느냐고 도전하면서 주님은 기도에 관한 교훈을 끝맺으셨습니다. 끈질긴 기도를 드릴 때 성령의 능력을 선물로 주시는 것은 틀림없다는 의미입니다.

왜 끈질기게 매달려야 하는가

그런데 주님은 왜 구하고, 찾고, 두드리는 등 끈질기게 기도로 매달리라고 요청하시는 것일까요? 그것은 예리한 검을 아무에게나 맡기지 않는 것과 같습니다. 탁월한 권법을 아무에게나 가르치지 않는 것과 같습니다. 하나님은 전능하신 분입니다. 능치 못한 일이 아무것도 없는 분이십니다. 그런데 하나님의 자녀인 우리의 모습은 어떠합니까? 우리가 무능력한 신자라면 사탄은 우리를 조금도 겁낼 필요가 없습니다. 그러다가 우리가 갑자기 "주님, 제게 성령의 능력을 주옵소서"라고 기도하기 시작하면 사탄은 바짝 긴장해 우리가 기도하지 못하도록 방해합니다.

21세기 세속화에 물든 이 세상 한가운데서 우리가 기도하는 대로 하나님의 이름이 거룩히 여김을 받으시기 위해서는 우리가 간절히 기도해야만 합니다. 교회가 세상에서 승리하기 위해서는 우리의 기도 내용과 기도하는 자세가 달라져야 합니다. 하나님 나라가 우리 삶의 현장에 강하게 도래하는 광경을 목도하기 위해서는 지금 우리가 하고 있는 정도에서 탈피해야 하는 것입니다. 사탄이 기승을 부리는 세상에서 하나님의 능력을 덧입으려면 사생결단하고 주님께 매달리지 않으면 안 됩니다. 적당히 해서는 세상을 변화시키는 능력을 절대 소유할 수 없습니다.

그러므로 주님은 우리가 알아듣도록 온갖 예를 들며 거듭 권면하십니다. 한 제자가 묻지도 않고 요청하지도 않았는데 주님은 집요하게 가르치셨습니다. "구하라, 찾으라, 문을 두드리라" 하며 연속적으로 요구하셨습니다. 그리고 마지막으로는 선하신 하나님의 명예를 걸고 성령의 능력을 주심으로 우리의 기도에 답하겠다고 보장하셨습니다.

○

왜 우리가 기도하는 모습이 힘이 없습니까? 그것은 우리가 무엇을 기도하는지 바로 인식하지 못하기 때문입니다. 호구지책(糊口之策)하기 위해서 구태여 기도할 이유가 있겠습니까. 보기 싫은 사람 쳐다보지 않고 요리조리 적당하게 사는 삶은 기도하지 않는 사람들도 얼마든지 살고 있습니다. 왜 우리의 기도가 한심합니까? 그것은 우리가 누구에게 기도하는지 인식하지 못하기 때문입니다. 가장 좋으신 분과의 만남임을 인식한다면 우리는 기도하기를 즐겨할 것입니다. 또한 우리가 궁극적으로 성령의 능력을 구한다는 사실을 알지 못하기 때문에 기도에 힘이 없는 것입니다.

자신을 이기고, 세상을 이기고, 사탄을 이기는 성도가 되기 위해 우리는 성령의 능력을 구해야 합니다. 끈질긴 기도, 간청하는 기도만이 우리로 하여금 성령의 능력을 소유한 성도로서 세상을 살게 합니다.

51.

구하는 자에게
성령을 주시지 않겠느냐(11:11-13)

//

    세례 요한의 소개에 따르면 예수님은 '성령과 불로 세례를 베
푸실 분'(눅 3:16)입니다. 이 장에서는 예수님 당신이 하신 도전의 말씀, "너
희 하늘 아버지께서 구하는 자에게 성령을 주시지 않겠느냐"(눅 11:13)라는
구절을 중심으로 살펴보겠습니다. 이 땅을 사는 성도들에게 가장 긴급하
고 중요한 기도 제목이기 때문입니다. 살아 숨 쉬는 성도들에게는 '성령
을 구하는 기도'야말로 가장 긴급하고 중요한 기도 제목입니다. 성도답게
세상을 살기 위해서는 성령의 능력이 절실합니다. 이 땅의 교회가 민족의
희망이 되기 위해서는 '성령을 구하는 기도'에 집중해야 합니다.

   부흥이란 하나님이 성령의 능력을 교회에 특별하게 부어 주시는 일입
니다. 성령의 능력을 부어 주시면 무기력하던 성도들이 새롭게 됩니다.
능력을 입어 놀라운 증인으로 살게 됩니다. 하나님이 성령의 능력을 교회
에 특별하게 부어 주시면 이미 주님을 믿고 있던 성도들이 새로워질 뿐만

아니라 세상의 많은 사람이 하나님 앞으로 돌아오는 현상이 일어납니다. 그 결과 사람들이 하나님의 진리대로 살기 시작하고, 선한 영향을 사회 전반에 끼치게 됩니다.

그리스도인이 사모해야 하는 일은 마치 주님이 승천하시고 성령이 강림하시기까지 열흘 동안 초대 교회 성도들이 "마음을 같이하여 오로지 기도에 힘쓰더라"(행 1:14)라는 사도행전의 기록처럼 기도에 마음을 합하기로 결단하고 자신을 드리는 일입니다. 마치 축복해 주지 않으시면 보내 드리지 않겠다며 사생결단하던 야곱의 씨름처럼 기도하는 일입니다. 왜냐하면 부흥을 구하는 기도는 결코 일상적인 기도가 아니기 때문입니다.

21세기 세속에 물든 세상 가운데서 하나님의 이름이 거룩히 여김을 받으시기 위해서는 우리의 기도 제목이 그리고 우리의 기도 자세가 바뀌어야 합니다. 사탄이 기승을 부리는 세상에서 우리가 하나님의 능력을 덧입으려면 사생결단하고 주님께 매달려야 합니다. 지금 우리는 우리에게 어떤 상황이 벌어지고 있는지 아무런 의식 없이 사는 것 같습니다. 세상이 어떻게 흘러가고 있는지에 대해 인식해야 합니다. 우리는 마지막 시대에 살고 있습니다. 이 마지막 시대에 우리가 어떻게 해야 할 것인지 살펴보기 바랍니다. 주님이 가르쳐 주신 기도의 끝부분인 13절, 주님의 마지막 도전의 말씀에 기초해서 하나님이 주시는 선물인 성령에 대해 몇 가지 나누겠습니다.

성령은 아버지께서 자녀에게만 주시는 선물이다

먼저, "너희 하늘 아버지께서"라는 말씀에서 '너희'는 하나님의 자녀를 말합니다. 그러므로 우리는 하나님의 자녀에게만 주시는 선물에 관심을 두고, 무엇보다 우선순위를 두고 성령을 달라고 기도해야 합니다. 하늘 아버지께서는 이 고귀한 선물을 우리 말고는 아무에게도 주지 않으십니다. 누가복음 11장 앞부분까지 성령에 대한 언급은 일체 하지 않으셨습니다. 왜 지금 기도에 대한 교훈을 하신 후에야 비로소 성령에 대해 말씀하신 것일까요? 그것은 하나님의 자녀가 하나님 앞에 기도할 제목이 많겠지만, 성령보다 더 절실하고 중요한 것이 없음을 새삼 깨우쳐 주시기 위함일 것입니다. 우리에게 가장 중요한 기도 제목은 '성령을 주십시오'라는 것으로 일치해야 합니다.

우리 모두 성령을 구하는 것보다 더 절실하고 중요한 것이 없다는 사실을 알면 좋겠습니다. 그러면 우리의 일상적인 필요를 응답받든 응답받지 못하든 우리는 땅에서 하늘을 살게 될 것입니다. 지금 세상에서 하늘의 은혜 속에 살아갈 것입니다. 언제, 어디서나 "주여, 성령을 주옵소서"라고 마음속 깊은 곳에서부터 부르짖기 바랍니다.

사람들은 주님의 이 도전의 말씀을 오해하곤 합니다. 그리스도인은 예수님을 믿을 때 이미 성령이 그 마음속에 들어와 계시는데 무슨 성령을 또 달라고 하느냐는 것입니다. 그래서 그들은 성령을 달라고 기도하는 사람을 보면 신학적으로 무지한 사람인 양 취급합니다. 하지만 무지한 사람은 바로 그들 자신입니다. 이 땅에 복음이 들어와서 처음 세워진 평양장로회신학교에서는 중생과 성령 세례는 서로 다른 은혜이고, 중생한 성도가 성령 체험을 하지 못하면 무능함을 면치 못한다고 처음부터 가르쳤습니다. 혹시 중생의 은혜를 경험하고 하나님을 아버지라고 부르면서도 아직 능력 없는 삶을 사는 사람이 있다면, 그 사람이야말로 성령 체험이 필요한 사람입니다.

426

오순절 날 성령이 강림하셔서서 교회가 시작되었습니다. 그리고 우리가 예수님을 믿을 때 성령이 각 사람에게 믿는 순간 임해서 세상 끝 날까지 우리 안에 거하신다는 것은 분명한 진리입니다. 그럼에도 본문을 통해 주님이 "구하는 자에게 성령을 주신다"고 말씀하신 데는 분명한 이유가 있을 것입니다.

우리 자신의 경험을 한번 돌아봅시다. 신앙이 성숙해지면서 더욱 절실하게 느끼게 되는 사실이 있습니다. 아무리 훈련을 받고, 성경을 열심히 공부하고, 기도를 많이 한다 해도 해결되지 않는 영적인 영역이 있다는 사실입니다. 우리가 알고 있는 그 이상의 수준이 있습니다. 힘으로도 안 되고 능력으로도 안 되고 오직 성령으로만 되는 그런 영역입니다(슥 4:6). 그래서 주님이 우리에게 성령을 구하라고 말씀하신 것은 아닐까요? 성령을 달라는 기도 말고는 모두 이차적인 것들입니다. 하나님의 자녀에게는 성령을 구하는 것만큼 중요한 것은 아무것도 없습니다. 그러므로 기도하지 않는 사람에게는 기도하라고 권해야 합니다. 하지만 기도하는 사람에게는 바로 기도하도록 권면해야 합니다. 특히 성령을 달라는 것이 가장 절실한 소원이 되도록 해야 합니다.

성령은 아버지께서 주시는 가장 좋은 선물이다

병행 본문인 마태복음 7장 11절을 보십시오. "너희가 악한 자라도 좋은 것으로 자식에게 줄 줄 알거든 하물며 하늘에 계신 너희 아버지께서 구하는 자에게 좋은 것으로 주시지 않겠느냐." 본문과 대조해 보면 한 가지 흥미로운 사실을 발견할 수 있습니다. 마태복음의 '좋은 것'이라는 단어가 본문에서는 '성령'으로 바뀌어 있다는 것입니다. 달리 말해서, 성령은 하나님이 우리에게 주시는 선물 중에서 가장 좋은 선물이라는 의미입니다.

저는 가끔 어머니의 사랑이 정말 끔찍할 정도로 징그럽다고 이야기했습니다. 그러나 요즘 제 생각이 바뀌었는데, 하나님의 무한한 사랑이 그나마 세상에 남아 있는 마지막 장소가 어머니의 마음 같습니다. 그래서 이제는 어머니의 사랑은 거룩한 사랑 같습니다. 자식을 위해서라면 자신의 생명조차 주기를 아끼지 않습니다. 우리 악한 자들도 좋은 것을 자식에게 줄 줄 아는데, 하물며 거룩하신 하나님 아버지께서 자녀들에게 좋은 것을 주시지 않겠습니까.

하늘 아버지께 그동안 무엇을 구해 왔습니까? 생선과 달걀, 아니면 떡을 구하는 것이 고작이었습니까? 이제부터는 가장 좋은 선물인 성령을 구해 보십시오. 우리는 성령을 구하도록 초대받은 자들입니다. 하나님이 우리에게 주고자 하시는 궁극적인 선물은 그분 자신입니다. 우리를 인도하고 보호하고 복 주시는 성령님을 구하십시오. 성령은 이미 모든 성도 가운데 거하고 계십니다. 그러나 그분은 또 다른 모습으로 우리 속에 찾아오기를 원하십니다. 요한복음 14장 16-17절에서 주님은 다음과 같이 약속하셨습니다. "내가 아버지께 구하겠으니 그가 또 다른 보혜사를 너희에게 주사 영원토록 너희와 함께 있게 하리니 그는 진리의 영이라 세상은 능히 그를 받지 못하나니 이는 그를 보지도 못하고 알지도 못함이라 그러나 너희는 그를 아나니 그는 [지금] 너희와 함께 거하심이요 또 [장차] 너희 속에 계시겠음이라."

하나님 아버지께서 성령을 주시면 우리의 삶은 변합니다. 평소에 불만스럽게 여기던 것들이 감사와 찬양으로 바뀝니다. 성령의 은혜가 임하면 평소에 "나는 못해!" 하고 체념하던 삶이 바뀝니다. 불가능이 없는 삶으로 변합니다. "내게 능력 주시는 자 안에서 내가 모든 것을 할 수 있느니라"(빌 4:13)라고 고백하게 됩니다.

성령은 구하는 자녀에게 주시는 선물이다

지금 우리는 아버지께서 자녀에게 주시는 선물로서 성령에 대해 살피고 있습니다. 이것은 예수 믿고 중생할 때 우리 마음에 오시는 성령을 말하는 것이 아닙니다. 마음에 오신 그 성령이 다시금 능력으로 은혜를 베푸시는 것을 의미합니다. 우리가 예수 믿을 때 한 번 성령을 모시는 것으로 평생 성령 충만할 수 있다면 그것이야말로 땅에서 경험하는 천국 생활일 것입니다. 그러나 우리 자신의 경험으로 보나 많은 위대한 선배들의 삶을 두고 보나 그렇지 못하다는 것을 우리는 너무나 잘 알고 있습니다. 그러므로 우리가 특별히 성령을 구해야 하는 이유가 바로 여기에 있습니다. 성령을 구하지 않으면 성령 충만한 삶을 살 수 없습니다.

20세기 초 세계 교회 역사에 새로운 현상이 일어났습니다. 별로 건전한 신학이나 체계적인 교리도 없는 사람들이 다만 성경에 있는 말씀 그대로를 붙들고 "주여, 성령을 주옵소서"라고 간절히 구하자 하나님이 놀랍게 응답하기 시작하셨습니다. 이 일은 일시적인 현상이 아니었습니다. 그들을 통해 시작된 성령의 불길은 20세기가 끝나도록 전 세계로 확산되어 갔습니다. 남미를 휩쓸고 아프리카를 강타했습니다. 성령의 능력을 경험적으로 알고 있습니까? 혹시 듣기는 했지만 경험적으로는 알지 못하는 자리에서 무력하게 살고 있지는 않습니까?

워필드(Benjamin B. Warfield)는 "발전된 성령 교리는 배타적으로 신교 교리이며, 좀 더 자세히 말하면 개혁주의 교리이며, 더 정확히 표현하면 청교도 교리"라고 선언합니다. 말하자면 신교가 나오기 전 구교는 성령론에 대해서 캄캄했다는 것입니다. 지금 우리가 알고 있는 제대로 된 성령론은 개혁주의 교리이고, 더 정확히 표현하면 청교도 교리라는 것입니다. "주님, 성령을 주십시오"라고 구하는 것은 결코 이상한 기도가 아닙니다. 주님은 '구하는 자에게' 성령을 주겠다고 도전하셨습니다. 성령 체험은 그리스도인이 제대로 사역하기 위해서는 반드시 전제되어야 합니다.

성령을 찾으십시오. 성령을 사모하십시오. 성령 없이는 우리가 할 수 있는 일이 아무것도 없습니다. 성령을 항상 갈망하십시오. 성령을 구애하십시오. 이것이 청교도들이 썼던 단어입니다. 마치 여인을 향해서 목숨을 걸고 사랑을 구하듯 기도하라고 표현했습니다. 이 축복은 기도로 얻어지는 선물이기 때문입니다.

3대 신앙고백서 중 하나인 《하이델베르크 교리문답》 116문답은 기도에 대해 가르치고 있습니다. "왜 그리스도인들에게 기도가 필요합니까?"라는 질문의 답은 이렇습니다. "기도는 하나님께서 우리에게 요구하시는 감사의 가장 중요한 부분이기 때문입니다. 또한 하나님께서는 그분의 은혜와 성령을 마음으로 끊임없이 탄식하며 구하는 자들과 그것으로 인해 하나님께 감사하는 자들에게만 주시기 때문입니다." 풀어서 설명하자면, "하나님은 마음으로 끊임없이 탄식하며 구하는 자들에게, 또 그것으로 인해서 감사하는 자들에게 당신의 은혜와 성령을 주신다"는 것입니다.

주님이 하늘로 올라가고 기도하기 시작하시던 그 첫날, 제자들처럼 성령을 기다립시다. 성령 안에서 기도하며 성령을 달라고 구하는 긴박한 기도를 주 임무로 삼읍시다. 더 많은 성도와 교회가 더 긴박한 심정으로 성령을 구할 때 새로운 부흥이 이 땅에 임할 것입니다. 영혼의 구원을 위해서 그리고 이 땅의 회복을 위해서 중보 기도를 드리기로 결단합시다. 그러면 하늘의 하나님이 이 민족을 긍휼히 여기실 것입니다.

○

하나님의 은혜와 성령은 하나님이 구하는 자들에게만 주십니다. 하나님의 은혜와 성령은 하나님이 그것으로 인해 감사하는 자들에게만 주십니다. 그러므로 우리는 마음으로 끊임없이 탄식하며 기도해야 합니다. 마음으로 탄식하며 구하는 기도를 통해서 하나님의 은혜와 성령을 받기 때문입니다. 그러므로 우리의 기도 내용과 기도 모습은 바뀌어야 합니다. 우리가 무엇을 기도하는지 바로 인식한다면 이제는 새롭게 기도해야 합니다. 그리고 우리가 누구에게 기도하는지 바로 인식한다면 이제는 간절히 기도해야 합니다.

궁극적으로 성령의 능력을 구한다면 우리는 강요하는 기도를 드려야 합니다. 그때 우리는 자신을 이기고, 세상을 이기고, 사탄을 이기는 성도가 될 것입니다. 그때 성령의 능력을 소유한 성도로 세상을 변화시킬 것입니다.

52.

하나님의 손가락 (11:14-23)

우리는 앞서 몇 장에 걸쳐 '신앙인이란 누구인가?'라는 큰 주제 아래서 누가복음을 살폈습니다. 이제 본문인 11장 14-54절에서는 분위기가 좀 심상치 않게 변하고 있습니다. 주님의 사역에 하나님의 능력이 나타나고 있다는 것을 인정하지 않는 사람들과 갈등이 깊어진 것입니다. 동시에 자신들의 잘못을 지적받고 있다고 느끼는 바리새인과 서기관들과의 갈등도 심화되었습니다. 주님의 말씀으로 양심에 찔림을 받았지만 자기 삶을 바꾸기 원치 않는 사람들은 그렇게 자신의 잘못을 지적하는 주님을 미워하기 시작했습니다. 그리고 더 나아가 그들이 설치한 덫에 주님이 빠져들기를 바랐습니다. 본문에서 그 분위기를 접할 수 있는 첫 사건을 만나게 됩니다.

예수님의 사역을 받아들이지 못하는 사람들

"예수께서 한 말 못 하게 하는 귀신을 쫓아내시니 귀신이 나가매 말 못 하는 사람이 말하는지라 무리들이 놀랍게 여겼으나"(눅 11:14). 이처럼 본문은 사건에 대한 짧은 기록으로 시작합니다. 바로 앞 절에서 주님은 기도의 능력과 그 중요성을 가르쳐 주셨습니다. 그리고 이어서 말못 하게 하는 귀신 들린 사람을 고쳐 주셨습니다. 우리로 하여금 성령의 능력을 위한 기도를 하도록 도전하신 주님은 사람의 혀를 장악하고 있는 사탄의 능력을 물리치고 그 말 못 하는 사람으로 하여금 말을 하도록 고쳐 주셨습니다.

여기서 사탄은 '말 못 하게 하는 귀신'이라고 불리고, 다른 곳에서는 '더러운 귀신'으로 등장합니다. 앞서 8장에서는 '포악하고 사나운 귀신'을 만났습니다. 9장에서는 '간질 증세를 일으키는 귀신'이 있었습니다. 사탄은 간교합니다. 결코 똑같은 방법으로 우리를 공격하지 않습니다. 언제나 같은 문제를 가지고 찾아오지 않습니다. 하지만 그가 우리를 공격할 때 나타나는 공통점은, 사람을 괴롭히는 것을 즐기고 언제나 사람들에게 해를 끼친다는 점입니다.

이런 사악한 사탄의 활동은 지금도 계속되고 있습니다. 그 마음속에 '하나님은 없어'라고 되뇌면서 그 입술로 하나님을 부르지 않는 사람들을 살펴보십시오. 자기 혀를 사용해 하나님을 찾는 법이 없습니다. 하나님을 찬양하는 일이 없습니다. 자기의 필요를 하나님께 아뢰는 법이 없습니다. 하나님이 주신 것으로 감사하면서 기도의 자리에 나아가는 법이 없습니다. 온갖 다른 말은 잘하면서 하나님께 감사하지 않는 사람들은 그혀를 귀신에게 내맡긴 자들입니다. 그런 자들은 살았으나 실상은 죽은 자

433

들입니다.

어디 혀뿐입니까? 하나님이 지으신 모든 지체를 드려 하나님을 섬기지 않는 사람들도 살았으나 죽은 자들입니다. 방탕한 짓을 하거나 노골적으로 죄를 짓지 않는다고 마귀의 영향을 벗어난 것은 아닙니다. 도덕적이고 예의 바르고 존경할 만한 죄인들도 있습니다. 신앙인은 그 지체를 하나님이 기뻐하시는 의의 병기로 드려야 합니다. 눈으로는 하나님 나라를 앙모해야 합니다. 귀로는 주님의 음성을 들어야 합니다. 혀를 가지고는 하나님을 찬양하고, 하나님께 기도하고, 형제를 축복하며 격려하는 일에 사용해야 합니다.

예수님이 귀신을 쫓아내신 사실을 두고는 아무도 이의를 제기하지 않았습니다. 그것은 모든 사람에게 엄청 놀라운 사건이었습니다. 다만 문제는 어떤 능력, 누구의 능력을 가지고 예수님이 말 못 하게 하는 귀신을 내쫓으셨느냐는 것입니다. 어떻게 말 못 하던 자가 다시금 말을 하게 되었는지에 대해 그들은 설명을 요구했습니다. 본문 15-16절은 예수님에 대해서 그리고 예수님의 사역에 대해서 받아들일 수 없었던 사람의 두 가지 반응을 기록하고 있습니다.

첫째 반응입니다. "그중에 더러는 말하기를 그가 귀신의 왕 바알세불을 힘입어 귀신을 쫓아낸다 하고"(눅 11:15). 예수님의 능력이 귀신의 왕 바알세불의 것이라고 한 것입니다. 사탄의 속임수로 본 것입니다. 그렇다면 예수님은 지금 악한 자의 하수인으로서 사람들을 속이는 기적을 행하신 셈입니다. 표면적으로 보면 그런 일도 가능하기는 하지만 그 내면에는 예수님에 대한 악의를 갖고 있음을 부인할 수 없습니다.

둘째 반응입니다. "또 더러는 예수를 시험하여 하늘로부터 오는 표적을 구하니"(눅 11:16). 두고 보자는 사람들입니다. 시간을 좀 더 두고 살펴보면서 결정적인 증거를 확보하고 입장을 정리하자는 신중파입니다. 유대인들은 신중히 살펴보도록 교육을 받은 자들이기는 합니다. 어떤 선지자나 그가 전한 메시지가 사실인지를 알기 위해서는 그것을 입증할 징조를 필요로 했습니다. 그들이 구한 '하늘로부터 오는 표적'이란 무엇일까요? 또 다른 표적일까요, 아니면 좀 더 확실한 증거일까요? 모든 사람이 다 예수님의 사역을 마귀의 것으로 보지 않았다는 점은 분명합니다.

두 가지 반응은 예수님에 관한 오늘날 사람들의 입장을 잘 대변합니다. 어떤 사람들은 예수님을 거부합니다. 다른 사람들은 예수님으로부터 좀 더 무엇을 보기 원합니다. 하지만 분명한 것은, 예수님이 누구이신지 생각한다면 아무도 그분의 사역이나 그분의 주장을 무시할 수 없다는 것입니다. 귀신을 쫓아낸 주님의 사역은 사람들로 하여금 예수님이 누구이신지에 대해서 진지하게 생각하게 만들었습니다. 예수님을 반대하는 사람들까지도 예수님의 기적적인 능력을 의심하지 않았다는 사실에 주목해야 합니다. 그들 모두가 목격했기 때문입니다. 사건이 일어난 것을 현장에서 목도한 당시 사람들로서는 초자연적인 기적이 예수님으로 말미암아 일어났음을 부인할 수 없었습니다.

예수님의 반론과 주장

그들의 반응에 예수님은 반론을 제기하셨습니다. 예수님은 둘째 반응을 보인 사람들의 요청에 대해서는 사실 즉각적으로 반응하지 않고, 첫째 반응을 보인 사람들의 말에 답하셨습니다. "예수께서 그들의 생각을 아시고"(눅 11:17상). 예수님은 사람들끼리 주고받는 말들을 알고는 그들의 잘못된 생각에 대해서, 그 논리의 허구성에 대해서 지적하셨습니다.

주님은 먼저 논리적인 허구성을, 이어서 실제적인 허구성을 차례로 밝히셨습니다. 주님의 반박을 들어 보십시오. "스스로 분쟁하는 나라마다 황폐하여지며 스스로 분쟁하는 집은 무너지느니라 너희 말이 내가 바알세불을 힘입어 귀신을 쫓아낸다 하니 만일 사탄이 스스로 분쟁하면 그의 나라가 어떻게 서겠느냐"(눅 11:17하-18). 어느 나라든, 가정이든 갈라서서 서로 싸우면 패망할 수밖에 없습니다. 즉 예수님은 "만약 내가 귀신의 대장인 바알세불을 힘입어 귀신을 쫓아내면 자기 졸개들끼리 서로 싸우는 격이 되지 않겠느냐"라고 하심으로 그들의 말의 논리적인 허구를 지적하셨습니다.

이후 주님은, 만약 백보 양보해서 그들의 주장을 수용한다고 치면, 자기들 무리 가운데서 귀신을 쫓아내는 사람들을 위해서는 무엇이라고 평가해야 할 것인지를 말씀하셨습니다. 당시 유대 사회에는 예수님이나 예수님의 제자들 외에 유대인과 바리새파 사람들 중에 귀신을 쫓아내는 일을 하는 사람들이 있었습니다. 이에 주님은 "내가 바알세불을 힘입어 귀신을 쫓아내면 너희 아들들은 누구를 힘입어 쫓아내느냐"(눅 11:19상)라고 지적하셨습니다. 쉽게 말해, "그러면 너희들 가운데서 귀신을 내쫓는 사역을 하는 사람도 귀신과 연합해서 그 사역을 하고 있다고 생각하느냐? 그것은 말도 안 되는 논리라는 것을 너희 스스로 알 것이다"라고 말씀하신 것입니다.

주님의 반론을 통해 사람들의 편견이 얼마나 무서운 것인지를 알 수 있습니다. 주님의 사역을 통해 하나님의 역사하심을 인정하거나 자기 삶을 바꾸기 싫어하는 사람들은 얼마나 심한 편견에 사로잡혀 있는지 모릅니다. 편견에 사로잡힌 사람들은 기적 자체를 부인할 수 없으면 오히려 그 기적이 하나님의 능력에 의해서 수행된 것임을 부인한다는 것을 여기서 목격하게 됩니다. 주님이 말 못 하게 하는 귀신을 내쫓는 역사를 일으키셨으나 귀신과 내통해서 그 일을 한다고 몰아가는 그들의 모습입니다. 그리하여 영광스러운 주님의 이름에 먹칠을 한 것입니다.

그들은 아직도 동일한 논리로 주의 백성과 사역자들을 모함하기를 즐깁니다. 그러므로 "우리를 부당하고 악한 사람들에게서 건지시옵소서"(살후 3:2)라고 기도할 것을 부탁한 바울의 기도 제목은 아직도 유효합니다.

주님은 단순히 반박만 하지 않고 한 걸음 더 나아가 당신의 주장을 당당히 밝히셨습니다. "그러나 내가 만일 하나님의 손을 힘입어 귀신을 쫓아낸다면 하나님의 나라가 이미 너희에게 임하였느니라"(눅 11:20). 여기서 '하나님의 손'을 직역하면 '하나님의 손가락'이라고 할 수 있습니다. 히브리적인 표현입니다. 이 말은 출애굽기 사건을 기억하게 합니다. 애굽에 피, 개구리 재앙에 이어서 이 재앙이 내렸을 때 애굽 술객이 바로 왕에게 고한 말입니다. "이는 하나님의 손가락입니다"("이는 하나님의 권능이니이다"[출 8:19], 개역개정).

지금 주님은 당신이 행하는 기적들이 약속된 하나님의 통치가 도래한 증거들이라고 말씀하십니다. 하나님의 권능과 통치를 보고 듣도록 해 주는 증거로서 당신의 기적이 나타나고 있다고 하신 것입니다. 주님이 행하시는 기적은 하나님의 통치의 능력이 도래했음을 알리는 나팔 소리처럼 울려 퍼지고 있습니다. 이제까지 세상을 그 수중에 넣고 있던 사탄의 통치가 무너져 내리는 것을 보여 주는 증거물로 내세워지고 있습니다. 온 세상을 사로잡던 사탄의 세력이 패배하기 시작하는 과정을 본문에서 보게 되는 것입니다. 말 못 하게 하는 귀신 들린 자는 그때까지 귀신의 수중에 있었으나 이제는 예수로 말미암아 해방되었습니다. 그는 말하게 되었고, 하나님을 찬송했으며, 하나님 안에서 기뻐 뛰었습니다.

물론 여기서 하나님 나라가 임했다는 것은 그 본모습을 나타내기 시작했다는 의미입니다. 그 나라가 가시적으로 나타나기 시작했습니다. 하나님 나라를 세워 가는 것은 오랜 시간이 걸리는 일입니다. 하나님 나라는 2천 년 전에 그 실체를 드러내기 시작했습니다. 새 잎을 피우기 시작했습니다. 이제 하나님 나라는 점점 무성해져 가고 있습니다. 그러나 주님 오실 때 그 나라는 그 영광스러운 꽃을 활짝 피우게 될 것입니다. 주님은 한 사람, 한 사람을 사탄의 통치에서부터 구출하심으로써 그 나라를 이 땅에서 확장시켜 가고 계십니다.

예수님의 사역 앞에 중립은 없다

21-23절에 기록된 마지막 비유를 깊이 생각해 보십시오. 지금껏 사탄은 강자였습니다. 그와 대결할 만한 세력은 없었습니다. 그는 무장을 한 채 자기 소유를 지켰고, 그 속에서 안전했습니다. 하지만 더 강한 자가 나타남으로 상황은 바뀌었습니다. 그가 믿던 무장을 송두리째 빼앗긴 것입니다. 그가 그동안 지켜 오던 모든 재물은 이제 새로운 승리자의 몫이 되었습니다.

하나님 나라가 도래함으로 사탄의 나라는 탈취를 당하기 시작합니다. 본문에서 귀신이 쫓겨난 사건은 단 하나의 예증에 불과합니다. 이제 더 강한 자가 지상에 출현했습니다. 옛 강자는 더 이상 버틸 수가 없습니다. 모든 것을 내어 주고 물러서야만 합니다. 그의 모든 재물은 이제 새로운 승리자의 몫입니다. 이 마지막 싸움에 중립지대란 없습니다. "나와 함께

하지 아니하는 자는 나를 반대하는 자요 나와 함께 모으지 아니하는 자는 헤치는 자니라"(눅 11:23). 주님은 먼저 당신에 대해 중립을 선언하는 사람은 당신을 반대하는 자라고 선언하십니다.

예수님의 놀라운 사역 앞에서 중립적인 태도를 취할 수는 없습니다. 이 우주적 전쟁에서는 아무도 구경꾼으로 남아 있을 수 없습니다. 주님 앞에서 주님을 위하든지, 주님을 거스르든지 둘 중 하나를 택해야 합니다. 어느 편에 설 것인지 결단하십시오. 하나님을 위해서 결단하는 사람은 예수님을 위해서 결단해야 합니다. 주님을 위해 살지 않는 사람은 주님을 반대하는 입장에서 살고 있는 것입니다. 여기에 중립 지대는 없습니다. 23절의 예수님의 선언을 잘 이해하기 위해서는 에스겔 34장을 기억해야 합니다. 마지막 구원의 시대에 하나님은 이스라엘의 흩어진 양 떼를 모을 것이라고 약속하셨습니다. 주님과 함께 양 떼를 모으는 일에 동참하지 않는 자들은 하나님의 백성을 흩어 버리고 있는 사람들입니다.

○

주님이 성령의 능력으로 행하신 사역을 폄하하지 마십시오. 주님이 성령의 능력으로 행하신 사역을 바알세불의 힘으로 했다고 말하는 것은 성령을 모독하는 가장 큰 죄를 짓는 것입니다. 어떤 종류의 사역이든 하나님의 성령으로 말미암은 사역을 두고 평가절하하거나 악평해서는 안 됩니다. 하나님의 성령으로 말미암은 일이라면 그것이 아무리 미미하다 해도 함부로 말해서는 안 됩니다. 왜 사람들이 '하나님의 손가락'이 한 사역을 폄하합니까? 그것은 주님의 사역에 나타난 하나님의 능력을 보지 못하기 때문입니다. 그것은 들은 말씀에 따라 자기 삶을 바꾸기를 싫어하기 때문입니다.

하나님의 백성이라면 하나님의 종들의 사역으로 인해 함께 기뻐하고 함께 즐거워해야 마땅합니다. 불평 대신 감사가 넘쳐 나야 합니다. 이제부터라도 주님과 함께 서기를 바랍니다. 앞으로는 주님과 함께 그 백성을 모으는 일을 하기 바랍니다. 오늘 주님의 사역에 대한 평가가 내일 우리의 영원한 운명을 결정할 것입니다. 그것은 바로 내가 어디에 속해 있는지를 보여 주기 때문입니다.

53.

빈집, 그 위기(11:24-26)

그리스도인은 성경의 교훈 그리고 예수님의 가르침을 따라야 옳습니다. 사실 기독교 신앙은 그 시작부터 중립을 허용하지 않습니다. 하나님께 대한 우리의 마음과 태도가 미지근해서는 안 된다고 성경은 분명하게 가르칩니다. "네가 차든지 뜨겁든지 하기를 원하노라 네가 이같이 미지근하여 뜨겁지도 아니하고 차지도 아니하니 내 입에서 너를 토하여 버리리라"(계 3:15-16). 예수님은 우리가 이것도, 저것도 아닌 상태를 싫어하십니다. 성경적 신앙은 철저한 결단과 철저한 헌신을 요구합니다. 그때 신앙은 제값을 합니다. 결단 없는 신앙생활에는 기쁨이 없습니다. 헌신 없는 신앙생활은 진정한 만족을 누릴 수 없습니다. 유보적인, 타협적인, 반신반의의 상태에 머물러 있어서는 안 됩니다. 하늘과 세상을 동시에 사모할 수 없습니다. 하나님과 물질을 동시에 추구할 수 없습니다.

사람들이 우리를 향해서 무어라고 말하든지 상관하지 마십시오. 우리를 어떻게 취급하더라도 신경 쓰지 마십시오. 결단 없이는 행복해질 수 없습니다. 전적 헌신만이 주님이 바라시는 신앙인의 수준입니다. 전적 헌신만이 우리가 하늘의 기쁨을 누리며 신앙생활하는 길입니다. 앞서 주님은, 모든 사람은 결코 중립적이거나 중용적인 입장에 설 수 없다고 선언하셨습니다. 그리고 이 장의 본문에서는 한 걸음 더 나아가 주님과 적극적이며 능동적인 관계 맺기를 거절하는 사람들의 위험을 '빈집'의 비유를 통해 경고하십니다. 적극적이며 능동적인 신앙의 필요를 예리하게 지적하십니다.

더러운 귀신이 한 사람에게서 나갔습니다. 그 귀신은 물 없는 곳으로 다니며 쉬기를 구하다가 얻지 못하고 다시 자기 집에 돌아왔습니다. 와 보니 집이 청소되고 수리되었습니다. 그래서 친구들까지 집에 데려와서 거하면 얼마나 좋을까 생각하고는 자기보다 더 악한 귀신 일곱을 데려왔습니다. 이 집을 점령한 그 사람의 나중 상태는 처음 상태보다 훨씬 심각해졌습니다.

빈집의 비유를 통해 몇 가지 교훈을 살펴봅시다.

빈집에 새 주인이신 주님을 모셔야 한다

첫째, 회개했다고 하지만 예수 그리스도에 대한 참 믿음이 없는 마음은 빈집과 같습니다. 진정한 신앙생활은 그 출발점이 회개와 믿음입니다. 복음서를 읽어 보면 "회개하고 복음을 믿으라"는 설교자들의 외침이 들립니다. 세례 요한도, 예수님도, 사도 바울도 회개하고 주 예수를 믿으라고 설교했습니다. 회개가 우리의 잘못을 뉘우치고 죄로부터 돌이키게 만드는 사건이라면, 믿음은 죄에서 돌아선 다음에 우리가 새롭게 믿어야 할 분을 따라서 사는 것입니다. 그분과 더불어 날마다 인격적인 관계를 맺으며 살아가는 것입니다.

당시 유대에는 예수님보다 앞서 회개의 메시지를 선포한 설교자가 있었습니다. 세례 요한입니다. 보통 설교를 듣고는 하나님께로 돌아오지 않는 계층들까지 그를 통해 하나님께로 돌아왔습니다. 하지만 요한이 증거했던 분, 요한보다 뒤에 오는 훨씬 탁월하신 분, 예수님을 믿는 데까지 나아가지 못하는 사람들이 많이 있었습니다. 마치 비유의 빈집과 같은 상태의 사람들입니다. 더러운 빈집은 청소했지만 새로운 주인을 모시지는 못한 사람들입니다. 단순한 뉘우침, 죄에 대해 아파하는 마음은 있지만 인격적으로 예수님을 모신 적은 없습니다. 그들은 주님의 인도하심을 받지 못합니다. 한 걸음, 한 걸음 따라가는 삶으로 연결되지 못합니다. 본문은 이런 상태에 대해서 지적합니다.

그들은 솔로몬보다 더 큰 분이신 예수님 앞으로 나왔지만 예수님을 '나의 주, 나의 하나님'으로 영접하지 않았습니다. 예수님과 더불어 새로운 삶을 출발하지 않았습니다. 그들의 마음 상태는 일시적인 귀신의 지배에서 벗어났으나 빈집에 불과했습니다. 더러운 귀신이 나갔다가 안식처를 얻지 못해서 다시 돌아왔을 때 청소된 집을 바라보면서 혼잣말을 했습니다. "내가 나온 내 집으로 돌아가리라"(눅 11:24). 귀신은 아직도 그 집을 '내집'이라고 주장합니다. 이 사람은 과거의 잘못을 뉘우쳤고 눈물까지 흘렸습니다. 그런데도 귀신은 내 집이라고 말합니다. 빈집이기 때문입니다. 따라서 새 주인이 들어와 그 집의 주인이 바뀌어야 합니다. 그래야 악령이 내 집이라고 주장할 수 없습니다.

예수 그리스도가 마음속에 들어오셔서 마음과 영혼을 다스리게 하십시오. 당신의 삶의 주인이 되게 하십시오. 새 주인이 없으면 더러운 귀신은 물러서지 않습니다. 집이 깨끗해진 것을 보고 무언가 심상치 않은 위기를 느낀 그는 자기보다 더 악한 귀신 일곱을 데리고 들어와 순식간에 악령의 처소로 만들고 맙니다.

적극적으로 주님의 뜻을 행해야 한다

둘째, 죄에서 자신을 지키려고 노력하지만 선을 행하려는 마음이 없는 것은 마치 빈집과 같습니다. 죄를 짓지 않는 것은 귀한 일입니다. 그러나 더 중요한 일은 소극적으로 죄를 범하지 않는 것이 아니라, 주님이 원하시는 선을 적극적으로 행하는 것입니다. 내가 무엇을 안 했느냐가 중요한 것이 아닙니다. 무엇을 했느냐가 더 중요합니다.

무엇을 안 했다는 것만으로 하나님은 기뻐하지 않으십니다. 하나님은 우리가 당신의 전능한 능력으로 사역을 행하기를 원하십니다. 언제나 큰 잘못을 범하지 않는 것만으로 만족하는 상태에서 이제는 조금 더 나아가 하나님을 기쁘시게 하는 자리로 나아가야 될 것입니다. 하나님이 쏟아 주신 사랑에 보답하려고, 하나님을 기쁘시게 하려고 최선을 다하는 삶이어야 합니다.

아이들을 키울 때도 '하지 말라'고 하는 대신에 무엇을 '하라'고 일러 주어야만 아이가 진취적이 됩니다. 잘못한 일이 있더라도 가르칠 때는 무엇을 하지 말고 무엇을 해야 할 것인지를 일러 주어야 합니다. 성경은 그렇게 우리에게 다가오고 있습니다. 한 예로, 에베소서 4장 25절을 보십시오. "거짓을 버리고 각각 그 이웃과 더불어 참된 것을 말하라." 버려야 하는 일은 거짓말하는 것입니다. 그리고 해야 할 일은 참된 것을 말하는 것입니다. 거짓말을 버리는 데서 중단하는 것이 아니라 진실한 말을 사람 가운데서 하는 자리로 나아가야 합니다. 거짓말쟁이가 거짓말쟁이를 면하기 위해서는 이제 새롭게 참말을 하기 시작해야 합니다. 그때 비로소 그는 새사람이 됩니다.

바울의 교훈을 하나 더 살펴봅시다. "도둑질하는 자는 다시 도둑질하지 말고 돌이켜 가난한 자에게 구제할 수 있도록 자기 손으로 수고하여 선한 일을 하라"(엡 4:28). 도둑질하던 사람이 성도의 삶을 살기 위해서 다시 도둑질을 하지 않는 수준에 머물러 있어서는 충분하지 않습니다. 이제는 자기 손으로 열심히 일해서 번 돈으로 빈궁한 자를 구제하는 삶으로 변화해야 합니다. 좋은 나무라는 것이 입증되는 때는 좋은 열매가 주렁주렁 열릴 때입니다. 당신은 하나님을 기쁘시게 하는 선한 열매가 풍성합니까?

적극적으로 주님의 지배를 받아야 한다

셋째, 주님과 관계는 맺었지만 적극적으로 주님의 지배를 받지 못한 마음은 빈집과 같습니다. 요즈음 시골에 가면 빈집이 많습니다. 경상북도 예천 어느 마을에 갔더니 마을이 150호나 되는데 거의 절반이 비어 있었습니다. 주인은 있는데 그 집에 주인이 살고 있지 않기에 빈집이나 다를 바 없습니다.

영적으로 이와 같은 상태에 처한 성도가 의외로 상당히 많습니다. 예수님을 구주라고 고백하며 한때 주님을 영접했다고는 하지만 아직도 그 삶을 주장하는 주인 노릇을 하시도록 허용하지 않고 있는 것입니다. 주님이 들어오시기는 했는데 마음의 왕좌에는 아직도 자신이 앉아 있는 것입니다. 그러면 예수님도 주인이라고 말은 하지만 사실은 자기가 주인이 되어 있습니다. 모든 일을 자기가 원하는 대로 하고, 그저 주님이 하실 일은 마음의 왕좌에 앉아 있는 내가 결정해 놓은 일을 뒤치다꺼리하시는 것뿐입니다. 마치 알라딘의 요술 램프에 나오는 요정 지니 같습니다. 혹시 당신의 신앙이 그런 신앙은 아닙니까? 만약 그렇다면 아직도 예수님을 주인으로 모신 것이 아닙니다. 하나님의 말씀대로 살지 않으면 그 말씀을 주신 하나님이 주인이 되신 삶이 아닙니다. 아직도 내가 하고 싶은 대로 살아가는 것입니다.

그러므로 성경은 "술 취하지 말라 이는 방탕한 것이니 오직 성령으로 충만함을 받으라"(엡 5:18)라고 말합니다. 성령 충만을 받기 전에는 자기 의지를 포기하고 주님의 뜻을 따른다는 것이 쉽지 않습니다. 우리의 마음은 결코 아무도 다스리지 않는 비무장 지대처럼 비워져 있을 수 없습니다. 하지만 그리스도의 거룩한 영으로 충만함을 받지 못하면 별수 없이 이 집은 다시 더러운 귀신들의 처소로 전락할 수밖에 없습니다.

우리가 하나님을 아버지라고 부르는 순간 예수님이 약속하신 가장 좋은 선물이 무엇입니까(눅 11:13)? 성령입니다. 주님은 하나님의 자녀가 된 성도들에게 하나님의 성령을, 당신의 거룩한 영을 그 마음속에 부어 주기를 원하십니다. 이제 성령의 임재와 능력을 사모하십시오. 성령의 능력 가운데 걸어가십시오. 성령의 깊은 강물 속에서 헤엄치며 예수 그리스도의 거룩한 은혜에 잠겨 이 악한 세대를 믿음으로 승리하십시오. 주 예수만 힘이 되고 만족함이 되시기를 소원하십시오.

주님은 33년이라는 짧은 기간을 살면서 3년 동안 사역을 했지만 인류 역사를 완전히 바꾸어 놓는 일을 하셨습니다. 그 많은 진리를 가르치고 위대한 표적을 행하실 수 있던 비밀을 성경은 이렇게 밝힙니다. "하나님 이 나사렛 예수에게 성령과 능력을 기름 붓듯 하셨으매 그가 두루 다니시 며 선한 일을 행하시고 마귀에게 눌린 모든 사람을 고치셨으니 이는 하나 님이 함께하셨음이라"(행 10:38). 하나님의 함께하심이 그 비결이었습니다. 우리 주님도 사역하면서 성령의 기름 부음을 필요로 하셨다면 우리는 말 할 필요도 없지 않겠습니까. 거룩한 성령의 부으심을 사모하십시오. 거룩 한 성령의 부으심을 받아야 악한 세대를 이길 수 있습니다. 승리하는 믿 음 생활을 할 수 있습니다.

주님은 "너희 하늘 아버지께서 구하는 자에게 성령을 주시지 않겠느 냐"(눅 11:13)라고 도전하셨습니다. 이 약속을 믿고 간구할 때 주님이 성령 을 부어 주시고, 성령 충만을 허락해 주실 것입니다. 성령 충만하면 생기 가 넘칩니다. 성령 충만하면 마음에 평안이 찾아옵니다. 사람의 생각을 초월한 평강이 마음속에 자리합니다. 성령 충만할 때 말할 수 없는 기쁨 을 체험합니다. 세상이 알 수 없는 기쁨, 세상이 줄 수 없는 기쁨을 누립 니다. 성령 충만하면 하나님의 능력이 우리 삶을 지배하는 놀라운 경험을 합니다. 예수 그리스도의 복음을 담대하게 나아가 전하게 됩니다.

그러므로 주님은 먼저 거룩한 성령을 구하라고 말씀하십니다. 이 능력 이 없이는 이 악한 세대를 승리할 수가 없다고 말씀하십니다. 이 거룩한 능력의 부으심이 없으면 우리의 마음 상태는 유령 같은 빈집에 불과하다 고 말씀하십니다. 만약 성령이 우리 안에 충만하게 임재하시면 주님이 원 하시지 않는 일들은 하지 않게 됩니다. 주님이 기뻐하지 않으시는 모든 것이 우리 속에서 사라질 것입니다. 아니, 적극적으로 주님이 원하시는 일들, 주님을 기쁘시게 할 일들을 찾아서 하게 될 것입니다. 주님이 당신 의 삶을 다스리십니까? 성령이 당신의 마음을 지배하고 계십니까? 성령 충만이 마음과 삶을 장악하게 하십시오. 그렇지 않으면 우리 마음은 더러운 귀신이 다시금 접수한 집처럼 더 심각한 자리로 전락할 것입니다.

○

본문은 우리에게 심각한 영적 도전을 합니다. 하나님께 철저하게 돌아오지 않고서 약간의 변화에 만족하는 것이 얼마나 위험한지를 보여 줍니다. 더러운 귀신이 사람에게서 나갔으나 아직 성령이 들어가서 다스리지 않으시는 마음 상태는 폭풍 전야 같습니다. 겉모습만 가지고는 아무것도 보장되지 않습니다. 회개하고 참 믿음을 가져야 합니다. 옛 삶을 청산하고 주님을 주인으로 모시는 새 삶으로 나아가야 합니다. 죄짓기를 그치는 데 만족하는 것이 아니라 선을 행하는 법을 배워야 합니다. 무엇보다도 주님과 관계를 맺었다는 것에 머물러 있지 말고 그 주님의 기대를 알아야 합니다. 내가 주님을 '주님'이라고 불렀으면 주님이 우리의 주인 노릇을 하시게 해야 합니다. 주님을 구주로 고백하는 사람들은 이제 주님을 주님으로 섬기는 자리로 나아가야만 합니다.

하나님을 기쁘시게 하는 새 삶을 살기 위해 우리는 성령의 부으심을 받아야 합니다. 이러한 성령 충만이 임할 때 더러운 귀신이 범접할 수 없는 영광스러운 새 삶으로 나아갈 수 있습니다. 청소되고 수리된 정도에 만족하지 마십시오. 우리는 새로운 주인을 모시고 철저하게 새 주인의 지배를 받을 때 변화될 것입니다. 그리고 우리는 세상을 변화시키는 사람이 될 것입니다.

54.

복 있는 사람 (11:27-28)

여인의 감격스러운 외침과 주님의 대답

본문의 사건은 예수님의 설교를 듣던 청중 가운데서 한 여인이 감탄의 소리를 외치고 거기에 대해 주님이 하신 말씀으로 구성되어 있습니다. 하나님의 말씀을 듣다가 자기도 모르게 깊은 감동에 빠져서 하마터면 큰 소리를 칠 뻔한 복된 경험을 해 본 적이 있습니까? 그렇다면 이 여인을 조금도 이상하게 여기지 말기를 바랍니다. 이상한 것은 여인이 소리친 것이 아니라, 그 놀라운 예수님의 가르침을 듣고도 주님을 칭송하지 않은 사람들입니다. 그러므로 비록 이름조차 알려져 있지 않고 그 발자취를 살펴볼 수조차 없는 여인이지만 우리는 그 사랑의 외침에 동조할 수 있습니다. "당신을 밴 태와 당신을 먹인 젖이 복이 있나이다"(눅 11:27).

무엇보다 먼저 이 외침이 예수님의 어머니를 칭송하는 것이 아님을 알아야 합니다. 이스라엘의 풍습은 아들을 모욕하기 원하면 어머니를 욕하고, 아들을 존경하면 모친을 칭송한다는 것입니다. 27절은 "이 말씀을 하실 때에"라는 말씀으로 시작합니다. 즉 주님이 앞 절에 기록된 말씀을 하고 계실 때, 예수님이 너무 감동적이고 은혜로운 말씀을 하셨기에 이 여인은 자신을 억제할 수 없어 주님을 칭송하는 방편으로 어머니를 거론한 것입니다.

여인의 외침은 매우 훌륭하지만 그렇다고 마리아 숭배라는 후일의 잘못을 부추기는 데 이용당하지 않도록 주님은 다음과 같이 선언하셨습니다. "오히려 하나님의 말씀을 듣고 지키는 자가 복이 있느니라"(눅 11:28). 주님은 모친 마리아에게 아들로서의 지극한 사랑을 드렸지만 어떤 종류의 숭배도 허용하지 않으셨습니다. 예배는 오직 하나님 한 분께만 합당한 것입니다.

하지만 이 여인의 외침은 진실하고 거룩한 것임에는 틀림이 없습니다. 한 걸음 더 나아가 이 여인의 외침은 용기 있는 외침이라고 하는 편이 공정한 평가입니다. 왜냐하면 지금 주님은 바리새인과 서기관들에 의해서, 당대의 선생들과 권위자들에 의해서 비판을 받고 계시는 상황이기 때문입니다. 오늘 얼마나 많은 사람이 양심이 가리키는 바 진리를 알면서도 주위의 분위기가 여의치 않으면 침묵하고 마는지 모릅니다. 비록 우리의 목소리가 연약하더라도 주님의 거룩한 이름을 축복해야 합니다. 주님을 위해 소리를 높이기로 결단하십시오. 만약 우리가 침묵한다면 돌들이 반드시 소리치며 주님을 칭송할 것입니다. 주님의 이름은 영원히 칭송 받기에 합당합니다.

여인의 열정적인 외침으로 인해 주님은 말씀을 잠깐 중단하셨습니다. 그리고 여인의 말을 꾸짖지 않고 오히려 보완하셨습니다. 우리말 번역은 생략했지만 원어에는 그녀의 말을 인정하시는 표현이 나옵니다. "그렇다. 하지만 오히려 하나님의 말씀을 듣고 지키는 자가 복이 있느니라." 말하자면, 그녀가 말한 데까지는 맞지만 그보다 더 귀한 진리가 있다고 덧붙여 설명하신 것입니다. 이 말씀 속에 감추어져 있는 주님의 겸손을 관찰하십시오. 예수님은 당신이 칭송받는 순간에 그 영광을 하나님 아버지께로 돌리셨습니다. 주님은 끝까지 겸비하십니다.

여인들 가운데 가장 복된 자, 마리아

주님의 말씀을 좀 더 자세히 살펴봅시다. 첫째, 우리는 마리아가 받는 복은 부인할 수 없는 축복임을 인정할 수밖에 없습니다. 동정녀 마리아는 여자들 가운데서 가장 복된 자입니다.

그리스도인들은 천주교의 성모 숭배로 인해서 때로는 마리아에게 마땅한 존경심까지도 보이지 않을 때가 있습니다. 마리아를 향해서 '하늘의 여왕', 혹은 '하나님의 어머니' 등과 같은 모독적인 언어로 그녀를 숭배하던 시대에 당연히 종교 개혁자들은 마리아 숭배가 죄악 됨을 지적했습니다. 제1계명("너는 나 외에는 다른 신들을 네게 두지 말라")을 준수하는 성도들로서는 하나님 한 분만을 예배의 대상으로 삼아야 합니다. 하지만 그렇다고 마리아를 존경하지 않는 것은 옳지 않습니다. 오히려 우리는 이 거룩한 여인의 기억을 소중히 여겨야 합니다.

천사가 "은혜를 받은 자여 평안할지어다"(눅 1:28)라고 인사한 것은 잘못이 없습니다. 마리아는 은혜 입은 자임이 틀림없습니다. "여자 중에 네가 복이 있으며"(눅 1:42) 하고 환영한 엘리사벳이 실수한 것도 아닙니다. "이

451

제 후로는 만세에 나를 복이 있다 일컬으리로다"(눅 1:48)라고 답한 마리아 역시 아무런 오류를 범한 것이 아닙니다. 예수님을 잉태하고 젖을 먹여 키운 마리아는 모든 여자 가운데 복을 받은 자입니다.

마리아가 받은 복은 수천 년을 걸쳐 기다려 온 것입니다. 에덴동산에서 주어진 하나님의 약속의 성취입니다. 이스라엘의 경건한 여인들은 "내가 너로 여자와 원수가 되게 하고 네 후손도 여자의 후손과 원수가 되게 하리니 여자의 후손은 네 머리를 상하게 할 것이요 너는 그의 발꿈치를 상하게 할 것이니라"(창 3:15)라는 약속을 기다려 왔습니다. 아들을 낳을 때마다 그 가운데서 이 약속을 성취할 구원자가 나타나기를 그들은 바랐습니다. 그것은 첫 여자 하와부터 바랐던 기대입니다(창 4:1).

마침내 그 약속이 나사렛에 사는 미천한 처녀에게 실현되었을 때 그녀는 하나님의 큰 호의를 입은 것이 틀림없습니다. 보십시오. 그 탄생을 두고 하늘의 천사들이 노래했습니다. 목자들이 달려와 구유에 누인 아기께 경배했습니다. 이를 바라보는 마리아는 자신이 여자들 가운데 복 받은 자라는 사실을 인정하지 않을 수 없었을 것입니다. 그러므로 우리는 주님이 무리 가운데서 큰 소리로 외치는 여인의 말을 "그렇다"고 확증하신 것을 가볍게 여겨서는 안 됩니다.

마리아 자신도 이 큰 영예를 커다란 복으로 여겼습니다. 그녀는 수태를 고지하는 천사에게 "주의 여종이오니 말씀대로 내게 이루어지이다"(눅 1:38)라고 겸손히 화답했습니다. 마리아는 주님의 말씀을 믿었습니다. 마리아는 마음으로 하나님, 그녀의 구주를 기뻐했습니다. 그리고 이 모든 거룩한 말을 그 마음속에 간직해 두었습니다.

어린 시절의 주님을 맡아서 키운다는 것은 사소한 일이 아닙니다. 그러나 마리아는 성숙한 신앙의 여인이었습니다. 그러므로 예수의 모친 됨을 내세우거나 그 관계를 자신의 유익을 위해 사용하지 않았습니다. 그러나 어린 시절의 예수님을 양육하는 기쁨과 소년 시절의 예수님을 돌보는 즐거움을 누렸음이 틀림없습니다. 예수님이 공사역을 시작하셨을 때는 사람들 가운데서 주님의 말씀을 듣는 기쁨을 누렸을 것이고, 그 말씀을 귀하게 여긴 사람 가운데 하나였을 것입니다. 사람들 가운데 구원을 가져다주는 복음을 능력 있게 바라보면서 마리아만큼 만족한 여인이 누가 있었겠습니까.

그러나 이 모든 복은 동정녀 마리아가 낳은 아들을 통해서 세상에 주어진 것입니다. 그분을 통해서 만민이 복을 받을 것입니다. 만세에 그녀를 일컬어 복되다고 부르는 것은 그녀가 낳은 아들이 세상의 복의 근원이시기 때문입니다.

그러나 남다른 슬픔과 고통까지도

하지만 인류의 구주를 낳은 이 경건한 여인에게 주어진 모든 복은 고통 없이 주어지지 않았다는 사실을 기억해야 합니다. 대개 모든 특별한 복은 특별한 시련을 동반합니다. 영광의 중한 것은 우리가 받는 환난과 균형을 이룹니다. 주님이 마시는 잔을 마시기 위해서는 그분이 받는 세례를 받아야 합니다. 때로 우리는 그분의 잔을 알지 못합니다. 거기에는 달콤한 맛만이 아니라 쓴맛도 있습니다. 주님과 함께 세례를 받는 것은 영광인 동시에 고난의 세례인 것을 기억하십시오.

마리아는 남다른 고통을 겪었습니다. 천사가 수태고지를 하는 복된 소식을 전달받은 순간부터 캄캄한 의심에 시달려야 했습니다. 약혼자 요셉을 대면하는 것도 쉽지 않은 일이었습니다. 오직 믿음만이 의심의 구름 저편에 비치는 밝은 빛을 바라보게 했을 뿐입니다. 밤중에 헤롯을 피해 애굽으로 도망하는 것도 쉬운 일이 아니었을 것입니다.

장성한 아들이 나가서 복음을 전하면서 집으로 돌아오지 않는 나날들을 보냈을 때 마리아는 그것을 다 이해할 수 없었습니다. 사람들은 또한 예수에 대해서 여러 가지로 수군거렸습니다. 마리아는 예수가 미쳤다는 소식을 접하고 예수의 동생들과 함께 아들을 만나려고 찾아 나서기도 했습니다. 그를 향해 퍼부어지는 비난과 모욕을 막지 못하는 자신을 보며 실망하기도 했을 것입니다. 이해할 수도 없고 보호할 수도 없었기에 때로는 슬픔에 휩싸이기도 했을 것입니다. 사람들로부터 멸시와 거부를 당해서 슬픔의 사람이 된 아들을 목도하는 것은 정말 고통스러운 일이기도 했을 것입니다. 아들이 십자가에서 고난을 당하는 모습을 바라보는 어머니보다 누가 더 고통스럽겠습니까. 하늘 아래 어떤 여인이 하나님께 큰 은혜를 입은 여인 마리아보다 더 큰 슬픔을 맛보았겠습니까. 오직 풍성하고 신비한 은혜가 있었기에 마리아는 자신을 가눌 수 있었을 것입니다.

마리아를 여인들 가운데 가장 복된 자로 부르십시오. 하지만 이 복을 누리지 못한다고 한숨 쉬지 마십시오. 그녀의 기쁨에 비해서 그녀의 슬픔과 고통도 넘쳤습니다. 오직 마리아에게 존귀를 돌리고, 우리 마음에는 아무런 시기심도 가질 필요가 없습니다.

마리아가 누리는 복보다 더 귀한 복

이제 주님이 힘주어 하신 말씀에 귀 기울일 차례입니다. "오히려 하나님의 말씀을 듣고 지키는 자가 복이 있느니라"(눅 11:28). 말씀을 듣고 지키는 자가 누리는 복은 예수님의 어머니 마리아가 누리는 복보다 귀합니다. 복의 저울은 예수님이 들고 계십니다. 팔복의 말씀으로 사역을 시작하신 주님은 무엇이 최선의 복인지를 아십니다. 그분이 복을 선언하시면 우리는 의심의 여지없이, 변론의 여지없이 받아들이면 됩니다. 주님은 당신의 권위로 선언하셨습니다. 마리아는 크게 복 받은 여인임이 틀림없지만 하나님의 말씀을 듣고 지키는 자가 누리는 복은 더욱 크다고 주님은 말씀하셨습니다. 주님이 하신 말씀을 즉각 받아들이십시오. 그분의 말씀은 진리이기 때문입니다.

마리아의 마음에 기쁨을 안겨 준 것 역시 하나님의 말씀이었습니다. 예수님의 어머니 됨보다 믿는 자 됨이 더 큰 축복입니다. 마리아의 복은 그녀가 믿음으로 받은 것이 대부분이라는 사실을 명심하십시오. 하나님의 뜻에 순복함으로 그녀는 복을 받았습니다. 신앙으로 하나님이 자기 구주 되심을 받아들임으로 복된 여인의 반열에 서게 된 것입니다. 하나님이 우리에게도 동일한 믿음을 주시기를 바랍니다. 가장 귀한 복은 하나님의 말씀을 듣고 있는 우리에게 주어지는 복입니다. 하나님은 당신의 은혜로 복음을 그 마음으로 받아들이는 모든 자에게 이 복을 약속하셨습니다.

그러므로 우리 귀는 하나님의 말씀을 들음으로 복이 있습니다. 우리 입은 하나님의 진리를 노래함으로 복이 있습니다. 우리 마음은 하나님의 말씀을 간직함으로 복을 받습니다. 하나님의 말씀이 풍성한 심령은 놀라운 하늘의 복을 누리는 사람입니다. 영광의 소망 그리스도가 우리 안에 계시면 우리 심령은 기쁨이 넘칠 것입니다.

이 가장 귀한 복은 아주 쉽게 발견할 수 있다는 사실을 기억하십시오. 듣고 지키는 것이 전부입니다. 하나님의 말씀이 그분의 말씀으로 들릴 때 우리는 하늘의 복을 받습니다. 믿음으로 구원을 얻을 수 있습니다. 하나님의 말씀을 듣는 것은 특권입니다. 그러므로 주님은 "귀 있는 자는 들으라"고 외치셨습니다. 하나님의 말씀을 그분의 말씀으로 받아들이십시오. 예수님의 발 앞에서 겸손하게 말씀을 들을 때 그 말씀이 우리 안에서 강하게 역사합니다. 받아들이고 간직하고 싶은 마음으로 들으십시오. 알아들으려는 마음으로 들어 보십시오. 깨닫는 대로 순종할 마음으로 묵상해 보십시오. 하나님이 직접 말씀하시는 음성으로서 듣기를 바랍니다. 주님이 우리에게 말씀하실 때 마음과 뜻과 정성을 다해 들으십시오. 그러면 영혼이 새로워질 것입니다.

동시에 들은 말씀을 지키기 바랍니다. 지키기 위해서는 들은 말씀을 이해해야 합니다. 깨달은 진리를 당신의 것으로 붙잡으십시오. 진리를 당신의 영혼으로 껴안으십시오. 하나님의 말씀을 생명처럼 여기십시오. 아니, 없어질 생명보다 더 귀한 것으로 여기십시오. 배우고 마음속에 소화를 시키십시오. 순종하기까지 붙들기를 바랍니다. 그 말씀의 위력 앞에 당신을 드리십시오. 무릎을 꿇기 바랍니다. 교훈에 순종하고, 그 정신을 배우고, 그 뜻을 따르기를 바랍니다. 만약 우리가 그 말씀을 듣고 지키면 주님이 우리에게 말씀하실 것입니다. 아무리 동정녀 마리아가 복되다 해도 우리가 받을 복이 더 크다고 선언하실 것입니다.

왜 이 복이 그처럼 놀랍습니까? 영적인 복이기 때문입니다. 육적인 것은 모두 사라지고 맙니다. 그리스도에 대한 모든 육신적인 관계는 지나갑니다. 주님의 동생이라는 것 그리고 주님의 모친이었다는 것은 야고보와 마리아를 존경할 이유가 되지 않습니다. 하나님 나라는 혈과 육으로 평가되지 않습니다. 성경은 "하나님은 영이시니 예배하는 자가 영과 진리로 예배할지니라"(요 4:24)라고 말합니다. 아버지께서는 이렇게 예배하는 자들을 존귀히 여기십니다. 하나님의 말씀을 바로 듣는 것은 영적인 행위입니다. 그 말씀을 지키는 것은 영적인 활동입니다. 하나님의 말씀은 우리의 마음과 양심을 만지고 전인을 새롭게 합니다. 그러므로 주님은 이 말씀을 듣고 지키는 것을 가장 귀하다고 선포하셨습니다.

○

'하나님의 말씀을 듣고 지키는 것'이 가장 귀한 복입니다. 이 복은 다른 모든 복을 능가합니다. 더 밝게 빛나는 축복입니다. 이 귀한 복이 우리의 손이 미치는 곳에 있다는 사실을 기억하기 바랍니다. 낙심 중에 있더라도, 고통 가운데 빠져 있더라도, 너무 늦게 진리를 알게 되었다 하더라도 우리에게는 복이 있습니다. 천사들의 주님이요, 왕 되신 주님이 당신의 권위로 말씀하십니다. "하나님의 말씀을 듣고 지키는 자가 복이 있느니라"(눅 11:28). 믿음의 사람은 하나님의 말씀을 듣고 지킴으로 지금 복을 누립니다.

55.

악한 세대 (11:29-32)

이 세대 사람을 '악한 세대'라 칭하신 이유

이 장의 제목은 주님의 말씀을 따라 '악한 세대'입니다. '세대'란 '한 시대의 같은 사람들', 즉 '같은 시대에 태어나 공통된 사고방식과 감각을 지니고 있는 사람들'이라고 할 수 있습니다. 주님은 당신이 사시던 시대의 사람들을 가리켜 '악한 세대'라고 부르셨습니다. 그 이유가 무엇일까요? 더 나아가 우리가 살고 있는 이 세대의 성격은 어떠할까요? 본문을 통해서 주님이 하고자 하시는 말씀은 무엇일까요?

앞서 16절에서 사람들은 '하늘로부터 오는 표적'을 구했습니다(눅 11:16). 그리고 이 장의 본문은 표적을 요구하는 사람들을 향한 주님의 답변입니다. 주님은 먼저 그들을 향해서 "이 세대는 악한 세대라"(눅 11:29)라고 규정하셨습니다. 그 이유는 그들이 표적을 구하기 때문입니다. 예수께서 하나님이 보내신 구원자이시라는 증거를 요구하기 때문입니다. 왜 구원자이신 증거를 요구하는 그 시대 사람들을 향해 주님은 악하다고 규정하신 것일까요?

표적을 구하는 것 자체가 언제나 악한 것은 아닙니다. 특히 구약 시대에는 하나님이 그 종들의 유익을 위해 표적을 주기도 하셨습니다(출 7-11장; 삿 6:36-40). 신앙의 사람들이 더 큰 믿음을 얻기 위해 표적을 요구할 때, 하나님께 순종하기 위해 표적을 구할 때 하나님은 들어주기를 기뻐하셨습니다. 때로 하나님은 인간이 상상할 수 없는 초자연적인 능력을 행사하기도 하셨습니다. 표적이 반드시 필요할 때 하나님은 소위 자연법칙의 한계를 뛰어넘어 초자연적인 기적을 행하기도 하셨습니다.

하지만 복음이 선포된 이 시대는 명백한 진리가 풍성하기에, 이 시대에 표적을 주시는 것은 마치 태양 아래 촛불을 하나 더 켜는 것과 같고, 바닷물에 한 동이 물을 더 붓는 것과 같습니다. 또 하나 우리가 생각할 바는, 하나님이 표적을 주신다고 해서 그 표적을 본 사람들의 믿음이 더욱 발전하게 되는 것도 아닙니다. 광야에서 날마다 기적의 떡을 먹은 대다수의 이스라엘 백성도 불신앙 가운데 멸망했다는 사실을 기억하십시오. 기적을 목도하고도 신앙을 갖지 못한 사람의 대표적인 경우를 바로 왕에게서 찾을 수 있습니다. 그 모든 표적을 목도한 그는 잠깐 두려워하다가 이내 완고해졌습니다. "여호와가 누구이기에 내가 그의 목소리를 듣고 이스라엘을 보내겠느냐 나는 여호와를 알지 못하니 이스라엘을 보내지 아니하리라"(출 5:2).

기적이 나타난다면 우리가 예수님을 믿게 되는 데 도움이 될 것이라고 생각해 본 적이 있습니까? 죽었다가 살아난 사람이 와서 "가 보니까 천국이 있더라" 하고 한마디 하면 예수 믿는 일이 훨씬 더 쉽게 될 것이라고 생각합니까? 주님은 "모세와 선지자들에게 듣지 아니하면 비록 죽은 자 가운데서 살아나는 자가 있을지라도 권함을 받지 아니하리라"(눅 16:31)라고 말씀하셨습니다.

기적을 보는 것과 하나님을 믿는 것 사이에는 아무런 필연적인 관련이 없습니다. 심판의 능력이든 자비의 능력이든 불신앙의 가슴에 신앙의 불을 지피지는 못합니다. 한 사람이 신앙인이 되는 것은 표적을 보는 것과 밀접한 관련을 갖지 않습니다. 그러므로 표적을 구하는 것은 그 자체가 악하다거나 신앙에 꼭 필요하다고는 할 수 없습니다. 하지만 본문에 나오는 사람들의 경우 주님은 표적을 구하는 것 자체를 악한 행동으로 규정하셨습니다. 그 이유는 무엇일까요?

그 이유는 표적을 구하는 것 자체가 예수님이 하시는 역사를 하나님이 하시는 역사로 보기를 거부하는 불신앙에서 비롯한 것이기 때문입니다. 사람들이 '하늘로부터 오는 표적'을 언제 구했습니까? 예수님이 말 못 하게 하는 귀신을 쫓아내셨을 때입니다. 귀신이 한 사람에게서 나가고 말 못 했던 사람이 말하기 시작했을 때 사람들이 하늘로부터 오는 또 하나의 표적을 구했습니다. 주님이 당신을 통해 하나님 나라가 그들 가운데 임했다는 것을 보여 주셨는데도 새로운 표적을 요구했기에 주님은 그들을 악하다고 선언하신 것입니다. 귀신을 쫓아낸 놀라운 역사를 보고도 하나님 나라가 그들 가운데 임했음을 인정하기를 거부했기에 그들을 악하다고 규정하셨습니다. 예수님은 "그러나 내가 만일 하나님의 손을 힘입어 귀신을 쫓아낸다면 하나님의 나라가 이미 너희에게 임하였느니라"(눅 11:20)라고 주장하셨습니다. 여기서 '만일'은 단순한 가정이 아니라 확신한 경우에 하는 말입니다. 하나님 나라가 이미 당신의 사역을 통해 그들 가운데 왔다고 주장하신 것입니다. 더 힘센 자로서 당신이 임하여 귀신을 쫓아내고 그 수중에 있던 자를 해방시키신 것을 눈으로 보면서도 또 다른 표적을 요구했기 때문에 이 세대를 악하다고 규정하신 것입니다. 그러므로 그들을 위한 또 다른 표적은 없다고 선언하셨습니다.

악한 세대를 위한 유일한 표적은 심판 선언뿐

그들에게 필요한 것은 또 다른 표적이 아니라 그 표적 속에 나타나는 하나님의 손가락을 보는 것입니다. 눈이 어두운 자들에게는 하늘이 또 하나의 태양을 만들 필요가 있는 것이 아니라, 중천에 떠 있는 태양을 볼 수 있는 시력을 회복하는 일이 필요한 것과 같습니다. 그러므로 보고도 보지 못하는 완고한 심령을 위해서는 오직 요나의 표적밖에는 보일 표적이 없다고 주님은 선언하셨습니다(눅 11:29).

하나님의 말씀을 듣고 순종하는 데는 반드시 높은 학력이 요구되는 것이 아닙니다. 오랜 신앙생활 경력이 필요한 것도 아닙니다. 보십시오. 주님의 말씀을 듣다가 목소리를 높인 한 여인은 다만 주님의 입에서 나오는 말씀을 하나님의 말씀으로 받아들인 자입니다. 복 있는 사람과 악한 사람의 차이는 주님의 입에서 나오는 말씀을 하나님의 말씀으로 듣고 지키느냐의 여부에 달려 있습니다(눅 11:27-28). 예수님 시대의 지성들이, 권위들이 또 다른 표적을 구한 까닭은 주님의 입에서 나오는 말씀을 하나님의 말씀으로 듣기를 거부했기 때문입니다. 예수님의 말씀을 뒷받침하는 신적인 입증을 요구하기에 주께서는 그들을 악하다고 규정하셨습니다. 이 악한 세대를 위한 유일한 표적은 다가오는 심판의 선언 외에는 없습니다.

한 세대의 악함을 입증하는 증거는 바로 또 다른 표적을 요구하는 그 사실에 있습니다. 예수님의 사역 자체는 그것이 누구의 능력으로 이루어지는지를 보면 알 수 있지 않습니까. 바다를 잠잠케 하고 귀신에 사로잡힌 청년을 온전하게 하시는 역사, 12년 동안 아무도 고치지 못한 혈루증 여인을 낫게 하시는 역사, 12세 소녀를 다시 살리시는 역사는 아무나 할 수 없는 역사임이 자명하지 않습니까. 전능하신 하나님 외에는 아무도 할 수 없는 일이 분명한데도 불구하고 그들은 또 다른 표적을 요구했습니다.

주님의 산상 설교를 떠올려 보십시오. 주님의 평지 설교에 귀 기울여 보십시오. 어찌 앞서 27-28절에 나오는 여인뿐이겠습니까. 주님의 말씀을 하나님의 말씀으로 받은 심령들은 정말 "당신을 밴 태와 당신을 먹인 젖이 복이 있나이다"라고 소리치고 싶지 않았겠습니까. 그처럼 감격하는 여인이 있는 현장에서 그들은 주님의 말씀을 아예 인정하지 않겠다고 한 것입니다. 또 다른 표적을 구하는 것은 바로 자신의 눈앞에서 일어나는 사건 보기를 거부하는 완악함 때문이요, 자신의 귀에 들리는 복된 말씀 듣기를 거절하는 완고함 때문입니다. 그러므로 주님은 그들을 위한 또 다른 표적을 주기를 거부하셨습니다.

당신은 어떻습니까? 지금 기록된 주님의 사역을 살피면서 감동하고 있습니까? 주님의 말씀에 감격하고 있습니까? 혹시 보이는 증거 보기를 거부하고 들리는 음성 듣기를 거절하고 또 다른 무엇을 구하는 입장에 있지는 않습니까? 또 다른 무엇을 찾아서 헤매고 다니지는 않습니까? 복 있는 사람은 기록된 말씀을 매일매일 묵상합니다. 복 있는 사람은 지금 주어진 말씀을 들을 기회로 인해서 감사합니다. 복 있는 사람은 모여서 하나님의 말씀을 듣는 기쁨을 맛보고, 나가서 그 말씀대로 사는 즐거움을 누리는 자들입니다.

회개하지 아니하면 망하리라

하나님이 주신 축복을 알지 못하고 또 다른 표적을 구하면 남아 있는 모든 것은 아주 다른 의미에서 표적입니다. "요나가 니느웨 사람들에게 표적이 됨과 같이 인자도 이 세대에 그러하리라"(눅 11:30). 악한 세대를 위해서는 요나가 니느웨 사람들에게 전했던 메시지 말고는 예수님이 전하실 메시지가 달리 없습니다. 요나는 니느웨에 임박한 심판을 알렸습니다. 예수님도 이 세대를 향한 임박한 심판을 알리십니다. 예수님의 임재와 사역 그 자체가 '듣지 않으면 심판'이라는 것을 경고하고 있습니다. 수수께끼 같은 29절을 해설하신 마지막 도전의 말씀입니다.

예수님은 이 세상을 구원하기 위해 오셨습니다. 구원하기 위해 사역하셨습니다. 회개하고 하나님 나라의 복음을 믿으라고 전하셨습니다. 거부하면 남은 것은 심판밖에 없습니다. "사십 일이 지나면 니느웨가 무너지리라"(욘 3:4)라고 요나가 니느웨에 외쳤던 것처럼, 악한 세대를 향한 주님의 메시지도 "회개하지 아니하면 망하리라"는 것입니다. 주님은 지금 패역하고 악한 세대를 마지막 심판의 자리로 불러내고 계십니다.

이어지는 31절에서 주님은 이렇게 말씀하셨습니다. "심판 때에 남방 여왕이 일어나 이 세대 사람을 정죄하리니 이는 그가 솔로몬의 지혜로운 말을 들으려고 땅끝에서 왔음이거니와 솔로몬보다 더 큰 이가 여기 있으며." 솔로몬의 지혜를 듣기 위해 엄청난 예물을 나귀에 싣고 많은 수행원을 거느리고 찾아온 남방의 여왕은 스바(에티오피아)입니다. 스바 여왕은 당시의 세계관으로는 가히 땅끝이라 불리는 곳에서 이스라엘까지 먼 길을 마다하지 않고 찾아와 하나님이 솔로몬에게 주신 지혜를 듣고 움직였습니다(대하 9:5-8).

하지만 그녀가 들은 바는 예수님 당대의 사람들이 들었던 것과 족히 비교할 수 없는 것입니다. 솔로몬이 아무리 지혜로운 자라 하더라도 예수님은 솔로몬의 지혜의 원천이요, 솔로몬에게 지혜를 준 창조주 하나님이십니다. 그러므로 예수님의 말씀의 의미는, 스바 여왕이 솔로몬의 지혜의 명성을 듣고도 먼 길을 달려왔다고 한다면, 내 말을 듣고도 회개하지 않고 주님을 앞에 두고도 또 다른 표적을 구한 그들의 죄가 얼마나 크겠느냐는 것입니다. 그들의 잘못이 얼마나 크고 변명할 수 없는 것인지, 심판 때에 남방 여왕이 일어나 이 세대 사람을 정죄할 것이라는 의미입니다.

32절에서 주님은 다시 요나의 사역과 비교하셨습니다. "심판 때에 니느웨 사람들이 일어나 이 세대 사람을 정죄하리니 이는 그들이 요나의 전도를 듣고 회개하였음이거니와 요나보다 더 큰 이가 여기 있느니라." 니느웨 사람들은 국수주의적인 요나의 옹졸한 설교를 듣고도 회개했습니다. 그러나 이 악한 세대는 또 다른 표적을 구하고 있습니다. 그것은 예수 그리스도의 설교를 통해 나타나는 하나님의 은혜를 부인하는 행위입니다. 요나의 설교보다는 예수님의 설교가 훨씬 힘이 있습니다. 요나의 설교를 듣고도 회개할 수 있었다면, 예수님의 설교를 듣고도 회개하지 않는 그들을 기다리고 있는 미래가 무엇일지 상상해 보십시오. 그러므로 주님은 심판 날 니느웨 사람들이 일어나 이 세대 사람들의 완악함을 폭로할 것이라고 경고하셨습니다.

○

우리는 지금 하나님의 말씀을 통해 솔로몬이나 요나보다 더 크신 분의 사역과 말씀을 듣는 영광스러운 기회를 가지고 있습니다. 듣고 하나님께로 돌이킬 수 있는 놀라운 기회를 가졌습니다. 그러므로 놀라운 기회가 주는 커다란 책임을 망각하지 마십시오. 기회를 바르게 잘 활용하십시오. 듣는 말씀을 하나님의 말씀으로 받고 순종하십시오. 그 말씀을 거부하고 또 다른 표적을 구하는 죄악을 범하지 마십시오. 생수를 버리고 흙탕물을 찾아다니는 어리석은 자리에서 벗어나십시오. 지금 듣는 하나님의 말씀 앞에 회개하지 아니하면 죽은 자 가운데서 살아나는 자가 증거할지라도 듣지 않을 것입니다. 듣고 순종하십시오. 그렇지 않으면 우리 역시 심판 아래 빠져들 것입니다.

부디 심판 날 남방 여왕이 우리를 정죄하지 않도록 하십시오. 부디 마지막 심판의 순간에 니느웨의 회개한 사람들이 우리를 부끄럽게 만들지 못하게 하십시오. 하나님의 말씀 속에 감추인 하나님의 영광을 보는 복된 자들이 되기를 바랍니다.

56.

네 속에 있는 빛 (11:33-36)

/ /

빛과 등불, 주님이 즐겨 택하신 설교의 소재

기독교는 세상에 있는 어두움을 몰아내는 빛의 종교입니다. 그러므로 성경 첫 장, 하나님의 창조 사역의 첫 말씀이 "빛이 있으라"(창 1:3)였던 것을 기억하십시오. 하나님은 혼돈과 공허, 흑암이 가득한 세상에 온 누리를 비추는 밝은 빛을 창조함으로 창조 사역을 시작하셨습니다. 동시에 하나님의 구원 역사도 마찬가지입니다. 어두운 우리 마음에 그리스도 예수를 아는 영광의 빛을 비치심으로 구속 사역을 시작하십니다(고후 4:6). 예수 그리스도를 알게 되면 삶의 질서가 회복됩니다. 예수님을 만나면 삶의 의미를 발견하게 됩니다. 예수님을 통해서 하나님을 섬기게 되면 사는 목적을 되찾게 됩니다. 누구든 하나님 앞에 자기 삶을 드리기만 하면 그분의 영광스러운 빛 속에서 새로운 삶을 살게 됩니다.

그러므로 기독교는 빛의 종교요, 빛은 기독교의 성격을 잘 드러내 줍니다. 그래서 성경은 주님의 탄생이나 주님의 사역을 빛으로 묘사하곤 합니다(눅 2:29-32; 마 4:15-16). 그리고 더 나아가 주님도 빛이나 등불을 설교의 소재로 말씀하시곤 했습니다. 그 유명한 산상 설교에서는 그분의 백성 된 우리를 가리켜 빛이라고 말씀하셨습니다(마 5:14-16). 누가복음에서도 주님은 등불을 설교의 소재로 사용해 말씀을 듣고 지키지 않는 자들을 심각하게 경고하신 바 있습니다(눅 8:16-18). 등불을 켜는 이유가 밝히기 위해서인 것과 마찬가지로, 설교를 듣는 이유는 그대로 살기 위해서라고 말씀하신 것입니다. 주님은 "숨은 것이 장차 드러나지 아니할 것이 없고 감추인 것이 장차 알려지고 나타나지 않을 것이 없느니라"(눅 8:17)라고 선언하셨습니다. 지금은 사람들의 내막을 속속들이 알 수 없으나 우리의 실체가 폭로될 한날이 다가온다는 것입니다. 그러므로 스스로 삼가라고, 누구든지 깨달음이 있는 자는 더 깨닫겠고, 없는 자는 깨닫는다고 생각하는 것조차도 빼앗기리라고 말씀하셨습니다. 빛은 주님의 설교에 아주 자주 사용된 소재였습니다.

주님은 세상의 빛이시다

본문에서 주님은 다시금 등불과 등경 이야기를 끄집어내셨습니다. "누구든지 등불을 켜서 움 속에나 말 아래에 두지 아니하고 등경 위에 두나니 이는 들어가는 자로 그 빛을 보게 하려 함이라"(눅 11:33). 불을 켜는 이유는 어두움을 밝히기 위함입니다. 그러므로 불을 켜서 상자 안에 넣어 두는 사람은 아무도 없습니다. 오히려 모인 사람들이나 드나드는 사람들이 잘 볼 수 있도록 불을 켜서 높은 곳에 두고 주위를 밝힙니다.

타고난 이야기꾼인 예수님은 먼저 사람들의 관심을 끌고 알아듣도록 하기 위해 등불과 등경 이야기를 통해 분위기를 띄운 다음, 이제 몸의 등불인 눈 이야기로 넘어가셨습니다. "네 몸의 등불은 눈이라 네 눈이 성하면 온몸이 밝을 것이요 만일 나쁘면 네 몸도 어두우리라"(눅 11:34). 당대의 사람들은 눈을 통해서 온몸이 빛을 받아들인다고 생각했습니다. 마치 등불이 집 안을 밝히듯이 눈이 빛을 온몸에 전달한다고 생각했습니다. 주님은 눈을 몸의 등불로 말씀하셨습니다. 그러므로 건강한 눈을 가진 사람은 세상을 밝히 볼 것입니다. 반면에 눈이 나쁘면 세상을 제대로 볼 수 없고 만물이 침침하게 보일 것입니다. 눈이 성하면 온몸이 혜택을 누리는 것은 불변의 진리입니다. 반대로 눈이 나쁘면 온몸이 고통을 당하는 것도 변함없는 진리입니다.

어떤 눈을 가지고 있습니까? 만약 좋은 눈을 가지고 있다면 정말 하나님께 감사드려야 합니다. 창조 세계의 아름다움을 그대로 바라볼 수 있으니 얼마나 행복합니까? 불편 없이 수영도 할 수 있고, 추운 겨울날 갑자기 따뜻한 곳에 들어가면 눈앞에 안개가 서려서 당황해하지 않아도 되는 등 좋은 것이 한두 가지가 아닙니다. 그래서 주님은 등불이 좋으면 집 안이 밝을 것이요, 눈이 건강하면 온몸이 밝을 것이라고 말씀하셨습니다.

여기서 온몸이 밝을 것이라는 말씀에서 '몸'을 너무 문자적으로 생각할 필요는 없습니다. 몸이라는 것은 한 사람 전부를 가리킬 수 있습니다. 주님이 일상적으로 쓰시는 아람어에서 '온몸'이란 한 사람의 인격 전체를 가리키는 말이었습니다. 눈이 건강하면 세상을 밝히 보는 것과 같이 순전한 마음으로 말씀을 받아들이면 삶 전부가 복음의 빛으로 채워질 것입니다.

그러므로 주님은 궁극적으로 우리 안에 있는 빛에 대해 관심을 쏟으십니다. "네 몸의 등불은 눈이라 네 눈이 성하면 온몸이 밝을 것이요 만일 나쁘면 네 몸도 어두우리라 그러므로 네 속에 있는 빛이 어둡지 아니한가 보라"(눅 11:34-35)라고 경고하십니다.

사실 주님이 하고 싶으신 이야기는 여기에 있습니다. 집 안을 밝히는 등불이나 몸의 등불인 눈의 이야기는 서론에 지나지 않습니다. 주님이 정말 하고 싶어 하신 이야기는 35절, 즉 우리 안에 있는 빛에 대해서입니다. 주님은 당신의 청중에게 자신을 살펴보도록 요청하셨습니다. 그들이 빛이라고 생각하는 것이 어두움이 아닌지 주의 깊게 살펴보라는 것입니다. 왜 주님은 이렇게 도전장을 내미신 것일까요? 그것은 그들의 상태가 심각했기 때문입니다. 하늘로부터 오는 또 다른 표적을 요구하는 그들의 상태가 그들이 영광의 주님을 밝히 보지 못한다는 사실을 웅변적으로 보여 주었기 때문입니다. 35절을 통해서 주님은 그들이 자신의 도덕적이고 영적인 시력을 살피도록 몰아가고 계십니다.

"보지 않으려는 사람처럼 눈이 어두운 사람은 없다"는 말이 있습니다. 말 못 하게 하는 귀신을 내쫓는 표적을 행하신 주님을 향해서 하늘로부터 오는 또 다른 표적을 구하는 자들이야말로 주님의 사역을 통해서 나타나는 하나님의 능력을 보지 않기로 결심한 자들입니다. 아니, 그들은 예수님이 행하시는 그 어떤 것도 하나님의 능력이 나타난 것으로 여기지 않을 만큼 완고한 사람들이었습니다. 솔로몬보다도 더 지혜로우신 분이 나타났는데도 불구하고 그들은 인정하지 않았습니다. 요나보다 더 크신 이의 설교를 들으면서도 그들은 자신의 생각을 고집하고 자기가 가는 길을 계속 걷기 원했습니다. 그들이 주님께 적대감을 품었던 이유는 그들 자신이 어두움 가운데 자리하고 있기 때문입니다.

주님은 세상의 빛이십니다. 그분이 행하신 기적과 그분이 선포하신 말씀은 밝은 등불과 같습니다. 하나님은 그분의 등불을 움 속이나 말 아래 내어 두실 분이 아닙니다. 오히려 높은 곳에 두어 열방 가운데 비치게 하십니다. 하지만 바리새인들과 그들의 가르침을 받은 자들은 자신들의 눈을 감고 있습니다. 결과적으로 어두움 가운데 살고 있습니다. 계속해서 빛을 보기를 거부하기 때문입니다. 자신의 추한 모습이 드러나는 것을 볼 용기를 갖지 못하기 때문입니다. 자신의 비열한 정체가 폭로되기를 원하지 않기 때문입니다. 말하자면, 빛보다 어두움을 더 사랑하기 때문입니다.

어떤 때는 제 설교가 쉽지는 않다는 느낌이 듭니다. 설교할 원고를 작성하면서 다시 읽어 보면 그것이 책에 나오는 글자이지 시장에 있는 사람들이 쓰는 말은 아니라는 사실을 알게 됩니다. 그래서 쉽게 하려고 노력을 많이 합니다. 그런데 참 놀라운 것은, 교회에 나온 지 얼마 안 된 초신자들이 알아듣는다는 것입니다. 어떻게 알아듣고 감사하는지, 하나님이 기적을 일으키시는 것 같습니다.

그런 사람들을 생각하면서 스스로를 한번 돌아보십시오. 오랫동안 말씀을 들으면서 당신의 삶이 얼마나 바뀌고 있습니까? 아니, 당신의 삶을 듣는 말씀에 따라 바꾸어 가기를 원합니까? 그러면 저와 같은 부족한 사람의 설교도 은혜롭게 들릴 수 있습니다. 그러나 수년 전이나 지금이나 자신이 훌륭하다고 생각하는 사람은 설교 듣기가 힘들 것입니다. 왜냐하면 하나님의 말씀은 청중으로 하여금 바뀌어야 한다고 요구하기 때문입니다. 그러다 보면 설교하는 설교자가 싫어집니다. 차라리 설교자를 바꾸기 원하지 자신을 바꾸기를 원하지 않습니다. 그동안 얼마나 바뀌었습니까? 나 자신이 바뀌었다면 나에게 말씀을 전해 주는 사람들을 사랑하게 될 것입니다. 하나님은 지금도 당신의 말씀을 밝히 비추십니다. 그러나 아직도 사람들은 어두움을 사랑합니다. 자신의 추한 죄악을 애무하고 있기 때문에 하나님의 빛을 볼 수가 없습니다.

복음을 향한 순수하고 바른 마음 자세

주님의 마지막 말씀에 귀 기울여 보십시오. "네 온몸이 밝아 조금도 어두운 데가 없으면 등불의 빛이 너를 비출 때와 같이 온전히 밝으리라"(눅 11:36). 만일 우리 눈이 건강하다면 매사를 밝히 볼 것입니다. 우리의 모든 삶은 시력에 영향을 입기 마련입니다. 마찬가지로 우리는 우리의 중심 태도가 어떠하냐에 따라서 자신이 보는 모든 것을 판단할 수밖에 없습니다. 마음에 있는 빛, 마음의 태도에 따라 만사가 다르게 보일 것입니다.

나쁜 눈은 모든 사물을 나쁘게만 보이게 합니다. 나쁜 태도는 만사를 비관적이고 비판적으로 보게 합니다. 그러나 건강한 눈은 만사를 제대로 보게 합니다. 건강한 눈은 세상을 진지하게 바라보고 주님을 마음 다해 바라봅니다. 건강한 눈은 사람을 솔직하게 바라보고 매사를 관대하게 바라봅니다.

눈이 건강하지 못하면 빛을 제대로 활용할 수 없습니다. 가장 밝은 빛 가운데 둘러싸여 있어도 그 빛을 바로 사용할 수 없습니다. 삶 전부가 어두움으로 싸여 있을 뿐입니다. 어디로 가야 할지를 모릅니다. 무엇을 해야 할지도 모릅니다. 스스로 잘한다고 하지만 하나님의 일들을 가로막을 뿐입니다. 당시의 바리새인들 역시 그들로서는 잘한다고 선언했습니다. 백성의 지도자로서 어리석은 자를 바로 인도하기 위해서 예수의 가르침에 대해, 예수라는 사람이 누구인지에 대해 살펴야 된다고 그들은 생각했을 것입니다. 그래서 말 못 하게 하는 귀신을 내쫓는 현장에서도 귀신의 짓으로 함부로 폄하했을 것입니다. 또 하나의 표적을 달라고 당당히 요구한 것은 신중하게 결정하는 것이 그들의 직무라고 스스로를 속인 것입니다.

주님이 주신 직무를 수행하는 사람들은 마음에 평안과 기쁨이 있습니다. 혹 정말로 안타까운 사람을 보면 안타까워할망정 미워하지 않습니다. 보기 싫어하지 않습니다. 눈을 돌리지 않습니다. 자신을 잘 관찰해 보십시오. 좀 더 신중한 판단을 하기 위해 하늘로부터 오는 또 다른 기적이 필요한 것이 아닙니다.

하나님을 향한 마음 자세가 왜곡되고 바르지 못하면 하나님이 보내신 종들이 하는 무엇을 보아도 바로 평가할 수 없는 것은 당연합니다. 하나님을 향한 마음의 태도가 순수하고 바를 때, 그리스도의 복음의 빛이 우리 마음을 비추고 우리 삶을 밝히 인도할 것입니다. 모든 것은 예수님을 향한 마음 자세와 태도에 달려 있습니다. 더 많은 기적과 더 은혜로운 설교가 필요한 것이 아니라, 잘못된 마음 자세를 바로잡는 것이 필요합니다.

이제 우리는 예수님의 사역을 통해 하나님 나라가 임한 시대에 살고 있습니다. 드나드는 모든 자가 볼 수 있도록 비추는 등불처럼 모든 사람에게 예수님의 사역을 통해 하나님 나라의 영광스러운 빛이 이미 둘러 비치고 있습니다. 다만 건강한 시력을 가질 때 그 빛을 볼 수 있으며, 그 빛으로 우리 삶의 모든 영역이 밝아질 것입니다. 아직도 그 빛을 보지 못한다면 그것은 복음의 잘못이 아니라, 다만 우리 마음 자세의 문제입니다.

○

예수님의 사역으로 비추기 시작한 복음이 이제 그 영광스러운 밝은 빛을 충만히 비추는 시대가 열렸습니다. 주님의 마지막 말씀이 우리 삶에 실현되기를 바랍니다. "네 온몸이 밝아 조금도 어두운 데가 없으면 등불의 빛이 너를 비출 때와 같이 온전히 밝으리라"(눅 11:36). 온전한 밝은 빛은 하나님의 진리의 빛을 기꺼이 받아들일 때 얻습니다. 빛을 받아들이려는 마음이 있어야 영광스러운 빛을 가득히 받아들일 수 있습니다. 예수 그리스도를 통해서, 그 말씀을 통해서 오늘도 주어지는 영광스러운 빛을 겸허히 받아들이십시오. 지금 예수 그리스도로부터, 그리고 그분의 말씀으로부터 오는 빛을 받아들여서 마지막 날 하나님의 영광스러운 빛을 충만히 누리는 우리가 되기를 바랍니다.

57.

화가 있을 것이다 (11:37-54)

///

우리는 왜 신앙생활을 합니까? 신앙생활을 하면서 하나님의 복을 기대하는 대신 화를 불러들이려고 시도하는 사람은 아무도 없을 것입니다. 그러나 어떤 사람들은 신앙생활을 하면서 하나님의 복은커녕 하나님의 진노를 사는 경우도 있다는 사실을 유의하기 바랍니다. 이 장의 본문에서는 당시 대표적인 종교 계층을 향해서 주님이 여섯 번이나 "화 있을진저"라고 선언하셨습니다.

아마 그날은 안식일이었을 가능성이 높습니다. 앞서 몇 장에 걸쳐 살핀 본문의 설교를 주님이 어떤 안식일 날 한 회당에서 하셨을 가능성이 매우 큽니다. 그 긴 설교가 끝났을 때 주님은 한 바리새인으로부터 식사 초대를 받으신 것으로 보입니다. 하지만 초대받은 예수님이 손을 씻지 않고 식사 자리에 앉으신 모습을 본 바리새인은 깜짝 놀랐습니다. 선생님이 손을 씻지 않고 식탁에 앉으셨으니 제자들이야 물어서 무엇하겠습니까. 일단의 야만인들을 맞이한 황당한 느낌 이상이었을 것입니다. 그러나 그 바리새인이 놀란 이유는 단순히 위생적인 문제나 관습적인 문제 때문이 아니었습니다. 당시의 유대인, 특히 바리새인에게는 종교상의 문제였습니다. 주님이 종교적 정결 규례를 지키지 않으신 것으로 간주한 것입니다.

앞에서도 주님은 유대인들의 비난을 종종 받으셨고 거기에 대해 대답하신 바 있습니다. 하지만 여기서 예수님을 초대한 바리새인이 자신들이 만든 규율을 지키지 않는다고 아주 이상히 여기는 표정을 지을 때에는 바리새적 종교 전반에 대한 공격을 서슴지 않고 감행하셨습니다. 그동안 심상치 않던 기류가 이제 정면충돌하게 된 것입니다. 물론 여기서 말하는 그들의 행동이 모든 바리새인의 모습이라고는 할 수 없습니다. 다만 바리새적 종교의 대표적인 위험임에는 틀림없습니다. 율법의 규정을 떠난 인간적인 종교적 열심은 아무리 그 의도가 선해도 결국 사람들을 하나님으로부터 멀어지게 만들 뿐입니다.

그러므로 주님은 상상을 초월하는 어조로 여섯 번 반복해서 화를 선포하셨습니다. 전반적인 바리새인들을 향한 세 가지 화를 선포하시고, 이어서 서기관들을 겨냥한 특별한 화를 세 번 선포하셨습니다. 그리하여 갈수록 치열한 충돌을 예상하게 만듭니다. 주님은 바리새인들의 종교 관습을 깊이 탄식하셨습니다. 그들의 신앙생활은 하나님의 축복은커녕 하나님의 진노를 불러들이는 신앙생활이었기 때문입니다. 이제 그 위선의 실체를 하나씩 살펴봅시다.

관심 둘 곳은 마음 자세와 태도

"너희 바리새인은 지금 잔과 대접의 겉은 깨끗이 하나 너희 속에는 탐욕과 악독이 가득하도다 어리석은 자들아 겉을 만드신 이가 속도 만들지 아니하셨느냐"(눅 11:39-40). 이 말씀은, 오히려 마음 문제는 접어 두고 손 씻는 일에만 관심을 기울이는 신앙생활은 마치 더러운 접시나 대접의 겉만 씻고 마는 것과 같은 어리석은 일이라는 것을 지적합니다. 온갖 것으로 더러워진 그릇을 겉만 씻는다고 깨끗해지는 것은 결코 아닙니다. 인간의 속내는 탐욕과 방탕으로 가득합니다. 시기와 미움이 가득한 마음에 대해서는 일체 침묵하고 손 씻는 일에만 열을 올리는 종교적 위선을 주님은 참지 못하신 것입니다.

주님이 언젠가 말씀하신 대로 씻지 아니한 손은 사람을 더럽히지 못합니다. 손을 씻지 않고 음식을 먹는다고 해서 먹는 사람이 더러워지지는 않는다는 것입니다. 오히려 사람 안에서 나오는 것이 우리를 더럽힙니다(막 7:15-16). 그러면 사람 안에서 나오는 것은 무엇입니까? "악한 생각 곧 음란과 도둑질과 살인과 간음과 탐욕과 악독과 속임과 음탕과 질투와 비방과 교만과 우매함"(막 7:21-22)이라고 성경은 나열하고 있습니다. 이 모든 악한 것이 다 속에서 나와 사람을 더럽게 만드는 것입니다. 그러므로 로마서는 사람을 이렇게 고발합니다. "곧 모든 불의, 추악, 탐욕, 악의가 가득한 자요 시기, 살인, 분쟁, 사기, 악독이 가득한 자요 수군수군하는 자요 비방하는 자요 하나님께서 미워하시는 자요 능욕하는 자요 교만한 자요 자랑하는 자요 악을 도모하는 자요 부모를 거역하는 자요 우매한 자요 배약하는 자요 무정한 자요 무자비한 자라"(롬 1:29-31). 바리새인의 종교는 근원적인 악에 대해서는 무관심하고 식사 자리에 나올 때에 씻지 아니하는 손에 대해서만 관심을 기울이기에 주님은 화를 선포하셨습니다.

우리가 신앙생활을 하면서 가장 관심을 쏟아야 할 부분은 우리의 마음 상태입니다. 소리 높여 "아멘! 아멘!" 할지라도 마음이 따라가지 않으면 가증한 고백일 뿐입니다. 그러므로 성경은 엄숙히 경고합니다. "모든 지킬 만한 것 중에 더욱 네 마음을 지키라 생명의 근원이 이에서 남이니라"(잠 4:23). 하나님은 사람과 달리 중심을 보시는 분입니다(삼상 16:7).

거짓 경건에 열심을 내는 바리새인들을 향해서 주님은 '어리석은 자들'이라고 부르기를 주저하지 않으셨습니다. 주님은 단순히 비판만 하고 지나가지 않고 적극적인 대안까지 제시하셨습니다. "그러나 그 안에 있는 것으로 구제하라 그리하면 모든 것이 너희에게 깨끗하리라"(눅 11:41). 그들이 가지고 있는 모든 것, 곧 그들의 모든 소유를 가지고 구제하라고 처방을 내리셨습니다.

바리새인들의 문제는 악독과 탐욕입니다. 만약 그들이 자신들의 소유로 남을 돌아볼 수 있다면 더 이상 악독한 무리로서 규정될 수 없으며, 탐욕에 지배당하는 더러운 무리일 수 없습니다. 충분히 깨끗해져서 정결 의식이 더 이상 필요하지 않을 것입니다. 내적 청결이 외적 청결을 불필요하게 만들기 때문입니다. 마음 중심에서부터 사람을 불쌍히 여기고 자신이 가진 것으로 베푼다고 하면 손 씻는 문제에 그렇게 목숨 걸고 덤벼들지는 않을 것이라는 뜻입니다.

바리새인을 향해 주님이 발하신 화

이에 주님은 바리새인을 향한 첫 번째 화를 선포하십니다. "화 있을진저 너희 바리새인이여 너희가 박하와 운향과 모든 채소의 십일조는 드리되 공의와 하나님께 대한 사랑은 버리는도다"(눅 11:42상). 그들은 사소한 것에 대해 지나치게 관심을 쏟았고, 결과적으로 정말 중요한 도덕적인 원리에 대해서는 무감각했습니다. 신앙생활에서 중요한 것은 율법에도 없는 박하와 운향과 모든 채소의 십일조를 드리는 것이 아닙니다. 신앙인에게 하나님이 바라시는 바 중요한 것은 사람 사이에 공의를 시행하는 것입니다. 사람 사이에 지켜야 할 상식과 정의를 소홀히 하지 않는 것입니다. 특히 가난한 자에 대해서, 고아와 과부에 대해서 관심을 가지고 돌보는 것이야말로 사회적인 공의를 준수하는 첫걸음입니다. 불행히도 정말 중요한 것은 그들의 눈 안에 없었습니다. 하나님이 관심을 쓰시는 것에 대해서는 무관심했습니다. 그러므로 주님은 이렇게 처방하셨습니다. "그러나 이것도 행하고 저것도 버리지 말아야 할지니라"(눅 11:42하).

이어서 주님은 "화 있을진저 너희 바리새인이여 너희가 회당의 높은 자리와 시장에서 문안받는 것을 기뻐하는도다"(눅 11:43)라고 하셨습니다. 예수님 당시 회당과 시장은 사회적인 교류가 이루어지는 중요한 장소였습니다. 바리새인들은 거기에서 자기들의 신앙 열심을 인정받기 원했기에 회당의 앞 좌석을 선호했습니다. 거리에서는 존경받는 인사 받기를 소원했습니다. 또한 그들은 랍비 같은 칭호를 듣고 싶어 했습니다(마 23:7). 바리새인들은 왜 그것들을 탐했을까요? 그들의 마음에 하나님에 대한 의식이 없었기 때문입니다. '하나님이 나를 어떻게 여기실까?'에 대해서 관심이 없는 사람들은 언제나 '사람들이 나를 어떻게 여길까?'에 대해서 관심을 갖기 마련입니다.

"화 있을진저 너희여 너희는 평토장한 무덤 같아서 그 위를 밟는 사람이 알지 못하느니라"(눅 11:44). 유대인들은 죽은 시체를 가까이하면 더럽혀진다고 생각했습니다. 따라서 무덤에 회칠을 해서 눈에 확 띄도록 했습니다. 그러나 평토장한 무덤은 표시되어 있지 않기 때문에 사람들이 모르는 채 밟고 지나가 더럽혀진다는 것입니다. 누가 감히 당대의 존경받는 지도층인 바리새인들이 자만심으로 가득 차 그처럼 자신을 중요하게 여기는 위선자인 줄 알았겠습니까. 내적인 죄악들이 가득한 그들의 모습은 겉으로는 전혀 알 수 없는 평토장한 무덤처럼 더러운 시체로 가득해 있었던 것입니다. 겉으로 보기에는 멀쩡합니다. 다만 속이 추할 뿐입니다.

주님이 아무런 두려움이나 편견 없이 있는 그대로 바리새인들의 죄를 지적하시자 듣고 있던 한 율법학자가 끼어들었습니다. "한 율법교사가 예수께 대답하여 이르되 선생님 이렇게 말씀하시니 우리까지 모욕하심이니이다"(눅 11:45). 어쩌면 그는 바리새파 사람 중에 하나였을 것입니다. 그때 율법사들에 대해 주님이 무엇이라고 답하셨습니까? "화 있을진저 또 너희 율법교사여 지기 어려운 짐을 사람에게 지우고 너희는 한 손가락도 이 짐에 대지 않는도다"(눅 11:46). 주님은 율법의 세세한 규칙들을 지킨다고 열심을 내는 바리새인들과 율법을 아주 어렵게 만들어 놓고 지키는 일에는 전혀 관심을 보이지 않는 율법학자들을 함께 비판하셨습니다. 온갖 궤변을 늘어놓아 말만 무성했지, 그들에게는 지킬 의사가 조금도 없었습니다.

그들은 선지자들의 무덤을 손질해 아름답게 꾸몄지만 선지자들을 죽인 그들의 조상들과 입장은 다를 바 없었습니다(눅 11:47-48). 엄밀히 분석하면 선지자들의 무덤을 꾸미는 것은 선지자가 아니라 선지자들을 성공적으로 박멸한 일을 송축하는 것입니다. 다만 조상들이 죽인 선지자들을 계속 죽은 자리에 머물러 있도록 하는 일이라면 무엇인들 못할 바 없을 것입니다. 선지자를 존경하는 것은 그들의 무덤 꾸미기가 아니라 그가 전한 말씀에 순종하는 것이어야 합니다.

선지자의 피를 흐르게 하고 그 생명을 취할 때, 그들이 승리한 것처럼 보이지만 반드시 심판의 날이 다가옵니다. 악한 자들 때문에 흘린 성도들의 눈물조차 그날에는 보상을 받을 것입니다. 하물며 그 말씀과 예수 그리스도의 증거 때문에 흘린 의인들의 피가 그대로 흘러가겠습니까(눅 11:50-51).

이제 주님은 마지막 화를 선언하십니다. 다른 사람들로 하여금 신앙을 갖지 못하도록 하는 것이 얼마나 큰 죄악인지를 그 자리에서 선언하십니다. "화 있을진저 너희 율법교사여 너희가 지식의 열쇠를 가져가서 너희도 들어가지 않고 또 들어가고자 하는 자도 막았느니라"(눅 11:52).

○

주님이 선언하신 화를 어떻게 생각합니까? 그때 그 사람들의 문제였다고만 생각하면 주님의 말씀을 바로 이해하지 못한 것입니다. 누구라도 이러한 잘못에 빠질 수 있습니다. 우리 모두 깨어 있지 않으면 동일한 위선에 참여하기 쉽습니다. 우리 모두 이러한 죄악에 물들지 않도록 하나님께 깨어 기도해야 합니다. 신앙 정도가 어디에 도달했든지, 주어진 직분이 무엇이든지 상관없이 자기 자신을 살피기 바랍니다.

화를 자초한 우리의 외식은 행동의 문제가 아니라 마음속 깊이 뿌리박힌 문제입니다. 다른 사람들의 외형적인 모습이나 물질적인 헌신보다 자기 속사람의 상태를 살펴야 복 받는 하나님의 백성입니다. 다른 사람들에 대해서 한가한 간섭이나 비난을 하지 마십시오. 우리는 오히려 그들을 격려하고 도와주는 일을 하기 위해 부르심을 받았습니다. 정직하게 자신을 돌아보는 사람은 형제의 눈에서 티를 보지 않습니다. 오히려 자신의 눈 속에 들어 있는 들보로 인해 고민합니다. 더 나아가 겸손한 눈으로 살피면 그들이 나보다 더 낫다는 사실을 깨닫고 하나님께 감사하게 될 것입니다.

한 가지 더 자신을 살펴봅시다. 당신은 당신의 죄악을 지적하는 사람을 향해 어떻게 반응합니까? 그것이 또한 우리의 영적인 상태를 진단해 줄 것입니다. "거기서 나오실 때에 서기관과 바리새인들이 거세게 달려들어 여러 가지 일을 따져 묻고 그 입에서 나오는 말을 책잡고자 하여 노리고 있더라"(눅 11:53-54). 주님의 원수들은 이성을 잃고 주님의 목숨을 사냥하려고 덫을 놓고 기다렸습니다.

혹시 그동안 하나님의 말씀을 들으면서 지적받은 죄악이 있습니까? 당신이 의식하지 못했던 폭로된 위선이 있습니까? 그렇다면 어떻게 반응하겠습니까? 우리에게 그 말씀을 들려주신 하나님은 우리가 새롭게 되기를 바라십니다. 잘못을 고치고 바른길을 걷기를 바라십니다.

4부

좁은 문으로 들어가
천국을 향해 걸으라

58.

제자도란 (12:1-12)

"그동안에 무리 수만 명이 모여 서로 밟힐 만큼 되었더니"(눅 12:1상)라고 본문은 시작합니다. 주님이 언제, 누구에게 하신 말씀입니까? '그동안에 무리 수만 명이 모여'라는 표현을 보면, 앞선 11장에서 주님의 말씀을 듣던 청중과 동일한 청중이라는 것을 알 수 있습니다. 말씀하시는 시간이 길어질수록 모여드는 청중의 수효가 늘어나서 이제는 서로 밟힐 만큼 많아졌다고 본문을 밝히고 있습니다.

많은 무리에 둘러싸여 계신 주님은 당신의 말씀을 반드시 들어야 하는 계층을 의식하고 계셨습니다. "예수께서 먼저 제자들에게 말씀하여 이르시되"(눅 12:1중). 예수님은 일차적으로 그리고 우선적으로 제자들을 마음에 두고 이 말씀을 하셨습니다(눅 12:1, 4, 8). 다른 사람도 듣고 교훈을 받을 수 있지만, 주님은 당신을 따르기로 한 사람들이 이 말씀에 귀 기울이기를 바라셨습니다. 이 장의 제목인 '제자도(弟子道)란'에서 알 수 있듯이, 주님은 여기서 제자들이 어떤 길을 걸어야 할 것인지를 말씀해 주셨습니다.

그러면 주님이 제자들에게 하신 말씀의 중심 주제는 무엇입니까? "바리새인들의 누룩 곧 외식을 주의하라"(눅 12:1하). 쉽게 말해, 바리새인의 위선을 주의하라는 의미입니다. 신앙생활을 하는 핵심 요소 중에 하나가 위선을 멀리하는 것입니다. 신앙이 좋은 사람은 위선적일 수가 없습니다. 그렇다면 위선이란 무엇입니까? 우리가 은밀하게 행하는 것과 사람들 앞에서 행하는 것이 서로 다르면 위선입니다. 당시의 바리새인이든 오늘의 신앙인이든 위선을 멀리해야 할 이유가 있습니다. 그 이유는, 위선은 심판의 날 하나님 앞에 다 드러날 것이기 때문입니다(눅 12:2-3).

이제 주님은 구체적인 예로 설명하십니다. "너희가 어두운 데서 말한 모든 것이 광명한 데서 들리고 너희가 골방에서 귀에 대고 말한 것이 지붕 위에서 전파되리라"(눅 12:3). 여기서 '지붕'은 '옥상'이라고 생각하면 좋습니다. 당시 지붕은 평평한 옥상과 같은 곳이었습니다. 골방에서 속삭이는 이야기조차도 한날에는 옥상 위에서 큰 소리로 떠드는 것처럼 사람들에게 들리게 될 것이라는 말씀입니다. 신앙인은 최후의 심판을 믿습니다. 믿는 사람과 믿지 않는 사람의 차이가 여기에 있습니다. 그날은 모든 것이 다 폭로되는 날입니다. 주님이 오셔서 모든 것을 다 들추어내실 것입니다. 그래서 신앙인은 남다른 길을 걸어야 합니다.

최후의 심판을 믿는 제자의 길은

모든 것이 폭로되는 최후의 심판을 믿는 제자의 길은 어떤 길입니까?

하나님만을 두려워하는 길

첫째, 그 길은 하나님만을 두려워하는 길입니다. 우리가 진정한 제자의 길을 걷기 원한다면 무엇보다 먼저 하나님만을 두려워해야 합니다. 그러므로 신앙의 길을 걷는 제자들을 가리켜 '하나님을 경외하는 자들'이라고 정의합니다. 하나님을 존경하고 두려워하는 것이 믿지 않는 사람과의 큰 차이입니다.

왜 그리스도인인 우리는 사람이 아니라 하나님을 두려워해야 합니까? 주님은 그 이유를 4-7절에서 차근히 설명해 주셨는데, 4-5절에 첫 번째 이유, 6-7절에 두 번째 이유가 나와 있습니다.

첫째는, 사람과 하나님의 권세를 비교할 수 없기 때문입니다. 사람은 물론 우리를 위협하고 죽일 수 있습니다. 그러나 그 이상은 할 수 없습니다. 하나님은 죽인 후에 우리의 영혼을 지옥에 던져 넣을 수 있는 권세를 가지신 분입니다. 그러므로 죽는 것이 두려워서 신앙을 포기해서는 안 됩니다. 살아 계신 하나님을 고백하는 일을 가로막는 최대의 위협은 죽음에 대한 문제입니다. 믿음대로 살지 못하고 타협하는 주원인은 먹고사는 문제에 대한 집착이고, 궁극적으로는 살아남는 것을 절대시하기 때문입니다.

왜 하나님만을 두려워하는 대신에 사람을 두려워합니까? 그것은 사람들이 우리를 미워하고 박해하고 죽이려고 하기 때문입니다. 그들이 우리를 죽일 듯이 달려들 때에는 그들이 대단해 보이고 우리 하나님은 아무런 개입을 하지 않으시는 것처럼 느껴지기 때문에 신앙인이 변절하는 것입니다. "내가 내 친구 너희에게 말하노니 몸을 죽이고 그 후에는 능히 더 못 하는 자들을 두려워하지 말라 마땅히 두려워할 자를 내가 너희에게 보이리니 곧 죽인 후에 또한 지옥에 던져 넣는 권세 있는 그를 두려워하라

486

내가 참으로 너희에게 이르노니 그를 두려워하라"(눅 12:4-5). 여기서 누가는 '내가 내 친구 너희에게 말하노니'라는 말로 주의를 환기시키고 있습니다. 주님은 우리를 향해 '내 친구'라고 부르십니다. 주님의 말씀이 믿어지면 우리의 자긍심이 달라질 것입니다.

주님은 '내가 내 친구 너희에게 말하노니'라고 부르신 다음 우리가 하나님만을 두려워해야 할 두 번째 이유를 말씀하셨습니다(눅 12:6-7). 그 이유는 하나님의 권세가 무서워서이기도 하지만, 하나님이 우리를 세심하게 권고하시는 분이기 때문입니다. 하나님의 자상한 돌보심을 믿기 때문에 사람을 두려워할 이유가 없다는 것입니다. 당시 참새는 가난한 자들이 값싸게 구해 요리할 수 있는 음식 재료였습니다. 그래서 참새를 잡아서 파는 일이 흔했던 것 같습니다. 주님은 그 흔한 참새 하나가 땅에 떨어지는 것에도 하나님이 개입하신다고 말씀하신 다음 하물며 주님의 친구 된 우리를, 하나님의 자녀인 우리를 얼마나 사랑하는지를 이야기하셨습니다.

이러한 하나님의 사랑을 믿고 있습니까? 참새 한 마리가 땅에 떨어지는 것을 무심하게 여기지 않으시는 하나님이 우리의 생명을 훨씬 더 귀히 여기신다는 주님의 말씀을 신뢰하십시오. 그러면 어떤 위기 속에서도 무엇을 먹을까, 무엇을 마실까 염려할 이유가 없습니다. 전염병의 위협 속에서도 하나님의 자상한 돌보심을 생각하면 두려워할 이유가 없습니다. 참새 한 마리의 생명조차 무심히 지나치지 않으시는 하나님이 성도가 죽는 것을 무심히 보실 리가 없습니다. 그러므로 때로 사람들이, 혹은 여러 가지 질병이 우리의 목숨을 위협할지라도 두려워하지 마십시오. 죽음이 우리를 향한 하나님의 사랑으로부터 우리를 단절하지 못합니다.

기억하십시오. 우리 하나님은 만물을 창조하고 그것을 돌보는 분이십니다. 참새 같은 미미한 생명체 하나도 소홀히 여기지 않으십니다. 그렇다면 하늘 아버지께서 당신의 자녀들의 생명을 더더욱 소중히 여기시리라는 것은 당연한 이치가 아닙니까?

그리스도인은 하나님의 권세가 사람보다 크다는 것을 인정하는 사람들입니다. 아무리 자존감이 낮아도 참새 한 마리보다는 내가 더 존귀하다고 믿을 것입니다. 그렇다면 재정 위기의 소용돌이도, 질병의 위협도 겁낼 것이 없습니다. 어떤 어려움이든 하나님이 우리를 보호해 주실 것을 믿기 바랍니다.

인자를 시인하는 길

모든 것이 폭로되는 최후의 심판을 믿는 제자의 길은 하나님만을 두려워하는 길인 동시에 세상을 살면서 인자(人子)를 시인하는 길입니다(눅 12:8-9). 본문을 잘 관찰하면 두 번 반복해서 대조를 이루는 구절이 있습니다. 각 절마다 한 번씩 '사람 앞에서'와 '하나님의 사자들 앞에서'라는 구절이 나옵니다. 주님은 '사람 앞에서' 인자로 오신 예수님을 시인하면 '하나님의 사자들 앞에서' 그를 시인할 것이라고 선언하셨습니다. 만약 우리가 '사람 앞에서' 인자를 부인하면 우리는 '하나님의 사자들 앞에서' 부인함을 당하리라는 것입니다. 달리 말해, 땅에서 인자 되신 예수님에 대한 우리의 입장이, 우리의 태도가, 우리의 고백이 영원한 운명을 결정짓게 된다는 것입니다.

주님은 세상에 계셨을 때 당신을 '인자'라고 부르기를 좋아하셨습니다. 우리는 언제나 사람의 아들이고, 또 사람의 아들 이상이 아닙니다. 그러나 예수님은 다르십니다. 예수님은 영원한 시간 이전부터 하나님의 아들이었기에 시간 세계에 들어오면서 스스로를 사람의 아들이라고 부르기를 즐겨하셨습니다.

제자의 길을 걷는 성도의 삶에서는 하나님을 경외하는 것만큼이나 사람들 사이에서 정직할 필요가 있습니다. 당신은 어떻게 살고 있습니까? 당신이 처한 자리에서 자신이 예수님의 제자임을 드러내고 있습니까? 사람들의 손가락질이 두려워서 자신이 예수 믿는 사람임을 감추려고 합니까? 아니면 예수님의 제자답게 사는 일이 부담스러워 자신의 정체를 숨깁니까? 이유가 어떻든 오늘 우리가 취하는 태도는 바로 내일 우리의 운명을 결정한다는 사실을 잊지 말기 바랍니다. 그리스도인들이 정직하게 살아가면 세상은 달라지기 시작할 것입니다.

오늘날 한국 교회에 필요한 것은 자신을 그리스도의 제자라고 생각하는 사람들이 제자답게 윤리적으로 살아가는 것입니다. 물론 정직하게 처신하는 것이 실제 상황에서는 쉽지도, 편리하지도 않습니다. 손해 보는 것을 각오해야 합니다. 그러나 우리는 오늘 우리의 이웃을 위해서, 내일 우리 자신을 위해서 사람으로 오신 주님을 따르는 자답게 살아야 합니다. 우리가 정직하게 사는 것이 바로 사람답게 살아가는 것이고, 사람으로 오신 주님을 따르는 길입니다.

우리는 이 땅에서 행하는 어느 것 하나도 심판 날에 숨길 수가 없습니다. 이에 대해 다 책임을 져야 할 것입니다. 주님을 닮고 주님을 따라가는 제자의 도는 값을 지불해야 하는 길입니다. 주님을 시인하는 길은 순교자만이 가야 하는 길이 아니라, 모든 시대의 평범한 그리스도인이 걸어가야 할 길입니다. 그것이 장차 영원한 운명을 결정짓는 길이기도 합니다.

예수님의 이름을 부끄럽게 하지 않는 길

모든 것이 폭로되는 최후의 심판을 믿는 제자의 길은 하나님만을 두려워하는 길인 동시에 세상을 살면서 인자를 시인하는 길이며, 또한 우리가 믿는 예수님의 이름을 부끄럽게 하지 않는 길입니다. 그리고 어떤 위기에서도 성령을 신뢰하는 길입니다. 제자의 길은 언제나 평안하지만은 않습니다. 때로는 위기에 봉착하기도 합니다. 그러나 그 상황 속에서도 신앙인이 선택해야 하는 길은 분명합니다. 그 상황에서 우리를 인도하시는 성령을 전적으로 믿어야 합니다. 무엇을 말할지도, 어떻게 말할지도 성령이 인도하실 것이기 때문입니다.

"누구든지 말로 인자를 거역하면 사하심을 받으려니와 성령을 모독하는 자는 사하심을 받지 못하리라"(눅 12:10). 여기서 '인자'와 '성령', '말로 거역하는' 것과 '모독하는' 것이 대조를 이루고 있습니다. 아직 믿지 못한 것은 장차 용서를 받을 수 있지만, 이미 믿는 자가 그 믿음을 저버리는 것은 용서받을 수 없습니다. 당신에게 주어진 제자 된 특권을 소중하게 여기십시오. 그리하여 제자의 길을 걷는 일을 도중에 포기하지 마십시오. 차라리 아직껏 믿지 못한 일은 장차 믿음의 복으로 인도될 수 있지만, 이미 주신 신앙인의 특권을 부인하면 다시는 용서받을 수 없습니다.

그러고 나서 주님은 구체적으로 성령이 어떻게 도와주실 것인지를 설명하셨습니다(눅 12:11-12). 주님은 지금 제자들이 유대인과 로마의 법정에 서게 될 상황을 예상하고 말씀하신 것입니다. "어떻게 무엇으로 대답하며 무엇으로 말할까 염려하지 말라"(눅 12:11)고 구체적으로 이야기하셨습니다. 그 이유는, 마땅히 할 말을 성령이 곧 그때에 가르치실 것이기 때문입니다(눅 12:12). 일상적인 상황이 아니라 우리가 위기의 상황에 몰렸을 때 무슨 말을 할 것인지, 어떻게 할 것인지를 성령이 도와주신다는 것입니다(느 2장; 단 6장).

갑자기, 전혀 뜻밖에 주님을 옹호해야 하는 순간이 찾아오기도 할 것입니다. 그러므로 모든 성도는 자기 속에 있는 소망에 관한 이유를 묻는 자에게 대답할 것을 항상 준비해 두어야 합니다(벧전 3:15). 그 순간 놀라거나 당황하지 마십시오. 낙심하거나 흥분할 이유가 없습니다. "어떻게 무엇으로 대답하며 무엇으로 말할까 염려하지 말라 마땅히 할 말을 성령이 곧 그때에 너희에게 가르치시리라"(눅 12:11-12)라는 주님의 약속을 믿기만 한다면 말입니다.

○

무엇이 제자도입니까? 주님을 따르는 제자들은 어떤 길을 걸어야 합니까? 무엇보다 하나님만을 두려워해야 합니다. 언제나 인자를 시인하는 길을 걸어야 합니다. 예수 믿는 사람답게 살아야 합니다. 정직하게 살아야 합니다. 그리고 어떤 위기 상황에서도 성령을 전적으로 의지해야 합니다. 먹는 것과 입는 것, 자식을 공부시키는 것과 결혼시키는 것에 대한 걱정과 목숨을 부지하기 위한 모든 삶에 대한 염려는 그 자체가 잘못입니다. 주님은 우리에게 염려하지 말고, 오히려 감사함으로 하나님께 우리의 필요를 아뢰라고 말씀하셨습니다. 그렇게 염려하는 것은 하나님의 돌보심에 대한 불신입니다.

우리는 믿는 사람입니다. 성삼위 하나님을 믿을 뿐 아니라 최후의 심판을 믿는 자들입니다. 그날 모든 것이 폭로될 것을 우리는 믿습니다. 그렇기에 우리는 세상을 살 때 정직해야 하는 것입니다. 항상 하나님만 믿고 주님의 제자답게 정직하게 살며, 위기에서도 성령의 특별한 도우심이 있을 것을 믿는 믿음으로 제자의 길을 갑시다.

59

모든 탐심을 물리치라 (12:13-21)

//

온갖 탐욕에 끌려다니는 사람들에게

지금껏 주님은 무리들에게 모든 것이 폭로되는 심판을 의식하며 사는 제자의 길은 어떠한 것인지에 대해서 말씀하고 계셨습니다. 바로 그 현장에 한 사람이 튀어나와서 "선생님 내 형을 명하여 유산을 나와 나누게 하소서"(눅 12:13)라고 말하며 흐름을 끊었습니다. 말하자면 그는 주님이 제자의 길을 말씀하실 때 그 자리에 있던 자였을 것입니다. 말씀하시는 주님이 잠깐 숨을 돌리시는 틈을 타 자기 문제를 가지고 나간 것 같습니다. 황당하고 무례한 사람 같지만, 잘 생각해 보면 어디서나 만날 수 있는 평범한 사람입니다. 사람은 누구든 자기 생각에 사로잡혀 있다 보면 다른 사람들의 입장에서는 황당한 행동을 할 수 있습니다. 그가 한 말을 보면 주님의 말씀을 전혀 듣고 있지 않았다는 것이 드러납니다.

하나님의 말씀을 듣는 현장에 있을 때는 자신의 문제를 일단 밀쳐 두어야 합니다. 그래야 듣는 중에 자기 문제의 답을 발견할 수 있습니다. 자신의 문제에만 집착하면 하나님이 하시는 말씀이 들리질 않습니다. 주님은 지금 심판과 제자의 삶에 대해서 말씀하고 계셨습니다. 그러나 이 사람은 주님을 '선생님'이라고 불렀지만 실은 마지막 심판에도, 제자의 삶에도 관심이 없었습니다. 오직 자기의 욕망 달성을 위해 선생님의 권위를 빌리려 했을 뿐입니다. 그러나 결코 별난 사람은 아니라는 것을 꼭 기억하십시오.

하나님은 자기 생각을 들이미는 사람을 상대하지 않으십니다. 예수님도 마찬가지이십니다. 아무리 '선생님, 선생님' 불러서 요청해도 소용이 없습니다. 아무리 나와서 기도해도 소용이 없습니다. 주님은 그의 요청을 첫마디로 거절하셨습니다. "이 사람아 누가 나를 너희의 재판장이나 물건 나누는 자로 세웠느냐"(눅 12:14). 사람의 아들로 세상에 오신 주님의 사역은 사람들의 여러 가지 요청을 현장에서 처리하는 해결사가 아닙니다. 그분은 온갖 욕망에 끌려다니는 사람들에게 진정한 해방을 선포하는 구원자이십니다.

그러므로 주님은 "삼가 모든 탐심을 물리치라"(눅 12:15)고 말씀하셨습니다. 누구에게 하신 말씀입니까? 느닷없이 등장해서 호소하는 그 사람뿐 아니라 그 현장에 있는 모든 사람을 위한 경고의 말씀입니다. 아주 조심해서, 최선을 다해서 엄숙히 명령하셨습니다. 우리가 예배하는 하나님은 우리의 모든 소원을 들어주시는 분이 아닙니다. 오히려 우리의 마음을 깨끗하게 하고 우리로 하여금 당신의 소원을 품게 하시는 분입니다. 그러므로 주님은 우리의 욕망을 충족시키는 대신 "삼가 모든 탐심을 물리치라"고 명하셨습니다.

그러면 주님은 왜 이 사건에 말려들기를 거부하셨을까요? 주님의 권위 밖의 일이라서 피하셨겠습니까? 주님은 문제를 달리 보셨기 때문입니다. "삼가 모든 탐심을 물리치라"고 말씀하신 주님의 이유를 들어 봅시다. "사람의 생명이 그 소유의 넉넉한 데 있지 아니하니라"(눅 12:15). 우리의 생명이 그 소유에 달려 있지 않기 때문입니다. 돈이 많다고 해서 오래 사는 것이 아니며, 가난하다고 해서 빨리 죽는 것도 아니라는 뜻입니다. 통장 잔고에 따라서, 부동산의 크기에 따라서, 세상의 지위나 대중으로부터의 인기를 따라서 사람이 사는 날이 결정되지 않습니다. 그러므로 주님은 "삼가 모든 탐심을 물리치라"고 명령하십니다.

두 형제는 사실 모두 탐심이라는 질병에 걸려 있었습니다. 아버지의 재산을 나누려 들지 않는 형이나 그것을 꼭 나누어야 한다고 집착하는 동생이나 탐심에 사로잡혀 있기는 마찬가지입니다. 어찌 두 형제뿐이겠습니까. 그날 주님의 말씀을 듣고 있던 청중이나 오늘 우리에게도 감염의 우려가 높은 질병입니다. 탐심은 에덴동산에서 시작해 온 세상으로 급속히 퍼져 나간 전염병입니다. 일단 걸리면 행복한 삶이 위협을 당합니다. 영혼의 쉼을, 평강을 앗아 갑니다. 삶의 기쁨과 기도와 감사를 빼앗아 갑니다.

탐욕에 감염되면 걱정과 염려가 시작됩니다. 그런가 하면 근거 없는 행복감에 사로잡히기도 합니다. 그래서 무섭습니다. 탐욕에는 너무나 다양한 증상이 나타나기 때문입니다. 그중에 특징적인 것 하나가 삶을 바라보는 시야가 매우 한정되어 자기 자신밖에는 보이지 않는다는 것입니다. 이웃도 없고, 주권자이신 하나님도 보이질 않습니다. 자신의 평안한 삶이 인생 최고의 목표가 됩니다. '먹고 마시고 즐거워하라'가 삶의 구호가 됩니다. 그래서 주님은 그 사람의 호소를 거부하고, 삶의 진정한 원천이 어디에 있는지를 모든 무리에게 말씀하신 것입니다.

어리석은 부자의 비유

이를 위해 주님은 누구나 듣고 쉽게 알 수 있도록 '어리석은 부자의 비유'를 드셨습니다. 주님은 한 부자를 등장시키셨습니다. 그는 이미 넓은 땅을 가진 부자인데, 그해 농사가 아주 잘되어 새로운 고민거리가 생겼습니다. "내가 곡식 쌓아 둘 곳이 없으니 어찌할까"(눅 12:17). 사람들은 흔히 이런 고민을 행복한 고민이라고 말합니다. 그러다가 그는 "내가 이렇게 하리라" 하고는 무릎을 친 것 같습니다. "내 곳간을 헐고 더 크게 짓고 내 모든 곡식과 물건을 거기 쌓아 두리라"(눅 12:18). 사실 이전에도 그는 부자였습니다. 다만 이미 가진 창고가 이 풍작의 모든 소출을 쌓아 둘 수 있을 만큼 크지 않았기 때문에 대안을 세운 것입니다.

이제 풍성한 곡식을 처리할 방안이 나왔습니다. 그러고는 이어서 그는 어떤 삶을 살 것인가에 대한 방안을 내어놓습니다. 이제 소원하던 생의 정상에 도달했다고 생각한 그는 자신을 향해 말합니다. "영혼아 여러 해 쓸 물건을 많이 쌓아 두었으니 평안히 쉬고 먹고 마시고 즐거워하자"(눅 12:19).

여기서 그는 세속적인 생각을 유감없이 노출하고 있습니다. 그의 어리석은 생각의 극치는 마치 자기 생명을 자기 마음대로 할 수 있는 것처럼 말하는 데서 드러납니다. 더 많은 재산을 위해 수고하는 대신 이제부터 평안히 쉬자고 자신을 향해 선언합니다. 그리고 이제부터는 자기만족을 위해 먹고 마시고 즐거워하자고 스스로 다짐합니다. 바로 이 순간 하나님이 개입하십니다. 그의 모든 계획을 무산시키는 한마디의 질문을 던지십니다. "어리석은 자여 오늘 밤에 네 영혼을 도로 찾으리니 그러면 네 준비한 것이 누구의 것이 되겠느냐"(눅 12:20). 부자뿐 아니라 우리 모두에게 주님은 물으십니다.

그는 그해 농사를 짓기 전부터 부자였습니다. 그런데 그해 농사가 대박이었습니다. 살던 동네뿐 아니라 주변 모든 사람의 부러움의 대상이 된 것입니다. 우리는 그런 사람을 보고 출세했다고 생각하지만, 그를 향해 하나님은 "어리석은 자여"라고 부르십니다. 왜 하나님은 이 사람을 어리석은 자라고 부르십니까? 사업 성공 외에는 다른 아무것도 생각하지 않는 사람이기 때문입니다. 그리고 사업의 성공이라는 정점에 섰을 때 자신 외에는 다른 누구에게도 관심을 갖지 않았기 때문입니다. 그러므로 운이 좋아서 성공을 했다고 믿든지, 아니면 자신의 수완으로 성공했다고 보든지 그의 생각에는 하나님을 위한 자리가 없습니다.

그러므로 성경적 관점에서 보면 그는 어리석은 자가 틀림없습니다. 시편 기자는 "어리석은 자는 그의 마음에 이르기를 하나님이 없다 하는도다"(시 14:1)라고 말합니다. 그 마음에 하나님이 자리하지 않으면 감사가 자리할 수 없고, 대신에 교만이 자리합니다.

성공은 아무나 하는 것이 아닙니다. 선택된 소수의 사람만 도달하는 자리입니다. 그러나 성공만 하면 모든 것이 끝나는 것이 아니라는 사실도 알아야 합니다. 미래가 보장된 성공을 자신만을 위해서 누리려고 드는 것은 죄악입니다. 하지만 그 마음속에 하나님이 없는 사람에게서 어떻게 감사할 것을, 넘치는 부를 이웃을 위해 사용할 것을 기대하겠습니까.

부자 농부는 이례적인 풍작으로 인한 뜻밖의 횡재를 하게 되었으나 자신의 미래가 보장된 것을 자축하고 말았습니다. 아무나 도달할 수 없는 그 지점은 사실 아무나 수행할 수 없는 책임을 져야 하는 자리라는 사실을 망각하고 있습니다. 돈만 벌면 되는 것이 아니라, 돈을 벌면 자신뿐 아니라 이웃의 복리를 위해서 사용할 책임을 감당하기를 하나님은 기대하십니다. 하지만 이 부자 농부는 자신을 위한 찬가만 부르고 있습니다. 그러므로 하나님은 "어리석은 자여 오늘 밤에 네 영혼을 도로 찾으리니"라고 말씀하십니다. 하나님은 부의 주인인 동시에 그 부를 누릴 수 있는 생명의 주인이십니다. 그러므로 하나님은 우리에게 주신 것을 언제나 반환받을 권리를 가지고 계십니다.

하나님을 전혀 고려하지 않는 삶, 그래서 이웃에 대한 아무런 배려가 없는 삶은 그 자체가 하나님의 심판을 불러옵니다. 혹 생명이 끝나는 날이 오늘 밤이 아닐 수는 있습니다. 그러나 그것이 심판의 날을 면제하는 것은 아닙니다. 다만 집행 유예일 뿐입니다. 그러나 반드시 집행될 것입니다.

하나님께 대하여 부요한 자가 되려면

이제 주님은 비유를 끝내고 마지막 교훈을 하십니다. "자기를 위하여 재물을 쌓아 두고 하나님께 대하여 부요하지 못한 자가 이와 같으니라"(눅 12:21). 당신은 어떤 삶을 살고 있습니까? 수많은 사람이 저주받은 어리석은 부자와 같이 살고 있습니다. 자신을 위해 땅 위에 재물을 쌓고 있으며, 그 재물을 증가시키는 것 외에는 다른 관심이 없이 살고 있습니다. 그들은 죽음이나 심판을 고려하지 않습니다. 오직 재물만 있다면 영원히 즐길 것처럼 생각하고 삽니다. 그래서 자기를 위하여 재물을 쌓아 두려고 발버둥 칩니다.

믿음의 길을 나선 제자들은 어떤 삶을 살아야 합니까? 하나님께 대하여 재물을 쌓은 자리로 나아가십시오. 어리석은 부자처럼 살아가지 마십시오. 물론 세상은 어떤 유형이든 부자를 더 주목하고 인정합니다. 성공하는 사람이 더 영리하고 지혜로워 보입니다. 그러나 자신을 위해 땅 위에만 재물을 쌓아 두는 사람을 하나님은 '어리석은 자'라고 명하십니다. 지금껏 어떤 삶을 살아왔습니까? 이제부터는 하나님께 대하여 부요한 사람이 되십시오.

어떻게 해야 하나님께 대하여 부요한 삶을 시작할 수 있을까요? 무엇보다 탐심을 버려야 합니다. 탐심은 더 많이 갖고자 하는 마음입니다. 필요한 것인지 아닌지도 살피지 않고 뭐든 갖고 싶어 하는 마음입니다. 더 절실한 이웃의 필요보다 내 관심사를 우선합니다. 이러한 탐심은 자기 자랑과 자기 찬가로 이어지고, 다른 한편 염려와 불평으로 이어집니다. 없는 것 때문에 불평하는 것을 멈추고 모든 것을 하나님이 주셨다는 것을 인정하십시오. 모든 것을 알고 주실 수 있는 하나님이 꼭 필요한 것을 내게 허락하셨다는 마음을 가져야 하나님께 대하여 부요한 삶을 시작할 수 있습니다.

탐심을 버리는 첩경은 돈을 사랑하지 않고 있는 바를 족한 줄로 아는 데 있습니다. 우리 하나님은 친히 말씀하십니다. "내가 결코 너희를 버리지 아니하고 너희를 떠나지 아니하리라"(히 13:5). 정함이 없는 재물에 소망을 두는 대신 이 하나님께 소망을 두십시오(딤전 6:17). 우리 삶은 재물에 달려 있지 않습니다. 오히려 하나님께 달려 있습니다. 하나님의 말씀대로 선을 행하고 선한 사업을 많이 하는 것이 우리의 삶을 보장합니다.

○

하나님은 우리에게 모든 것을 후히 주고 누리게 하시는 분입니다. 제발 없는 것 가지고 불평하지 말고, 지금 있는 것으로 가난한 이웃들을 위해서 사용하십시오. 나누어 주기를 좋아하는 너그러운 마음을 품고 살아가십시오. 자신만을 위해 재물을 쌓아 두는 어리석음에서 벗어나십시오. 자신을 위해서 쌓아 둔 재물은 심판 날에 재앙이 될 것입니다. 이웃을 위해서 후히 베푸는, 그리하여 하나님께 부요한 삶을 사는 우리가 되기를 기도합니다.

60.

염려하지 말라 (12:22-34)

탐심은 부자만이 걸리는 질병은 아닙니다. 가난한 사람에게도 찾아오는 질병입니다. 다만 가난한 사람에게는 나타나는 형태가 다를 뿐입니다. 그들에게는 염려라는 증상으로 나타납니다. 그래서 본문을 통해 주님은 일반 청중이 아니라 제자들을 겨냥해서 이 문제를 좀 더 분명하게 다루십니다.

"또 제자들에게 이르시되"(눅 12:22)라고 시작하는 본문을 보면 이 가르침은 분명히 제자들에게 하신 말씀입니다. 주님은 제자들에게 무엇보다 먼저 염려하지 말라고 명하셨습니다. 세상 사람들은 의식주 문제로 고민하며 분주합니다. 그것이 지금 우리의 현실입니다. 그러나 주님은 우리의 현실을 아시는지 모르시는지 "너희 목숨을 위하여 무엇을 먹을까 몸을 위하여 무엇을 입을까 염려하지 말라"(눅 12:22)고 명하십니다. 음식보다 중한 것, 의복보다 중한 것이 목숨이라는 사실을 아시기 때문입니다(눅 12:23).

500

우리의 생명은 궁극적으로 먹는 음식에 달려 있지 않습니다. 사람은 빵만으로 사는 존재가 아니기 때문입니다. 하지만 세상 사람들은 그때나 지금이나 무엇을 먹을까, 무엇을 입을까를 두고 염려합니다. 마치 의식주를 해결하는 것이 우리의 삶을 굴러가게 하는 주요 동인인 것처럼 보입니다. 그러나 주님은 제자들을 향해서 그리고 제자들을 위해서는 염려하지 말라고 처방을 내리셨습니다.

염려에서 벗어나도 좋은 이유

주님은 제자들이라면 생필품에 대한 염려에서 벗어나도 좋은 몇 가지 이유를 밝히셨습니다. 삶은 단순히 생존하기 위한 것은 아니기 때문입니다. 어떻게 사느냐도 중요하지만, 왜 사는가가 더 중요합니다. 삶에는 육체적인 생명 보존보다 더 중요한 것이 있기 때문입니다. 신앙인은 왜 염려하지 말아야 합니까? 우리가 하나님의 백성이기 때문입니다. 세상 사람은 염려를 합니다. 그러나 우리는 하나님을 '아버지'라고 부릅니다. 세상에서도 제대로 된 아버지는 자식들을 걱정합니다. 의식주를 두고 하는 염려는 하나님을 잘 모르는 데서 비롯한 것입니다. 그러므로 탐심을 물리치는 것도, 염려에서 벗어나는 것도 하나님이 누구이신지 알아야 가능합니다.

당신의 문제는 무엇입니까? 더 갖고 싶은 탐심입니까? 아니면 너무 어려워서 살아갈 염려가 당신의 마음을 떠나지 않습니까? 문제는 다를 수 있지만 해결책은 동일합니다. 하늘 아버지를 알면 탐심을 물리칠 수 있습니다. 하늘 아버지를 신뢰하면 염려에서 벗어날 수 있습니다.

그래서 주님은 당시의 제자들뿐만 아니라 오늘의 신자들도 알아듣도록 비유를 들어 설명하셨습니다. 까마귀는 씨를 뿌리지 않고, 추수하지도 않고, 곳간이나 창고도 짓지 않습니다. 하지만 까마귀는 살아가고 있습니다. 하늘 아버지께서 그것들을 먹이시기 때문입니다(눅 12:24). 당신은 스스로를 어떻게 생각합니까? 비록 직장을 갖지 못하고, 때로는 직장에서 해고를 당했다 하더라도 당신의 가치가 까마귀보다 못하다고 생각합니까? 비록 세상이 당신을 밀쳐 냈다 하더라도 우리는 까마귀와 비교할 수 없는 존귀한 존재입니다. 하나님의 형상대로 지으심을 받은 존재요, 하나님의 사랑의 대상이요, 특별한 돌보심을 받는 대상입니다. 이것은 우리를 위해서 당신을 주신 주님의 평가입니다.

그러므로 더 이상 염려하지 마십시오. 염려는 불신앙의 증상입니다. 우리를 사랑하고 돌보시는 하나님을 부인하는 행동입니다. 하늘을 자유롭게 날아다니는 까마귀를 바라보며 하늘 아버지의 돌보심에 대한 바른 신앙을 회복하십시오. 신앙은 우리가 까마귀보다 훨씬 더 귀하다고 하시는 주님의 말씀에 "예"라고 대답하는 것입니다. 우리를 향한 주님의 평가를 수용하십시오. "너희는 새보다 훨씬 더 귀하지 않으냐"(눅 12:24, 표준새번역)? 그렇다고 우리는 되는 대로 살 수 없습니다. 생존에 필요한 아무 노력도 하지 않는 까마귀처럼 살라는 교훈은 아닙니다. 까마귀보다 훨씬 더 중요하다는 것을 안다면 사람답게 살아야 합니다. 그러면 까마귀를 먹이시는 하나님이 훨씬 더 귀한 우리를 버려두지 않을 것입니다.

이제 주님은 한 걸음 더 당신의 논지를 발전시키십니다. "또 너희 중에 누가 염려함으로 그 키를 한 자라도 더할 수 있느냐 그런즉 가장 작은 일도 하지 못하면서 어찌 다른 일들을 염려하느냐"(눅 12:25-26). 먹고살기 위한 염려는 아무리 해도 상황을 변화시키지 못합니다. 염려는 키를 한 자라도, 아니 한 치라도 더할 수 없습니다. 그런 작은 일조차도 하지 못하면서 어찌 다른 일들을 염려하느냐고 주님은 다그치셨습니다. 사람이다 보니 내일이 생각이 나고, 어떻게 자녀들을 제대로 키울 것인가 걱정이 될 것입니다. 만약 혼자 자식들을 키워야 한다면 왜 그런 염려가 찾아오지 않겠습니까. 그러나 신앙은 하나님의 말씀에 "예"라고 하는 것입니다.

27-28절에서 주님은 우리의 눈을 공중에서 들판으로 향하게 하십니다. 소재를 달리해서 같은 이야기를 하셨습니다. 들꽃들이 입는 것은 단순히 하나님의 후한 손으로부터 옵니다. 온갖 영화를 누렸다는 솔로몬도 백합꽃 한 송이처럼 아름답게 입지 못했습니다. 오늘 피었다가 내일 땔감으로 아궁이에 던져질 들풀조차도 이렇게 입히신다면, 하나님의 사랑받는 대상인 우리야 더 잘 입히시리라는 것은 당연하지 않겠느냐고 주님은 도전하셨습니다.

믿음은 내가 지금껏 했던 대로 하는 것이 아닙니다. 믿음은 듣는 말씀에 따라서 자신을 돌아보는 것입니다. 믿음은 주님의 가르침을 받아들이는 것입니다. 그러므로 "하물며 하나님께서 너희를 돌보고 자랑스러워하며, 너희를 위해 최선을 다하시지 않겠느냐?"라는 말씀 앞에 "아멘"으로 응답하는 것입니다.

세상과 달리 하나님 나라를 구하라

"아멘"으로 응답하는 제자들에게 주님은 더 나아가 우리가 구할 적극적인 대상을 제시하셨습니다. 다만 한 단계 더 진전하기에 앞서 지금껏 주님이 하신 말씀에 근거해서 다시금 요약하셨습니다. "너희는 무엇을 먹을까 무엇을 마실까 하여 구하지 말며 근심하지도 말라 이 모든 것은 세상 백성들이 구하는 것이라 너희 아버지께서는 이런 것이 너희에게 있어야 할 것을 아시느니라"(눅 12:29-30).

우리가 의식주 문제를 두고 구하지도 말고 근심하지도 말아야 하는 이유는, 그 모든 것은 세상 사람들이 구하는 것이기 때문입니다. 우리는 세상 백성이 아니라 하나님의 백성이기 때문입니다. 우리가 하나님의 자녀이면 우리 하늘 아버지께서는 우리가 무엇을 먹고 마셔야 할 것인지를 아십니다. 성도를 풍성하게 먹이고 입히시는 분은 하늘 아버지입니다.

하나님의 백성인 우리가 구할 적극적인 대상이 무엇입니까? 한마디로, 하나님 나라입니다. 세상 사람이 추구하는 것은 먹고 마시는 것이고, 걸치는 옷과 살아가는 거처입니다. 그러나 성도들은 삶의 열정을 다른 데 쏟습니다. 신앙인은 같은 세상을 살아도 바라보는 시각과 추구하는 목표가 다릅니다. 그래서 주님은 말씀하십니다. "다만 너희는 그의 나라를 구하라 그리하면 이런 것들을 너희에게 더하시리라"(눅 12:31). 하늘 아버지를 믿는 사람들은 아버지를 기쁘시게 할 소원만 가지고 있으면 하나님이 그 소원을 들어주십니다. 신앙인은 삶의 방식이 세상 사람과 판이합니다. 성숙한 신앙인은 하나님 나라를 위해서 모든 것을 투자하는 사람입니다. 그래서 주님은 충고하신 것입니다.

성도는 추구하는 대상이 다른 동시에 공급받는 방식도 현저히 다릅니다. 하나님을 알고 하나님이 일하시는 방법도 알면 처신을 달리하게 됩니다. 신앙인은 하나님의 실재하심, 하나님의 주도하심, 하나님의 공급하심에 관심을 쏟습니다. 이처럼 하나님 나라를 추구하면 삶에 필요한 모든 것은 하나님께 공급받습니다. 하나님은 당신의 나라를 위해 자신을 드리는 사람들을 책임지십니다.

하나님의 백성은 하나님이 주시는 선물로 사는 자입니다. 자기의 노력으로 사는 자는 세상 사람입니다. 신앙인은 하나님이 선물로 주신 것을 알기에 기뻐하며 감사하고 일용할 양식을 구합니다. 반면 세상 사람은 밤잠 설치고 염려하며 온갖 수단 방법을 가리지 않고 살아갑니다. 성숙한 성도는 추구하는 바가 세상 사람들과 다릅니다. 무엇을 추구해도 주님이 기뻐하시는 방법만 따릅니다. 주님이 싫어하시는 방법이면 모양도 버립니다. 불의한 방법까지 동원하지 않습니다. 우리가 달라져야만 사람들이 구원을 얻을 수 있습니다. 그래야 사람들이 우리와 같은 길을 걸으려고 할 것입니다.

성도는 주님의 영광스러운 약속을 믿는 사람들입니다. "이런 것들을 너희에게 더하시리라" 하실 때 "아멘"으로 응답하는 자가 성도입니다. 우리 하나님 아버지께서는 이런 것들이 우리에게 있어야 할 것을 아시는 분입니다.

성도답게 베풀며 사는 삶

이제 주님은 본문 마지막에서 하나님 나라를 추구하는 성도답게 베풀며 살라고 권하십니다. 성도라면 누구나 "하나님이 풍성히 주시기만 하면 도움이 필요한 사람들에게 베풀며 살고 싶다"고 말합니다. 그러나 주님은 달리 말씀하십니다. 성도답게 베풀며 살기 위해서 더 많은 재물이 필요한 것이 아니라, 오히려 우리가 붙잡아야 할 영광스러운 약속이 있다고 들려주십니다. "적은 무리여 무서워 말라 너희 아버지께서 그 나라를 너희에게 주시기를 기뻐하시느니라"(눅 12:32).

아무리 풍성한 소유를 가져도 하늘 아버지의 약속을 모르면, 하늘나라의 전망이 없으면 베풀며 살 수가 없습니다. 어리석은 부자의 찬가를 기억하십시오(눅 12:19). 그 어디에도 이웃을 위한 배려가 없습니다. 자신을 속이지 마십시오. 베풀지 못하는 것은 없어서가 아닙니다. 하늘 아버지와 자기 자신이 누구인지를 모르기 때문입니다. 자신이 하나님의 사랑을 받는 자녀라는 사실만 알면 우리는 마음의 여유를 가질 수 있습니다. 우리는 하나님의 자녀, 하늘나라를 상속받을 자들입니다. 이 땅에서 아무것도 쌓아 놓지 못해도, 비록 적자가 되어도 하늘에 가면 우리의 영원한 기업이 있다는 것을 믿기 바랍니다. 그래야 세상을 다르게 살 수 있습니다.

주님의 말씀에 계속 귀를 기울이십시오. 우리는 본래부터 '적은 무리'에 불과합니다(눅 12:32). 결코 강한 자, 가진 자, 다수자가 아닙니다. 이 세상에서 하나님의 백성은 적은 무리의 양 떼와 같습니다. 땅에 있는 성도는 소수이기에 주님은 "적은 무리여 무서워 말라"고 격려하십니다. 무시당할까 봐, 잃어버림을 당할까 봐 두려워하지 마십시오. 우리는 주님이 매우 소중히 여기시는 성도입니다. 우리를 바라보며 잠잠히 사랑하시는 하나님을 하루에 한 번만 뵈면 우리 얼굴의 수심은 사라질 것입니다. 우리가 어떤 적대적인 환경에 있을지라도 기뻐하고도 남을 이유가 여기에 있습니다. 하늘 아버지께서 우리에게 그 나라 주기를 기뻐하신다는 사실 때문입니다.

놀랍고 영광스러운 약속은 하나님이 아무에게나 주신 것이 아닙니다. 자기 힘과 자기 수완을 믿고 사는 세상 사람들과 다르게 살기로 결심하고, 다르게 살아가는 사람들에게 하신 약속입니다. "다만 너희는 그의 나라를 구하라 그리하면 이런 것들을 너희에게 더하시리라"(눅 12:31). 오직 그 나라만 구하는 자에게 하늘 아버지께서는 그 나라 주기를 기뻐하십니다(눅 12:32).

오직 하나님 나라를 구하는 삶을 추구하십시오. 하나님이 세상을 살아가는 데 필요한 먹고 마시는 모든 것을 덤으로 주실 것입니다. 그리고 하늘 아버지께서 그 나라를 우리에게 주기를 기뻐하실 것입니다. 절대로 굶어 죽게 두지 않으십니다. 그리고 숨을 거둘 때 삶이 끝나는 것이 아니라, 진정한 우리의 생명을 누리게 될 것입니다. 하늘의 기업을 누리게 될 것입니다. 그 영광스러운 나라가 우리의 기업임을 알게 되면 우리의 마음은 넓어질 것입니다. 아웅다웅 세상 것 가지고 다투지 않을 것입니다. 가진 것 움켜쥐고 사는 대신 손을 펴서 베풀며 살 수 있습니다.

가진 것이 없다고 위축되지 마십시오. 빈손으로도 위해서 기도해 줄 수 있습니다. 기도의 손은 축복의 손입니다. 기도의 손은 미래를 바꿉니다. 기도의 손은 자녀의 장래를 보장합니다. 기도의 손은 나라의 내일을 변화시킵니다. 빈손이라고 부끄러워하지 말고 함께 손잡고 기도하십시오. 그리고 이제 하늘나라 백성답게, 하늘 기업의 상속자답게 베풀며 살아가십시오. 그 영광스러운 나라는 그 나라를 추구하는 성도들의 것이기 때문입니다.

○

마지막으로 주께서 그날 제자들에게, 오늘 우리에게 명하신 바를 기억하십시오. "너희 소유를 팔아 구제하여 낡아지지 아니하는 배낭을 만들라 곧 하늘에 둔 바 다함이 없는 보물이니 거기는 도둑도 가까이하는 일이 없고 좀도 먹는 일이 없느니라"(눅 12:33). 유진 피터슨(Eugene H. Peterson)의 《메시지》(복있는사람 역간)에서는 요즈음 언어로 바꾸어 이렇게 풀고 있습니다. "후하게 베풀어라. 가난한 사람들에게 베풀어라. 파산하지 않는 은행, 강도가 침입할 수 없고 횡령의 위험이 없는 하늘 은행, 신뢰할 수 있는 은행과 거래하여라." 하나님이 복 주실 때 어리석은 부자 농부처럼 자신만을 위하여 궁리하지 마십시오. 오히려 주님의 제자답게 가난한 자들에게 후하게 베풀어 주십시오. 그것은 마치 파산의 위험이 없는 안전한 은행에 돈을 맡기는 것과 같습니다.

하나님은 가난한 자들에게 베푸는 신앙인을 존귀하게 여기십니다. 왜냐하면 그의 마음이 하늘을 향하여 있기 때문입니다. 그래서 주님은 가르침의 결론을 이렇게 내리십니다. "너희 보물 있는 곳에는 너희 마음도 있으리라"(눅 12:34). 우리의 금전 출납부를 추적하면 우리가 무엇을 추구하는 사람인지가 드러납니다. 어디에 아낌없이 돈을 사용하는지를 살펴보면 그 마음이 어디로 향하는지가 드러납니다.

61.

복이 있으리로다 (12:35-48)

///

제자의 삶은 위선을 멀리하는 것이요, 탐심을 물리치는 것이며, 염려를 내려놓는 것입니다. 그리고 본문을 보면, 제자의 삶은 기다리는 것입니다. 주님이 오시기를 기다리며 맡은 사명을 잘 감당하는 삶입니다. 그러므로 주님은 "허리에 띠를 띠고 등불을 켜고 서 있으라"(눅 12:35)고 말씀하심으로 다가올 심판을 준비하는 제자의 삶을 요구하셨습니다. 그러면서 다가올 심판을 잘 준비하는 종들을 향한 축복을 연거푸 선언하셨습니다. "그 종들은 복이 있으리로다"(눅 12:37, 38, 43).

재림을 준비하는 삶을 살고 있습니까? 주님이 오시면 받게 될 복을 사모하면서 살고 있습니까? 우리는 요즘 너무 세상적인 관심에 깊이 빠져 있어서 그만큼 주님의 재림에 관해 훨씬 멀어졌습니다. 한국 초기 교회 성도들은 주로 주님의 재림 찬송을 즐겨 불렀습니다. 삶이 고달파 그 안에서 만족을 찾지 않았기에 주님의 재림을 사모하면서 살았습니다. 그러

509

나 지금은 삶이 달라졌습니다. 우리가 부르는 찬송들도 달라지고 있습니다. 스스로에게 물어보십시오. 주님이 다시 오시는 날이 두려운 날인지, 기쁜 날인지 물어보십시오. "복이 있으리로다"라는 주님의 약속이 우리 한 사람, 한 사람에게 보장되는 삶을 살아가기를 바라는 마음으로 주님의 말씀을 살펴보겠습니다.

복 있는 청지기의 자세

주님은 누구에게 이 복을 선언하셨습니까? 복이 있는 청지기의 자세는 어떠합니까? "허리에 띠를 띠고 등불을 켜고 서 있으라"(눅 12:35). 이 말씀은 신실하고 지혜로운 청지기의 모습을 한마디로 보여 주는 그림입니다. 옛 이스라엘 사람들은 한가하게 쉴 때 전형적인 긴 옷을 느슨하게 입었습니다. 그러다가 공식 모임에 참석하거나 길을 떠나거나 전쟁을 할 때는 '허리에 띠를 띠고' 제대로 입었습니다. 그러므로 '허리에 띠를 띠고'라는 표현은 어느 때든 도착할 주인을 맞이하기 위한 준비된 청지기의 모습을 보여 줍니다. 동시에 주님은 주인이 도착할 시간이 밤중이기에 "등불을 켜고 서 있으라"라고 명하셨습니다.

주님은 이어서 이 말씀을 하신 배경을 설명하셨습니다(눅 12:36). 결혼 예식에 참석하고 늦은 밤중에 집에 돌아온 주인이 문을 두드리면 바로 문을 열어 주기 위해 대기하는 청지기처럼 주님의 재림을 기다리라는 말씀입니다. 유대인의 결혼식은 종종 밤에 거행되었다고 합니다(마 25장, 열 처녀의 비유 참조). 성도는 세상 사람들과 달리, 다시 오실 주님을 기다리는 사람입니다.

우리 성도들은 우주적인 사건으로서 주님의 다시 오심을 기다립니다. 재림입니다. 동시에 우리 신자들은 개인적인 사건으로서 주님의 다시 오심을 기다리는 자들입니다. 죽음입니다. 우주적인 종말(재림)과 개인적인 종말(죽음)에는 공통점이 있습니다. 그날, 그때가 언제일지 아무도 모릅니다. 영원이 시간 속에 들어오는 순간을 아무도 말할 수 없다는 공통점을 갖고 있습니다. 심지어 주님도 재림의 날을 모르고 하나님만 아신다고 말씀하셨습니다.

우리에게 필요한 것은 그날과 그 시를 아는 것이 아닙니다. 우리에게 중요한 것은 그 순간을 어떻게 맞이할 것인가입니다. 그래서 주님은 우리에게 허리에 띠를 띠고 등불을 켜고 서 있으라고 명하신 다음, 주인이 혼인집에서 돌아와 문을 두드리면 곧 열어 주려고 기다리는 사람과 같이 되라고 설명하셨습니다. 그러고는 연속해서 축복을 선언하셨습니다.

깨어 근신하는 청지기

첫째, 깨어 있는 청지기는 복을 받을 것입니다. 허리에 띠를 띠고 등불을 밝히고 있다가 두드리는 소리가 나자마자 문을 열어 주면 놀라운 축복이 있을 것입니다. 세상에서는 생각할 수 없는, 상상을 초월하는 보상을 약속하신 것입니다. "주인이 띠를 띠고 그 종들을 자리에 앉히고 나아와 수종들리라"(눅 12:37하). 이 말씀은 신약에 나오는 놀라운 약속 가운데 최고의 약속이라고 누군가 말했습니다. 이 약속이 워낙 파격적이어서 '설마' 하고 받아들일 사람들을 예상하신 주님은 "내가 진실로 너희에게 이르노니"(눅 12:37중)라는 말로써 보증하셨습니다. 너무나 놀라운, 상상을 초월하는 약속이기에 '진실로', 즉 '아멘'으로 확증하셨습니다.

주님의 오심을 대망하십시오. 인간 세상에서는 볼 수 없는 엄청난 약속이 주님이 다시 오심을 기다리는 자들에게 주어져 있습니다. 놀랍게도, 주인이 돌아왔을 때 주인으로부터 종이 수종을 받게 될 것입니다. 이런 깜짝 쇼도 없습니다. 문을 열어 주인을 맞이하는 종들을 식탁에 앉힙니다. 이것이 주님이 보증하시는 천국의 모습입니다. 비록 세상적인 소재를 사용했지만 우리가 천국에서 누리게 될 파격적인 상급을 말씀하신 것입니다. 바울도 고린도교회를 향해서 동일한 진리를 말한 바 있습니다. "기록된 바 하나님이 자기를 사랑하는 자들을 위하여 예비하신 모든 것은 눈으로 보지 못하고 귀로 듣지 못하고 사람의 마음으로 생각하지도 못하였다 함과 같으니라"(고전 2:9).

때로는 기다림이 쉽지 않을 수도 있습니다. 섬김이 만만찮은 순간도 있을 것입니다. 그러나 상상을 초월하는 영광스러운 보상의 날이 깨어 주님을 기다리는 자들에게 약속되어 있습니다. 우리는 천국을 목표로 하고 나그네의 길을 걷고 있지만, 정작 성경에는 천국이 어떤 곳인지에 대한 자세한 설명이 없습니다. 사람의 말로는 천국의 아름다움을 설명할 길이 없기 때문입니다. 천국에는 세상에서는 상상도 할 수 없는 축복, 파격적인 일들이 기다리고 있습니다.

그런데 만약 종이 깨어 있지 못하면 어떤 재난을 만나겠습니까? "너희도 아는 바니 집주인이 만일 도둑이 어느 때에 이를 줄 알았더라면 그 집을 뚫지 못하게 하였으리라"(눅 12:39). 주님이 오시는 날은 생각보다 늦어질 수 있습니다. 동시에 갑작스러울 것입니다. 이처럼 예기치 못한 때에 주님이 오시면 도둑을 만나 털린 신세와 같다는 것입니다. 그러므로 주님은 다시 한 번 경고하셨습니다. "그러므로 너희도 준비하고 있으라 생각하지 않은 때에 인자가 오리라"(눅 12:40). 사람의 아들로 세상에 오신 주님은 장차 생각지 않은 때에 심판주로 오실 것입니다.

오늘처럼 풍요로운 세상에서 오실 주님을 바라보며 산다는 것은 생각처럼 쉬운 일이 아닙니다. 세상의 쾌락과 염려가 우리의 천국 소망을 가로막을 수도 있습니다. 그러므로 주님은 경고하셨습니다. "너희는 스스로 조심하라 그렇지 않으면 방탕함과 술 취함과 생활의 염려로 마음이 둔하여지고 뜻밖에 그날이 덫과 같이 너희에게 임하리라 이날은 온 지구상에 거하는 모든 사람에게 임하리라"(눅 21:34-35). 언제나 깨어 근신하며 기도의 등불을 켜고 서 있기를 바랍니다. 진실로 깨어 있는 청지기는 복을 받을 것입니다.

맡은 일을 잘 감당하는 청지기

둘째, 맡은 일을 잘 감당하는 청지기는 복이 있습니다. 주님이 한창 심각한 교훈을 베풀고 계시는데 이번에는 수제자인 베드로가 끼어들어 "주께서 이 비유를 우리에게 하심이니이까 모든 사람에게 하심이니이까"(눅 12:41) 하고 묻습니다. 하지만 주님은 직접 답변 대신 질문으로 간접적인 대답을 하셨습니다. "지혜 있고 진실한 청지기가 되어 주인에게 그 집 종들을 맡아 때를 따라 양식을 나누어 줄 자가 누구냐 주인이 이를 때에 그 종이 그렇게 하는 것을 보면 그 종은 복이 있으리로다"(눅 12:42-43).

여기서 주님이 말씀하신 복이 있는 청지기는 지혜롭고 진실한 청지기입니다. 물론 이 비유는 모든 사람에게 관련되어 있지만, 특권을 지닌 제자들에게는 그 책임이 더욱 중할 것입니다. 주님의 말씀을 얼핏 들으면 앞서의 비유가 제자들에게만 해당하는 것처럼 보이지만, 완전한 대답은 나중에 갈수록 분명해집니다. 고대 사회에서는 주인이 출타하는 경우에 종들 가운데 전권을 맡은 종을 세웠는데, 그가 주인을 대신해서 모든 종을 주관했습니다. 비록 일시적이지만 그의 권한은 주인의 권한과 같이 막

강했습니다. 그는 매일 모든 종에게 각각 할 일을 정해 주어야 했습니다. 동시에 모든 종의 생명과 안녕을 책임져야 했습니다. 그런 책임을 맡은 청지기들 가운데 신실하고 지혜로운 청지기도 있을 것이고, 그렇지 못한 이들도 있을 것입니다. 주님이 여기서 두 번째로 복이 있다고 선언하신 청지기는 전자입니다.

주님이 오실 때 지혜롭고 진실한 청지기가 되기를 바랍니다. 주님의 집, 주님의 교회의 권속들을 맡아 때를 따라 양식을 나누어 주는 사람들이 되기를 바랍니다. 우리 모두는 다른 사람을 영적으로 돌볼 책임을 가지고 있습니다. 주인이 돌아와서 맡은 종들에게 때를 따라 신실하게 양식을 나누어 주는 것을 볼 때에 그 종은 복이 있을 것이라고 예수님은 선언하셨습니다. 그 복이 무엇입니까? "주인이 그 모든 소유를 그에게 맡기리라"(눅 12:44하). 이때 주님은 다시금 엄숙한 '아멘'으로 보증하셨습니다. "내가 참으로 너희에게 이르노니"(눅 12:44상). 돌아와서 그 신실함을 목격한 주인은 자기의 전 재산을 관리하는 자리로 그 종을 승진시킬 것입니다. 한때 일시적으로 행사했던 주인의 권한을 장차 영구적으로 행사하게 될 것입니다. 세상에서 그 맡은 책임을 잘 감당한 제자들은 장차 천국의 보화를 받아 누리게 될 것입니다. 지극히 작은 일에 충성하면 장차 큰일을 맡기실 것입니다. 신실한 종은 새로운 시대가 임할 때 새로운 권한을 행사하게 될 것입니다(눅 19:17; 마 25:21 참조). 지금 여기서 맡은 일에 충성하십시오. 주님이 오셔서 칭찬하실 만한 수준을 항상 유지하십시오. 그러면 지금도 보람을 얻을 수 있을 뿐 아니라 장차 칭찬을 받을 것입니다.

악하고 불의한 청지기

이제 주님은 신실하고 지혜로운 청지기와 대조되는 악하고 불의한 청지기를 등장시키십니다. 물론 그에게는 복이 아니라 오히려 화를 선포하셨습니다. 주인이 맡긴 청지기의 직무는 주인을 대신해서 종들을 보살피는 것이지, 남녀 종들을 때리며 억압하고 자기는 먹고 마시는 방탕한 삶을 즐기는 것이 아닙니다. 그런데 여기 마지막으로 등장하는 종은 그 마음에 주인이 더디 오리라고 생각했습니다. 생각이 잘못되면 행동이 잘못되게 되어 있습니다. 그 종과 같이 주님이 멀리 있다고 생각하면 잘못을 범하기 쉽습니다.

승천하신 주님은 곧 구름에 가려 제자들의 시야에서 사라졌지만 아버지의 보좌 우편에 계신 주님의 눈에서부터 우리가 사라진 것은 아닙니다. 그러므로 신실한 삶을 살기 위해서는 '하나님 앞에서'라는 의식이 철저해야 합니다. 불의한 종은 주인이 그 의식에서 멀어졌기에 자기 마음대로 행동했습니다. 그런데 생각지도 않은 때에 주인이 돌아와서 그 실태를 목격했습니다. 그러면 어떻게 되겠습니까? "엄히 때리고 신실하지 아니한 자의 받는 벌에 처하리니"(눅 12:46). 너무 당연한 처사입니다. 그러나 주인은 불의한 청지기와는 달리 범죄의 정도에 따라서 징벌의 차별화를 선언했습니다. "주인의 뜻을 알고도 준비하지 아니하고 그 뜻대로 행하지 아니한 종은 많이 맞을 것이요 알지 못하고 맞을 일을 행한 종은 적게 맞으리라"(눅 12:47-48).

세상 사람들과 그리스도인들 가운데 누가 주님의 뜻을 더 잘 알겠습니까? 우리는 예배 때마다 사도신경을 통해 "거기로부터 살아 있는 자와 죽은 자를 심판하러 오십니다"라고 고백합니다. 그렇다면 다시 오실 주님을 믿고 고백하는 신자들은 그 뜻대로 살아야 합니다. 재림을 알고도 그 뜻대로 행하지 아니하면 "많이 맞을 것이요"라고 주님은 선언하셨습니다. 하지만 "알지 못하고 맞을 일을 행한 종은 적게 맞으리라"고 말씀하셨습니다. 주님의 뜻을 안다면 이전보다 더 충성하기 바랍니다. 기회는 언제나 책임을 동반합니다.

우리가 맡은 모든 일은 장차 칭찬받을 수도 있고, 한날 책망거리가 될 수도 있다는 것을 기억하십시오. 무슨 일을 맡았느냐에 따라서가 아니라, 그 일을 어떻게 하느냐에 따라서 상급을 받을 것입니다. 그러므로 하나님이 맡기지 않으신 일에 대해서 안달할 이유가 없습니다. 두 달란트를 남겼든, 다섯 달란트를 남겼든 칭찬의 말씀은 같습니다. "착하고 충성된 종아 네가 적은 일에 충성하였으매 내가 많은 것을 네게 맡기리니 네 주인의 즐거움에 참여할지어다"(마 25:21). 지금 맡은 일이 무엇입니까? 오실 주님을 의식하고 그 직무를 수행하십시오.

○

우리 모두는 "허리에 띠를 띠고 등불을 켜고 서 있으라"(눅 12:35)는 명령을 받은 종처럼 주님의 재림을 준비하는 삶을 살아야 합니다. 더불어서 깨어 있는 종들을 향한 약속을 붙잡고 살아가십시오. 오늘 같은 세상에서 주님을 기다리는 삶을 살기란 쉽지 않기 때문에 영광스러운 약속을 날마다 묵상하십시오. 그리고 끝까지 충성하십시오. 신실한 종을 향한 풍성한 약속이 남아 있습니다. 그날 우리는 주님과 더불어 모든 것을 함께하고, 주님과 함께 온 세상을 다스릴 것입니다. 우리는 만유의 공동 상속자요, 만물의 공동 통치자임을 잊지 말기 바랍니다.

동시에 우리 모두를 향한 마지막 경고 또한 명심하십시오. 성도들을 섬길 특권을 받은 우리의 책임은 더 큽니다. 특별한 임무는 특별한 책임을 동반하기 때문입니다. 준비하고 깨어서 끝까지 충성하십시오. 그때 주께서 생명의 면류관을 주실 것입니다.

62.

내가 온 것은 (12:49-53)

//

    주님의 말씀은 아직도 12장 1절부터 시작한 다가올 심판에 머물고 있습니다. 듣고 있는 무리들 가운데는 감정이 상한 유대의 지도급 인사들, 호기심으로 가득한 흥분된 보통 사람들 그리고 몇 명 안 되는 제자들이 있습니다. 주님은 그들을 향해서 가히 충격적인 말씀을 하십니다. 특히 재림 준비에 관한 교훈, 임박한 심판 등에 관해 말씀하시다 보니 더 이상 억누를 수 없는 감정이 터져 나온 것 같습니다. 임박한 심판을 말씀하시다 보니 심판에 앞서 반드시 겪어야 할 사건들이 주님의 마음을 짓누르고 있는 것처럼 보입니다. 그러므로 이 장의 본문은 다섯 절에 불과한 짧은 분량이지만 가볍게 다룰 수 없는 분위기와 깊이 생각해야 할 주제가 담겨 있습니다. 얼핏 보기에는 어려워 보이지만, 이 말씀을 하시는 주님의 심정과 부담을 조금이라도 이해한다면 의외로 분명한 가르침을 접하게 될 것입니다.

앞서 주님은 다시 오심을 기다리는 제자들을 향해 세 번씩이나 복이 있다고 선언하셨습니다. 주님의 오심을 기다리는 성도들을 향해서는 세상에서 상상도 할 수 없는 복을 선언하셨습니다(눅 12:37, 44). 비록 몸은 여전히 군중들 사이에 있지만, 주님의 마음은 이미 다시 와서 당신의 신실한 제자들을 시중들며 그 모든 소유를 맡기시는 그날에 맞닿아 있었습니다. 그래서 억제할 수 없는 감정이 실린 언사를 쏟아놓으셨습니다. 세상에 다시 와서 당신의 제자들에게 상급을 주시는 그날이 도래하기 전에 아직도 세상에서 성취해야 할 일들이 주님의 마음을 짓누르고 있었기에 그 심정을 갑작스럽게 토로하신 것입니다.

충분한 설명도 없이 격한 심정을 담은 선언을 하셨기에 우리에게는 갑작스러운 느낌입니다. 마태도, 마가도, 요한도 다루지 않은 주님의 격한 감정이 누가복음에는 강하게 표출되어 있습니다. 이 장에서는 주님의 격한 선언 속에 나타난 세상에 오신 주님의 사명을 살펴보겠습니다.

주님의 첫 번째 사명 - 불을 던지기 위함

주님이 세상에 오신 것은 불을 던지기 위함입니다. 그리고 이미 그 불이 타오르고 있었다면 더 이상 바랄 것이 없다는 주님의 심정이 고백되고 있습니다. "내가 불을 땅에 던지러 왔노니 이 불이 이미 붙었으면 내가 무엇을 원하리요"(눅 12:49). "내가 … 왔노니"라고 주님은 선언하셨습니다. 주님은 본래 세상에 소속된 분이 아니십니다. 그분은 사명을 띠고 이 세상에 오셨습니다. 지금 주님은 "내가 불을 땅에 던지러 왔노니"라고 그 사명을 밝히셨습니다.

불을 땅에 던진다는 것이 무슨 뜻입니까? 성경적 배경을 살필 필요가 있습니다. 성경에서 '불'은 심판 행위와 관련이 있습니다(왕하 1장). 요한계시록에서는 '불을 땅에 쏟는다'는 말이 심판과 관련되어 있습니다(계 8:5, 7, 20:9). 유대인들에게 불은 '말세의 심판'을 가리키는 말로, 주로 예언서나 묵시록에 사용되었습니다. 불은 태울 수 있는 것은 태워 버리고 태울 수 없는 것은 깨끗하게 하기 때문입니다. 그러므로 불은 악한 자를 태우는 심판의 불과 동시에 하나님의 백성을 깨끗하게 하는 정화의 불을 상징합니다.

49절에서 볼 수 있듯이, 주님은 당신의 구원 사역이 완성되기를 간절히 소원하셨습니다. 그리하여 구원의 축복에 모든 인류가 동참하기를 갈망하셨습니다. 악이 물러가고 성도들이 거룩하게 되는 그날을 사모하셨습니다. 세상에 오신 주님의 사역 시초부터 이 불은 점화되었습니다. 그러나 십자가의 죽음, 부활, 보좌 우편에 앉으심, 성령을 보내신 후에라야 이 불은 활활 타오를 것입니다. 불로 심판하시는 예수님의 사역은 아직 나타나고 있지 않지만, 그 깨끗게 하는 불길이 이미 예수님 당신의 운명 가운데 다가오고 있었습니다. 그러므로 예수님은 당신 자신뿐만 아니라 예수님을 따르는 제자들에게 임할 결정적인 분쟁 속에서도 그 불길이 타오를 것을 내다보셨습니다.

49절 말씀 속에서 우리는 세상에서 해야 할 일을 끝마치려고 철저하게 소원하시는 예수님의 모습을 엿볼 수 있습니다. 인간을 구원하시기 위한 하나님의 계획에는 심판이 포함되어 있습니다. 주님은 그 심판을 사람들을 대신해서 몸소 겪으셔야 했습니다. 주님은 그 무서운 진노의 심판을 다른 사람에게 떠넘길 수 없고, 오직 하나님의 진노 속에 당신이 버림을 당하셔야 했습니다. 그러므로 장차 "나의 하나님, 나의 하나님 어찌하여 나를 버리셨나이까"(막 15:34)라고 절규하셔야 했습니다. 그것은 결코 유쾌한 전망이 아니었으나 주님은 그 일이 실현되기를 소원하셨습니다. 그래야만 구원 사역이 완성되기 때문입니다. 그러므로 우리는 "내가 불을 땅에 던지러 왔노니 이 불이 이미 붙었으면 내가 무엇을 원하리요"(눅 12:49)라는 말씀에서 하나님의 목적 성취를 열렬히 기다리시는 주님의 마음을 읽을 수 있어야 합니다.

주님의 두 번째 사명 – 고난의 세례를 받기 위함

주님이 세상에 오신 것은 고난의 세례를 받으시기 위함입니다. "나는 받을 세례가 있으니 그것이 이루어지기까지 나의 답답함이 어떠하겠느냐"(눅 12:50). 여기서 '세례'는 은유적인 표현으로 '재난에 휩싸이게 된다'는 의미입니다. 헬라어 '세례받다'라는 단어의 문자적인 의미는 '잠기다'입니다. 수동태의 의미는 '가라앉다'입니다. 배가 파도와 바람에 침몰하는 경우에 사용됩니다. 산전수전을 다 겪은 인생을 가리켜서 '모든 풍파를 다 겪은 사람'이라고 표현하는 것과 비슷합니다.

그러므로 "나는 받을 세례가 있으니"라는 주님의 말씀은 주님이 반드시 통과해야 하는 끔찍한 사건이 있다는 의미입니다. 비슷한 표현을 마가복음에서 볼 수 있습니다. 주님의 좌우에 앉게 해 달라는 야고보와 요한의 청탁을 받은 주님은 이렇게 말씀하셨습니다. "너희는 너희가 구하는 것을 알지 못하는도다 내가 마시는 잔을 너희가 마실 수 있으며 내가 받는 세례를 너희가 받을 수 있느냐"(막 10:38). 주님은 '내가 마시는 잔'과 '내가 받는 세례'를 같은 의미로 사용하셨습니다. 주님이 마셔야 할 잔이 고난의 잔이듯이, 주님이 받으셔야 할 세례 역시 고난과 피 흘림과 죽음의 세례를 의미합니다. 불을 이 땅에 던지기로 되어 있는 예수님은 당신이 먼저 재앙에 의해서 침몰당할 운명에 놓여 계셨습니다. 그러므로 본문에 나타난 주님이 받으셔야 할 세례는 바로 다가올 고난을 총체적으로 가리키는 표현입니다. 앞으로 다가올 고난에 대한 그 마음의 눌림을 여기서는 '답답함'이라고 표현하셨습니다. 반드시 그 고난을 감당하기까지 주님은 몸부림치고 계셨습니다. 주님이 우리를 위해 받으셔야 할 수난은 우연한 사건이 아니라, 주께서 당신의 백성을 위해 겪으셔야만 하는, 반드시 이루셔야 할 목표입니다. 주님은 이 수난의 세례를 받기 위해서 세상에 오신 분입니다.

주님은 비록 살을 찢고 피를 쏟는 고통이 따르지만 잃어버린 세상에 생명을 주기 위해서는, 우리의 죄와 더러움을 씻기 위해서는 당신의 피가 십자가에서 흘러야 할 것을 아셨습니다. 하나님의 뜻을 즐거워하는 동시에 그 뜻을 이루시기까지 그분의 마음에는 언제나 답답해하는 거룩한 눌림이 있었습니다. 성도는 이렇게 살아야 합니다. 어떤 상황에 부딪혀도 성도는 주님처럼 살아야 합니다. 우리는 이루어야 할 사명이 있는 사람들이기 때문입니다. 그 사명을 위해서 치러야 할 대가가 무엇인지 알고 살아야 제자입니다.

세상이 너무 가벼워졌습니다. 하지만 주님은 재림과 심판을 말씀하십니다. 재림과 심판 이전에 주님이 성취해야 할 사명, 그분이 지불해야 할 대가를 말씀하십니다. 주님이 받아야 할 세례를 의식하고 사셨던 것처럼, 우리 역시 반드시 감당해야 할 사명을 의식하고 살아야 합니다. 주님이 불타는 심정으로 사신 것처럼, 우리도 아버지의 뜻을 이루고자 하는 거룩한 소원을 품고 살아야 합니다. 사명 완수를 위해 답답해하는 거룩한 열심을 회복하기 바랍니다. 거룩한 부담으로 사신 주님은 거룩한 부담감을 가지고 살아가는 제자를 얻기에 마땅하십니다.

주님의 세 번째 사명
– 평화 대신 분쟁을 일으키려고

주님은 평화 대신 분쟁을 일으키기 위해서 오셨습니다. "내가 세상에 화평을 주려고 온 줄로 아느냐 내가 너희에게 이르노니 아니라 도리어 분쟁하게 하려 함이로라"(눅 12:51). 다시 한 번 우리의 상식과 기대를 저버리시는 선언입니다. 대부분의 유대인들은 메시아가 오시면 모든 대적을 무찌르고 자신들을 중심으로 한 세계 평화가 올 것이라고 기대했습니다. 메시아의 오심으로 세상이 유대인들의 발아래에 굴복하게 될 것을 바라고 살았습니다. 예수님은 제자들이 그런 거짓된 생각에 사로잡히지 않기를 바라셨습니다.

이 선언은 유대인들뿐 아니라 우리에게도 당혹스럽기는 마찬가지입니다. 예수님이 태어나신 그 밤의 천군과 천사의 노래를 기억하기 때문입니다. "지극히 높은 곳에서는 하나님께 영광이요 땅에서는 하나님이 기뻐하신 사람들 중에 평화로다"(눅 2:14). 복음을 듣고 깨닫는 순간부터 우리의 마음에 평안이 찾아옵니다. 그러나 복음을 듣고서도 마음을 굳게 한다면, 회개하지 아니하고 오히려 죄 가운데 거하기를 원한다면 복음의 메시지야말로 분쟁하게 하는 요인이 되지 않을 수 없습니다. 그런 의미에서 예수님은 사람들이 화평이 아니라 갈등 속에 서로 대립할 때 분쟁의 초점이 되십니다.

시므온이 예언한 것처럼, 그런 의미에서 예수님은 표적이 되십니다. "보라 이는 이스라엘 중 많은 사람을 패하거나 흥하게 하며 비방을 받는 표적이 되기 위하여 세움을 받았고"(눅 2:34). 어떤 사람에게 그리스도는 구원의 반석인 동시에, 또 다른 사람에게는 거치는 반석이기 때문입니다. 그렇다 보니 예수님을 믿는 사람들이 세상으로부터 미움과 박해를 받는 것은 조금도 이상할 것이 없습니다.

사실 예수님은 사탄과 죄를 멸하기 위해서 세상에 오셨습니다. 타락한 후에 사탄은 인간을 지배했고, 인간은 죄 가운데 빠졌습니다. 그러므로 예수님을 구원자로 모시지 않는 사람은 아직도 사탄의 권세 아래에 있습니다. 그러므로 그들은 예수 믿는 사람을 미워하고 악한 감정을 품게 됩니다.

왜 그렇습니까? 우리가 진정으로 그리스도인의 삶을 살면 우리로 인해 평소에 하던 더러운 농담과 더러운 행동을 입에서 그쳐야 하기 때문입니다. 그래서 그들은 본능적으로 우리를 싫어합니다. 이것이 세상의 생리입니다. 주님의 오심은 어쩔 수 없는 분쟁을 세상에, 아니 가정에 가져옵니다(눅 12:52-53).

그러나 그것은 종국적인 목표가 아니라 과정이라는 것을 꼭 기억하십시오. 결국은 온 가정이 복음을 받아들이게 되는 과정입니다. 우리의 싸움은 불신 가족과의 싸움이 아니라 그들을 지배하는 악한 영들과의 싸움이라는 사실을 기억해야 합니다. 그러므로 우리는 그들을 미워하지 말고 오히려 불쌍히 여겨야 합니다. 악의 영에 사로잡혀 스스로 판단할 수 없는 그들로 인해 마음의 부담을 가져야 주님의 제자입니다. 결국 우리를 통해 가족들을 부르시는 주님의 역사가 승리할 것입니다. "주 예수를 믿으라 그리하면 너와 네 집이 구원을 받으리라"(행 16:31).

가족 중 한 사람이 주께로 돌아오고 나머지 사람이 아직도 악한 영에 사로잡혀 있다면 거기에는 궁극적인 평화가 있을 수 없습니다. 복음은 한 가정을 분쟁하게 할 것입니다. 가장 친한 두 사람이 서로 나뉘게 될 것입니다. 더 나아가서는 여러 식구들을 서로 분쟁하게도 할 것입니다. 그러나 이런 분쟁은 개인적인 희생이 아무리 크더라도 예수님을 분명하게 시인하는 일에서 멀어질 수 없습니다. 누가복음 12장 첫 문단에서 우리는 이 사실을 살핀 바 있습니다. 사람들이 인자를 모른다고 하면 인자도 하나님의 천사들 앞에서 그들을 모른다고 하겠다고 말씀하셨습니다(눅 12:8-9). 그러나 꼭 기억하십시오. 이것은 결코 복음의 궁극적인 열매가 아닙니다. 결국 복음은 의와 화평으로 열매를 맺을 것입니다.

○

예수님은 평강의 왕으로 오셨습니다(사 9:6). 믿는 자의 마음뿐만 아니라 모든 세상에 완벽한 평강을 주시는 분입니다. 하지만 이런 온전한 평강은 주님이 다시 오셔서 새 하늘과 새 땅에서 이루어질 것입니다. 그날은 의가 보금자리를 트는, 평강이 강처럼 넘치는 새날이 될 것입니다. 만물을 새롭게 하는 그날에 평강의 왕, 예수 그리스도가 군림하실 것입니다.

그날을 사모하며 오늘도 신실하게 살아갑시다. 믿음으로 승리합시다. 근신하고 깨어서 기도하며 기다립시다. 밤이 매우 깊어 가고 있습니다. 그것은 낮이 가까워지고 있다는 의미입니다. 그날이 오면 세상의 모든 분쟁이 끝날 것입니다. 그날이 오면 우리가 사모하던 평강이 온 누리에 깃들 것입니다. 그날에는 영원한 평화만이 온 누리에 가득 넘실댈 것입니다.

63.

너무 늦기 전에 (12:54-59)

//

옳은 것을 스스로 판단하지 않는 사람들

주님은 세상에 불을 던지러 오신 분입니다. 그러므로 사람들은 주님이 오심으로 달라진 시대의 심각성을 알아야 했습니다. 너무 늦기 전에, 아직도 기회가 남아 있을 때에 삶의 중대사를 바로잡아야 했습니다. 무엇이 옳은 것인지를 스스로 판단해야 했습니다.

주님은 본문을 통해 이스라엘의 보통 사람들을 향해서 그들의 상식에 호소하며 말씀하셨습니다. 당대를 살던 이스라엘 사람들은 하늘에 떠오르는 구름이나 땅에 부는 바람의 방향을 보고 일기의 변화를 능히 예측했습니다. 하늘의 구름과 땅에 부는 바람을 보고 다가올 날씨를 예측할 정도라면, 주님의 오심의 징조는 더욱 분명하고 뚜렷하기에 하려고만 했다면 주님이 세상에 오신 구원자임을 알 수 있었을 것입니다. 다만 알려고 하지 않았기 때문에 그들은 주님을 알아보지 못했을 뿐입니다.

"너희가 구름이 서쪽에서 이는 것을 보면 곧 말하기를 소나기가 오리라 하나니 과연 그러하고"(눅 12:54). 팔레스타인 땅은 서쪽 지중해로부터 습기를 머금은 비구름이 몰려오면 소나기가 내리곤 했습니다. "남풍이 부는 것을 보면 말하기를 심히 더우리라 하나니 과연 그러하니라"(눅 12:55). 팔레스타인에서 남쪽, 혹은 남서쪽은 사막 지대이기에 남풍이나 남서풍은 사막의 열기를 실은 바람입니다. 그래서 바람이 불어오는 방향을 보고 사람들은 "심히 더우리라"고 말했고, 그대로 되었습니다.

그러므로 예수님은 자연의 변화를 관찰하고 그 결과를 예측하는 일에 그처럼 익숙한 사람들이 이 시대의 징조를 알아채지 못하는 것은 위선에 지나지 않는다고 지적하며 호통을 치셨습니다. "외식하는 자여 너희가 천지의 기상은 분간할 줄 알면서 어찌 이 시대는 분간하지 못하느냐"(눅 12:56). 주님의 오심으로 펼쳐지는 이 시대의 징조는 그보다 훨씬 더 분명하기 때문입니다.

생각해 보십시오. 그들은 오실 주님에 대한 수많은 징조를 찾아볼 수 있었습니다. 성경은 예언자들을 통해 메시아가 오실 것을 수없이 말했습니다. 그리고 당대 사람들은 이러한 예언을 꽤 익숙하게 알고 있었습니다. 결과적으로 사람들은 메시아의 오심을 상당히 기대하고 살았습니다. 심지어 한낮에 물 길으러 우물가에 온 사마리아 여인까지도 메시아에 대한 소망을 갖고 있었습니다. 게다가 왕권을 상징하던 홀은 이미 유다로부터 떠난 지 오래였고, 이는 바로 실로의 오심을 대망하는 분명한 징조라고 사람들은 알고 있었습니다. 이러한 사실 말고도 예수님이 메시아이시라는 여러 가지 이적들이 뒤따르고 있었습니다. 예수님은 어떤 사람도 행할 수 없는 기적들을 행하셨고, 그들이 거부할 수 없는 권위로 가르치셨습니다. 그리고 복음이 가난한 자들에게 전파되는 새로운 시대의 징조가 나타났습니다. 이보다 더 무슨 징조를 구하겠습니까. 이러한 일들은 바로 이스라엘의 위대한 선지자 이사야가 예언한 메시아 시대의 증표였습니다 (눅 7:22).

그러므로 예수님은 보통 사람들에게 그들의 상식을 사용할 것을 명하며 소위 지도자들의 위선과 편견에 매이지 말고 스스로 판단하라고 권고하셨습니다. 더 이상 거짓 스승들의 가르침을 맹종하지 말고, 천기를 보고 날씨를 판단하듯이 옳은 것을 스스로 판단하도록 요청하셨습니다. 메시아 시대의 확실한 증표인 맹인이 보며, 못 걷는 사람이 걸으며, 나병 환자가 깨끗함을 받으며, 귀먹은 사람이 들으며, 죽은 자가 살아나며, 가난한 자에게 복음이 전파되는 것을 보고도 깨닫지 못하는 군중을 책망하셨습니다.

메시아, 즉 구원자가 이 땅에 오시기 전에 사람들은 맹인이 눈을 뜨는 것을 본 적이 있습니까? 못 걷는 사람이 걷게 된 것을 본 적이 있습니까? 나병 환자가 깨끗함을 받으며 못 듣는 자가 들으며 죽은 자가 살아나는 것을 상상이라도 한 적이 있었습니까? 이런 모든 기적은 새로운 시대가 시작되었음을 보여 주는 확실한 증표입니다. 우리는 성경을 열심히 읽어서 그런 일은 응당 있을 수 있는 일이라고 생각합니다. 그러나 언제 그런 역사가 세상에 일어났습니까? 주님이 오셔서야 비로소 사람들이 생각지 못했던 일들이 일어났습니다. 그것은 분명 새로운 시대가 펼쳐졌다는 충분한 증거였습니다. 그럼에도 종교 지도자들의 불신과 비방을 따라서 아무도 예수님이 세상에 오신 구원자, 메시아이심을 생각하지 않고 있었습니다. 그래서 주님은 "또 어찌하여 옳은 것을 스스로 판단하지 아니하느냐"(눅 12:57)라고 개개인을 향해서 호소하셨습니다. 주님은 오늘 우리를 향해서도 "또 어찌하여 옳은 것을 스스로 판단하지 아니하느냐"라고 말씀하실 것입니다.

우리는 올바로 판단하고 있는가

그러면 이제 옳은 것을 우리 스스로 판단할 차례입니다. 메시아 시대가 시작된 확실한 증거를 보면서도 깨닫지 못한 당시 사람들을 안타까워하지 마십시오. 주님의 재림을 앞두고 있는 시대를 사는 우리는 어떠합니까? 당신은 주님의 재림이 임박한 징조를 보고 스스로 판단하고 있습니까? 그리고 그 징조를 보면서 반응을 보이고 있습니까?

그리스도인은 세상의 종말이 있다는 것을 아는 유일한 사람들입니다. 세상은 날로 더 나아지는 미래를 이야기하지만, 성경은 종말이 온다고 말하며, 종말에 대해서 이야기합니다. 이전 시대에 볼 수 없던 자연계의 재해에는 어떤 것이 있습니까? 무엇보다 기상 이변입니다. 우리는 환경 오염이라는 말이 이제는 아이들의 입에서조차 오르내리고 있는 세기말적인 시대를 살고 있습니다. 요한계시록에 의하면 여러 가지 자연재해가 우리에게 임할 것을 예상해야 합니다. 종말을 향한 일곱 천사의 나팔이 울려 퍼질 것입니다(계 8:10-12). 누가복음에서 주님은 종말의 징조로 자연재해를 언급하신 바 있습니다(눅 21:25-26). 주님은 또 다른 재해인 기근과 전염병을 말세의 징조로 제시하셨습니다(눅 21:11). 언제나 이런 것들은 하나님의 심판 목록에서 빠진 적이 없습니다.

경제적이고 사회적인 재해도 예상해야 합니다. 우리에게 어느 날 갑자기 닥친 IMF 구제 금융의 기억이 아직도 생생합니다. 하지만 그때는 우리에게 구제의 손을 펼칠 이웃 나라들이 남아 있었습니다. 그러나 최근의 금융 위기는 그 여파가 세계적이라는 점에 있어서 당시와는 현저히 다릅니다. 더 이상 도와줄 나라가 세상에 남아 있지 않습니다. 모든 나라가 이제는 동일한 금융 위기 가운데 빠져든 것입니다. 이제 세상은 한 마을이 되었습니다. '지구촌'이라는 말이 갖는 긍정적인 의미도 있지만, 부정적인 의미, 세기말적인 의미를 놓치지 말아야 합니다. 모든 세상은 하나의 문명권에 속하게 되었습니다. 그래서 더러워지면 한꺼번에 더러워집니다. 함께 하나님의 진노 아래 빠져듭니다. 따라서 온 세상은 하나님의 심판 아래 함께 놓이게 되었습니다. 요한계시록의 표현을 빌리면, 나라와 나라 사이를 구분하던 강물이 말랐다고 말할 수 있습니다(계 16:12).

세상이 정말 달라졌습니다. 몇십 년 전에는 생각도 못 했던 일들이 사회 곳곳에서 일어나고 있습니다. 인류가 해 아래 살면서 자식을 사랑한 것은 창조의 질서에 속하는 일입니다. 어미의 태 속만큼 태아에게 안전한 곳은 없었습니다. 그러나 수십 년 동안 세상이 달라졌고, 더 이상 태 속이 안전하지 않다는 것을 모르는 사람은 아무도 없습니다. 처음 주님이 오셨을 때 헤롯은 새로운 왕이 태어났다는 말을 듣고 사람을 보내 베들레헴과 그 모든 지경 안에 있는 사내아이들을 모두 죽였습니다. 그래서 인류 역사상 가장 나쁜 왕으로, 영아 학살자로서 그 이름을 올리게 되었습니다. 그러나 지금은 얼마나 악해졌습니까? 지금은 자신의 안일을 위해서 자식을 죽이는 시대에 돌입했습니다. 이는 극악한 죄입니다. 반드시 하나님의 마지막 심판을 불러오는 무서운 죄라는 것을 알아야 합니다.

하나님은 이 시대를 사는 당신의 백성을 향해서 호소하십니다. "내 백성아, 거기서 나와 그의 죄에 참여하지 말고 그가 받을 재앙들을 받지 말라"(계 18:4). 아무런 생각이 없이 사는 당신의 백성을 향해서 주님은 스스로 판단하라고 촉구하십니다. 세상 사람들이 하는 대로 따라 살면 세상 사람들이 받을 재앙을 받게 됩니다. 오직 그들의 죄악에 동참하지 않아야 그들이 받을 재앙을 면할 수 있습니다.

그러면 우리는 어떻게 살아야 합니까? 얼마 남지 않은 이 시간에 성도다운 삶을 살아야 합니다. 우리의 잘못에 대해 하나님 앞에 뉘우쳐야 합니다. 우리가 우리의 죄를 자백하면 하나님은 미쁘고 의로우사 우리의 죄를 사하시며 모든 불의에서 우리를 깨끗하게 하십니다(요일 1:9). 이 시대의 징조들은 하나님 앞에서 회개하지 않을 경우 심판받을 날이 다가오고 있다는 것을 말하고 있습니다. 떠오르는 구름을 보고도 소나비를 예측하고, 불어오는 바람의 방향을 보고도 날씨가 몹시 더울 것을 예측하는 그 실력으로 스스로를 위해서 이 시대를 올바르게 분별하라고 주님은 도전하십니다.

너무 늦기 전에 하나님과 화목을 시도하라

우선, 주님의 예화를 들어 봅시다. "네가 너를 고발하는 자와 함께 법관에게 갈 때에 길에서 화해하기를 힘쓰라"(눅 12:58상). 우리의 처지가 도무지 갚을 길 없는 거액의 빚을 진 사람으로 묘사되고 있습니다. 법정 소송을 하고자 하는 채권자와 함께 법정으로 가고 있는 중입니다. 이제 상황을 변하게 할 시간이 얼마 남지 않았습니다. 고소되면 감금될 것이고, 풀려나올 확률은 사실상 전무합니다. 재판정에 도착하기 전에 고소하는 자와의 합의를 얻어 내기 위해서 모든 노력을 기울여야 합니다. 만약 합의가 이뤄지지 않으면 상황은 급변할 것입니다. "그가 너를 재판장에게 끌어가고 재판장이 너를 옥졸에게 넘겨주어 옥졸이 옥에 가둘까 염려하라"(눅 12:58하).

법관에게 가는 길에서의 뉘앙스는 중립적이고 결코 위압적이지 않게 들립니다. 그러나 두 번째 상황 묘사는 다릅니다. 합의가 이루어지지 않은 채 사법적인 절차가 시작되면 상황은 불리합니다. 재판장이 옥졸에게 넘기고, 옥졸이 옥에 가둘 것입니다. 거기서 벗어나는 것은 불가능합니다. 당시 상황에서 채무자가 감옥에서 빚을 다 갚고 나온다는 것은 거의 불가능에 가까웠습니다. "네게 이르노니 한 푼이라도 남김이 없이 갚지 아니하고서는 결코 거기서 나오지 못하리라"(눅 12:59).

우리는 어떻습니까? 우리는 어떤 삶을 살았으며 그 결과는 어떻게 될 것인지를 판단해 보십시오. 인간은 모두 하나님 앞에 갚아야 할 빚을 진 자들입니다. 우리가 세상에 태어났다는 사실 자체가 하나님으로부터 무한한 은혜를 받은 것 아닙니까? 해마다 이처럼 먹고도 남을 만큼 풍족한 가운데 살도록 하신 것은 하나님의 은혜입니다. 상황은 절박합니다. 시간은 많이 남아 있지 않습니다. 이제는 행동할 때입니다. 마치 채권자가 법정 소송을 시도하려고 나선 것 같은 시점입니다.

우리는 하나님의 심판대를 향해서 나아가는 처지입니다. 우리를 고발하려는 자와 화해하지 못한다면 엄청난 재난이 덮칠 것입니다. 너무 늦기 전에 하나님과 화목을 시도하십시오. 우리 모두 한날 하나님의 보좌 앞에 서게 될 것입니다. 빚을 갚지 못해 고발당하는 처지에 있는 그 사람처럼 우리 모두는 하늘의 하나님께 엄청난 빚을 지고 있는 사람입니다. 거룩하신 하나님의 법은 우리를 고발할 것입니다. 우리 중 아무도 율법이 요구하는 바를 다 충족시킬 수 없기 때문입니다. 그러므로 모든 인생은 죽기 전에, 세상의 종말이 오기 전에 용서와 사죄를 받아야 합니다. 기회를 놓치고 만다면 심판은 우리에게 매우 불리하게 진행될 것입니다. 지옥의 형벌을 면하지 못할 것입니다.

인생은 누구나 채무자들입니다. 한번 던져지면 다시는 나올 수 없습니다. 그래서 단테는 《신곡》을 쓰면서 지옥 문 앞에 "여기에 들어가는 자는 희망을 버릴지어다"라고 적은 현판을 걸어 두었습니다. 지옥에는 더 이상 희망이 없기 때문입니다. 그러므로 십자가에 못 박히신 예수님을 사랑하는 가족과 이웃에게 전해야 합니다. 오직 예수님만이 우리의 모든 빚을 갚아 주실 수 있습니다. 주님의 십자가 죽음으로 완전한 속죄가 이루어졌습니다. 그 모든 죄의 빚이 다 청산되었습니다. 십자가에서 흘리신 보배로운 피로써 율법의 요구는 모두 충족되었습니다. 하나님은 공의로운 분이며, 또한 예수님을 믿는 모든 사람을 의롭다고 선언하는 분이십니다. 주님의 십자가와 그곳에 달리신 주님이 나를 대신해 고난을 받으셨다는 사실을 믿기만 하면 더 이상 우리를 재판장에게 끌고 갈 사유는 소멸됩니다. 그래서 우리는 주님의 보혈을 찬양하는 것입니다. 우리를 고소하는 모든 율법의 기록은 십자가의 죽음과 함께 폐기 처분되었습니다(골 2:14).

○

욥기에 나오는 선언이 바로 우리에게 성취될 것입니다. "하나님은 그에게 은혜를 베푸시고, 천사에게 말씀하실 것입니다. '그가 무덤으로 내려가지 않도록, 그를 살려 주어라. 내가 그의 몸값을 받았다'" (욥 33:24, 표준새번역). 하나님의 심판대 앞에서 우리를 향한 이 같은 복된 선언이 있기를 바랍니다. 그렇지 않으면 우리에게는 희망이 없습니다. 일단 유죄 판결이 나고 지옥에 던져지면 결코 거기서 나오지 못할 것입니다. 너무 늦기 전에 당신의 운명을 확인하십시오. 너무 늦기 전에 주님의 은혜를 받아들여야 합니다. 우리 자신뿐만 아니라 내게 소중한 가족과 이웃들이 복음을 받아들여야 합니다. 너무 늦기 전에 하나님의 용서하심을 믿고 하나님의 자녀들이 누리는 영광의 자리로 나아가기를 바랍니다.

64.

회개하지 아니하면 (13:1-5)

//

두어 사람이 전한 끔찍한 소식

'다가올 심판을 준비하라'는 큰 주제의 가르침은 누가복음 13장 본문에도 계속됩니다. '너무 늦기 전에 회개하라'는 엄숙한 말씀을 전하시는 바로 '그때 마침' 두어 사람이 와서 흐름을 끊으려 했습니다. 어디에서 온 사람들인지에 대해서는 본문 어디에도 기록이 없습니다. 그러나 그들이 와서 예루살렘에서 일어난 최근 소식을 전하는 것으로 보아 예루살렘에서부터 온 사람들일 것이라고 추측할 수 있습니다. 당시는 누군가 눈으로 보았거나 귀로 들은 사실을 직접 다른 사람에게 입으로 전하던 시대였습니다. 그렇다 보니 그런 소식들은 듣는 이들에게 영향을 주었고, 누군가 막 도착했다는 것은 무엇인가 새로운 소식을 기대하게 했습니다.

하지만 그들이 가지고 온 것은 좋은 소식이 아니었습니다. 하긴 좋은 소식보다는 나쁜 소식이 더 빨리 퍼진다고 합니다. 하지만 그들이 전한 것은 끔찍한 소식이었습니다. 그들은 "빌라도가 어떤 갈릴리 사람들의 피를 그들의 제물에 섞은 일"(눅 13:1)에 대해서 예수님께 아뢰었습니다. 빌라도는 당시 세계 제국 로마가 파송한 유대를 다스리는 총독이었습니다. 그리고 여기 등장한 사건과 예수님을 십자가에 못 박아 죽이도록 한 사건은 몇 달 안에 일어난 것으로 볼 수 있습니다. 그 이유는, 누가복음 9장 51절에 의하면 지금 예수님은 예루살렘을 향하여 마지막 길을 올라가고 계시며, 13장의 사건은 그 어간에서 일어난 일이기 때문입니다. 예루살렘에 도착하면 예수님은 유월절 어린양으로서 십자가에 못 박히시게 될 것입니다. 예수님은 본디오 빌라도가 갈릴리 사람들에게 저지른 끔찍한 일에 대한 소식을 접했지만 계속 그 길을 가서야 했습니다. 오늘과 내일과 모레는 당신에게 주어진 길을 가시고, 예루살렘에 도착하면 "본디오 빌라도에게 고난을 받으사 십자가에 못 박혀 죽으시고"라는 말씀이 성취될 것입니다.

이제 예루살렘으로부터 도착한 것으로 보이는 두어 사람이 전한 끔찍한 소식에 대해서 좀 더 살펴봅시다. '빌라도가 어떤 갈릴리 사람들의 피를 그들의 제물에 섞은 일'이란 어떤 일입니까? 본문에 나오는 비극적인 두 사건은 오직 누가복음만 전하고 있습니다.

빌라도에 대해서는 조금 알겠지만 '어떤 갈릴리 사람들'에 대해서는 사실 아는 바가 별로 없습니다. 하지만 일반적으로 갈릴리 사람들이라고 하면 통하는 특징은 있습니다. 성질이 베드로처럼 급하고, 열심당원 시몬과 같이 피가 뜨거운 사람들이라고 먼저 추측을 합니다. 그래서 사건, 폭동이 일어났다고 하면 틀림없이 거기에는 갈릴리 사람들이 포함되어 있었습니다. 그래서 무언가 또 한 건 저지르고 당한 것이 아닌가 하는 생각도 가능합니다. 마침 유월절이라 예루살렘에 머물고 있던 가혹하고 무자비한 총독 빌라도도 어떤 이유가 있었기에 군대를 파송해 성전 안에서 제사를 드리고 있는 사람들을 그 자리에서 죽이지 않았겠습니까? 그러므로 '빌라도가 어떤 갈릴리 사람들의 피를 그들의 제물에 섞은 일'을 꼭 문자적으로 생각하지 말고, 제사를 드리는 일과 죽임을 당한 일이 동시에 일어났다는 의미로 이해하는 것이 좋을 듯합니다.

비극적인 사건에 관한 예수님의 반응

그러면 지금 도착한 사람들은 이 충격적인 사건을 왜 예수님께 보고했겠습니까? 물론 사람들은 자기만 알고 있는 소식이 있으면 모든 사람에게 가서 그 이야기를 하고 싶어 합니다. 그래서 예루살렘에서 있었던 최근의 소식을 예루살렘을 향해 가고 있는 예수님 일행에게 말했을 수도 있습니다. 보고한 의도가 무엇이었든 간에 제사를 드리고 있는 사람을 죽인다는 것은 전대미문의 극악한 범죄임에 틀림없습니다.

어쩌면 그들은 그 사건에 대한 예수님의 논평을 듣고 싶었을 수도 있습니다. 십중팔구는 정치적인 평가를 요구했을 것입니다. 그러나 예수님의 반응은 달랐습니다. 정치적인 평가는 한마디도 없고 죄와 심판이라는 틀 안에서 답하셨습니다. "너희는 이 갈릴리 사람들이 이같이 해 받으므로 다른 모든 갈릴리 사람보다 죄가 더 있는 줄 아느냐 너희에게 이르노니 아니라 너희도 만일 회개하지 아니하면 다 이와 같이 망하리라"(눅 13:2-3).

당시 유대인들은, 사람들이 남다른 재앙을 받는 것은 그 사람들이 저지른 죄 때문이라고 믿었습니다. 그들 역시 갈릴리 사람들이 다른 사람들보다 죄가 더 많았다는 것을 전제하고 말한 것처럼 보입니다. 그들은 지금 갈릴리 사람들이 당한 재해와 자신들 사이에는 어떤 관련도 있다고 생각하지 않습니다. 그래서 주님은 날씨의 징조는 이해하면서 이 시대의 징조는 이해하지 않는 또 하나의 위선이라고 지적하신 것입니다.

이 사건을 주님은 그들의 기대와는 다르게 보고 계셨습니다. 주님은 단도직입적으로 말씀하셨습니다. 비참한 죽음을 당하면 그 자신의 죄 때문이라고 생각하는 세상에서 "아니다"라고 선언하셨습니다. 주님은 이 사건을 통해서 "너희에게 이르노니"라고 말씀하심으로 시선을 지금 말씀을 듣고 있는 청중에게로 돌리셨습니다. 죽은 사람의 죄를 논하신 것도 아니고, 그 지역에 살면서 죽지 않은 사람들에 대해서도 말씀하시지 않았습니다. 바로 이 비참한 사건을 듣는 그들에게 말씀하셨습니다. 그러므로 하필 이 소식을 접하게 되는 그들에게 주는 이 시대의 징조로 이해해야 한다는 것입니다.

주님은 이 메시지를 더 확실하게 하기 위해 당시 사람들이 잘 알고 있던 예루살렘에서 일어난 또 하나의 사건을 예로 드셨습니다. "또 실로암에서 망대가 무너져 치어 죽은 열여덟 사람이 예루살렘에 거한 다른 모든 사람보다 죄가 더 있는 줄 아느냐"(눅 13:4). 실로암 망대가 무너져서 열여덟 명이 죽은 사건은 당대의 처참한 사건 중 하나입니다. 실로암은 예루살렘 성벽의 남동쪽 구석 가까이에 있는 저수지 이름으로, 기혼에서 예루살렘으로 끌어들인 물을 저장하는 곳입니다. 빌라도는 물을 더 잘 공급하기 위해서 새로운 수도관을 시설했습니다. 어쩌면 실로암 망대 붕괴 사건은 이 공사와 무관하지 않았을 것입니다. 그렇다면 돈을 벌기 위해 공사 현장에서 일하다가 사고로 죽은 사람들일 수 있습니다.

그들이 잔인한 빌라도의 칼에 당했든지, 아니면 안전사고로 죽었든지,

문제는 죽은 자들에게가 아니라 살아 있는 우리에게 있다고 주님은 보셨습니다. "너희에게 이르노니 아니라 너희도 만일 회개하지 아니하면 다 이와 같이 망하리라"(눅 13:5). 그러므로 한마디도 다르지 않은, 앞 사건과 똑같은 말씀으로(눅 13:3) 주님은 결론을 내리셨습니다(눅 13:5). 반복을 통해 강조하신 것입니다. 서쪽에서 일어나는 구름처럼, 남쪽에서 부는 바람처럼 이 사건들은 살아 있는 사람들에게 선포하는 메시지가 있습니다. 이 사건을 접하는 '너희도' 회개해야 한다는 것입니다.

사람들은 자신의 죽음보다 차라리 타인의 죽음에 관해서 더 민감한 반응을 보입니다. 방금 도착한 갈릴리 사람들의 죽음에 관한 이야기는 새로운 화젯거리입니다. 또한 예루살렘 사람들의 죽음에 관한 것은 익히 알고 있는 화젯거리입니다. 이런 사건을 즐겨 다루는 현상은 당시 사람들의 일상적인 모습인 동시에 오늘에도 마찬가지로 큰 화젯거리입니다. 그럼에도 사람들은 자신의 죽음에 대해서는 결코 생각도 하지 않고, 말도 하지 않습니다. 또 죽음 저편의 세계를 내다보지 않습니다. 그러나 먼저 자신을 살피는 것을 결코 잊어서는 안 됩니다. 우리 모두는 다른 사람들에게 일어나는 재난을 통해 성도답게 자신을 돌아보는 지혜를 얻어야 합니다.

회개하지 아니하면 망한다

당시 유대인들이나 오늘날 종교인들이 생각하듯이 재난은 특별히 죄가 많은 사람에게 덮치는 것이 아닙니다. 그리고 비록 빌라도의 칼날을 피해도 회개하지 않으면 망합니다. 실로암에 있는 망대가 아니라 어떤 망대가 무너지지 않아도 망합니다. 주님이 선언하신 '망한다'는 말을 신체적으로 이해하지 마십시오. 죄의 삯은 죽음이요, 멸망이라는 것은 진리입니다.

그러므로 주님은 남의 비극적인 운명을 가지고 떠들어 대는 자들을 향해서 거듭 경고하십니다. "너희도 만일 회개하지 아니하면 다 이와 같이 망하리라"(눅 13:3, 5). 그러므로 반드시 회개해야 합니다. 이것이 영생과 멸망을 결정짓는 시금석입니다. "이와 같이 망하리라"라는 말씀은 결코 독재자의 칼에 죽거나 무너지는 건축 구조물에 깔려 죽는다는 말은 아닙니다. 회개하지 아니하면 누구나 그들처럼 망할 것입니다. 그러므로 주님은 예외 없이 회개를 요청하십니다.

그러면 왜 모든 사람은 회개하지 아니하면 망합니까? 우리 모두가 죄인이기 때문입니다. "모든 사람이 죄를 범하였으매 하나님의 영광에 이르지 못하더니"(롬 3:23). 우리는 죄를 지어서 비로소 죄인이 되는 것이 아닙니다. 죄인으로 태어났기에 죄를 짓는 것이 자연스러운 자들입니다. 그러므로 우리는 거룩하신 하나님과 친구가 될 수 없으며, 오히려 하나님의 진노 아래 있습니다. 그렇기에 세례 요한이 유대 광야에 등장해서 외친 첫 말이 "회개하라 천국이 가까이 왔느니라"(마 3:2)였습니다. 세례 요한뿐 아니라 주님도 당신의 모습을 군중들에게 드러내면서 동일한 메시지를 맨 처음 선포하셨습니다. "회개하라 천국이 가까이 왔느니라"(마 4:17).

그렇다면 이전보다 훨씬 더 빈번하고 엄청난 재난을 당하는 우리를 향한 주님의 메시지는 무엇입니까? "너희도 만일 회개하지 아니하면 다 이와 같이 망하리라." 믿음의 선조들은 사건 사고의 배후에 있는 죄와 심판을 생각했습니다. 그러나 요즈음 사람들은 죄로 인한 하나님의 심판을 생각하지 않습니다. 그 마음속에 하나님 두기를 싫어하는 세대입니다. 그 입술로 하나님은 없다고 주장하는 세대입니다. 아니, 하나님은 죽었다고 선언하는 시대입니다.

비록 인위적이거나 자연적인 재난이 그런 재난 속에 빠져든 사람들의 죄라는 증거가 될 수는 없습니다. 그러나 이 모든 재난의 배후에는 하나님의 심판의 손길이 있습니다. 이전에도 지진, 홍수, 해일이 있었습니다. 그러나 지금은 빈도와 규모에 있어서 예전과 다릅니다. 하나님이 사람들의 삶의 터전 전체를 흔들고 계십니다. 그것을 무시하고 비웃는다고 심판하시는 하나님의 손길을 피할 수 있는 것이 아닙니다. 하나님의 심판은 아무런 생각 없이 살아가는 사람들에게 무작위로 임할 것입니다.

모든 인류는 하나님의 심판 아래 서 있습니다. 하나님의 자비를 떠나서는 우리 모두 망할 수밖에 없습니다. 그러나 우리의 문제는 하나님의 자비에 너무 익숙해 있다는 데 있습니다. 그렇기에 재난이 닥치면 당혹해하고 놀랍니다. 하지만 주님의 말씀을 되씹어 보면, 우리는 고통 앞에 놀랄 이유가 없습니다. 사람들은 흔히 "왜 나에게는 이런 고통이 끝나지 않는가?"라고 질문합니다. 우리가 하나님의 눈앞에 겁 없이 죄를 짓고 사는 죄인이라는 것을 안다면 "왜 내가 이런 사소한 고통을 겪는가? 나는 훨씬 더 큰 고난을 겪어야 마땅한데"라고 스스로 물을 것입니다.

혹시 하나님이 나에게 아무런 고통 없는 삶을 주셔야 한다고 생각하지는 않습니까? 우리의 죄악의 깊이를 안다면 우리는 거기에 상응하는 고통을 겪지 않고 사는 것에, 오히려 하나님의 자비로 살아가는 것에 놀라야 합니다. 고통과 불의에 시달리는 세상에서 우리는 마치 하나님의 선하심을 옹호해야 할 것처럼 여깁니다. 그러나 실상은 하나님의 선하심과 인자하심을 이해하는 것이 어렵습니다. '왜 하나님은 타락한 인생에게 이처럼 자비하신가?'를 궁금하게 여겨야 합니다.

아무리 연속적인 재난 가운데 사는 사람이라 할지라도, 잘 살펴보면 아직도 남겨진 하나님의 자비가 풍성하다고 고백할 수밖에 없습니다. 우리 모두는 이 세상에서 무한한 하나님의 자비에 빚진 자들입니다. 하나님이 베푸신 은혜를 즐기면서 감사의 기도를 끊지 마십시오. 그리고 베푸신 축복을 인해서 이웃들에게 선한 증거를 하면서 살아갑시다. 그럼에도 아직 우리 주변에 일어나는 각종 사건 사고는 여전히 하나님의 경고입니다. 우리의 삶에 일어나는 모든 자연재해는 우리의 회개를 요청하는 하나님의 경고임을 잊지 마십시오.

사건 사고와 자연재해를 당할 때 남의 일처럼 말하지 마십시오. 오히려 나를 향한 하나님의 경고로 받아들이고 지금껏 잘못된 삶을 인정한 후 하나님과의 관계를 바로 해야 합니다. 새 삶을 주기 위해 하나님이 보내신 구원자, 예수님을 만나야 합니다. 회개는 하나님 없이 살아온 잘못을 인정하는 것입니다. 어리석고 헛되이 살아온 것을 부끄럽게 여기고 슬퍼하는 것입니다. 하나님 앞에 그렇게 살아온 죄를 고백하고 이제는 죄악된 삶을 청산하는 것입니다. 회개는 무엇보다도 예수 그리스도와 더불어 사는 새로운 시도를 하는 것입니다.

회개 없이는 죄의 용서가 없습니다. 회개하지 못한 사람이 용서받는 경우는 결코 없습니다. 회개 없이는 아무도 하나님 나라를 보지 못합니다. 죄를 사랑하는 마음으로는 영광의 나라에 들어갈 수 없습니다. 온 마음을 다해 하나님을 사랑하지 않고는 결코 행복할 수 없습니다. 하나님은 우리가 죄악 가운데서 행복해하기를 바라지 않으십니다. 우리가 하나님처럼 거룩하게 살기를 원하십니다. 마음과 뜻과 정성과 힘을 다해서 하나님을 사랑할 때 평안과 기쁨이 찾아올 것입니다.

○

기쁨, 기도, 감사의 삶은 회개의 관문을 통과한 사람에게만 주어지는 축복입니다. 항상 기뻐하고 쉬지 않고 기도하며 범사에 감사하는 삶은 그리스도 예수 안에 들어온 사람들에게 약속된 축복입니다. 날마다 자신의 잘못을 돌아보고 주님의 거룩을 사모하는 자에게 주어지는 은혜입니다. 어느 순간에도 부서질 수 있는 연약한 삶에서 우리에게 재난이 일어나지 않았다는 사실로 인해 감사하며 재난이 덮치기 전에 하나님과 바른 관계를 맺어야 한다는 것이 주님의 메시지의 핵심입니다. 주님은 그렇게 살면 안 된다고, 돌아서야 한다고 말씀하셨습니다. 주님은 "너희도 만일 회개하지 아니하면 다 이와 같이 망하리라"는 말씀을 계속 반복하셨습니다. 우리의 삶을 돌아보며 하나님이 주시는 새로운 축복으로 나아가기를 바랍니다.

65.

한 해만 더 (13:6-9)

//

    앞 장의 '회개하지 아니하면'이라는 제목과 이 장에서 우리가 살필 '한 해만 더'라는 제목은 모두 가벼운 주제가 아닙니다. 앞 장의 본문인 누가복음 13장 1-5절을 한마디로 요약하면 '회개하라'이고, 이 장의 본문을 요약하면 '지금 회개하라'입니다. 이제 예수님이 베푸신 비유를 들어봅시다.

열매 맺지 못하는 무화과나무 비유

    본문의 비유에는 농사짓는 이야기가 나옵니다. 어떤 과수원 주인이 자기 포도원 한 곳에 무화과나무를 심었습니다. 당시 팔레스타인에서 포도원에 무화과를 심는 것은 예나 지금이나 흔히 있는 일이라고 합니다. 그러나 무화과를 위해서 지정된 밭이 흔하지 않은 세상에서 포도원에 심겨졌다는 것은 무화과의 입장에서 보면 특별한 혜택입니다. 그런데 문제는 그 좋은 환경에 뿌리를 박고 살면서 열매를 맺지 않는다는 것입니다. "한 사람이 포도원에 무화과나무를 심은 것이 있더니 와서 그 열매를 구하였으나 얻지 못한지라"(눅 13:6). 그렇다고 주인이 무화과를 심자마자 한 철도 지나지 않았는데 열매를 내놓으라고 한 것도 아닐 것입니다. 심자마자 돌아서서 열매를 구하는 것은 상식에서 벗어나기 때문입니다. 아무리 좋은 땅에 심겨도 나무는 뿌리를 내려야 삽니다. 새로운 땅에 심겨 뿌리를 내리는 것은 땅이 아무리 좋아도 시간이 걸리는 일입니다. 무화과나무의 입장에서 새로운 땅에 뿌리를 내리는 것은 생사를 걸고 발버둥을 치는 것입니다.

주인이 심자마자 열매를 구했다는 오해를 하지 않기 위해서 다음 구절을 잘 읽고 바르게 이해해야겠습니다. "포도원지기에게 이르되 내가 삼 년을 와서 이 무화과나무에서 열매를 구하되 얻지 못하니 찍어 버리라 어찌 땅만 버리게 하겠느냐"(눅 13:7). 여기서 '삼 년'은 열매를 기대할 수 있는 세월을 보낸 다음, 열매를 기대하고 3년을 계속 왔다고 보아야 할 것 같습니다.

사실 무화과 열매는 멀리서 잘 보이는 것이 아닙니다. 열매에 비하면 잎이 크고 무성해 가까이 가서 요리조리 살펴야 합니다. 열매가 맺혔는지 궁금했던 주인은 시간이 날 때마다 자주 와서 살폈지만 그동안 번번이 실망만 했습니다. 마침내 결단을 내린 주인은 농장을 관리하는 포도원지기를 불러 무화과나무를 찍어 버리라고 지시했습니다. 3년 동안 가졌던 기대를 접는 한마디요, 3년간 실망시킨 무화과나무를 향한 선언입니다. "찍어 버리라 어찌 땅만 버리게 하겠느냐." 무서운 마지막 선언입니다. 더 이상 아까워하지 말고 살려 두지 말라는 선고입니다. 게다가 주인은 "찍어 버리라"고 말할 때 과거에 대한 청산만 마음에 생각한 것이 아닙니다. 그 명령은 미래에 대한 합리적 생각을 담고 있습니다. "어찌 땅만 버리게 하겠느냐." 무화과나무는 포도원에 심겨서 과일만 맺지 않은 것이 아니라, 심겨져 있는 포도원 땅의 자양분을 허비하고 있었습니다. 단지 다른 나무를 심을 수 있는 땅만 차지하고 있는 것이 아니라, 다른 나무들이 취할 수 있는 흙 속의 양분까지 허비하고 있기 때문에 찍어 버리라고 명령한 것입니다.

만약 이때 포도원지기가 바로 찍어 버렸다면 이 비유는 가치를 상실합니다. 포도원지기의 대답을 들어 보십시오. "주인이여 금년에도 그대로 두소서 내가 두루 파고 거름을 주리니 이후에 만일 열매가 열면 좋거니와 그렇지 않으면 찍어 버리소서"(눅 13:8-9). 여기에 이야기의 반전이 있습니다. "주인이여 금년에도 그대로 두소서"를 다른 번역본은 "주인님, 올해만 그냥 두십시오"라고 번역했습니다. 그래서 그 의미를 살려서 '한 해만 더' 라고 이 장의 제목을 정했습니다. 이제 우리의 예상을 깨고 이야기를 반전시킨 포도원지기의 감동적인 대답을 자세히 살펴봅시다.

무화과나무와 포도원지기

포도원지기는 열매 맺을 충분한 기간과 여건을 주었음에도 열매를 맺지 않고 있는 무화과나무를 찍어 버리라는 주인의 지시에 "주인님, 올해만 그냥 두십시오"라고 다급하게 청원했습니다. 그러면서 대안을 제시했습니다. 자기가 무화과나무 주위의 굳어져 있는 흙을 파서 산소를 공급하고 열매를 맺을 수 있도록 거름을 주겠다는 것입니다. 말하자면 1년 동안 무화과나무를 특별 관리하겠다고 약속했습니다. 나무 주변의 흙을 부서뜨리고 햇빛과 구름, 비와 바람이 또한 제 역할을 할 기회를 달라고 간청했습니다. 만약 한 해 더 기다려서 열매가 맺히면 문제는 없습니다. 본래 주인의 기대에 부응할 경우 살려 두면 됩니다. 만약 그렇지 않으면 그때에는 찍어 버리라고 포도원지기는 답했습니다.

여기까지가 주님이 들려주신 비유입니다. 이 비유를 통해서 주님은 무엇을 말씀하십니까? 우선 무엇보다 주님의 마음이 당시 열매 맺지 못하는 이스라엘을 향하고 계셨을 것임은 거의 분명합니다. 하나님은 이스라엘을 심판할 준비를 하고 계셨습니다.

이스라엘은 '포도원에 심긴 무화과나무'처럼 다른 열국에 비해서 여러 가지 특권을 누리고 있었습니다. 이스라엘 민족에게는 모세의 율법이 주어졌습니다. 다른 민족에게 없던 하나님의 뜻을 전달받는 특권을 누린 것입니다. 하나님은 세상의 구원자를 그 백성에게 보내 주셨습니다. 하나님은 특별히 관심을 가지고 그들을 지켜보셨습니다. 그러므로 그들이 하나님을 찬양하는 열매를 맺는 것은 너무나 당연할 것입니다. 하나님이 이방인이 아니라 당신이 택한 백성, 이스라엘에게 더 많은 신앙과 회개, 경건과 성결이 있을 것을 기대하시는 것은 당연한 일일 것입니다. 그러므로 무화과나무의 주인은 바로 '그 열매를 찾으시는 것'이 당연합니다. 그러나 기대하는 열매는 보이지 않았습니다.

그러나 예수님은 포도원지기처럼 포도원 주인 되신 하나님을 향해 이스라엘에게 한 번 더 기회를 달라고 요청하셨다고 볼 수 있습니다. 이제 심판은 불 보듯이 가까이 임하고 있습니다. 시간이 많이 남지 않았습니다. 회개하지 않으면 이스라엘은 심판 아래 던져질 것입니다. 우리는 "너회도 만일 회개하지 아니하면 다 이와 같이 망하리라"(눅 13:3, 5)는 거듭된 경고대로 주후 70년에 예루살렘이 함락되고 이스라엘이 멸망했다는 사실을 기억합니다. 그리고 그 후 거의 2천 년 동안 나라를 이루지 못하고 열방 가운데 유리했던 것을 알고 있습니다. 우리는 그것을 역사를 통해서 알고 있습니다. 그렇다면 이 비유가 우리에게는 무슨 교훈을 줍니까? 그들의 문제가 아니라 우리의 문제로 비유를 들어야 우리에게 유익합니다.

무화과나무 비유가 주는 교훈

하나님은 우리에게 열매를 요구하신다

열매 맺지 못하는 무화과나무 비유는 하나님이 우리에게 열매를 요구하고 계신다는 사실을 보여 줍니다. 보수적인 교회에서 신앙생활을 하는 성도들이 소홀히 하기 쉬운 문제가 신앙의 열매를 맺는 것입니다. 세상의 기업들은 생산성을 극대화하기 위해서라면 어떤 일이든지 합니다. 효율을 중시하기 때문입니다. 뿐만 아니라 일부 교회들에서도 교인 수효만 중시하며 변화하지 않아도 괜찮다고 생각합니다. 그렇다 보니 하나님은 마치 열매에 신경을 쓰지 않으시는 것처럼 생각하는 경향이 있습니다. 그 이유를 생각해 보니 내 모습 이대로 받아 주시는 주님 때문에 우리는 그냥 넘어가려고 하는 듯합니다. 물론 우리의 모습 그대로 받아 주시는 주님이기 때문에 오늘 우리가 있게 된 것은 틀림없습니다. 그러나 주님은 우리가 열매 맺기를 바라시는 것도 맞습니다.

성경을 잘 살펴보면 '열매를 맺는 것'은 예수님의 사역의 핵심 강조점입니다(요 15:5). 주님은 우리가 주님과 연결되어 있어서, 곧 우리가 주님 안에 있어서 주님의 삶에서 볼 수 있었던 열매가 우리에게도 있기를 바라고 계십니다. 그러므로 우리는 거짓된 풍조를 따라 되는 대로 살아서는 안 됩니다. "지금껏 열매 없는 삶을 살았는데도 용서해 주셔서 감사합니다. 그러나 이제는 제가 주님의 뜻대로 열매를 맺겠습니다"라고 고백해야 그 동안 베풀어 주신 주님의 은혜에 보답하는 것입니다. 물론 천박하고 성급한 결과만 추구해서는 안 됩니다. 그러나 결과만 중시하는 것을 피한다는 이유로 열매 맺는 일 자체를 소홀히 해서는 안 됩니다. 우리 하나님은 당신의 자녀들이 열매 맺기를 요구하십니다.

나라나 교회나 개인의 운명도 마찬가지입니다. 심판의 시간은 째깍째깍 다가오고 있습니다. 이스라엘 민족으로부터 열매를 기대하신 하나님은 지금 신앙 공동체로서 우리 각각의 교회가 열매 맺기를 기대하십니다. 또한 교회에 속한 모든 성도가 개인적으로 열매 맺기를 원하십니다. 포도원에 심긴 무화과나무처럼 우리에게 주신 특권에 상응하는 열매를 기대하십니다. 하나님은 당신의 백성이 선한 일에 열심이 있기를 바라십니다. 하나님은 당신의 백성이 열매를 많이 맺기를 원하십니다. 특히 아버지 하나님을 닮은 성품의 열매를 그리고 하나님 아버지를 전하는 전도의 열매를 풍성하게 맺기를 바라십니다.

하나님이 우리에게 베푸신 것은 과히 포도원에 무화과를 심은 것과 같지 않습니까? 예수 믿고 복 받은 자기 자신을 생각해 보십시오. 성도들은 마음에 자리한 평강과 기쁨, 아침저녁 쉴 새 없이 드리는 기도의 특권, 범사에 감사하는 놀라운 축복을 받았습니다. 하나님을 만난 후 하나님의 축복을 나처럼 받은 사람이 없다는 생각이 든 적은 없습니까? 만약 그렇다면 꼭 기억하십시오. 하나님은 베푸신 특권에 걸맞은 책임을 물으실 것입니다. 심고 파고 거름을 주신 만큼 열매 맺기를 바라십니다. 많이 맡긴 자에게는 많은 것을 요구하시는 하나님입니다.

하나님은 인내하고 기회를 주신다

또한 열매 맺지 못하는 무화과나무 비유는, 하나님은 인내하며 또 한 번의 기회를 주시는 분임을 보여 줍니다. 하지만 하나님의 오래 참으심과 자비에도 한계가 있다는 것을 알아야 합니다. 그러므로 우리의 삶을 바로 잡는 것은 긴급한 일입니다. 열매를 맺는 나무가 되어야 합니다. 여기서 주님이 들려주신 비유의 핵심은, 지금 바로 열매를 맺는 참된 회개를 하라는 것입니다. 우리에게 주어진 기간은 무한하지 않습니다. 우리에게 남은 날은 얼마 되지 않습니다. 포도원지기는 주인에게 "주인님, 올해만 그냥 두십시오"라고 말했습니다. 우리 모두는 시한부 삶을 살고 있습니다.

우리 모두는 언제 우리의 삶이 끝날지 모릅니다. 다만 하나님은 오래 참으시는 분이기에 오늘도 우리의 삶은 연장되고 있습니다. 혹시 복음을 주일마다 듣지만 마음을 닫고 살고 있지는 않습니까? 무슨 말씀을 들어도 아무런 감동이 없고, 아무런 행동도 하지 않는 사람이 되어서는 안 됩니다. 혹시 하나님의 가장 좋은 포도원에 살면서도 열매를 맺지 못하는 무화과나무라는 생각이 든 적은 없습니까? 1년에 수백 번, 그동안 예수 믿고 수천 번의 설교를 들었음에도 기쁨, 기도, 감사의 삶을 살지 못하고 있는 것은 아닙니까?

우리는 비록 공개적인 죄를 범하지는 않겠지만, 중요한 것은 하나님이 기뻐하시는 풍성한 열매를 맺어야 합니다. 간음과 살인을 하지 않았다 해도 탐욕의 눈을 갖고 증오의 말을 하며 비난과 수군거리는 삶을 살아서는 안 됩니다. 우리가 아직 살아 있는 것은 착해서가 아닙니다. 또한 하나님이 워낙 바빠서 심판을 시행하지 않고 그냥 두시는 것도 아닙니다. 하나님은 회개하지 않는 죄인이라도 당장 심판해 버리시는 분이 아닙니다. 다만 우리에게 1년 동안의 유예 기간을 주시는 것입니다.

그러나 심판은 반드시 있습니다. 바로 심판하지 않고 보류해 주신다고 해서 심판을 부인하지 마십시오. 그 보류에는 한계가 있습니다. 무화과나무에게는 1년입니다. 우리에게는 몇 년일지, 몇 달일지 아무도 모릅니다. 심판이 보류되고 있는 것은 심판이 없기 때문이 아닙니다. 하나님 사정 때문이 아니라, 죄인들이 멸망하는 것을 기뻐하지 않으시는 하나님의 마음 때문입니다. 멸망을 면할 기회를 주려는 하나님의 인자하심 때문입니다 (벧후 3:9).

하나님은 우리의 모든 것을 살펴보고 계십니다. 그러나 하나님은 우리가 뉘우치기를 기다리고 계십니다. 무엇보다도 먼저 하나님과의 관계를 바로잡으십시오. 하나님의 인내와 자비에는 한계가 있습니다. 우리 시대는 무엇이나 허용하고 누구나 용서하며 또 한 번의 기회를 주어야 한다고 생각합니다. 혹 듣기 싫을지 모르지만, 열매 맺지 않는 나무를 향해 "찍어 버리라 어찌 땅만 버리게 하겠느냐"는 선언은 하나님만이 하실 수 있는 선언입니다.

또 한 번의 기회는 항상 하나님의 자비의 증거입니다. 하지만 그 자비가 항상 주어질 것이라고 믿고 살아서는 안 됩니다. 우리는 언제 죽을지 모릅니다. 그때는 또 한 번의 기회가 없을 것입니다. 그러므로 성경은 "보라 지금은 은혜 받을 만한 때요 보라 지금은 구원의 날이로다"(고후 6:2)라고 말합니다. 내일을 기대하지 마십시오. 내일은 영원히 오지 않을 수도 있습니다. 그러므로 오늘 우리는 행동해야 합니다. 주님은 심판이 오기 전에, 아직 기회가 남아 있을 때 시급히 회개하라고 요청하십니다.

○

결국 사람은 현재를 살고 있을 뿐입니다. 현재만이 우리에게 주어진 확실한 시간입니다. 우리의 영원한 운명을 결정하는 회개를 너무 늦기 전에 하십시오. 그리고 무슨 일보다 시급하게 하십시오. 감동보다는 행동이 중요합니다. 행동보다는 열매가 중요합니다. 하나님은 우리 모두가 열매 맺기를 원하십니다. 그간 맺은 열매가 있습니까? 아니면 열매 없는 삶을 살고 있습니까? 이번에도 기대하고 찾아오신 하나님께 열매를 드리고 있습니까? 주님은 이 비유에서 의도적으로 그 무화과 나무가 1년 후에 열매를 맺었는지, 아닌지를 설명하지 않으셨습니다. 그 대답은 우리의 몫으로 남겨져 있습니다.

66.

분노냐, 기쁨이냐 (13:10-17)

///

    이 장의 본문은 회당에서 주님이 가르치신 마지막 기록입니다. 예수님이 사람들 사이에 모습을 드러내어 활동하신 3년 사역이 거의 마무리되고 있는 시점입니다. 누가복음 9장 51절부터 예수님은 예루살렘을 향한 길을 떠나기 시작하셨습니다. 예루살렘에 도착하면 거기서 하나님의 어린양으로 십자가에 못 박혀 돌아가시게 될 것입니다. 지상 사역이 몇 달 남지 않은 이때쯤 예수님의 행동 하나하나는 감시되고 있다고 보아도 좋겠습니다. 이미 유대의 종교 지도자들은 더 이상 예수님을 그대로 둘 수 없다고 결론을 내렸습니다. 기회만 오면 죽이려고 벼르고 있었습니다. 이미 11장 마지막 부분에서 그런 분위기를 느낄 수 있었습니다 (눅 11:53-54). 그러므로 예수님이 회당에서 백성을 가르치신 기록이 본문 이후에는 없습니다. 마치 이 사건을 계기로 회당은 주님께 닫힌 공간처럼 보입니다.

여기서 주님은 열매를 맺지 않는 무화과나무 비유에서 암시한 이스라엘의 상태를 보여 주십니다. 예수님은 하나님의 백성 이스라엘에게서 사랑과 정의와 겸손의 모습을 발견하기보다는, 하나님의 자비를 위해 따로 구별된 안식일에 병으로 고통당하는 여인을 고치는 일마저 허락하지 않는 위선을 발견하셨습니다. 유대 지도자들은 하나님의 율법을 심각하게 왜곡했습니다. 그들은 안식일을 하나님과 이웃을 위한 사랑을 베푸는 날로 사용하기보다는 인애와 경건을 압살하는 구실로 사용했습니다. 그러므로 예수님은 그들의 위선을 책망하지 않으실 수 없었습니다.

안식일에 꼬부라진 여인을 고치신 예수님

"예수께서 안식일에 한 회당에서 가르치실 때에"(눅 13:10). 우리는 본문의 배경을 주목해야 합니다. 회당이었으며, 그날이 안식일이었다는 것이 매우 중요합니다. 안식일에 예수님이 회당에서 가르치시는 모습은 그동안에도 자주 볼 수 있었습니다(눅 4:16, 31, 6:6). 그리고 이미 안식일을 지키는 문제와 관련해서 갈등을 빚고 계셨습니다. 특히 바리새인들과 충돌을 피할 수 없었기 때문입니다. 주님은 안식일을 지키는 문제를 그들이 잘못 생각하고 있다고 지적하신 바 있습니다. 그들은 안식일에 아무 일도 하지 말고 거룩하게 지키라는 계명을 오해해, 안식일에 사람을 고치는 것과 같은 선한 일조차 하지 못하도록(눅 6:1-9) 요구했기 때문입니다.

무엇보다 예수님이 '안식일'을 '회당'에서 보내고 계셨다는 점을 주목하십시오. 예수님은 회당에서 가르치고 계셨습니다. 그러나 본문은 가르침의 내용보다 그곳에서 일으키신 사건을 중심으로 기록하고 있습니다. 가르치는 것은 그분의 본분이었고, 그분의 가르침이 믿을 만한 진리임을 확인시켜 주기 위해서 한 기적을 행하신 것입니다.

"[보라!] 열여덟 해 동안이나 귀신 들려 앓으며 꼬부라져 조금도 펴지 못하는 한 여자가 있더라"(눅 13:11). 원어를 보면 이 말씀은 '보라!'라는 단어로 시작됩니다. 그리하여 누가는 우리의 시선을 주님이 주시하신 그 여인에게로 향하게 합니다. 왜 주님은 그 여인에게 주목하셨습니까? 그녀의 몸 상태가 너무나 특이해서 주님이 주목하신 것 같습니다. 흔히 병 고치는 기사에서 누가는 그 질병이 얼마나 심했으며 환자가 얼마나 오랫동안 시달렸는지를 언급합니다. 그것은 치유가 얼마나 대단했는지를 보여 주기 위함입니다. 여인은 '귀신이 들려 앓으며 꼬부라져 조금도 펴지 못하는' 참혹한 모습으로 18년을 지내 왔습니다. 그러므로 틀림없이 그 모습이 볼품없고 초라했을 것입니다. 동시에 움직임이 심히 불편했을 것임은 누구나 상상할 수 있습니다.

그럼에도 이 여인이 회당 예배에 참석한 것을 생각해 보십시오. 질병과 고통이 그녀로 하여금 하나님의 집으로 나아오는 것을 방해하지 못했습니다. 고통과 아픔에도 불구하고 안식일에 하나님의 말씀이 선포되는 곳, 하나님의 백성이 함께 모이는 곳을 사모하여 찾아왔습니다. 실천하는 믿음은 놀라운 보상을 받습니다. 이 여인은 모든 고통을 참고 견디며 예배의 처소를 찾은 데 대한 풍성한 보상을 받았습니다. 어쩌면 고통 속에 눈물을 흘리며 회당을 찾았다가 기쁨으로 돌아갔을지 모릅니다.

'귀신 들려'라는 표현은 실제로 귀신에 사로잡혀 있었다는 의미가 아닐 수 있습니다. 그 여인을 통해 귀신이 말을 했다거나 귀신을 내쫓았다는 기록이 전혀 없기 때문입니다. 그러므로 여기서의 표현은 그녀의 고통스러운 상황이 궁극적으로 지금 이 세상을 주관하는 사탄의 활동에서 연유되었음을 가리키는 표현으로 보는 것이 더 타당할 것입니다. 이 타락한 세상에서 질병과 장애는 흔히 일어나는 현상이기도 합니다. 그리고 그 원인은 다양하며 복합적일 수 있습니다. 질병의 직접적인 원인이 무엇이든 간에 그 근본 원인은 이 세상 모든 악의 창조자인 사탄입니다. 그러나 예수님이 어떤 마귀나 질병보다 더 능력이 많으신 분이라는 것이 기쁜 소식입니다.

여인의 참혹한 모습을 보고 불쌍히 여기신 주님은 그녀가 아무런 요청도 하기 전에 그 병을 고쳐 주셨습니다(눅 13:12-13). 주님은 사람들이 입으로 구하지 않는 필요까지 아셨고, 분명히 그녀가 이 끔찍한 병에서 놓이기를 원하셨습니다. 그리고 주님은 그렇게 할 수 있는 능력을 가지고 계셨습니다. 그래서 주님은 그 여자에게 '안수하셨고' 그 여인은 곧 나음을 얻었습니다.

우리가 예배하는 하나님을 언제나 기억하십시오. 구하거나 생각하는 것보다 더욱 넘치게 주시는 분이 우리 하나님이십니다(엡 3:20). 신앙은, 특별히 개혁주의 신앙은 모든 것을 하나님으로부터 시작해야 합니다. 우리 죄인에게서는 선한 것을 조금도 찾을 수가 없습니다. 혹시 열심히 기도할 수 있었다면 기도한 그것이 출발점이 아니라, 우리에게 은혜를 베풀기 위해 기도할 마음을 주신 하나님을 기억하고 그분께 찬양을 돌려야 합니다.

또 하나님은 "수고하고 무거운 짐 진 자들아 다 내게로 오라 내가 너희를 쉬게 하리라"(마 11:28) 하며 부르고 계십니다. 어떤 상태에 있든 낙심하지 말고 주님께 나아가십시오. 우리가 나아가기만 하면 분명히 주께서 우리를 도와주실 것입니다. 무거운 짐을 우리의 등에서부터 내려놓게 하고 우리의 지친 마음을 쉬게 하십니다.

여인을 부르신 주님은 그녀를 향해 "여자여 네가 곧 나을 것이다"라고 약속하지 않으셨습니다. "여자여 네가 네 병에서 놓였다"라고 즉각적으로 선언하셨습니다. "네가 지금까지 오랜 질병에 시달렸으나 마침내 너는 그 병에서 놓임을 얻었다"라는 의미입니다. 오랫동안 시달린 병이라고 해서 절망해서는 안 됩니다. 하나님이 마침내 구해 주실 것이기 때문입니다. 그러므로 비록 지연될지라도 성도는 주님을 바라보아야 합니다. 비록 그녀를 장악하고 있는 영이 사탄의 영, 악한 영이었지만 그리스도의 권세는 사탄의 권세보다 더 큰 권세입니다. 우리를 해방시킨 주님은 사탄보다 강하십니다.

보십시오. 여인은 자신의 힘으로는 '꼬부라져 조금도 펴지 못하였으나' 그리스도가 권세 있는 한마디로, 자비의 손길로 안수하실 때 "여자가 곧 펴고"라고 성경은 증거합니다. 우리 스스로는 '나, 이렇게 살아서는 안 돼!'라고 생각하지만 조금도 개선되지 못하는 처지에 있을 수 있습니다. 그러나 주님의 말씀, 주님의 손길이 닿으면 곧 삶이 달라질 수 있습니다.

치료의 효과는 육체에 한정되지 않았습니다. "여자가 곧 펴고 하나님께 영광을 돌리는지라"(눅 13:13). 꼬부라진 허리가 펴질 때 곧게 서게 되었듯이, 꼬부라진 영혼이 곧게 펴지면 하나님께 영광을 돌리게 됩니다. 주님의 말씀을 따라 기적은 일어났습니다. 그리하여 여인은 곧 허리를 펴고 바로 서서 자신을 고쳐 주신 하나님을 찬양했습니다. 병은 예수님이 고치셨습니다. 그러나 찬양은 하나님을 향해서 드립니다.

표적을 보면서도 분노하는 사람들

그러면 이 여인은 어떤 사연으로 고침을 받았습니까? 정직하게 관찰하면, 본문에는 고침 받은 근거가 여인에게 있었다는 어떤 암시도 없습니다. 다만 예수님이 주도적으로 고쳐 주셔서 고침 받은 것뿐입니다. 이 부분은, 은혜를 입을 근거를 갖추고 있지 않음에도 귀신에게 얽매인 자를 고쳐 주시는 주님은 메시아이시라고 은연중에 주장합니다. 그 시대가 알아차리고 회개하면서 영접해야 할 메시아이시라는 것이 본문의 주장입니다.

서쪽 하늘이 붉어지면 '내일 비가 오겠네', 남쪽 바람이 불면 '오늘 조금 덥겠네'라는 징조로 여기듯, 사탄의 손아귀에 있던 당신의 백성을 구원하시는 하나님의 능력을 본문은 부각합니다. 여인이 고침을 받은 것은 유대인들로 하여금 새로운 시대가 임했음을 보고 알아차리도록 하는 징표를 제공합니다. 비록 한 여인의 삶에 나타난 지극히 미미한 일이지만 무언가 엄청난 것이 진행되고 있음을 보여 주는 사건입니다.

예수님은 하나님의 능력으로 놀라운 기적을 행하셨습니다. 오랜 고통에서 벗어난 여인은 하나님을 찬양했습니다. 이보다 더 좋은 안식일을 보내는 방법이 어디에 있겠습니까. 하나님의 능력과 사랑을 가르칠 수 있는 이보다 확실한 방법이 어디에 있겠습니까. 그러나 병 고치는 일을 하필 안식일에 하셨다는 이유로 그 여인과 함께 하나님을 찬양하고 기뻐하기보다 분노하는 사람이 있었습니다. 회당장은 분노했고, 같은 입장에 있는 사람들은 그 회당장의 분노에 동조했습니다.

안식일 날 자기가 관장하는 회당에서 이런 기적이 일어났으니 회당장은 마땅히 기뻐해야 옳았습니다. 그러나 그는 오히려 분을 냈습니다. 그 이유는 무엇입니까? 예수님이 안식일에 병을 고치셨기 때문입니다. 병이 나은 여인이 찬양을 하기 때문입니다(눅 13:14). 당시 교회 지도자들은 모든 노동 형태를 비롯해서 안식일에 금하는 여러 가지 행동을 규정한 성문법을 갖고 있었습니다. 그 규정에서는 사람을 고치는 일을 의사의 전문적인 의료 행위로 간주했습니다. 그들에게 중요한 것은 안식일을 거룩하게 지키는 것입니다. 안식일을 지키는 기준을 어기면 용납하지 않습니다.

회당장은 예수님이 아닌 무리를 상대로 훈계를 했으나 율법을 넘어선 예수님의 사랑을 보지 못했습니다. 놀라운 치유의 은혜와 기적을 눈으로 보고도 회당장(會堂長)은 공격하고 나섰습니다. 직책은 때로 사람을 은혜 받는 일에서부터 멀어지게 합니다. '장'(長)이 되면 일마다 감독하고 간섭하려고 나서는 이들이 종종 있습니다. 우리에게 주신 직책은 그것이 무엇이든 성도를 섬기는 것입니다. 회당장이라면 회당을 출입하는 사람들의 입장을 대변하고 그들의 마음을 편하게 하는 일을 도모해야 했습니다.

그날 회당 예배에 참석한 다른 모든 평범한 사람은 그 영광스러운 일로 인해서 기뻐했는데 회당장은 분 내어 소리쳤습니다. 하나님을 예배하고 하나님께 영광을 돌려야 하는 거룩한 안식일에 사람의 병을 고치는 것이 안식일을 어기는 범죄 행위라면 그 안식일에 분내는 것, 화내는 것은 합당합니까? 안타깝게도 복음을 대적하는 악한 영들은 사람의 눈을 그처럼 쉽게 가려 버립니다. 그가 회당장으로 있는 동안 이날 그리스도가 하신 일보다 더 영광스러운 일은 이전에도 없었고, 앞으로도 다시는 없을 것입니다. 그렇다면 기뻐해야 옳지 않겠습니까. 그 결정적인 순간에 분노해서 소리치는 모습을 보면 누구의 영광을 위해서 섬기는 회당장인지를 질문하지 않을 수 없습니다.

그런 그들에게 주님은 말씀하셨습니다. "외식하는 자들아 너희가 각각 안식일에 자기의 소나 나귀를 외양간에서 풀어내어 이끌고 가서 물을 먹이지 아니하느냐 그러면 열여덟 해 동안 사탄에게 매인 바 된 이 아브라함의 딸을 안식일에 이 매임에서 푸는 것이 합당하지 아니하냐"(눅 13:15-16). 안식일이라도 짐승에게 자비를 베풀어 우리에서 풀어내어 물을 먹이고 돌아오는 수고를 하면서 '열여덟 해 동안 사탄에게 매인 바 된 이 아브라함의 딸'을 매임에서 푸는 것이 뭐가 잘못된 것이냐고 질문하셨습니다. 가련한 여인에게 베푸신 자비의 행동이요, 하나님의 뜻에 부합한 경건한 행위라고 주장하셨습니다. 그렇다면 하나님을 예배하고 그분의 영광을 드러내는 주일에 이런 행위가 나타나는 것은 너무 당연합니다. 생각해 보면 죄의 사슬에서, 사탄의 결박에서 풀어 주는 것은 안식일에 너무나 어울리는 일입니다. 안식일은 사람에게 자유를 주기 위해서 있는 날이지, 사람을 속박하기 위해서 있는 날은 아니기 때문입니다.

주님께서 '안식일'에 이처럼 회당에서 여인을 고쳐 주신 것은 율법에도 합당한 일로서 해방자로 오신 주님이 당연히 하셔야 할 일이었습니다. 열여덟 해의 고통을 생각하면 하루라도 더 연장하는 것은 무자비한 행동입니다. 그러므로 예수님은 이 회당장과 동일한 입장에 있는 나머지 지도자들의 외식을 지적함으로 그들을 공개적으로 모욕하셨습니다. 앞서 언급했듯이, 그들은 안식일이라도 그들의 가축을 풀어내어 돌봐 주고 있었기 때문입니다. 그렇다면 같은 사람을 돌보는, 그것도 '아브라함의 딸'을 돌봐 주는 일은 훨씬 더 중요하다는 것을 인정해야 옳았을 것입니다. 그러나 그들은 철저한 위선자들이었습니다.

○

예수님이 말씀을 마치시자 두 가지 서로 다른 반응이 나타났습니다.

회당장과 그 편에 섰던 모든 반대하는 자가 부끄러워했습니다. 그 외의 모든 무리는 기뻐했습니다. 모든 반대자의 외식이 통쾌하게 폭로되었기 때문입니다. 부끄러움을 당한 사람들은 귀신에 매인 여인을 풀어주는 일은 안식일을 어기는 것으로 여긴 사람들입니다. 기뻐하는 사람들은 이 일을 영광스러운 일로 여긴 사람들입니다.

주님을 박해하던 입장에 선 자들은 입장이 난처해지자 부끄러워했습니다. 그들끼리 한마디도 주고받을 수 없었습니다. 더 이상 아무 입을 열 수 없었습니다. 그때뿐 아니라 주님과 그분의 교훈, 그분의 역사를 헐뜯는 자는 곧 모두 '부끄러워하게' 될 날이 다가오고 있습니다. 반면에 "온 무리는 그가 하시는 모든 영광스러운 일을 기뻐"(눅 13:17)할 것입니다. 그리스도가 행하신 '영광스러운 일'로 인해서 모든 자가 장차 다시 크게 기뻐할 것입니다.

당신은 지금 어느 편에 서 있습니까? 거룩하신 하나님의 뜻이 드러날 때 분노합니까? 아니면 거룩하신 하나님의 역사가 진전될 때 기뻐합니까? 분노냐, 기쁨이냐는 오늘 우리의 삶을 갈라놓지만 장차 우리의 영원한 운명을 결정합니다.

67.

하나님 나라는 (13:18-21)

18년 동안 등이 굽은 여인을 고치신 주님의 사역뿐 아니라 그 분의 가르침도 점점 더 깊이를 더하고 있습니다. 약속된 메시아로서의 주 님의 활동은 이미 안식일에 고침을 받은 여인을 통해서 확인되었습니다. 그러나 장차 나타날 영광스러운 하나님 나라의 미래를 생각할 때 그것은 다만 그림자에 지나지 않습니다. 그 나라의 왕으로 오신 주님은 두 가지 독특한 비유를 통해서 하나님 나라의 성격을 설명하셨습니다.

이 두 비유는 본래부터 한 쌍이었을 것이고, 두 비유 모두 동일한 강조 점을 갖고 있다고 생각합니다. 두 비유가 똑같이 말하는 것처럼 하나님 나라는 미미한 시작으로부터 엄청난 영향을 끼칩니다. 특히 두 비유는 앞 사건을 보완하는 비유로 볼 수 있습니다. 두 비유는 모두 하나님 나라, 그 특성을 보여 줍니다.

우리는 이 비유를 여기에 기록한 이유에 대해 주님이 하신 일과 말씀을 듣고 기뻐하는 사람들의 모습을 미래를 위한 좋은 징조로 보고 하나님 나라와 그 성격을 설명하게 된 것으로 생각할 수 있습니다. 유대인들은 하나님 나라가 갑자기 그리고 결정적으로 세워질 것이라고 생각했기 때문입니다. 하지만 두 비유는 일반적인 기대와는 다른 하나님 나라를 설명하고 있습니다. 그 시작은 거의 알아채지 못할 만큼 미미하지만 결국은 엄청나게 발전하게 되는 것을 강조하고 있습니다. 그리하여 주님은 제자들에게 하나님 나라를 바로 설명해 주려고 하신 것입니다.

첫 번째 비유 - 겨자씨의 비유

겨자씨 비유는 마태복음(마 13:31-32)과 마가복음(막 4:30-32)에도 나오지만 강조점은 다릅니다. 다른 복음서에서는 작은 씨앗과 큰 나무 사이의 대조를 강조합니다. 다시 말하면, 마태복음과 마가복음에서는 아주 작은 겨자씨가 큰 나무가 된 것을 강조합니다. 물론 여기에도 그런 의미가 함축되어 있긴 하지만, 누가복음 비유의 관심의 초점은 크게 자란 겨자씨 나무 자체에 있습니다. 누가는 겨자씨가 작다는 것조차 언급하지 않습니다. 다만 누가복음은 그 씨가 새들이 그 가지에 깃들일 만큼 크게 자랐다는 것을 강조합니다. 이 비유의 초점은 작은 겨자씨가 큰 나무로 자라 가는 과정이 아니라, 큰 나무로 자란 결과에 맞추어져 있습니다. 주님은, 하나님 나라는 예수 그리스도가 비천한 인간의 모습으로 오심으로 사람이 보기에는 미미하게 시작되었지만 반드시 놀랍게 확장될 것을 이 비유를 통해서 선언하고 계십니다.

"그러므로 예수께서 이르시되"(눅 13:18상)라는 말씀은 바로 앞 사건과 밀접한 관련이 있음을 나타냅니다. 예수님의 병 고치시는 사역을 통해 일어난 사건들은 영광스럽고 강력했지만, 그것들이 하나님 나라의 온전한 실현을 나타내는 것은 아닙니다. 다만 우리는 그런 주님의 사역을 통해서 장차 분명히 나타날 하나님 나라의 성취의 시작을 보고 있을 뿐입니다. 그러므로 우리 모두는 하나님 나라의 성격을 바로 알 필요가 있습니다.

예수님은 "하나님의 나라가 무엇과 같을까"라는 수사적인 질문을 통해서 우리의 관심을 불러일으키십니다. 또한 "내가 무엇으로 비교할까"(눅 13:18하)라는 이중 질문을 통해서 청중의 관심을 새롭게 만드십니다. 우리의 주의를 환기시킨 다음 하나님 나라의 성격에 대해서 말씀해 주십니다. 하나님 나라는 채소밭에 심긴 겨자씨처럼 자라고 있습니다. 주님의 나라를 위해 선을 행하되 낙심하지 마십시오. 복음을 전할 때 열매가 없다고 실망하지 마십시오. 겨자씨는 속담에 나올 만큼 작은 씨앗이지만, 사람이 그것을 심으면 엄청나게 자라기 시작합니다. 일단 사람이 겨자씨를 심었다면 자라서 크게 될 나무의 생명과 운명은 이미 정해진 것입니다. 그 식물은 자라고 자라서 아주 빠른 시일에 큰 나무가 됩니다. 그 가지에 새들이 깃들일 만큼 크게 자랍니다.

"자라 나무가 되어"라는 것은 엄밀히 말하면 과장된 표현입니다. 엄청나게 큰 풀로 보아야 합니다. 우리는 아무리 옥수수가 크게 자랐다고 해도 그것을 옥수수나무라고 하지 않습니다. 여전히 풀입니다. 마찬가지로 비록 옥수수보다 두 배 이상 자라지만 여전히 나무가 되는 것은 아닙니다. 다만 그렇게 표현했을 뿐입니다. 실제로 겨자는 나무로 분류되는 것은 아니지만 환경이 좋으면 3-4미터까지 자라기도 합니다. 그리고 가을이 되면 가지가 딱딱해져서 각종 새들이 그 가지에서 쉬기도 하고, 더운 태양을 피하기도 하며, 폭우로부터 피난처로 삼기도 할 만합니다.

공중의 새들이 그 가지에 깃든다는 것은 그렇게 큰 나무가 되었다는 것을 문자적으로도, 상징적으로도 이해할 수 있게 합니다. 따라서 가끔 구약성경에서는 '공중의 새'가 땅 위의 여러 나라를 나타내기도 합니다. 특히 에스겔의 예언(겔 17:22-23)은 새들이 그 가지에 깃드는 나무는 많은 사람을 보호하고 안전과 평화를 보장하는 강력한 왕이나 나라에 대한 표상임을 알아야 합니다. 그렇다면 미미하게 시작한 하나님 나라는 세계적으로 성장할 것임을 보여 줍니다. 그런 면에서 공중의 새들은 열국을 나타낼 수도 있습니다. 나무에 깃드는 새들은 피난처와 보호를 찾아온 사람들을 상징할 수도 있습니다.

그러나 누가는 이방인들이 하나님 나라로 오는 것을 보여 주기를 원했을 수도 있습니다. 하나님 나라는 그와 같이 모든 족속과 방언과 나라와 민족에게 축복이 될 것입니다. 그리하여 나라와 민족과 족속과 방언이 하나님의 보호와 축복으로 나아올 것을 보여 주는 상징으로 이해할 수도 있습니다. 예수님의 오심으로 시작하는 하나님 나라는 처음부터 온 세계에 미칠 나라라고 그 밤의 천사가 알렸습니다. "보라 내가 온 백성에게 미칠 큰 기쁨의 좋은 소식을 너희에게 전하노라"(눅 2:10). "땅에서는 하나님이 기뻐하신 사람들 중에 평화로다"(눅 2:14). 복음은 처음부터 유대 땅 베들레헴에서 일어난 일로 한정된 것이 아니라, 온 백성에게 미칠 큰 기쁨의 좋은 소식이라고 선언했습니다. 누가는 처음부터 이 복음을 땅끝까지 전파되어야 할 복음으로 알고 있었습니다.

우리는 아무리 크게 강조해도 감동하지 않습니다. 왜냐하면 우리는 복음이 온 세상에 전파된 것을 눈으로 보고 있기 때문입니다. 그러나 그때의 상황으로 생각해 보십시오. 그때는 아기 예수가 태어난 것을 아무도 눈여겨보지 않았습니다. 심지어는 예수님이 십자가에 달려서 돌아가신 것도 속국 유대 나라에서는 흔히 있는 일이었습니다. 정치범들을 십자가에 매달아 죽이는 것은 희귀한 일이 아니라 언제나 볼 수 있는 일이었습니다. 세계 역사가가 처음으로 예수 사건을 언급한 것은 100년이 지난 후였습니다. 그렇게 속국 유대에서 일어난 새로운 종교, 기독교는 200년, 300년의 세월이 흐르면서 당대의 제일 큰 나라인 로마의 국교가 되었습니다.

종의 모습으로 세상에 오신 주님의 나타남으로 시작된 하나님 나라는 세상 사람들이 보기에는 미미한 사건에 지나지 않았습니다. 하지만 그 작은 겨자씨가 믿기 어려울 정도로 빨리 자라는 것처럼 기독교도 자랐습니다. 그리고 그와 같이 하나님 나라도 한 번 세워진 다음 확장되고 계속해서 확장됩니다. 겨자씨가 공중의 새들의 쉼터와 거처가 되듯이, 하나님 나라는 실제로 모든 민족과 나라와 방언과 족속 가운데서 사람들의 안식처와 피난처가 되었습니다. 그들은 세상을 통치하는 왕들의 그늘에서가 아니라, 십자가에 달려 돌아가신 예수 그리스도의 이름에서 그 영혼의 안식처를 발견했던 것입니다. 오늘도 그 역사는 계속되고 있습니다. 이 천국 복음은 모든 민족에게 증거될 것입니다. 그리고 비로소 세상의 종말이 올 것입니다.

예수님의 사역을 통해 하나님 나라는 실체를 드러내고 있으며, 그것은 하나님 나라의 미래를 확실히 보장하는 사건입니다. 왜냐하면 예수님이 그 여인을 고치신 사건은 하나님 나라의 생명이 나타난 현장이기 때문입니다. 하나님 나라는 미미하게 시작하지만 엄청 크게 될 것입니다. 특히 누가는 이방 기독교가 그렇게 될 것을 내다보았을 것입니다. 이 비유를 통해서 보여 준 하나님 나라의 최종 완성은 '나라와 민족과 백성과 방언'을 포함하는 엄청난 절정을 이루게 될 것입니다. 그때 하나님 나라는 완전한 모습을 드러낼 것입니다.

두 번째 비유 – 누룩의 비유

　　누룩에 관한 비유는 겨자씨에 관한 비유와 밀접한 병행을 이루고 있습니다. 다만 겨자씨 비유가 하나님 나라가 온 세상에 확장되는 것을 보여 준다면, 누룩 비유는 하나님 나라의 변화시키는 능력과 관련되어 있습니다. 하나님 나라는 외적으로만 크게 성장하지 않고 밀가루 반죽 전체를 부풀게 하는 누룩과 같이 모든 성도의 삶을 변화시키고 구원받은 백성 전부를 온전히 거룩하게 만들 것입니다.

　주님은 겨자씨 비유를 시작하실 때와 같이 여기서도 수사적 질문을 하십니다. "또 이르시되 내가 하나님의 나라를 무엇으로 비교할까"(눅 13:20). 어떻게 하면 우리가 쉽게 알아들을 수 있을지를 고민하신 것입니다. 이런 동일한 표현을 보면 예수님이 두 개의 비유를 한 쌍으로 생각하셨음을 알 수 있습니다. 그렇다면 앞의 비유는 하나님 나라의 외적인 성장을, 두 번째는 그 내적 확장을 의도하셨다는 설명이 더욱 힘을 얻을 수 있습니다.

　당시 사람들은 집집마다 자기가 먹을 빵을 구워 먹었습니다. 아주 작은 누룩 한 조각을 밀가루 속에 넣고 하룻밤을 지내면 전부가 부풀어집니다. 여기 누룩이란 지난번 발효된 옛 반죽 한 조각입니다. 그것을 새로운 반죽 속에 넣으면 발효가 시작됩니다. 물론 그 작용이 눈에 보이는 것은 아닙니다. 작은 조각이 가루 서 말의 반죽 전체에 밤새 천천히 퍼질 것입니다. 그리하여 아침이 되면 모든 반죽은 발효가 끝날 것입니다. 비록 누룩은 성경에서 나쁜 영향을 가리키기도 하지만, 여기서 강조점은 아주 적은 양의 누룩이 많은 양의 반죽을 부풀게 했다는 데 있습니다. 누룩 비유는 하나님 나라의 강력한 영향력을 보여 줍니다.

누룩은 어떻게 밀가루 반죽을 발효시킵니까? 눈에 띄지 않게 조용히 발효시키지만 그 결과는 눈에 띄게 확연히 드러납니다. 하나님 나라도 사람의 마음속에서 그와 같이 역사합니다. 겉으로 드러나거나 눈에 띄는 모습은 아니지만, 복음에 감춰진 하나님의 능력은 사람의 온 존재를 변화시킵니다. 또한 누룩은 밀가루 반죽 내부에서 일합니다. 누룩이 밀가루 반죽 바깥에 있는 한 아무런 발효 작용을 할 수 없습니다. 그리고 밀가루 반죽은 그 자체로 변할 수 없습니다.

그러므로 변화시키는 능력이 밖으로부터 온다는 것은 중요합니다. 한마디의 설교나 한 구절의 성경 말씀, 아니면 한마디의 책망이나 우연히 들은 신앙적인 충고, 또는 길에서 전달하는 한 장의 전도지나 신앙인으로부터 받은 사소한 친절 등 그 어떤 것이라도 상관이 없습니다. 그 어떤 것이라도 한 사람으로 하여금 생명의 길로 들어가게 하는 출발점이 될 수 있습니다. "같이 기도회 갈래?" 이 한마디가 한 사람의 운명을 바꾸어 놓을 수 있습니다.

영적인 생명으로 들어가는 첫 번째 사건은 매우 미미해서 그 일을 겪는 사람조차도 이해하지 못할 수 있습니다. 진지한 생각과 양심의 가책, 진심으로 기도하고 싶은 마음, 혼자서 성경을 읽으려는 결심, 신앙에 대해서 좀 더 알고 싶은 소원, 악한 습관과 나쁜 친구들로부터 멀어지려는 마음 등이야말로 사람의 마음에 누룩과 같은 변화의 시작일 수 있습니다. 한 사람의 마음속에 이와 같은 은혜의 사역이 시작되면 결코 멈추지 않습니다. 점차적으로 확산되는 누룩과 같기 때문입니다. 은혜의 사역은 조금씩 양심과 감정, 마음과 의지에까지 영향을 주어 마침내 회개의 역사를 이루고 맙니다. "작은 일의 날이라고 멸시하는 자가 누구냐"(슥 4:10)라는 스가랴의 도전은 여기서도 적용할 수 있습니다. 그러므로 형제자매의 삶 속에 은혜로운 징조가 나타나거든 그것이 아무리 미약하다 할지라도, 그로 인해서 감사해야 할 것입니다. 그러므로 사도 바울은 빌립보 성도들 사이에서 일어난 생명의 역사를 두고 단언했습니다. "너희 안에서 착한 일을 시작하신 이가 그리스도 예수의 날까지 이루실 줄을 우리는 확신하노라"(빌 1:6).

세상을 복음화하는 것은 단순히 사람들에게 복음을 전하는 것뿐만 아니라, 복음을 들은 사람들이 세상에 나아와 세상을 변화시키는 누룩과 같은 역할을 할 때 가능합니다. 그리스도인들이 있음으로 세상은 아름다워져야 합니다. 우리가 지나갔기 때문에 길이 다듬어져야 합니다. 우리의 손길이 가기 때문에 세상이 아름다워져야 합니다.

○

겨자씨 비유와 누룩 비유를 통해서 주님은 무엇을 말씀하셨습니까? 예수님은 이 비유를 통해서 하나님 나라를, 그 성격을 가르쳐 주셨습니다. 그 나라의 설립자요, 대표 되신 주님은 외적으로뿐 아니라 내적으로 완벽하게 그 나라를 이루어 가실 것입니다. 세상의 그 어떤 것도 그 나라의 성장을 방해하거나 좌절시킬 수 없습니다.

주님은 이 비유를 통해 언제, 어떻게 하나님 나라가 이루어질 것인지는 말씀하시지 않았습니다. 그러나 다른 곳에서 하신 말씀을 보면 하나님 나라는 궁극적으로 주님이 다시 오실 때에만 성취될 것입니다. 그러므로 우리는 기다려야 합니다. 그리고 우리는 그리스도 때문에 하나님 나라가 성취될 것을 믿습니다. 그분의 성령을 통해서 우리 자신이 새로워지고, 새로워진 우리가 온 세상을 새롭게 하는 누룩의 역할을 하게 될 것을 믿습니다. 하나님이 우리에게 주신 새로운 생명은 결코 사라지지 않을 것입니다. 영광 가운데 오실 주님을 사모하십시오. "우리 생명이신 그리스도께서 나타나실 그때에 너희도 그와 함께 영광 중에 나타나리라"(골 3:4). 영광 가운데 변화될 우리의 모습을 그려 보십시오. 어쩌면 우리 안에 시작된 변화는 미미할 수도 있습니다. 눈에 잘 띄지도 않을 것입니다. 그러나 그 결국은 엄청날 것입니다. 주의 영광이 우리의 삶에 비치기 시작하면 그분의 영광으로 우리가 변해 갈 것입니다.

68.

좁은 문으로(13:22-30)

//

앞서 두 비유에서 살펴보았듯이 하나님 나라는 모든 나라와 민족과 방언과 족속의 피난처가 될 것입니다. 그리고 복음의 영향은 개인의 삶 전부를 바꾸고 한 나라, 나아가서는 온 세상을 새롭게 바꿀 것입니다. 하나님 나라는 만물을 새롭게 할 것입니다. 결국 이 세상에 새 하늘과 새 땅을 가져올 것입니다. 이 세상 나라는 장차 우리 주 하나님과 예수 그리스도의 나라가 될 것입니다. 그러나 하나님 나라가 아무리 놀라운 성장을 해도 위험 요소는 남아 있습니다. 심지어 직접 주님을 보고, 주님으로부터 직접 말씀을 들은 자들에게도 하늘의 문은 닫힐 수 있기 때문입니다. 그러므로 이 장의 본문을 따라 누가 하나님 나라에 들어갈 수 있는지를 살펴봅시다.

좁은 문으로 들어가기를 힘쓰라

배경을 설명하는 22절은 표준새번역 성경이 본래의 뉘앙스를 더 담고 있습니다. "예수께서 예루살렘으로 가시는 길에 가르치시면서 각 성읍과 마을을 지나가셨다." 누가는 다시 한 번 이 길이 예루살렘을 향한 길임을 확인합니다. 그리고 33절에서 예수님이 걸으시는 이 길은 "선지자가 예루살렘 밖에서는 죽는 법이 없느니라"라는 주님의 말씀대로 대속의 죽음을 위한 길임을 밝힙니다. 누가가 이따금, 그러나 일관되게 예루살렘을 향한 걸음임을 밝히는 의도는 무엇입니까? 예루살렘을 향한 걸음은 단순한 지리적 이동이 아니라 구속사의 성취를 향해서 가는, 우리를 구원하러 가시는 길임을 알아채도록 시도한 것입니다. 그 길을 가면서 예수님은 어디에서든지 가르치셨습니다. 물론 가르치는 순간에도 그 마음은 예루살렘으로 향하고 계셨습니다. 어디서, 무엇을 하더라도 한시도 잊을 수 없는 소명(召命)을 따라 사는 삶은 아름답습니다.

각 성읍과 마을을 지나가면서 가르치시는 사역은 시간을 요하는 일이고, "가르치시면서 … 지나가셨다"는 말씀이 주는 뉘앙스는 조금도 서둘지 않고 가시는 모습을 보여 줍니다. 주님은 고통과 죽음이 기다리고 있는 길임을 한시도 잊어 본 적이 없으면서도 한 사람이라도 더 건지려는 모습으로 마을마다 가르치면서 예루살렘을 향한 길을 가고 계셨습니다.

그즈음 누군가가 "주여 구원을 받는 자가 적으니이까"(눅 13:23)라고 예수님께 질문했습니다. 주님은 일반적인 궁금함에서 나온 이 질문을 "좁은 문으로 들어가기를 힘쓰라"(눅 13:24상)라는 개인적인 것으로 바꾸어 대답하셨습니다. 주님은 사변적인 질문에는 직접적인 대답을 하지 않고 그 문제가 담고 있는 실제적인 측면을 제시하셨습니다. 얼마나 많은 사람이 구원을 받을지 여부를 두고 시간을 낭비하지 않고, 오히려 자신이 구원을 받을 것인지에 관심 쏟기를 바라신 것입니다. 그래서 주님은 구원받을 자의 수효가 얼마나 될 것인지로 답하지 않고, 오히려 구원받은 사람이 지금, 여기서 해야 할 일이 무엇인가로 답하셨습니다. 구원 얻을 숫자가 많고 적음보다 더 급하고 중요한 문제를 부각시키셨습니다. 구원받을 것은 미래 시제인 반면, 힘쓸 것은 현재 시제입니다. 장차 구원을 받기 위해서 주님은 지금 "좁은 문으로 들어가기를 힘쓰라"고 명하십니다. 구원을 얻을 사람이 많든 적든 한 가지는 분명합니다. 생명으로 들어가는 문은 좁다는 것입니다. 오직 있는 힘을 다하고 온 마음을 기울여 들어가려고 노력하는 자만이 구원을 받을 것입니다.

여기서 '힘쓰라'라는 말은 씨름 경기장을 떠올리게 합니다. 상대방을 이기기 위해서 온 힘을 다하는 장면을 상상해 보십시오. 구원의 좁은 문으로 들어가기 위해 그렇게 힘쓰라고 주님은 말씀하셨습니다. 이제부터는 씨름을 할 때 상대방을 이기기 위해 최선을 다하여 힘쓰는 것처럼 신앙의 자세를 가다듬으라고 호소하셨습니다. 마태복음에서도 같은 어조로 권고하셨습니다(마 7:13).

주님은 최선을 다해 생명으로 인도하는 좁은 문으로 들어가기를 힘쓰라고 말씀하시고는 그 이유 또한 보여 주셨습니다. "내가 너희에게 이르노니 들어가기를 구하여도 못하는 자가 많으리라"(눅 13:24). 이것은 세상에 오신 구주로서의 권위를 가지고 장차 오실 심판주로서 하신 말씀입니다. 그러므로 귀를 기울여 들으십시오. 오늘 우리의 삶과 내일 우리의 운명에 관해서 최고의 권위를 가진 분이 선언하신 말씀입니다. 생각해 보십시오. 생명의 문으로 들어가기를 구하는 자는 세상에 속한 사람이 아닙니다. 그러므로 "들어가기를 구하여도 못하는 자가 많으리라"는 경고는 지금 하나님의 말씀을 읽고 있는 우리에게 해당하는 경고입니다. 생명의 주님, 장차 심판의 주께서 미리 경고하셨습니다. 무관심의 자리에서 떠나십시오. 미지근한 태도를 버리십시오. 악한 삶의 자세를 멀리하십시오.

물론 "좁은 문으로 들어가기를 힘쓰라"는 말씀은 결코 구원이 우리에게 달렸다는 의미는 아닙니다. 구원은 주님이 주시는 은혜의 선물, 받을 자격이 없는 자에게 주신 공짜 선물입니다. 그럼에도 구원을 사모하는 자는 주님이 베풀어 주신 구원이 생명보다 소중하다는 사실을 알기에 은혜를 헛되이 받지 않으려고 노력합니다. 빌립보 성도들을 향한 바울의 권면을 되새겨 보십시오. "그러므로 나의 사랑하는 자들아 너희가 나 있을 때뿐 아니라 더욱 지금 나 없을 때에도 항상 복종하여 두렵고 떨림으로 너희 구원을 이루라 너희 안에서 행하시는 이는 하나님이시니 자기의 기쁘신 뜻을 위하여 너희에게 소원을 두고 행하게 하시나니 모든 일을 원망과 시비가 없이 하라"(빌 2:12-14). 그리스도인의 삶은 주님을 닮고자 하는 거룩한 소원을 품고 살아가는 삶입니다.

우리는 하나님 앞에 나올 때마다 "나는 죄인입니다" 하며 가슴을 치는 사람이어야 합니다. 다른 사람과 비교하지 마십시오. 단지 힘써야 할 것이 무엇인지를 생각하십시오. 세상 사람들이 구하는 것을 구하고 세상 사람들이 중요하게 생각하고 쫓아가는 것을 쫓아간다면 넓은 문으로 가는 것입니다. 은혜 베푸신 주님과 교제하며 그분의 말씀을 따라 사는 것이 좁은 문으로 들어가는 것입니다. 장차 구원 얻을 하나님의 백성은 지금 여기서 다르게 사는 사람들입니다.

지금 힘써야 하는 이유

왜 우리는 지금 좁은 문으로 들어가기를 힘써야 합니까? 그것은 때가 지나가기 때문입니다. 그러므로 너무 늦기 전에 주님과 바른 관계를 맺고 그분과 날마다 사귀는 일에 진력해야 합니다. 구원에 이르는 문은 좁을 뿐 아니라, 들어가기를 힘써야 하는 때가 항상 있는 것은 아니기 때문입니다. 그 사실을 분명히 보여 주는 비유로 돌아가 봅시다.

"집주인이 일어나 문을 한 번 닫은 후에 너희가 밖에 서서 문을 두드리며 주여 열어 주소서 하면 그가 대답하여 이르되 나는 너희가 어디에서 온 자인지 알지 못하노라 하리니"(눅 13:25). 문이 한 번 닫히면 은혜의 기회는 사라지고 맙니다. 필사적으로 두드리며 열어 달라고 아우성을 쳐도 다시는 열리지 않습니다. 오히려 "나는 너희가 어디에서 온 자인지 알지 못하노라"는 싸늘한 대답만 듣게 될 것입니다.

하나님은, 지금은 죄인들을 향하여 기다리십니다. 시간마다 당신의 종들을 통해 오라고 말씀하십니다. 하지만 그렇게 오랫동안 열어 놓으셨던 자비의 문은 결국 닫히고 말 것입니다. 지금은 죄와 더러움을 씻는 샘이 솟아나고 있지만 한날 폐쇄되고 말 것입니다. 한 걸음 더 나아가 자비의 보좌가 치워지고 그 자리에 심판의 보좌가 놓일 것입니다. 그날의 두려움은 온 세상을 엄습할 것입니다. 회개하지 못한 사람들, 불신앙의 사람들이 하나님의 면전에서 쫓겨나는 것은 당연할 것입니다. 그들은 '어린양의 진노'를 목격하게 될 것입니다. 그때는 모든 기회의 문이 닫히고 절망의 외침만이 남을 것입니다. 천국의 문안으로 들어가기를 원합니까? 그러면 지금 열심을 다하는 진지한 삶을 살아야 합니다. 천국의 복을 받기를 원합니까? 그러면 너무 늦지 않아야 합니다. 지금 결단해야만 합니다.

주인이 문을 닫은 뒤에는 문밖에 서서 아무리 두드리며 "주여 열어 주소서"라고 소리쳐도 절망적인 대답만 듣게 될 것입니다. 물론 그렇다고 그냥 물러설 수는 없을 것입니다. 그들은 나름의 논리로 다시금 호소합니다. 그들은 예수님이 계신 자리에서 먹고 마셨으며, 길거리에서 주님의 가르침을 들은 적이 있기 때문입니다. 그러나 주님과 함께 있었다는 것은 주님을 아는 것이 아닙니다. 예수님을 인격적으로 아는 것은 단지 같은 공간에 있는 것 이상입니다.

물론 그들 가운데서는 벳새다 광야에서 기적의 떡을 먹은 자도 있을 것입니다. 4천 명, 5천 명을 먹이실 그 현장에 있었던 자들도 포함될 수 있습니다. 어찌 그뿐이겠습니까. 성만찬의 떡을 뗀 자들도 최후의 날에는 포함되어 있을 것입니다. 그들은 주님과 함께 있었다는 것을 내세우지만 주님은 사람들이 있는 곳이면 말씀을 전하셨습니다. 그러므로 단지 그분이 가르치시는 현장에 있었다는 것만으로는 충분하지 않습니다. 그분의 가르침을 마음으로 받고 삶으로 응답했어야 합니다. 그것은 주님과 인격적인 차원에서 아는 것을 뜻합니다. 그리고 주님이 원하시는 방식으로 교제해야 한다는 것을 의미합니다.

우리가 예수님을 아는 것은 중요합니다. 그러나 결정적인 것은 예수님이 우리를 알아보셔야 합니다. 구원이란 지금 주님과 함께 먹고 마시는 즐거움을 아는 자들이 장차 누리는 영광입니다. 여기서 주님과 교제하는 즐거움을 맛보아야 장차 더 깊은 사귐의 자리로 들어갈 수 있습니다. 구원은 미래의 일만이 아니라 현재의 일이기도 합니다.

그러므로 주님은 당신을 안다고 하는 그들에게 또다시 답하셨습니다. "나는 너희가 어디에서 왔는지 알지 못하노라"(눅 13:27중). 그리고 더욱 엄숙한 어조로 "행악하는 모든 자들아 나를 떠나가라"(눅 13:27하)고 호통을 치셨습니다. 마태복음을 보면 심지어 주님의 이름으로 선지자 노릇도 하고, 귀신도 쫓아내고, 많은 권능도 행했다고 주장하지만 오히려 불법을 행한 것으로 정죄되고 있다는 것을 기억하십시오(마 7:22-23).

신앙생활을 열심히 한다고 생각했는데 그날 주님이 모른다고 하며 떠나가라고 하시면 그 절망이 얼마나 크겠습니까. 그러므로 거기서 슬피 울며 이를 갈게 될 것이라고 하신 것입니다(눅 13:28). 투자한 것이 없는 사람은 슬피 울 것도 없고 이를 갈 일도 없습니다. 주님의 말씀을 직접 들을 수 있었던 동시대인들은 불신앙으로 인해 은혜의 기회를 다 놓친 것을 인식하게 될 때 말로 표현할 수 없는 후회와 탄식, 고통과 절망이 엄습할 것입니다. 그들 자신이 거절당한 현장에 그들의 경건한 믿음의 조상들인 아브라함과 이삭과 야곱뿐만 아니라 모든 선지자조차 하나님 나라의 풍성한 축복을 받아 누리고 있습니다.

게다가 더욱 고통스러운 것은 본래 하나님의 택한 백성이던 축복의 자리에서 배제되고 온 세상 모든 나라에서 온 이방인들이 하나님 나라의 잔치에 참여하고 있다는 사실입니다. 유대인들은 선택받은 백성임을 내세우며 구원을 얻기 위해 지금 여기서 힘써야 할 것을 거부하고 다른 이들을 이방인이라고 멸시하던 자들입니다. 그러나 주님은 "사람들이 동서남북으로부터 와서 하나님의 나라 잔치에 참여하리니"(눅 13:29)라고 선언하셨습니다.

마지막 하나님 나라의 잔치에는 사람들이 사방으로부터 몰려올 것입니다. 주님은 많은 나중 된 자들이 먼저 될 것이고, 많은 먼저 된 자들이 나중 될 것이라고 말씀하셨습니다(눅 13:30). 그러므로 끝 날 하나님 나라에는 놀랄 일이 많이 있을 것입니다. 꼭 있을 것으로 예상했던 사람들이 보이지 않는 것에 놀랄 것입니다. 또한 예상하지 못한 사람들이 거기 있는 것으로 놀랄 것입니다. 마지막으로는 자신이 그 복된 자리에 있다는 사실로 놀랄 것입니다. 또 어떤 사람들은 간신히 구원을 받기도 할 것이고, 다른 이들은 놀라운 상급을 받기도 할 것입니다.

기억하십시오. 하나님이 그날 시상을 베푸실 때는 우리 모두 인정할 것입니다. 하나님의 지혜에 따라, 하나님의 의로우심을 따라 상급이 주어졌다는 사실을 기억할 것입니다. 하나님은 상 줄 의무를 가진 분이 아니십니다. 하나님은 그 풍성한 자비로 우리에게 상 주기를 기뻐하시는 분입니다. 하늘나라에서 우리가 무슨 상급을 받는지와 상관없이 우리 모두는 다른 사람이 받는 상급으로 인해서 함께 기뻐할 것입니다. 그곳에는 시샘도 없어 상 받는 사람의 생애에 행하신 하나님의 크신 일들을 들으며 우리 모두 즐거워할 것입니다.

○

주님의 도전은 누구든지 배제되는 자들 가운데 들지 말라는 것입니다. 아직 문이 열려 있을 때 들어가기 위해서 전력투구하십시오. 하나님의 말씀이 귀에 들릴 때 순종하십시오. 문이 닫힌 후에는 들어가려고 아무리 구해도 그때는 시간이 늦었습니다. 지금이야말로 은혜의 때, 구원의 날입니다. 구원은 은혜로 받습니다. 우리의 노력으로는 불가능합니다. 그렇다고 해서 우리 편에서 좁은 문으로 들어가기 위해 최선의 노력을 하지 않아도 된다는 뜻은 아닙니다. 게다가 연기할 수 있는 시간이 없습니다. 오래지 않아 은혜의 시간은 사라지고 더 이상 들어갈 수 없게 될 것입니다. 너무 늦게 회개하지 마십시오. 너무 늦게 신앙을 가지려고 하지 마십시오. 너무 늦게 죄를 슬퍼하지 마십시오. 너무 늦게 기도하지 마십시오. 주님이 와서 그 문을 닫으실 때 당신이 어디에서 있을지를 기억하십시오. 지금 좁은 문으로 들어가려고 최선을 다하십시오. 그러면 그날 하늘나라의 잔치에 넉넉히 들어갈 것입니다.

69.

예루살렘아, 예루살렘아 (13:31-35)

///

주님이 "좁은 문으로 들어가기를 힘쓰라"고 도전하실 때 몇몇 바리새인들이 예수님께 나아왔습니다. 그들은 예수님을 죽이고자 하는 헤롯 왕의 음모를 알려 주면서 그곳을 떠나 헤롯의 관할권이 미치지 않는 다른 지역으로 가실 것을 권했습니다. 하필 바리새인들이 전하는 정보이기에 의아합니다. 그러나 바리새인이라고 해서 모두 다 예수님에 대해 적대감을 갖고 있었으리라는 예단을 할 필요는 없을 것입니다. 분명한 증거가 없는 한 진실한 의도로 조언했으리라고 믿고 싶습니다.

특히 복음서 가운데 유독 누가만 이 사건을 기록하고 있다는 점을 주목하기 바랍니다. 말하자면, 누가가 바리새인들이 예수님께 자신들의 영역에서 떠나 다른 곳으로 가시라고 요구한 행동에 특별한 의미를 부여하고 있음을 짐작할 수 있습니다. 만약 그렇다면 앞 단락에서 구원의 문으로 들어가도록 긴 도전을 받았음에도 불구하고 메시아를 거부하고 있는 이스라엘을 상징적으로 보여 주기 위한 기록일 수 있습니다. 결국 그들은 버림받은 자, 쫓겨난 자, 그 앞에서 문이 닫힌 자가 되어 버리고 있음을 상징적인 방법으로 선언한 것입니다. 실제로 이렇게 시작된 이 단락은 결국 버림받을 예루살렘에 대한 탄식으로 끝을 맺습니다.

누가는 예수님을 죽인 악랄한 행위를 한 유대인을 뒤에 폭로하지만, 여기서는 예수님께 경고를 한 그들에 대해서 악한 동기로 했다고는 말하지 않습니다. 그들은 마음속으로 예수님의 안전을 걱정했을 가능성이 높습니다. 바리새인들은 비록 예수님과 논쟁을 벌이기도 했지만, 예수님이 헤롯 안디바의 손에 들어가서 세례 요한처럼 또 죽임을 당하기를 원하지 않았을 수도 있습니다. 그래서 정보를 제공하면서 그 지역을 벗어나라고 충고를 한 것 같습니다.

오늘과 내일과 모레 해야 할 일

그러나 바리새인의 충고는 아무런 효과가 없었습니다. 그것은 오히려 예수님의 단호한 의지를 표명하는 계기를 만들어 주었을 뿐입니다. "너희는 가서 저 여우에게 이르되 오늘과 내일은 내가 귀신을 쫓아내며 병을 고치다가 제 삼 일에는 완전하여지리라 하라 그러나 오늘과 내일과 모레는 내가 갈 길을 가야 하리니 선지자가 예루살렘 밖에서는 죽는 법이 없느니라"(눅 13:32-33).

예수님이 당신의 대답이 헤롯에게 전해지기를 정말로 의도하셨는지는 불분명하지만, 예수님의 말씀은 분명히 도발적입니다. 예수님이 헤롯을 향해서 '여우'라고 부르신 것은 선지자적인 권세를 활용하신 것으로 보아야 할 것입니다. 주님은 선지자답게 헤롯을 두려워하지 않는다는 사실을 바리새인들에게 또한 보여 주셨습니다.

예수님은 예정대로 갈릴리에서 당신의 사역을 계속 수행하리라고 선언하셨습니다. 사역을 계속할 뿐만 아니라 귀신을 쫓아내며 병을 고치는 하나님 나라의 능력을 나타낼 것을 말씀하셨습니다. 하지만 무한정으로 보내심을 받은 그 사역을 하지는 않으실 것입니다. 오늘과 내일 그 사역을 하다가 "제 삼 일에는 완전하여지리라"라고 밝히셨습니다. 이 말씀은, 계속되는 33절에 의하면 예수님의 죽음을 의미합니다.

특히 히브리서 2장 10절에는 고통을 통해서 완전해진다는 동등한 표현이 나옵니다. 출애굽기와 레위기도 당신을 드림을 '온전케 하심'으로, 대제사장의 사역 완수로 보고 있습니다. 특히 누가는 죽음을 예수님의 사명 완수로 이해하고 있습니다. 그러므로 어떤 위협이나 혹 죽음의 위협조차도 하나님이 보내신 사명 완수로부터 멀어지게 할 수 없습니다. 예루살렘을 향한 여정은 계획대로 치밀하게 진행될 것입니다. 그 길을 가면서 귀신을 쫓아내며 병을 고치는 하나님 나라의 능력을 나타내실 것입니다.

누가는 여기서 반드시 가야 할 주님의 길을 강조합니다. "오늘과 내일과 모레는 내가 갈 길을 [반드시] 가야 하리니"(눅 13:33상). 그 길은 십자가의 길이요, 또한 영광의 길입니다. 반드시 십자가의 길을 통해서만 영광의 길로 나아가게 될 것입니다. 주님은 당신의 사역을 완수하기 위해서 끝까지 당신이 가야 할 길을 가실 것입니다. 그 길의 끝은 예루살렘이며, 예루살렘은 곧 당신의 죽음을 의미하는 것임을 주님은 분명히 알고 계셨습니다. 뿐만 아니라 주님은 그것을 향해 적극적으로 그리고 당당하게 다가서고 계셨습니다.

주님은 당신을 선지자로 여기고 선지자의 최후를 맞이할 것을 선언하셨습니다(눅 13:33하). 당시 사람들로서는 순교란 선지자의 사역의 본질적인 부분으로 알고 있었기 때문입니다. "선지자가 예루살렘 밖에서는 죽는 법이 없느니라"라는 표현은 반어법적으로도 이해할 수 있습니다. 이 구절은 예루살렘이 이스라엘의 심장부라는 것과 이스라엘이 선지자들을 지속적으로 거부했다는 사실을 결합시킵니다.

주님은 예루살렘에서 일어날 일을 미리 알고 계셨습니다. 그러나 아직은 당신이 해야 할 일이 있고, 그 일을 완수하기까지는 헤롯의 권세로도 당신을 저지할 수 없다는 것을 아셨습니다. 그러므로 담대함을 가지고 흔들림 없이 대답하셨습니다. 우리 역시 그렇게 하나님을 신뢰해야 합니다. 아무리 악한 소식을 듣는다 하더라도 두려워하지 않고 조용히 묵상하며 주님을 바라보아야 합니다(시 112:7-8).

자신의 길에 최선을 다하며 사건은 하나님의 손안에 있다는 것을 신뢰할 때 우리는 기쁨, 기도, 감사의 삶을 살아갈 수 있습니다. 많이 근심하고 자주 염려한다고 문제가 해결되는 것은 아닙니다. 오히려 주님의 모습을 바라보고 그분의 발걸음을 따라가십시오. 성숙한 믿음을 가진 성도는 "오늘과 내일과 모레는 내가 갈 길을 가야 하리니"라고 주님처럼 고백합니다. 성도에게는 오늘과 내일과 모레의 삶이 다하도록 걸어야 할 길이 있습니다.

예루살렘을 향해 비통해하신 예수님

예루살렘에서의 죽음을 향한 단호함은 돌연 예루살렘을 향한 안타까움과 비통함을 담은 탄식으로 이어졌습니다. "예루살렘아 예루살렘아"(눅 13:34상). 물론 여기에서 '예루살렘'은 예루살렘 사람들을 말하며, 이것은 결국 예루살렘을 중심지로 삼아서 살아가는 유대인 전부를 가리키는 말입니다. 예수님은 다가올 일을 예감하고 예루살렘을 부르며 탄식하셨습니다. "선지자들을 죽이고 네게 파송된 자들을 돌로 치는 자여"(눅 13:34중). 이전에 하나님이 보내신 사자들을 거부했듯이, 이제 마지막 구원자로 온 당신을 거부할 것을 내다봤기에 탄식하신 것입니다.

지금 예수님은 하나님을 대신해서 예루살렘의 자녀들에게 어머니로서의 보호와 안전을 주려고 애써 오셨습니다. 마치 암탉이 병아리를 제 날개 아래 모아 보호하려는 것처럼, 여러 번 시도했지만 최후의 시도조차 헛될 것을 아신 주님은 탄식하셨습니다. "암탉이 제 새끼를 날개 아래에 모음같이 내가 너희의 자녀를 모으려 한 일이 몇 번이냐 그러나 너희가 원하지 아니하였도다"(눅 13:34하). 예수님은 보호하기를 원하셨으나 그들은 보호 받기를 거부했습니다.

예수님이 이렇게 한탄한 까닭은 메시아를 거부하는 이들의 운명을 아셨기 때문입니다. "보라 너희 집이 황폐하여 버린 바 되리라 내가 너희에게 이르노니 너희가 주의 이름으로 오시는 이를 찬송하리로다 할 때까지는 나를 보지 못하리라"(눅 13:35). '너희 집'은 옛 왕국의 심장부로서의 예루살렘을 말합니다. 예루살렘은 수차례 대적들에게 넘겨지고 다시금 주후 68-70년 유대전쟁에 의해서 하나님의 심판으로 황폐하게 되어 버려질 것입니다. 예수님이 이렇게 처절히 탄식하시는 것은 그들이 하나님께 버림을 받을 것이고, 그것은 영원한 멸망을 의미하기 때문입니다. 그들이 그 사실을 알고 메시아를 알아보고 환영하며 그에게 돌아가고자 할 때는 이미 너무 늦어 버렸다는 사실을 아시기 때문입니다.

우리에게는 미래를 내다볼 수 있는 능력이 없습니다. 그러나 예수님을 믿지 아니하면, 주님을 영접하지 않고 숨을 거두면 어디로 갈 것인지는 알고 있습니다. 우리의 소중한 사람들이 복음을 받지 못하면 영원한 멸망을 받을 것을 믿고 있습니다. 그렇다면 우리 역시 "예루살렘아 예루살렘아" 하며 탄식하신 주님의 마음으로 사람들을 바라보아야 합니다.

장차 이들은 예수님을 알아볼 것입니다. 그러나 그때는 이미 문이 닫혀 버린 마지막 심판의 때입니다. 그제야 비로소 그들은 예수님을 알아보고 "주의 이름으로 오시는 이를 찬송하리로다"라고 할 것이지만, 그때는 이미 늦어 버려 자신들의 처지에 관해서 아무런 손을 쓸 수 없을 것입니다. 다만 하나님 나라 밖으로 쫓겨난 자신들을 발견하고 거기서 슬피 울며 이를 갈게 될 것입니다(눅 13:28).

예수님은 예루살렘의 자녀들에 의해서 거부당하여 죽음을 통과해 하늘로 올라가 거기에서 종말을 기다리실 것입니다. 종말의 때에 있을 당신의 역할을 기다리실 것입니다. 그리하여 종말의 메시아로서 예루살렘으로 환영을 받으며 오실 그날이 이르기 전에 사람들은 예수님을 다시 보지 못할 것입니다(눅 13:35). 그때 메시아가 오신 그 시대의 징조를 읽고 회개의 열매를 촉구하신 예수님은 지금 우리를 향해서도 주님이 다시 오실 징조를 읽고 회개하기를 바라십니다(눅 13:24). 본문은 주님을 거부한 사람들의 마지막 운명이 어떻게 될 것인가를 밝혀 주고 있습니다.

주님의 탄식은 나를 향한 탄식

"예루살렘아 예루살렘아"라는 호소를 통해서 우리를 부르시는 주님의 음성을 듣기 바랍니다. 우리의 이름을 부르면서 "내가 너를 보호하려고 한 적이 몇 번이나 있었느냐"고 탄식하시는 주님의 음성을 오늘 듣는 자가 복이 있습니다. 우리가 주님을 인격적으로 만나고 난 후에도 수없이 부르고 계시는 주님의 음성을 지금 들어야 복을 받습니다. 우리는 "암탉이 제 새끼를 날개 아래에 모음같이 내가 너희의 자녀를 모으려 한 일이 몇 번이냐 그러나 너희가 원하지 아니하였도다"라는 탄식의 대상이 되어서는 안 됩니다. 우리는 오히려 멸망받을 사람들을 주님의 심정으로 바라보며 탄식하는 사람이 되어야 합니다.

더 이상 주님을 슬프게 만들지 마십시오. 지금까지 한 것만 해도 충분합니다. 주님은 우리가 돌아오기를 바라십니다. "예루살렘아 예루살렘아"라는 주님의 탄식에 당신의 이름을 넣어 들어 보십시오. 그리고 이제는 돌아서십시오. 지금은 우리를 구원하시려는 만반의 준비가 다 갖추어져 있습니다. 그리고 그 사실이 어김없이 선포된 시대에 살고 있습니다. 그러므로 사도 바울은 말합니다. "내가 은혜 베풀 때에 너에게 듣고 구원의 날에 너를 도왔다 하셨으니 보라 지금은 은혜 받을 만한 때요 보라 지금은 구원의 날이로다"(고후 6:2). 그러므로 혹시 우리가 멸망을 받고 또 버림을 당한다 할지라도 그것은 전적으로 우리의 책임입니다. 각자가 뿌린 씨앗을 스스로가 거두는 결과이기 때문입니다.

탄식하시던 주님의 말씀은 아직 성취되지 않았습니다. 이는 산 자와 죽은 자를 심판하러 오시는 마지막 때에 성취될 것입니다. 그날에 스가랴의 예언이 성취될 것입니다. "내가 다윗의 집과 예루살렘 주민에게 은총과 간구하는 심령을 부어 주리니 그들이 그 찌른 바 그를 바라보고 그를 위하여 애통하기를 독자를 위하여 애통하듯 하며 그를 위하여 통곡하기를 장자를 위하여 통곡하듯 하리로다"(슥 12:10). 외아들이 죽은 것을 탄식하듯이 십자가에서 우리를 위해 달려 돌아가신 그분을 바라볼 때 통곡하게 될 것이라고 스가랴 선지자는 말했습니다.

지금 가슴을 치면서 돌아서야 합니다. 그때는 이를 갈며 후회해도 때가 늦습니다. 성경의 마지막 책인 요한계시록도 그날의 성취를 말합니다. "볼지어다 그가 구름을 타고 오시리라 각 사람의 눈이 그를 보겠고 그를 찌른 자들도 볼 것이요 땅에 있는 모든 족속이 그로 말미암아 애곡하리니 그러하리라 아멘"(계 1:7). 이제 제발 주님의 탄식의 대상에서 벗어나 주님의 자랑거리, 주님의 칭찬거리가 되어야 합니다. 주님을 영접하고 주님의 말씀에 순종함으로 하나님의 자랑거리, 하나님의 칭송거리가 되기를 바랍니다. 그때 기쁨과 기도와 감사가 마음속에 자리하게 될 것입니다.

○

하나님이 주신 사명의 길을 걷고 있습니까? 성도로서 걸어야 할 길을 걷고 있습니까? 자신의 길을 돌아보면서 나는 주님이 주신 길을 걸어왔다고 부끄럽지 않게 말할 수 있습니까? 하나님이 주신 사명의 길을 걸어야 합니다. 요동하지 않는 단호함으로 그 길을 걸으십시오. 누가 죽인다고 해도, 누가 천금보화를 준다고 해도 오늘과 내일과 모레는 내가 가야 할 길을 가야 하리라고 말하는 주의 이름에 신실한 성도가 되기를 바랍니다.

자신의 삶에서는 한 치도 흔들림이 없지만 멸망을 향하는 우리 삶의 소중한 사람들을 생각할 때는 안타까운 마음이 있어야 합니다. 내 육신의 안일을 구하는 것이 아니라 사람들의 영혼을 구하기 위해 자신의 욕망을 쳐서 복종시키는 것이 한평생 주를 위해 살아온 사람들의 모습이어야 합니다. 복음을 전하십시오. 그들이 듣지 아니하면 그 피 값을 그들 자신이 지불할 것입니다. 그러나 복음을 전하지 않아서 그들이 멸망을 받으면 하나님은 그 피 값을 우리에게 물으실 것입니다. "예루살렘아 예루살렘아, 내가 너를 위해서, 네가 성도답게 살기 위해서 내가 얼마나 많은 탄식을 했는지 이제는 돌이키라"는 주님의 말씀을 마음에 담기를 바랍니다.